TANJA KINKEL

Die Löwin von Aquitanien

Wahnsinn, der das Herz zerfrißt

Die Löwin von Aquitanien

Schon früh wird Eleonore, die Enkelin von Wilhelm IX. von Aquitanien, dem Troubadour, zur Muse einer Kunst und Kultur, deren Ideale im 12. Jahrhundert zu den ethischen Normen für ganz Europa wurden. Mit fünfzehn Jahren mit Ludwig VII. von Frankreich verheiratet, nimmt sie als erste Frau das Kreuz und erlebt den Zweiten Kreuzzug. Später setzt sie die Annullierung ihrer ersten Ehe durch und vermählt sich gleich darauf mit dem um zehn Jahre jüngeren zukünftigen König von England, Heinrich Plantagenet. Willensstark und klug spricht sie von nun an auf der Bühne der Macht mit. Als Eleonore über achtzigjährig stirbt, sind ihre beiden Ehemänner schon lange tot, hat sie acht ihrer zehn Kinder zu Grabe getragen, sechzehn Jahre Gefangenschaft ausgehalten, zwei Kreuzzüge und unzählige Kriege erlebt und ist den Heiligen ihres Jahrhunderts persönlich begegnet.

Wahnsinn, der das Herz zerfrißt

George Gordon, Lord Byron (1788–1824) war nach seinen ersten literarischen Erfolgen ein gerngesehener Gast bei allen gesellschaftlichen Ereignissen Londons. Seine Phantasie, gepaart mit feiner Ironie und einer gewissen Neigung zu Freizügigkeit, garantierten für abwechslungsreiche Unterhaltung – und machten ihn zum umschwärmten Mittelpunkt der Frauen. Aber wahre Seelenverwandtschaft verband ihn nur mit seiner Halbschwester Augusta Leight. Viele, zum Teil sehr poetische Briefe geben davon Auskunft. Doch selbst sie kann den Ereignissen nicht entgegensteuern, als Byron nach nur einem Jahr aus seiner Ehe ausbricht und es zu einer Flut von Skandalen kommt, die Byron schließlich zwingen werden, seine englische Heimat für immer zu verlassen.

Autorin

Tanja Kinkel, geboren 1969, wuchs in Bamberg auf. Nach einem Studium der Germanistik, Theater- und Kommunikationswissenschaften hat sie kürzlich ihre Promotion abgeschlossen, in der sie sich mit den historischen Romanen Lion Feuchtwangers beschäftigt. Mehrfach mit Preisen und Stipendien ausgezeichnet, hat sie soeben ihren neuen Roman »Unter dem Zwillingsstern« bei Blanvalet veröffentlicht.

Von Tanja Kinkel ist außerdem erschienen:

Die Puppenspieler. Roman (42955) · Mondlaub. Roman (42233) · Die Schatten von La Rochelle. Roman (44084) · Die Löwin von Aquitanien. Roman (41158) · Wahnsinn, der das Herz zerfrißt. Roman (09729) · Unter dem Zwillingsstern. Roman (geb., 2559)

TANJA KINKEL

Die Löwin von Aquitanien

Wahnsinn, der das Herz zerfrißt

Zwei Romane in einem Band

GOLDMANN

Der Goldmann Verlag
ist ein Unternehmen der Verlagsgruppe Bertelsmann

Genehmigte Ausgabe 10/98
»Die Löwin von Aquitanien«

»Wahnsinn, der das Herz zerfrißt«

Umschlaggestaltung: Design Team München
Umschlagfoto: AKG, Berlin
Druck: Elsnerdruck, Berlin
Verlagsnummer: 13179
MD · Herstellung: Heidrun Nawrot
Made in Germany
ISBN 3-442-13179-0

3 5 7 9 10 8 6 4

Die Löwin von Aquitanien

Roman

Gewidmet dem Andenken
an eine wundervolle,
tapfere und sehr geliebte Frau
– Elisabeth Friederici

Edinburgh
KGR SCHOTTLAND
Durham
York
KGR ENGLAND
Cambridge
Oxford
Wallingford
London
Windsor
Runnymede
Canterbury
Clarendon
Salisbury
Winchester
Gft Flandern
Gft Ponthieu
Gft Hennegau
Gft Vermandois
Köln
Bonn
Aachen
Mainz
Worms
Speyer
Trifels
Metz
Rouen
Gaillard
Gisors
Reims
Gft Champagne
Caen
HZM NORMANDIE
St. Denis
Paris
Chartres
Île de France
Sens
Troyes
HZM BRETAGNE
Le Mans
Fraitaval
Gft Anjou
Blois
Angers
HZM BURGUND
Tours
Fontevrault
Chinon
Nantes
Poitiers
Lusignan
Poitou
La Rochelle
Limoges
Taillebourg
Saintes
Châlus
Angouleme
Bordeaux
HZM Aquitanien
Toulouse
Languedoc
KGR NAVARRA
Burgos
KGR ARAGON
KGR KASTILIEN
Katalonien

I
Aquitanien

Ich weiß nicht, wach ich oder währt
Mein Schlaf noch, wirds mir nicht erklärt.
Nahzu hat sich mein Herz verzehrt
In tiefer Qual –
Doch ist es keine Maus mir wert,
Bei Sankt Martial!

Guillaume IX von Aquitanien

An dem Abend, als die zukünftige Erbin von Aquitanien gezeugt wurde, gab es weder Gewitter, seltsame Vogelflüge noch sonstige ausdeutbare Vorzeichen. Man könnte allerdings einen äußerst heftigen Zornesausbruch ihres Großvaters dafür in Anspruch nehmen. Doch die Höflinge um Guillaume IX waren seine Wutanfälle ebenso gewohnt wie sein schallendes Lachen, seinen funkelnden Witz oder seine Lieder. So sahen sie auch jetzt nicht beunruhigt, sondern milde belustigt zu, wie der Herzog von Aquitanien, Herr über die Gascogne, das Poitou, die Auvergne, Angoulême und Dutzende weitere Domänen, auf seinen ältesten Sohn und Erben einschrie, der den gleichen Namen trug.

»Hölle und Teufel, Guillaume, ich werde mir das nicht länger anhören! Was ich tue und mit wem ich ins Bett gehe, entscheide alleine ich!«

Guillaume der Jüngere sah unglücklich drein. Er besaß die riesige Gestalt seines Vaters, doch längst nicht dessen hitziges Gemüt, und obgleich ihm niemand mangelnde Tapferkeit nachsagen hätte können, haßte er im Grunde seines Wesens Streitereien. Gleichzeitig war er bei aller Friedfertigkeit aber auch halsstarrig, und wenn er sich etwas in den Kopf gesetzt hatte, hielt er mit der Zähigkeit eines unbeweglichen Menschen daran fest.

»Euer Gnaden«, entgegnete er nun, »es geht mir nur darum, daß Ihr sie behandelt, als wäre sie die Herzogin selbst und dadurch meine Stiefmutter. Unser ganzes Haus wird beschämt.«

»Was die Ehre unseres Hauses betrifft«, gab der Herzog

gereizt zurück, »bestimme ich. Und bei Gott, mein Sohn, die Dame ist deine Schwiegermutter, also erweise ihr gefälligst den gebührenden Respekt und sprich *mir* nicht von Familienehre! Schließlich bist du mit ihrer Tochter verheiratet. Auch wenn man«, schloß er mit einem sarkastischen Unterton, »bis jetzt nicht viel davon merkt.«

Guillaume errötete bis an die Wurzeln seines ebenfalls roten Haares. Er zwang sich, ruhig zu bleiben, und erwiderte: »Genau darum geht es, Euer Gnaden. Diese Frau, die in den Augen der heiligen Kirche so gut wie Eure Schwester ist, zu Eurer Geliebten zu machen, ist Gott und den Menschen ein Greuel und...«

»Halt den Mund!« donnerte der Herzog. Er stand auf. Wenn er wollte, konnte Guillaume IX wahrhaft furchteinflößend wirken. Die Höflinge wichen ein wenig zurück. Doch wer einen weiteren Tobsuchtsanfall erwartete, täuschte sich.

»Guillaume«, sagte der Herzog beißend und kalt, »mir scheint fast, du bist eifersüchtig, was mich auch nicht weiter wundern würde. Schließlich muß man sich bei dem blassen Milchgesicht, mit dem du vermählt bist, jedesmal wie ein Märtyrer fühlen – falls du überhaupt in der Lage bist, dich bei ihr wie ein Mann zu verhalten!«

Totenstille herrschte. Guillaume hörte seinen eigenen schweren Atem. Auf den Gesichtern der Edelleute fand er etwas Mitleid, weit mehr Belustigung, doch in jedem Falle Vorsicht. Nur eine einzige kleine Gestalt trat vor, und Guillaume erkannte mit Entsetzen, daß sein siebenjähriger Halbbruder Raymond die ganze Szene miterlebt hatte. Raymond öffnete erschrocken den Mund, doch Guillaume schüttelte hastig den Kopf. Das werde ich ihm niemals verzeihen, dachte er, und starrte seinen Vater an. Vor dem Kind und dem ganzen Hofstaat. Zur Hölle mit ihm!

»Euer Gnaden«, sagte er knapp mit kalkweißem Gesicht, drehte sich um und verließ hochaufgerichtet die große Halle.

Aenor, Guillaumes zarte, sanftmütige Gemahlin, war selbstverständlich um ihrer Mitgift willen und aus politischen Gründen zu seiner Frau gewählt worden. Doch sie hielt sich für glücklicher als die meisten Frauen, denn sie hatte schnell gelernt, ihren Gemahl zu lieben, und so erkannte sie sofort seine Verstimmung, als er bei ihr hereinstürmte. Sie klatschte in die Hände und entließ ihre Damen. Während sie Guillaume schweigend einen Becher mit Wein eingoß und darauf wartete, daß auch die letzte Hofdame außer Hörweite war, wünschte sie, sie wären niemals nach Poitiers gekommen, um an diesem Weihnachtsfest des Jahres 1121 teilzuhaben.

»Er hat nicht auf dich gehört.« Es war eine Feststellung, keine Frage.

Guillaume schüttelte den Kopf. »Er wollte noch nicht einmal alleine mit mir sprechen«, antwortete er bitter, »er sagte, es gäbe in der Angelegenheit nichts, das nicht auch vom Stadtausrufer verkündet werden könnte.« Abrupt setzte er den Becher ab. »Vor ihnen allen... o mein Gott!« Er konnte ihr nicht wiederholen, was sein Vater ihm an den Kopf geworfen hatte.

»Glaub mir, ich weiß, wie es gewesen sein muß. Als ich zu meiner Mutter ging, lachte sie mir ins Gesicht.« Ihre Hand schloß sich um die seine. »Weißt du, daß die Leute in Poitiers begonnen haben, sie Dangerosa zu nennen oder la Maubergeonne?« Der letzte Name spielte darauf an, daß der Herzog seine Geliebte in dem prächtigen Burgturm Maubergeon untergebracht hatte, der von alters her der Wohnort der Herzogin von Aquitanien war. Guillaume hielt es für ein Glück, daß sich seine Stiefmutter Felipa in das Kloster Fontevrault zurückgezogen hatte, sonst hätte zweifelsohne auch sie diesen Streit miterlebt!

»Was hieltest du davon, wenn wir nun einen Mann der Kirche um Hilfe bitten würden, Bernhard von Clairvaux zum

Beispiel? Er hat sich auch in der Vergangenheit nicht gescheut, gegen deinen Vater zu sprechen.«

Guillaume schüttelte den Kopf. »Das würde überhaupt nichts nützen. Denke nur an das letzte Mal. Er würde sich selbst vom Papst nichts sagen lassen.«

Der Herzog stand mit dem Klerus die meiste Zeit auf Kriegsfuß und war schon unzählige Male gebannt worden. Sein letzter Zusammenstoß mit dem für einen Abt noch verhältnismäßig jungen Bernhard von Clairvaux war ebenso berühmt wie berüchtigt; damals, vor etwa fünf Jahren, hatte Bernhard selbst, hier in Poitiers, in der Kathedrale Saint-Pierre die Exkommunikationsformel gegen Guillaume IX verlesen. Er hatte allerdings nicht damit gerechnet, daß der Herzog in die Kathedrale eindringen und ihm das Schwert an die Kehle setzen würde, um freundlich zu sagen: »So, jetzt sprich weiter, wenn du kannst.«

Hier waren zwei starke Willen aufeinandergestoßen. Bernhard von Clairvaux hatte, langsam und deutlich, Schweißperlen auf der Stirn, doch ansonsten ungebrochen, die Exkommunikation zu Ende gebracht. Danach hatte er seinen Nacken gebeugt und geflüstert: »Jetzt schlagt zu, wenn Ihr könnt!« Sekundenlang war das Schwert in der Luft gehangen, bis der Herzog es mit einem Auflachen wieder in die Scheide gleiten ließ und spöttisch meinte: »Nein, erwarte nicht von mir, daß ich dich ins Paradies schicke. Gehab dich wohl, kleiner Mönch.«

An dieses Ereignis erinnerte sich Guillaume jetzt, doch hatte er noch andere Gründe, sich nicht an die Kirche wenden zu wollen. Er wußte sehr genau, daß die Zusammenstöße seines Vaters mit dem Klerus allein dem Kampf um Macht dienten, und daß er selbst, wenn er einst Herzog wäre, für jede Hilfe und jeden Gefallen würde bezahlen müssen. Dies erwähnte er jedoch Aenor gegenüber nicht. »Er ist gottlos und böse, und ich hasse ihn! Das ist das Ende, ein für allemal. Von nun an werde ich ihm nur noch den Respekt erweisen, den ich ihm, meinem Lehnsherrn, schulde, aber nicht mehr!«

Aenor beugte sich über ihn und küßte ihn leicht auf die Lippen. Ihre niedergeschlagenen Lider verbargen ihre Gedanken. Seit ihrer Heirat hatte sie schon viele Streitereien zwischen dem Herzog und ihrem Gemahl erlebt. Doch Guillaume IX konnte, wenn er wollte, freundlich und gütig sein, Menschen bezaubern, als sei er ein Jahrmarktsgaukler, und er schien genau zu wissen, welche Saiten er im Herzen seines Sohnes anrühren mußte, um ihn immer aufs neue in hilfloser Liebe und Bewunderung an sich zu binden. Sie wußte, daß Guillaume sich in den zwanzig Jahren seines Lebens nichts mehr als die Anerkennung seines Vaters gewünscht hatte, und ahnte, daß dieses Bedürfnis nie endgültig erlöschen würde. Sie spürte, wie er sie in ungewohnter Heftigkeit an sich preßte, und war zugleich erfreut und beunruhigt. Bisher war er wohl zärtlich, aber kaum leidenschaftlich ihr gegenüber gewesen. Diesmal küßte er sie mit der Verzweiflung eines Erstickenden, hob sie auf und trug sie zu ihrem Lager.

Dieser Nacht der Liebe, des Zorns und Hasses, des Verlangens und der Erbitterung verdankte Alienor ihr Leben.

Alienor – Eleonore, Helienordis, Eleanor, in ihrer Heimat doch für immer und für alle Zeiten Alienor – wurde im Herbst geboren, in Schloß Bélin, das nahe der Stadt Bordeaux lag. Dorthin hatten sich Guillaume und Aenor zurückgezogen, um so weit wie möglich vom Hof in Poitiers entfernt zu sein.

Trotz der Enttäuschung über die Geburt einer Tochter – obwohl sie anders als in Nordfrankreich nicht von der Thronfolge ausgeschlossen war – wurde die Geburt eines Kindes aus dem Haus Aquitanien mit einem prunkvollen Fest gefeiert, und die Vorbereitungen für die Taufe dauerten mehr als einen Monat. Das war ungewöhnlich, denn neugeborene Kinder starben zu jener Zeit noch leicht und schnell. Doch dies würde nicht irgendeine Taufe sein; ein großer Teil des aquitanischen Adels strömte nach Bordeaux, die Stadt selbst war durch Girlanden, bunte Tücher und Blumen zu einem Farbenmeer geworden, und obwohl bereits alle Herbergen, Klöster und Burgen der Umgebung mit Gästen belegt waren, trafen mit jedem Tag noch weitere Neuankömmlinge ein. Doch womit Guillaume gewiß nicht gerechnet hatte, war, daß ihm ein Herold am Tag vor der Taufe die Ankunft seines Vaters, des Herzogs von Aquitanien, ankündigte. Es blieben ihm genau vierundzwanzig Stunden, um sich auf diese Nachricht einzustellen, bevor er dem Herzog auf dem Schloßhof von Bélin gegenübertreten mußte. Wie es sich für einen Vasallen gebührte, faßte er das Pferd seines Vaters beim Zügel. Der Herzog schwang sich mit einer Mühelosigkeit, um die ihn jeder jüngere Mann hätte beneiden können, aus dem Sattel, und Guillaume kniete vor ihm nieder.

»Euer Gnaden.«

Er fühlte sich jäh aufgehoben und umarmt; sofort versteifte er sich. Falls sein Vater es merkte, ließ er es nicht erkennen. »Zum Teufel, Guillaume, das Leben ist doch wunderbar! Wenngleich ich sagen muß, daß du dich mit so einer Botschaft etwas mehr hättest beeilen können – Lusignan wußte es eher als ich!«

»Ich nahm an, Ihr wäret enttäuscht, weil es kein Sohn ist«, entgegnete Guillaume kühl.

Sein Vater grinste. »Ich über ein Mädchen enttäuscht? Ich halte jedes einzelne von ihnen für einen Segen für die Menschheit, mein Junge! Außerdem hoffe ich doch, daß du noch mehr Kinder haben wirst. Da fällt mir ein«, er schaute suchend über sein Gefolge hinweg, »ich habe deinen Bruder mitgebracht. Er wollte die Taufe um keinen Preis versäumen. Raymond!«

Ein blonder Schopf hob sich. Da überall Gäste, Knechte und sonstige Bedienstete umherliefen, hatte Raymond es nicht leicht, sich seinen Weg durch die Menge zu bahnen. Endlich stand er vor ihnen. Guillaume bückte sich, nahm seinen kleinen Bruder auf und schwang ihn freudig herum. Raymond war ein liebenswerter Junge, lebhaft, ohne heftig zu sein, schlank und mager wie seine Mutter. Guillaume, dessen Mutter bei seiner Geburt gestorben war, konnte sich an keine andere Mutter als Felipa erinnern und dachte so gut wie nie daran, daß Raymond nur sein Halbbruder war. Wären sie gleichaltrig gewesen, hätten sie wie viele Fürstensöhne möglicherweise Rivalen sein können, doch so hing Raymond mit unerschütterlicher Heldenverehrung an Guillaume, und Guillaume brachte ihm seine uneingeschränkte Bruderliebe entgegen.

»Ich wollte Raymond einige Zeit bei dir lassen«, bemerkte der Herzog. »Hier ist es ruhiger, und in Poitiers fühlt er sich doch recht einsam.«

»Das habe ich nie gesagt!« protestierte Raymond, und sein Vater kniff ihn in die Wange.

»Nein, aber hast du vergessen, daß ich Gedanken lesen kann? Zum Beispiel weiß ich jetzt ganz genau, wo es dich hinzieht – zu den Ställen, um beim Absatteln der Pferde zu helfen!«

»So ist es«, bekannte Raymond, um gleich darauf eifrig zu fragen: »Darf ich?«

Der Herzog nickte, und Raymond rannte davon. Lachend wandte sich Guillaume IX an seinen Sohn, stieß ihn in die Rippen und meinte: »Wie du in seinem Alter; Pferde, Pferde, nichts als Pferde.«

Guillaume wollte gerade zustimmen, hielt aber ungläubig inne. War es möglich, daß er sich schon wieder bereit fand, mit seinem Vater zu scherzen, als sei nichts geschehen? Wie kennzeichnend das doch für seinen Vater war, dachte er mit aufwallendem Zorn, zu glauben, er brauche nur zu lächeln und sich liebevoll zu geben, und schon war alles wieder in Ordnung.

»Ich erinnere mich nicht, Euer Gnaden«, erwiderte er hart und abweisend.

Der Herzog blickte ihn nachdenklich an. »Nun«, sagte er langsam, »wie du willst. Aber ich möchte meine Enkeltochter sehen. Sollten wir nicht auch Aenor unsere Aufwartung machen?«

Guillaume saß vor dem Feuer in der kleinen Halle und starrte in die erlöschenden Flammen. Als er Schritte hinter sich hörte, nahm er an, es sei der Mundschenk, und befahl, ohne sich umzudrehen: »Bring mir noch etwas Wein!«

»Lieber nicht«, entgegnete eine wohlvertraute Stimme, »zuviel davon am Abend verträgst du nicht gut, weißt du das nicht, Guillaume?«

Er sprang auf.

»Setz dich«, sagte der Herzog und ließ sich mit einem Seufzer auf dem ausgebreiteten Bärenfell nieder. Guillaume sah ihn an. Warum konnte sein Vater ihn nicht in Ruhe lassen, warum mußte er hierherkommen und versuchen, den ach so vertrauten alten Tanz wiederzubeleben, statt ihre Beziehung auf dem sicheren, unpersönlichen Boden von Vasall und Lehnsherr zu lassen? Beide schwiegen sie eine Weile.

»Deine kleine Tochter scheint rotes Haar zu haben«, sagte der Herzog plötzlich, »wie du und ich. Und sie wird überleben. Glaub mir, ich weiß es.«

Guillaume erkannte Schmerz und Erinnerung in den ausgeprägten Zügen seines Vaters und dachte an die zahlreichen Kinder, die Felipa geboren und die so bald nach der Geburt wieder gestorben waren. Nur Raymond hatte überlebt, und Felipa hatte sich nach jeder Geburt mehr in ihren Glauben, in Bußübungen und Fasten zurückgezogen. Er fragte sich mit einem Mal, wie das Leben an der Seite der frommen, asketischen Felipa für seinen lebenslustigen Vater wohl gewesen sein mochte, und haßte sich schon im nächsten Atemzug selbst für den Gedanken. Es war Felipa, der Unrecht geschehen und die gedemütigt worden war, nicht der Herzog!

Hartnäckig schwieg er. Der Herzog zog eine Grimasse. »Manchmal bin ich mir nicht sicher, wer von uns beiden den größeren Dickkopf hat, Guillaume. Hölle, weißt du nicht, daß ich dich und deine ewigen Moralpredigten vermißt habe?«

Guillaume wandte sich ab. Seine Hände verkrampften.

»Hör zu«, sagte sein Vater ernst. »Ich bin Herr über das mächtigste und wohlhabendste Reich in Europa, und der arme Louis, der in seiner Ile-de-France sitzt und sich König schimpft, zittert vor Angst, ich könnte ihm sein lächerliches Königreich abjagen wollen. Gewisse Dinge kann ich mir einfach nicht bieten lassen, auch von dir nicht, und schon gar nicht in der Öffentlichkeit.«

»Die Öffentlichkeit war Eure Entscheidung«, murmelte Guillaume tonlos.

»Ja, ich weiß. Es war ein Fehler. Was willst du, Junge, selbst unser Herr Jesus traf Fehlentscheidungen – hätte er sonst Judas zu einem seiner Apostel gemacht?«

Guillaume war vollkommen bewegungslos. Er wagte kaum zu atmen, denn er fürchtete, daß er bei der kleinsten Bewegung die Beherrschung über sich verlöre. Mit einem Mal packte ihn sein Vater bei den Schultern.

»Verdammt, Guillaume, was willst du hören? Daß es mir leid tut, dich vor ihnen allen gedemütigt und Aenor beleidigt zu haben? Das tut es. Daß es nicht wieder geschehen wird? Das glaube ich schon.« Seine Mundwinkel hoben sich. »Du hast nun einmal ein unheiliges Talent dafür, mich in Wut zu bringen, mein Sohn.«

Guillaume schluckte. Er zitterte. Dann tat er etwas, das er sich später nie verzieh. Jäh und heftig erwiderte er die Umarmung seines Vaters. Mehrere Sekunden lang hielten sie einander fest, dann machte sich Guillaume mit einem Ruck los, stieß seinen Vater zurück und stürzte hinaus.

Bordeaux war gewiß nicht nur eine der bedeutendsten, sondern auch eine der schönsten Städte Aquitaniens. Am Ufer der Garonne hob sich die Silhouette der Stadt mit ihren neun Kirchen und der Kathedrale dunkel gegen den goldglühenden südlichen Himmel ab. Die Römer hatten gut befestigte Straßen und eine starke Stadtmauer hinterlassen, und sogar die Säulen eines alten Palasts ragten noch sichtbar empor. Seit ewigen Zeiten war Bordeaux dank seiner günstigen Lage ein Handelsstützpunkt, und Guillaumes Entscheidung, diese Stadt als Sitz für sich und seinen kleinen Hofstaat zu wählen, wurde von seinem Vater gutgeheißen.

Zweimal im Jahr, zu Ostern und zu Weihnachten, reiste Guillaume nach Poitiers. Er und sein Vater verhielten sich bei ihren seltenen Begegnungen kühl und höflich, und Guillaume war entschlossen, diesen Zustand beizubehalten. Er hatte seine Kindheit in dem ständigen Auf und Ab der Zornesausbrüche und Gunstbezeugungen seines Vaters verbracht und wünschte sich nunmehr nur Ruhe und Frieden.

In Bordeaux bewohnte er in der Regel das Palais l'Ombrière, das innerhalb der Stadtmauern zwischen zwei schmalen Flußarmen lag, gelegentlich auch das etwas weiter entfernte Schloß Bélin. Der Stadtrat von Bordeaux fühlte sich durch die ständige Anwesenheit des zukünftigen Herzogs sehr geehrt, und der niedere Adel nützte die Gelegenheit, sich über das Palais l'Ombrière den Weg nach Poitiers zu bahnen. Guillaume schloß auch Freundschaft mit dem Erzbischof der Stadt, Geoffrey du Loroux, der einer der wenigen Kleriker war, die dem Haus Aquitanien nicht feindlich ge-

genüberstanden. Seine Stiefmutter Felipa starb in ihrem Kloster, und Aenor gebar ihm eine zweite Tochter, die Petronille genannt wurde. Guillaume stellte fest, daß er eigentlich glücklich war.

Seine ältere Tochter Alienor zählte vier Jahre, als der Herzog Bordeaux wieder besuchte. Diesmal handelte es sich um einen offiziellen Staatsbesuch, sein Vater empfing Gesandtschaften, Abgeordnete und Bittsteller, vergab einige Privilegien, wohnte huldvoll allen Festlichkeiten bei, die die Stadt ihm zu Ehren veranstaltete, und so dauerte es mehrere Tage, bis sie dazu kamen, ein persönliches Gespräch zu führen.

Der Herzog forderte Guillaume zu einem kurzen Spazierritt auf und entschied, auch Raymond und die kleine Alienor in Begleitung ihrer Amme mitzunehmen. Da es keine Möglichkeit gab, höflich abzulehnen, willigte Guillaume ein. Sie machten bald auf einer kleinen Lichtung halt, die in einem felsigen Tal lag. Ein Wasserfall sprang von den Steinen und sammelte sich zu einem kleinen See.

Die Sonne brach sich in dem bewegten Wasser, fing sich in Alienors Haar und übergoß sie mit wärmendem Licht. Das Kind breitete die Arme aus, wie um das Leuchten einzufangen, und lachte voll Freude und Entzücken.

»Alienor«, sagte der Herzog, der sie beobachtete, »Goldadler. Du hast ihren Namen gut gewählt, Guillaume.«

»An diese Bedeutung hatte ich gar nicht gedacht«, gab Guillaume ein wenig abweisend zurück. »Ich habe sie nach ihrer Mutter genannt: ›die andere Aenor‹.«

»Sei dem, wie es will«, bemerkte sein Vater friedlich, »wir haben schon ein Angebot für sie. Mein lieber Freund Louis, der König von Frankreich, schreibt mir, er hielte seinen Sohn Philippe für den geeignetsten Freier.« Er brach in Gelächter aus. »Kein Zweifel, daß Louis sie für eine goldene Gelegenheit hält, seinen Einfluß und sein Königreich endlich auch auf ein königliches Maß zu bringen.«

»Eine solche Verbindung hätte aber ihre Vorteile«, erwiderte Guillaume nachdenklich. »Wir wären ein geeintes Land, und...«

»Unsinn!« sagte sein Vater nachdrücklich. »Denk nur daran, was Louis zu bieten hat. Einen Königstitel und seine lächerlichen Ländereien, sehr viel mehr ist es nicht. Was seine Heeresstärke angeht, so war er schon über die Eroberung einer Festung, die nahe bei Paris liegt, so überglücklich, daß er dreißig Dankesmessen lesen und verkünden ließ, es sei ihm zumute, als sei er aus dem Gefängnis ausgebrochen. Seit über hundert Jahren hat sich kein Herzog von Aquitanien mehr die Mühe gemacht, vor dem französischen König seinen Lehnseid abzulegen. Unser Reich ist weit mehr als doppelt so groß und unabhängig, und durch diese Ehe wäre Aquitanien wieder ein echtes Lehen der Krone. Möchtest du das? Und, Guillaume«, er zwinkerte seinem Sohn zu, »was, wenn du nun einen Sohn bekommst? Der müßte sich dann mit dem nächsten König von Frankreich herumschlagen. Außerdem«, nun grinste er, »wenn der junge Philippe seinem Vater ähnelt, glaube ich kaum, daß deine Alienor zu ihm passen würde!«

Der Herzog wies auf Alienor und Raymond, die sich inzwischen voll Begeisterung am Wasser vergnügten. Alienors Amme, die es zu spät bemerkt hatte, hastete entsetzt zu ihrem Schützling und zog Alienor vom Wasser weg. Das kleine Mädchen, so jäh aus seinem Spiel gerissen, wehrte sich, biß, kratzte und brüllte wie am Spieß.

Der Herzog lachte. »Mir scheint, sie schlägt nach mir, Guillaume.«

Guillaume schien von dieser Feststellung nicht begeistert: »Ich weiß nicht, was in sie gefahren ist, sie ist sonst brav und ruhig. Ihr solltet sie sehen, wenn Raymond ihr eine Geschichte erzählt.«

Der Herzog blickte auf seinen zwölfjährigen Sohn und

entgegnete abgelenkt: »Ich wundere mich immer wieder über Raymond. Weiß Gott, in seinem Alter hätte ich ein Kleinkind, das sich mit so einer Beharrlichkeit an mich heftet, mit einem Fußtritt weggejagt. Man entdeckt erst später, daß Kinder unterhaltsam sein können. Ich habe es auch erst bei dir und Raymond festgestellt.«

»Ja, ich...« begann Guillaume und brach abrupt ab.

Sein Vater erwies sich einmal als feinfühlig und sprach weiter, als habe er nichts bemerkt: »Du hast doch nichts dagegen, wenn Raymond jetzt ständig bei dir bleibt? Es wäre nun ohnehin an der Zeit, ihn in einem Haushalt unterzubringen, wo er Lebensart und die ritterlichen Künste lernt, und bei wem sollte er das besser lernen als bei seinem eigenen Bruder?«

»Ich habe Raymond sehr gerne bei mir«, sagte Guillaume und war dankbar, daß die Begegnung mit seinem Vater diesmal ohne einen lauten Streit abgegangen war.

Das Palais l'Ombrière, in dem Alienor aufwuchs, war nicht so groß wie der herzogliche Palast in Poitiers, doch es war weitläufig genug für sie, um immer wieder ihrer Amme entwischen zu können.

Sie liebte Raymond. Er rannte mit ihr durch die Gänge des Schlosses, spielte mit ihr Verstecken, erzählte ihr Geschichten von Rittern, Drachen und Feen und nahm sie manchmal auch in die riesige Küche mit, um ein wenig Essen zu stehlen. Als sie fünf Jahre alt wurde, brachte er ihr heimlich das Reiten bei. Natürlich fiel sie zunächst herunter und begann zu schreien – es waren weniger Schmerzens- als Zornestränen –, doch sie verlangte sofort, wieder auf das Pferd gesetzt zu werden, und Raymond war beeindruckt. »Du kannst ein echter Reiter werden, Alienor«, sagte er an diesem Tag, als sie sich beide wieder zurück in die Frauengemächer stahlen, die Alienor eigentlich noch gar nicht verlassen durfte, »aber hör um Himmels willen auf, jedesmal zu schreien, wenn du deinen Willen nicht bekommst!«

Der innige Wunsch, nicht die Achtung – und die Aufmerksamkeit – ihres Helden zu verlieren, bewirkte, daß Alienor tatsächlich versuchte, sich in Raymonds Gegenwart zusammenzunehmen, und daß ein einziges »Miau, Mädchen« genügte, um sie wieder in die Schranken zu weisen.

Etwas anderes war es jedoch, wenn ihre Mutter oder ihre Amme versuchten, ihr das Spinnen und Sticken beizubringen. »Jede Edelfrau muß spinnen können«, sagte Aenor und starrte verzweifelt auf ihre Tochter herab, die die Spindel auf den Boden geworfen hatte und trotzig mit dem Fuß aufstampfte. »Ich will nicht!« Selbstverständlich wußte sie, daß es von einem kleinen Mädchen zuviel verlangt war, stundenlang Flachs in der Hand zu halten, aber ein kleiner Anfang zumindest, das Bestreben, es zu versuchen…

Nicht, daß Alienor nie geduldig sein konnte. Zur Verwunderung ihrer Familie, ihrer Erzieherin und aller, die sie kannten, war sie in der Lage, stundenlang ruhig der Musik der Spielleute und den Gesängen der Troubadoure zuzuhören. Guillaume hatte zwar nicht die schöpferische Erfindungskraft seines Vaters, des Herzogs, doch auch er liebte die Dichtung, und zwei der Troubadoure an seinem Hof, Cercamon und Blédhri der Waliser, waren im ganzen Land berühmt. Raymond neckte Alienor damit, daß sie Blédhris Lieder doch gar nicht verstehen könne, und zu seiner Verblüffung wiederholte das aufgebrachte Kind Blédhris letztes Lied fast fehlerlos.

Anläßlich des Osterfestes des nächsten Jahres durfte Alienor ihre Eltern zum ersten Mal an den Hof ihres Großvaters begleiten. Die Reise wurde für sie eine Offenbarung. In allen Städten und Dörfern, durch die sie, auf das Pferd ihres Vaters gesetzt, zog (leider hatte sie Raymond versprechen müssen, nichts von seinem Reitunterricht zu erzählen), jubelten die

Menschen ihr zu, und sie winkte hingerissen zurück. Man hatte ihr schon vorher mehrmals gesagt, daß sie die Erbin von Aquitanien war, doch noch nie zuvor hatte sie erkannt, was das wirklich bedeutete. Und das Land, das sie durchquerten, erschien ihr wie das Paradies.

Sie war immer enttäuscht, wenn ihr Vater sie wieder in die Sänfte plazierte, in der ihre Mutter reiste. Aenor war durch die lange Reise und das monotone Rütteln schläfrig geworden und schrank erst auf, als sie die begeisterte Stimme ihrer Tochter rufen hörte: »O Maman, es ist so wunderschön!« Da erst bemerkte sie, daß Alienor die Sänftenvorhänge aufgezogen hatte und mehr als ein Soldat aus ihrer Eskorte einen grinsenden Blick hineinwarf. Aenor richtete sich hastig auf, schloß die Vorhänge wieder und tadelte vorwurfsvoll: »Du bist ein böses Mädchen, Alienor, das darfst du nicht!«

»Aber warum nicht, Maman?«

Aenor seufzte, und ihre Gedanken schweiften ab, nach Poitiers, an den Hof, der sie dort erwartete. »Alienor«, sagte sie schließlich, »wenn wir in Poitiers sind, wirst du dort auch deiner Großmutter begegnen.« Alienor, die unzufrieden hin- und hergerutscht war, wurde aufmerksam. Sie hatte durch das Geschwätz von Aenors Damen schon viel von ihrer Großmutter gehört, der berüchtigten Dangerosa, die die schönste Frau der Welt sein sollte und ihren Großvater, den Herzog, behext hatte.

»Gott möge mir verzeihen«, sagte Aenor mit der leichten Trauer, die Alienor unbewußt immer mit der sanften, wehmütigen Frau verband, die sie zur Welt gebracht hatte, »daß ich so etwas sage, denn sie ist meine Mutter. Aber ich möchte nicht, daß du mit ihr sprichst oder in ihre Nähe gehst, mein Kind, wenn es nicht unbedingt notwendig ist.«

Aenor hatte ihre Gründe, und die Liaison ihrer Mutter mit Guillaumes Vater war nur einer davon. Ihr ganzes Leben lang hatte Aenor beobachtet, wie ihre Mutter Menschen durch ihren Zauber an sich band und dann jäh wieder fallenließ. Darin unterschied sie sich vom Herzog, dachte Aenor; denn er ist wenigstens zu beständiger Zuneigung fähig. Außerdem verabscheute sie die Art, in der ihre Mutter Pläne machte und, ständig nach mehr Macht suchend, intrigierte. Sie hatte Aenors Heirat mit Guillaume betrieben, und als sie entdeckte, daß es ihr nicht genügend Macht einbrachte, die Schwiegermutter des zukünftigen Herzogs zu sein, hatte sie sich entschieden, auch noch die Geliebte des gegenwärtigen zu werden. Aenor fürchtete nichts mehr, als daß ihre Mutter auch Alienor in ihre Pläne einbeziehen und ausnützen könnte.

Andererseits bestand eigentlich noch keine große Gefahr deswegen. In den letzten fünf Jahren hatte sich die Geliebte des Herzogs nicht einmal nach ihren Enkelkindern erkundigt; sie waren ihr offensichtlich gleichgültig. Aenor hoffte es, und gleichzeitig, obwohl sie geglaubt hatte, sich längst mit dem Wesen ihrer Mutter abgefunden zu haben, schmerzte es sie.

Alienor hatte noch nie etwas so Wunderbares erlebt wie ihre Ankunft in Poitiers. Ihr Großvater erschien ihr in seinen prunkvollen Staatsgewändern wirklich wie ein märchenhafter König, und er erlaubte ihr nicht nur, am abendlichen Festmahl teilzunehmen, nein, er forderte sie auch auf, an seiner Seite zu sitzen.

»Ma belle Dangerosa wird es verstehen.«

Seit der Herzog den Spitznamen seines Volkes für seine Geliebte erfahren hatte, der ihn ungeheuer belustigte, verwendete er ihn selbst.

Die riesige Menge an Gästen, die fremdartigen Speisen, die ständig hereingetragen wurden, die vielen Gaukler, all das verdrehte Alienor leicht den Kopf, und sie wußte bald nicht mehr, wohin sie zuerst sehen sollte. Dann nahmen die Musikanten in der Galerie ihre Plätze ein, Flöten, Lauten und Tambourine erklangen, bis ihr Großvater aufstand und Schweigen gebot.

»Jetzt soll die Zeit der Lieder sein«, sagte er, »aber zuerst müssen wir noch die Herrin des Festes bestimmen, die zwischen den Sängern richten wird.« Vorschläge wurden laut; die ernsthafter gemeinten nannten im Hinblick auf den Herzog Dangerosa, während die scherzhafteren meinten, man solle doch eine der Küchenmägde wählen, die ihrer aller Gaumen heute so wunderbar erfreut hatten. Endlich trat auf ein unmerkliches Zeichen des Herzogs ein Ritter aus seinem Gefolge vor, kniete vor Alienor nieder und fragte: »Dame Alienor, wollt Ihr unsere Herrin des Festes sein?«

Alienor war so glücklich, daß sie am liebsten die ganze Welt umarmt hätte. Würdevoll, wie sie es bei anderen beobachtet hatte, gab sie zurück: »Es wäre mir eine Ehre.« Alle klatschten Beifall, die Spielleute stimmten erneut ihre Instrumente an, und staunend sah sie, daß ihr Großvater der erste war, der zu singen begann. Seine mächtige, sonst so rauhe Stimme klang auf einmal geübt und geschmeidig und füllte doch den ganzen Raum. Er trug ein Lied vor, das er im Heiligen Land gedichtet hatte, doch handelte es nicht von seinen Kämpfen, sondern von den Sarazeninnen. Alienor bemerkte, daß der Freund ihres Vaters, der Bischof von Bordeaux, die Stirn runzelte.

Auch Cercamon und Blédhri der Waliser nahmen an dem Wettbewerb teil sowie mehrere Edelleute aus dem Gefolge des Herzogs, und am Ende war Alienor schrecklich verlegen. Sie wünschte, ihr Großvater hätte nicht ebenfalls gesungen, denn sie wollte ihn nicht enttäuschen. Doch sie wollte auch eine gerechte Richterin sein, und schließlich kletterte sie von ihrem hohen Stuhl an der Seite des Herzogs herunter und ging auf den jungen Adligen zu, dessen Vortrag ihr am besten gefallen hatte. Dieser kniete rasch nieder, damit sie nicht mehr so sehr zu ihm aufschauen mußte. Sie konnte es nicht unterdrücken, rasch einen vorsichtigen Blick auf ihren Großvater zu werfen, sagte aber laut und deutlich zu dem Sänger: »Euch gebührt der Preis.«

Der Sänger nahm ihre Hand und küßte sie unter dem Beifall der Menge. Alienor sah wieder zu ihrem Großvater, dessen Gesicht ausdruckslos war.

»Weißt du nicht«, fragte er süffisant, »daß man seinen Gastgeber nicht beleidigt, Alienor? Warum hast du nicht mich gewählt?«

»Ihr wart nicht der Beste«, flüsterte sie, den Blick auf den Boden gesenkt.

Er stand auf. »Komm her und sag das noch einmal«, forderte er sie mit gedehnter Stimme auf.

Jetzt war Alienor eher wütend als ängstlich. Sie ging zu ihrem Großvater, stampfte mit dem Fuß auf und rief: »Ihr wart nicht der Beste!«

Stille herrschte. Dann brach der Herzog in Gelächter aus, hob sie auf und wirbelte sie herum. »Bei unserm Herrn Jesus«, keuchte er, als er wieder zu Atem kam, »das ist meine Enkelin! Du fürchtest dich vor nichts und niemandem, nicht wahr, mein Herz?« Er setzte sie auf dem Tisch ab und griff nach seinem Becher. »Trinken wir auf Alienor von Aquitanien!«

Aenor sah zu, wie die Amme ihre ältere Tochter vorsichtig zudeckte. Es war ein Wunder, daß Alienor nicht schon auf dem Gang eingeschlafen war, so übermüdet, wie sie sein mußte. Sie lächelte, als sie bemerkte, daß Alienors Daumen den Weg zu ihrem Mund gefunden hatte, eine Angewohnheit, die das Kind eigentlich schon längst aufgegeben hatte, und machte die Amme leise darauf aufmerksam. Dann ging sie, denn sie war zu ihrer Mutter gerufen worden. Als eine beflissene Kammerfrau Aenors Kommen ankündigte, saß Dangerosa, bereits in ihr Nachtgewand gekleidet, auf einem mit Luchsfellen bezogenen Schemel. Eine weitere Dienerin kämmte ihr langes, silbriggoldenes Haar, das hier im Süden eine wahrhaft seltene Kostbarkeit war, wie sie auch sonst in bewundernswerter Weise dem Schönheitsideal der Zeit glich: Sie hatte strahlend blaue Augen, eine reine, weiße Haut und die Gestalt eines jungen Mädchens. Niemand, der sie nicht kannte, hätte es für möglich gehalten, daß sie eine Tochter in Aenors Alter hatte, und Aenor vermutete, daß ihre Mutter auch nicht gerne daran erinnert wurde.

Dangerosa begann ohne Einleitung zu sprechen. »Mein Herr war heute sehr gnädig zu deiner Tochter«, sagte sie gleichmütig, »aber täusche dich nicht, er hofft noch immer auf einen männlichen Erben. Wie ich sehe«, ihr Blick glitt abschätzend von Aenors Gesicht zu ihrer Taille, »erwartest du wieder ein Kind?« Aenors Wangen brannten. Sie fühlte sich erniedrigt und nickte stumm, unfähig, eine andere Antwort zu geben. Ihr war es nie gelungen, in Gegenwart ihrer Mutter anders als scheu und nachgiebig zu sein.

»Nun«, fuhr Dangerosa fort, »vielleicht haben wir Glück, und es wird ein Junge. Damit wären alle Schwierigkeiten beseitigt. Falls nicht, dann würde ich vorschlagen, daß du deinem Gemahl zuredest, damit er sich wieder öfter bei Hofe blicken läßt und sich etwas mehr um die Gunst seines Vaters bemüht. Es gibt hier in Poitiers Mächte, die eine weibliche Herrschaft in Aquitanien ablehnen und ihn bestürmen, Guillaume zu übergehen und Raymond zum Erben zu machen.«

Aenor fand ihre Stimme wieder. »Raymond würde Guillaume nie verraten – oder Alienor!« stieß sie hervor.

Dangerosa betrachtete ihre Hände. »Seltsam«, bemerkte sie überdrüssig, »daß ich es fertiggebracht habe, eine so naive Tochter aufzuziehen. Der Junge mag jetzt noch keinen Gedanken daran verschwenden, deinen Gemahl um das Herzogtum zu beneiden, aber er wird erwachsen werden, und erwachsene Menschen sind machthungrig, Aenor.«

»Ganz gewiß trifft das auf Euch zu, Mutter«, erwiderte Aenor bitter, selbst überrascht von der Heftigkeit ihrer Reaktion. Derartiges hatte sie noch nie zuvor gewagt.

Dangerosa warf ihrer Tochter einen erstaunten Blick zu. »Sicher, ich gebe ohne weiteres zu, daß ein Hof unter Herzog Raymond keine Zukunft für mich böte. Er würde in mir immer nur die Rivalin seiner Mutter sehen. Aber was ich dir rate, kann dir nur nutzen, Aenor, und wenn dir etwas an deinem Gemahl und deinen Kindern liegt, hörst du auf mich.«

Aenor holte tief Luft. »Ich weiß nicht warum«, sagte sie leise. »Ich hatte so sehr gehofft, daß Ihr einmal mit mir über etwas anderes sprechen würdet als über Macht und Pläne. Aber das wäre wohl zuviel verlangt. Gute Nacht, Mutter.«

Alienor war auf der Suche nach Raymond, der an diesem Morgen bei seinem Vater sein mußte, als ihr Freund plötzlich aus einem Gang auftauchte und sie hastig beiseite zog.

»Alienor, was machst du hier? Komm, wir müssen hier schleunigst verschwinden!« Er legte ihr eine Hand auf den Mund. »Pssst. Vater und Guillaume streiten, hörst du es nicht? Und wenn sie herauskommen und uns hier finden, ist die Hölle los!«

Jetzt hörte Alienor die zornige Stimme ihres Großvaters ebenfalls, die immer durchdringender wurde, bis sie von den Wänden widerhallte: »...von allen selbstgefälligen Eseln, die ich je gekannt habe, bist du...« Einige Höflinge, die vorbeischlenderten, waren schon stehengeblieben.

Raymond entschied sich, Alienor auf den Rücken zu nehmen, und rannte dann los, bis er eine Fensternische fand, die abgelegen genug war, damit sie nichts mehr hörten und man sie nicht sehen konnte. Er setzte das Mädchen ab und starrte über sie hinweg aus dem Fenster.

»Es ist scheußlich«, sagte er leise und mehr zu sich selbst als zu seiner Nichte. »Seit Jahren ist das nicht mehr passiert, seit... und diesmal ist Guillaume im Unrecht, weil er die Lusignans verteidigt, und die sind Verräter, und...« Plötzlich bemerkte der Junge wieder, mit wem er sprach.

Alienor hörte zu, ohne wirklich zu begreifen. Bis jetzt war alles so wundervoll gewesen, und sie wollte nicht glauben, daß sich das geändert haben sollte. »Vielleicht tut er nur so, als ob er sich ärgert?« meinte sie hoffnungsvoll, eingedenk der Tatsache, wie ihr Großvater sich an ihrem Ankunftstag verhalten hatte. Raymond schüttelte den Kopf.

»Nein, er meint es ernst.« Jedenfalls, dachte er mit einem Zynismus, für den er eigentlich noch viel zu jung war, hatten sie diesmal daran gedacht, ihn vorher hinauszuschicken. »Ach, verdammt!« sagte er plötzlich laut und schlug mit der Faust gegen die Mauer.

Alienor hatte gute Lust, das gleiche zu tun, oder zumindest so zu schreien wie ihr Großvater. Denn eines verstand sie, und das überdeutlich: Die Freude und der Glanz des Osterfestes waren zu einem schwarzen Nichts zerfallen.

Toulouse, die letzte große unabhängige Stadt im Herrschaftsgebiet des Herzogs von Aquitanien, war seinerzeit durch seine Heirat mit Felipa an ihn gefallen, und der dortige Adel, der sich nie damit abgefunden hatte, erhob sich nun gegen ihn. Diese bestürzende Nachricht hatte zum Streit zwischen Guillaume und seinem Sohn geführt.

Der Herzog verdächtigte die Lusignans, eine ehrgeizige Familie, die einerseits gute Verbindungen nach Toulouse hatte und andererseits entfernt mit ihm verwandt war, so daß sie sich Hoffnungen auf das Herzogtum machen konnten, sich an der Verschwörung beteiligt zu haben. Dem widersprach Guillaume, der mit mehreren Mitgliedern der Familie befreundet war, energisch, und so stritten sie lange und erbittert. Guillaume warf seinem Vater vor, er sei gegen die Lusignans voreingenommen, da sie seit Jahren mit Dangerosa in Fehde lagen – ihre Besitzungen grenzten aneinander –, und von diesem Zeitpunkt an nahm der Streit einen katastrophalen Verlauf. Am Ende reiste Guillaume, aufs neue erbittert, zurück nach Bordeaux.

Der Herzog unternahm einen blitzartigen Feldzug gegen Toulouse, der ebenso erfolgreich wie grausam war und die vorher eher neutrale Bürgerschaft in ihrem Haß gegen ihn mit dem Adel vereinte. Er kehrte gealtert und verbittert zurück. Wie sich gezeigt hatte, waren die Lusignans tatsächlich in den Aufstand verwickelt gewesen, was in ihm jedoch nicht mehr denselben Zorn auslöste, wie es in der Vergangenheit der Fall gewesen war. Er stellte nur resigniert fest, daß Guillaume wieder einmal Freundschaft mit Treue verwechselt hatte. Wenig später erreichte ihn die lang erwartete Botschaft: Aenor hatte einen Sohn geboren, der Aigret genannt werden sollte.

Die Taufe eines männlichen Erben mußte selbstverständlich mit allem Prunk und Zeremoniell in Poitiers begangen werden, und der Herzog sorgte dafür, daß es ein denkwürdiges Ereignis wurde. Von den Höfen aller Nachbarländer trafen Glückwünsche ein, sogar der König von Frankreich schickte ein Schreiben. »Kein Wunder«, sagte der Herzog bester Laune zu seiner Geliebten, »sein Philippe ist jetzt weiter von Aquitanien entfernt denn je. Ist es nicht großartig, daß unser gemeinsamer Enkel über Aquitanien herrschen wird, obwohl wir nie verheiratet waren und keine Kinder haben?«

»Das ist allein deine Schuld«, murmelte Dangerosa mit halbgeschlossenen Lidern. Er lachte. »Mein Herz, ich weiß, es ist der Traum deines Lebens, Herzogin von Aquitanien zu werden, aber daraus wird nichts. Deine Domänen habe ich schon durch Guillaumes Ehe, und ich heirate immer nur

Frauen, die mir mehr Nutzen als Ärger bringen – und vor allem Land. Die anderen behalte ich für die Liebe.« Sie warf einen Kamm nach ihm.

Guillaume war noch immer voller unversöhnlicher Ablehnung gegenüber seinem Vater. Aber in der überschäumenden Triumphstimmung, in der sich der Herzog befand, störte ihn das nicht weiter. Er würde Guillaume schon zur Einsicht bringen. Die Zukunft von Aquitanien war gesichert!

Erst als sich die Aufregung um die Taufe etwas gelegt hatte, fand er die Zeit, auf seine anderen beiden Enkelkinder zu achten. Petronille schien ein träges kleines Nichts zu sein. Alienor war seit dem letzten Jahr um einiges gewachsen, und er bemerkte überrascht, daß ihre kindlichen Züge sich zu einer wirklichen Schönheit auszuwachsen versprachen. Sie besaß hohe Wangenknochen, eine gerade, feingezeichnete Nase, eine edle Stirn und ein eigensinniges Kinn. Ihre Augen leuchteten in einem warmen Haselnußbraun, und als sie ihn unerwarteterweise bat, sie auf die Jagd mitzunehmen, stimmte er bereitwillig zu.

Er war entzückt darüber, daß sie eines der Ponys, die er aus Wales kommen ließ, allein reiten konnte, wenngleich er einen Mann aus seinem Gefolge anwies, ständig ein Auge auf sie zu haben. Zu Beginn war sie schweigsam, dann lenkte sie ihr Pony zu ihm und fragte mit großem Ernst: »Großvater, Euer Gnaden, können wir miteinander sprechen wie Erwachsene?«

Innerlich belustigt erwiderte er in demselben Tonfall: »Gewiß.« Alienor strich über die Mähne ihres Ponys. Schließlich platzte sie heraus: »Warum werde ich jetzt nicht mehr Herzogin von Aquitanien, wo Aigret geboren ist?«

Er war überrascht und bestürzt zugleich. Offensichtlich hatte sich niemand die Mühe gemacht, es dem Mädchen zu erklären, und niemand war auf die Idee gekommen, es könnte ihr etwas ausmachen – eine Annahme, die er geteilt hatte. »Kleines«, sagte er behutsam, »du hast jetzt einen Bruder.« Sie schüttelte den Kopf, und ihre roten Locken flogen. »Aber als Petronille geboren wurde, hat es doch auch nichts geändert!«

Jetzt hatte sie etwas geschafft, was seit Ewigkeiten niemandem mehr gelungen war: Guillaume IX in Verlegenheit zu bringen. Er war noch nie vor der Notwendigkeit gestanden, eine Tatsache erläutern zu müssen, die für ihn völlig selbstverständlich war. »Petronille ist ein Mädchen«, sagte er endlich langsam, »und Aigret ein Junge. Jungen haben immer und in allen Dingen den Vorrang vor Mädchen.«

»Aber das ist ungerecht«, sagte Alienor hitzig, »ungerecht! Aigret ist doch nur ein dummes Balg, das ständig plärrt, Maman ist seit seiner Geburt so krank und...« Ihre Unterlippe zitterte. Ihr Großvater sah sie an, als sei sie eine Fremde. Sechs Jahre, dachte er. Unglaublich. Andererseits, wer spürte Eifersucht schon so heftig und erbittert wie ein Kind?

»Alienor«, sagte er und faßte mit seiner Hand unter ihr Kinn. »Aigret bekommt Aquitanien, aber ich kann dir versprechen, daß ich für dich den edelsten und mächtigsten Gemahl suche, den es auf der Erde gibt.« Das Mädchen ballte seine Hände zu kleinen Fäusten. »Ich will keinen Gemahl«, antwortete sie störrisch, »ich will überhaupt nicht heiraten, ich will Aquitanien, und ich will niemals hier weggehen!«

Ihr Großvater zog die Brauen hoch. »Wenn du dich nicht beizeiten daran gewöhnst, nicht alles zu bekommen, was du *willst*«, sagte er verschmitzt, »wird dich in deinem Leben noch sehr viel Ärger erwarten. Außerdem würde ich an deiner Stelle einen Gemahl nicht so schnell ablehnen. Männer haben ihre Annehmlichkeiten.«

Sie reckte das Kinn. »Welche?«

Der Herzog mußte ein Grinsen unterdrücken. »Wenn ich dir das sage, werden mir deine Eltern das niemals verzeihen.« Er fuhr mit einer Hand durch ihr Haar. »Immerhin, ich dachte, du wolltest eine Jagd sehen – sollten wir jetzt nicht die Falken steigen lassen?«

An diesem Abend beobachtete er vergnügt, wie sich das wilde Wesen vom Vormittag in einen anmutigen kleinen Engel verwandelte, während sie mit ihrem jungen Halbonkel tanzte. »Aber nur einen Tanz«, mahnte Aenor, »Raymond möchte schließlich auch mit Mädchen in seinem Alter tanzen.«

»Die werden warten«, entgegnete Raymond sorglos und mit einem Augenzwinkern. Der Herzog sah ihnen zu, wie sie die schwierigen Figuren abschritten, und staunte über die Sicherheit, mit der Alienor sich bewegte. Wer würde glauben, dachte er und lachte wieder in sich hinein, daß ihm diese kleine Hexe heute morgen ganz ohne Umschweife und vehement das abgefordert hatte, was er seit seinem sechzehnten Lebensjahr unangefochten beherrschte – Aquitanien?

Er selbst fühlte sich heute zu erschöpft, um zu tanzen, auch wenn ihm Dangerosa einen erbosten Blick zuwarf. Vielleicht sollte er wirklich den nächsten Feldzug Guillaume überlassen. Er lauschte dem Klang der Flöten. Musik, Musik – er hatte sie immer für die wahre Erlösung der Menschheit gehalten. Als der Tanz zu Ende war, erhob er sich. Er bedeutete den Spielleuten, aufzuhören. Die Gespräche um ihn verstummten allmählich. Als Schweigen eingekehrt war, rief er: »Laßt uns trinken!«

Er sah von Guillaume, seinem tugendhaften, halsstarrigen Sohn, den er liebte, zu Aenor, der sanften, blassen Aenor, die er zwar für eine der besten Frauen hielt, die er kannte, aber dennoch niemals gegen seine intrigante, prächtige Dangerosa eingetauscht hätte. Ah, Dangerosa, dachte er und lächelte ihr zu. Was für ein treffender Name das doch war!

Er schaute auf Raymond, seinen jüngeren Sohn, den er kaum kannte und der ein freundlicher Fremder für ihn geworden war. Raymond, vielleicht war es falsch, dich zu Guillaume zu schicken, wie Dangerosa mir geraten hat, aber ich glaubte, daß du dort glücklich sein würdest, und wußte, daß du es in Poitiers nicht warst, nicht mit Dangerosa vor Augen und dem Bewußtsein, daß deine Mutter dich in ihrem Kloster auch nicht haben wollte. Sein Blick wanderte zu Alienor, diesem amüsanten kleinen Mädchen, er blinzelte ihr zu und hob den Pokal, den man ihm gereicht hatte. »Auf das Leben, auf die Liebe und auf die Schönheit!« rief er, trank das Gefäß in einem Zug aus und schleuderte es fort. Einen Moment lang stand er still, dann wankte er und stürzte zu Boden.

Er war tot, als Guillaume neben ihm kniete und seine Schultern umfaßte.

Wie ein Lauffeuer verbreitete sich die Nachricht, daß Guillaume IX, seit mehr als dreißig Jahren Herr über das reichste Land Europas, nun endlich einem Feind erlegen war – dem Tod.

Noch während der neue Herzog, starr und bleich, in der Kathedrale Saint-Pierre in Poitiers die Lehnsschwüre seiner Vasallen entgegennahm, begannen sich die ersten Folgen zu zeigen. Der Adel aus Toulouse war erst gar nicht erschienen. Doch da Guillaume weder die Rücksichtslosigkeit noch das Geschick seines Vaters in der Kriegsführung besaß, konnte er die Rebellion diesmal nicht niederschlagen, sondern nur verhindern, daß sie auch auf andere Gebiete übersprang. Er kehrte schließlich von seinem fruchtlosen Feldzug gegen Toulouse zurück, den er mit wenig mehr Erfolg in unregelmäßigen Abständen wiederholen sollte. Die Verwaltung und der Handel Aquitaniens blühten unter seiner Regentschaft, doch die Kriegskunst war ihm nicht gegeben, und die Niederlagen hinterließen bei Guillaume ihre Spuren.

Nach vier Jahren hatte sich ein ständiger Zug der Bitterkeit in sein Gesicht gegraben, er war reizbarer geworden, und niemand hätte mehr sein wahres Alter erraten. Dann traf ihn ein neuer Schicksalsschlag: Seine Gemahlin Aenor, die sich, seit Aigret zur Welt gekommen war, nie ganz erholt hatte, starb an einer Fehlgeburt. Kurze Zeit später verließ sein Bruder Raymond Aquitanien.

Raymond war nun achtzehn Jahre alt. Er hatte noch Aenors Grablegung abgewartet und wollte sich nun von seiner Lieblingsnichte verabschieden. Alienor befand sich in dem Raum, den sie mit Petronille teilte. Ihr Haar war zu einem strengen Zopf geflochten, und ihre schwarzen Kleider überdeckten ihre Jugend. Sie blickte auf die Wandteppiche aus Flandern.

»Willst du mir nicht Lebewohl sagen, Alienor?«

Sie schluckte, dann brach es aus ihr heraus: »Oh Raymond, ich verstehe nicht, warum du jetzt gehen mußt!« Raymond sah gequält aus.

»Ich habe es dir doch schon erklärt, Kleines – es ist eine große Ehre für mich, daß der König von England mich an seinen Hof beruft, und...«

»Bédhri sagt«, unterbrach ihn das Mädchen, »die Normannen sind nur Räuber und Mörder, die sich in England und Sizilien ein paar Kronen ergattern konnten, und ich habe noch niemanden getroffen, der ihm da widersprochen hätte!«

Es entsprach der Wahrheit. Der jetzige König von England und Herzog der Normandie hatte einen langen und blutigen Krieg gegen fast alle seine Verwandten geführt, bis er an die Macht gekommen war. Jetzt war er ein alter Mann, doch um die Zukunft seines Reiches stand es nicht besser als zuvor, denn seine Tochter und sein Neffe warteten nur darauf, mit Klauen und Zähnen um den Thron zu kämpfen. Raymond wußte das, doch er war zu jung, um diese Situation nicht als Abenteuer und Herausforderung zu empfinden.

»Hier werde ich immer nur Guillaumes jüngerer Bruder sein«, sagte er offen, »und dort kann ich mir einen eigenen Namen, eigenen Ruhm und einen Platz erwerben.«

Alienor griff nach seinen Händen. »Aber warum mußt du uns ausgerechnet jetzt verlassen!«

Raymond machte sich los und wandte sich ab. Er ging ein paar Schritte, dann drehte er sich wieder um, und er erklärte schroff: »Ich kann es nicht mehr ertragen, ständig von den Verwandten meiner Mutter gegen Guillaume ausgespielt zu werden! Sie versuchen mich auf ihre Seite zu ziehen und erinnern mich ständig daran, daß meine Mutter die Gräfin von Toulouse war – es fehlt nur noch eine Aufforderung, mich der Rebellion anzuschließen! Und das Schlimmste ist, Guillaume ist seit der Sache mit den Lusignans gegen alles und jeden mißtrauisch. Wenn er mich verdächtigen würde, gegen ihn zu intrigieren – wirklich, es ist besser, ich gehe, solange noch Frieden und Liebe zwischen uns herrscht!«

Alienor lief zu ihm und umarmte ihn. Er hielt das Mädchen fest und dachte traurig, daß er sie lange Zeit nicht wiedersehen würde, nicht miterleben würde, wie sie heranwuchs. Mit gezwungenem Lächeln meinte er schließlich: »Nun, Guillaume hat mich gebeten, noch einmal zu ihm zu kommen, aber ich sollte mich auch von Petronille verabschieden. Wo steckt sie?« Alienors Gesicht verdüsterte sich.

»Bei dem gräßlichen Aigret. Sie glaubt wahrscheinlich, ihm fehlt es bei den zahllosen Ammen und Dienern ein wenig an Gesellschaft!«

»Alienor«, sagte Raymond streng, »fängt das schon wieder an? Mit zehn bist du wirklich zu alt für eine derart kindische Eifersucht. Der arme Aigret hat dir nichts getan.«

»Ich hasse ihn!« entgegnete Alienor heftig. »Er ist daran schuld, daß meine Mutter gestorben ist. Bei seiner Geburt hat es angefangen, er hat sie umgebracht!«

Raymond legte beide Hände um ihren Kopf und zwang sie,

ihm in die Augen zu sehen. »Sag so etwas nie wieder. Deine Mutter ist tot, weil sie eine Fehlgeburt hatte, und selbst wenn sie gestorben wäre, als Aigret zur Welt kam, könnte er immer noch nichts dafür!«

Alienor machte ein trotziges Gesicht, deswegen fügte er eindringlich hinzu: »Es ist schrecklich, ein Kind so zu beschuldigen, glaub mir! Auch meine Mutter hat sich von meiner Geburt nie wirklich erholt, ich habe sie kaum gekannt, weil sie so krank war. Und als sie nach Fontevrault ging, dachte ich, es sei meine Schuld. Weil ich sie krank gemacht habe, hat sich mein Vater Dangerosa zugewendet, und deswegen zog sie sich ins Kloster zurück. Davon war ich lange überzeugt, und der Beweis schien mir zu sein, daß sie mich nie besuchte oder sehen wollte. Alienor, ich möchte nicht, daß du deinem Bruder so etwas antust. Versprich es mir!«

»Also gut«, sagte sie widerwillig. »Ich verspreche es. Ich werde es nie wieder sagen, zu keinem Menschen.«

»Das ist mein Mädchen.« Raymond küßte sie leicht auf die Stirn. »Lebwohl, Alienor.«

Erst als er schon eine Viertelstunde verschwunden war, begann Alienor zu weinen. Sie fuhr sich zornig mit dem Handrücken über die Augen. Tränen waren für schwache Menschen, und sie wollte nicht weinen, nicht um ihre Mutter und nicht um Raymond, weil sonst die Verzweiflung kommen und sie überwältigen würde.

Alienor war schon immer froh gewesen, daß ihr Vater keiner von diesen törichten Nordfranzosen war, die, wie man hörte, dazu neigten, ihren Töchtern nicht nur das Schreiben, sondern auch das Erlernen von Sprachen und anderem Wissen zu verbieten. Sie fand Vergnügen darin, in fremden Zeiten und Welten zu schweifen, und nach Raymonds Abreise wurde ihr der Unterricht zur Leidenschaft. Allerdings nicht immer zur Freude ihrer Lehrer.

»Aber, Vater«, sagte sie zu dem unscheinbaren Pater Jean, der sie in Latein und Griechisch unterrichtete und mit ihr gerade die Evangelien durchging, »wie kann unser Herr Jesus die Dämonen in eine Herde von Schweinen gebannt haben, wo die Juden doch keine Schweine essen und also auch keine züchten? Wo kamen die Schweine her?« Pater Jean schlug innerlich ein Kreuz und verwünschte die Diskutierfreudigkeit seiner Schülerin, doch für diesmal wurde er einer Antwort enthoben, denn ein Diener brachte die Botschaft, Alienor möge eilends zu ihrem Vater kommen.

Guillaume lehnte an einem der Schloßfenster und starrte hinaus. Es war Winter, und Poitiers war seit Tagen von dichtem Nebel eingehüllt. Er fröstelte und dachte wehmütig an Bordeaux, wo nun wohl angenehme Wärme herrschen mochte. Er stöhnte. Vielleicht hatte er gehofft, wenn sein Vater nicht mehr da wäre, wäre auch diese Gefühlsverwirrung erloschen, mit der er nie fertig geworden war, jene gewalttätige Mischung aus Haß und Liebe, die allein sein Vater auszulösen imstande war. Doch er hätte es schon wissen müssen, als er ihn stürzen sah, seinen unzerstörbaren Vater: Er war bis an alle Ewigkeit an diesen Mann gekettet, der ihn nun noch mächtiger umklammert hielt, da er tot war.

Als Alienor eintrat, erschrak sie beim Anblick ihres Vaters. Er glich nun dem alten Herzog auf unheimliche Weise, doch fehlte ihm völlig jene Aura überschäumender Lebensfreude, die Guillaume IX noch bis zu seinem Tod begleitet hatte. Impulsiv fragte sie: »Vater, was ist Euch? Wieder Toulouse? Oh, ich wünschte, ich wäre ein Mann, dann würde ich selbst dort hinziehen und sie für Euch besiegen!«

»Ich zweifle nicht daran«, erwiderte er und lächelte leicht. »Deine Lehrer berichten mir, daß du mit ihnen sogar über Cäsars Strategie im Gallischen Krieg streitest.«

»Ach, Pater Jean ist so...«

Guillaume hob die Hand und gebot ihr Schweigen. »Der

König von Frankreich hat erneut für seinen Sohn um dich angehalten«, sagte er. »Ich dachte, sein Sohn sei tot«, meinte Alienor verwundert. Ihr Vater schüttelte den Kopf. »Philippe ist tot. Aber er hat noch einen zweiten Sohn, Louis, der eigentlich zum Priester bestimmt war und jetzt der neue Thronfolger ist. Wie auch immer, König Louis hat diesmal sein Schreiben mit einem neuen Angebot bereichert. Er verspricht mir Waffenhilfe und öffentliche Ächtung von Toulouse durch die Krone, allerdings nur, wenn ich nach Paris reise und ihn offiziell durch einen Eid als meinen Lehnsherrn anerkenne.« Er zuckte die Achseln. »Dem Namen nach ist er es ohnehin, und es wäre nur eine Geste, die sein Ansehen in der Öffentlichkeit heben würde.«

Alienor nagte an ihrer Unterlippe. Sie erinnerte sich noch, oder vielleicht hatte man es ihr auch oft genug erzählt, daß ihr Großvater immer stolz darauf gewesen war, daß seit hundert Jahren kein Herzog von Aquitanien mehr den Lehnseid geleistet hatte. »Habt Ihr Euch schon entschlossen, Euer Gnaden?« fragte sie vorsichtig. »Es heißt immer, Euer Vater hätte die Nachteile einer solchen Heirat…«

»Er ist tot«, sagte Guillaume schärfer, als er es beabsichtigt hatte. Gemäßigter fuhr er dann fort:

»Selbstverständlich gibt es noch andere Heiratsanträge. Neben den bedeutungslosen wäre da vor allem der aus England zu beachten. Stephen, der Neffe des Königs, hat schon Raymonds Stellung dort vermittelt, was wohl so eine Art Vortasten war. Jeder weiß, daß er der nächste König werden will, und er braucht dringend Verbündete.«

»Aber er muß doch schon entsetzlich alt sein«, platzte seine Tochter heraus. Zum ersten Mal seit langem brach Guillaume in lautes Lachen aus. Schließlich sagte er: »Er ist nur ein paar Jahre älter als ich – wirklich uralt.«

Er räusperte sich. »Der eigentliche Grund, warum ich mit dir darüber gesprochen habe, Alienor, ist folgender: Ich nehme an, daß jetzt sowohl Louis als auch Stephen versuchen werden, Leute aus deiner Umgebung zu bestechen, damit sie dir Gutes über die jeweiligen Freier erzählen, und du bist alt genug, um das zu merken. Achte darauf und sage mir dann, wer es ist. Auf diese Art lernen wir die Spione in unserer Dienerschaft und bei Hofe kennen.«

Alienor nickte. Bestechung und Verschwörung waren für sie nichts Ungewöhnliches, sie gehörten zum Alltag des Hofes, an dem sie aufwuchs. Beispielsweise versuchte ihre Großmutter Dangerosa immer wieder durch derartige Mittel, wieder Einfluß zu gewinnen, damit sie ihrem Exil auf dem Lande entkommen konnte. Alienor wußte, daß sie damit entlassen war, und knickste. »Ich werde daran denken, Vater.«

Als sie die große Halle verlassen hatte, begann sie schneller zu laufen. Ihr war ein neues Argument eingefallen, mit dem sie Pater Jean ärgern konnte.

Mit der Zeit zeigte auch ihr Körper, daß Alienor eine Frau wurde. Sie hatte die Lieder der Troubadoure geliebt, doch nun schienen sie eine neue Bedeutung anzunehmen, und während sie bisher von dem Geschwätz ihrer Damen nur ungeduldig geworden war, lauschte sie nun halb widerwillig und halb neugierig. Was wissen sie, das ich nicht weiß?

Sie begann heimlich, ebenfalls Gedichte zu schreiben, doch sie schwor sich, sie nie jemandem zu zeigen. Überdies hatte sie kein Talent, um selbst zu singen, keine geeignete Stimme, und es gab nichts, was sie mehr bedauerte und als Mangel empfand. Doch Frauen konnten ohnehin kein Troubadour sein. Warum nicht? dachte sie unwillig. Früher, zur Zeit der heidnischen Römer und Griechen, hatte es Dichterinnen gegeben, und sie hatten sogar Schulen gegründet. Sappho war die allerberühmteste von ihnen und ihre geheime Heldin. Kurz nach ihrem zwölften Geburtstag entdeckte Alienor ein Fragment von Sappho, das sie in seinen Bann schlug:

Hinabgetaucht ist der Mond und
mit ihm die Plejaden; Mitte
der Nächte, vergeht die Stunde;
doch ich liege allein…

Sie wiederholte es nachts, immer wieder, denn es schien ihr am besten all die unbekannten, neuen Gefühle auszudrükken, die sie aufrüttelten.

Nach dem Tod ihrer Mutter war Alienor nun die erste Dame am Hof. Immer schneller entwuchs sie der Welt der Kinder. Sie war noch nicht offiziell mit einem ihrer vielen Bewerber verlobt, doch in diesem Sommer ihres dreizehnten Lebensjahres entschied sich ihr Vater, nach Paris zu ziehen, um dort vor König Louis den Lehnseid zu leisten. Er übergab seinem Freund Geoffrey du Loroux, dem Erzbischof von Bordeaux, die Regentschaft und vertraute Alienor zu ihrem großen Stolz die Hofhaltung an.

Alienor saß gerade zusammen mit Bédhri in Aenors ehemaligem Gemach und tauschte mit ihm die geistvollen Rätsel aus, die in letzter Zeit Mode geworden waren, als ihre Schwester Petronille hereingestürzt kam.

»Und was ist tiefer als der tiefste See, Dame Alienor?«

»Das Herz einer Frau, die ein Geheimnis bewahrt. Jetzt werde ich…«

»Alienor, Alienor!« Petronille war völlig außer Atem. »Du mußt sofort kommen, es ist etwas Furchtbares geschehen! Aigret«, schluchzte ihre Schwester. »Er ist ganz plötzlich krank geworden, es ist entsetzlich, und…«

Alienor seufzte. Ungnädig gab sie zurück: »Beruhige dich, Petronille. Er wird sich den Magen verstimmt haben. Morgen schlingt er bestimmt wieder wie…«

»Nein, du begreifst nicht!« Auf Petronilles Gesicht brannten zwei rote Flecken. »Er ist wirklich krank! Bitte, Alienor, komm und sieh selbst!«

Alienor fragte sich, was sie an einer Übelkeit ihres verabscheuten kleinen Bruders ändern könnte, aber es schien keine andere Möglichkeit zu geben, Petronille zu beruhigen. »Schön«, sagte sie resignierend. »Gehen wir.«

Nichts hatte sie auf den Anblick vorbereitet, den Aigret bot. Sein ganzer Körper war aufgeschwollen, er ächzte und krümmte sich ohne klares Bewußtsein auf dem großen Bett, in das man ihn gebracht hatte. Seine Amme und andere Mitglieder seiner persönlichen Dienerschaft standen hilflos umher; einige weinten. Petronille jammerte: »Heute morgen war er noch vollkommen gesund, ich verstehe das nicht, ich verstehe das einfach nicht!«

»Himmel«, sagte Alienor zornig, »hat keiner von euch Verstand genug gehabt, nach einem Arzt zu schicken? Der Araber, der uns letzte Woche seine Aufwartung gemacht hat, muß noch in Poitiers sein – Thibaud, geh auf der Stelle, suche ihn und bringe ihn hierher.«

Man gehorchte ihr augenblicklich; längst hatten die Bediensteten den Unterschied zwischen der sanften Aenor und ihrer ältesten Tochter festgestellt. Alienor sah wieder zu ihrem Bruder und versuchte sich an das zu erinnern, was sie an Krankenpflege gelernt hatte. Jede Edelfrau mußte etwas davon verstehen. Wirklich fähige Ärzte, worunter fast ausschließlich die zu verstehen waren, die in dem arabischen Teil Spaniens studiert hatten, waren selten. Der alte Herzog hatte eine heftige Abneigung gegen diese ›mörderischen Pfuscher‹ gehabt und keinen einzigen an seinem Hof geduldet. So oblag die Pflege von Kranken und Verwundeten den Frauen, und Aenor hatte ihre Tochter oft genug zu solchen Gängen mitgenommen.

»Holt Wasser, wickelt ihn in feuchte Laken und flößt ihm auch etwas zu trinken ein. Wenn wir Mohnsaft im Palast haben, gebt ihm davon; falls nicht, sendet jemanden zu einem der Klöster und bittet darum. Aber sagt um Gottes willen nicht, wofür – sonst weiß in einer Stunde die ganze Stadt Bescheid!«

Sie wandte sich Petronille zu, die unbeherrscht schluchzte, packte sie bei den Schultern und drückte sie auf den nächstbesten Schemel. »Sei still, Petronille. Wenn du etwas tun willst, dann gib ihm zu trinken, aber sei still!« Petronille starrte ihre Schwester fassungslos an, sagte aber nichts, und Alienor dankte dem Himmel dafür. Es war ein Glück für Aigret, dachte sie mit einem Anflug von Zynismus, daß sie ihn nie gemocht hatte, denn die Menschen, die ihn liebten, waren hier reichlich wenig von Nutzen!

Erst als allen ihren Befehlen Folge geleistet worden war, kam ihr wirklich zu Bewußtsein, was Petronille vorhin gesagt hatte, und ihr Atem beschleunigte sich unwillkürlich. Heute morgen war Aigret noch vollkommen gesund gewesen. Es gab ihres Wissens keine Krankheit, die so schnell und ohne Vorzeichen zuschlug, es sei denn... Ihre Knie wurden schwach, und jetzt verspürte sie das Bedürfnis, sich setzen zu müssen. Aber sie hatte keine Wahl, sie mußte es selbst überprüfen, denn wenn sie ihren Verdacht äußerte, würden diese törichten Mädchen hier erneut in Tränen ausbrechen und voller Angst davonlaufen.

Sie näherte sich widerwillig ihrem Bruder, schlug die Decke zurück – wenigstens hatte jemand daran gedacht, ihn zu entkleiden – und untersuchte sorgsam seinen ganzen Körper nach Anzeichen der gefürchtetsten aller Krankheiten – der Pest. Doch es gab keine Beulen; sie bekreuzigte sich unwillkürlich. Nicht der Schwarze Tod.

Es hätte eine Beruhigung sein sollen, doch nun mußte sie auch die zweite Möglichkeit prüfen. Während sie Aigrets rasselndem Atem lauschte, überlegte sie, wer wohl dabei gewinnen könnte, wenn er den einzigen Sohn des Herzogs von Aquitanien vergiften ließ. Alienor besaß eine rege Phantasie und hörte täglich Geschichten von Fürsten, die sich gegenseitig umbrachten, so daß ihr, mit Aigrets plötzlicher Krankheit vor Augen, diese Vorstellung nur allzu wahrscheinlich schien.

Konnte es eine Tat der Toulousaner sein? Aber ein Kind? Sie würden sich doch gewiß nicht an Aigret, sondern an seinem Vater rächen... Wer zöge Nutzen aus Aigrets Tod? Es überlief sie eiskalt. Ich, dachte sie. Ich wäre wieder Erbin von Aquitanien... ich und der Mann, den ich einmal heiraten werde.

Der alte englische König war inzwischen verstorben, und obwohl er seine Tochter als Erbin eingesetzt hatte, hatte sich sein Neffe Stephen zum König erklärt, was sofort zu einem Bürgerkrieg geführt hatte. Konnte es sein, daß Stephen aus der Bedrängnis heraus seinem Bündnis mit Aquitanien ein wenig nachhelfen wollte, besonders, da Guillaume nun eher Frankreich zugeneigt schien? Oder zeigte sich hier der Arm des Königs von Frankreich? Aber nach allem, was Alienor von ihm gehört hatte, konnte sie sich das nicht recht vorstellen. Keiner hielt Louis für einen Mann, der zu Meuchelmord neigte; sein fester Glaube, seine Frömmigkeit, die ihn bewogen hatte, einen seiner Söhne für das Kloster zu bestimmen, waren allgemein bekannt. Doch wer wollte so genau wissen, was ein fremder Mensch alles fertigbrachte...

Sie war erleichtert, als der arabische Arzt eintraf, auch wenn er sie wie alle anderen weiblichen Wesen im Raum auf geradezu beleidigende Weise ignorierte. Doch Alienor war dieses Verhalten durchaus vertraut. Aquitanien unterhielt seit langem rege Handelsbeziehungen zu den benachbarten spanischen Königreichen, und sie hatte Vertrauen in die arabische Heilkunst.

Der Arzt untersuchte Aigret mit ernstem Gesicht, ließ dann aus seinen mitgebrachten Kräutern einen Trank bereiten und fragte stirnrunzelnd, ohne jemanden Bestimmten anzusehen: »Ist denn kein Mann mit Verantwortung hier, mit dem ich sprechen kann?«

Kühl entgegnete Alienor: »Ich werde nach dem ehrwürdigen Erzbischof senden.«

Sie schämte sich, daß sie nicht gleich daran gedacht hatte, doch andererseits hätte sich alles immer noch als harmlos herausstellen können, und dann, beschwichtigte sie sich innerlich, wäre der Erzbischof umsonst belästigt worden.

Als Geoffrey du Loroux endlich erschien, zog ihn der Arzt sofort beiseite, und Alienor wurde zu ihrer Empörung mit den anderen aus dem Zimmer geschickt. Man entschied, den Herzog noch nicht zu benachrichtigen, und das erwies sich als richtig, denn schon einen Tag später konnte ein Eilbote die Nachricht nach Paris bringen, daß Aigret nach einem erbarmungswürdig kurzen Todeskampf gestorben war.

Während sich Guillaume in Eilmärschen auf den Rückweg nach Aquitanien machte, herrschte in Poitiers große Verunsicherung. Petronille war verzweifelt, denn sie hatte ihren kleinen Bruder sehr geliebt. Alienor war zu ehrlich, um sich vorzumachen, sie trauere um Aigret. Was sie empfand, war dumpfe Angst, denn wenn sie mit ihrer Vermutung recht hatte und Aigret durch Gift gestorben war, dann konnte es jederzeit wieder geschehen, konnte jeder ermordet werden, auch ihr Vater oder sie selbst. Es gab keine Sicherheit mehr, und ihre Welt hatte sich jäh mit drohenden Schatten verdunkelt. Sie hätte sich allerdings lieber die Zunge abgebissen, als ihre Furcht jemandem anzuvertrauen. Am Ende entschied sie sich, in den nächsten Tagen bei Petronille zu schlafen; seit dem Tod ihrer Mutter hatten sie kein Zimmer mehr geteilt.

Petronille saß auf ihrem Bett und starrte ins Leere, als Alienor eintrat. Sie schaute auf. »Was willst du?« murmelte sie tonlos. Ihre Augen waren rot, und Alienor fiel zum ersten Mal auf, daß Petronille mit ihrem dunklen Haar und dem leidvollen Zug um den Mund der toten Aenor glich. Sie setzte sich zu ihrer Schwester und legte ihr einen Arm um die Schulter.

Petronille rückte ein wenig von ihr ab. Vorwurfsvoll sah sie ihre Schwester an und sagte mit bebender Stimme: »Sieben Jahre... er ist nur sieben Jahre alt geworden, und behaupte nicht, daß dir das leid tut! Du hast ihn nie geliebt! Du bist ein Ungeheuer!«

Alienor seufzte. »Nein, ich habe ihn nicht geliebt«, antwortete sie aufrichtig. »Und es tut mir nicht leid, daß er tot ist, nicht auf die Art, wie du meinst. Aber es tut mir sehr leid, daß er so sterben mußte, und... und mir tut der Schmerz leid, den sein Tod dir und unserem Vater bereitet«, schloß sie mit leiser Stimme.

Petronille brach erneut in Schluchzen aus, und während Alienor sie umarmte und sie tröstete, versuchte sie, die Schatten zu vergessen – die unsichtbare Drohung, die jetzt im Dunkeln lauerte.

II
Louis

Jedoch Fortuna will nicht ruhn;
Sie dreht ihr Rad nach kurzer Stund,
Der steigt, der andre fällt zu Grund:
So ging's auch diesen beiden…

Marie de France

Raoul de Vermandois brachte seinen Rappen zum Stehen und wandte sich um. Der Brautzug, der sich im Juni 1137 durch Aquitanien bewegte, bestand aus fünfhundert Mann und war nicht nur mit augenfälligem Prunk und Geschenken, sondern auch mit Lebensmitteln reichlich ausgerüstet, denn jenseits der Loire besaß der König von Frankreich keine Domäne mehr. Und es wäre doch wirklich schade, dachte der Graf de Vermandois spöttisch, wenn der Dauphin auf dem Weg zu seiner Braut gezwungen wäre zu betteln oder zu plündern.

Raoul de Vermandois befehligte die Soldaten des Zugs, doch der wirkliche Anführer war eine kleine, rundliche Mönchsgestalt, die neben dem päpstlichen Legaten ritt und nun näher kam. Abt Suger ist ein Emporkömmling, dachte de Vermandois grimmig, und zwar einer ganz besonderer Art. Nicht nur hatte Suger es vom Sohn eines Leibeigenen bis zum Abt von Saint-Denis gebracht, nein, er war auch einer der vertrautesten Ratgeber des Königs, und der Thronfolger war unter seiner Obhut aufgewachsen, so daß auch Sugers Zukunft gesichert schien. Wenngleich man, wie Raoul de Vermandois zugab, Suger zugute halten mußte, daß er nicht hatte wissen können, daß der älteste Sohn des Königs vom Pferd stürzen und dadurch der Klosterschüler Louis eines Tages König von Frankreich werden würde. Dennoch ärgerte ihn die selbstzufriedene Miene des Mönchs. Er trieb sein Pferd zu Suger, in der Absicht, ihn etwas zu reizen.

»Wahrhaftig, Vater«, redete er ihn lächelnd an, »was habt Ihr dem Allmächtigen versprochen, daß er uns so mit Wundern gesegnet hat?« »Ich weiß nicht, was Ihr meint«, erwiderte der Mönch mit einem Stirnrunzeln, das Mißbilligung ausdrückte. Der Graf de Vermandois hüstelte. »Ach, kommt schon, Vater, ist es nicht wirklich wundersam, daß den Herzog von Aquitanien auf seiner Pilgerfahrt nach Santiago de Compostela aus heiterem Himmel plötzlich eine Krankheit heimsucht und er trotz seines schnellen Todes noch die Zeit gefunden hat, eine Botschaft an seinen lieben Freund Louis, den König von Frankreich, zu schicken, es sei sein letzter Wunsch, daß seine Tochter mit unserem Dauphin vermählt werde?«

»Der König ist der Lehnsherr des Mädchens«, entgegnete Suger scharf, »als solcher hat er ohnehin die Pflicht, sich ihrer anzunehmen, und welch besseren Weg gäbe es, sich seines Schutzes endgültig zu versichern, als sie seinem Sohn anzubieten? Und ein Mädchen von fünfzehn Jahren braucht dringend Schutz und Verbündete; es ist kein Wunder, daß der Herzog das erkannt hat, und man sollte meinen«, schloß er beißend, »daß der Herr sogar Euch mit genügend Verstand gesegnet hat, um es zu begreifen.«

Raoul de Vermandois dachte ärgerlich, daß er sich das nicht bieten zu lassen brauchte. »Ich glaube, Ihr leugnet das Wundersame allzu rasch«, antwortete er honigsüß, »denn wenn das alles so selbstverständlich ist, wozu dann diese wahnsinnige Eile? Einen Brautzug vorzubereiten, braucht normalerweise etwa ein Jahr, von einer Hochzeit ganz zu schweigen. Wir dagegen sitzen einen Monat nach dem Tod des Herzogs schon zu Pferde, und als ob das noch nicht genug ist, hat der König noch vor unserer Abreise ein Privileg für den Erzbischof von Bordeaux erlassen. Irre ich mich, oder hat das Erzbistum nun das Recht, seine Prälaten selbst zu bestimmen, und muß keinen Lehnseid mehr leisten? Das scheint mir schon ein gewaltiger Gunstbeweis zu sein. Könnte es etwas damit zu tun haben, daß der gute Erzbischof die Braut bis zu unserer Ankunft auch in seinem liebenden und sicheren Gewahrsam behalten soll?«

Sugers Gesicht war nun nicht mehr ablehnend oder mißbilligend, sondern ausdruckslos. »Ihr redet zuviel, Vermandois«, sagte er kalt. »Eure leichtfertige Zunge wird eines Tages noch Euer Untergang sein.« Damit wandte er sich wieder dem päpstlichen Legaten und Raoul de Vermandois den Rücken zu.

Der verblüffte Graf fiel etwas zurück, um nachzudenken. Er hatte schon vorher einige Überlegungen zu dieser Heirat angestellt, doch fragte er sich nun, ob er in seiner Spottlust nicht noch mehr entdeckt hatte, als er eigentlich hatte wissen wollen. Er beschloß, vorsichtig zu sein, die Sache für den Moment auf sich beruhen zu lassen, und schaute zu dem Bräutigam hinüber, der zwischen zwei Rittern mehr schlecht als recht auf dem prächtigen Streitroß saß, das man ihm gegeben hatte.

Louis war sechzehn, ein dünner, unsicherer Junge mit träumerischem Blick, den man nur anzusehen brauchte, um zu wissen, daß er wirklich besser im Kloster aufgehoben wäre. Raoul de Vermandois fragte sich, wie die neue Herzogin von Aquitanien wohl auf ihn wirken würde. Den Gerüchten nach sollte das Mädchen eine Schönheit sein, aber so etwas sagte man von beinahe jeder Prinzessin, um ihren Wert auf dem Heiratsmarkt noch zu steigern.

Das Land, durch das sie zogen, mit seiner grellen Sonne und den so ungeheuer lebhaften Menschen, die ständig in einer fast unverständlichen Sprache daherschwatzten, erschien ihnen allen sehr fremdartig. Hier sprach man nicht mehr die in der Ile-de-France übliche *langue d'oil*, sondern die eher dem Katalanischen ähnliche *langue d'oc*, und die Verständigung fiel den Nordfranzosen oft genug sehr schwer.

Man hatte die Nachricht vom Tod des Herzogs und der bevorstehenden Hochzeit aus Sicherheitsgründen so lange wie möglich geheimgehalten. Eigentlich war es wirklich unglaublich, überlegte Vermandois. Im April stirbt der Herzog, im Juni brechen wir auf, und sofort nach unserer Ankunft wird der Dauphin diese Alienor heiraten. Doch als der Zug am ersten Juli Limoges erreichte, hatten die Gerüchte, die er auslöste, sich über ganz Aquitanien ausgebreitet, und die Wahrheit ließ sich nicht länger verheimlichen. Fortan wurde Louis in jeder Stadt, die sie durchquerten, feierlich begrüßt, und so kamen sie erst am zwanzigsten Juli in Bordeaux an.

Den hiesigen Sitten gemäß konnten sie nicht in der Stadt selbst untergebracht werden, sondern schlugen am anderen Ufer der Garonne ihre Zelte auf. Die Hochzeit hatte den Zustrom einer riesigen Menschenmenge ausgelöst, und als Louis zum Entsetzen seiner Eskorte dem Stadtrat bei dessen Begrüßung auch noch leutselig versicherte, jeder Gast werde hier bewirtet und sei herzlich willkommen, nahm der Zulauf an Volk überhaupt kein Ende mehr. »Als ob sie sich verschworen hätten, die königliche Börse zu leeren«, verzeichnete die Chronik später säuerlich.

Auch im nördlichen Frankreich wurden die Festlichkeiten der Fürsten vom Volk immer genutzt, um sich einmal satt essen und vergnügen zu können. Dennoch schockierte die Männer des Brautzugs die Hemmungslosigkeit, mit der die Aquitanier die königliche Großzügigkeit ausnützten. Höhepunkt der Feierlichkeiten vor der Hochzeit war natürlich die erste Begegnung der beiden Verlobten, die ursprünglich gar nicht geplant, aber, so hörte man, von der jungen Herzogin ausdrücklich verlangt worden war.

Louis kam, von Abt Suger, Raoul de Vermandois und seinem Gefolge begleitet, in das Palais l'Ombrière, wo der Erzbischof von Bordeaux mit Alienor residierte. Sie wurden zunächst sehr freundlich vom Erzbischof willkommen geheißen. Er hat allen Grund, freundlich zu sein, dachte Vermandois belustigt, während er niederkniete, um den Ring des Kirchenfürsten zu küssen. Es geschieht nicht alle Tage, daß eine Diözese so gut wie unabhängig erklärt wird.

Nun, König Louis hatte im Gegensatz zu den Herzögen von Aquitanien immer auf gutem Fuß mit dem Klerus gestanden. Wenn er einst ins Paradies einging, würde das ein trauriger Tag für alle Bischöfe, Äbte und Priester an seinem Hof sein. Diese Überlegung erinnerte Raoul de Vermandois daran, daß der König bei der Abreise seines Sohnes bei sehr schlechter Gesundheit gewesen war; der Herrscher litt an Bauchschluß. Erst gestern hatte Vermandois es sich nicht verkneifen können, Suger zu fragen, ob er schon über die Möglichkeit nachgedacht habe, daß der König ohne seinen geistlichen Beistand sterben könne.

Sugers Antwort war ihm in die Glieder gefahren. »Ich habe meinem Prior für alle Fälle Anweisungen gegeben«, hatte der Abt eisig entgegnet, »bis hin zur Grablegung in Saint-Denis.« Diese Worte kamen todernst.

Doch alle Gedanken an den kränkelnden König oder seinen priesterlichen Ratgeber waren verflogen, als die junge Herzogin die große Halle betrat. Der Graf hörte, wie hinter ihm ein Mann aus dem Gefolge sagte: »Oh mein Gott!«, und er konnte ihm nur stillschweigend recht geben. Sie trug ein Gewand aus einem ihm unbekannten weichen grünen Stoff und einen prächtigen, mit Smaragden besetzten Gürtel, der gewiß ein Vermögen wert war, doch das waren Äußerlichkeiten, die man erst im nachhinein bemerkte. Es war das Mädchen selbst, das ihm den Atem raubte.

Wie alt war sie – fünfzehn? Ja, sie sah gewiß jung aus, aber doch gleichzeitig wieder nicht, denn ihre vollkommene Gestalt hatte nichts Kindliches mehr, und ihr Gesicht... Er konnte sich nicht sattsehen an der zarten, hellen Haut, die einen solchen Gegensatz zu ihren Haaren abgab, die sie nach der Art unverheirateter Frauen ohne Kopfputz trug. Lose fielen sie auf ihre Schultern, und ihre Farbe fand ihre Entsprechung in den geschwungenen, sinnlichen Lippen. Sie hielt ihre Lider gesenkt, so daß man die Farbe ihrer Augen nicht sehen konnte.

Doch als sie sich dem Dauphin genähert hatte und ihn direkt ansah, erkannte Vermandois, der neben Louis stand, daß nichts auf weibliche Bescheidenheit schließen ließ. Noch nie hatte er solchen Lebenshunger sprühen sehen; auch Ärger lag in ihren Augen, vermischt mit Neugier. Er warf einen Blick auf Louis. Der Junge schien völlig aus der Fassung zu geraten.

Er stammelte: »Ich... ich bin sehr erfreut, Euch kennenzulernen, Cousine.« Die Anrede war reine Höflichkeit, denn die Berührung im Stammbaum lag etwa sieben Generationen zurück.

Sie hätte jetzt niederknien sollen, doch sie neigte nur leicht den Kopf und erwiderte: »Auch ich freue mich, Cousin.« Ihre Stimme war dunkel und schwingend, wiederholte das Versprechen, das in ihrer Gestalt lag. Der Graf de Vermandois verbiß sich ein Grinsen. Bei Gott, was man sich von dem Hochmut des Hauses Aquitanien erzählte, stimmte; sie hielt sich tatsächlich für ebenbürtig. Er versprach sich für die Zukunft einige Ablenkung bei Hofe. Dennoch spürte er ein jähes, heftiges Bedauern. All diese erregende Mischung aus Jugend und Unschuld und die Verheißung erblühender Sinnlichkeit – für Louis Capet. Was für eine Verschwendung.

Louis konnte bei dem ersten gemeinsamen Festmahl noch nicht neben seiner Braut sitzen, doch auch er brachte es nicht fertig, die Augen von ihr zu wenden. Sie war so wunderschön!

Der Dauphin hatte sein bisheriges Leben fast ausschließlich in dem großen, ruhigen Kloster Saint-Denis verbracht. Er liebte das Kloster, Gebet und Studium, und in seinem Dasein hatte es nur zwei einschneidende Unterbrechungen gegeben. Als er neun Jahre alt war, ließ ihn sein Vater an den Hof holen und teilte ihm mit, sein Bruder Philippe sei gestorben, und er, Louis, wäre nun der neue Dauphin. Louis hatte nur Trauer, Bedauern und Furcht bei dieser Nachricht empfunden und war erleichtert gewesen, daß er nicht am Hof bleiben mußte, sondern nach Saint-Denis zurückkehren durfte. Ihm gefiel das Leben bei Hofe nicht, und das Gekicher der Frauen jagte ihm Angst ein. Warnte nicht jeder Prediger vor dem Weibe?

Die zweite Unterbrechung war vor kaum zwei Monaten die Mitteilung seines Vaters und Sugers, er müsse die Tochter des soeben verstorbenen Herzogs von Aquitanien heiraten. Natürlich hatte er gewußt, daß er eines Tages, da er nun einmal König werden würde, auch eine Gemahlin nehmen müsse, aber er hatte gehofft, daß es noch etwas dauerte. Allein aus Pflichtgefühl hatte er sich auf den Weg gemacht.

Niemals hätte er gedacht, daß ein Mädchen so wie Alienor sein könnte und ihn so gefangennehmen würde. Er hörte mehr dem Klang ihrer Stimme zu als dem, was sie sprach, hörte sie gelassen ihre Meinung äußern und dann wieder freimütig scherzen und raffte schließlich all seinen Mut zusammen, um sie zum Tanz aufzufordern. Ihre Hand mit den langen, schlanken Fingern fühlte sich kühl und fest in der seinen an.

Er bemerkte sehr wohl, daß sie ihm zuliebe nicht ihre heimatliche *langue d'oc*, sondern das Nordfranzösische mit einem reizenden Akzent sprach, und zum ersten Mal war Louis froh, daß man ihm wenigstens das Wichtigste an höfischen Sitten beigebracht hatte. So konnte er zumindest mit ihr tanzen und höfische Nichtigkeiten austauschen. Was er ihr wirklich sagen wollte, ließ sich ohnehin nicht in Worte fassen. Als Instrumente geschlagen wurden, die man, wie sie ihm erklärte, Tambourine nannte, und die einen wilderen

Tanz anstimmten, geleitete er sie bedauernd zu ihrem Platz zurück. Er fühlte sich zwischen Himmel und Hölle schwebend. Sie würde seine Gattin werden, das versetzte ihn in Euphorie, doch was, wenn sie ihn nicht mochte?

Alienor war enttäuscht und zornig über den Erzbischof, weil er ihr so lange den Tod ihres Vaters verheimlicht und sie so in eine Lage gebracht hatte, in der sie mehr oder weniger gezwungen war, zu heiraten. Sie zweifelte sehr daran, daß diese Ehe wirklich der letzte Wunsch ihres Vaters gewesen war, doch andererseits hatte er ihr selbst Argumente genannt, die für eine derartige Verbindung sprachen, und mochte auf dem Totenbett geglaubt haben, daß sie unmöglich Aquitanien alleine halten konnte.

Was ihren Bräutigam anging, so empfand sie Mitleid und Sympathie. Von dem Moment an, als sie ihn zwischen all den berechnenden, machthungrigen Männern stehen sah, war er ihr als der einzig Unschuldige in diesem Spiel erschienen. Sie wurden beide nur benutzt, was schon ein Band zwischen ihnen schuf, und sie fühlte bereits eine Art Verantwortung für ihn, obwohl sie ein knappes Jahr jünger war. Sie würde schon noch dafür sorgen, daß keiner von ihnen mehr benutzt werden konnte, das schwor sie sich, doch für den Augenblick blieb ihr nichts anderes übrig, als die willige Braut zu spielen.

Am fünfundzwanzigsten Juli fand in der Kathedrale Saint-André von Bordeaux die Hochzeitszeremonie statt. Gleich nach dem Ehegelöbnis setzte Louis seiner Braut vorsichtig ein goldenes Diadem aufs Haupt, um sie in Abwesenheit seines Vaters als neues Mitglied der königlichen Familie anzuerkennen. Alienor lächelte ihn an. Während sie unter Glokkengeläut und der begeisterten Teilnahme des Volkes aus dem Portal traten, hätte keiner ihrer Untertanen ihre Gedanken erahnt. Alienor dachte daran, daß der Tod die Mitglieder ihrer Familie ein wenig zu oft ereilt hatte, um zufällig sein zu können. Sie war mehr und mehr davon überzeugt, daß ihr heimlicher Feind in Frankreich lauerte. Sie empfand weniger Furcht als Herausforderung und den festen Wunsch nach Rache. Alienor hob ihr Kinn und lächelte, und die Menschen, die nur eine strahlende junge Braut sahen, nach aquitanischer Sitte in Scharlachrot gekleidet, jubelten ihr zu.

Das Hochzeitsgelage übertraf in seiner Vielfalt alles bisher Dagewesene, obwohl Louis es kaum wirklich genießen konnte. Erstens war er von Saint-Denis her keine Schlemmerei gewohnt, und in den letzten Tagen hatte es deren ohnehin schon zuviel gegeben, und zweitens löste der Gedanke an das, was in der Nacht von ihm erwartet werden würde, ein nervöses Gemisch aus Anspannung, Beunruhigung und Sehnsucht in ihm aus. So brachte er nur einige der scharf gewürzten Speisen mit Mühe herunter. »Oh«, rief ein dunkler, fast arabisch aussehender Edelmann aus Alienors Gefolge grinsend, »aber Euer Gnaden müssen mit Eurer Braut die Trüffel teilen, sonst findet die Ehe keinen Segen!«

Louis fragte sich, was das wieder für ein südlicher Aberglaube war, doch die grinsenden Gesichter der Aquitanier um ihn sagten ihm, daß sie es alle sehr genau wußten. Alienor lachte, ließ sich die Trüffel reichen und kostete langsam davon. Er hatte nicht gewußt, daß allein eine Frau essen zu sehen schon aufregend wirken konnte. Heute lernte er es.

Anschließend bot sie ihm die Platte dar. »Bitte, mein Gemahl, nimm, es ist wirklich ein alter Brauch hier.«

»Gerne, meine Gemahlin«, erwiderte er und errötete.

Suger beobachtete zufrieden das junge Paar, das nun gemeinsam aus einem Becher heißen Würzwein trank. Oh, die Ereignisse waren in der Tat sehr, sehr günstig verlaufen. Eitelkeit war eine der sieben Todsünden, deshalb unterließ er es, sich selbst zu beglückwünschen. Dies war sein Tag des

Triumphes; er würde nur noch übertroffen werden, wenn sein Schützling und die neue Dauphine in Poitiers zu Herzögen von Aquitanien gekrönt wurden. Doch erst mußten die Hochzeitsfeierlichkeiten abgeschlossen werden, die sich der Sitte gemäß über mehrere Tage hinziehen würden. Er bemerkte, daß der törichte Graf de Vermandois dabei war, sich zu betrinken, und wollte gerade eine diesbezügliche Bemerkung machen, als er eine Berührung an der Schulter spürte. Er wandte den Kopf. Ein staubiger, völlig erschöpfter Mann mit dem Wappen des königlichen Hauses stand hinter ihm, ein Bote, der sich nicht die Zeit nahm, Suger mit mehr als einem kurzen »ehrwürdiger Vater« zu begrüßen, und ihm sogleich etwas zuflüsterte.

Sugers Miene wurde starr. Er schlug das Kreuz, dann erhob er sich und näherte sich Louis und Alienor. Der Junge schaute fragend zu ihm hoch. »Was gibt es, mein Vater?« fragte er freundlich lächelnd. Suger kniete umständlich – für einen Mann seines Gewichtes war es keine Kleinigkeit – vor ihm nieder. »Der König ist tot. Es lebe der König!«

Aus Louis' Gesicht wich alle Farbe. Entsetzt flüsterte er: »Oh nein!« Er spürte, wie Alienor seine Hand ergriff, und klammerte sich daran. In seinen Ohren rauschte das Blut, und er verstand kaum, was Suger sagte, daß sie nämlich so bald wie möglich nach Poitiers aufbrechen müßten, wo er nun auch zum König gekrönt werden würde, und dann in einem Eilmarsch nach Paris zurückkehren. Doch eines war ihm überdeutlich klar – die Freude dieses Tages war in einem drohenden Abgrund verschwunden.

Die Bettlegung war, wie bei derartigen Anlässen üblich, Gelegenheit für beziehungsreiche, rauhe Scherze unter dem Gefolge der Brautleute, wenngleich sie diesmal eher gedämpft ausfielen. Die Nachricht aus Paris hatte sich in Windeseile verbreitet, und niemand konnte vergessen, daß man den König von Frankreich vor sich hatte – Louis VII. Als sie endlich alle fort waren und auch der Lärm auf den Gängen sich etwas entfernte, lag Louis steif da und starrte zu der Decke des riesigen Prunkbettes empor.

Alienor setzte sich auf, schüttelte ihre kupferfarbenen Locken und sagte unbekümmert: »Du meine Güte, das hat wirklich ewig gedauert – ich hatte schon Angst, die Hälfte von ihnen würde sich dazulegen, du nicht?« Er erwiderte nichts, und Alienor, die spürte, wie es um ihn stand, sagte reuig: »Oh Louis, es tut mir leid. Es ist bestimmt vollkommen entsetzlich für dich, nicht wahr? Hast du... hast du deinen Vater gern gehabt?«

Louis setzte sich ebenfalls auf. »Ich weiß nicht«, entgegnete er ein wenig verblüfft, »ich habe ihn kaum gekannt – wir haben uns eigentlich nur ein- oder zweimal im Jahr gesehen und oft nicht einmal das. Das – das ist es nicht.« Er hatte nie mit jemandem auf diese Weise über seinen Vater gesprochen, teils, weil es wohl niemanden interessierte, teils, weil es einfach Christenpflicht war, seine Eltern zu lieben und zu achten. Aber Louis waren Verstellung und Hintergedanken fremd, und außerdem war er bereits unsterblich in das Mädchen verliebt, das man ihm zur Braut gegeben hatte. Es war ein Gefühl, wie er es noch nie gekannt hatte. Er hatte das schöne, ruhige Kloster geliebt, in dem er aufgewachsen war, und Suger, der immer gütig zu ihm und in jeder Beziehung, die zählte, sein wahrer Vater war. Was er für Alienor empfand, ließ sich damit überhaupt nicht vergleichen. So geschah es, daß er ihr etwas gestand, was noch nicht einmal Suger wußte.

»Ich will nicht König sein, Alienor.«

Sie schwieg. Dann küßte sie ihn tröstend auf die Wange. »Armer Louis.« Ihr Haar streifte seine Haut. »Glaub mir, ich weiß, wie dir zumute ist. Ist es nicht seltsam, daß uns beiden in so kurzer Zeit genau dasselbe geschehen ist? Mein Vater ist tot, und dein Vater ist tot, und beide sind wir nun Herrscher.«

»Fürchtest du dich nicht davor?«

Nun war es an ihr, erstaunt zu sein. »Nein. Warum sollte ich?«

Louis stellte fest, daß sie keinem Mädchen glich, von dem er jemals gehört hatte. Er bemühte sich, ebenfalls ritterlich und stark zu wirken. »Ich fürchte mich auch nicht.« Er räusperte sich. »Darf ich... darf ich dich umarmen, Alienor?«

Sie nahmen sich vorsichtig in die Arme und blieben so liegen, bis Alienor bemerkte, daß ihr Gemahl, für den ihre Wärme einen sicheren Schutzwall gegen die Schrecknisse der Nacht und der Zukunft gebaut hatte, eingeschlafen war. Sie mochte Louis und verspürte das starke Bedürfnis, dieses große Kind zu beschützen. Und doch konnte sie sich nicht helfen, ein wenig enttäuscht zu sein. Alienor lag noch lange wach und sah durch die zugezogenen Bettvorhänge, wie die Fackeln, mit denen man die Hochzeitskammer erleuchtet hatte, allmählich erloschen.

In Poitiers, Heimatstadt der Herzöge von Aquitanien, zelebrierte der päpstliche Legat die Doppelkrönung des jungen Paares. Die Reise dorthin war nicht ohne Gefahren gewesen. Jeder war sich darüber klar, daß es für etwaige Rebellen oder Verschwörer eine goldene Gelegenheit war, sich des Königs und seiner neuen Gemahlin zu bemächtigen, und so war Suger zum ersten Mal dankbar für die Anwesenheit des soldatischen Raoul de Vermandois und seiner Untergebenen.

Im Schloß Taillebourg, einer ihrer Reisestationen, wurde die Ehe zwischen den beiden Neuvermählten dann vollzogen. Louis wußte, daß die Jungfräulichkeit seiner Gemahlin allgemein bekannt war, spürte die mitleidigen Blicke, die in ihm hilflose Wut auslösten, und mußte sich obendrein eine Ermahnung Sugers anhören, daß man, würde Alienor auf der Reise entführt, die Gültigkeit ihrer Ehe jederzeit anfechten könne. Desgleichen war schon öfter geschehen. All dies zusammen mit seinen eigenen Gefühlen für Alienor half ihm schließlich, seine natürliche Scheu zu überwinden.

Alienor weinte in dieser Nacht heimlich, aber es waren Tränen der Ernüchterung. Das war alles – dieser kurze, lächerliche Schmerz? Ein solches Gerede um nichts? Sie kam sich betrogen und belogen vor und fühlte sich erniedrigt durch die Zeremonie, mit der am nächsten Tag das blutige Bettlaken dem Gefolge gezeigt wurde.

Als sie in Poitiers zur Königin von Frankreich und Herzogin von Aquitanien gesalbt wurde, hatte sie ihre zornigen Gefühle verdrängt. Während sie kniete und die Hand spürte, die Öl auf ihrer Stirn verstrich, dachte sie daran, daß ihr Großvater in demselben Alter wie sie gewesen war, als er die Regierung übernommen hatte. Gewiß, sie war noch sehr jung, doch sie war auch voller Selbstvertrauen.

Allerdings sah sie Schwierigkeiten voraus. Dieser Abt Suger behandelte sie und Louis wie zwei Kinder, und es schien, als habe er die Absicht, sich auch in Zukunft als der eigentliche Regent aufzuspielen. Sie spürte die Abneigung in sich wachsen. Seit Jahren hatte ihr niemand mehr gesagt, was sie zu tun und zu lassen habe. Nun, es galt abzuwarten, wie sich die Verhältnisse in Paris gestalten würden.

Als sie Poitiers verließen, wurde sich Alienor zum ersten Mal bewußt, daß sie ihre Heimat so schnell nicht wiedersehen würde. Sie zog nach Norden, in eine Stadt, die erst seit einer Generation Hauptstadt eines kleinen Königreiches und noch nicht einmal ein selbständiges Bistum war, in ein Land, in dem man eine ungewohnte Sprache sprach, an einen Hof, wo man ihr bestenfalls gleichgültig und sehr viel wahrscheinlicher feindlich gegenüberstand.

Paris ließ sich selbstverständlich nicht mit Bordeaux oder Poitiers vergleichen, doch umgeben von einem grünen Ring kleiner Wälder hatte es seinen Reiz. Alienor gefielen die zahlreichen Weinberge und die vielen Boote, die ständig auf der Seine kreuzten und die eigentliche, auf einer Insel liegende Stadt mit den Ufern des Flusses in Verbindung brachten. Louis machte Alienor auf die Gärten aufmerksam, die die Angehörigen des Templerordens in einem ehemaligen Sumpfgebiet angelegt hatten. Von dort aus bezog die Stadt viele ihrer Lebensmittel. Er zeigte ihr auch einen Menhir am Ende der alten Römerstraße und erzählte ihr von dem Riesen Isoré, der unter diesem Stein begraben lag. Louis war bester Laune, jetzt, wo er wieder in seiner Heimat war, und von dem brennenden Wunsch beseelt, in Alienors Augen ein möglichst gutes Bild abzugeben. Er hielt sich für ein wahres Schoßkind des Glücks und hätte alles für sie getan.

Der königliche Palast auf der Ile-de-la-Cité hallte vor Getuschel und beziehungsreichen Blicken über die neue Königin wider. Man bewunderte ihre Schönheit und gestand ihr auch Eleganz zu, mokierte sich aber über ihr draufgängerisches, fremdartiges Gefolge aus dem Süden und die neuen Sitten, die sie einführte. Diejenigen, die ein vom königlichen Titel beeindrucktes Mädchen aus der Provinz erwartet hatten, fanden sie arrogant. Louis' Mutter, Adelaide von Savoyen, schrieb einem Verwandten erzürnt: »Ihre Redeweise ist frech und ihre Kleidung schamlos.«

Die Königinmutter hatte darauf gerechnet, nach dem Tod ihres Gemahls mit Hilfe ihres Sohnes zu herrschen, und allerhöchstens Schwierigkeiten mit Suger erwartet. Auf die Idee, daß ihr frommer, mönchischer Sohn Gefallen an seiner ihm nur aus politischen Gründen angetrauten Braut finden könnte, war sie nicht gekommen. Daß sich jedoch nicht nur Louis, sondern auch die meisten anderen Herren bei Hofe wie liebeskranke Narren benahmen, sobald dieses fremdartige Wesen in der Nähe war, versetzte Adelaide in Empörung. Sie machte sich zur Anführerin einer Partei, die lautstark gegen die Art der Unterhaltung, wie Alienor sie aus Aquitanien mitgebracht hatte, protestierte. Schließlich verstieß es gegen jede Art von Zucht und Benehmen, sich von einer Bande zweifelhafter Gesellen Liebeslieder vortragen zu lassen und auch noch jeden Ritter von Rang zu ermutigen, ein Gleiches zu tun! Und dann die frivolen Reden, die Alienor und ihre Damen mit Vorliebe bei solchen Gelegenheiten im Munde führten... Zu Adelaides unendlichem Verdruß wurde es jedoch sehr schnell bei Hofe Mode, über die verschiedenen Arten von Liebe zu diskutieren, leichtfertige Zitate im Munde zu führen und dieses Mädchen anzuhimmeln, das sich so benahm, als seien es Tribute, die nur ihr zustanden.

Adelaide beschwerte sich bei ihrem Sohn und ahnte nicht, daß sich auch Louis bei Alienors Unterhaltungen nicht ganz wohl fühlte – sie schienen ihm manchmal Gott und die Welt zu verspotten. Doch was Alienor wollte, sollte Alienor bekommen, um so mehr, als er sehr wohl ihre innere Mißbilligung darüber spürte, daß er das Regieren immer noch mehr Suger und den übrigen Ratsmitgliedern überließ. Er wollte ihr beweisen, daß er sonst alles fertigbrachte, um sie glücklich zu machen, und so verblüffte der ewig scheue Louis seine Mutter damit, daß er ihre Beschwerden gegen seine Gemahlin streng zurückwies.

Sie begann ihn empört an seine Verpflichtungen gegenüber seiner eigenen Mutter zu ermahnen und erhielt einen zweiten Schlag, als Abt Suger sie unterbrach und den König unterstützte. Suger kannte die Herrschsucht der Königinmutter und war nur zu erfreut, ihrem möglichen Einfluß gegenzusteuern. Mit Tränen des Zorns verließ Adelaide den Audienzsaal.

Alienor befand sich zur gleichen Zeit mit dem kleinen Kreis junger Adliger des Hofes, der sich um sie gebildet hatte, in ihren Gemächern. Sie hatte schon sehr bald bemerkt, daß niemand auf den Gedanken zu kommen schien, sie am Kronrat teilnehmen zu lassen oder sie zumindest mit den Entscheidungen über Aquitanien zu betrauen, wie es ihr Recht als Herzogin gewesen wäre – nein, berichtigte sie sich innerlich erbost, als Herzog. Wieder war sie aufgrund ihres Geschlechts ausgeschlossen oder wegen ihres Alters, und Louis, der nun auch Herzog von Aquitanien war, überließ Suger die tatsächliche Herrschaft. Einmal, als sie sicher war, daß niemand sie belauschte, hatte sie ihren Gefühlen Luft gemacht und den nächsten Gegenstand, der ihr in die Hände kam, an die Wand geschleudert. Doch sie kannte Louis nun gut genug, um zu wissen, daß sie sich ihn mit Wutanfällen nur entfremden würde, und entschied, es auf andere Weise zu versuchen, durch langsame, sorgfältige Strategie und Überredung.

Da sie bis dahin aber offenbar noch von jeder Regierungstätigkeit ausgeschlossen blieb, trieb ihre angeborene Ruhelosigkeit Alienor in eine wahre Vergnügungssucht. Sie hatte schon immer Musik und Tanz und geistreiche Gespräche geliebt; jetzt stürzte sie sich in die Unterhaltung, als sei sie auf der Flucht. Sie kümmerte sich weder um hochgezogene Brauen noch um deutlichere Mißbilligungen und stellte bald erstaunt fest, daß der Mehrzahl der Nordfranzosen ihre Lebensart und Sorglosigkeit zu gefallen schien.

Momentan saß der Troubadour Macabru, ein junger Schüler Cercamons, zu ihren Füßen und klimperte auf einer Laute, Cercamon selbst stritt mit einem Baron von der Loire erbittert über den Stellenwert von Ovid in der Dichtkunst, und sie war gemeinsam mit zweien ihrer Hofdamen, alle beide älter als sie, in eine Diskussion mit Raoul de Vermandois und dessen Vetter Michel de Monteil verwickelt.

Der Graf de Vermandois bestritt, daß Mann und Frau, sofern sie nicht derselben Familie angehörten, sich lieben konnten, ohne das Geschlechtliche mit ins Spiel zu bringen. »Mit allem Respekt vor unserer Mutter, der Kirche«, sagte er selbstsicher, »halte ich doch die Caritas, die reine Nächstenliebe, für unmöglich zwischen Männern und Frauen. Entweder sie begehren sich, oder sie lieben sich nicht.«

Der Blick, den er Alienor zuwarf, war schlichtweg unverschämt, doch sie amüsierte sich darüber und entgegnete sarkastisch: »Gilt das in jedem Fall und ausnahmslos? Halt«, sie hob die Hand, »überlegt, bevor Ihr sprecht, Graf, ich könnte Euch sonst sehr in Verlegenheit bringen.«

»Es wäre mir ein Vergnügen«, gab Vermandois zweideutig zurück, »von meiner Königin in Verlegenheit gebracht zu werden. Doch ich bin ganz sicher. In jedem Fall.« Auf Alienors Wangen bildeten sich Grübchen. »Wollt Ihr damit sagen, daß Maria aus Magdala unseren Herrn Jesus, den sie liebte, auf unziemliche Weise begehrt hat... und daß er sie dennoch in seiner Nähe behielt? Aber Graf, was für Andeutungen!«

Ihre Zuhörer brachen in Gelächter aus, und Denise du Chabrais, eine ihrer Damen, die aus Paris stammte, meinte kichernd: »Oh Gott, wenn das der ehrwürdige Abt Suger gehört hätte, Euer Gnaden – oder die Königinmutter!«

Diese Vorstellung löste einen neuen Lachanfall aus, bis Michel de Monteil meinte: »Übrigens, selbst auf die Gefahr hin, daß ich mir die Zuneigung meines Vetters Vermandois verscherze – uns allen ist doch ein solcher Fall von Liebe bekannt... wenn man von den heiligen Evangelien einmal absieht.« Alle schauten neugierig auf ihn. Michel de Monteil ließ sich Zeit, strich sich über den Schnurrbart und kam schließlich damit heraus: »Ich sage nur... Pierre Abélard.«

»Aber natürlich!« rief Charlotte, die andere Hofdame, aufgeregt.

Alienor bat um Aufklärung. Selbstverständlich war ihr der Name Abélards bekannt. Er galt seit mehr als zwanzig Jahren als der kühnste aller Theologen, die je in Paris unterrichtet hatten, und wenn diese Stadt eines hatte, was sie auch in den Augen der selbstbewußten Aquitanier zu einer wahrhaft bedeutenden Stadt machte, dann war es ihre Universität mit den zahlreichen Gelehrten und den einander befehdenden Schulen. Doch sie wußte nicht, wie Abélard mit dem zur Diskussion stehenden Thema in Verbindung zu bringen war.

»Aber Euer Gnaden«, sagte Denise ungläubig, »kennt Ihr denn nicht die Geschichte von Abélard und Héloise? Vor etwa zwei Jahrzehnten, als Pierre Abélard hier an der Universität von Paris Kanonikus war, unterrichtete er auch die junge Héloise, die in dem Ruf stand, es mit den besten Gelehrten aus aller Welt aufnehmen zu können.«

»Mein Vater meinte immer, so viel Gelehrsamkeit bei Frauen sei teuflisch und gewiß schuld an dem ganzen Unglück«, warf Charlotte ein. Alienor bedeutete ihr ärgerlich zu schweigen. Sie wollte mehr von der unbekannten Héloise hören. Also hatte es tatsächlich eine Frau gegeben, der Männer ebenbürtige Fähigkeiten zugestehen mußten!

»Abélard und Héloise wurden ein Liebespaar«, nahm Denise den Faden wieder auf, »und flohen aus Paris. Sie heirateten heimlich und sollen sogar ein Kind gehabt haben, aber das weiß man nicht. Doch als Abélard nach Paris zurückkehrte, ließ ihn Héloises Onkel, der Kanonikus Fulbert, überfallen und...« Sie errötete und geriet ins Stottern.

Raoul de Vermandois, der keine Hemmungen hatte, vollendete für sie: »Und raubte ihm die Teile, die aus einem Mann einen Mann machen.«

Alienor war erschüttert. »Und was geschah dann?«

»Abélard zog sich in ein Kloster zurück«, erwiderte Denise, »und bat Héloise, die bei ihm bleiben wollte, statt dessen das gleiche zu tun. Er gründete schließlich mit einigen Schülern eine Gemeinschaft, an einem Ort, den er Paraklet nannte, und dort ist Héloise jetzt auch Äbtissin eines Nonnenklosters, das sie mit seiner Hilfe ins Leben gerufen hat, so heißt es.«

»Er lebt nicht mehr dort«, sagte Michel de Monteil. »Es gab zuviel Klatsch, obwohl man meinen sollte, daß die beiden ein für allemal davor sicher sein müßten. Daher hat er die Berufung als Abt von Saint-Gildas angenommen.«

Alienor war mit Märchen und Legenden von unglücklichen Liebespaaren aufgewachsen, doch das übertraf alles. Es regte ihre lebhafte Einbildungskraft an, und sie wollte sich nicht mit dem traurigen Ende abfinden. Es mußte doch irgend etwas geben, das...

»Das hat nun lange genug gedauert!« unterbrach eine harte Stimme ihren Gedankenflug. Sie wandte den Kopf und sah die Königinmutter in der Tür stehen. »Seit fünf Minuten bin ich hier, und nicht nur, daß mich niemand geziemend begrüßt, nein, ich muß mir auch noch anhören, wie hier über ungehörige Dinge gescherzt und von zwei Sündern gesprochen wird, die man zu meiner Zeit offen auf der Straße angespuckt hat!«

Betont höflich erwiderte Alienor, die in den letzten Monaten immer mehr dazu gekommen war, ihre Schwiegermutter zu verabscheuen: »Es tut mir leid, daß Ihr Euch beleidigt fühlt, Euer Gnaden, aber Ihr hättet uns auf Eure Anwesenheit aufmerksam machen sollen.«

Adelaide von Savoyen schnappte nach Luft. »Wahrhaftig! Hört zu, Ihr scheint zu vergessen, daß Ihr nicht mehr im wilden Aquitanien seid, sondern hier in Paris, wo man den Älteren gebührende Achtung entgegenbringt. Entschuldigt Euch sofort für Euren Tonfall, Ihr ungezogenes Ding!« Alienor erstarrte. Der letzte Rest an Zurückhaltung war gewichen, und hervor kam ein Zorn, der des alten Guillaume selbst würdig gewesen wäre. »Und Ihr scheint zu vergessen, Madame, daß Ihr nicht mehr Königin seid, sondern ich! Verlaßt augenblicklich diesen Raum!«

Totenstille herrschte. Adelaide von Savoyen starrte das rothaarige, zornige Mädchen an. Dann zischte sie: »Das wird Euch noch leid tun!« Mit einem majestätischen Schwung rauschte sie hinaus.

Bald wußte man im ganzen Palast, daß die Mutter und die Gemahlin des Königs gestritten hatten, und ihr Wortwechsel nahm allmählich mythische Dimensionen an. »Bestimmt hat sie nicht die Hälfte davon gemeint«, sagte Louis unglücklich. »Und es ist auch die Schuld meiner Mutter. Sie haßt Alienor!«

»Dürfte ich Euer Gnaden zum Wohle aller Beteiligten vorschlagen«, mischte sich Suger ein, »Eurer Mutter zu befehlen, sich auf ihre Güter zurückzuziehen? Das dürfte die Wogen glätten.«

Louis stimmte schließlich zu. Er war mit seiner Mutter genauso selten zusammengekommen wie mit seinem Vater, und wenn er sich auch bisher immer bemüht hatte, ihr allen Respekt zu erweisen, so hatte sich doch nie ein Gefühl der Wärme zwischen ihnen eingestellt. Außerdem haßte er Streitereien. Als er Alienor an diesem Abend von seiner Entscheidung erzählte, krauste sie die Stirn.

»So, Suger hat es vorgeschlagen«, sagte sie halblaut. Sie nahm an, daß nicht gerade Liebe zu ihr, Alienor, den Abt dazu bewogen haben mochte, sich gegen die Königinmutter zu wenden.

»Ja, und?« Louis war irritiert und wußte mit ihrer Reaktion nichts anzufangen.

»Oh nichts, Lieber«, antwortete sie mit süßer Stimme, »ich dachte nur gerade, daß es doch übermäßig hart für deine Mutter sein würde, wenn du sie offen verbannst. Sag lieber, daß du die Absicht hast, für ihre Güter einen neuen Verwalter einzusetzen, und daß sie sich mit ihm überall zeigen muß, damit ihm die Loyalität der Leute sicher ist. So tust du ihr nicht unnötig weh. Herr de Montmorency beispielsweise wäre sehr geeignet für dieses Amt.«

Louis fragte sich, wie nur je jemand hatte behaupten können, daß Alienor von heftiger Gemütsart sei. War sie nicht feinfühlig und verzeihend, die Güte selbst? Er küßte sie dankbar. Erst später fiel es ihm ein, sich beiläufig zu erkundigen: »Wie kommst du ausgerechnet auf Montmorency?«

Alienor musterte ihn mit einer Mischung aus Mitleid und Belustigung. Louis war der unschuldigste, reinste Mensch, der ihr je begegnet war, und gewiß der einzige bei Hofe, der nicht bemerkt hatte, mit welchen glutäugigen Blicken seine Mutter den schmucken Montmorency, einen niederen Adligen, der sonst kaum etwas vorzuweisen hatte, verfolgte. Er wäre entsetzt gewesen über die Vorstellung, eine Witwe von noch nicht einmal einem Jahr könne so schnell wieder nach einem neuen Mann Ausschau halten, und nun gar seine eigene Mutter. »Es war nur ein Einfall«, sagte sie und lächelte.

Alienor hatte ihre Gründe dafür, der Königinmutter den Abschied zu versüßen, obwohl sie sie aus tiefster Seele verwünschte. Nicht nur, daß Adelaide auf diese Art weniger Schwierigkeiten machen würde, nein, so ließ sich auch prophezeien, daß sie für längere Zeit auf ihren Gütern bleiben würde. Was den schönen Montmorency betraf, so hatte er weder einflußreiche Verwandte noch den Verstand, selbst Intrigen zu spinnen.

Doch bei ihrer nächsten Bitte an Louis stieß Alienor auf erheblich stärkeren Widerstand.

»Die Werke von *Pierre Abélard?*«

»Aber Louis, du mußt sie doch in deinem Kloster gelesen haben.«

»Nun ja... Ausschnitte davon – doch Suger sagte immer, daß Abélard ein Ketzer wäre und gewiß eines Tages als solcher erkannt würde und daß es gefährlich sei, seine Ideen denen zugänglich zu machen, die das nicht sofort klar erkennen könnten. Auch Bernhard von Clairvaux ist gegen Abélard und hat öffentlich geschworen, beim nächsten Konzil die Verurteilung seiner Lehre durchzusetzen. Eines von Abélards Büchern ist bereits verboten!«

»Bernhard von Clairvaux«, sagte Alienor und schnitt eine Grimasse.

Zu spät fiel Louis ein, daß dieser heilige Mann und Alienors Familie schon immer auf Kriegsfuß gestanden hatten.

Sie ging wider Erwarten nicht darauf ein und erkundigte sich statt dessen: »Was wirft Bernhard Abélard denn vor?«

»Oh, Abélard stellt zum Beispiel in seinem Werk über die Ethik die These auf, es gebe an sich weder gute noch schlechte Taten, erst die Absicht, Böses zu tun, mache die Sünde aus. Daraus folgert er, daß diejenigen, die unseren Herrn Jesus unwissentlich verurteilten, nicht schuldig zu nennen seien!«

Alienor strahlte. »Bei Gott, das ist kühn, das ist wundervoll! Und da du mir jetzt das Schlimmste gesagt hast, kannst du mir genausogut den Rest beschaffen.«

»Aber Suger würde wissen wollen, wozu ich die Bücher haben will, und...«

Mit einem Anflug von Ungeduld warf Alienor ihr Stickzeug zur Seite. »Himmel, Louis, erstens gibt es noch andere Klöster außer Saint-Denis, und zweitens frage ich mich langsam, ob du überhaupt etwas tust, was Suger nicht gefällt! Du bist doch kein Kind mehr – du bist der König«, schloß sie überdrüssig.

Louis betete Alienor an, doch war er sich schmerzhaft der Tatsache bewußt, daß sie ihn nicht so sehr bewunderte wie er sie (jeden Gedanken, ob es sich mit der Liebe genauso verhielt, verdrängte er entschlossen), und der innige Wunsch, das ändern zu wollen, machte ihn verwundbar.

Bald machte er auch zum ersten Mal mit dem Gefühl der Eifersucht Bekanntschaft. Alienor kam eines Tages zu ihm gelaufen, sie tanzte fast, ihre Augen strahlten, und sie sah so freudig erregt aus, wie er sie noch nie gesehen hatte. In der Hand hielt sie einen Brief, von dem ein unbekanntes Siegel herabhing.

»Oh Louis, Louis, ich habe wundervolle Neuigkeiten!« Sie breitete die Arme aus und drehte sich um sich selbst. »Raymond ist Fürst von Antiochien geworden! Oh, ich hatte mir solche Sorgen gemacht, aber ich hätte wissen müssen, das Raymond mit allem fertig wird, und...«

»Wer«, unterbrach Louis verwundert und bereits ein wenig verletzt, »ist Raymond?«

Alienor lachte und küßte ihn. »Mein Onkel, Raymond de Poitiers, habe ich dir nicht von ihm erzählt? Aber du mußt doch schon von ihm gehört haben?«

Louis erinnerte sich dunkel. Doch ihn hatte die Vertraulichkeit des Namensgebrauchs verwirrt; er wäre nie auf den Gedanken gekommen, einen Onkel mit ›Raymond‹ anzureden. Er merkte, daß Alienor darauf brannte, ihm weiter von diesem merkwürdigen Onkel und seinen Heldentaten berichten zu können.

»Raymond hat sich am englischen Hof so ausgezeichnet, daß ein paar Monate vor unserer Heirat ein heimlicher Bote des Königs Fulko von Jerusalem kam, um ihm das Fürstentum Antiochien anzubieten. Es ist das gefährdetste aller christlichen Königreiche im Osten, heißt es, weil die Ungläubigen dort als erstes angreifen.«

»Ja, ich weiß«, unterbrach Louis, »aber ich dachte, dort regiert die Witwe von Bohemund II.«

»Sie regierte nur für ihre Tochter«, berichtigte Alienor, »doch sie brachte es fertig, sich mit allen übrigen östlichen Königen zu zerstreiten. König Fulko hatte erfahren, daß sie plante, ihre Tochter zu hintergehen und König Roger von Sizilien zu heiraten, um endgültig und für immer Antiochien behalten zu können. Fulko und Roger sind erbitterte Feinde, und deswegen trug Fulko Raymond das Fürstentum an.«

Sie hielt kurz inne, um Luft zu holen. »Ich befürchtete schon, es würde zu einem Krieg kommen, als Raymond mir das schrieb, auch wenn ich wußte, daß er auf jeden Fall gewinnen würde. Doch er fand einen Weg, um die Regentin ohne Blutvergießen zu überlisten. Er reiste als Kaufmann verkleidet nach Antiochien und gewann dort das Vertrauen des Patriarchen und der maßgeblichen Barone. Dann kam er unter seinem wahren Namen an den Hof, und der Patriarch machte der Regentin vor, Raymond wolle sie heiraten, während er in Wirklichkeit ihre Tochter Constance umwarb. Die Regentin fühlte sich wohl so geschmeichelt, daß sie die Verlobung mit Roger beendete, und als sie erfuhr, wessen Hochzeit der Patriarch wirklich vorbereitete, war es zu spät. Ihr blieb nichts anderes übrig, als sich auf ihr Landgut zurückzuziehen, und so ist Raymond jetzt Beherrscher von Antiochien!«

»Und das findest du bewundernswert?« Louis hatte nicht gewußt, daß seine Stimme so scharf klingen konnte. »Ich halte es für die unritterlichste und unsittlichste Geschichte, von der ich je gehört habe!«

Die Miene seiner Gemahlin hatte sich jäh verändert. Die zusammengezogenen Brauen und der Ausdruck der Augen verhießen nichts Gutes; er hatte sie noch nie so ärgerlich gesehen. »Willst du damit sagen«, fragte sie eisig, »daß Raymond lieber, um sein Fürstentum zu gewinnen, einen Krieg führen und dadurch ein Land gegen sich hätte aufbringen sollen, das ihn noch gar nicht kannte? Er hat es nicht nötig, seine Tapferkeit so unter Beweis zu stellen – er ist angesehen genug. Wofür, glaubst du, hat ihn der englische König zum Ritter geschlagen?«

»Dennoch denke ich…«

»Und ich denke, du bist einfach eifersüchtig! Dein Königreich ist dir in den Schoß gefallen, ohne daß du das geringste dafür tun mußtest.«

Es herrschte betroffenes Schweigen. Dies war ihr erster echter Streit, und Alienor sah den verwundeten und entsetzten Blick, mit dem Louis sie anschaute. Er protestierte nicht oder wies sie zurecht; wenn er das getan hätte, hätte sie ihm entgegengeschleudert, daß auch er sich den größten Teil seines Königreichs erheiratet hatte, und das, ohne sich wenigstens vorher die Mühe gemacht zu haben, es kennenzulernen wie Raymond. Sie war ganz in der Stimmung, eine große Auseinandersetzung zu führen, doch angesichts seiner offenkundigen Hilflosigkeit spürte sie, wie ihr Zorn dahinschmolz. Es machte keinen Spaß, Louis zu verletzen; es war zu einfach.

»Es tut mir leid, Louis«, sagte sie leise und griff nach seiner Hand. »Es tut mir leid, Liebster.«

Louis war nur allzu glücklich, daß sie eingelenkt hatte, doch im Grunde wußte er, daß er nie zufrieden sein würde, ehe er sie nicht seinetwegen so voller Freude sah wie für Raymond, ehe er ihr nicht beweisen konnte, daß er ihren Onkel weit übertraf.

Die Gelegenheit dazu sollte er eher erhalten, als ihm lieb war, denn Paris erreichte die Nachricht, daß die Bürger von Poitiers sich gegenseitig durch einen Eid verpflichtet hatten, die Oberhoheit ihres Grafen nicht mehr anzuerkennen – und der Graf von Poitiers war der jeweilige Herzog von Aquitanien.

Alle Farbe wich aus Alienors Gesicht, als sie es erfuhr, und Louis hatte einen Moment lang Angst, sie würde ohnmächtig werden. Dann sah er ihre zornflammenden Augen und fürchtete, sie würde statt dessen einen Wutanfall bekommen. Doch wieder irrte er sich. Über Alienors Gestalt kam eine fast unheimliche Ruhe. Nur ihre Hände öffneten und schlossen sich langsam.

Alienor hatte das Gefühl, sie müßte ersticken. Ein Jahr! Nur ein Jahr war sie fort, und schon hatte man sie verraten, nicht hier in Paris, in der Fremde, wo sie darauf gefaßt gewesen war, sondern in ihrer Heimat, in Aquitanien. Und es war Poitiers, Poitiers, die Lieblingsstadt ihres Großvaters, der Stammsitz der Herzöge. Sie kam sich vor, als hätte ein Mensch, den sie liebte, ihr ein Messer in den Rücken gestoßen, und ihr ganzes Wesen schrie nach Rache für solchen Verrat.

Doch ihr Erbe war nicht nur die blinde Leidenschaft ihres Großvaters, sondern auch Dangerosas kühle Überlegung, und sie zwang sich, das Ereignis in den richtigen Ausmaßen zu sehen. Jetzt mußte man planen. Langsam breitete sich um ihren Mund ein Lächeln aus, und Louis, der sie besorgt beobachtete, erschrak. War sie verrückt geworden? Alienor las seine Gedanken so deutlich, als hätte er sie ausgesprochen, und schüttelte den Kopf. Dann teilte sie ihm mit, vorsichtig in die Form von Bitten und Ratschlägen gekleidet, was er zu tun hatte.

»Aber das ist grausam!« protestierte Louis, als sie geendet hatte. »Unchristlich und grausam!«

»Pah!« erwiderte Alienor verächtlich. »Grausam! Sie sind die Rebellen, und du bist der König, und es ist ohnehin nur zum Schein.«

»Ich weiß«, sagte Louis niedergeschlagen. »Aber selbst so ist es mir zuwider, denn sie werden es glauben, und es wird furchtbar für sie sein, bis...«

»Es ist furchtbar für mich!« entgegnete Alienor heftig. Dann fügte sie schmeichelnd hinzu: »Ach, Louis, niemand käme dabei zu Schaden, und es wird nie mehr zu einer Rebellion kommen – wenn sie nur glauben, daß du tatsächlich bereit bist, es zu tun, und dann alles so verläuft, wie wir es geplant haben. Ich finde, es war ein sehr guter Einfall von dir. Es wäre allerdings besser, wenn du Suger vorher nichts davon erzählst. Er könnte«, sie überlegte, wie sie es am besten ausdrücken sollte, ohne ihren wahren Grund zu nennen, »gekränkt sein, daß du ihn nicht zu Rate gezogen hast.«

Louis war sehr dafür, Suger nichts davon zu erzählen; wer konnte wissen, was der freundliche Abt zu so einem harten Plan sagte, wo mit den Gefühlen von Menschen gespielt wurde? Er war selbst noch immer nicht völlig davon überzeugt, daß er es tun sollte. Andererseits bot sich hier endlich die Gelegenheit, sich vor Alienor als männlicher und listiger Regent zu beweisen (sie half ihm sehr schnell zu vergessen, daß es ihre und nicht seine List gewesen war).

Louis brach, den erfahrenen Raoul de Vermandois an der Seite, mit einem kleinen Heer auf, das weniger Ritter als Techniker und Belagerungsmaschinen mit sich führte. Die Stadt Poitiers, seit Menschengedenken nicht mehr angegriffen und schlecht auf eine Belagerung vorbereitet, fiel ihm wie ein reifer Apfel und ohne viel Blutvergießen in die Hände, um so mehr, da Poitiers keine Unterstützung durch das Umland erhielt.

Das französische Heer war erleichtert, doch fast so schokkiert wie die Einwohner von Poitiers, als Louis, sowie er einmal Herr der Lage war, seine Strafmaßnahmen verkündete. Die Gemeinde sollte aufgelöst und die Söhne und Töchter der angesehensten Bürger als Geiseln fortgebracht werden. Fast seine ganze Umgebung war dagegen, in Poitiers brach die Verzweiflung aus, doch Louis zeigte eine Entschiedenheit, die keiner von ihm vermutet hätte. Alle Bittgesuche lehnte er ab.

Zwei Wochen nach Ankündigung dieser Maßnahmen unternahm Alienor einen Besuch in Saint-Denis. Der ganze Erfolg ihres Planes gründete sich darauf, daß Suger sie nur für ein impulsives, launisches junges Mädchen hielt mit wenig mehr als Vergnügen im Kopf, und so rang sie sich auch ein paar mädchenhafte Tränen ab, während sie mit ihm sprach.

»Ach, ich fürchte, es ist meine Schuld, daß mein lieber Gemahl jetzt in so einer Lage ist«, klagte sie. »Ich war so wütend über den Verrat meiner Stadt, daß er wohl glaubte, mich rächen zu müssen. Selbst wenn ich jetzt mit ihm spräche, würde das nichts ändern, im Gegenteil, man würde sagen, der König von Frankreich ist schwach und hört nur auf seine Gattin.«

Sie blinzelte und fuhr sich mit dem Handrücken über die Augen. »Doch wenn *Ihr*, sein alter Freund und Ratgeber, der Mann, der ihn aufgezogen hat, wenn Ihr zu ihm gehen würdet, Euren Bitten würde er Gehör schenken.« Ohne an Ansehen zu verlieren, setzte Suger stillschweigend hinzu und nickte langsam.

»Ja, ich glaube, Ihr habt recht, meine Tochter«, sagte er laut. »Ich kann es unmöglich zulassen, daß der König sich so gegen das Gesetz der Nächstenliebe versündigt, und werde sofort nach Poitiers aufbrechen.« Er hielt die Königin für eine kleine Närrin, die aber immerhin noch Verstand genug hatte, um zu sehen, daß hier der Rat eines erfahrenen Mannes nottat.

Als Alienor das Kloster wieder verließ, ertappte sie sich dabei, wie sie eine kleine Melodie aus ihrer Kinderzeit summte. Sie hatte auf Sugers Eitelkeit gebaut und gewonnen. Der Abt würde nach Poitiers reisen, sich dort als Retter der Stadt ankündigen, und am Tag nach seiner Ankunft würde Louis mit großartiger Geste vollständige Verzeihung gewähren.

So geschah es, doch während Poitiers ein Freudenfest feierte, wandte sich Louis unbedacht an Suger und bemerkte strahlend: »Ist es nicht herrlich? Alienor hatte recht; statt mir den Feldzug übelzunehmen, werden sie sich jetzt nur noch daran erinnern, daß sie das Schwert an der Kehle hatten und ich mich dafür entschied, es zurückzuziehen.«

»Alienor?« wiederholte der Abt überrumpelt, dann wurde seine Miene glatt, während er innerlich wütete. Die Schrift hatte recht, Hinterlist und Tücke trugen das Antlitz des Weibes!

Oh, er mußte ihr einräumen, daß es geschickt war. Keine Unruhe mehr – die Furcht saß nun zu tief in den Gliedern der Menschen, denn wenn der König diesen kleinen Aufstand schon so handhabte, wie dann erst eine größere Rebellion? Und statt an die Belagerung zu denken, schäumten die Poiteviner vor Dankbarkeit über und priesen die Güte des Königs. Aber daß sie ihn, Suger von Saint-Denis, bei ihrem Spiel benutzt und zum Narren gehalten hatte – das war zuviel. Diese Demütigung würde er ihr irgendwann heimzahlen, irgendwann.

Nach ihrer Rückkehr machte sich eine gewisse Entfremdung zwischen König und Abt bemerkbar. Louis verstand die ablehnende Haltung seines Ziehvaters Alienor gegenüber nicht und klammerte sich, durch Sugers Groll verletzt, um so fester an sie. Bald fragte er Alienor in allen Angelegenheiten offen um Rat.

Alienor hatte, was sie wollte, und hätte nun glücklich sein können. Statt dessen spürte sie eine ständig wachsende Mischung aus Unzufriedenheit und Rastlosigkeit. Der Reiz der Neuheit von Paris war verflogen, ihr Heimweh nach dem Süden, nach Sonne und Wärme wurde immer heftiger. Der einzige Mensch, für den sie an diesem Hof wirklich etwas empfand, war Louis, und ihr Gefühl für Louis war nicht tief genug. Sie fand ihn ihr rührend ergeben, aber sie wußte, daß sie beide so verschieden wie Sonne und Mond waren. Sie verstand ihn nur allzu gut – Louis den Reinen, Louis den Einfachen –, während er sie überhaupt nicht verstand, auch wenn er das gelegentlich glaubte.

Wie sollte er auch, er kannte sie nicht einmal, kannte nur die angenehme Fassade, während sie die dunkle, leidenschaftliche Seite ihres Wesens in seiner Gegenwart immer zügeln mußte, was ihr einige wenige Male nicht gelungen war.

Dazu kam, daß sie immer noch nicht schwanger war, was allmählich zu Getuschel führte. Alienor kam aus einer fruchtbaren Familie, doch als die Jahre ohne das geringste Anzeichen einer Empfängnis vergingen, hieß es immer vernehmlicher, die Königin sei unfruchtbar. Sarkastisch dachte Alienor, daß es merkwürdigerweise in solchen Fällen nie hieß: »Der König kann keine Kinder zeugen.« Sie hatte lange nicht gewagt, sich einzugestehen, was sie bei Louis' kurzen Versuchen, ihren Körper in Besitz zu nehmen, empfand – sie langweilte sich einfach. Wäre sie älter oder erfahrener gewesen und hätte gewußt, daß in dieser Beziehung nicht alle Männer gleich waren, hätte sie längst die Versuchung zum Betrug gespürt. So aber empfand sie nur Langeweile.

Louis spürte Alienors Rastlosigkeit. Die uneingestandene Angst, sie zu verlieren, trieb ihn dazu, sich ein weiteres Mal als Held beweisen zu wollen. Er wußte, daß Toulouse für Alienors Vater eine ständig blutende Wunde gewesen war, und glaubte nun, mit dem Erfolg von Poitiers im Rücken, die Lösung gefunden zu haben: *Er* würde Toulouse erobern und es Alienor als Geschenk zu Füßen legen, etwas, was Guillaume X nie gelungen war (und der unbekannte Raymond hatte es erst gar nicht versucht – sagte das nicht schon alles?).

Toulouse befand sich jedoch, anders als Poitiers, schon seit Jahren im Kriegszustand; die Stadt war mehr als gewappnet, und es hätte eines weit besseren und erfahreneren Feldherrn als Louis bedurft, um hier etwas auszurichten. Enttäuscht und erfolglos kehrte Louis zurück. Mit ihm kam Alienors jüngere Schwester Petronille, die nun so alt wie Alienor bei ihrer Heirat war.

Alienor begrüßte Petronille mit offenen Armen und viel

begeisterter als je in ihrer Kindheit, denn nun stellte Petronille für sie ein Stück Aquitanien dar, ein wenig glückliche Vergangenheit. Petronille hatte sich zu einem hübschen, ein wenig rührseligen jungen Mädchen entwickelt. Sie besaß nicht die Schönheit ihrer Schwester, doch man konnte ihre dunkle, grazile Erscheinung als anmutig beschreiben. Sie war beeindruckt von dem Glanz ihrer Schwester als Königin von Frankreich und hatte sich dank ihrer gefälligen Art in wenigen Wochen einen festen Platz im Kreis um Alienor geschaffen.

Alienor saß in einer Fensternische, hatte die Knie angezogen und war dabei, Bänder zu besticken. Als sie sich in den Finger stach und ein Blutstropfen auf die bereits fertiggestellten grünen Sterne fiel, stieß sie mit zusammengepreßten Lippen einen Fluch hervor, den sie bei ihrem Großvater gehört hatte, und warf das Stickzeug an die Wand.

Petronille lachte leise. »Unsere Mutter wäre entsetzt, wenn sie dich so sähe«, sagte sie vergnügt. »Ach, ich habe das immer gehaßt«, antwortete Alienor. Die Schwestern sprachen in ihrer vertrauten *langue d'oc*.

Petronille hob das mißhandelte Band mit der Nadel auf, kam zu ihr und legte ihren Kopf auf Alienors Schulter. Sie war ein zärtlichkeitsbedürftiges Wesen, was einen Teil ihrer Anziehungskraft ausmachte, doch heute hatte sie etwas auf dem Herzen.

»Alienor«, sagte sie schließlich, »ich muß dir etwas erzählen.«

»Das nehme ich an«, gab Alienor ironisch zurück und hob die Augenbrauen. »Seit einiger Zeit muß ich schon beobachten, daß du wie auf Wolken herumläufst, sowie ein gewisser edler Herr in der Nähe ist.«

»Du weißt es?«

»Petronille, ich glaube, bei Hof lebt niemand, der es *nicht* weiß«, erwiderte Alienor und brach in Gelächter über die entsetzte Miene ihrer Schwester aus.

»Unsinn, ich mache nur Spaß. Aber ich muß dich warnen. Raoul de Vermandois ist verheiratet.«

»Das ist es eben«, seufzte Petronille. Der Graf de Vermandois hätte zwar ihr Vater sein können, doch das schien seinen Reiz in ihren Augen noch zu erhöhen. »Er und ich, wir lieben uns«, sagte sie arglos, »und seine Gemahlin ist ohnehin seine Cousine, also könnte die Ehe doch annulliert werden, und dann heiraten wir.«

Alienor musterte ihre Schwester und dachte, daß sie wirklich ein Wunder an Naivität war. Alienor mochte Raoul de Vermandois, doch sie war sich völlig im klaren darüber, daß er schlechter fahren könnte, als die Schwester der Königin zu heiraten. Er mochte in Petronille verliebt sein, aber sie bezweifelte, daß er bereit gewesen wäre, für ein unbedeutendes junges Mädchen seine Gemahlin zu verlassen, die immerhin die Nichte des mächtigen Thibaud de Blois, Graf der Champagne, war. Und genau darin lag die Schwierigkeit. Petronille sprach so selbstverständlich über die Annullierung einer Ehe, die auf Betreiben eines einflußreichen Mannes zustande gekommen war. Es stand nicht zu erwarten, daß Thibaud de Blois die Pläne seines Cousins und angeheirateten Neffen so einfach schlucken würde.

»Alienor, du wirst uns doch helfen, oder? Wenn Louis seine Bischöfe bittet, die Ehe für ungültig zu erklären, tun sie es bestimmt!« Tränen standen in Petronilles Augen. »Ich liebe Raoul so sehr, daß ich sterben könnte.«

»Bist du denn sicher«, fragte Alienor behutsam, »daß er dich ebenfalls liebt?«

»Ach, du weißt nicht, was Liebe ist, sonst würdest du so etwas nicht fragen!« entgegnete Petronille heftig. »Natürlich liebt er mich, das weiß ich!«

Alienor war betroffener, als sie zugeben wollte. Es ist wahr, dachte sie, ich weiß nicht, was Liebe ist. Petronille mag töricht sein, aber sie weiß es. Sie sah ihre Schwester an und fällte impulsiv einen Entschluß. Wann hatte sie schon einmal die Gelegenheit, etwas Uneigennütziges zu tun? Mit einem Hauch von Bitterkeit, der gegen sie selbst gerichtet war, fügte sie schweigend hinzu: so uneigennützig nun auch wieder nicht. So bekomme ich wenigstens dieses Wunder, eine Ehe aus Liebe, einmal in meinem Leben zu sehen.

Dieses Jahr, 1141, war für die Kirche voller Unruhen. Auf dem Konzil von Sens gelang es Bernhard von Clairvaux, die Verurteilung der Lehren Pierre Abélards durchzusetzen, eine Entscheidung, die innerhalb des Klerus für heftige Auseinandersetzungen sorgte und einen Teil der Kirchenfürsten in rebellische Stimmung brachte. Als Louis daher seine Bischöfe bat, die Ehe von Raoul de Vermandois mit der Nichte des Grafen der Champagne auf ihre Gültigkeit zu untersuchen, gab es gleich drei, die erklärten, nach kanonischem Recht seien die beiden zu nahe verwandt, und damit sei die Ehe annulliert.

Petronille und Raoul de Vermandois heirateten unverzüglich, und eine Weile sah es so aus, als habe die Angelegenheit so ihr glückliches Ende gefunden. Doch Thibaud de Blois wandte sich an den Papst selbst, und da er einer der einflußreichsten – und wohlhabendsten – Männer im Lande war, wurden das neuvermählte Paar sowie die drei Bischöfe unverzüglich exkommuniziert, und die Champagne befand sich im Aufstand.

Alienor gestand sich insgeheim ein, einen Fehler begangen zu haben, doch jetzt konnten sie nicht mehr zurück, und als Louis' Kandidat für das freigewordene Erzbistum Bourges vom Papst barsch zurückgewiesen wurde, ermutigte sie ihn, darauf zu beharren. Sie wußte, daß es nicht um die Ehe ihrer Schwester ging, sondern um die Machtfrage zwischen Kirche und König, und kein Herzog von Aquitanien hatte in dieser Beziehung jemals einen Fußbreit nachgegeben. Ihren Großvater hatten seine zahlreichen Exkommunikationen nicht einmal schlaflose Nächte gekostet.

Doch Louis war nicht Guillaume IX. Er war verzweifelt über die Auseinandersetzung mit dem Papst, sah aber keinen anderen Ausweg mehr, da Alienor ihm versicherte, am Ende werde der Heilige Vater Einsicht zeigen und nachgeben – wenn er, Louis, nur standfest genug bliebe und sich nicht erpressen lasse. Im Herbst 1142, als Louis einen blutigen Krieg in der Champagne führte, griff der Papst zu seiner stärksten Waffe. Er verhängte über Frankreich das Interdikt, den Kirchbann, der jede religiöse Handlung im gesamten Land unmöglich machte. Es durften weder Gottesdienste noch Taufen noch Begräbnisse stattfinden, eine Vorstellung, die dem Volk wie eine direkte Reise in die Hölle erschien. Der berühmte Bernhard von Clairvaux, mittlerweile wie ein Heiliger verehrt, predigte persönlich gegen den König.

Als Suger von Saint-Denis in Louis' Feldlager erschien, stand er kurz vor dem völligen Zusammenbruch und war zu jeder Konzession bereit.

Alienor saß in ihrem Gemach, den Kopf in die Hände gestützt, und grübelte. Vor sich hatte sie einen hysterischen Brief von Louis, in dem er schrieb, er habe jetzt dank Suger und des heiligen Bernhard seine Irrtümer endlich erkannt und kehre als reuiger Büßer in den Schoß der Kirche zurück.

Bernhard von Clairvaux! Sie kannte seine Predigten; man sorgte schließlich dafür, daß sie ihr zu Ohren kamen. Nie vergaß er, auf den ›teuflischen Einfluß‹ hinzuweisen, der den König auf den Pfad der Verderbnis getrieben hatte. Der Mann nötigte ihr widerwillige Hochachtung ab; sie war mit der Geschichte über ihn und ihren Großvater aufgewachsen.

Ihr Großvater... sie dachte daran, wie er ihr prophezeit

hatte, sie würde einmal sehr viel Ärger heraufbeschwören, wenn sie sich nicht daran gewöhnen würde, nicht alles zu bekommen, was sie wolle. Nun, der Ärger war da. »Machen wir das Beste daraus«, sagte sie halblaut. Louis wollte also das Gleichnis vom Verlorenen Sohn wiederholen und sich von Suger am nächsten Osterfest feierlich in die Arme der Kirche zurückführen lassen.

Wenn sie nur sicher sein könnte, daß es Suger war, der damals für das zeitige Ableben ihrer Familie gesorgt hatte. Sie hatte ihn seit langem in Verdacht, doch es gab keinen Beweis, und es hätte genausogut der alte König oder die Königinmutter sein können, die nun zufrieden mit Montmorency auf dem Land lebte. Und es bestand die Möglichkeit, daß sie Suger nur deswegen verdächtigte, weil sie ihn gründlich verabscheute.

Doch es sah so aus, als müßte sie sich nun mit ihm abfinden. Er hatte seinen Einfluß auf Louis wiedergewonnen, das erkannte sie aus dem Brief ihres Gatten. Und sie war sich sehr bewußt, was man mittlerweile über sie klatschte: Die Königin sei gottlos, ihre Kinderlosigkeit eine Strafe des Herrn. Irgend jemand hatte sogar die Legende aus ihrer Heimat verbreitet, das Märchen von ihrer Ahnfrau, der Fee, die sich bei Vollmond verwandelte und eines Tages in einer ihrer Nachkommen wiedergeboren werden würde.

Sie war erst einundzwanzig, aber um ihre Zukunft sah es düster aus. Besser, sie versuchte nicht, den armen, ohnehin schon genug gequälten Louis vor die Wahl zwischen sich und Suger zu stellen; besser er unterwarf sich dem Papst, und es kehrte wieder Frieden im Land ein. Vielleicht ließ sich am Ende auch noch ein Ablaß für Petronille und Raoul de Vermandois herausschlagen, wenn man nur geschickt genug verhandelte. Wie sie Louis kannte, fürchtete sie jedoch, er würde sich ohne Wenn und Aber... Sie würde sich etwas einfallen lassen. Inzwischen konnte sie sich auf Sugers großes

Versöhnungsfest und Louis' demütige Rückkehr vorbereiten.

Louis hatte sich entschieden, ein härenes Hemd zu tragen, und wenngleich er nicht von Alienor dasselbe verlangte, so richtete er doch sein neu erstarktes frommes Augenmerk auf ihre Umgebung, und was er sah, mißfiel ihm sehr. Der erste, der darunter zu leiden hatte, war der Troubadour Macabru, der Alienor seine Liebeslieder widmete. Louis verbannte ihn ohne Umschweife von seinem Hof.

»Aber Louis, es ist doch nur ein Spiel!«

»Mit solchen Dingen soll man nicht scherzen; das ist unchristlich.«

Alienor hätte ihn gerne gefragt, ob er hier nicht den Mantel des Christentums über persönliche Eifersucht zog, doch es war sinnlos. Der rachsüchtige Macabru indessen dichtete ein Lied über Louis, das bald landauf, landab die Runde machte:

Ein Baum ist gewachsen,
hoch und groß... und weit ausladend.
Von Frankreich ist er bis Poitou gekommen,
seine Wurzel ist Bosheit,
und meine Jugend wird durch ihn verdorben...

Die Angelegenheit hätte zu einer weiteren Entfremdung zwischen Alienor und Louis führen können, hätte sie nicht kurz vor seinem lang vorbereiteten öffentlichen Bußgang entdeckt, daß sie endlich ein Kind erwartete. Sie waren beide überglücklich und beschlossen, es zum Osterfest bekanntzugeben. Louis erschien Alienors Schwangerschaft wie ein Zeichen der Vergebung Gottes, und er bestand darauf, mit ihr jeden Tag mehrere Stunden vor dem Schloßaltar zu beten, um Gott für seine Gnade zu danken.

Alienors Vorsatz, sich Louis gegenüber nachgiebig und

sanftmütig zu zeigen, geriet dadurch sehr ins Wanken. Am dritten Tag stand sie auf, ließ ihren im Gebet versunkenen Gemahl zurück und wollte entschlossen die Kapelle verlassen, als sie ein jäher Schmerz überfiel. Sie krümmte sich, sank in die Knie.

»Nein«, stöhnte sie, »nein.« Der Schmerz kam zurück, kam immer wieder. »Louis!« Er schrak auf und rannte zu ihr. Alienor biß sich auf die Lippen, um nicht zu schreien, und schaffte es schließlich, heiser hervorzustoßen: »Es... es... ist das Kind... hol doch... irgend jemanden...«

Aber sie waren allein, niemand war in Rufweite, und Louis konnte sie nicht einsam auf dem kalten Marmorboden zurücklassen, während sie ihr Kind verlor. So blieb er, hielt ihre Hände fest und erlebte in ohnmächtiger Verzweiflung die Fehlgeburt ihres ersten Kindes.

Als Alienor imstande war, sich zu erheben, lag in ihren Augen eine Kälte, die ihn zurückschrecken ließ. »Laß uns für das arme Wesen beten«, stammelte er hilflos.

»Beten! Ich werde zu Gott beten«, sagte Alienor mit abgewandtem Kopf, »wenn ich ihm verziehen habe!«

Die geplagte Bevölkerung war im Grunde erleichtert gewesen über die Entscheidung des Königs, sich dem Papst zu unterwerfen. Zu Sugers großem Versöhnungsfest im Kloster Saint-Denis kam jedoch nicht nur das einfache Volk, sondern auch alle Äbte der großen Klöster des Königreichs.

Saint-Denis, Sugers Kloster, war von dem reuigen König mit üppigen Geschenken aus der königlichen Schatzkammer überhäuft worden. Daß der größte Teil des neuen Prunks aus Aquitanien stammte und zu Alienors Mitgift gehört hatte, verschaffte dem Abt tiefe Befriedigung. Auch der Graf der Champagne hatte ihn mit einer herrlichen Sammlung von Topasen und Granaten überhäuft, und Suger hatte allen Grund, sein Kloster als das reichste des Landes zu bezeichnen. Von zahlreichen Bischöfen in vollem Ornat umgeben, deren goldbestickte Mitren sie als hohe Würdenträger der Kirche auswiesen, empfing er seinen ehemaligen Schüler und dessen Gemahlin.

Ein Raunen lief durch die wartende Menge, als sie des Königs und der Königin ansichtig wurden. Louis trug das graue Hemd und die Sandalen der Büßer; die Frau an seinem Arm jedoch war in ein herausforderndes, dunkles Scharlachrot gekleidet, und auf ihrem Kopf erglänzte ein Perlendiadem. Beide knieten vor den Vertretern des Klerus nieder. Auch Suger verstand eine öffentliche Geste zu würdigen und nickte der Königin unmerklich zu, während der päpstliche Legat laut verkündete:

»Louis, geliebtes Kind Gottes, sei wieder in Frieden aufgenommen in die Gemeinschaft der Gläubigen und mit dir dein Land!«

Alle Anwesenden brachen in Jubel aus, und während sich Louis strahlend erhob, beobachtete Suger, wie die Königin sich bekreuzigte – noch nie hatte in so frommer Geste so viel Spott gelegen.

Als der öffentliche Teil der Feiern zu Ende war, wurde Alienor von Geoffrey du Loroux beiseite genommen. Der Erzbischof von Bordeaux fragte freundlich: »Alienor, du siehst müde aus und blaß, was ist dir, mein Kind?« Die junge Frau wandte sich ihm zu. Dieser Mann war ein alter Freund ihres Vaters, er hatte sie getauft, er hatte ihre Ehe gesegnet, und obwohl sie ihm sein eigennütziges Handeln mit dem französischen König sehr übelgenommen hatte, glaubte sie doch, daß er ihr nie wissentlich etwas Böses tun würde. Plötzlich war sie froh, ihm hier unter den selbstgefälligen Priestern wiederzubegegnen; er war ein Aquitanier, und seine Freundlichkeit, so selten geworden in der letzten Zeit, berührte sie an diesem Tag der Niederlage.

»Ehrwürdiger Erzbischof, ich... ich habe Heimweh!« entfuhr es ihr, eigentlich gegen ihre Absicht. Geoffrey du Loroux strich ihr über das Haar; er war der einzige Mensch auf der Welt, der sie noch wie ein Kind behandelte, und sie kämpfte plötzlich mit den Tränen.

»Warum kehrst du dann nicht zu uns zurück, Alienor«, fragte er sie, »sicher würde dich dein Gemahl für einige Monate gehen lassen, oder ihr könntet, so wie dein Vater, abwechselnd an zwei verschiedenen Orten residieren.«

Alienor schluckte und starrte an ihm vorbei. »Hassen sie mich nicht mittlerweile«, ihre Stimme war tonlos und kaum zu vernehmen, »jetzt, wo ich – Königin bin?« »Dich hassen? Nein, wie kommst du darauf?« Der Erzbischof war aufrichtig erstaunt.

Alienor fühlte sich versucht, ihm von Poitiers zu erzählen, und daß sie außer den Gründen, mit denen sie Louis überredet hatte, noch einen weiteren in sich verborgen hielt: Sie hatte ihr Volk ebensosehr verletzen wollen, wie es sie verletzt hatte, denn kein Verrat schmerzt mehr als der von Menschen, die man liebt. Auch deswegen hatte sie die Einwohner von Poitiers wochenlang die schlimmsten Ängste ausstehen lassen, mit einer Rachsucht, die sie selbst erschreckte und die sie später um alles in der Welt vergessen wollte – wenn es ihr nur möglich gewesen wäre.

Sie hätte dem Erzbischof jetzt davon erzählen können, und es wäre wie eine Beichte gewesen, doch sie entschied sich dagegen. Sie mußte selbst mit dem fertig werden, was sie in ihrem Inneren entfesselt hatte, so wie sie die Konsequenzen in der äußeren Welt tragen mußte. Diese Bürden einem anderen aufzuladen, wäre Schwäche gewesen, und sie wollte sich zumindest nicht auch noch selbst verachten müssen.

Ihr kam ein Einfall, und impulsiv fragte sie: »Sind wirklich alle großen Äbte des Königreichs hier?« Der Erzbischof nickte verblüfft. »Ach Vater«, sagte sie bittend, »könntet Ihr mich dann mit Bernhard von Clairvaux bekannt machen?«

Mit einem kleinen Augenzwinkern fügte sie hinzu: »Ich bin noch nie einem Heiligen vorgestellt worden!«

Bernhard von Clairvaux glich, wie es hieß, Johannes dem Täufer: Ein wilder Blick, der seine Zuhörer bannte, ein wuchernder Bart, eine mächtige Stimme und ein ausgemergelter Körper kennzeichneten ihn. Er war ein kompromißloser Asket, der nur auf nacktem Stein und bloßer Erde schlief, der sich weigerte, auch nur die geringste weltliche Habe zu besitzen, der die Prunksucht der Kirche anprangerte und sich nicht scheute, sich mit den Herrschern dieser Erde anzulegen.

Er war auch ein Fanatiker, der erbittert gegen Rationalisten und Skeptiker wie seinen großen Gegner Abélard ankämpfte, dem er ›Hochmut des Verstandes‹ vorwarf, der jedes Anzeichen von Fleischlichkeit für eine Versuchung des Teufels hielt und ohne Erbarmen für die schwerste Bestrafung von Ehebrechern focht.

Und endlich war er ein Mystiker, der sich nur nach der Vereinigung mit Gott sehnte und seinen lebenden Körper, der ihm diese Vereinigung noch verweigerte, unablässig dafür bestrafte.

Das war der Mann, dem an dem Tag der großen Versöhnung Louis' VII mit der Kirche die Frau begegnete, die in allem sein Gegenteil war: Alienor von Aquitanien.

Sie kniete nieder und ließ sich von der mageren alten Hand segnen. Als sie sich erhob und ihn ansah, glaubte er einen Moment lang, die Welt sei zurückgekehrt an ihren Ursprung, und alles wiederhole sich noch einmal – hier war der alte Teufel selbst, in dem leuchtenden Rot seines Geschlechts und mit dem gottlosen Blick, der ihm das Schwert an die Kehle setzte und über den Tod seine Scherze trieb.

Guillaume IX hatte nie erfahren, wie nahe Bernhard damals in Poitiers daran gewesen war zu schweigen…

Doch er hatte der Versuchung widerstanden, und jetzt musterte er die Enkelin des Mannes, der gewiß längst in der Hölle schmorte, mit strenger Miene. »Was wünscht Ihr?«

Er gebrauchte weder Titel noch irgendeine Anrede, und Alienors Mundwinkel zuckten. Das war beinahe eine Wohltat nach dem ständigen ›meine Königin‹ und ›Euer Gnaden‹, mit dem man sie seit Jahren überhäufte, und auch ehrlicher, als wenn er sie ›meine Tochter‹ genannt hätte.

»Ich will mit Euch Frieden schließen, Vater«, erwiderte sie und betonte ihrerseits das ›Vater‹ – er mußte innerlich Qualen leiden, von einem Mitglied der herzoglichen Familie so angesprochen zu werden. »Seid nicht länger mein Feind, ich bitte Euch.«

»Ich bin keines Menschen Feind«, entgegnete er empört. »Ihr seid es, die Zwietracht und Krieg im Land gesät habt!« Alienor senkte die Wimpern und beugte das Haupt, ein Inbild der Demut. »Ich bereue es sehr, Vater, glaubt mir. Ich sehe meine Sünden vor mir und weiß, nur Ihr könnt mir helfen, indem Ihr für mich betet.«

Bernhard schwieg. Haltung und Stimme klangen echt, doch Kleid und Haar, die in einem stolzen, spöttischen Rot leuchteten, sprachen dagegen. Schließlich sagte er: »Nun gut. Wenn Ihr versprecht, nicht länger auf Eurem Pfad der Willkür und des Hochmuts fortzufahren, auf den Ihr auch den König getrieben habt, will ich für Euch zu Gott beten. Ja, ich will ihn auch bitten, daß er Euch und dem Königreich einen Erben schenkt.«

Er war von dem Schmerz überrascht, der sich für den Bruchteil einer Sekunde bei ihr zeigte; er hatte nicht geglaubt, daß diese Frau fähig war, so tief zu fühlen.

»Ich verspreche es, Vater.«

»Dann geht in Frieden.« Ein wenig ungnädig fügte er hinzu: »Meine Tochter.«

Alienors Gesicht wurde von einem jähen Lächeln erhellt.

»Ich danke Euch aus ganzem Herzen, Vater.« Sie war verschwunden, und Bernhard blieb allein zurück. Er fühlte sich plötzlich einsam und alt und nahm sich vor, nicht mehr gegen sie zu predigen. Nachdenklich schaute er auf seine Hände. Es war vermutlich das letzte Mal, daß er einem jener seltsamen lebenssprühenden Menschen begegnet war, die so ganz Kinder dieser Welt waren und in ihrem Hochmut glaubten, ihr Schicksal selbst in der Hand zu halten oder es Gott abtrotzen zu können. Abélard war so gewesen, wenn er sich richtig erinnerte. Nun, Abélard, der nie Priester hätte werden sollen, war nun tot, über die Enttäuschung gestorben. Alle waren sie seine Gegner gewesen, diese Söhne und Töchter Luzifers, doch nun gestand er sich manchmal ein, daß er sie vermissen würde – sie und den Streit mit ihnen.

Das Fest von Saint-Denis hatte noch ein Nachspiel, mit dem Alienor nicht gerechnet hatte. Am nächsten Tag kam ihre Hofdame Denise und sagte, eine der ebenfalls wegen der Feier in der Stadt anwesenden Äbtissinnen bitte um eine Audienz. Da sie seit ihrer Unterredung mit Bernhard von Clairvaux guter Laune war, erklärte Alienor sich bereit, die Frau zu empfangen. Heute trug sie ein einfaches blaues Kleid mit den langen, fließenden Ärmeln; sie waren mit Seide abgefüttert, reichten bis zum Boden und gaben den Blick frei auf einen zweiten eng anliegenden Ärmel aus gelbem Satin. Man hatte zunächst erklärt, dies sei eine weitere der unglaublichen Launen der Königin, doch es gab keine Dame, die ihr nicht gefolgt wäre, schon aus Furcht, altmodisch zu erscheinen.

Alienor war weit davon entfernt, so prunkvoll auszusehen wie bei der Staatsangelegenheit am gestrigen Tag, doch wäre es ihr auch in dem schlichtesten Kleid nicht gelungen, so bescheiden und unauffällig zu wirken wie die Frau, die sich ihr nun näherte. Doch als sie die Züge der Unbekannten sah, war Alienor erstaunt. Diese Nonne trug auf ihrem gealterten

Gesicht immer noch die Spuren großer Schönheit. Doch es war mehr als das, Erfahrung und Weisheit schienen sie wie ein sichtbarer Schein zu umgeben.

Als sie zu sprechen begann, klang ihre Stimme hoch und klar wie die eines jungen Mädchens. »Euer Gnaden, ich flehe Euch an, mir in einer sehr wichtigen Angelegenheit zu helfen. Jetzt, wo das Interdikt aufgehoben ist, sind auch Beerdigungen wieder möglich. Ich habe mich deswegen schon an die Mönche jenes Klosters gewandt, doch sie haben es mir verweigert. Euer Gnaden, ich erbitte die Umbettung des Leichnams von Pierre Abélard nach Paraklet.«

Mit diesen Worten erkannte Alienor blitzartig, wer ihr gegenüberstand. »Ihr seid es«, flüsterte sie mit aufrichtigerer Ehrfurcht als der, die sie Bernhard von Clairvaux gegenüber aufgebracht hatte.

Héloise lächelte schwach, und einen Augenblick lang waren sie nur eine Frau und ein Mädchen, das zum ersten Mal der Heldin einer legendären Liebesgeschichte begegnete.

Alienor war nicht oft sprachlos, aber jetzt suchte sie vergeblich nach irgend etwas, das sie sagen könnte, um Héloise mitzuteilen, wie sehr sie sie bewunderte und mit ihr fühlte, seit sie zum ersten Mal von ihr gehört hatte. Schließlich brachte sie nur unzulänglich hervor: »Ihr seid die mutigste Frau, die ich kenne.«

Die Nonne neigte das Haupt, und Alienor fügte hastig hinzu: »Natürlich, ich verspreche Euch, ich werde Euch helfen.« Ehe sie sich's versah, bat sie: »Ich bitte Euch, bevor Ihr geht, segnet mich, Ehrwürdige Mutter.«

Héloise fragte ungläubig: »Ich?« Dann trat sie auf die junge Königin zu und schlug das Kreuz über ihr. »Gott wird Euch Frieden geben«, sagte sie ernst. Ehe sie den Raum verließ, drehte sie sich noch einmal um und sagte mit einem tiefen Gefühl, das nicht einzuordnen war: »Ich danke Euch, Euer Gnaden.«

Alienor blickte ihr nach und stellte mit Belustigung fest, daß sie, bestimmt die weltlichste und unfrömmste aller Frauen, nun an zwei Tagen hintereinander von zwei Heiligen gesegnet worden war – würde auch Bernhard von Clairvaux lauthals Blasphemie schreien, wenn er erführe, daß Alienor Héloise mit ihm auf eine Stufe stellte. Dann horchte sie dem Klang von Héloises Worten nach: »Gott wird Euch Frieden geben.« Sie war noch zu jung, um nicht daran zu zweifeln, daß Frieden wirklich ein beneidenswertes Geschenk und dem stürmischen Abenteuer vorzuziehen war.

Suger und der bei Hof nun wieder sehr gegenwärtige Thibaud de Blois, Graf der Champagne, begannen nun immer lauter zu verkünden, die Königin sei unfruchtbar und somit eine Gefahr für den Fortbestand des Königtums; zusätzlich erinnerte Suger den König daran, daß er, ob nun verheiratet oder nicht, ohnehin Lehnsherr über Aquitanien sei. Doch hier zog Louis die Grenze. Seine wiedergefundene christliche Demut ging nicht so weit, daß er bereit gewesen wäre, sich von Alienor zu trennen. Nicht mehr auf seine Gemahlin zu hören, wie Suger forderte, nun, das war eine andere Sache, aber er liebte Alienor noch mit der gleichen hoffnungslosen Anbetung, die er ihr seit ihrem Hochzeitstag entgegengebracht hatte. Einmal, als er auf seinem Feldzug in der Champagne sehr krank geworden war und der Feldscher ihm riet, zur Wiederherstellung seiner Körpersäfte mit einer Frau zu schlafen, hatte er den Vorschlag entrüstet abgewiesen und für die heimliche Belustigung seiner Ritter gesorgt, indem er leidenschaftlich erklärte, nie würde er das Ehegelöbnis brechen und seine Gemahlin betrügen.

Alienor spürte überdeutlich die Gefahr, in der sie sich befand, zumal als eine ihrer Zofen eine für sie bestimmte Frucht aß und sich gleich darauf in Krämpfen wand. Die Zeichen waren ihr nur allzu vertraut; versuchte man sie, da es über

Louis nicht möglich war, nun auf andere Weise loszuwerden?

Sie entschied sich, im Gegenzug mit allen Mitteln zu versuchen, den rachsüchtigen Grafen der Champagne zu versöhnen und auf ihre Seite zu ziehen. Wenn Alienor wollte, konnte sie ungeheuer liebenswürdig sein, und sie bemühte sich wochenlang so sehr um Thibaud de Blois, daß Louis eine eifersüchtige Bemerkung nicht unterdrücken konnte. Als sie ihrem alten Gegner dann einen ihrer eigenen Vettern, der eine der reichsten Grafschaften Aquitaniens sein eigen nannte, als neuen Gemahl für seine Nichte anbot, stimmte er zu, Raoul de Vermandois ziehen zu lassen, und sorgte dafür, daß auch die Exkommunikation Petronilles ihr Ende fand.

Alienors Freude war nur von dem Ärger geschmälert, nicht früher an diese Möglichkeit gedacht zu haben. Wenngleich man Thibaud de Blois noch immer nicht als ihren Freund bezeichnen konnte, so stand er ihr nun zumindest nicht mehr feindlich gegenüber und würde nicht mehr mit dem gleichen Eifer dabeisein, wenn es galt, gegen sie zu handeln.

Ihr Triumph wurde noch gekrönt, als sie spürte, daß sie wieder Mutter wurde. Diesmal war sie entschlossen, jeder Gefahr aus dem Weg zu gehen. »Du betest genügend für uns beide«, sagte sie lächelnd zu Louis, »und glaubst du nicht, daß man dem Herrn nicht nur durch Bußübungen danken kann, sondern auch dadurch, daß man sich an seiner Gabe, der Musik, erfreut?« Louis glaubte es nicht, doch Alienor fügte noch ein wenig spöttisch hinzu, selbst der große David habe die Laute gespielt und dazu gesungen und könne somit als Rechtfertigung der Heiligen Schrift für die Troubadoure angesehen werden. Er gab sich geschlagen. Er fand nie so schnell Argumente wie Alienor, und außerdem trug sie seinen Erben, so daß er ihr jeden Wunsch von den Augen abzulesen versuchte. Louis' feierliche Versöhnung mit der Kirche jährte sich – ein glücksverheißendes Datum für ihn –, als sein und Alienors erstes Kind, eine Tochter, geboren wurde. Mit keinem Wort ließ er Enttäuschung laut werden. Als ihm das Neugeborene, in weißes Laken gewickelt, zum ersten Mal gezeigt wurde, erklärte er glückstrahlend: »Sie soll Marie heißen, nach der Mutter Gottes, der wir dieses wunderbare Geschenk zu danken haben!«

Auch Alienor empfand keine Enttäuschung, denn sie hatte bewiesen, daß sie fruchtbar war, und sie würde auch Söhne gebären können. Und falls nicht – sie selbst hatte Aquitanien geerbt, und sie würde den törichten Nordfranzosen ihre Überzeugung, daß Frauen von der Erbfolge auszuschließen seien, austreiben.

Sie erholte sich sehr schnell von der Geburt und konnte schon wenige Tage später wieder aufstehen. »Jetzt«, sagte sie, ihre Tochter im Arm und die Stirn gegen eines der Schloßfenster gepreßt, »jetzt werde ich nach Aquitanien zurückkehren.«

Doch bevor sie in ihre Heimat aufbrechen konnte, erreichte Frankreich die Nachricht, daß eine der wichtigsten und berühmtesten Städte im Heiligen Land, Edessa, von dem moslemischen Gouverneur von Aleppo erobert worden war. Zenghi von Aleppo galt als gefürchteter Krieger, und eine Vielzahl von Legenden hatte sich um ihn gebildet. Sofort erließ der Papst eine neue Kreuzzugsbulle und betraute keinen anderen als Bernhard von Clairvaux damit, für den Zweiten Kreuzzug zu predigen.

In Bourges, wo Louis und Alienor zum Weihnachtsfest hofhielten, hörten König und Königin, Adlige und Volk Bernhard unermüdlich für die Sache Gottes predigen, bis Louis voll glühender Begeisterung rief: »Vater, ich nehme das Kreuz!« Nachdenklich beobachtete Alienor ihren Gemahl. Dann straffte sie sich, trat neben Louis und erklärte laut: »Auch ich nehme das Kreuz!«

Hatte schon Louis' Ankündigung erregtes Gemurmel hervorgerufen – er war der erste unter den Königen, der sich tatsächlich zum Kreuzzug entschlossen hatte –, löste Alienor allgemeine Entgeisterung aus. Sie sah die Bestürzung und Fassungslosigkeit auf Bernhards Gesicht und sagte leise: »Steckt mir das Kreuz an, Vater – Seine Heiligkeit der Papst schreibt doch nichts über das Geschlecht der Kreuzfahrer vor, oder?« Er befestigte es zögernd auf ihrem Umhang, wobei seine Hände vor der Berührung mit dem warmen weiblichen Körper zurückzuckten.

An diesem Tag nahmen, befeuert von Bernhards Predigt und dem beispielhaften Verhalten des Königspaares, noch Hunderte das Kreuz, bis der Abt von Clairvaux sogar Abzeichen aus seinem eigenen Gewand schneiden mußte, um das Verlangen der Menschen zu erfüllen.

Bis dahin war die Bulle des Papstes auf wenig Enthusiasmus gestoßen, besonders bei den Herrschern, die tief in ihre eigenen Machtkämpfe verwickelt waren. Das französische Volk hatte kaum Zeit gehabt, sich von dem Aufstand in der Champagne und dem Konflikt zwischen König und Kirche zu erholen. Die Bischöfe, die die Barone ermahnten, dem frommen Beispiel ihres obersten Lehnsherrn zu folgen, fanden wenig Gehör, doch wo immer Bernhard von Clairvaux persönlich auftauchte, riß der begnadete Prediger die Masse mit.

Louis sah in dem Kreuzzug nicht nur die Gelegenheit, durch den Kampf für den Glauben seine Irrtümer zu sühnen, sondern fühlte auch zum ersten Mal, wie seine ungewollte Berufung als König und sein Hang zur Religion ein gemeinsames Ziel fanden.

Über Alienors Entscheidung, ebenfalls das Kreuz zu nehmen und ihn zu begleiten, war er allerdings weniger glücklich. Er wollte gern glauben, daß die gute Sache sie hinweggerissen hatte, doch eine Frau auf einem Kreuzzug? Es hatte etwas Blasphemisches.

»Aber Louis«, sagte Alienor und summte vor sich hin, »warum nicht? Außerdem ist es nicht ganz so einzigartig. Es ist schon ein paarmal vorgekommen.«

Ja, gab Louis innerlich zu, doch die wenigen Frauen, die bisher ins Heilige Land gepilgert waren, hatten entweder ein Gelöbnis ihrer verstorbenen Männer erfüllt oder waren Büßerinnen, meist Nonnen, gewesen. Aber bei einem Kriegszug zu Ehren Gottes... und Alienor machte sehr deutlich, daß sie nicht die Absicht hatte, als Büßerin zu gehen, sondern mit ihren Kammerfrauen reisen würde. Er konnte sich Alienor im Pilgergewand, nur mit dem Bettelsack, den ein Kreuzfahrer eigentlich haben sollte, auch nicht vorstellen.

Louis waren auch schon mehrere Beschwerden seiner erbosten Adligen zu Ohren bekommen: Von Alienors Beispiel angeregt, hatten nämlich andere Damen, die Gräfin von Flandern und die Herzogin von Burgund zum Beispiel, angekündigt, sie würden der Königin folgen. Wo war die weibliche Zucht und Bescheidenheit geblieben, fragte man sich, wo die natürliche Ordnung der Dinge? Und das alles nur, weil der König seine Gemahlin nicht im Zaum halten konnte.

»Alienor«, brachte Louis schließlich hilflos hervor, »bist du sicher?« Alienor küßte ihn lange und zärtlich, was ihn immer wieder in Verwirrung brachte. »Ganz sicher. Ich würde dich doch schrecklich vermissen. Und ich habe ein heiliges Gelübde abgelegt, vergiß das nicht, es wäre schwere Sünde, es zu brechen, nicht wahr?«

Bei Louis durfte man ungestraft ironisch sein, er spürte es nicht. Um nichts in der Welt hätte sie ihm ihre wahren Gründe genannt: Dies war ihre Gelegenheit, aus Frankreich auszubrechen und die Welt kennenzulernen, Länder zu sehen, von denen sie sonst nur in Legenden hören würde – für eine kurze Zeit frei zu sein.

Wenn man sich nur darauf beschränkte, das zu tun, was

diese Welt Frauen gestattete, erstickte man in der Enge, das hatte sie schon längst begriffen; doch erst jetzt, wo ihr großes Abenteuer bevorstand, merkte sie, wie eng ihr eigenes Dasein als Louis' Königin geworden war. Niemals mehr in ihrem Leben würde sie eine solche Fahrt unternehmen können, Städte und Völker erkunden – und sie würde sich das von niemandem nehmen lassen. Doch wie entsetzt der arme Louis wäre, wüßte er, daß seine Gemahlin den heiligen Kreuzzug als persönliche Abenteuerreise auffaßte. Es war schon schwer genug gewesen, ihn zu der Grabverlegung des ketzerischen Abélard zu überreden, doch sie hatte so lange an sein gutes Herz appelliert, bis er nachgegeben hatte.

Es dauerte fast achtzehn Monate, bis die umfangreichen Vorbereitungen für den Kreuzzug abgeschlossen waren, Monate, die Alienor nutzte, um mit Marie in ihre Heimat zurückzukehren und quer durch Aquitanien zu ziehen – »um den Menschen den Kreuzzug näherzubringen und ihnen die Tochter ihrer Herzogin zu zeigen«, wie sie sagte. Wieder im Süden zu sein, wieder die Wärme der Sonne atmen zu können und unter den Menschen zu leben, die mit demselben Eifer stritten, mit dem sie sangen, lachten und liebten, war für sie, als hätte sie in der Wüste wiederbelebendes Wasser getrunken.

Sie besuchte all die Orte ihrer Kindheit wieder, auch solche, die mit ihrer Familie in Verbindung standen, die sie selbst aber noch nicht kennengelernt hatte. Dabei verlor sie sich nicht in Wiedersehensfreude, sondern nahm sämtliche Angelegenheiten des Landes in die Hände, traf Entscheidungen über Verwaltung und Privilegien, ohne Louis zu fragen. Es war ihre Heimat, und sie war die Herzogin … und außerdem war Louis mit seinen Kreuzzugsvorbereitungen ohnehin mehr als beschäftigt.

Im Februar 1147 debattierte Louis immer noch mit seinen Fürsten, auf welche Weise sie in das Heilige Land reisen sollten – zu Lande oder zu Wasser. Im Grunde war auch dies eine politische Entscheidung. Den Wasserweg zu nehmen, hieß, sich Roger II. von Sizilien anzuvertrauen, der sich bereits sehr um die Ehre bemühte, den heiligen Pilgerzug in seinem Hafen aufnehmen zu können. Er hatte nicht nur Briefe, sondern auch Gesandte geschickt, die mit Engelszungen von ihrem Herrn sprachen.

Aber Roger war Normanne und damit in Frankreich von vornherein verdächtig – seitdem der normannische Bastardherzog England erobert hatte, war die Normandie für jeden französischen König ein ständiger Quell der Unruhen.

Die Alternative war der Landweg über Konstantinopel und die Gastfreundschaft des Kaisers von Byzanz. Doch der Patriarch von Konstantinopel wurde von Rom immer noch als Feind des wahren Christentums angesehen. Erst in den letzten Jahren hatten sich die Beziehungen zwischen römischen und griechischen Christen dank der Bemühungen von Alienors Onkel Raymond merklich entspannt. Während des Ersten Kreuzzugs hatte der byzantinische Kaiser die Kreuzfahrer als feindliche Eindringlinge und ihre eroberten Königreiche als Räubereien betrachtet, doch Raymond war es seit seiner Übernahme Antiochiens gelungen, diplomatische Beziehungen mit dem jetzigen Kaiser zu knüpfen. Er erkannte seine Ansprüche auf Antiochien und ihn als Lehnsherrn an, was seinerseits eine Anerkennung von Raymond als Fürst und einen feierlich besiegelten Pakt zur Folge hatte.

Die Entscheidung zwischen Sizilien und Byzanz würde um so schwerwiegender sein, da beide seit Jahrzehnten verfeindet und König Roger Raymond wegen der Eroberung Antiochiens ebenfalls feindlich gesinnt war. Louis brauchte nicht mit Alienor zu sprechen, um zu wissen, was ihre Meinung war. Er hatte eine ausgeprägte Antipathie gegen den berühmten Onkel seiner Gemahlin entwickelt, doch das allgemeine Mißtrauen gegen jeden Normannen wog schließlich noch schwerer. Er entschied sich, den Weg über Konstantinopel zu nehmen. Am zwölften Mai 1147 trat der fünfundzwanzigjährige König von Frankreich von der Abtei Saint-Denis aus den Zweiten Kreuzzug an, nachdem er Suger zum Reichsverweser gemacht und vom zu diesem Zweck eigens angereisten Papst den Pilgerstab empfangen hatte. Neben einem riesigen Heer begleitete ihn eine endlose Kette von Wagen, die größtenteils ein für einen Kreuzzug sehr unübliches Gepäck trugen: Abgesehen von Zelten und Teppichen für die Rast hatten sie Kleider, Waschbecken, Schmuck, Pelze zum Wärmen und leichte Schleier, um sich gegen den Wind und den Staub zu schützen, geladen: mit einem Wort, das Zubehör seiner Gemahlin und ihrer Damen.

Viele von ihnen zogen es vor, in den Wagen zu bleiben. Nicht so Alienor. Sie ritt an der Seite ihres Gemahls, und den Soldaten, die sie beobachteten, schien es ein seltsames Spiel der Natur: die schlanke, zarte Gestalt, die mit einer Leichtigkeit ihr Pferd beherrschte, die dem besten Ritter wohl angestanden hätte.

Ein zartblauer Himmel wölbte sich über Konstantinopel, und Manuel Komnenos, der auf den Zinnen der Mauer seines Blachernenpalastes stand, atmete tief die würzige Meeresbrise ein, die vom Goldenen Horn her über die Stadt wehte. Es war eine weise Entscheidung seines Vaters gewesen, den kaiserlichen Sitz vom Bukoleion, dem Großen Palast, hierher zu verlegen. Das Bukoleion mit seinen vielen kleinen Einzelpalästen, die seit Justinians Zeiten immer weiter ausgebaut und ineinander verschachtelt worden waren, war zwar prächtig, lag aber direkt am Hafen und war damit ständig allen möglichen schlechten Gerüchen ausgesetzt.

Der Kaiser lächelte stolz. Konstantinopel besaß den größten Hafen der Welt; keine andere Stadt gab es, die sich einer so günstigen Lage hätte rühmen können wie dieses Kleinod am Bosporus. Keine, die eine ähnliche Schönheit besessen hätte – jeder Turm in der Stadtmauer war gearbeitet, als handele es sich um ein seltenes, einmaliges Kunststück, und die alte Akropolis mit ihren Säulen, Triumphbögen und Portiken war nicht nur vollständig erhalten, sondern auch eine vollkommene harmonische Verbindung mit der neuen Stadt eingegangen. Byzanz mit seinen mächtigen Basiliken, allen voran die Hagia Sophia, besaß Roms Vergangenheit und Gegenwart, ohne je wie Rom eine zerstörerische Völkerwanderung erlebt zu haben.

Ein Hüsteln unterbrach seine Gedanken. »Wenn Ihr gestattet, Allerherrlichster.«

Widerwillig riß sich Manuel Komnenos von dem Anblick seiner Stadt los und wandte sich an den kleinen Mann, der vor ihm stand. »Berichte.«

»Die Franken wurden, wie Ihr es befahlt, in das Philopation gebracht. Es hat etwas länger gedauert, weil die Bürger zusammenliefen, um die Barbaren aus dem Norden zu bestaunen, und...«

Der Kaiser winkte unwillig ab. »Wissen Eure Leute, was sie zu tun haben?«

Sein Minister räusperte sich. »Selbstverständlich, Allerherrlichster. Aber wenn Ihr mir die Bemerkung gestattet, der Herrscher der Franken scheint mir nicht von der Art zu sein, die Spione lohnend machen würden.«

Manuel lachte auf. »In der Tat, mir ist noch nie ein solch gläubiger Narr begegnet. Sogar mein verehrter Schwager, der römische Kaiser, war mißtrauischer. Und der gehörte schon zu diesen unzivilisierten germanischen Tölpeln.« Er grinste. »Übrigens, ist es richtig, daß mein Schwager diesem Franken auf seinem Weg einiges Unbehagen bereitet hat?«

Der Minister zuckte die Schultern. »So ist es, Allerherrlichster. König Louis war der erste Herrscher, der das Kreuz nahm, aber Kaiser Konrad hatte wesentlich schneller seine

Vorbereitungen abgeschlossen, und überall, wohin die Franken kamen, waren die Deutschen schon gewesen. Die Märkte in den Orten waren leergekauft und die Preise in die Höhe getrieben. Da der König der Franken seinen Leuten das Plündern untersagte...«

»Das war ausgesprochen töricht von ihm«, unterbrach der Kaiser. »Ich habe noch nie einen so elenden Haufen wie diesen einen Herrscher begleiten sehen, selbst wenn man bedenkt, daß es ohnehin nur Barbaren sind.« Er verzog den Mund. »Doch auch hier gibt es Ausnahmen. *Sie* sah nicht erschöpft oder elend aus, nicht wahr, Nikos? Es ist nicht zu fassen. Wenn man einer unserer Damen fünf Monate lang ganztägige Ritte zumutete, quer durch Europa... Sie dagegen könnte gleich am nächsten Hoffest teilnehmen.«

Der Minister, der das Interesse seines Herrn schon beim Empfang des französischen Königspaars bemerkt hatte, meinte: »Ich habe in Eurem Namen eine kleine Aufmerksamkeit in das Philopation bringen lassen, Allerherrlichster.«

Manuel war erfreut. »Sehr gut. Und sorgt dafür, daß wir bei dem Bankett heute abend nicht mehr als nötig von ihrem Gemahl belästigt werden. Setzt ihn neben die Kaiserin und gebt ihm zwei besonders hübsche Sklavinnen zur Bedienung.«

»So soll es geschehen«, murmelte der Minister und fügte hinzu: »Es heißt allerdings, daß der König der Franken es für eine Sünde hält, eine andere Frau anzusehen als seine eigene.«

Manuel starrte ihn ungläubig an: »Er ist wirklich ein noch größerer Narr, als ich gedacht habe. Es steht zu erwarten, daß er noch nicht einmal bemerkt, warum ich ihn im Philopation untergebracht habe.«

»Wahrscheinlich nicht«, entgegnete der Minister. »Ich habe durchblicken lassen, es sei eine große Ehre, daß Ihr ihm Euer persönliches Jagdschloß überlaßt.«

»Und er hat das geschluckt? Hat noch keinen Versuch gemacht, wenigstens in unserer Dienerschaft Spione unterzubringen?« Der Kaiser brach erneut in Gelächter aus. »Oh, ich sehe es kommen, sein Aufenthalt hier wird noch sehr amüsant.«

Das Philopation, umgeben von Wäldern, in die Manuel zu seinem Vergnügen seltene Tiere aus aller Welt hatte bringen lassen, lag etwas außerhalb von Konstantinopel. Alienor war verzaubert von dem unglaublichen Luxus. Die herrlichen, exquisit gemusterten Teppiche waren so weich, daß man auf ihnen hätte schlafen können, die Wände waren mit Mosaiken bestückt, eine geschäftige Dienerschaft bemühte sich, jeden Wunsch der Gäste schon im voraus zu erraten, und in einem mit zartgeädertem Marmor ausgekleideten Raum fand Alienor endlich wieder die Gelegenheit, ausgiebig zu baden.

Nicht, daß sie diese fünf Monate im Sattel nicht genossen hätte; ihre Gesundheit war unzerstörbar, der Mangel an Ruhe und Lebensmitteln machte ihr selbst nichts aus, sondern beunruhigte sie höchstens um des Heeres willen, und durch die ständige Abwechslung, die ständig neuen Aufgaben, die es zu bewältigen galt – ihre bald über das Wetter, bald über den Staub klagenden Kammerfrauen weiterzutreiben –, war ihre Stimmung bestens.

Aber Alienor war der Meinung, sich nun ein wenig Luxus verdient zu haben, und genoß die Wärme des Wassers, in das zwei Griechinnen ständig Duftessenzen schütteten, mit einem wohligen Schauder. Eine dritte Dienerin wusch ihr Haar und massierte ihre Schultern, und sie entspannte sich, ließ ihre Gedanken treiben wie die Boote, die sie über den blaugoldenen Bosporus hatte segeln sehen.

Als sie, erfrischt und neu gestärkt, mit dem König zusammentraf, bemerkte sie fröhlich: »Ich habe einen Ausflug in die Vergangenheit hinter mir. So müssen die Kaiserinnen im heidnischen Rom behandelt worden sein.«

»Es scheint auch jetzt wenig Christliches hier zu geben«, sagte Louis mit gerunzelter Stirn. Das Zeremoniell bei ihrem Empfang, als sich der Hofbeamte, der sie zu Manuel Komnenos führte, vor dem Kaiser auf den Boden geworfen hatte, hatte ihn schockiert.

»Mag sein, aber wir sind eben nicht in Rom, nicht wahr?« Mit einem der jähen Gedankensprünge, die er nicht nachvollziehen konnte, fuhr sie fort: »Ich frage mich, warum uns ausgerechnet dieser Palast gegeben worden ist?«

»Warum nicht?« fragte Louis überrumpelt zurück.

»Nun, ich habe etwas mit den Mädchen hier geplaudert, und wie es scheint, werden Gäste von unserem Rang sonst in einem Teil des Bukoleion, des Großen Palastes, untergebracht.«

»Haben sie das erzählt?«

»Nein«, erwiderte Alienor ein wenig ungeduldig, »wenn ich mich direkt danach erkundigt hätte, hätte ich vermutlich etwas anderes erfahren. Ich habe mit ihnen über den Durchzug Konrads von Hohenstaufen gesprochen, und dabei haben sie erwähnt, wo er während seines Aufenthalts hier gelebt hat.«

Louis sah sie an und schwieg. Einerseits wünschte er sich manchmal, daß Alienor von größerer Schlichtheit wäre, andererseits mußte er zugeben, daß sie Dinge bemerkte, die ihm verborgen blieben, und außerdem liebte er sie so, wie sie war.

Sie griff nun nach ihrer Schmuckschatulle und sagte zerstreut: »Von hier aus haben wir keine direkte Verbindung in die Stadt, wo unsere Leute untergebracht sind, und vor allem keine zum Palast, und wenn ... etwas Unvorhergesehenes geschieht, kann es sehr lange dauern, bis wir etwas davon erfahren.«

Louis grübelte; daran hatte er nicht gedacht. Schließlich meinte er: »Glaubst du denn, daß wir dem Kaiser nicht trauen können? Er schien mir zwar ein wenig prunksüchtig, aber doch sehr freundlich zu sein.«

»O ja, sehr freundlich.« Sie hielt eine Kette in der Hand und ließ sie spielerisch über ihren Hals gleiten. »Gefällt sie dir?« Louis war durch den Themenwechsel verwirrt; es handelte sich um ein silbernes, fein gearbeitetes Schmuckstück mit einem riesigen, tropfenförmigen Rubin als Anhänger, und ihm fiel auf, daß er es noch nie an Alienor gesehen hatte. Sie deutete sein Mienenspiel richtig.

»Unser Gastgeber hat es mir schicken lassen... als Geschenk. In der Tat ein sehr freundlicher Mann.« Sie betrachtete den Rubin. »Was deine Frage angeht, nein, ich glaube nicht, daß er uns eines Tages alle im Schlaf ermorden lassen würde oder etwas dergleichen, schon der Gegner wegen nicht, die er sich damit einhandeln würde. Doch es kann nicht schaden, wachsam zu sein.«

Sie küßte ihn auf die Wange. »Jetzt mach nicht so ein Gesicht, Louis. Der Kreuzzug ist keinesfalls in Gefahr, und heute siehst du zum ersten Mal die Hagia Sophia. Das ist ein Grund zur Freude!«

Die Hagia Sophia war vielleicht nach Sankt Peter die meistverehrte Kirche der Christenheit, ganz sicher jedoch die eindrucksvollste. Louis war durch die Zeremonie fasziniert, die dem feierlichen Bankett im sogenannten ›Heiligen Palast‹, einem Teil des Bukoleion, der nur für solche Staatszwecke genutzt wurde, voranging. An Alienors Worte dachte er erst wieder, als sie dem Kaiser von Byzanz gegenübersaßen.

Manuel war bei aller raffinierten Kultiviertheit – die Griechen betrachteten sich als Hüter des kulturellen Erbes Europas und ließen das auch ziemlich deutlich werden – ein erfahrener Soldat und mit seinem schwarzen Haar, der gebräunten Haut und den weiß aufblitzenden Zähnen gefährlich gutaussehend. Louis war entrüstet, wie er ganz offen Alienor den Hof machte, und das nicht nur in seiner, Louis' Gegenwart, sondern auch vor den Augen der Kaiserin Bertha.

Die Kaiserin, aus dem Geschlecht der Hohenstaufen stammend und erst ein knappes Jahr mit Manuel vermählt, schien sich noch nicht an das Leben in Byzanz gewöhnt zu haben und kämpfte offensichtlich um die Beherrschung, wenn eine der Bauchtänzerinnen, die das Mahl mit ihren Darbietungen begleiteten, von ihrem Gemahl mit einem wohlwollenden Tätscheln und dann und wann auch einem Kuß belohnt wurde.

Alienor bemitleidete die arme Bertha ein wenig. Über Gläser aus hauchzartem farbigen Kristall hinweg tauschte sie zweideutige Bemerkungen mit Manuel aus und genoß es, ein Gegenüber zu haben, dessen Intelligenz ihr ebenbürtig zu sein schien. Daß sie dem Kaiser nicht im geringsten traute, machte das Gespräch nur zu einer noch größeren Herausforderung.

»Als Ihr diesen Raum betreten habt, meine Königin, glicht Ihr der schaumgeborenen Aphrodite, die ihren Fuß auf Rhodos setzt.«

»Das muß an den Rosenblättern gelegen haben, die Ihr auf den Boden habt streuen lassen. Immerhin, ich bin froh, daß Ihr darauf hinauswolltet, Allerherrlichster; ich fürchtete schon, es sollte eine Huldigung an die Gottesmutter werden, und da wäre ich ganz fehl am Platze...«

Als sie erst beim vierten Gang des endlosen Mahles angelangt waren und Alienor auf silbernen Schüsseln Artischokken angeboten wurden, nahmen die Schmeicheleien des Kaisers immer direktere Formen an: »Das Gerücht hat uns nicht betrogen, als es eine Königin von Schönheit, Geist... und anderen Fähigkeiten versprach.«

»Auch Euch eilt Euer Ruhm voraus. Es heißt, Ihr wäret ein Mann von Talenten... einige hervorstechender als andere.«

An diesem Punkt lehnte Louis lautstark den gebratenen Pfau ab, den man ihm anbot, starrte Alienor zornesblitzend an und ließ sich auch nicht durch ihr stummes Kopfschütteln besänftigen. Manuel störte das nicht.

»Ihr müßt einem unserer Wagenrennen im Hippodrom beiwohnen, Alienor. Zu schade, daß ich nicht selbst daran teilnehmen kann. Ein Mann muß einer schönen Frau seinen Wert beweisen... wenn nicht in der Arena, dann auf andere Weise.« Er berührte wie zufällig ihre Hand. »Ich liebe die Herausforderung... was würdet Ihr als den besten Beweis ansehen?«

»Auch ich liebe die Herausforderung. Der beste Beweis wäre, mein Vertrauen zu erringen.«

Er schüttelte bestürzt den Kopf. »Soll das bedeuten, daß Ihr mir nicht vertraut, meine Königin?«

Alienor nippte an dem schweren, süßen Wein und lächelte. »O doch, sicher. Ich vertraue Euch so sehr wie der Güte Gottes, die uns hierhergebracht hat.«

Manuel Komnenos war sich seines Triumphes sicher. In den nächsten Tagen begleitete er Alienor zur Falkenjagd, zeigte ihr die berühmtesten Sehenswürdigkeiten von Konstantinopel und besuchte schließlich mit ihr das Hippodrom. Gelegentlich irritierte es ihn, daß sie trotz aller verbalen Zugänglichkeit nicht endlich in seine Arme sank. Schließlich mußte sie bei ihrem Gemahl und dem barbarischen Land, aus dem sie kam, nach einem Mann von Kultur buchstäblich ausgehungert sein. Dennoch hatte er, als er sie zum Wagenrennen geleitete, noch nicht einmal ihre Lippen berührt. Doch Alienors Verhalten ließ ihn hoffen.

Das Hippodrom mit seinen Siegestrophäen, zu denen auch die berühmte bronzene Wölfin mit Romulus und Remus zählte, war in gewisser Weise das Herz von Byzanz. Hier wurden nicht nur Zirkusspiele abgehalten, hier wurde Politik gemacht, und die Entscheidung, auf einen Wagenlenker der ›Grünen‹ oder der ›Blauen‹ zu setzen, war gleichzeitig eine Parteinahme.

»Ich liebe die Rennen, doch ich wage nicht zu oft, hierherzukommen«, erklärte Manuel Alienor, »es heißt, es bringt Unglück, denn in diesem Stadion wurde schon so mancher Kaiser gestürzt.« Sie befanden sich in der Loge, die der kaiserlichen Familie zur Verfügung stand, und der Kaiser machte Alienor auf den ägyptischen Obelisken in der Mitte des Stadions aufmerksam.

Sie war fasziniert. In Konstantinopel schien einem überall die Vergangenheit zu begegnen. Wo sonst auf der Welt konnte sie ein Wagenrennen wie zu den Zeiten Neros beobachten? Laut gab sie ihrer Begeisterung Ausdruck, aber Manuel versetzte mit griechischer Bescheidenheit: »Wir sind das Letzte und Beste, was vom Römischen Imperium übriggeblieben ist.«

»Allerherrlichster, das war nicht sehr klug«, gab sie sarkastisch zurück, »was würde Seine Heiligkeit der Papst oder Euer eigener Schwager, Konrad von Hohenstaufen, als Kaiser über das Heilige Römische Reich dazu sagen?«

»Wären sie hier in Byzanz«, entgegnete Manuel ungerührt, »dann könnten sie nicht anders als mir beistimmen.«

Das Rennen begann, wobei sich Alienor aus Höflichkeit dem Kaiser angeschlossen und auf die Blauen gesetzt hatte. Er wies sie auf die Bronzefische hin, die bei jeder neuen Umrundung heruntergeklappt wurden. Bald ließ sie sich von der Erregung der Menge mitreißen. Die Menschen feuerten ihre Lieblinge an, und der sonst so beherrschte Manuel stimmte aus voller Kehle in ihr Geschrei ein.

Alienor war sich seiner körperlichen Gegenwart sehr bewußt. Manuel führte sie stärker in Versuchung als je ein anderer Mann, und es war nicht die Treue zu Louis, die sie zurückhielt, sondern die Tatsache, daß die Eitelkeit des byzantinischen Kaisers sie abstieß. Sie wäre in der Lage, nahm sie an, mit einem Mann das Bett zu teilen, dem sie mißtraute, aber nicht mit einem, den sie verachtete. Manuel empfand offensichtlich sich selbst als Gottesgeschenk für jede Frau. Eine solche Affäre hätte ihr Stolz nicht zugelassen.

Aus dem Staub, der sich über den dahinfliegenden Menschen- und Pferdeleibern gebildet hatte, schälten sich bald zwei Wagen der entgegengesetzten Parteien heraus und übernahmen die Führung des Rennens. Alienor beugte sich über die Brüstung und sah atemlos zu, wie sich Blau und Grün ein Kopf-an-Kopf-Rennen lieferten, bis der blaue Lenker um eine knappe Länge als Sieger ins Ziel ging. Jubel und Pfiffe brachen auf den Zuschauerbänken aus, und beinahe wäre sie Manuel um den Hals gefallen.

Statt dessen stand sie auf und rief mit leuchtenden Augen: »Oh, es war wunderbar!«

»Wenn es Euch nur Freude bereitet hat, dann bin ich belohnt. Ich werde Apollodoros ein Zeichen meiner besonderen Gunst schicken.« Er musterte sie sehr deutlich. »Wie wäre es mit einem Zeichen... Eurer Gunst?«

»Verfaßt ein Lied über mich«, antwortete sie lachend. »In meiner Heimat gilt es als sehr große Gunst, wenn eine Dame das ihrem Troubadour gestattet.«

Für Louis wurde Konstantinopel von Minute zu Minute qualvoller. Er beschleunigte die Vorbereitungen zur Weiterreise, so gut er konnte, und erlebte immer neue Ärgernisse. Die Preise, die die Byzantiner Händler für Lebensmittel, Zaumzeug und sonstige Ausrüstungen forderten, übertrafen alles, was ihm bisher begegnet war, und er hatte in den von den Deutschen passierten mittel- und osteuropäischen Ländern einiges mitgemacht.

Wollte er nicht noch vor der Ankunft im Heiligen Land ohne jede Mittel dastehen, mußte er Boten nach Frankreich schicken, mit der Bitte um eine Geldsendung. Und als ob dies, verbunden mit der Qual, den Kaiser mit Alienor tändeln zu sehen, noch nicht genug der Erniedrigung wäre, wurde er von einem seiner Soldaten auch noch in die Verlegenheit gebracht, sich bei dem verabscheuten Manuel entschuldigen zu müssen.

Der Mann, ein Flame, hatte sich auf dem Markt der Goldschmiede und Juweliere plötzlich auf die Tische der Händler gestürzt und alles an sich gerissen, was er zu fassen bekam. Ein entsetzlicher Aufruhr entstand, in dessen Verlauf einige Menschen verletzt und zwei in der Panik, in die die Bürger geraten waren, sogar getötet worden waren. Louis befahl dem Grafen von Flandern, den Soldaten unverzüglich hängen zu lassen, und brachte mit innerem Zähneknirschen seine Entschuldigung bei seinem Gastgeber vor. Als Alienor an diesem Abend in das Philopation zurückkehrte, war er kurz davor, erstmals wirklich die Beherrschung zu verlieren.

»Heute abend gibt es kein Bankett«, sagte er gepreßt, »und ich wünsche nicht, daß du noch länger so oft mit dem Kaiser zusammen bist – auch wenn du ihn noch so gerne hast.«

Alienor blickte ihn prüfend an, bemerkte seine Stimmung und zog eine Grimasse. »Ihn gern haben? Ich kann ihn nicht ausstehen«, erwiderte sie leichthin, »er ist der selbstgefälligste Mann, der mir je begegnet ist. Die Stadt gefällt mir, nicht er.«

»Mir nicht!«

Alienor bat Denise, eine von den Damen, die sie aus Frankreich begleitet hatten, ihr und ihrem Gemahl ein wenig Wasser zu bringen. »Nun, ich habe dort aber Neuigkeiten erfahren«, sagte sie dann ruhig, »die wichtig für uns sind. Unser Freund Manuel soll mit merkwürdigen Abgesandten verhandelt haben; einige behaupten sogar, es wären Türken.« Ihre Mundwinkel zuckten. »Der Allerherrlichste Kaiser glaubt anscheinend, wenn ich mit ihm zusammen bin, bin ich blind und taub und spreche auch mit niemand anderem als mit ihm.«

Louis war noch dabei, diese Auskunft zu verarbeiten. »Wie hast du es erfahren?« Sie führte die Hand an den Mund, um ein Gähnen zu verbergen. »Ich habe einige von Manuels Sklaven bestochen, nachdem ich herausgefunden hatte, welche von ihnen beständig um ihn sind«, entgegnete sie gleichgültig. Louis war entsetzt.

»Du hast... Alienor... ich meine...« Er brach ab, rang um seine Fassung. Schließlich sagte er hilflos: »Alienor, ich verstehe dich nicht. Ich will nicht behaupten, daß es nicht sehr wichtig ist, was du entdeckt hast. Aber wie kannst du nur so häufig mit einem Menschen zusammen sein, den du für nicht vertrauenswürdig hältst, so tun, als ob du... ihn gern hättest, und dann auch noch seine Dienerschaft bestechen? Das ist unehrlich und lügnerisch, mehr noch, es ist genau das, was dieser Mann selbst tun würde. Warum tust du das?«

Alienor betrachtete ihren Gemahl. In ihren braunen Augen lag Wehmut und Mitleid. Ihr lag auf der Zunge, von einem Überlebenskampf zu sprechen, der es erforderte, daß man seinem Feind immer um einen Schritt voraus war, doch solche Überlegungen waren bei Louis Verschwendung. Nicht, weil er sie nicht verstandesgemäß nachvollziehen konnte, sondern weil sie ihn, der nur an das Gute im Menschen glauben wollte, abstoßen würden. Louis würde behaupten, man solle seinen Feind lieber direkt zur Rede stellen.

Daher sagte sie völlig aufrichtig: »Weil es mir Spaß gemacht hat.«

»Es hat dir...«

»Louis«, unterbrach sie ihn, »es hat keinen Sinn. Weißt du, du hättest mich nie heiraten dürfen. Du hättest ein gutherziges, schlichtes Mädchen verdient, jemanden wie Petronille zum Beispiel, aber nicht mich.«

»Was meinst du damit?«

»Du bist ein guter Mann, und ich bin eine schlechte Frau, so einfach ist das.«

»Das bist du nicht!« protestierte Louis heftig, »das warst du nie und das bist du nicht! Und sag nicht, ich hätte dich nicht heiraten dürfen. Es war das Beste, was mir je geschehen ist, ich liebe dich, und ich will keine andere Frau!«

»Ich weiß«, sagte sie traurig, »ich weiß.«

Am nächsten Tag, als Louis dem Kaiser mitteilte, daß er sofort abzureisen gedenke, zeigte Manuel aufrichtiges Bedauern. »Andererseits«, verkündete er mit Inbrunst in der Stimme, »trifft es sich gut, denn ich habe wahrhaft glorreiche Nachrichten für Euch! Man brachte mir auf geheimem Weg die Botschaft, daß mein Schwager Konrad in Anatolien einen wichtigen Sieg über die Türken errungen hat; wirklich ein Grund, zu feiern. Ihr solltet sofort zu ihm stoßen, damit ihr vereint nach Jerusalem ziehen könnt.«

Louis sagte überwältigt: »Das ist in der Tat eine wunderbare und höchst willkommene Kunde!« Alle seine Schwierigkeiten schienen sich in nichts aufzulösen, selbst das beunruhigende Gerücht von Manuels heimlichen Verhandlungen – Boten waren es also gewesen! Er war froh, sein Heer so zur Eile angetrieben zu haben. Nun konnten sie Byzanz ohne Aufschub verlassen.

Seine Gemahlin allerdings war anderer Meinung. »Wir sollten lieber noch eine Woche warten«, sagte Alienor stirnrunzelnd, nachdem sie sich vergewissert hatte, daß kein Lauscher in der Nähe war, »bis sich dieser Sieg durch eine zweite Quelle bestätigt. Ich habe ein ungutes Gefühl dabei.«

»Unsinn«, erwiderte der erleichterte Louis nicht ohne Eifersucht. »Du willst Byzanz nicht verlassen, das ist alles.«

Um Alienor aus der verführerischen Stadt zu entfernen, ordnete er noch mehr Eile an und war erst zufrieden, als sie Konstantinopel den Rücken gekehrt hatten.

Nur wenige Tage später, sie befanden sich kurz vor Nicäa, machte Geoffrey de Rancon, einer von Alienors aquitanischen Vasallen, der die Vorhut befehligte, eine näherkommende Reiterschar am Horizont aus. Wie sich herausstellte, waren die elenden, ausgemergelten Gestalten der traurige Rest der deutschen Vorhut.

Konrad von Hohenstaufen hatte eine vernichtende Niederlage erlitten. »Es hat schon bei den Führern für die Felsenwüste angefangen, die man uns in Byzanz mitgegeben hat«, berichtete einer der Männer, der französisch sprach, erschöpft, nachdem er und seine Gefährten sich gierig auf das angebotene Wasser und den Proviant gestürzt hatten.

»Diese Schweine von Griechen schworen uns nämlich, wir bräuchten nur für acht Tage Lebensmittel, und dann waren sie eines Nachts verschwunden. Wir waren mitten in der Wüste und ohne Führer. Drei Wochen haben wir gebraucht, um wieder hinauszukommen, drei Wochen, und dann fielen die Türken über uns her!«

In seinem verwitterten Gesicht leuchtete Haß. »Daß ein Christ so etwas dem anderen antun kann, selbst einer von diesen griechischen Schismatikern...«

»Und der Kaiser?« fragte de Rancon.

»Er will den Kreuzzug abbrechen. Was bleibt ihm anderes übrig?« Der Deutsche griff erneut nach dem Wasserbeutel. Er spie auf den Boden. »Gott verdamme den Kaiser von Byzanz!«

Als Louis die Nachricht erfuhr, dachte er genau dasselbe, auch wenn er es nicht aussprach. Nicht nur, daß die Unterstützung der Deutschen jetzt für den gesamten Kreuzzug wegfiel (falls sie je das Heilige Land erreichten), nein, Manuel hatte die heilige Sache für alle Zeiten in Frage gestellt.

Wie konnte man die Ungläubigen besiegen, wenn die Christen übereinander herfielen?

Alienor dachte noch weiter. »Bastard!« murmelte sie mit zusammengebissenen Zähnen. »Er hat offensichtlich durch seine neuen türkischen Verbündeten von Konrads Niederlage gehört und gehofft, daß wir es nicht erfahren, bevor wir die Wüste erreichen, damit uns genau das gleiche geschieht!« Die Lage war nun mehr als ernst, und Rachegelüste mußten auf später aufgeschoben werden. Sie hob den Kopf.

»Die Frage ist: Was sollen wir nun tun?« Alienor war längst dazu übergegangen, während des Marsches Männerkleidung zu tragen. Es war sehr viel bequemer, und andernfalls hätte sie ihre Gewänder nur unnötig ruiniert. Doch diese Entscheidung hatte auch den unerwarteten Nebeneffekt, daß sie von Louis' Hauptleuten und den Soldaten als eine der Ihren akzeptiert wurde – sie wurde zu einem vernünftigen Wesen, das die Mühsal der Reise ertrug wie jeder von ihnen. Statt, wie sie es in Frankreich getan hätten, alles, was sie sagte, als törichtes Weibergeschwätz zu ignorieren, ging man nun schon seit geraumer Zeit auf sie ein, und Louis' Onkel, der Graf de Maurienne, meinte bedächtig: »Eines ist klar – wir können unmöglich ebenfalls die Felswüste durchqueren, und die Führer aus Byzanz nützen uns auch nicht.«

»Wir werden sie umgehen und über Pergamon und Smyrna marschieren.« Alles schaute überrascht zu Louis. Der junge König war zwar bleich, aber blickte mit einer selten finsteren Entschlossenheit drein.

»Das wird zwar sehr lange dauern«, fuhr er mit fester Stimme fort, »aber ich werde es nicht zulassen, daß unsere Sache an der Hinterlist eines Mannes scheitert. Gott wird uns helfen!«

»Allmächtiger!« stieß de Maurienne ungläubig hervor. »Das wäre ein monatelanger Marsch durch feindliches Gebiet, in dem wir auf keine Unterstützung rechnen können!«

Louis sah störrisch, aber auch ein wenig verzweifelt aus. »Was sollen wir sonst anderes tun, außer aufzugeben, und das werde ich nie!«

Sein Onkel hielt es nach wie vor für Wahnsinn und wandte sich hilfesuchend an die Königin.

»Louis hat recht«, sagte Alienor unerwarteterweise. »Wir haben keine andere Wahl. Außerdem ist es seine Entscheidung, und er ist der König.«

Louis' Miene hellte sich auf. Er war dankbar gewesen, daß Alienor darauf verzichtet hatte, an ihre Prophezeiung von Konstantinopel zu erinnern. Ihre offene Unterstützung gab ihm neue Kraft. »Gott wird uns helfen!« wiederholte er zuversichtlich.

Ionien und Lydien, die Provinzen, durch die das französische Heer zog, waren anmutige Gegenden, ganz anders als die anatolische Steppe, in der Kaiser Konrad gescheitert war. Die trockene Hitze wurde hier durch Gras und Wälder gemildert, und zumindest gab es keine Probleme, Lebensmittel zu erhalten.

Dennoch konnten die Türken jederzeit zuschlagen, und die Armee durfte auf keinen Fall auseinandergezogen werden. Louis befahl, in möglichst dichtgeschlossenen Reihen zu marschieren, und schickte ständig Späher aus, die die Gegend erkunden sollten. Das Weihnachtsfest und den Jahreswechsel erlebte der Kreuzzug, ständig auf einen Angriff gefaßt, zwischen Ephesus und Laodicea.

Auch auf Alienor hatte die allgemeine Ungeduld und Nervosität übergegriffen, doch sie war wohl als einzige noch in der Lage, das Land zu bewundern, durch das sie ritten. Sie dachte daran, daß hier einst die Griechen gegen die Trojaner gekämpft hatten, und sah die Ilias lebendig werden. Selbstverständlich hütete sie sich, dem ständig angespannten Louis etwas von diesen Phantasien zu sagen, doch in Ephesus erinnerte sie ihn daran, daß sie nun durch eine der legendären Stätten des frühen Christentums zogen. Hier hatte der Apostel Paulus gepredigt, hier hatte sich der Überlieferung nach der Apostel Johannes mit der Mutter Gottes zurückgezogen.

Es war kaum etwas von dem alten Ephesus mehr zu sehen, aber dennoch erfaßte Louis ein ehrfürchtiger Schauder. Wie hatte er das nur vergessen können! Ephesus zu durchqueren, wo die Bevölkerung die heilige Jungfrau verehrte, mußte ein gutes Omen sein. Hatten sie nicht ihre Tochter nach ihr benannt?

Doch von nun an wurde die Gegend immer felsiger. Sie kamen in die Schluchten von Pisidie, den gefährlichsten Abschnitt ihrer Reise, denn in diesem völlig unübersichtlichen Gelände war für jeden Feind die denkbar günstigste Gelegenheit, über das christliche Heer herzufallen. Daß es bis jetzt noch zu keinem Angriff gekommen war, bedeutete noch nichts. Als sie sich gegen Nachmittag dem Berg Cadmos näherten, gab Louis den Befehl, vor der Überquerung des Passes haltzumachen und nicht auf dem Berg selbst zu übernachten. Er, der die Nachhut anführte, wollte den Berg erst am nächsten Morgen passieren.

Alienor befand sich an diesem Tag beim Hauptheer, da Louis sie gebeten hatte, nicht mehr mit der Vor- oder Nachhut zu reiten, die am ehesten mit einer Attacke rechnen mußten. Dennoch weigerte sie sich, mit ihren Damen in einem der Wagen zu sitzen (kein Wunder, daß den törichten Gänsen bei den Gebirgspfaden des öfteren übel wurde, dachte sie), sondern ritt statt dessen neben dem Troß her.

»Euer Gnaden scheinen die Reise nichts auszumachen«, meinte die Gräfin von Flandern säuerlich. Ihrer Meinung nach hatte eine Frau kein Recht, bei all dieser Unbill so gesund und lebendig auszusehen. Die Königin hatte ihre edle Blässe verloren und war sonnengebräunt, doch das schien

Alienor, die bei Hofe doch stets so vollkommen gewirkt hatte, nicht im geringsten zu stören. Die Gräfin beobachtete sie und mußte sich eingestehen, daß auch Alienors androgynes Äußeres, das durch die Bräune noch verstärkt wurde, nicht ohne Reiz war. Sie glich aber, fand die Gräfin mißbilligend, einem hübschen Knaben, wie sie nun lächelnd rief: »Niemand hindert Euch daran, die Wagen zu verlassen und mir ein Gleiches zu tun, Dame!«

Die Gräfin von Flandern verzichtete auf eine Antwort, und Alienor unterhielt sich mit Raoul de Vermandois, der den Haupttroß befehligte. »Was glaubt Ihr«, fragte sie ihren Schwager, »wie lange dauert es noch, bis wir den Hafen Adalia erreichen?«

Raoul überlegte. »Wenn wir Glück haben, nur noch zwei, drei Tage.« Er schüttelte den Kopf. »Es ist nicht zu fassen; wir sind nun schon bald ein ganzes Jahr aus Frankreich fort.«

Er dachte wehmütig daran, daß Petronille ihn noch vor Aufbruch des Kreuzzuges mit der Nachricht überrascht hatte, daß sie ein Kind erwartete. Inzwischen mußte es geboren sein, und er wußte nicht einmal, ob er nun einen Sohn und Erben hatte! Er warf Alienor einen Blick zu und dachte an das junge Mädchen, das er vor zehn Jahren im Palais l'Ombrière zum ersten Mal gesehen hatte. »Erinnert Ihr Euch noch...« setzte er an, doch sollte er seinen Satz nie zu Ende führen, denn in diesem Moment brach die Hölle los.

Aus dem Nichts kam ein tödlicher Pfeilregen, und die Hänge, die eben noch leer erschienen waren, waren auf einmal voller Leichtbewaffneter. Die Spitze des Trosses geriet in Panik, blieb jäh stehen, und die folgenden Wagen, die auf dem engen Bergpfad nicht ausweichen konnten, kippten zum Teil um. Die Luft erzitterte unter dem Geschrei der Überfallenen und dem Gebrüll der Angreifer.

Mit einem Fluch riß der Graf de Vermandois sein Pferd herum. Er packte die Königin, hob sie aus dem Sattel und stieß sie in die Deckung eines umgestürzten Wagens. »Bleibt hier und rührt Euch, um Gottes willen, nicht von der Stelle!« rief er, dann versuchte er verzweifelt, eine Kampfordnung aufzustellen. Die ganze Zeit fragte er sich dasselbe wie Alienor, die bewegungslos neben ihren Damen kauerte und dabei Denise, die nicht aufhören wollte zu schreien, schließlich die Hand auf den Mund preßte: Wo blieb die verdammte Vorhut?

Louis starrte entsetzt auf den blutverschmierten Soldaten, der vor ihm kniete. »Und die Vorhut? Was ist mit meinem Onkel de Maurienne und Geoffrey de Rancon?«

»Mein König«, keuchte der Mann, »es sieht so aus, als hätten sie sich so weit vom Hauptheer entfernt, daß wir jede Verbindung zu ihnen verloren haben. Mein Herr, der Graf, glaubt, daß sie versucht haben, den Paß zu überqueren.«

Einer von Louis' Hauptleuten stieß einen Fluch aus. »Diese verdammten Leute aus dem Süden – den Tag möchte ich mal erleben, daß die sich an Befehle halten!«

Louis hörte ihn nicht. Er packte den Boten an der Kehle. »Und die Königin?«

»Sie lebt, Euer Gnaden.«

Louis ließ ihn fahren. Seine Hauptleute schauten erwartungsvoll auf ihn. Er fuhr sich mit der Zunge über die Lippen, um die in ihm aufsteigende Panik zu verbergen.

Dieses Unglück verlangte einen Caesar, und er war kein Caesar. Doch wenn er jetzt nicht sofort handelte, war sein Hauptheer verloren – und mit ihm Alienor. »Schnelligkeit«, sagte er, als müßte er die Worte erst mühsam in seinen Gedanken bilden, »es kommt auf Schnelligkeit an. Wir... ja, das ist es!« Er wies einige seiner Ritter an, sich um ihn zu sammeln. »Wir bilden einen Stoßtrupp und eilen dem Troß augenblicklich zu Hilfe – der Rest der Nachhut folgt, so schnell er kann!«

Wie begnadet dieser Einfall gewesen war, wurde Louis selbst erst klar, als er den Kampfplatz erreichte, denn die umgestürzten Wagen hätten die Ankunft eines großen Heerteils endlos verzögert, seine kleine Schar dagegen konnte sich sofort zu Vermandois durchschlagen. Louis handelte wie in Trance. Es war, als wäre er, aus der Not, zum ersten und einzigen Mal in seinem Leben ein völlig anderer Mensch – er focht mit einer Erbarmungslosigkeit und Verbissenheit, die sein mangelndes Geschick mehr als wettmachte. Die Soldaten, ebenfalls von dem Verhalten ihres Königs sehr überrascht – er galt zwar nicht als feige, doch kaum als großer Kämpfer –, sammelten sich um ihn, und es gelang ihm, das panikartige Auseinanderlaufen des Heeres aufzuhalten. Die Vorhut war noch immer verschwunden und mit ihr die meisten Berittenen, doch die Nachhut traf allmählich ein. Die Feinde, die wohl mit einem raschen Sieg gerechnet hatten, waren auf diese erbitterte Gegenwehr nicht gefaßt, und am Abend war es Louis gelungen, die Türken auf die Hügel zurückzutreiben.

In seiner verschmierten und verkratzten Rüstung kaum von einem seiner Männer zu unterscheiden, starrte er auf das blutige Schwert in seiner Hand und wurde sich langsam seiner Umgebung wieder bewußt. Alienor kam zu ihm. Auch sie war dem Tode näher als je zuvor in ihrem Leben gewesen, und ihre Knie zitterten, während sie über Leichen und Wagenteile hinwegstieg.

»Louis?« Er schien sie nicht zu hören und nicht zu erkennen. Immer noch blickte er das Schwert an, dann ließ er es fallen, sank auf die Knie und sagte tonlos: »O mein Gott!« Jemand näherte sich ihnen mit einem Wasserbeutel. Alienor nahm ihn und reichte ihn ihrem Gemahl.

Louis' Blick klärte sich, und er sah sie an. »Alienor... Alienor, du lebst!«

»Ja, Lieber«, sagte sie sanft. »Wir haben gewonnen.«

Am nächsten Tag traf endlich die Vorhut unter Geoffrey de Rancon und dem Grafen de Maurienne ein, die erst auf dem Berg bemerkt hatten, daß sie sich mit ihrer eigenwilligen Expedition völlig von ihrer Armee abgeschnitten hatten. Ihnen begegnete ein ominöses Schweigen der Männer, die ihre Toten begruben, und Rancon mußte bald hören, wie die Hauptleute seinen sofortigen Tod wegen Befehlsmißachtung forderten. »Jeder hier würde gerne den Henker spielen«, sagte der Graf von Flandern grimmig.

Alienor war auf ihren Vasallen genauso zornig wie jeder andere, doch sie wußte, daß ein Teil der Schuld auch bei Maurienne lag. Niemand sprach jedoch davon, den Onkel des Königs hinzurichten, und so mit zweierlei Maß zu messen, erschien ihr grenzenlos ungerecht. Außerdem bemerkte sie, daß man nur allzu schnell bereit war, das Desaster auf ›die verdammten Aquitanier‹ zu schieben, und das brachte sie genauso auf wie Rancons Eigenmächtigkeit.

»Entweder müssen sie beide hingerichtet werden oder keiner«, sagte sie scharf zu Louis. Louis mit seinem Sinn für die göttliche und menschliche Gerechtigkeit konnte nicht anders, als ihr zuzustimmen. Außerdem war er erschöpft, und um die Zukunft des Kreuzzuges war es schlechter bestellt denn je.

Als sie endlich die Hafenstadt Adalia erreichten, begriff er, daß er mit diesem Heer nicht weiter den Landweg verfolgen konnte – die Gebirgskette, die vor ihnen lag, hätte sie aufgerieben. Sie mußten den Seeweg nach Antiochien nehmen, wo ihnen zumindest gastliche Aufnahme und etwas Erholung sicher war. Doch es fehlte ihnen an Schiffen, um Antiochia, die Hauptstadt des kleinen Fürstentums, zu erreichen.

»Schreib an den byzantinischen Kaiser und bitte ihn um Schiffe«, riet Alienor. Ebensogut hätte sie einen Pakt mit dem Teufel vorschlagen können. Sie lächelte zynisch.

»Manuel wird sie dir geben, verlaß dich darauf. Uns hinterrücks von den Türken umbringen zu lassen, ist eine Sache, uns offen Hilfe zu verweigern, wo er sich doch als christlicher Kaiser gibt, eine andere. Er würde sonst beispielsweise sein Bündnis mit dem König von Jerusalem und Raymond verletzen, und darauf legt er Wert. Und«, sie verzog das Gesicht, »es bereitet ihm bestimmt Vergnügen, dich als Bittsteller und sich als gnädigen Gläubiger zu sehen.«

Sie brauchte Tage, um Louis zu überreden, und wies ihn immer wieder darauf hin, daß sie sich Stolz nicht mehr leisten konnten. Also schrieb er an seinen lieben Freund, den Kaiser von Byzanz. Als Antwort kam eine so kleine Anzahl an Schiffen, daß Louis sich fragte, woher Manuel die Stirn nahm, diese Wracks als Flotte zu bezeichnen und das Versprechen auf weitere Boote. Mehr, schrieb der Kaiser, seien im Augenblick leider nicht entbehrlich.

Louis hätte es nicht mehr ertragen, noch länger auf Manuels Hilfeleistungen zu warten, und entschloß sich kurzerhand, das Heer, so gut es ging, auf diesen lächerlich kleinen Schiffen unterzubringen. Mitte März verließen sie Adalia und segelten nach Syrien.

Antiochia lag nicht nur am Meer, sondern erstreckte sich auch ins bergige Landesinnere. Die weißen, kuppelförmigen Häuser der Stadt glänzten in der Sonne, terrassenförmige Gärten zogen sich an den Hängen herab. In der Ferne konnte man den Djebel Akkra erkennen, und den leidgeprüften Kreuzfahrern erschien dieses Bollwerk des Christentums wie eine Oase, als sie, das königliche Paar an der Spitze, in dem Hafen Saint-Siméon an Land gingen.

Sie wurden – als heiliges Pilgerheer – von dem Patriarchen persönlich empfangen, ein Aquitanier namens Aimery de Limoges, der dem knienden König und der Königin seinen Segen erteilte. Doch plötzlich ging ein Raunen durch die Menge, als die Königin von Frankreich die Feierlichkeit des

Empfangs höchst unpassend unterbrach, rasch aufstand und sich einem blonden, schlanken Mann unter den Rittern in die Arme warf.

Alienor lachte und schluchzte und rief immer wieder: »O Raymond, Raymond, endlich!«

Der Herr Antiochiens hob sie auf, wirbelte sie herum und lachte ebenfalls aus vollem Herzen. Er hielt sie so eng an sich gedrückt, daß Louis, der noch vor dem Patriarchen kniete, einen Moment die Augen schloß.

Er wußte nicht, weswegen, aber weder die lange, mühsame Reise noch Manuels Verrat, noch der Überfall der Türken und die demütigende Erkenntnis, daß er seit seinem Aufbruch nur Niederlagen erlitten hatte, hatten ihn so bitter getroffen wie dieser Anblick. Er hatte Alienor das Leben gerettet, er tat seit zehn Jahren alles, um sie glücklich zu machen, doch hier begrüßte sie einen Mann, der wenig mehr als ein Abenteurer war, als sei es der Erzengel Gabriel persönlich.

Louis erhob sich, und Raymond de Poitiers, der Alienor in selbstverständlicher Weise den Arm um die Taille gelegt hatte, trat auf ihn zu.

»Cousin, ich freue mich wirklich, Euch hier zu sehen«, sagte er freundlich. »Und ich hoffe, Ihr verzeiht Eurer Gemahlin den Überschwang. Meine Nichte und ich sind zusammen aufgewachsen, und wir haben uns mehr als ein Dutzend Jahre nicht gesehen.«

Sein Auftreten war tadellos, das mußte Louis zugeben, und sein Äußeres glich einer jener edlen Statuen, die sie in Konstantinopel gesehen hatten. Louis zwang sich zu Höflichkeit und gab den Gruß zurück, und während sie zum Palast zogen, unterhielten er und Raymond sich gelassen über seine Überfahrt und andere Nichtigkeiten.

Doch er bemerkte, wie Alienor ihren Onkel ständig ansah, als fürchte sie, er könne sich wieder in Luft auflösen, und wie Raymond ihre Blicke mit derselben Intensität erwiderte. Er sagte sich immer wieder, daß verwandtschaftliche Zuneigung natürlich und solch lange Abwesenheit eine große Freude rechtfertigte, doch der Tag wurde für ihn zu einer schlimmeren Qual, als es Alienors Spöttereien mit Manuel je gewesen waren, besonders, als sie dazu übergingen, nicht nur stumme Botschaften, sondern Erinnerungen laut über seinen Kopf hinweg auszutauschen.

»Und weißt du noch, was für ein Gesicht Aenor machte, als sie uns aus dem Wald kommen sah? Ich dachte, sie würde mich sofort nach Poitiers zurückschicken!«

»O nein, das hätte sie nie getan – ich hatte sogar heimlich den Verdacht, daß sie mehr an dir hing als an mir! Erinnerst du dich, auf dem Osterfest damals in...«

So ging es ständig weiter, auch wenn sie wenigstens mit Rücksicht auf Louis nicht in ihre *langue d'oc* verfielen. Doch er spürte, wie lästig es ihnen war. Dabei konnte man Raymond noch nicht einmal vorwerfen, er verletze seine Pflichten als Gastgeber; er kümmerte sich um die Unterbringung und Verpflegung von Louis' Armee, schickte seine Ärzte zu den Verwundeten, stellte Louis den gesamten Klerus vor und zeigte ihm die Reliquien, die sich in den Kirchen der Stadt befanden.

Unter anderen Umständen hätte Louis wohl mit Raymond Freundschaft geschlossen, doch so war dessen Anwesenheit ihm eine Qual, und er entschied sich schließlich, sich von Raymond während seines Aufenthalts in Antiochia so weit fernzuhalten, wie es möglich war, ohne unhöflich zu werden. So würde er nicht so oft das beschämende Gefühl der Eifersucht ertragen müssen. Auf den Gedanken, Alienor die Gesellschaft ihres Onkels zu verbieten, kam er nie.

Alienor lehnte an einem der Ölbäume, die überall in Antiochien wuchsen. Sie hielt einen Zweig in der Hand und zerpflückte zerstreut das graugrüne Laub, während Raymond ihr ein Lied in ihrer Heimatsprache sang. »... wohin geht meine Herrin von mir? Zu den Feen, denen ihr Lächeln gehört; zu den Sternen, denen ihre Augen gehören; wohin geht meine Herrin von mir?«

Die Töne der Laute verklangen, und sie fragte heiter: »Das kenne ich nicht – ist es von dir? Dann hast du gewaltige Fortschritte gemacht, seit Cercamon vor Entsetzen mit seinen Instrumenten nach dir schlug.«

Raymonds Mundwinkel zuckten. »Du bist eine kleine Hexe, Alienor, und ich habe dir schon gesagt, du solltest nicht so scharfzüngig sein.«

Mit gespielter Gekränktheit entgegnete sie: »Das ist ausgesprochen undankbar. Du warst der einzige, in dessen Gegenwart ich meine Zunge einigermaßen im Zaum gehalten habe. Warte nur, was jetzt noch kommen wird.«

Sie warf den Zweig fort und atmete tief den üppigen Duft der Blumen ein, die in diesem Garten wuchsen, Blumen von einer Pracht und Farbenvielfalt, wie sie der Norden nicht kannte. »Es ist wunderschön hier.« Plötzlich veränderte sich ihr Tonfall, wurde ernst. »Ich habe dich so sehr vermißt, Raymond.«

Er antwortete nicht sofort, und sie sah ihn an, dachte, daß der Mann vor ihr nur noch wenig an den Jüngling erinnerte, den sie zuletzt gesehen hatte. Sie spürte, daß auch er sie ansah, und versuchte Erinnerung mit der Gegenwart in Einklang zu bringen.

»Alienor... ich habe dich auch vermißt«, sagte er endlich, »aber wir sollten lieber nicht davon sprechen. Erzähl mir von deinem Leben in Frankreich. Bist du glücklich?«

»Was für eine Frage«, versetzte sie leichthin, »wenn du dich bei den Franzosen erkundigst, dann wirst du erfahren, daß es für jedes Mädchen aus irgendeinem abgelegenen Herzogtum ein unverdienter Segen ist, in die königliche Familie einheiraten zu dürfen.«

»Du weichst mir aus.«

»Raymond, ich bin glücklich jetzt, auf dieser Reise. Lassen wir es dabei.«

Nach einem unverfänglichen Thema suchend, begannen sie gleichzeitig: »Erinnerst du dich...« Das brachte sie zum Lachen, und Alienor sagte bedauernd: »Ich glaube, wir haben schon zu viele Erinnerungen ausgetauscht – der arme Louis schaute das letzte Mal drein, als habe er Zahnschmerzen.«

»Vielleicht sorgte er sich auch wegen des Kreuzzugs.«

»Vielleicht. Weiß Gott, es sieht schlecht aus«, bemerkte sie plötzlich zornig, »irgendwie tut es das immer bei Louis. Und am Ende vertraut er darauf, daß der Herr ihn rettet.«

Alienor schwieg einen Moment. »Nein, ich bin ungerecht«, fügte sie dann reuig hinzu. »Louis hat immer und überall nur sein Bestes gegeben, und es ist nicht seine Schuld, daß er... weißt du, daß man versucht hat, mich zu vergiften, und er hat es noch nicht einmal bemerkt? Ich würde es ihm auch nie erzählen, er könnte damit nicht fertig werden.«

Sie berichtete ihm von Suger und ihrem Verdacht, empfand unendliche Erleichterung, endlich mit jemandem, der sie nicht verraten würde, darüber sprechen zu können. »Und nun muß ich schon seit so vielen Jahren ständig zu einem Mann höflich sein, der möglicherweise meinen Vater und meinen Bruder auf dem Gewissen hat, möglicherweise auch mich ermorden wollte. Oh, ich weiß, daß es lebensnotwendig ist, nur manchmal, da glaube ich... ich kann nicht mehr.«

Tränen glänzten in ihren Augen, lösten sich von ihren Wimpern. »Ich bin müde, Raymond, so müde.«

Raymond umarmte sie und streifte mit seinem Mund ihre Stirn, doch sie hob plötzlich den Kopf, so daß ihre Lippen sich trafen. Das ganze Gespräch waren sie diesem Wunsch ausgewichen, und doch hatten sie es gewollt. Sie küßten sich hungrig und leidenschaftlich, und Raymond schmeckte das Salz der Tränen auf ihren Wangen. Da war ihre Haut, warm und zart, ihr Hals, an dem er seinen Kopf barg, ihre Arme, die sich um ihn schlangen.

Raymond preßte sie an sich, und sie flüsterte: »Ich liebe dich, ich liebe dich, ich habe dich immer geliebt, Raymond, weißt du das nicht?«

Er ließ sie jäh los und trat zurück. »Es ist unmöglich«, sagte er rauh, schwer atmend. »Du bist verheiratet, ich bin verheiratet, und dein Vater war mein Bruder!«

Alienor schüttelte heftig den Kopf. »Glaubst du, das hätte ich vergessen? Aber es ist mir gleichgültig, Raymond, verstehst du, gleichgültig! Ich habe es satt, auf Gott und Louis Rücksicht zu nehmen. Sieh mich an und dann sag noch einmal, daß es unmöglich ist!«

Statt einer Antwort küßte er sie erneut mit rücksichtsloser Wildheit, die nichts mehr von der vertrauten Zärtlichkeit hatte. Sie sanken zu Boden, auf die weiche südliche Erde, ihr ganzer Körper stand in Flammen, und unter dem Schatten eines Ölbaums lernte Alienor die Liebe kennen – die erste große Liebe ihres Lebens.

Keiner von beiden wußte später, wieviel Zeit vergangen war. Er hielt sie im Arm, ihr Haar umhüllte sie beide. Alienor glaubte noch nie so glücklich gewesen zu sein.

»...wie lange...«

»...sag nichts, mein Herz. Ach, Alienor, als ich dich im Hafen neben ihm knien sah, wußte ich schon, daß ich mir nicht mehr länger vormachen konnte, du wärest immer noch wie eine kleine Schwester für mich – aber ich wollte es nicht wahrhaben.«

»Ich habe in dir nie einen Bruder gesehen, Raymond, oder einen Onkel.«

»Ich weiß; jetzt weiß ich es. Ich hätte es mir eher eingestehen sollen und nicht mit dir hierherkommen dürfen.«

»Tut es dir leid?« fragte Alienor fassungslos und richtete sich auf. Er zog sie wieder zu sich herab.

»Ja, aber anders, als du meinst. Es tut mir leid, weil mir jetzt klar geworden ist, wie sehr ich dich liebe, und daß es für uns beide nie eine Zukunft gibt. Es ist…« Bevor er wiederum ›unmöglich‹ sagen konnte, hatte sie ihn mit einem Kuß zum Schweigen gebracht.

Louis ahnte, daß etwas geschehen war. Alienor hatte noch nie in ihrem Leben, auch nicht nach der Geburt ihrer Tochter, so strahlend gewirkt wie in diesen Tagen, so… so neu und erfüllt. Als er und seine Hauptleute sich mit Raymond trafen, um das weitere Vorgehen abzusprechen, war Alienor, wie auf dem Kreuzzug üblich geworden, dabei. Aber diesmal wirkte ihre Anwesenheit anders als bei früheren Strategiebesprechungen; sie wirkte in ihrem grünblauen Kleid aus orientalischer Seide auf verwirrende Weise und überwältigend weiblich. Die Spannung im Raum war für Louis kaum mehr erträglich.

»Ich schlage vor«, sagte Raymond und breitete eine Karte vor ihnen aus, »wir vereinigen unsere Kräfte und versuchen Edessa zurückzuerobern. Die Gelegenheit ist günstig, denn Zenghi ist tot, von seinen eigenen Soldaten ermordet, und sein Sohn Nureddin hat die Nachfolge noch nicht fest in der Hand. Außerdem brachte gestern ein Segler die Nachricht, daß es Konrad von Hohenstaufen doch gelungen ist, den Rest seines Heeres zusammenzuraffen, und daß er seinen Kreuzzug fortsetzen möchte.«

Er machte eine kurze Pause. »Das deutsche Heer mag nicht mehr sehr umfangreich sein, aber die Überraschung, den Kaiser *und* den König von Frankreich vor seinen Toren zu haben, könnte für die Überrumpelung Nureddins entscheidend sein.« Beifälliges Gemurmel wurde laut. Raymond blickte zu Louis.

»Was meint Ihr?«

»Ich meine«, sagte Louis kalt, »daß ich gelobt habe, nach Jerusalem zu ziehen, und daß ich beabsichtige, dieses Gelübde zu halten – vor irgendwelchen Eroberungen.« Ihren entgeisterten Gesichtern nach zu schließen, hätte er ebensogut einen Stein durch ein Kirchenfenster werfen können.

Sein Onkel, Graf de Maurienne, sagte entsetzt, alle Förmlichkeit vergessend: »Jesus, Louis, der Fall von Edessa war doch der Grund für den ganzen Kreuzzug!«

Raoul de Vermandois fiel ein: »Jerusalem ist weder belagert noch besetzt, doch mit Edessa halten die Ungläubigen das ganze Grenzland in Schach und können jederzeit in Antiochien einfallen oder in eines der anderen christlichen Fürstentümer und...«

Jetzt sprachen mehrere Männer gleichzeitig. Raymond gebot Schweigen, und Louis beobachtete erzürnt, wie ihm ohne Umstände gehorcht wurde.

»Cousin«, sagte der Aquitanier dann ruhig, »ich achte Euer Gelübde, doch mir scheint, Ihr versteht mich nicht. Die Eroberung von Edessa ist von entscheidender Bedeutung für Euer Anliegen.«

»Ihr meint«, entgegnete Louis starrsinnig, »sie ist von entscheidender Bedeutung für Euch.«

Raymond blieb gelassen. »Selbstverständlich ist sie das, doch allein schon als Christ solltet Ihr nicht wünschen, daß die Ungläubigen eine so große Bedrohung bleiben können. Außerdem, wenn wir Nureddin die Zeit geben, um seine Leute wieder in den Griff zu bekommen, begnügt er sich bestimmt nicht mit Edessa, sondern greift von dort aus auch noch Damaskus an, und dann hat er nicht nur das Grenzland, sondern ganz Syrien in der Hand. Wollt Ihr es dazu kommen lassen?«

Louis starrte ihn an. Ein Muskel zuckte an seinem Kinn. »Ihr sprecht da nur von Möglichkeiten, aber darf ich Euch daran erinnern, daß immer noch ich der Anführer dieses Kreuzzugs bin, vom Heiligen Vater selbst beauftragt?«

»Niemand bestreitet das«, begann Raymond, »aber...«

»Louis«, unterbrach Alienor, die bisher geschwiegen hatte, »laß mich dich auch an etwas erinnern. Raymond lebt seit vielen Jahren hier, er kann die Lage besser beurteilen als jeder andere, aber man braucht nicht die geringste militärische Erfahrung, um zu begreifen, daß eine Pilgerfahrt nach Jerusalem vor der Eroberung Edessas vollkommen überflüssig wäre, ja auf gefährliche Weise dumm.«

Louis' Gesicht färbte sich dunkelrot. Wie konnte sie es wagen, ihn vor aller Ohren fast unverschleiert als Dummkopf zu bezeichnen? »Alienor«, sagte er erzürnt, »ziehe dich sofort in deine Gemächer zurück.«

Alienor stand auf. »Das werde ich, mein Gemahl, aber vorher laß mich dir versichern, daß ich sogar länger hier bleiben werde, als du annimmst. Wenn du weiter auf dieser unglaublichen Torheit beharrst, werde nicht nur ich, sondern mit mir all meine Vasallen in Antiochien bleiben, und du kannst allein nach Jerusalem pilgern!«

Louis fragte sich, ob der Teufel in sie gefahren war. Völlig außer sich stieß er seinen Stuhl um und schrie: »Deine Vasallen können bleiben, wo sie wollen, sie haben uns auf diesem Feldzug ohnehin nur Ärger bereitet, aber du...«

»Wie kannst du es wagen, meine Vasallen zu beschuldigen, und dein eigener Oheim sitzt hier, der genauso...«

»Aber du«, übertönte Louis sie, ging zu ihr und packte sie bei den Händen, »kommst mit mir!«

Raymond versuchte besänftigend einzugreifen, sah aber, daß es zu spät war; Louis hatte in Alienor den legendären Zorn ihrer Familie entfesselt, der sich genausowenig aufhalten ließ wie das Meer bei einer Sturmflut. Die anderen Männer schauten dem Königspaar sprachlos zu.

Alienors Stimme, die eben noch so laut wie Louis' gewesen

war, klang mit einem Mal trügerisch sanft. »Und wie willst du mich dazu bringen, Louis?« fragte sie.

Louis wich ein paar Schritte zurück. Gerade in ihrer plötzlichen Ruhe wirkte sie furchteinflößender, als wenn sie die Karte genommen und ihm ins Gesicht geschleudert hätte. Ihre Augen loderten in einem kalten Zorn, den er noch nie erlebt hatte; ihr unerwartetes Lächeln war... bösartig, er fand kein anderes Wort dafür. Es war, als stünde er einer Fremden gegenüber.

»Ich werde dich zwingen«, sagte er und nahm sich zusammen, »ich habe das Recht dazu, ich bin dein Gemahl.«

»Dann, mein lieber Gemahl«, sagte Alienor gedehnt, »tätest du gut daran, dir deine ehelichen Rechte von deiner geliebten Kirche erst bestätigen zu lassen. Nach kanonischem Recht sind wir nämlich zu nahe miteinander verwandt.«

Die plötzliche Stille hätte inmitten eines Sandsturms nicht überraschender ausfallen können. Raymond reagierte als erster. »Das reicht jetzt«, sagte er scharf. »Dies hier sollte eine Besprechung zur Kriegsplanung werden, kein Ehestreit. Alienor«, er faßte sie bei der Hand und führte sie zur Tür, so hart zugreifend, daß er blaue Male auf ihrem Handgelenk hinterließ, »wir sprechen später darüber.« Nachdem er sie hinausgebracht hatte, kehrte er zurück zu Louis, der immer noch mit halbgeöffnetem Mund bewegungslos im Raum stand, stellte dessen Stuhl wieder auf und sagte: »Ich glaube, es wäre besser, wenn Ihr Euch setzt, mein König.«

Louis sank, ohne einen Laut von sich zu geben, auf den angebotenen Stuhl. Er blickte auf den Tisch mit der Karte, dann wieder auf die geschlossene Tür, endlich auf Raymond. Als er zu sprechen begann, konnte man seine Stimme kaum wiedererkennen. »Genau das habt Ihr gewollt, nicht wahr? Nun, Ihr habt es bekommen.«

»Was, zum Teufel«, sagte Raymond, »glaubst du, daß du da drinnen getan hast?«

Alienor war gerade dabei, ihr Haar auszukämmen, und fuhr aufreizend langsam damit fort. »Ich habe versucht, Louis vor der größten Dummheit seines Lebens, der Christenheit Edessa und dir dein Fürstentum zu bewahren«, erwiderte sie ein wenig spöttisch. Raymond kämpfte zwischen Zorn und Amüsement.

»Nach Louis' Gesichtsausdruck zu schließen«, bemerkte er, »hast du den armen Mann eher dazu gebracht, mir den Krieg erklären zu wollen.«

Alienor legte ihren Kamm weg. »Louis ist kein Mann, sondern ein Mönch.«

»Alienor«, sagte Raymond ernst, »das ist keine Angelegenheit zum Scherzen. Du hast bei deinem Ausbruch nicht zufällig die Idee im Hinterkopf gehabt, den Papst zu bitten, daß er deine Ehe annulliert?«

Sie zog die Augenbrauen hoch. »Mit der Begründung: ›Bitte, Euer Heiligkeit, scheidet mich von meinem Vetter soundsovielten Grades, damit ich meinen Halbonkel heiraten kann‹? Nein. Man hat mir schon vieles vorgeworfen, aber noch nie, naiv zu sein, Raymond, das ist neu.«

Sie hob die Arme und dehnte sich wie eine Katze, so daß sich ihre Brüste unter dem Nachtgewand, das sie inzwischen trug, deutlich abzeichneten. »Und wenn ich neben meiner noblen Rettungsabsicht auch noch daran gedacht habe, daß ich so etwas länger in Antiochien sein kann, ist das so schlimm?«

Raymond beugte sich über sie und küßte sie. »Du verflixtes kleines Balg. Alienor, wann lernst du endlich, daß die Welt nicht für dich stehenbleibt?«

»Uns bleibt so wenig Zeit, Raymond«, murmelte sie mit geschlossenen Augen, »so wenig Zeit.«

»Also«, sagte Thierry Galeran, Ritter des Templerordens, eisig, »wie ich es sehe, ist die Lage klar.« Er blickte zu Louis hinüber, der auf das nächtliche Antiochia starrte. Louis und die meisten Männer seines nordfranzösischen Gefolges befanden sich auf der Stadtmauer, die alle dreißig Meter von einem Turm unterbrochen wurde und von dem Tempelritter, der seit einiger Zeit zu den engsten Beratern des Königs zählte, als sicherer, lauscherfreier Platz ausgewählt worden war.

Galeran wandte sich an den Grafen de Maurienne und sprach mit gesenkter Stimme, damit Louis ihn nicht hören konnte. »*Sie* ist wenig mehr als eine Hure, aber das Gefährliche daran ist, daß sie ihre Drohung wahrmachen kann. Die Loyalität der Vasallen gilt in erster Linie ihr, und die Tatsache, daß Raymond de Poitiers Aquitanier ist, macht den Gehorsam gegenüber dem König auch nicht leichter.«

Maurienne blickte zu den Sternen empor. »Sie hat ja eigentlich nicht so unrecht mit Jerusalem«, äußerte er unbehaglich, »es wäre wirklich besser, wenn wir erst gegen Edessa ziehen würden.«

»Darum geht es nicht«, antwortete Thierry Galeran scharf, »sondern darum, daß sich hier eine Ehefrau ganz offen ihrem Gatten und eine Vasallin ihrem König widersetzt.«

Der Tempelritter war einer der wenigen Anführer, die Alienors Charme nicht erlegen waren. Er haßte sie aus ganzem Herzen, haßte ihre sarkastische, überlegene unweibliche Art, haßte auch ihren schönen, lockenden Körper, dem keine Mühsal etwas anhaben konnte, besonders ihren Körper, denn Thierry Galeran war einst von den Moslems entmannt worden. »Es darf nicht geduldet werden«, wiederholte er jetzt. »Sind wir uns darüber einig, und habe ich Eure Unterstützung?«

Der Graf de Maurienne seufzte. »Also schön. Meinetwegen.«

Gemeinsam näherten sie sich Louis, der nun das samtige, schwarzblaue Meer betrachtete und dem stetigen Zirpen der Zikaden lauschte. So viel Schönheit gab es hier. So viel Zerstörung. Wie hatte sie ihm das nur antun können? Ihm klang noch immer ihre höhnische Stimme im Ohr: »...nach kanonischem Recht sind wir zu nahe verwandt.«

»Mein König«, sagte Thierry Galeran, »ich habe einen Vorschlag zu machen. Da die Königin seit Tagen auf ihrem Standpunkt beharrt, bleibt Euer Gnaden nichts anderes übrig, als Gewalt anzuwenden. Wir rüsten heimlich zum Aufbruch und ziehen in der Nacht ab. Dann bleibt ihr keine Wahl, als uns zu begleiten, und die Aquitanier werden ihr folgen.«

Louis lachte bitter auf. »Keine Wahl? Ihr kennt sie nicht, Thierry. Sie würde lieber sterben, als sich zu irgend etwas zwingen zu lassen.«

»Überlaßt das mir, Euer Gnaden«, sagte Thierry. »Ich schwöre Euch, morgen nacht wird unser Heer Antiochia verlassen... mit der Königin.«

Den Aquitaniern wurde vorgespielt, der heimliche Aufbruch sei notwendig, um moslemische Spione zu täuschen. Natürlich hatten sie von dem Streit zwischen der Königin und dem König gehört – die Nachricht hatte sich wie ein Lauffeuer verbreitet –, doch wurde ihnen nicht nur versprochen, die Königin selbst sei einverstanden, nein, man schwor auch noch, der König habe es sich anders überlegt und sei nun auf dem Weg zu Kaiser Konrad.

»Das überrascht mich nicht«, sagte Raoul de Vermandois, der vorsichtshalber auch nicht eingeweiht worden war. »Bei jedem Streit zwischen dem König und der Königin würde ich auf die Königin setzen, gelobt sei Gott.«

Alienors Kammerfrauen sparte sich Thierry Galeran bis zuletzt auf. Weiß Gott, es würde dem Weibervolk und ganz besonders *ihr* nicht schaden, wenn sie keine Gelegenheit hatten, ihren eitlen Putz mitzunehmen! Am Abend, als alles bereit war, drang er dann in die Gemächer der Königin vor, wies die Frauen an, das Nötigste einzupacken, und stand dann vor einer erbosten Alienor.

»Was hat das zu bedeuten?«

»Ganz einfach, Euer Gnaden«, erwiderte er grimmig. »Wir reisen ab.«

»Wenn Ihr Euch einbildet, ich...«

»Ich bilde mir gar nichts ein«, sagte er, dann überrumpelte er sie, indem er sie packte, ihr die Arme auf den Rücken drehte und ihr seinen Dolch an die Kehle setzte. »Wir reisen ab«, flüsterte er ihr zu. »Tut genau das, was ich sage, Euer Gnaden. Mir macht es nicht das geringste aus, dafür bestraft zu werden, und sei es mit dem Tode, daß ich eine Dirne umbringe.«

Sie glaubte ihm. Der Tempelritter war ein eiskalter Fanatiker, und es gab niemanden, der ihr helfen könnte, sich schnell genug zu befreien. Eines Tages, dachte sie. Eines Tages. Dann sagte sie laut: »Also gut. Ich werde gehen. Aber bringen wir es mit Würde hinter uns. Ich weigere mich, mit einem Messer an der Kehle auch nur einen Schritt zu tun. Ihr könnt«, endete sie, »es mir ja gegen den Rücken pressen.«

Diejenigen ihrer Kammerfrauen, die das ganze hatten beobachten können, waren vor Schreck erstarrt, hatten aber nicht gewagt, einzugreifen. Jetzt trat Denise zögernd zu ihr. »Der Mantel, Euer Gnaden«, sagte sie leise.

Galeran ließ sie los, und Alienor legte sich den Umhang um die Schultern. »Keine Sorge«, sagte sie zu dem Tempelritter lächelnd, »er ist nicht allzu dick.«

Er wünschte, er könnte sie wirklich umbringen. Dies sollte seine Stunde des Triumphes sein, und er hatte schon heftig bedauert, sie nicht im Bett mit ihrem Buhlen erwischt zu haben. Doch sie nicht im geringsten, wie er es sich ausgemalt hatte, verängstigt und gedemütigt zu sehen, sondern arrogant wie eh und je, zerstörte seinen Triumph, und er haßte sie um so glühender.

»Gehen wir«, sagte er kurz.

Die Kreuzfahrer verließen Antiochia in der Nacht zum neunundzwanzigsten März. Ein halbes Jahr später befanden sie sich, gedemütigt und unverrichteterdinge, in der erniedrigenden Lage, König Roger von Sizilien um Hilfe anflehen zu müssen. Louis sah Jerusalem, doch sein Heer wurde durch kurze Überfälle der Moslems so dezimiert, daß er den Kreuzzug als militärische Expedition endgültig aufgeben mußte, was Konrad von Hohenstaufen noch vor ihm tat. Er konnte nicht mehr auf dem Landweg zurück, Verbündete hatte er auch keine mehr, also wandte er sich an den letzten Herrscher, der ihm noch blieb – Roger, Raymonds alter Feind.

König Roger zeigte sich überraschend wenig nachtragend und versprach einen Geleitzug, doch dauerte es Monate, bis er eintraf, Monate, in denen Alienor kein Wort mit Louis sprach und das Heer lauter und lauter über den ganzen sinnlosen Feldzug murrte. Schließlich kamen die Sizilianer, doch Alienor betrat noch nicht einmal dasselbe Boot wie Louis, sondern schiffte sich auf einem anderen Segler ein.

Als wären sie vom Unglück verfolgt, stieß die Flotte auf der Höhe von Malea auf alte Bekannte – Manuel Komnenos hatte einen Empfang vorbereitet, und es gelang den Byzantinern, das Schiff mit Alienor und ihrem Gefolge zu kapern. Doch die Normannen galten nicht umsonst als Seefahrer und Piraten; sie jagten den Griechen ihre Beute wieder ab. Das dauerte jedoch einige Zeit, Wochen, die Louis unruhig und voll schuldbewußter Ängste in Kalabrien verbrachte, bis er die Nachricht erhielt, Alienor sei wohlbehalten in Palermo eingetroffen.

Er reiste sofort zu ihr, und beide wurden huldvoll von Roger an seinem Hof willkommen geheißen. Er gab ihnen zu Ehren ein rauschendes Fest. Alienor sprach immer noch nicht mehr als nötig mit Louis, doch sie gab sich dem König Siziliens gegenüber äußerst liebenswürdig.

»Es freut mich, Euch so guter Laune zu sehen, meine Königin«, sagte der Normanne zu ihr, »besonders, wo Ihr doch erst vor kurzem einen solchen Schlag erfahren habt.«

»Oh, die Entführung war zu kurz, um ein Schlag zu sein«, entgegnete Alienor, »dank Eurer Hilfe war sie eher ein Abenteuer, und ein erheiterndes dazu, denn die Vorstellung, wie Manuel erfährt, daß er geprellt worden ist, amüsiert mich.«

»Ich sprach nicht von der Entführung«, sagte Roger überrascht, »sondern von Eurem Verwandten, Raymond de Poitiers, dem Fürsten von Antiochien.«

Alienor wurde auf der Stelle aschfahl. »Was ist mit ihm?«

Der Normanne merkte, was er angerichtet hatte, und antwortete bestürzt: »Ich konnte nicht ahnen, daß Ihr es noch nicht wißt, ich dachte... aber selbstverständlich, bei all der Aufregung in der letzten Zeit kann es noch nicht zu Euch durchgedrungen sein...«

»Was ist mit Raymond geschehen?« unterbrach ihn Alienor.

Roger räusperte sich und sagte verlegen: »Er ist sehr ruhmreich als Held im Kampf gegen Nureddin gefallen. Ihr könnt stolz auf ihn sein. Sogar unter den Ungläubigen war er so berühmt und angesehen, daß der Kalif von Bagdad befahl, seinen Kopf zu ihm zu senden, als Erinnerung an einen großen Feind.« Er, dessen Untertanen zu einem beträchtlichen Teil Araber waren, sah das als Trost und fügte eilends hinzu: »Das ist eine Geste wirklicher Hochachtung, Königin.«

»Nein«, flüsterte Alienor, »nein.« Betäubt ließ sie sich von Louis ein paar Schritte fortführen, dann brach sie zusammen und schrie mit dem hohen Klagelaut, den die Druiden ihren Opfern entlockt haben mochten.

Alienor lag in einem Bett in der Benediktinerabtei von Monte Cassino und hörte teilnahmslos zu, wie ihr Gatte mit ihr sprach. Sie schaute ihn an, ohne ihn wirklich zu sehen.

»...mit mir zu reden«, endete Louis. Er war verzweifelt. Alienor war nie krank gewesen, selbst die Geburt von Marie oder ihre Fehlgeburt hatten ihrer Gesundheit nichts anhaben können, und das hatte zu dem Geschwätz beigetragen, daß sie aus einem Geschlecht von Feen stammte – was angesichts der Tatsache, daß Feen als böse Geister betrachtet wurden, kein Kompliment war.

Doch seit sie von Raymonds Tod erfahren hatte, war ihr Zustand beunruhigend. Sie nahm kaum etwas zu sich, war abgemagert und fieberte. Louis sah auf das weiße, durchscheinende Antlitz, sah auf die zarten Handgelenke, an denen man jetzt ein Geflecht von dünnen blauen Adern erkennen konnte, und begann wieder zu sprechen, wie er es seit Stunden tat, ohne eine Antwort zu erhalten.

»Ich weiß, daß du mir die Schuld gibst, weil ich nach Jerusalem gezogen bin. Aber Alienor, ich hätte doch nie seinen Tod gewollt! Und es war falsch, Thierry die Freiheit zu lassen, dich so zu behandeln, das gebe ich zu. Alienor, es tut mir leid!« Er schluckte. »Ich bitte dich nicht, mit mir zu sprechen, du sollst nur etwas zu dir nehmen – Alienor, du darfst dich nicht noch kränker machen, ich brauche dich, ich liebe dich!«

Er verstummte, und als er es kaum mehr erwartete, hörte er ihre Stimme.

»Deine Güte ist unerschöpflich, nicht wahr?« fragte sie schwach, und man konnte Unwillen sowie ein undeutbares zweites Gefühl erkennen. »Jeder andere würde mich inzwischen hassen, aber du liebst mich. Gott helfe uns beiden!«

Louis war so überwältigt, daß sie ihre stumme, schweigende Trauer überwunden hatte, daß er nicht darauf achtete, was sie sagte. Er meinte beschwörend: »Es wird alles wieder in Ordnung kommen, Liebste. Der Heilige Vater selbst hat uns nach Tusculum eingeladen, bevor wir nach Frankreich zurückkehren, und er schreibt mir, daß er mit uns über unsere Ehe sprechen möchte.«

Das brachte sie dazu, sich mühsam aufzusetzen. »Er möchte… um Himmels willen, Louis, wie kommt er denn darauf?«

»Nun, ich war… seit Antiochien war ich so unglücklich, daß ich Suger über das geschrieben habe, was du gesagt hast, über unsere Verwandtschaft. Und Suger unterrichtete den Heiligen Vater.«

»Wie… gütig von ihm«, sagte Alienor tonlos.

Louis nickte. »Das finde ich auch! Suger war dir ein echter Freund, Alienor. Er hat mir geraten, alle Entscheidungen über dich und mich ruhen zu lassen, bis ich mich mit Seiner Heiligkeit dem Papst besprechen kann.«

»So.«

Louis klatschte in die Hände und rief nach einem Becher heißen Würzweines für die Königin.

»Du wirst doch jetzt wieder essen, Alienor, und dich bemühen, gesund zu werden?«

»Sicher«, sagte sie, immer noch ohne besondere Betonung. Sie musterte ihren Gemahl. Louis war rührend, dachte sie, nur konnte er einen damit zum Wahnsinn treiben. Und Raymond –

»Ich werde wieder gesund werden, Louis, und ich danke dir für alles, was du für mich getan hast. Aber laß mich jetzt bitte allein.«

Der Papst war die Freundlichkeit selbst und versicherte Louis zu dessen unendlicher Erleichterung, daß seine und Alienors Verwandtschaft harmlos war. Sein Vorfahr, Robert der Fromme, war der Großvater ihrer Urgroßmutter Audéarde, was nach dem weltlichen Recht eine Verwandtschaft neunten Grades, nach kanonischem Recht jedoch eine im vierten Grad bedeutete. Wenn man nach kanonischem Recht ging, so war die Ehe tatsächlich nichtig. Doch der Papst erteilte ihnen vorsorgend Dispens und brachte sie in höchsteigener Person als Zeichen der Versöhnung in das Zimmer, das er für sie vorbereitet hatte – und in dem nur ein Bett stand.

Alienor schloß daraus, daß Suger oder die Kirche wohl entschieden haben mußten, daß sie ihnen als Königin von Frankreich mehr nützen würde denn als unabhängige Herzogin von Aquitanien. Aber was konnte ihr das schon ausmachen? Als sie am Martinstag des Jahres 1149 mit Louis in Paris einzog, empfand sie nur unverwundene Trauer und tiefe Resignation.

III
Henry

Die sind des eignen Lebens Diebe,
Die nicht erfüllt das Maß der Liebe;
Ihr Maß ist, wollt ihr's selbst erfahren,
Daß sie nicht mag Vernunft bewahren.

Marie de France

Teufel«, sagte Henry Plantagenet, »wenn das nicht nach Regen aussieht! Wir werden morgen im Schlamm nach Paris waten müssen.« Der neunzehnjährige Herzog der Normandie blickte über das Lager hinweg, das die Männer seines Vaters einige Meilen vor der französischen Hauptstadt errichtet hatten. Nicht, daß man Paris nicht schon heute hätte erreichen können, aber sein Vater und der französische König standen kurz vor einem Krieg, und selbst bei dem frommen Louis wäre es töricht gewesen, den Kopf in die Höhle des Löwen zu stecken.

Geoffrey Plantagenet hörte seinen Sohn und lachte. »Und wenn schon! Wir sind nicht aus Zucker, Henry – für den guten Giraud allerdings wird es so noch unangenehmer sein!«

Henry erwiderte nichts. Um sie herum herrschte reges Gedränge, da die Männer teilweise immer noch damit beschäftigt waren, Zelte aufzubauen, oder bereits Feuer schürten, um sich an diesem kühlen Sommerabend zu wärmen. Es roch nach Schweiß, Staub und den Anstrengungen ihres Marsches, doch Henry bemerkte nichts von alledem. Er dachte im Moment an ganz anderes.

»Vater«, sagte er endlich, »haltet Ihr es wirklich für klug, Giraud in Ketten vorzuführen? Es genügt doch, daß Louis weiß, daß wir ihn haben, und…«

»Unsinn!« Geoffrey senkte seine Stimme ein wenig. »Nicht hier, Henry. Ich wollte ohnehin mit dir darüber sprechen. Reiten wir ein wenig vom Lager weg.«

Man brachte ihre Pferde, und wenig später ließen der Graf von Anjou und sein Sohn in leichtem Trab die Ansammlung aus Zelten, Pferden und Fußsoldaten hinter sich zurück. Sie waren sich, äußerlich gesehen, nicht besonders ähnlich; Geoffrey war von mittlerem Wuchs, hatte braune Haare und ein bereits sehr vom Leben gezeichnetes Gesicht, während Henry schwarzhaarig und groß war, sehr muskulös und sich dennoch mit jugendlicher Leichtigkeit bewegte. Er glich seiner Mutter Maude, die bereits seit fast zwei Jahrzehnten mit ihrem Vetter Stephen um die englische Krone rang.

In der Nähe eines kleinen Wäldchens hielten sie an, und Geoffrey sagte: »Also, Henry, nun erklär mir, warum du so um Giraud Berlai besorgt bist.«

»Ich bin nicht um ihn besorgt«, entgegnete Henry leicht verärgert, »ich verabscheue den Bastard genauso sehr wie Ihr. Jesus, wir haben schließlich drei Jahre lang gegen ihn Krieg geführt! Aber ihn so vorzuführen, wie Ihr es geplant habt, wäre eine überflüssige Geste, da sie uns weder bei Louis noch bei seinen Gegnern etwas einbringen kann. Im Gegenteil, einen königlichen Seneschall in Ketten vor den König zu führen, ist so gut wie eine offene Kriegserklärung.«

»Und?« fragte Geoffrey gefährlich ruhig. Sein Gesicht hatte sich verdunkelt, und es schien, als stünde einer jener Anfälle von ›schwarzer Galle‹ bevor, die ihn unter den französischen Adligen berüchtigt gemacht hatten.

Henrys Temperament kam dem seines Vaters jedoch gleich.

Unbeirrt fuhr er fort: »Und nichts könnte Stephen eine größere Freude bereiten. Habt Ihr vergessen, daß er bereits seinen Sohn, diesen Schweinehund Eustace, an den französischen Hof geschickt hat, um bei Louis meine Ansprüche auf die Normandie zu untergraben? Wozu unsere Streitkräfte gegen den König von Frankreich verzetteln, wenn unser eigentlicher Feind der Mann ist, der sich gegenwärtig König von England nennt?«

Er war auf einen Ausbruch seines Vaters gefaßt, doch er

kam nicht. Statt dessen entspannte sich Geoffrey Plantagenet und meinte bedächtig: »Es liegt Wahres in dem, was du da sagst.« Er war in den letzten zwei Jahren schon mehrmals zu der verblüffenden Erkenntnis gekommen, daß sein junger Sohn nicht nur einen wertvollen Soldaten abgab, sondern auch die wichtigste Eigenschaft eines Befehlshabers besaß – immer einen kühlen Kopf zu bewahren. Bisweilen, gestand sich Geoffrey heimlich ein, war Henry darin besser als er. Also fegte er Henrys Einwände nicht vom Tisch, sondern dachte darüber nach; schließlich sagte er:

»Ich halte es aber dennoch nicht für eine überflüssige Geste, und ich glaube nicht, daß Louis deswegen Krieg führen würde. So machen wir ihm klar, daß wir seine Autorität in der Normandie nicht anerkennen und daß du auf keinen Fall vor ihm den Lehnseid ablegen wirst. Hölle, was den Herzögen von Aquitanien hundert Jahre lang recht war, muß dem Herzog der Normandie nur billig sein.«

Henry lag eine hitzige Antwort auf der Zunge, aber er unterdrückte sie. Auch er hatte etwas dagegen, sich dem französischen König als Vasall zu unterstellen, doch nicht aus Gründen des Stolzes, sondern weil er Schwierigkeiten für die Zukunft voraussah. Denn während Geoffrey Plantagenet seit Jahren hoffte, durch seine Gattin König von England zu werden, wußte sein Sohn, daß er, Henry, es werden würde. Er würde diesen ewigwährenden Krieg beenden. Dann würde sich das bedenkliche Paradox wiederholen – ein König von England, der als Herzog der Normandie gleichzeitig dem König von Frankreich lehnspflichtig war.

Doch den König von Frankreich jetzt schon unnötig herauszufordern, hielt er für töricht. Außerdem war er sich nicht sicher, ob Louis wirklich so kriegsunwillig war. Seit seiner Rückkehr aus dem Heiligen Land vor nunmehr zweieinhalb Jahren hatte er nicht mehr das geringste Anzeichen von Schwäche gezeigt. Daß der Graf von Anjou, der sein Vasall sein sollte, seinen Seneschall wegen einer persönlichen Feindschaft angegriffen und schließlich überwältigt hatte, mochte ihn tatsächlich zu einem Bündnis mit Stephen treiben.

Stephen… Als Henry noch ein Kind gewesen war, war es Maude, die in England aufgrund ihrer ersten Ehe mit dem deutschen Kaiser Heinrich V. nur als ›die Kaiserin‹ bezeichnet wurde, tatsächlich gelungen, Stephen für eine Weile gefangenzusetzen und vom Parlament als ›Herrin der Engländer‹ anerkannt zu werden. Doch ein unverzeihlicher Fehler ihres Verwandten und obersten Heerführers, Robert von Gloucester, hatte Stephen wieder entkommen lassen, und der Krieg ging weiter.

Auch wenn Henry nur sehr ungern darüber nachdachte, wußte er, daß einer der Gründe dafür, warum sie noch immer nicht gesiegt hatten, darin lag, daß Maude und Geoffrey Plantagenet, mit dem sie ihr Vater nach dem Tod des Kaisers verheiratet hatte, sich verabscheuten. Der Graf von Anjou war fünfzehn und Maude siebenundzwanzig gewesen. Seit damals hatten sie sich mehr als einmal offen bekriegt, und derzeit hielt nur die Feindschaft gegen Stephen die beiden zusammen.

Henry war in einem sowohl familiären als auch landesweiten Krieg groß geworden, und als er von seinem Vater, der durch die Heirat mit Maude Regent der Normandie geworden war, vor zwei Jahren offiziell als Herzog eingesetzt worden war, hatte er sich geschworen, in seinem Reich nie eine solche Selbstzerfleischung zuzulassen.

Er überlegte gerade, wie er noch einmal versuchen könnte, seinen Vater zu überzeugen, als ihm ein Reiter auffiel, der in einiger Entfernung im lockeren Galopp direkt auf ihr Lager zuzuhalten schien. Bewundernd registrierte er das völlige Einssein von Reiter und Tier und applaudierte innerlich der vornübergebeugten, waffenlosen Gestalt. Doch gleichzeitig erfaßte ihn heftiger Argwohn. Konnte das ein Spion des französischen Königs sein?

Er gab seinem Schimmel die Sporen und preschte in halsbrecherischer Geschwindigkeit auf den Unbekannten zu, um ihm den Weg abzuschneiden. Der Reiter bemerkte ihn, änderte jäh seine Richtung und versuchte zu fliehen. »So nicht«, stieß Henry mit zusammengebissenen Zähnen hervor. Der Schimmel, auf dem er saß, war eigens für die Jagd gezüchtet worden und nicht nur kräftiger, sondern auch aggressiver und schneller als jedes andere Tier. Doch auch der mutmaßliche Spion war wohl nicht übel beritten, denn der Abstand zwischen ihnen verringerte sich längst nicht so schnell, wie Henry es erwartet hatte.

Es wurde ein atemloses Rennen, bei dem beide ihr Bestes gaben, bis Henry seine Beute endlich eingeholt und gestellt hatte. Als er sich dem Reiter gegenübersah, erstarrte er. Dann brach er in schallendes Gelächter aus. »Allmächtiger – eine Frau!«

»Es freut mich«, sagte sie eisig, »daß dieses arme Tier«, sie wies auf seinen Hengst, »wenigstens nicht von einem Blinden in die völlige Erschöpfung getrieben wurde.«

Als er wieder zu Atem kam, betrachtete er sie unverhohlen von Kopf bis Fuß. »Reitet Ihr öfter in Männerkleidung, Dame?« Denn mit ihrem Pferd und der Tunika, die sie trug, konnte sie unmöglich eine Bürgerin oder ein Mädchen aus dem Volk sein.

»Nur, wenn ich von Wegelagerern angehalten werde«, erwiderte sie kurz, ohne im geringsten eingeschüchtert zu sein.

Henry hatte Erfahrungen mit Frauen – zwei uneheliche Söhne und Dutzende von Schankmädchen, Edeldamen und gelegentlich auch Dirnen konnten es bestätigen. Aber ihm war noch nie eine Frau begegnet, die seinen abwägenden Blick mit derselben Freimütigkeit erwiderte. Unverhohlen glitt sein Blick über ihre weiblichen Linien und blieb auf ihrem erhitzten Gesicht haften. Die Sirenen mußte so ausgesehen haben, sagte sich Henry und lachte noch einmal. Bei Gott, das versprach unterhaltsam zu werden.

Seine grünen Augen glänzten spöttisch, als er sich in seinem Sattel zurücklehnte und gedehnt fragte: »Wißt Ihr, was Wegelagerer mit einsamen Damen machen, die ihnen in die Hände fallen?«

»In diesem Fall«, entgegnete sie ruhig, »würde ich den Wegelagerer bemitleiden.«

Henry war fasziniert. Dies war nicht nur eine Frau, mit der man eine vergnügliche Stunde im Bett verbringen konnte, dies war ein Wesen mit Verstand und absolut ohne Furcht. Er beglückwünschte sich zu diesem Fang. »Vielleicht könntet Ihr«, setzte er an, doch inzwischen war sein Vater, der ihm in geringerer Eile gefolgt war, bei ihnen angelangt. Geoffrey warf nur einen Blick auf Henrys Gefangene, dann auf seinen Sohn, schnappte nach Luft und ließ sich aus seinem Sattel herab, um niederzuknien.

»Verzeiht, Euer Gnaden«, sagte er schnell, »wir haben nicht damit gerechnet, Euch hier anzutreffen.«

»Das dachte ich mir«, entgegnete sie und schaute wieder zu Henry. »Ich war auf einem Ausritt. Ich schlage vor, Graf von Anjou, daß Ihr diesem jungen Mann hier bessere Manieren beibringt, bevor Ihr ihn an den Hof mitnehmt. Lebt wohl!«

Mit diesen Worten hatte sie ihre braune Stute gewendet und ritt, die beiden Plantagenets zurücklassend, davon. Geoffrey sah zu seinem Sohn und schüttelte den Kopf. »Weißt du, wer das war, Henry?«

Henry antwortete, ohne seine Augen von der sich entfernenden Gestalt zu lösen: »Jetzt kann ich es mir denken. Macht sie das öfter, ich meine, auf diese Art zu reiten?«

Sein Vater zuckte die Achseln. »Auf dem Kreuzzug tat sie es ständig, und ich nehme an, hier wollte sie es nicht mehr aufgeben. Henry«, seine Stimme wurde mahnend, »ich kenne diesen Blick, laß es bleiben: Diese Frau ist nichts für dich.«

Henry stieß die Luft aus, die er angehalten hatte. »Wieso nicht? Glaubt Ihr, sie sei so unzugänglich?«

Geoffrey verneinte. »Das ist es nicht. Ich wage zu behaupten, auf dem Kreuzzug hat sie dem armen Louis das Leben herzlich schwer gemacht. Was ich da beobachten konnte... und ich hatte den Verstand, schon vor diesem närrischen Marsch nach Jerusalem wieder zurückzukehren, so daß ich wetten würde, noch nicht einmal die Hälfte mitbekommen zu haben: Nein, es ist nicht so, daß ich sie für zu keusch halte. Aber sie ist reines Gift, Henry, für dich, für jeden Mann. Sie ist wie einer dieser wilden Falken, die du nicht brechen und nicht zähmen kannst, egal, was du auch tust!«

Er erkannte sofort an Henrys Miene, daß er in den Wind gesprochen hatte. Ja, hätte er kupplerische Absichten gehabt, hätte er nichts Besseres vorbringen können.

»Wir werden sehen«, sagte Henry und blickte der kleinen, kaum mehr erkennbaren Staubwolke nach. »Wir werden sehen.«

Regen peitschte mit einer Wucht vom Himmel, die der Feindseligkeit des französischen Hofes beim Empfang des völlig durchnäßten Grafen von Anjou und seines Sohns, des Herzogs der Normandie, kaum nachstand. Die aufsässigen Plantagenets erfreuten sich keiner großen Beliebtheit im französischen Adel. Ja, der Name ›Plantagenet‹ allein war eine Spottbezeichnung, er bedeutete ›Ginsterzweig‹ und war Geoffrey schon in seiner Jugend beigelegt worden. Geoffrey hatte ihn voller Trotz übernommen und zu einer Ruhmesbezeichnung gemacht, ja, er trug bei allen möglichen Gelegenheiten einen Ginsterzweig am Helm.

Die Begegnung zwischen dem König von Frankreich und

seinem angevinischen Vasallen fand nicht auf der Ile-de-la-Cité, sondern in dem Kloster Saint-Denis statt, wo Abt Suger gerade im Sterben lag. Louis hatte ihm den Titel ›Vater des Vaterlands‹ verliehen, und seine Entscheidung, sich mit Geoffrey Plantagenet in Saint-Denis zu treffen, war eine letzte Huldigung an die Bedeutung, die Suger für ihn und das Königreich gehabt hatte.

Ein empörtes Gemurmel verbreitete sich unter den Höflingen, als die Plantagenets mit ihrem Anhang die Abtei betraten, den gefesselten Giraud Berlai im Gefolge. »Das ist mehr als Frechheit«, sagte Raoul de Vermandois aufgebracht zu seinem Nachbarn. »Er ist exkommuniziert worden, weil er einen Seneschall des Königs angegriffen hat, während sein Lehnsherr noch auf Kreuzzug war, und hat dennoch seine Fehde weitergesponnen, bis er Giraud besiegt hatte. Und damit nicht genug, hat er jetzt die Stirn, in einem Gotteshaus zu erscheinen und die Autorität des Königs öffentlich zu verspotten!«

Bernhard von Clairvaux, der trotz seines hohen Alters eingewilligt hatte, zwischen dem König, der Kirche und dem gebannten Grafen von Anjou zu vermitteln, gebot Schweigen. »Geoffrey Plantagenet, Graf von Anjou«, setzte er dann mit seiner raumfüllenden, tragenden Stimme an, »Ihr habt widerrechtlich um einer alten Fehde willen den Frieden des Königs gestört, seinen Seneschall gefangengenommen und außerdem Euren Sohn angestachelt, dem König den Lehnseid zu verweigern. Dennoch soll Euch vergeben und der kirchliche Bann gegen Euch aufgehoben werden, wenn Ihr Giraud Berlai freilaßt, wie es der König wünscht.«

Während Bernhard sprach, ließ Henry schnell seine Augen in der Halle umherschweifen, ordnete die Menschen ein, die er dort entdeckte. Der Graf de Vermandois, ein Mann, mit dem sie schon öfter zu tun gehabt hatten, war kein ungeschickter Heerführer, aber nicht überlegen genug, um wirklich gefährlich zu sein; er würde sich immer einem Stärkeren zu beugen haben. Mehr zu fürchten war der Mann an seiner Seite mit dem Kreuz der Tempelritter auf seiner Brust; Henry kannte ihn nicht, hatte jedoch von ihm gehört. Dies mußte Thierry Galeran sein, ein Ritter, von dem es hieß, daß er den Tod nicht zu fürchten, sondern vielmehr zu suchen schien, so rücksichtslos kämpfte er.

Der hagere Asket in der Mitte der Versammelten mit dem nachdenklichen Gesichtsausdruck, der unter den Rittern höchstens durch die Schlichtheit seiner Kleidung auffiel, war der König – ihr Gemahl. Louis, dessen Frömmigkeit so bekannt war, daß sie den zweideutigen Scherz begründet hatte, es sei ein weiterer Gnadenbeweis des Herrn, daß er überhaupt zu zwei Töchtern gekommen war.

Sie stand neben ihm, und jetzt, da Henry sie nicht nur in einem Kleid, sondern im vollen Staatsornat sah, belustigte ihn der Kontrast zu der zerzausten Reiterin vom gestrigen Abend. Ihr Haar war mit einer reichbestickten Haube bedeckt, und auch das silberweiße Gewand zierten neben Goldfäden noch zahlreiche Edelsteine. Doch das Gesicht war unverkennbar, die hohen Wangenknochen, der großzügige Mund, und als er ihre Augen auf sich ruhen spürte, wußte er, daß auch sie ihn sofort wiedererkannt hatte. Er lächelte ihr zu, und sie hob den Kopf.

Doch die Antwort seines Vaters riß ihn aus seinen Beobachtungen. »Ich weigere mich, meinen Gefangenen freizulassen. Wenn es ein Fehler ist, einen in einer ehrlichen Fehde besiegten Gefangenen festzuhalten, will ich dafür keine Absolution!« verkündete Geoffrey.

Empörtes Getuschel war die Folge. Bernhard war erzürnt über die gotteslästerliche Rede, und Henry fluchte innerlich. Die Exkommunikation war das geringste ihrer Probleme, verglichen mit einem drohenden Bündnis zwischen Stephen und Louis. Aber das hieß nicht, daß man die Kirche auch noch provozieren mußte; im Augenblick jedenfalls nicht. Später, wenn die Machtverhältnisse anders verteilt waren, würde man weitersehen.

Doch sein Vater wandte sich bereits um, ergriff seinen Arm, und Henry blieb nichts anderes übrig, als ihm zu folgen. Bernhard rief ihnen hinterher: »Hütet Euch, Graf von Anjou! Ihr werdet mit dem gleichen Maß gemessen werden, mit dem Ihr selbst meßt!«

Der Lärm, der nun ausbrach, war nicht mehr aufzuhalten. Giraud Berlai, von zwei angevinischen Soldaten gepackt, ließ sich zu Boden stürzen und flehte: »Segnet mich, Vater Bernhard, denn nun weiß ich, daß ich sterben werde!«

Bernhard holte tief Luft. »Fürchte nichts«, erwiderte er und übertönte die Höflinge, »sei sicher, daß Gott dir und den Deinen helfen wird!«

»Und hoffentlich auch der König von Frankreich«, kommentierte Raoul de Vermandois, an Thierry Galeran gewandt. »Habt Ihr schon je solche Unverschämtheit erlebt?«

»Ja, von Euch, als Ihr mit Eurer Ehe das Königreich an den Rand des Abgrunds brachtet«, versetzte der Templer schneidend, und Raoul errötete. »Dennoch, hier habt Ihr recht: So etwas muß bestraft werden. Das war so gut wie eine offene Kriegserklärung.«

Alienor saß auf einem Schemel neben dem Lager, in dem der ›Vater des Vaterlandes‹, Suger, seit Tagen mit dem Tod rang, und hörte, wie die Tür hinter ihrem Gemahl geschlossen wurde. Louis hatte eben, Tränen in den Augen, den Besuch am Krankenbett seines Ziehvaters beendet. Sie bedeutete dem Mönch, der als Pfleger fungierte, sie kurz mit dem Abt allein zu lassen.

»Nun, Vater«, sagte sie halblaut, als sie schließlich sicher war, daß niemand sonst sie mehr hören konnte, »hier sind wir also. Ihr sterbt, und ich lebe weiter. Wißt Ihr, ich habe nicht die geringste Angst vor dem Tod. Das könnte daran liegen, daß ich ihn so früh kennengelernt habe. Als meine Mutter starb, ließ man uns, mich und meine Geschwister, nicht dabei sein, aber es dauerte nicht mehr lange, und auch mein Bruder wurde krank… tödlich krank. Ihr habt vielleicht schon von meinem Bruder gehört, Vater, von Aigret?«

Sie beugte sich über ihn, lauschte auf den rasselnden Atem, doch die Augen unter den halbgeschlossenen Lidern sagten ihr, daß er sie noch genau verstehen konnte. »Alter Mann«, fuhr sie kalt fort, »das Volk da draußen preist Euch als Friedensstifter und Heiligen, und mein Gemahl hat nie Anlaß gehabt, anders von Euch zu denken. Aber mir, mir schuldet Ihr die Wahrheit. Niemand wird es je erfahren, denn ohnehin würde es niemand glauben.«

Plötzlich packte sie der Zorn, der sich über so viele Jahre gegenüber Suger immer hatte verbergen müssen. Sie schüttelte ihn. »Habt Ihr es getan? Habt Ihr meine Familie umgebracht?« Mit einem Mal angeekelt, ließ sie ihn wieder auf sein Lager fallen. Was würde es ihr noch helfen, nach so vielen Jahren?

Sugers Atem ging pfeifend, doch langsam kamen die Worte: »Den Jungen… und Euren Vater… war notwendig… für das Königreich…« Ihre Fingernägel bohrten sich in die Handballen. Sie hatte es gewußt, hatte es längst gewußt, doch es ausgesprochen zu hören, es endlich von dem Mörder selbst zu erfahren… Indessen sprach Suger weiter.

»Ihr wart… eine würdige Gegnerin… der König… nichts erfahren…«

Alienor schüttelte den Kopf. »Nein. Wenn er es begriffe, würde es ihm das Herz brechen. Louis kann nur Gutes von denen glauben, die er liebt.« Sie stand auf. In der kargen Zelle, in der nur ein üppig mit Rubinen und Perlen besetztes Kreuz Sugers geheime Liebe zur Pracht verriet, hing der Geruch der Krankheit und des Todes.

»So ist es«, antwortete Suger unerwarteterweise heiser. Doch wenn sie angenommen hatte, er wäre von dem nahenden Nichts eingeschüchtert, dann hatte sie sich getäuscht. Mit einer Feindseligkeit, die der ihren gleichkam, setzte er in immer wieder abgerissenen Sprachfetzen hinzu: »Auch... bei Euch. Er würde nie... die Wahrheit über Euch glauben... sind... die beiden Mädchen... von ihm?«

Nun, dann sei es so! Es war ihr ohnehin lieber, wenn ihr Feind nicht als bemitleidenswerter alter Mann in den Tod ging, sondern als der hassenswerte Mensch, der er für sie war. »Geständnis gegen Geständnis, meint Ihr?« fragte sie zynisch. »Leider muß ich Euch eine Enttäuschung bereiten; Marie und Alix sind Louis' Töchter. Aber damit Ihr nicht ungetröstet zur Hölle fahrt – seit unserer Rückkehr aus dem Heiligen Land hatte ich mehrere Geliebte, ja, und es hat mir nicht das geringste ausgemacht! Und ich habe noch ein Geständnis für Euch, *Vater.*«

Sie sammelte sich. Einmal in ihrem Leben war es ihr gelungen, Suger zu überlisten, als sie noch kaum mehr als ein Mädchen gewesen war und er sie genau aus diesem Grund unterschätzt hatte. Jetzt schätzte er ihre Fähigkeiten richtig ein, und genau deswegen würde er die Lüge, die sie für ihn vorbereitet hatte, ebenfalls glauben. Es war kein langgehegter Plan wie damals, sondern ein plötzlicher Einfall, der ihr gekommen war, als sie jenes entsetzlich mühsame Atmen hörte.

»Auch bei diesem Geständnis handelt es sich um etwas, was kein Mensch glauben würde... und besonders einem Sterbenden nicht glauben würde, deswegen kann ich es Euch erzählen... als Geschenk. Nehmt es als mein Abschiedsgeschenk.« Ihre Stimme wurde sehr leise. »Ihr seid ein guter Lehrer gewesen, nicht nur für Louis, auch für mich. Ich hatte lange Zeit, um Nachforschungen über Aigret und meinen Vater anzustellen... bis ich wußte, welche Kräuter man nehmen muß. Versteht Ihr... *mein Vater*?«

An seinem erstarrten Blick erkannte sie, daß er ihr glaubte. Sein Atem ging schneller, und sie wußte, daß sie alles gerächt hatte... ihre erzwungene Ehe, den gewaltsamen Tod eines siebenjährigen Kindes, den Tod ihres geliebten Vaters, Jahre voller Furcht, sie könnte die nächste sein, die sehr schnell an einer unerwarteten Krankheit starb. Wie ein Todesengel beugte sie sich mit süßem Lächeln über ihn und küßte ihn auf den Mund. »Lebt wohl, Vater.«

In den Gängen der Abtei, wo sie nach Louis suchte, faßte sie eine harte, glühende Hand am Handgelenk. Sie wandte sich um. Vor ihr stand der Sohn des Grafen von Anjou.

»Sieh da, unser normannischer Herzog«, sagte sie sarkastisch. »Übt Ihr Euch wieder im Wegelagererdasein?«

»In diesen heiligen Hallen? Das wäre doch ein wenig blasphemisch«, gab Henry Plantagenet zurück, »besonders, wo unsere Aussöhnung mit der Kirche nie so gefährdet war wie jetzt.«

Seine Finger bewegten sich wie von ungefähr ihren Arm hinauf, wurden zärtlich. »Für Euch, meine Königin, überlegte ich es mir allerdings noch einmal... ob ich nicht doch ein Wegelagerer würde.«

»Dann meditiert darüber und laßt mich gehen«, entgegnete sie und machte sich frei.

»Ich muß mit Euch sprechen.«

»Aber ich nicht mit Euch.«

»Oh, es ist aus rein sachlichen Gründen«, meinte Henry mit gutgelaunter Trägheit in der Stimme, »es sieht nämlich so aus, als wären wir, Ihr und ich, die einzigen Menschen hier, die genügend Vernunft haben, um diesen lächerlichen Streit beizulegen. Oder habt Ihr etwa gehofft, ich hätte etwas anderes im Sinn?«

Alienor starrte ihn an. Sie hätte ihn am liebsten geohrfeigt, doch sie wollte ihm nicht die Genugtuung bereiten, sie die

Beherrschung verlieren zu sehen. »Schön«, erwiderte sie kühl, »sprechen wir. Aber nicht hier. Wenn Ihr Euch länger hier aufhaltet, kann es geschehen, daß mein Gemahl Euch als Geisel festhalten läßt.«

Henry lehnte sich an eine der Säulen des Kreuzgangs. »Würdet Ihr das bedauern... oder glücklich darüber sein, daß ich in Eurer Nähe bliebe? Doch ich denke nicht, daß Euer Gemahl so etwas tun würde. Wo also sollen wir uns treffen?«

»Bei Hof und in der Stadt ist es unmöglich, also werde ich heute abend wieder ausreiten. Und wenn Ihr bis dahin nicht gelernt habt, wie man mit der Königin spricht, könnt Ihr Euch die nächsten Monate damit beschäftigen, Euren närrischen Krieg um eines Gefangenen willen zu führen!«

»Aber, aber«, sagte Henry tadelnd. »Ihr solltet nicht so leicht aus der Fassung geraten, Euer Gnaden.« Und mit einem Blick auf ihre Brust fügte er hinzu: »Es entblößt zuviel.« Dann grinste er, verbeugte sich und verschwand eilig.

Alienor ergriff einen der kleinen Wasserbehälter, die hier überall bereitstanden, um das Wasser aus undichten Ritzen aufzufangen, und schleuderte ihn an die Wand.

Sie zitterte immer noch vor Wut, als sie Louis in der Kapelle fand. Er kniete vor dem dortigen Seitenaltar. Die ganze Kirche und die unvollendeten Neubauten, die Suger begonnen hatte, waren von den Kerzen hell erleuchtet, die für den berühmtesten Abt des Klosters brannten. Die Luft war stikkig von dem verbrannten Fett und ständigen Weihrauch, Wachs klebte überall, und Louis war in seiner braunen Tunika kaum von einem der Klosterinsassen zu unterscheiden. Leise murmelte er ein Gebet.

»Louis«, sagte sie sacht.

Er schaute auf. »O Alienor... Alienor, warum muß er jetzt sterben? Als unsere Alix geboren wurde, war ich so sicher, daß Gott mir auch den mißglückten Kreuzzug verziehen hat.

Ein zweites Kind... aber nun nimmt er mir Suger... Alienor, warum?«

Alienor kniete sich neben ihn. »Er ist ein alter Mann«, antwortete sie ein wenig müde, »und es ist Gottes Wille, daß die Menschen im Alter sterben müssen, Louis.« Wann hatte sie zu Louis das letzte Mal gesagt, was sie meinte? Es war gewiß Monate her. Und jetzt war nicht der Zeitpunkt, damit anzufangen. Sie müßte ihn trösten wie ihre kleinen Mädchen, wenn ihnen etwas fehlte. Louis, das ewige Kind.

»Ich weiß«, sagte Louis, und nun weinte er offen. »Aber ich habe ihn so sehr geliebt. Er war wie ein Vater für mich, immer.« Alienor umarmte ihn, bettete seinen Kopf an ihre Schulter und wisperte ihm die alten Zauberworte zu, die auch Marie und die kleine, einjährige Alix zur Ruhe brachten. »Alles wird wieder gut, alles kommt in Ordnung, alles wird wieder gut.«

Henry wartete auf sie am Rande des Wäldchens, wo er sie mit seinem Vater zusammen zum ersten Mal erblickt hatte. Er trug keine Rüstung, nur ein Schwert im Halfter seines Sattels, und sein schwarzes Haar war vom Regen naß und zerzaust. »Ich wußte, daß Ihr kommen würdet.«

»Nun«, fragte Alienor knapp, »was habt Ihr mir anzubieten?«

»Da Ihr mich so fragt...«

»Wenn Ihr Euch nicht auf Eure Angelegenheiten beschränkt, reite ich sofort zurück.«

Henry lachte. »Und wenn ich Euch nicht zurückreiten lasse? Auch Ihr würdet eine sehr wertvolle Geisel abgeben, meine Königin. Woher wollt Ihr wissen, daß ich nicht alles erfunden habe, um Euch gefangenzunehmen? Es war sehr leichtsinnig von Euch, allein hierherzukommen.«

»Woher wollt Ihr wissen, daß ich allein bin?« entgegnete sie herausfordernd. »Vielleicht wartet hinter der Hügelkuppe dort drüben ein ganzer Troß Männer nur auf mein Zeichen, um einen sehr unklugen jungen Mann zu ergreifen?«

Henry drängte sein Pferd näher an das ihre heran. »Nein, da ist niemand«, sagte er gedehnt, »aber Ihr habt nicht die geringste Angst, nicht wahr? Vor überhaupt nichts.« Er ergriff sie plötzlich und zog sie so nahe an sich heran, bis ihre Gesichter sich fast berührten. »Doch wir sind nun einmal allein, meine Königin, habt Ihr niemals daran gedacht, was geschehen könnte? Wir Normannen haben diesen Ruf, wißt Ihr.«

Sie rührte sich nicht. »Das würdet Ihr nicht wagen.« Henry zog sie noch näher, dann ließ er sie jäh wieder los. »Das käme darauf an. Nur glaube ich, daß es nicht nötig ist. Nun denn, beschränken wir uns also vorerst auf das Sachliche. Ich bin sehr dagegen, daß sich mein Vater in einen unnötigen Aufstand gegen seinen Lehnsherrn stürzt. Was habt Ihr vorzuschlagen, wenn ich ihn daran hindere?« Alienor lächelte spöttisch.

»Mir scheint, Ihr verkennt die Lage etwas, Herzog. Ihr und Euer Vater seid es, die dringend Hilfe gegen den englischen König brauchen, folglich ist es an mir, Bedingungen zu stellen. Auch ich möchte nicht, daß sich mein Gemahl an der Niederschlagung eines Aufstands von zwei größenwahnsinnigen Normannen versuchen muß…«

»Mein Vater ist Angeviner.«

»… also würde ich Euch raten«, fuhr Alienor ungerührt fort, »dafür zu sorgen, daß er den bedauernswerten Giraud freiläßt und sich entschuldigt. Das bedeutet natürlich nur Vergebung, nicht Unterstützung gegen Stephen.«

In Henrys Augen lag amüsierte Bewunderung. »Ihr feilscht wie ein Priester«, sagte er langsam. »Ein Glück, daß Ihr nicht Stephens Gemahlin seid. Also schön, für die Freilassung kann ich sorgen, die Entschuldigung ist unmöglich. Und was wollt Ihr für ein Bündnis haben?«

Alienor fuhr sich mit der Zunge über die Lippen. »Formulieren wir es so: Für das Versprechen meines Gemahls, *kein* Bündnis mit Stephen einzugehen... leistet Ihr Euren Lehnseid für die Normandie.«

»Weiter nichts? Ihr seid ganz sicher, daß Ihr nicht auch noch den Mond und die Sterne wollt?«

»Ganz sicher. Für den Himmel seid Ihr kaum zuständig, Herzog, oder?«

»Hölle und Teufel«, Henry mußte seine Belustigung unterdrücken, »Ihr seid wirklich... aber ganz im Ernst, das geht zu weit. Für die Normandie brauche ich mindestens einen Beistandspakt.«

Sie legte den Kopf zur Seite. Nach einer Weile meinte sie nachdenklich: »Gut. Ich kann nichts versprechen, denkt daran, aber ich werde mich bemühen, damit Louis Euch öffentlich seine Freundschaft zusichert... nachdem Ihr ihn als Lehnsherrn anerkannt habt. Seid Ihr damit zufrieden?«

Henry beugte sich über den Hals seines Pferdes und küßte sie hart auf den Mund. »Ich werde nie zufrieden sein, bevor du nicht in meinem Bett liegst, Alienor... was bald geschehen wird.«

»Ihr seid der arroganteste Mann, der mir je begegnet ist!«

»Und du bist die arroganteste Frau. Eine unehrliche Frau noch dazu, denn Alienor – wann hast du dich das letzte Mal so gut unterhalten wie in dieser Viertelstunde?«

Ihr Blick war mörderisch. Sie riß ihre Stute herum und ritt in schnellem Galopp davon, ihr rotes Haar hinter ihr her flatternd. Henry sah ihr nach. »Was für eine Frau«, sagte er, dann warf er den Kopf zurück und lachte.

Am übernächsten Tag erfuhren der Hof und die Bürger von Paris zu ihrer Verwunderung, daß Geoffrey Plantagenet, Graf von Anjou, ohne weitere Erläuterung eingewilligt hatte, den gefangenen Seneschall Giraud Berlai freizulassen, und daß sein Sohn Henry, Herzog der Normandie, vor König Louis den Lehnseid ablegen wollte. Die einzige Erklärung, die das Volk fand, war, daß es sich um ein Wunder des heiligen Bernhard handeln mußte.

Es wurde ein Versöhnungsfest von Ausmaßen, die selbst dem sterbenden Suger die Sprache verschlagen hätten. Die Erleichterung, einer blutigen Rebellion aus dem Weg gegangen zu sein, machte beide Parteien übermütig, und der dankbare Louis fand nichts dabei, als Henry Plantagenet seine Gemahlin zum Tanz aufforderte – eine weitere Versöhnungsgeste, wie der junge Herzog erklärte.

»Ich hoffe, du hast bemerkt, daß ich bei diesem langweiligen Lehnseid dich angesehen habe, Alienor.«

»Ich habe nicht hingeschaut. Im übrigen erinnere ich mich auch nicht, Euch die Erlaubnis gegeben zu haben, mich so persönlich anzusprechen.«

»Doch, mein Engel, mit deinen Augen.«

Die tanzenden Paare trennten sie; als sie wieder zusammentrafen, fragte Alienor beißend: »Wie kann ich Euch nur klarmachen, daß ich nicht sehnlichst darauf gewartet habe, daß mir ein gnädiges Schicksal Euch über den Weg führt?«

»Du brauchtest nicht zu warten. Genau in dem Augenblick, als es nötig geworden wäre, war ich da.«

»Inwiefern nötig?«

»Mein Herz, es ist doch ganz offensichtlich, daß ihr, du und der arme Mann dort, euch nur gegenseitig unglücklich macht.«

»Erstens geht Euch das nichts an, Henry Plantagenet, zweitens halte ich Euch kaum für den geeigneten Beurteiler von Ehefragen, und drittens – meint Ihr wirklich, Ihr seid der einzige Mann auf der Welt?«

»Ich bin der einzige für dich, glaub mir.«

Die Musik endete; während Henry Alienor zu ihrem Platz geleitete, flüsterte er ihr zu: »Wenn du wirklich so sicher bist, daß du mich verabscheust, so vollkommen sicher, dann hast du auch keine Angst, morgen wieder zu dem Wäldchen zu kommen.«

Sie antwortete nicht; sie waren in Hörweite der Tischrunde angekommen, und Alienor ließ sich langsam neben ihrem Gemahl nieder. Ihre Schwester Petronille, die schon wieder ein Kind erwartete, plauderte gerade mit Geoffrey Plantagenet. Sie wandte sich freundlich an Henry: »Euer Vater berichtet mir gerade, daß er selbst England nicht sehr gut kennt, Ihr jedoch seit Eurem neunten Lebensjahr dort aufgewachsen seid. Erzählt uns doch ein wenig von dem Land; ich habe nicht die geringste Ahnung, wie es dort aussieht. Hier hören wir immer nur, daß auf der Insel Krieg geführt wird.«

»Oh, es ist ein schönes Land«, erwiderte Henry höflich, »sehr grün, und fast überall schmeckt man ein wenig Meer in der Luft. Aber wie Ihr richtig bemerkt, hat der Krieg schwere Verwüstungen angerichtet.«

»Ja, Frieden ist eine gute Sache«, ergriff Louis jetzt das Wort, »sogar die heidnischen Römer, die doch die ganze Welt eroberten, wußten das.«

»Vielleicht gerade, weil sie ständig Kriege führten, so wie wir«, versetzte der Graf von Anjou, und alle lachten. Er fuhr fort: »Hat nicht Vergil eine Ode geschrieben, in der er die Römer zu Frieden mahnt?«

»Es war Horaz«, sagte Alienor überraschend, »und sie paßt in der Tat ganz ausgezeichnet zu diesen Tagen. Ich würde sie gerne deklamieren, aber ich weiß nicht, ob ich sie noch ganz in Erinnerung habe. Vielleicht, wenn der Herzog mir helfen würde?«

Henry setzte den Becher ab, den er gerade in der Hand hielt, und sah sie an. Jedes Wort auskostend, antwortete er: »Mit dem größten Vergnügen, meine Königin.«

Sie begann mit einer Stimme, in der ein wenig Ironie, etwas Ernst und etwas Herausforderung lag: »Wohin, wohin ihr Rasenden? Warum liegt die Faust/ Schon wieder euch am Heft des Schwerts?«

»Sind Land und Meer denn immer noch zur Genüge nicht/ Gesättigt mit Latinerblut/ Nicht zu verbrennen gilt es jetzt...« setzte Henry ein, und Alienor, seinen Rhythmus aufnehmend, fügte mit einem bezeichnenden Blick hinzu:

»... noch wilde Briten kettenschwer aufs Kapitol/ Dahinzuführen im Triumph.«

Ihre Zuhörer lachten und klatschten Beifall. Nur Henrys Vater hatte mehr gehört, als ausgesprochen wurde, und runzelte ein wenig die Stirn.

Louis sagte huldvoll: »Nun, das kommt sehr unerwartet, Herzog, wie ich zugeben muß, und widerlegt eindrucksvoll unser Vorurteil gegen die Normannen. Nie wieder will ich von jemandem hören, sie hätten keine Kultur!«

»O ja«, sagte Alienor ruhig, »unser Freund hier hat gewiß eine ausgezeichnete Erziehung erfahren.«

Der Sommer hatte sich endlich durchgesetzt. Es war warm, und der Regen hatte die Luft so klar werden lassen, daß der Geruch des Getreides und das Grün der Bäume in der Sonne überall angenehm zu spüren waren. Das Moos an den Stämmen war jedoch noch feucht, und auch der aufgewühlte Boden zeigte noch die Spuren der Regentage.

»Wie Ihr seht«, sagte Alienor, »fühle ich mich nicht im geringsten durch Euch gefährdet.« Sie war abgestiegen und band, ohne sich umzudrehen, ihr Pferd an einem herabhängenden Zweig fest.

Henry schwang sich aus dem Sattel. »Dann nenne mich bei meinem Namen und geh ein Stückchen feldeinwärts mit mir.«

Sie schlenderten durch das halbhohe Getreide. Henry bückte sich und nahm eine Ähre auf. Er kitzelte Alienor damit unter dem Kinn. »Ganz sicher, wie?«

»Völlig sicher.«

Die Ähre beschrieb einen Kreis um ihren Hals, tanzte über ihre Brüste und senkte sich bis zu ihrer Taille. Alienor stand still. Henry trat an sie heran, teilte ihr üppiges Haar und berührte mit seinen Lippen ihren Nacken. Langsam und liebkosend glitten seine Hände über ihre Schultern, öffneten die Verschnürungen ihres Mieders.

Sie war nicht länger ruhig. Er konnte spüren, wie sie am ganzen Leib bebte. Dann neigte sie den Kopf nach hinten. Er küßte ihre Augenlider, ihre Wangen, schließlich ihren Mund, und sie erwiderte seinen Kuß mit einer Heftigkeit, wie er sie noch nie erlebt hatte. Alienor wandte sich um, und ihre Hände bewegten sich mit spielerischem Zögern über seinen Oberkörper hinweg. Er fühlte ihre Zunge an seiner Halsgrube, spürte Alienor in seinen Armen. Diese Frau raubte ihm den Verstand. Wer wen entkleidete, wer wen verführte und zu einer einzigartigen Hingabe verleitete, wußten sie später nicht mehr; nur, daß ihre Körper ineinander aufgingen, als seien sie das einzige Paar der Welt.

Alienor blickte auf ihre schlafende älteste Tochter. Marie war nun sechs Jahre alt, ein aufgewecktes, lebhaftes Mädchen, das Louis' Gesichtszüge geerbt hatte, aber bereits die Liebe ihrer Mutter zur Musik und eine erstaunliche Sprachbeherrschung zeigte. Ich habe noch nie ein Kind gekannt, das sich in ihrem Alter so gut ausdrücken konnte, dachte Alienor und empfand wieder tiefe Dankbarkeit dafür, daß Marie sie nach ihrer Rückkehr aus dem Orient so schnell wieder liebgewonnen hatte.

Ihre zweite Tochter, Alix, war noch zu klein, um nicht ständig von einer Amme umgeben sein zu müssen, die für sie sorgte, und Alienor entschloß sich, darauf zu verzichten, heute abend auch nach Alix zu sehen. Sie würde das Kind nur aufwecken und der Amme das Leben schwermachen. Sie verließ Maries Kammer. Ihre Schritte hallten in dem nächtlich stillen Gang wider; kaum ein Geräusch aus dem so emsigen Palast oder aus der Stadt drang in diesen Teil des Gebäudes.

Ohne einen besonderen Grund zu haben, blieb sie stehen und lehnte sich an die rauhe, ungeglättete Mauer, die von einer einzelnen Fackel nur schwach erleuchtet wurde. Plötzlich schlug sie mit ihrer Hand auf den Stein.

Wie hatte sie nur so töricht sein können?

Sie hatte Raymond geliebt, doch immer gewußt, daß es für sie beide keine Zukunft geben könnte. Und als ihr, als die Trauer um Raymonds Tod ein wenig verebbt war, klar wurde, daß er Bedürfnisse in ihr geweckt hatte, die sich nicht mehr verleugnen ließen, hatte sie Louis mehrmals betrogen, aber wohlweislich mit Männern, die sie zwar anziehend fand, jedoch nicht liebte. Einen Mann zu lieben wie Raymond, brachte nur Schmerz mit sich, Schmerz, den sie nicht noch einmal spüren wollte. Sie glaubte nicht länger, daß Gott über sie alle wachte – falls sie es je geglaubt hatte –, hätte er ihr sonst Raymond genommen? Sie wäre nach Frankreich zurückgekehrt, aber sie hätte immer gewußt, daß Raymond an sie dachte, daß auch er sie liebte. Raymond war tot. Und sie, Närrin, die sie war, hatte denselben Fehler noch einmal begangen und sich wieder verliebt. Es war nicht wie bei den anderen Männern, die sie benutzt hatte, wie Männer, so sagte sie sich zu ihrer Rechtfertigung, Frauen seit Anbeginn der Menschheit benutzten. Sie hatte die unverzeihliche Torheit begangen und sich in Henry Plantagenet verliebt.

Sie liebte ihn. Liebte nicht nur seinen Körper, sondern die Art, wie er sie ansah, wie sie mit ihm sprechen, streiten, lachen konnte. Mit Henry zusammen zu sein, war eine ständige Herausforderung, war Liebe und Haß, der Wunsch zu verletzen und der Wunsch, alles für ihn zu tun, in einem Atemzug. Es war, gestand sie sich widerwillig ein, sogar anders als ihre Liebe zu Raymond, die aus der Anbetung eines Kindes für seinen älteren Spielgefährten erwachsen und von Anfang an von ihrem drohenden Ende geprägt gewesen war. Doch diesmal war sie nicht bereit, ein baldiges Ende hinzunehmen. Ihre Liebe zu Henry bestand auch aus dem Bedürfnis, ihn nicht zu verlieren, mit ihm zu leben.

»Alienor«, sagte sie halblaut zu sich selbst, »du versinkst schon wieder in Selbstmitleid. Aber gib es zu, du hast ein Talent, solche Situationen heraufzubeschwören.« Sie zog eine Grimasse. »Auf die Zukunft!«

»Wie bitte?« fragte Alienor ungläubig.

Henry entgegnete achselzuckend: »Gut, wir können es auch ganz sittlich und nach altem Brauch hinter uns bringen.« Mit übertrieben dramatischer Gebärde kniete Henry nieder und deklamierte: »O Dame, deren Schönheit die Sterne überstrahlt, Herrin, deren Tugend so berühmt wie unübertrefflich ist – nenn ich's, darf ich's wagen? Ist es Liebe, die mir das Herz bewegt, so gewährt mir die Gunst, um Eure Hand zu bitten und...«

Alienor versetzte ihm einen Stoß, daß er umfiel. Er riß sie mit sich, und eine Weile rollten sie, miteinander ringend, auf dem Boden. Endlich keuchte Alienor: »Du bist schrecklich, weißt du das?« »Nicht halb so schrecklich wie du.« Er nahm eine ihrer Brüste und küßte sie. Alienor setzte sich auf.

»Henry, du weißt doch, daß es nicht geht. Selbst wenn Louis einwilligen würde, um eine Annullierung zu ersuchen – der Papst hat uns persönlich einen Dispens für jede Art von Verwandtschaftsbeziehung erteilt.«

»Und wo bleibt dein Kampfgeist, du Hexe?«

Sie biß ihn leicht in die Schulter. »Wünsche dir nicht zuviel davon. Und selbst wenn ich frei wäre«, sagte sie plötzlich, »warum sollte ich ausgerechnet dich heiraten? Frauen heiraten um der Sicherheit und um des Wohlstands willen. Ich habe beides.«

»Manche Frauen heiraten aus Liebe.«

»Manche Männer würden das gern glauben. Im übrigen, erzähle mir nicht, daß du nicht an Aquitanien gedacht hast, als du mich gefragt hast – die reichste Provinz auf dem Kontinent würde dir mehr als willkommen sein, besonders, da euch zwanzig Jahre Krieg so ausgelaugt haben.«

»Fünfzehn Jahre«, verbesserte er, »und natürlich habe ich an Aquitanien gedacht. Es würde meine Position gegenüber Stephen mit einem Schlag entscheidend verändern.«

»So ist es«, sagte Alienor, »wenn ich einwilligen würde. Aber warum sollte ich meine Stellung als Königin von Frankreich aufgeben, um Herzogin der Normandie zu werden?«

Henry ergriff eine ihrer Haarsträhnen und ließ sie durch die Finger gleiten. »Weil du dann bald auch Königin von England sein würdest, mein Schatz.«

»Schatz, in der Tat, ein sehr schöner Schatz für dich. Und für mich ein Königreich, das von euch Normannen, nach allem, was man so hört, ausgeblutet wurde.«

»Wir Normannen sind gute Straßenräuber, ich habe es dir schon einmal gesagt. Aber es würde nicht lange so bleiben – wenn eine von diesen unausstehlich hochmütigen Aquitanierinnen es mit mir regiert. Alienor, sieh mich an und sag mir, daß du diese Vorstellung furchtbar findest.«

»Henry, ich würde dich liebend gern heiraten«, gab sie mit einem Seufzer nach, »aber hast du daran gedacht, daß ich zehn Jahre älter bin als du?«

Henry küßte sie lange. »Hast du Angst vor dem Alter, mein Herz?«

»Angst? Ich habe mich noch nie vor etwas gefürchtet, niemals«, gab sie empört zurück.

»Alienor, sieh dich doch um. Andere Frauen mit neunundzwanzig sind schon fett und alt und häßlich, und du siehst keinen Tag älter aus als ich. Und das wird auch so bleiben, denn ich weiß, daß du deine Seele dem Teufel verkauft hast – oder waren es die Feen?«

Alienors Mundwinkel hoben sich. »Du hast zuviel Klatsch gehört. Ich weiß, daß die Leute sagen, ich stamme von ihnen ab.«

Henry grinste. »Und von meiner Urgroßmutter sagt man, sie habe mit dem Teufel selbst geschlafen; von ihm stammen wir ab, und zu ihm werden wir gehen. Sind wir nicht das vollkommene Paar?«

Er zeichnete sachte die Linien ihrer Beine nach. Alienor sagte neckend: »Du hast deinen Beruf verfehlt, Henry – als päpstlicher Legat wärest du mit deiner silbernen Zunge in allen Ländern höchst erfolgreich. Wie auch immer, was ist mit deinem dynastischen Ehrgeiz? Bei Hof hat man mir lange vorgeworfen, unfruchtbar zu sein, und jetzt heißt es, ich könne nur Mädchen zur Welt bringen. Als König brauchst du Söhne – sieh nur, was deiner Mutter geschehen ist, als ihr Vater sie zur Erbin von England machte! Dein Volk«, ein wenig Bitterkeit schlich sich in ihre Stimme, »würde eine Frau als alleinige Herrscherin nie anerkennen.«

»Ich nehme zur Kenntnis, daß du von meinem Volk gesprochen hast, obwohl ich noch nicht einmal einen Fuß auf englischen Boden gesetzt habe, und sehe das als Vertrauensbeweis. Aber Alienor, selbstverständlich werden wir Kinder haben, Söhne und Töchter! Ich weiß es. Überlege doch nur – was für Kinder wir haben werden!«

»Ich habe noch nicht ja gesagt, Henry«, antwortete Alienor mißtrauisch. »Aber ich denke, ich werde mich in jedem Fall von Louis trennen. Nur verlaß dich nicht darauf«, fügte sie provozierend hinzu, »daß ich danach ausgerechnet dich heirate! In Aquitanien lebt es sich sehr gut allein.«

»Ich verlasse mich auf gar nichts; ich vertraue dir auch nicht. Vertraust du mir etwa?«

»Nicht im geringsten.«

»Wundervoll. Was für ein Leben!«

Er lachte plötzlich. »Weißt du, Alienor, allein um des Skandals willen, den das geben wird, solltest du es tun. Denk nur an die entsetzte Christenheit!«

Suger war tot, und die beiden Plantagenets befanden sich auf der Rückreise nach Anjou, als Alienor zum ersten Mal mit ihrem Gemahl über die Annullierung ihrer Ehe sprach. Louis hatte gerade Stunden anstrengender Bußübungen hinter sich, war erschöpft und vollkommen überrumpelt. Auf seinen Zügen zeichnete sich maßlose Verblüffung ab.

»Aber Alienor, der Papst hat uns versichert, daß unsere Ehe gültig ist!«

»Ja«, erwiderte seine Königin mit niedergeschlagenen Augen und leichter Trauer in der Stimme, »doch woher weißt du, daß er damit auch recht hatte? Du brauchst einen Sohn für dein Königreich, Louis. Ich habe lange darüber nachgedacht. Könnte es nicht sein, daß unsere Ehe in den Augen des Herrn Sünde ist und er dir deshalb keinen Thronfolger schenkt? Du bist der frömmste Mann, den ich kenne, Louis, an dir kann es nicht liegen. Es muß meine Schuld sein.«

Louis starrte sie an. »Aber ich liebe dich, Alienor, ich will mich nicht von dir scheiden lassen!«

Sie begann in ihrem Schlafgemach auf und ab zu gehen. »Das weiß ich, Louis, aber du bist nun einmal kein gewöhnlicher Bürger, sondern der König von Frankreich, und in unserem Stand zählt es nicht, ob man sich liebt oder nicht. Die Ergebnisse zählen, und das Ergebnis unserer Ehe ist, daß wir keine Söhne bekommen können und daß ich dich ständig unglücklich mache.«

»Das ist nicht wahr, Alienor, und...«

»Um Himmels willen, sag nicht, daß der Kronrat dich nicht schon oft davon überzeugen wollte – ich brauche doch nur Thierry Galerans Gesicht anzusehen, wenn er mit dir gesprochen hat!« Louis fühlte sich in die Enge getrieben. Natürlich bedrängte man ihn immer öfter, er solle sich von der Königin trennen und eine neue Frau nehmen.

»Das stimmt, aber ich würde dich nie aufgrund ihrer Ratschläge verlassen, Alienor!«

Seine Gemahlin schaute ihn prüfend an und seufzte. »Nein, das würdest du wohl nicht. Aber warum willst du noch länger eine Ehe führen, die Gott und den Menschen verhaßt ist? Du brauchst eine neue Gemahlin, ein junges Mädchen, das dir Söhne schenken und dich glücklich machen wird... und dann werde vielleicht auch ich glücklich werden.«

Louis betrachtete sie der Verzweiflung nahe. »Bist du denn so unglücklich, Liebste?«

Sie führte den spinnwebenzarten, durchsichtigen Schleier, der aus dem Orient stammte, an die Augen, und er war wirklich erschüttert. Bisher hatte er Alienor nur einmal weinen sehen, bei ihrem Zusammenbruch nach Raymonds Tod. Tapfer die Tränen zurückhaltend, erklärte sie: »Jeden Tag muß ich erleben, wie die Leute mich anstarren und sich fragen, wieviel Zeit ich noch habe, ein Kind zu empfangen, und ich kann es nicht länger ertragen! Ich kann dieses Gefühl nicht mehr aushalten, Louis, und jeden Tag verstärkt es sich.«

Louis stand auf, nahm sie vorsichtig in die Arme und versuchte unbeholfen, sie zu trösten. Dies war eine ungewohnte, verwirrende Lage für ihn; er war es nicht gewohnt, Alienor schwach und hilfsbedürftig zu sehen. »Aber«, begann er in einem letzten Versuch, »hast du auch an Marie und Alix gedacht? Wenn unsere Ehe annulliert würde, wären unsere Kinder unehelich!«

Gegen seine Schulter gedrückt schluchzte sie: »Ach, das können deine Bischöfe schon in Ordnung bringen, das haben sie schließlich schon öfter getan! Man erklärt sie einfach im nachhinein für ehelich!« Sie schien sich mühsam zusammenzunehmen. Louis wußte nicht, was er sagen, tun sollte. Ungewollt kamen ihm die vielen Situationen in Erinnerung, in denen seine Ratgeber ihn bestürmt hatten, seine Ehe noch einmal zu überdenken. Konnte es wirklich sein, daß sie, dem Dispens des Heiligen Vaters zum Trotz, in Sünde lebten?

Es war der siebente September, und in Château-du-Loir in Anjou lag Geoffrey Plantagenet im Sterben. Die bedrükkende, klebrige Hitze nach einem langen Marschtag hatte Geoffrey dazu verleitet, im Fluß zu baden, und noch am selben Abend hatte ihn ein Fieber überfallen, von dem er sich nicht mehr erholen konnte.

Sein Kaplan betete für ihn; zumindest war er von der Kirche wieder in Gnade aufgenommen worden. Er erkannte im Delirium noch seine beiden Söhne und dachte, wie lächerlich es wäre, jahrzehntelangen Krieg und einen Kreuzzug überstanden zu haben, um jetzt an einem französischen Fluß zu sterben. Unter Qualen versuchte er zu sprechen.

»Du... du hast nicht auf mich gehört, Henry, nicht wahr?« Sein ältester Sohn schüttelte langsam den Kopf, Geoffrey stöhnte. »Aber das hast du ja nie... getan? Wann wirst du je auf jemanden hören, Henry? Wann?« Sein Gemurmel wurde undeutlich, verlor sich in den Wahnvorstellungen des Fiebers.

Wenige Stunden später war er tot, und schon am nächsten Tag lagen seine Söhne in erbittertem Streit. Der jüngere, der den Namen seines Vaters trug, fragte mißtrauisch, während sie beide vor dem aufgebahrten Leichnam knieten: »Was hat er gemeint, Henry, als er sagte, du hättest nicht auf ihn gehört?«

»Ich wüßte nicht, was dich das angeht, Geoff«, entgegnete Henry abweisend.

Geoff glich auch äußerlich seinem Vater, und er besaß das berüchtigte ›gallenschwarze‹ Temperament der Plantagenets. »Ich hoffe, du denkst daran, daß ich genauso sein Erbe bin wie du! Mir steht rechtmäßig die Hälfte von allen Besitzungen zu!«

»Herrgott, Geoff«, sagte Henry wütend, »selbst du müßtest Verstand genug haben, um zu begreifen, daß wir jetzt keine Gebietsteilung vornehmen können, nicht mit Stephens Schwert an der Kehle!«

Die hellblauen Augen seines Bruders leuchteten in einem irrlichternden Zorn. »Ich wußte doch, daß du alles an dich reißen würdest. Sei gewarnt, Bruder Henry, zumindest die Grafschaft steht mir zu, und wenn du nicht einwilligst, nehme ich mir auch die Normandie!«

Henry packte ihn bei den Schultern. »Du kannst es gerne versuchen, und viel Glück dabei! Aber bis dahin halte den Mund und bemüh dich wenigstens, so zu tun, als würde es dich berühren, daß er hier liegt!«

Geoffs Arme sanken herab, und er war zum Schweigen gebracht. Er setzte noch ein paarmal zum Sprechen an, sagte jedoch nichts und warf nur von Zeit zu Zeit haßerfüllte Blicke auf seinen Bruder.

Der Herbst neigte sich bereits seinem Ende zu, als Alienor und Louis eine letzte gemeinsame Reise nach Aquitanien unternahmen; nach Aquitanien, wo ihre Ehe begonnen hatte. Zu Weihnachten hielten sie hof in Limoges, und Uneingeweihten schien es, als hätte der König seiner Gemahlin nie größere Anhänglichkeit und Liebe entgegengebracht.

Doch schon während der Reise ließ Alienor die Nordfranzosen in den Befestigungen ihrer Provinz wieder durch ihre eigenen Vasallen, durch Aquitanier, ersetzen. Louis und sie kehrten in die Île-de-France zurück, und am Dienstag vor dem Palmsonntag 1152 ließ der König in Beaugency ein

Konzil zusammentreten, das aus den Bischöfen von Sens, Reims, Rouen und Bordeaux bestand.

Nochmals wurde der Verdacht der zu nahen Blutsverwandtschaft untersucht und schließlich die Ehe zwischen dem König und der Königin für ungültig erklärt.

»Und was wirst du jetzt tun?« fragte Louis Alienor, nachdem ihm ein Bote feierlich die Entscheidung der Bischöfe überbracht hatte. Frauen, die auf diese Weise von ihren Männern verlassen wurden, nahmen meistens den Schleier, aber er konnte sich Alienor nicht in einem Kloster vorstellen. »Könntest du nicht einfach hier bei Hofe bleiben... als meine Cousine?«

»Das wäre doch wirklich ein wenig unpassend, nicht wahr?« erwiderte sie lächelnd. »Ich werde nach Aquitanien zurückkehren.«

Louis räusperte sich und wandte die Augen ab. Um Fassung ringend sagte er: »Ich... ich werde dich schrecklich vermissen, Alienor.«

»Und ich dich, Louis.« Sie sah ihn ernst an. »Fünfzehn Jahre gehen nicht spurlos vorüber.«

Sie verließ Louis und seinen Hofstaat mit ihren Töchtern am ersten Frühlingstag, um sich, wie sie angab, nach Poitiers zurückzuziehen. Selten hatte ein Mann so am Boden zerstört gewirkt.

»Man sollte meinen, da ginge die beste und treueste Frau auf Erden«, bemerkte Thierry Galeran aufgebracht, »und nicht eine wertlose Hure.«

Der Graf de Maurienne sah ebenfalls Alienor und ihrem kleinen Gefolge nach. »Die beste Frau auf Erden«, wiederholte er gedehnt. »Ihr mögt es nicht verstehen, und ehrlich gesagt, ich verstehe es auch nicht ganz, aber für ihn war sie es, und da kann man nichts machen. Für ihn war sie es.«

Alienor hatte nur ein kleines Gefolge bei sich; im großen Stil zu reisen, hätte sie nur unnötig aufgehalten. Außerdem besaß sie nun nicht mehr die Immunität der Königin von Frankreich, und sie wollte es vermeiden, Straßenräubern und Wegelagerern aufzufallen, die überall lauern konnten.

Als sie sich am Palmsamstag Blois näherten, schickte sie einige ihrer Leute voraus, um sich nach Unterbringungsmöglichkeiten zu erkundigen. Hier residierte der jüngere Sohn des Grafen der Champagne, jenes Thibaud de Blois, den seinerzeit die Heirat ihrer Schwester mit Raoul de Vermandois zum Aufstand getrieben hatte. Wenn möglich, würde sie auf seine Gastfreundschaft verzichten, doch sie gab Anweisung, ihn um Obdach zu bitten, falls in den Klöstern der Stadt kein Platz mehr war.

Einige Stunden später kamen ihre Bediensteten äußerst beunruhigt zurück und berichteten, nicht nur sei das Schloß außergewöhnlich stark bewaffnet, sondern durch einen Schwatz mit den Knappen des Grafensohnes hätten sie auch erfahren, er beabsichtige, Alienor mit Gewalt festzuhalten und zu seiner Gemahlin zu machen.

Alienor verzog das Gesicht und lachte. »Geht das jetzt schon los«, murmelte sie. Nun, es war zu erwarten gewesen. Wer sie heiraten würde, hatte Aquitanien in der Hand, und dafür ließen die edlen Herren gern alle Ritterlichkeit fahren und verlegten sich auf andere Methoden. »Nun«, sagte sie bester Laune, »dann bleibt mir nichts anderes übrig, als ihm eine Enttäuschung zu bereiten. Sire de Rancon, gebt die Anweisung, daß wir Blois umgehen und die Nacht durchmarschieren werden.«

Wenn Thibaud de Blois sich einbildete, sie sei so verzärtelt, daß sie aus schierer Bequemlichkeit Rast machen mußte, dann hatte er sich sehr geirrt. Was war eine durchwachte Nacht, auch wenn man sie im Eilmarsch verbringen mußte, gegen die Strapazen eines Kreuzzugs? Als der Morgen graute, war sie bereits weit über Blois hinaus und fragte sich, was für ein Gesicht der jüngere Thibaud wohl machen würde, wenn er es erfuhr.

Indessen war sie noch längst nicht in den sicheren Grenzen ihres Herzogtums. Wenn sie den kürzesten Weg nahm, würde sie die Creuse in Port-de-Piles überschreiten. Doch das konnten sich auch noch weitere raffgierige Edle vom Schlag eines Thibaud de Blois denken. Und richtig, als sie noch einen Reisetag entfernt war, meldeten ihre Späher, daß auch in Port-de-Piles Bewaffnete auf sie warteten.

»Unter wessen Befehl?« fragte Alienor. Sie war auf einiges gefaßt, aber die Antwort verblüffte sie dennoch. »Es handelt sich um den jüngeren Sohn des verstorbenen Grafen von Anjou, Euer Gnaden.«

Henrys Bruder Geoff also. Es wäre eine interessante Zusammenkunft, aber auch der unbekannte Geoff würde sich als betrogener Betrüger wiederfinden.

»Eines ist klar«, sagte sie nach einigem Überlegen, »wir können die Creuse nicht überqueren. Umgehen können wir sie auch nicht. Was nun…« Sie wandte sich an den Mann, der ihr von der Falle berichtet hatte. »Ist die Vienne ebenfalls besetzt?«

»Nein, Euer Gnaden, aber…«

»Dann ändern wir unseren Weg und nehmen eine Furt der Vienne, bevor sie in die Creuse mündet.«

Diejenigen ihrer Versallen, die sie begleiteten, dachten bewundernd, daß sie das Zeug zu einem echten Befehlshaber hatte. »Jede andere Frau hätte Angstzustände bekommen und wäre eilends nach Beaugency zurückgekehrt, wenn sie sich nicht ohnehin schon hätte gefangennehmen lassen«, meinte der Graf de Rancon beifällig. »Aber hol's der Teufel, sosehr ich sie als Herzogin verehre, als Gemahlin würde ich sie nicht haben wollen. Sie ist zu klug für eine Frau.«

Kurz vor Ostern kam sie schließlich erschöpft, aber triumphierend, in Poitiers an. Bei den Bürgern dort hatte sich inzwischen die Nachricht verbreitet, wie ihre Herzogin den beiden glücklosen Helden ein Schnippchen geschlagen hatte, und sie feierten ausgelassen ihre Rückkehr. Alienor begann sofort damit, die Verwaltung zu ordnen, die durch den Austausch von nordfranzösischen gegen aquitanische Beamte durcheinandergeraten war, schlichtete Streitigkeiten und empfing die vielen Gesandtschaften und Bittsteller ihrer Städte und Dörfer, die ihre Rückkehr unvermeidlich mit sich brachte.

Sie war wieder in ihrer Heimat, und ihrem kleinen Hofstaat kam es vor, als verjüngte sie sich mit jedem Tag. Dennoch schien sie auf etwas zu warten.

Henry kam, jedoch fast ohne Begleitung, denn sie waren sich beide im klaren darüber, daß das, was sie vorhatten, auf keinen Fall vorher bekannt werden durfte. Er trug, wie meistens, wenn es nicht irgendwelche zeremoniellen Anlässe gab, Jagdkleidung, die auf seiner schnellen Reise sehr gelitten hatte, und Alienor brach in Gelächter aus, als sie ihn sah.

»Ich wußte doch, daß ihr Normannen den Raubritter nicht verstecken könnt!«

»Würdest du mich heiraten, wenn ich keiner wäre?«

»Wer sagt dir, daß ich dich überhaupt heirate?«

Henry faßte sie um die Taille und hielt sie hoch. »Wenn du es nicht tust, werfe ich dich aus dem Fenster, gleich hier und jetzt, und deine Troubadoure haben Stoff, um endlose Trauerlieder zu verfassen.«

Alienor wehrte sich mit Händen und Füßen, und sie endeten wieder auf dem Boden. »Gut, ich heirate dich, du Unmensch«, sagte sie mit fliegendem Atem. »Schon allein der aufschlußreichen Verwandtschaft wegen, die ich dann bekomme.«

Henrys Miene verdüsterte sich. »Ich habe es gehört. Geoff

ist ein gieriger kleiner Mistkerl, und er wird dafür bezahlen, das schwöre ich.«

»Nun, du kannst ihm kaum übelnehmen, daß er dasselbe haben will wie du auch. Familienähnlichkeit würde ich sagen. Wie war das noch mit der teuflischen Abstammung?«

Sie genossen ihre Wortgefechte fast so sehr wie ihre Nächte, die sie jeder den anderen immer wieder neu entdekken ließ. Es war, wie Henry gesagt hatte – sie waren das vollkommene Paar, »zwei so selbstsüchtige, machthungrige, gottlose Menschen, die in der Welt ihresgleichen suchen«, formulierte es Alienor einmal und schloß: »Armer Louis.«

Die Vorbereitungen für ihre Hochzeit verliefen unter äußerster Geheimhaltung, und weder Alienor noch Henry schickten, wie es eigentlich üblich gewesen wäre, Aufforderungen an all ihre Versallen, in Poitiers zu erscheinen. Am Morgen des achtzehnten Mai, kaum fünf Wochen, nachdem ihre erste Ehe annulliert worden war, tauschte Alienor in der Kathedrale von Saint-Pierre mit Henry Plantagenet ihr Heiratsgelübde aus.

Es war Frühling, und Poitiers schien noch nie so schön, so hoffnungsvoll gewesen zu sein. Auf ihrem Hochzeitslager erwartete Alienor ein Meer von Lilien.

»Ich hielt es für passend«, bemerkte Henry, »eine jungfräuliche Blume.«

Sie waren beide jung, glücklich bis zum Überschwang und sicher, die Welt erobern zu können.

Die Nachricht von der Vermählung Alienors von Aquitanien mit dem zehn Jahre jüngeren Henry Plantagenet versetzte alle Fürstenhöfe Europas in helle Aufregung.

Die Aquitanier sahen in der zweiten Heirat ihrer Fürstin einen großartigen Schachzug auf Kosten des französischen Königs, der sie in ihrem Nationalgefühl bestätigte – diese Nordfranzosen, kalte Fische waren sie allesamt, ohne das geringste Talent zur Liebe –, und machten Lieder auf die Hochzeit, die bald überall gesungen wurden:

Beim Einzug der hellen Frühlingszeit – heia,
um wieder Freude zu finden
und den Eifersüchtigen zu ärgern,
will die Königin uns zeigen,
daß sie so verliebt ist…

Vom französischen Hof kamen erwartungsgemäß ganz andere Töne. Für Louis war eine Welt zusammengebrochen, als er entdeckte, wie übel ihm mitgespielt worden war. Er weigerte sich, die Heirat anzuerkennen, und verlangte, daß beide unverzüglich vor ihm erschienen. Als Begründung gab er an, er sei ihr oberster Lehnsherr, und sie hätten nicht das Recht gehabt, sich ohne seine Einwilligung zu vermählen.

Mit der Vereinigung der Normandie und Anjous mit Aquitanien war der gesamte Westen, von der Bresle bis zu den Pyrenäen, in den Händen eines Mannes, der sich anscheinend nicht das geringste aus Lehenstreue machte, und einer Frau, die offensichtlich weniger berechenbar war als alle früheren aquitanischen Herzöge. Mit einem Schlag war das französische Königreich wieder zusammengeschrumpft, ja mehr noch, es stand völlig ohne starke Vasallen dar. Der einzige Fürst, der sich mit der Normandie – von Aquitanien schwieg man besser – hätte messen können, der alte Graf der Champagne, war tot, und seine beiden Söhne Henri und Thibaud stritten um sein Erbe.

Da traf als nächstes die Nachricht ein, daß Henry Plantagenet beabsichtigte, sich nach England einzuschiffen und sich dort mit seiner Mutter Maude, der ›Kaiserin‹, zu treffen. Wer konnte wissen, ob der junge Ehrgeizling es mit Aquitanien im Rücken nicht auch noch fertigbrachte, König Stephen die Krone zu entreißen?

Alienor hatte Henry auf dem Weg zum Hafen Barfleur bis zu dem Kloster Fontevrault begleitet. Dort blieb sie auch in den folgenden Wochen, nicht nur, weil es näher am Kanal lag, sondern auch, weil sie sich dort sehr wohl fühlte und sich mit der Äbtissin, die Henrys Tante war, angefreundet hatte.

Mathilda von Anjou erschien ihr mit ihrer zärtlichen Wehmut wie ein Echo ihrer Mutter Aenor. Mathilda war in Fontevrault aufgewachsen und hatte eigentlich schon immer den Schleier nehmen wollen, hatte aber auf Bitten ihres Vaters eingewilligt, den einzigen Bruder der Kaiserin Maude zu heiraten. Doch nur kurze Zeit später war ihr junger Gemahl auf der Überfahrt nach England ertrunken, die Hoffnung auf eine direkte männliche Erbfolge war für immer dahin, und der Streit zwischen Maude und ihrem Vetter Stephen begann. Mathilda war nach Fontevrault zurückgekehrt und jetzt die Herrin über ein Kloster, das nicht nur zu den angesehensten Aquitaniens gehörte, sondern auch einen ganz einmaligen Status innehatte. Der Orden nahm nämlich Männer *und* Frauen auf, die jedoch nur in der Kirche zusammenkommen durften. Mathilda war Äbtissin über beide Teile des Klosters.

Mathildas stilles Wesen bildete einen erholsamen Ausgleich zu Alienors Lebhaftigkeit, und die beiden Frauen verbrachten unzählige gemeinsame Stunden. Abgesehen von der kurzen Begegnung mit Héloise war Mathilda die erste Angehörige der Kirche, zu der Alienor sich hingezogen fühlte.

»Ihr glaubt nicht«, fragte Alienor neugierig, »daß ich schon längst von Gott verdammt bin?«

Mathildas Gesicht sah unter dem strengen Habit erheitert aus. »Aber nein. Christus sagt uns, daß Gott die Liebe ist, und welche Fehler du auch begangen haben magst, mein Kind, die Liebe kann alles verzeihen.«

Alienor stützte sich mit den Händen auf der Brüstung der

Klostermauer ab. »Doch ich begehe diese Fehler weiterhin«, erwiderte sie ein wenig kämpferisch. »Und mehr noch, ich begehe sie gerne.«

Mathildas schwarzes Gewand raschelte auf dem Boden, als sie auf Alienor zutrat und sie umarmte. »Ich kann nicht glauben, daß Gott ein Wesen verdammen würde, das in der Lage ist, sich so über seine Schöpfung zu freuen wie du.«

Alienor blickte über das riesige Gästehaus des Klosters, in dem an die fünfhundert Personen untergebracht werden konnten. »Mag sein«, sagte sie, halb scherzend, halb ernsthaft, »daß es mir bestimmt ist, durch Eure Gebete gerettet zu werden, meine Tante. Im Moment allerdings ist es wohl Henry, der der Gebete bedarf. Ich hoffe nur, er steht sich mit dem Allmächtigen etwas besser.«

Henry überwachte die Verproviantierung der Schiffe. Es waren kräftige Segler, die auch den Kanalstürmen trotzen würden, und er schaute stolz auf die Verladung der Geldtruhen und Waffen. Diesmal würde es Stephen nicht mit einem ewig zerstrittenen Paar zu tun haben, das über wenig nennenswerte Mittel und Verbündete verfügte. In der Tat war der sichere Zugriff auf den königlichen Staatsschatz Stephens großer Vorteil, den er in den letzten Jahren auch ausgenützt hatte, um flämische Söldner gegen Maude und Geoffrey Plantagenet anzuheuern.

Henry lächelte. Die Söldner aus Flandern mochten sich als Stephens größter Fehler erweisen, denn wenn sie nicht gerade gegen die Kaiserin Maude kämpften, plünderten sie die Bauern aus, brandschatzten die Dörfer und hatten den ursprünglich nicht unbeliebten König bei weiten Teilen der Bevölkerung gründlich verhaßt gemacht, ohne daß seine Cousine Maude sich viel größerer Beliebtheit erfreute.

Wenn Henry nur die richtigen Züge bei diesem Spiel um die Macht unternahm, würde er den jahrzehntelangen Bürgerkrieg beenden und von dem Volk wie ein Retter empfangen werden, und der Adel würde wissen, wo sein Vorteil lag – bei dem Mann mit den meisten Soldaten und den schwersten Geldtruhen.

Er summte gerade eine Melodie vor sich hin, als ihn ein Rufen unter seinen Männern aus seinen Tagträumen wieder auf den Boden der Tatsachen holte. »Der Herzog! Wo finde ich den Herzog?«

»Ich bin hier«, schrie Henry und winkte dem Mann, der das Wappen eines seiner Versallen trug, zu ihm zu kommen.

Der Bote, offensichtlich ein Soldat, war anscheinend einen weiten Weg in sehr hoher Geschwindigkeit gekommen; er sah völlig verdreckt, abgerissen und erschöpft aus, seine Augen waren rot und entzündet, doch seine hastigen Bewegungen verrieten die Dringlichkeit einer Botschaft, die keinen Aufschub duldete.

»Euer Gnaden«, sagte der Mann mit heiserer Stimme, »mein Herr schickt mich, um Euch zu sagen, daß der König von Frankreich in die Normandie eingefallen ist.« Henry stand bewegungslos. Dann zuckte er die Schultern. »Er hat sich einen verdammt ungünstigen Zeitpunkt ausgesucht, aber etwas dieser Art war zu erwarten gewesen«, sagte er resigniert. »Ich werde die Vorbereitungen abbrechen und erst in die Normandie zurückkehren müssen. Ich hoffe nur, es dauert nicht allzu lange – aber wie mein Vater zu sagen pflegte, war der gute Louis noch nie ein begnadeter Soldat.«

Der Bote zögerte. »Euer Gnaden«, begann er und räusperte sich, »Euer Gnaden, da ist noch etwas.«

Henry, der schon dabeigewesen war, sich zu entfernen, drehte sich ungeduldig um. »Ja?«

»Euer Bruder ist bei ihm. Er hat sich mit König Louis verbündet und alle Eure Provinzen zum Aufstand aufgerufen.« Der Bote wollte noch etwas hinzufügen, doch unterließ er es, als er die Miene des jungen Herzogs sah. Mit einem Mal glaubt er alle Legenden über die teuflische Abstammung der Plantagenets, glaubte die Berichte von ihrer ›gallenschwarzen‹ Wut und hoffte nur, daß sie sich nie, niemals gegen ihn richten würde.

»Heute ist Johannistag, nicht wahr?« fragte Henry unerwartet, und der Bote konnte nur stammeln: »Ja… ja, ich glaube schon, Euer Gnaden.«

»Merkt Euch diesen Tag«, sagte Henry leise. »Merkt ihn Euch.«

Henry verließ Barfleur unverzüglich. Er bestätigte nun die schlimmsten Befürchtungen seiner Gegner. In einer klaren Einschätzung der Fähigkeiten und Bedeutung seines Bruders, die für diesen um so beleidigender war, stufte er Geoff als zweitrangige Bedrohung ein, die ohne französische Unterstützung nicht viel wert war. Folglich wandte er sich als erstes gegen Louis.

Er brauchte weniger als sechs Wochen, um das von Louis' Truppen besetzte Neufmarché wieder einzunehmen, und drängte die Armee des Königs von Frankreich dann bis zu den Grenzstädten der Normandie zurück. Dort hinterließ er starke Garnisonen und ordnete einen weiteren Festungsausbau an. Dann nahm er sich Geoff vor, der sich von dem kreuzzugserfahrenen Louis doch sehr viel mehr versprochen, niemals mit einem so schnellen Sieg seines Bruders gerechnet und deswegen keine ausreichenden strategischen Vorbereitungen getroffen hatte.

Henry benötigte nur einen weiteren Monat, um Anjou zu unterwerfen, und trieb seinen Bruder in die Enge, bis Geoff schließlich, nach einigen aufreibenden Belagerungswochen, nichts anderes übrigblieb, als seine Burg Montsoreau zu übergeben und Henry um Gnade zu bitten.

Henry stand unter dem Löwenbanner der Plantagenets. Er trug seine vollständige Rüstung, was Geoff durchaus als die

Herausforderung empfand, als die es gedacht war. Er straffte sich, würgte dann seinen Haß die Kehle hinunter und sagte mühsam: »Bruder, ich bin gekommen, um mich und die meinen in deine Gewalt zu geben.«

»Wie außerordentlich gnädig von dir«, erwiderte Henry schneidend, »zumal dir nichts anderes übrigbleibt. Habt ihr schon angefangen, die Pferde zu verspeisen, Geoff, oder hat Louis euch ein paar Hostien als Wegzehrung hinterlassen?«

Sein Bruder errötete heftig. »Verdammt, Henry, wir sind Brüder!«

»Wann ist dir das eingefallen, Geoff – vor fünf Minuten? Glaubst du wirklich, du brauchst nur an mein Familiengefühl zu appellieren, und schon spielen wir das Gleichnis vom Verlorenen Sohn? Du hast mich nicht nur als Bruder verraten, sondern auch als Lehnsherrn, und außerdem hast du versucht, meine Gemahlin zu entführen! Sag mir einen Grund, warum ich dich schonen sollte, *Bruder.*«

Die blinde Wut machte Geoff furchtlos. »Hölle, ich habe nur gewollt, was mir ohnehin schon gehört! Ich habe ein Anrecht auf Anjou! Du bist es, der hier der Verräter und Rechtsbrecher ist! Und was die Dirne betrifft, die du da geheiratet hast, ich wette, wenn es mir gelungen wäre, sie gefangenzunehmen, hätte sie auch für mich die Beine gespreizt! Sie...«

Geoff stockte, denn Henrys eisengeschützte Hand hatte sich um seine Kehle geschlossen. Mit der anderen drückte er seinen Bruder langsam in die Knie. »Sag mir, was mich daran hindert, dich hier und jetzt zu töten, Geoff«, flüsterte Henry mit eiskalter Stimme. »Sag es mir.«

Sein Bruder schnappte verzweifelt nach Luft und ächzte: »Brudermord... die Kirche... waffenlos...«

Henrys Griff wurde noch fester, dann ließ er ihn jäh los und stieß ihn zurück. »Nein«, sagte er kurz. »Es ist nur die Tatsache, daß du es nicht wert bist, sich die Hände schmutzig zu machen. Verschwinde, Geoff. Ich werde keinen von deinen Männern bestrafen, obwohl ich sie wegen Rebellion hängen könnte. Aber es wäre doch sehr ungerecht, sie für die Torheit eines Narren verantwortlich zu machen, oder?«

Geoff blieb im Schlamm liegen, während Henry sich entfernte. Ohne es zu bemerken, rieb Geoff sich die Kehle. »Das wirst du bezahlen«, stieß er hervor, aber so leise, daß Henry es nicht hören konnte.

Louis blieb nichts anderes übrig, als mit Henry Waffenstillstand zu schließen, und da der Winter nahte, verzichtete dieser zunächst auf eine Überfahrt nach England und kehrte zu Alienor zurück. Alienors selbstbewußtes Auftreten hatte dafür gesorgt, daß keiner der ehrgeizigen Barone nach Auflösung ihrer Ehe mit Louis oder später in Henrys Abwesenheit den Aufstand gewagt hatte.

»Wie wäre es mit einem Kuß für den heimkehrenden Helden?«

»Wenn der heimkehrende Held mir verspricht, sich danach wenigstens einmal zu baden, dann könnte ich es mir vielleicht noch überlegen.«

Sie verbrachten das Weihnachtsfest in Poitiers und zogen im Januar des nächsten Jahres gemeinsam nach Barfleur. Als Henry sich von Alienor verabschiedete, die in seiner Abwesenheit nicht nur über Aquitanien, sondern auch über die Normandie und Anjou regieren würde, gab sie sich einen Ruck und sagte mit gespielt beiläufiger Zerstreutheit: »Ach, bevor ich es vergesse, Henry, ich habe noch eine Überraschung für dich.«

Er fuhr mit seiner Hand unter ihr Haar und hob sie hoch. »Du gehst auf einen neuen Kreuzzug.«

»Nein.«

»Du verläßt mich und kehrst zu Louis zurück.«

»Nein... aber ich werde es vielleicht tun, wenn du mich nicht sofort herunterläßt, du unerträgliches Ekel! Henry«, sie machte eine vielsagende Pause, denn sie konnte dem Pathos dieses Augenblicks nicht ganz widerstehen, »ich erwarte ein Kind!«

Statt einer Antwort wirbelte Henry sie von neuem herum, sie küßten sich lachend und lange, und schließlich sagte er bedauernd: »Du bist wirklich vollkommen herzlos, Geliebte. Ich habe eine Überfahrt vor mir, die Odysseus Angst eingejagt hätte, und nun machst du es mir noch viel schwerer, diese einladenden Gefilde zu verlassen.« Er hob ihr Kinn. »Und, Alienor, schon im ersten Jahr unserer Ehe, nachdem du sieben Jahre mit Louis verheiratet warst, ohne überhaupt schwanger zu werden – wie kannst du nur! Alle Frömmler werden enttäuscht sein.« Plötzlich warf er die Arme hoch. »Herrgott, das Leben ist herrlich!«

Henry, dem die Bedeutung von öffentlichen Gesten schon längst klar geworden war, kam am Dreikönigstag in England an, begab sich schnurstracks zur nächsten Kirche und betrat sie ausgerechnet in dem Moment, als der Choral begann: »Siehe, da kommt der König, der Sieger…« Die Geschichte machte natürlich sofort bei seinem Heer die Runde, und die Soldaten sorgten ihrerseits dafür, daß sie dem Volk zu Ohren kam.

Stephen, der sich darauf verlassen hatte, daß die Streitigkeiten mit dem französischen König Henry noch länger auf dem Festland halten würden, konnte nicht schnell genug Truppen ausheben und mußte sich auf seine flämischen Söldner verlassen, die er hastig nach Wallingford schickte, eine Burg, die von einem von Henrys wichtigsten Anhängern gehalten wurde.

Statt jedoch nach Wallingford zu eilen, marschierte Henry nach Malmesbury, eine der stärksten Garnisonen Stephens. Immer noch regnete es in Strömen, und Patrick von Salisbury, einer von Henrys ältesten Freunden in England, fluchte, als er den Eingang zum Zelt seines Feldherrn zurückschlug, um ihm zu melden, daß alle Vorbereitungen ausgeführt waren.

»Verdammte Jahreszeit, um Krieg zu führen!«

Henry grinste. Vor sich hatte er eine Karte liegen, und er war gerade dabei, sich mit kryptischen Kürzeln Notizen darauf zu machen. »Was denn, Pat, bist du weich geworden, während ich nicht hier war?«

Salisbury entgegnete sarkastisch: »Wenn du unter ›weich‹ ein Leben verstehst, bei dem man nicht alle fünf Minuten etwas Neues anfängt, sondern sich hin und wieder die Zeit nimmt, auszuruhen... Aber im Ernst, Henry, dieser ständige Regen könnte uns Schwierigkeiten machen, vor allem, wenn es gilt, Flüsse zu überqueren. Ich hätte nie gedacht, daß du dich darauf versteifst, ausgerechnet jetzt Krieg zu führen.«

»Stephen auch nicht«, bemerkte Henry trocken. »Deswegen tue ich es. Was ist, sind die Männer in Stellung für den morgigen Angriff?«

»Das sind sie. Ich hoffe nur, du hast recht mit dem Überraschungserfolg. Sonst sitzen wir hier fest, während Stephen Wallingford ausblutet.«

Henry stand auf und griff nach dem Branntwein, der hinter ihm bereitstand. »Bei Gott, die Iren verstehen etwas vom Trinken! Wie wäre es, Pat, das wärmt dich.« Sein Freund schüttelte den Kopf. Henry nahm noch einen Schluck und sagte dann, auf die Karte deutend: »Hör zu, Pat, wir werden hier siegen. Und damit haben wir eine der wichtigsten Festungen in der Hand. Was Wallingford betrifft, der teure Cousin meiner Mutter hat natürlich gehofft, mich dort festnageln zu können, während er sein Heer rekrutiert. Und genau das darf nicht geschehen.«

Patrick von Salisbury schaute seinen Freund mit einer Mischung aus Zuneigung, Verärgerung und Bewunderung an. Henry war kaum einundzwanzig, doch wenn man ihn sprechen hörte, konnte man glauben, er habe schon tausend Schlachten hinter sich. »Du ziehst nie in Erwägung, daß du dich irren könntest, nicht wahr, Henry? Und was hast du vor, wenn dein geliebter Bruder Geoff unterdessen Anjou und die Normandie an sich reißt?«

Henry schüttelte den Kopf. Er schien bester Laune zu sein. »Das wird nicht geschehen. Glaub mir, wenn es jemanden gibt, der Geoff in Schach halten kann, dann ist es meine Frau.«

Salisbury warf ihm einen neugierigen Blick zu. Er brannte darauf, etwas über die sagenumwobene Alienor von Aquitanien zu erfahren, doch er wußte nicht, wie er es formulieren sollte.

Endlich räusperte er sich und meinte, um Takt bemüht: »Deine Heirat hat hier ziemliche Wellen geschlagen. Stimmt... stimmt es, daß sie sehr schön ist?«

Henry durchschaute ihn und brach in Gelächter aus. »Schön? Du wirst auf die Knie sinken, wenn du sie siehst«, sagte er, als er wieder zu Atem kam. »Übrigens, mein Freund, das ist einer der Gründe, warum ich möglichst bald mit Stephen fertig sein will. Eine solche Frau zieht einen schon gewaltig zu sich.«

»Könntest du sie nicht nachkommen lassen?« schlug Patrick von Salisbury vor.

Sein Freund verneinte. »Erstens brauche ich sie als Regentin auf dem Festland, und zweitens ist sie schwanger. Um deine unziemliche Neugier zu befriedigen«, fügte er sarkastisch hinzu, »das Kind wird erst Ende Juli kommen.«

Patrick zählte absichtlich laut und deutlich an den Fingern. »Schade«, seufzte er. »Ich wage zu behaupten, das wird eine große Menge Leute enttäuschen.«

Henry versetzte ihm einen Rippenstoß. »Nächstes Jahr um diese Zeit«, sagte er übermütig, »wirst du mit etwas Glück den König und die Königin von England mit ihrem Thronerben in London besuchen können.«

Ein Donnerschlag ließ das Zelt erbeben, und Henry runzelte die Stirn. »Ich sehe mir die Sache besser selbst noch einmal an, damit uns morgen kein Fehler passiert, Regen oder nicht Regen.« Schon halb draußen, drehte er noch einmal den Kopf und rief zurück: »Trotzdem, mach dir keine Sorgen wegen des Wetters, Pat. Regen hat mir schon mehr als einmal Glück gebracht.«

Henrys Rechnung ging auf: Er nahm Malmesbury im Sturm, während König Stephen noch immer Wallingford belagerte. Als Stephen die Nachricht erhielt, war es zu spät, um dem siegreichen Henry, der sich nun mit neuer Verstärkung nach Wallingford wandte, noch auszuweichen. Aber der Regen hatte die Themse bei Wallingford so anschwellen lassen, daß sich die beiden Armeen tagelang an getrennten Ufern gegenüberlagen, ohne daß es zum Kampf kam.

Stephen entschied sich resignierend, die Belagerung aufzuheben und sich zunächst nach London zurückzuziehen, um dort auf seine Adligen und die versprochenen englischen Truppen zu warten. Inzwischen marschierte Henry nach Oxford, um den für die landwirtschaftliche Versorgung so wichtigen mittleren Teil Englands zu erobern. Durch seine Erfolge eilte ihm sein Ruf als Feldherr nun schon voraus, und als der Graf von Leicester ihm nicht weniger als dreißig Burgen gleichzeitig übergab, war auch dieses Ziel erreicht. Danach verblüffte Henry Freunde wie Feinde, indem er ganz gegen jede Sitte der Zeit seinen Truppen befahl, den Bauern ihr geplündertes Hab und Gut wiederzugeben.

»Ich bin nicht hergekommen«, verkündete Henry vor der gesamten Armee und der Bevölkerung von Oxford, »um Raubzüge zu veranstalten, sondern um das Gut der Armen vor der Raublust der Großen zu schützen!«

Diese Rede verbreitete sich wie ein Lauffeuer, hatte doch das Volk so lange unter Krieg und Plünderung gelitten, und die Begeisterung für den jungen Herzog, dem der Sieg zu folgen schien wie ein treuer Hund und der den ersehnten Frieden verkörperte, wuchs ins Unermeßliche.

Stephen war alt und krank. Sein Leben lang hatte er mit seiner Cousine Maude gekämpft, doch die Kaiserin war von ihren Anhängern zwar wegen ihres Mutes und ihrer Zähigkeit bewundert, aber nie geliebt worden. Ihr Sohn dagegen war mit seiner Feldherrnkunst, seiner Jugend und seiner merkwürdigen Kumpanei mit der Bevölkerung zum Abgott von Normannen und Angelsachen gleichermaßen aufgestiegen.

Während Henry die Nachricht erhielt, daß ihm Alienor einen Sohn geboren hatte, schickte Stephen seinen Bruder, den Bischof von Winchester, und den Erzbischof von Canterbury aus, um Friedensverhandlungen anzuknüpfen.

Die beiden Bischöfe wurden in Oxford von der Bevölkerung mit Beifall empfangen. Der Erzbischof von Canterbury meinte verdrossen: »Das gilt ihm, nicht uns. Man kann sagen, was man will, er beherrscht die Kunst der Volksaufwiegelung.«

»Aber mein Bruder ist noch immer König«, warf der Bischof von Winchester ein, »und hat die Absicht, es auch zu bleiben. Dieser Plantagenet mag im Augenblick Erfolg haben, aber bald wird die Bevölkerung sehen, daß er auch nicht anders ist als seine Mutter, und Maude konnte sich zwanzig Jahre lang nicht als Königin durchsetzen.«

»Ich weiß nicht«, erwiderte der Erzbischof zweifelnd. »Was meint Ihr, Thomas?«

Der Angesprochene schwieg, und der Erzbischof blickte ihn überrascht an. Thomas Becket war einer seiner bevorzugten jüngeren Diakone, der schon oft seinen überlegenen Verstand und sein hohes Einfühlungsvermögen in heiklen Situationen bewiesen hatte. Deswegen hatte der Erzbischof ihn als Begleiter für diese Mission ausgewählt. Er zog die

Brauen hoch; Thomas war doch sonst so schnell mit einer Meinung zur Hand, die meist ins Schwarze traf. Warum zögerte er jetzt?

»Ich denke«, sagte der siebenunddreißigjährige Becket schließlich, »daß man Henry Plantagenet besser nicht unterschätzen sollte. Es könnte gefährlich sein.«

»Ach was – ein Mann, der sich eben nur gut mit dem Pöbel und Huren versteht«, sagte der Bischof von Winchester verächtlich.

»Ein Mann, der in wenigen Monaten halb England auf seine Seite gebracht hat, ehrwürdiger Bischof.«

»Thomas«, sagte der Erzbischof von Canterbury, »Ihr seid ein unverbesserlicher Schwarzseher. Immerhin, ich werde an Eure Warnung denken.«

Henry wohnte mit seinen Hauptleuten bei den Augustinern. Die Bischöfe wurden von den Mönchen ehrfurchtsvoll, von den Soldaten ziemlich respektlos empfangen. Unbeirrt ließen sie sich zu Henry bringen, der sie in Hemdsärmeln, lässig an ein Fenster gelehnt, empfing.

Der Erzbischof runzelte die Stirn. Henry bevorzugte Schlichtheit, doch war es nicht die Einfachheit eines Asketen oder Heiligen, sondern die eines Mannes, der sich unter Bauern genauso wohl zu fühlen vermochte wie im Staatsgewand unter Adligen, und das spürten die Leute. Thomas hat recht, dachte der Erzbischof, er ist gefährlich. Wo kommen wir hin, wenn die Beliebtheit einem König zum Sieg verhilft?

»Was verschafft mir die Ehre?« fragte Henry spöttisch. Er musterte die drei Geistlichen. »Als mir Euer Besuch angekündigt wurde, wagte ich kaum zu hoffen, daß Ihr mit mir schon die Einzelheiten der Krönung besprechen wollt, hochwürdiger Erzbischof.«

Der Erzbischof schnappte nach Luft, sagte jedoch nichts. Statt dessen sprach der Bischof von Winchester, Stephens Bruder.

»Unverschämtheit hilft Euch auch nicht weiter, Henry Plantagenet. Wir kommen, weil es meinem Bruder, dem König, an der Zeit schien, Gespräche über den Stand der Dinge zu führen.« Die einfallende Sonne ließ Henrys Augenfarbe von Grün zu Grau wechseln.

»Der Stand der Dinge ist sehr einfach. Ich gewinne, und er verliert.«

»Seid Ihr dessen so sicher?« fragte der Protegé des Erzbischofs von Canterbury, Thomas Becket. Er fragte es nicht entrüstet wie der Bischof von Winchester, sondern neugierig, mit einem sarkastischen Unterton.

Henry sah ihn an; sein Interesse war geweckt. »Warum sollte ich nicht?«

»Weil«, antwortete Thomas Becket, »Eure Glückssträhne unmöglich noch viel länger anhalten kann. Der König von Frankreich steht Euch feindlich gegenüber, Ihr müßt jederzeit damit rechnen, die Normandie und damit Euren Rückhalt auf dem Festland zu verlieren, und Ihr wißt genausogut wie ich, daß die Gunst des Volkes so wankelmütig ist wie das Wetter im April.«

Unterdrückte Heiterkeit ließ kleine Fältchen um Henrys Augen entstehen. »Hochwürdiger Erzbischof, ich muß Euch ein Kompliment für Euren Begleiter machen«, sagte er. »Ich hatte nicht damit gerechnet, daß diese Begegnung so unterhaltsam werden würde. Doch ich muß Euch enttäuschen. Alle meine Lehen auf dem Festland sind mir vollkommen sicher, und ich bin bereit, darauf um jede beliebige Summe zu wetten. Und wer sagt Euch, daß ich mich auf die Gunst des Volkes verlasse? Ich habe hier Briefe von gewissen edlen Herren, die sich unter meinem Vetter Stephen anscheinend benachteiligt fühlen und sehr von einem Bündnis mit mir angetan wären.«

»Wenn einige nichtswürdige Verräter…« begann der Bischof von Winchester hitzig, doch Becket unterbrach ihn unbotmäßigerweise, was ihm einen tadelnden Blick seines Erzbischofs einbrachte.

»So kommen wir nicht weiter. Ihr habt behauptet, Ihr wolltet das Volk nicht länger unter den Auseinandersetzungen der Großen leiden lassen. Nun, der König wünscht Frieden. Wünscht Ihr ihn auch, oder ist Euer Ehrgeiz zu stark? Wenn dem so ist, Euer Gnaden, dann dürfte das Eure Glaubwürdigkeit rasch mindern.«

Henry gab seine provozierende Haltung auf und trat ein paar Schritte auf den Geistlichen zu. Forschend betrachtete er ihn. Thomas Becket hatte ein widersprüchliches Gesicht; der sinnliche Mund eines Genießers vereinigte sich mit den tiefliegenden Augen eines gottesfürchtigen Mystikers, und die Adlernase, die von einer breiten Stirn gekrönt wurde, tat ein übriges, um den Widerspruch noch zu verstärken. Ein paar endlose Sekunden lang starrten sie sich an.

»Auch ich will Frieden«, sagte Henry schließlich mit einem Achselzucken, »aber zu meinen Bedingungen, nicht zu Stephens. Doch es ist spät; ich schlage vor, wir sprechen morgen weiter.«

Damit waren sie entlassen, unmißverständlich, als habe der junge Plantagenet bereits die Autorität eines Königs. Henry kaute nachdenklich auf seiner Unterlippe, dann rief er ihnen nach: »Wie ist Euer Name?«

»Thomas Becket, Euer Gnaden.«

»Becket, es wird gut sein, Euch nicht zu vergessen.«

Die geistliche Gesandtschaft des Königs entschied sich für das Benediktinerkloster als Bleibe. Eine Woche lang führten die beiden Bischöfe und ihr Begleiter erbitterte Streitgespräche mit Henry, doch als sie am siebenten Morgen zu ihm kamen, hatte er eine Überraschung für sie.

»Hochwürdiger Erzbischof«, sagte er übertrieben ernst, »setzt Euch lieber gleich, denn eine böse Kunde harret Euer.«

»Was gibt es?« fragte der Erzbischof argwöhnisch.

Henry verschränkte die Arme ineinander. »Um es kurz zu machen – Stephens Sohn Eustace scheint nicht eben davon begeistert zu sein, daß wir hier dabei sind, sein Erbe aufzuteilen. Statt jedoch etwas für seinen Vater zu tun und gegen mich zu Felde zu ziehen, hat er sich dafür entschieden, Eure Ländereien zu verwüsten.« Mit einem boshaften Lächeln schloß er: »Eustace ist wohl überzeugt, Ihr wäret mein Freund.«

Der Erzbischof von Canterbury mußte sich in der Tat auf dem dargebotenen Stuhl niederlassen. Seine Gedanken rasten. Er verfluchte Eustace innerlich, nicht nur um seiner Ländereien willen, sondern auch der verheerenden Auswirkungen wegen, die diese Tat auf König Stephens noch verbleibende Getreue haben mußte. Wenn ihre Anführer übereinander herfielen…

Doch Henry ließ ihm keine Zeit zum Nachdenken. »Kirchen, Klöster, Bauernhütten«, zählte er freundlich auf. »Alles bevorzugtes Brennholz für meinen Verwandten. Er ist gerade dabei, sich bei der Bevölkerung ungeheuer beliebt zu machen, nicht wahr?«

Der Erzbischof stöhnte unwillkürlich. Ein wenig Mitleid tauchte in Henrys graugrünen Augen auf. »Becket«, sagte er, »ich glaube, wir sollten dem hochwürdigen Erzbischof die Möglichkeit geben, sich zu erholen – und dem ehrwürdigen Bischof die Gelegenheit, ihn mit christlicher Nächstenliebe zu trösten. Auf ein Wort mit Euch.«

Thomas Becket zögerte, dann schloß er sich dem Herzog an, als dieser den Raum verließ. Sie gingen schweigend bis zum Garten des Klosters. Hier blieb Henry stehen. Auf lateinisch, das er ausgezeichnet beherrschte, sagte er: »Also, Bekket, Ihr seid doch kein Dummkopf. Eustace hat Stephens Sache endgültig den Todesstoß versetzt, falls sie überhaupt je eine Zukunft hatte. Man wird ihn nie als Thronfolger und

König anerkennen. Und Stephens Griff um die Krone lokkert sich mit jedem Tag mehr. Warum tun wir uns nicht allen einen Gefallen und beenden diesen Krieg?«

Ebenfalls in Latein erwiderte Becket: »Auch Ihr seid kein Narr, Euer Gnaden. Alles gut und schön, aber Ihr wißt doch, daß der König Euch zuliebe nicht einfach abdanken kann.«

»Wer verlangt, daß er es tun sollte?« fragte Henry. »Ich meinte es ernst, als ich sagte, daß ich Frieden will. Ich könnte das Königreich jetzt ganz erobern, wie Euch sehr wohl klar ist, aber ich würde es vorziehen, wenn Stephen mich als seinen Erben einsetzt. Er ist ein kranker alter Mann, und ich bin noch jung. Was habe ich zu verlieren?«

Thomas Becket schöpfte rasch Atem. Das Angebot kam überraschend und war doch so logisch, daß es ihm den Atem nahm. Wer hätte vor wenigen Tagen noch gedacht, daß er, Sohn eines normannischen Kaufmanns und einfachen Diakons, hier stehen und mit Henry Plantagenet über Englands Zukunft debattieren würde?

»Und Eustace?« gab er vorsichtig zurück. »Glaubt Ihr wirklich, er wird eine derartige Lösung annehmen, vorausgesetzt, daß der König es tut?«

Henrys Mund bildete eine schmale Linie. »Er wird es müssen. Überlaßt Eustace ruhig mir. Einen derartigen Narren zu besiegen, dürfte nicht allzu schwer sein.«

Alienor hatte das Siegel des Briefes erbrochen und überflog hastig die Zeilen. Petronille beobachtete ihre Schwester und staunte. Petronille war nach dem Tod ihres Gemahls, Raoul de Vermandois, nach Aquitanien zurückgekehrt und hatte Alienor nicht nur zufrieden, sondern geradezu überschäumend vor Glück und als sichtbares Zeichen der Gunst Gottes auch noch schwanger angetroffen. Die Geburt ihres Sohnes hatte sie nicht mehr als ein paar Tage von der Regierung abgehalten. Der neue Erbe hatte in Aquitanien einen

Freudentaumel ausgelöst; die Zukunft war gesichert, und es gab einen weiteren Beweis dafür, daß Gott auf der Seite ihrer Herzogin war.

Alienor war immer schön gewesen, dachte Petronille, aber nie so strahlend wie nun, als sie den Brief sinken ließ und tief aufatmete. Mit ruhiger Stimme, die wenig von der Beherrschung verriet, die sie sich auferlegte, wandte sie sich an den Boten: »Ihr bringt wunderbare Neuigkeiten.« Zu Petronille gewandt fuhr sie fort: »Henry wurde am sechsten November von Stephen als sein Erbe anerkannt und adoptiert, nachdem Stephens Sohn Eustace plötzlich von dem Fleckfieber erfaßt wurde und starb. Die englischen Barone gaben ihre Zustimmung zu Henrys Anerkennung bei Winchester, und Henry und Stephen zogen Seite an Seite in London ein.«

Petronille war stumm vor Überraschung, obwohl sie inzwischen an die unerwarteten Erfolge ihres neuen Schwagers gewöhnt sein mußte. Wer hätte das noch vor weniger als zwei Jahren, als er vor Louis in Paris den Lehnseid schwor, gedacht? Alienor sprach inzwischen mit dem Boten: »Ihr habt den Einzug meines Gemahls miterlebt?«

Der Mann grinste breit. »So ist es, Euer Gnaden. Was für ein Tag das war! Der Herzog wurde von den Londoner Bürgern empfangen, als sei es unser Herr Jesus; in der ganzen Stadt läuteten die Glocken, und ich darf sagen, das ganze Land lag auf den Knien vor Erleichterung, daß der Herzog dem Krieg nun endlich ein Ende gesetzt hatte.«

Alienor lächelte. »Solche Botschaft verdient einen besonderen Lohn. Ich werde dafür sorgen, daß Ihr angemessen untergebracht werdet, doch vorher nehmt dies als Dank.« Sie zog einen ihrer Ringe, einen Saphir, in den ihr persönliches Wappen geschnitten war, vom Finger und reichte ihn Henrys Boten.

Er war überwältigt, denn keine Dame, die er kannte, hätte eine solche Geste an einen Mann seines Standes verschwendet. Er stammelte: »Ich werde ihn immer tragen, Euer Gnaden.« Sie reichte ihm die Hand zum Kuß. Er hatte von ihrer Schönheit sprechen gehört und war nicht enttäuscht worden, doch in diesem Moment kämpfte er mit dem plötzlichen Impuls, ihr zu schwören, daß er sein Leben für sie opfern würde.

Als er die kleine Halle verlassen hatte, stand Alienor auf, griff ihre Schwester bei den Händen und wirbelte mit ihr wie ein ausgelassenes kleines Mädchen auf dem steinernen Fußboden herum, der um diese Jahreszeit mit flämischen Teppichen bedeckt war, bis Petronille lachend sagte: »Genug, genug, du bringst mich noch um.«

Sie ließen sich wieder nieder, und Petronille bemerkte: »Dieser Bote sprach ein seltsames Französisch, selbst für einen Normannen.«

»Er ist keiner«, erwiderte Alienor. »Seinem Namen nach zu schließen, war das einer von Henrys angelsächsischen Soldaten.« Petronilles Neugier war geweckt. »Wirklich? Ich habe noch nie mit einem Angelsachsen gesprochen...«

»Du wirst noch Gelegenheit haben«, entgegnete Alienor belustigt, »spätestens, wenn Henry und ich den Thron bestiegen haben. O Petronille, ist es nicht herrlich?«

Sie griff nochmals nach dem Brief, las ihn, und Grübchen zeigten sich auf ihren Wangen. »Guillaume«, sagte sie langsam, »Herzog von Aquitanien, der Normandie... und König von England.«

»Ist Henry denn damit einverstanden, daß du euren Sohn nach unserem Vater und Großvater genannt hast?«

Alienor nickte. »Es ist auch der Name des Eroberers, weißt du.« Sie faltete geistesabwesend den Brief wieder zusammen. »Henry kehrt zurück«, sagte sie versonnen.

Petronille schwieg; Alienor war in diesem Augenblick offensichtlich mit ihren Gedanken meilenweit entfernt.

Nach einiger Zeit sagte die Jüngere ohne Bosheit, aber mit

einem gewissen Tadel in der Stimme: »Du liebst ihn wirklich, nicht wahr? Es hat wohl wenig Sinn, zu erwähnen, daß du Louis das Herz gebrochen hast.«

Alienor seufzte und zog eine Grimasse. »Nein, es hat wenig Sinn. Louis tut mir leid, aber er hat mir schon von dem Moment an leid getan, als ich ihn zum ersten Mal gesehen habe, und auf die Dauer ist das einfach nicht auszuhalten. Außerdem hätte ich ihm auch das Herz gebrochen, wenn ich geblieben wäre. Menschen wie Louis sind dazu bestimmt, ständig verletzt zu werden. Und wenn dir das herzlos vorkommt, dann denk daran, daß du nicht fünfzehn Jahre lang mit einem Mann verheiratet warst, der sich ständig bemühte, ein zweiter Bernhard von Clairvaux zu werden!«

Petronille war zwischen Mißbilligung und Amüsement hin- und hergerissen. Nur Alienor hatte das Talent, ihre Fehler so darzustellen, daß sie zum Lachen reizten! Um auf ein anderes Thema zu kommen, erkundigte sie sich: »Hast du deinem Gemahl schon geschrieben, wie du mit seinem Bruder verfahren bist?« Alienors Mundwinkel zuckten. »Nein, das ist mein Überraschungsgeschenk für ihn.«

Der unverbesserliche Geoff hatte natürlich geglaubt, mit Henry in England leichtes Spiel in Anjou und der Normandie zu haben. Er rüstete zu einem neuen Aufstand, was Alienor durch die Spione, die sie auf ihn angesetzt hatte, erfuhr. Sie zog nicht gegen ihn zu Felde, sondern lud ihn zu einem Turnier an ihrem Hof ein, und ihr eitler Schwager unterschätzte sie zu seinem Unglück zum zweiten Mal. Er kam, geschmeichelt von der Einladung an ›den ersten Ritter im Land‹ und vielleicht auch mit ehebrecherischen Absichten, und weilte seitdem als ›geehrter Gast‹ in einer gutbewachten Burg des Poitou, auf die Hinterlist der Weiber fluchend.

»Übrigens bilde ich mir nicht ein, daß nun alle Schwierigkeiten mit Geoff beendet sind«, ergänzte Alienor. »Früher oder später müssen wir ihn freilassen, wenn wir ihn nicht zum Märtyrer machen wollen, und die Normannen haben ein so verdrehtes Erbrecht, daß er mit einer gewissen Berechtigung von Henry wenigstens einen Teil der Ländereien seines Vaters fordern kann – was ihm immer wieder Anhänger verschaffen wird. Nun, nichts ist vollkommen!«

Petronille betrachtete ihre Schwester und fragte sich, wie es Alienor nur fertigbrachte, sich weder Sitte noch Anstand, sondern stets nur ihren eigenen Gesetzen zu beugen und dennoch bei so vielen Menschen Bewunderung und Liebe auszulösen. Sie liebte ihre Schwester, obwohl sie sie nicht im mindesten verstand. Aber die glänzende, beunruhigende ältere Schwester, in deren Schatten sie aufgewachsen war, war stets für sie dagewesen, wenn es darauf ankam. Auch jetzt, nach Raouls Tod, hatte Petronille den französischen Hof sofort verlassen und war zu Alienor gekommen. Sie erinnerte sich an den Besuch der beiden Plantagenets in Paris, an das Fest, als Henry mit Alienor getanzt und irgendeine lateinische Ode zitiert hatte, und fragte sich, ob sie, wenn sie diesen Tag noch einmal mitmachen würde, diesmal ein Gefühl der Vorahnung hätte.

Als sie Henrys Ankunft erlebte – Alienor war ihm in die Normandie entgegengezogen –, war sie sich dessen sicher. Unmöglich, die ungeheuere Leidenschaft zwischen diesen beiden Menschen zu übersehen. Gewiß, es war üblich, daß eine Dame ihren Gemahl nach langer Abwesenheit mit einem Kuß begrüßte, doch es lag nichts Formelles in der Art, in der Henry und Alienor aufeinander zuliefen und sich in die Arme fielen.

Nachdem Henry seinen Sohn gesehen hatte, konnte er seine Augen nicht mehr von Alienor lösen, und das Paar schockierte nicht nur Petronille, sondern den versammelten Hofstaat, als es sich aus einem sehr offensichtlichen Grund zurückzog, ohne auch nur den Versuch einer Entschuldigung zu machen. Raoul de Faye, der durch ihre Mutter mit

Alienor und Petronille verwandt und mit Henry in England gewesen war, meinte in einem Versuch, das verlegene Schweigen aufzulockern: »Nun, was soll man bei unserem jungen Paar anderes erwarten!«

Henry und Alienor verbrachten das Jahr abwechselnd in der Normandie und in Aquitanien. Das Osterfest begingen sie in Rouen, wo Henrys Mutter, die Kaiserin Maude, mit ihrem jüngsten Sohn Gilles nun residierte. Maude war alt geworden; sie ähnelte, auf geradezu unheimliche Weise, ihrem Cousin Stephen. Beiden sah man die Verbitterung an, die der jahrelange Kampf hinterlassen hatte.

Henrys Gefühle für seine Mutter waren sehr gemischt. Einerseits bewunderte er ihren Mut und die Halsstarrigkeit, mit der sie so lange in einer feindlichen Umwelt ihr und sein Erbe verteidigt hatte. Maude, einstmals Kaiserin über das Heilige Römische Reich Deutscher Nation, Enkelin des Eroberers und widerwillige Gattin Geoffrey Plantagenets, rang selbst ihren Feinden Achtung ab, und sie als Mutter gehabt zu haben, hatte Henry von Anfang an vor dem Irrtum bewahrt, in Frauen das schwächere Geschlecht zu sehen. Andererseits hatte sie nicht nur um das Königreich gekämpft, sondern auch mit ihrem Gemahl um die Loyalität ihrer drei Söhne. Maude und Geoffrey hatten sich schon in der Hochzeitsnacht so heftig zerstritten, daß Geoffrey seine Gemahlin am nächsten Tag verstieß, und nur der Zwang, mit Stephen zu konkurrieren und für Erben zu sorgen, hatte sie wieder zusammengebracht. In Henrys Kindheit hatte er von seiner Mutter immer nur Schlechtes über seinen Vater gehört. Geoffrey hingegen hielt sich den meisten Teil der Zeit mit Bemerkungen über seine Gemahlin zurück, zumindest in Gegenwart seiner Söhne.

Schon während der ersten Jahre in England hatte Maude ihren Sohn dann einer Begegnung ausgesetzt, die er Maude nie ganz verzeihen konnte, auch wenn sie aus großer Verzweiflung heraus gehandelt hatte.

Maude und Stephen hatten gerade wieder einen Waffenstillstand geschlossen, der aber nicht lange zu halten versprach. So begab sie sich mit dem elfjährigen Henry zu einer Begegnung mit Stephen auf neutralem Boden. Henry erinnerte sich noch genau, wie sie ihn mit eiskalter Stimme vor ihren Rivalen stellte:

»Cousin, ich möchte, daß du ihn zu deinem Erben machst. Dann würde ich auf meine Ansprüche verzichten.«

»Und warum sollte ich?«

»Weil er nicht Geoffreys, sondern dein Sohn ist.«

Henry war kalkweiß im Gesicht geworden. Stephen hatte einen flüchtigen Blick auf ihn geworfen und verachtungsvoll gesagt:

»Das ist eine Lüge, Maude, und du weißt es. Es ist nur einmal passiert. Warum tust du dem Jungen das an? Ich habe mich schon immer gefragt, ob es irgend etwas gäbe, vor dem du zurückschrecken würdest, um die Macht zu bekommen. Jetzt habe ich meine Antwort.«

Seit damals war Henrys Empfindung für seine Mutter zu einem guten Teil von Haß bestimmt. Er baute sein ganzes Dasein auf die Überzeugung, Geoffrey Plantagenets Sohn zu sein, und konnte ihr nicht vergeben, daß sie diesen geheimen Zweifel in ihm ausgelöst hatte, obwohl er ihn nur zu um so leidenschaftlicherer Parteinahme für seinen Vater trieb.

Das Leben in Rouen, wo sie bis zum Sommer blieben, verlief daher nicht ohne Spannungen, doch im großen und ganzen glücklich, besonders, als Alienor Henry eines Tages mitteilte, daß sie wieder ein Kind erwartete.

»Diesmal habe ich auch eine Überraschung für dich«, erwiderte Henry. »Rate!«

»Du gibst Geoff die Normandie und Anjou.«

»Fast. Ich entlasse ihn aus deiner Gastfreundschaft und

lade ihn nach Rouen ein, aber das ist nicht die eigentliche Neuigkeit. Rate noch einmal.«

Sie stützte sich auf einen Ellenbogen. »Du hast aus Dankbarkeit über deinen Sieg ein Keuschheitsgelübde abgelegt.«

»Was sonst? Also, höre und staune – Louis hat den Waffenstillstand mit mir um ganze zwei Jahre verlängert. Er muß nämlich durch Aquitanien ziehen, um nach Santiago de Compostela zu pilgern... und ein Vöglein hat mir gesungen, daß seine Pilgerreise noch einen weiteren Zweck hat.«

»Der König von Kastilien hat ihm seine Tochter angeboten.«

Nun war es an Henry, verblüfft zu sein. »Woher weißt du das?«

»Weil meine Spione etwas schneller sind als deine, Geliebter... was ganz natürlich ist. Ich habe, wenn du so willst, bessere... Verbindungen am französischen Hof.«

»Du verdammte Teufelin«, schloß Henry, nicht im geringsten ärgerlich, und lachte. »Weiß Gott... wie leer und langweilig wäre das Leben ohne dich, Alienor.«

Am zweiten November, als sie in Bordeaux hofhielten, fast ein Jahr nach Henrys triumphalem Einzug in London, kam aus England ein Eilbote des Grafen Salisbury mit der Nachricht, daß Stephen, seit zwei Jahrzehnten König von England, am fünfundzwanzigsten Oktober 1154 verstorben war. Henry und Alienor trafen sofort Reisevorbereitungen.

Sie nahmen den Weg über Rouen. Als Henry seine Mutter aufsuchte, schwieg sie lange und sagte schließlich mit ausdrucksloser Stimme: »Nun bist du also König von England.«

»Der erste aus dem Haus Plantagenet«, antwortete er ebenso ausdruckslos. »Und ich habe Euch etwas zu sagen, was Euch freuen wird. Ich werde Geoff freilassen. Er wird an meiner Krönung teilnehmen, aber, ebenso wie Gilles, als freier Mann. Es wäre doch etwas peinlich, wenn der Bruder des englischen Königs den gefangenen Helden spielen könnte.«

Maude nickte abwesend. »Ich werde versuchen, Geoff seine Torheiten auszureden, Henry. Wenn wir also dann die Krönung in Westminster begehen...«

»O nein«, unterbrach Henry sie kühl, aber gelassen. »Nicht *wir*. Ihr werdet nicht dabeisein, teure Mutter.«

Zum ersten Mal schoß etwas Farbe in Maudes bleiches Gesicht. »Wie meinst du das, Henry?«

»Ich meine«, entgegnete Henry schroff, »daß Ihr überhaupt nicht nach England kommen werdet, nie mehr in Eurem Leben, Mutter. Ihr könnt über alle meine Burgen und Städte auf dem Festland verfügen und seid dort jederzeit ein geehrter Gast – aber Ihr werdet England nicht mehr betreten.«

Maudes Antlitz war aschgrau. »Das... das kannst du nicht tun.«

»Nein? Wirklich nicht?« Die Kaiserin atmete schwer. »Mein ganzes Leben lang habe ich um das Königreich gekämpft, für dich gekämpft, und jetzt...« Henry unterbrach sie mit schneidender Stimme: »Für mich? Bleiben wir doch bei der Wahrheit, Mutter. Ihr habt immer und überall nur für Euch gekämpft. Lebt wohl.«

Maude blieb zusammengesunken auf ihrem Schemel sitzen. Er würde es ihr tatsächlich antun. Es war die perfekte Rache für etwas, das in seinem zwölften Lebensjahr geschehen und seitdem von ihr fast vergessen worden war. Sie begann zu weinen.

In Barfleur wurde Henrys und Alienors Euphorie jäh getrübt. Seit Tagen herrschte schon schlechtes Wetter, doch nun brach ein entsetzlicher Sturm los, der kein Ende nehmen wollte.

»Euer Gnaden«, sagte einer von Henrys Gefolgsmännern

resigniert, als es bereits dämmerte, »es sieht so aus, als säßen wir vorerst hier fest. Die Seeleute sagen, es könnte noch zwei Wochen dauern, ehe die See ruhig genug für eine Überfahrt ist.«

»Wochen in Barfleur«, murmelte Geoff, an seinen sehr viel jüngeren Bruder Gilles gewandt. »Herrlich.«

Henry drehte noch nicht einmal den Kopf. Statt dessen schaute er zu Alienor. Sie lächelte. Er nickte unmerklich und sagte dann laut: »Der Teufel soll mich holen, wenn ich mir von einem lächerlichen Sturm Angst einjagen lasse. Wir fahren noch heute abend!«

Sein Gefolge erstarrte, und Geoff explodierte: »Bist du wahnsinnig geworden? Bei diesem Wetter? Selbst wenn wir um unser Leben fliehen müßten, wäre es nicht zu rechtfertigen, und erst recht nicht jetzt! Das kannst du nicht...«

»Mein lieber Bruder«, sagte Henry bissig, »wenn ich dir je zeigen muß, was ich kann und was nicht, dann wird das kein angenehmer Tag für dich, das schwöre ich dir.«

Geoff zögerte. Seit dem Tag der Übergabe von Montsoreau, als er Henrys Hand an seiner Kehle gespürt hatte, hegte er haßerfüllte Furcht vor seinem älteren Bruder. Doch wenn er nicht selbst sterben wollte, galt es, Henry diese irrsinnige Idee auszureden.

»Deine Gemahlin ist schwanger«, sagte er, nach einem Strohhalm greifend, »und wenn du darauf bestehst, wird sie das Kind verlieren.«

Henry legte Alienor die Hand um die Taille. »Hast du Angst, mein Herz?« fragte er mit spöttischer Zärtlichkeit.

In demselben Tonfall erwiderte sie: »Um nichts in der Welt möchte ich die Gelegenheit versäumen, mit dir zusammen zu ertrinken.«

»Dann ist es also entschieden«, sagte Henry und gab seinem ungläubigen Gefolge das Zeichen zum Aufbruch.

Als sie an Bord waren, stellte er sich auf das Vorderdeck,

schrie gegen den Wind an und bewies einmal mehr sein Talent als Rhetoriker: »Habt keine Furcht, gute Leute«, rief er, während Regen und Salzwasser ihm ins Gesicht peitschten, »heute ist Nikolaustag, und der Heilige der Seefahrer und Reisenden wird uns beschützen! Wer ist hier so ein schlechter Christ, daß er am heiligen Nikolaus zweifelt?«

Der Nebel war so dicht, daß man kaum die Hand vor Augen erkennen konnte, die Wellen waren höher als jedes durchschnittliche Haus und das königliche Gefolge so seekrank, daß sie nicht mehr imstande waren, auch nur einen Finger zu rühren – nur Alienor und Henry, das unheilige Paar, standen in der Mitte des tobenden Gewitters an Deck, boten sich, an den Rahen festgeklammert, dem Wind dar und schienen die Überfahrt für nicht mehr als ein neues Abenteuer zu halten.

»Der heilige Nikolaus«, sagte Alienor kopfschüttelnd. Sie mußte schreien, um sich verständlich zu machen, und Henry brüllte zurück, obwohl er direkt neben ihr stand: »Es war das Beste, was mir einfiel... sonst hätte ich auf den Satan zurückgreifen müssen!« Blitze zuckten, und Alienor rief bedauernd: »Ich gehe lieber unter Deck, um mich um die Amme zu kümmern! Ich möchte nicht wissen, was aus Guillaume wird, wenn sie uns hier in Ohnmacht fällt!«

Eine Nacht und einen Tag lang segelten sie gegen das Unwetter, bis sie in Southampton an Land gingen. Die Geschichte, wie der neue König einem der schlimmsten Stürme des Jahres getrotzt hatte, um in sein Königreich zu gelangen, verbreitete sich in Windeseile und machte den sagenumwobenen neuen König noch populärer.

Zwölf Tage nach ihrer Ankunft wurden Henry und Alienor in Westminster Abbey zu König und Königin von England gekrönt. Henry war zweiundzwanzig, Alienor zweiunddreißig Jahre alt. Sie war im siebenten Monat schwanger, ohne das geringste Anzeichen von Müdigkeit zu zeigen.

In England war es üblich, daß König und Königin bis zur Hüfte entblößt knieten, während der Erzbischof von Canterbury das heilige Öl auf das Haupt, die Schultern und die Brust goß. Als der Erzbischof Alienor salbte, lächelte das Königspaar einander an. Henry machte mit dem Kinn eine Bewegung zum Erzbischof hin und kniff ein Auge zu. Gegen alle Erwartungen – gegen Feinde und Gezeiten und die Zeit selbst – hatten sie gewonnen.

Der alte Palast von Westminster war völlig heruntergekommen und fast unbewohnbar, daher wählten Henry und Alienor vorerst einen Palast in der City von London, Bermondsey, als ihre Residenz. Bermondsey lag an der Themse, dem Tower gegenüber, und während Alienor auf die Geburt ihres Kindes wartete, konnte sie die zahlreichen Barken und Schiffe beobachten, die den Fluß hinuntersegelten und Englands bekanntestes Exportgut, Zinn, in alle Welt brachten.

Am achtundzwanzigsten September brachte sie ihren zweiten Sohn zur Welt, der nach seinem Vater Henry genannt wurde. Sie hatte die Zeit der Muße dazu genutzt, um sich genau über die wirtschaftlichen Zustände ihres neuen Reiches berichten zu lassen, und das Gehörte war erschrekkend, wenngleich nicht vollkommen unerwartet. Der zwei Jahrzehnte währende Bürgerkrieg hatte die königliche Zentralgewalt auf einen winzigen Restbestand vermindert; jeder Baron fühlte sich als sein eigener Herrscher und hatte die Zeit genutzt, um ungestört Land an sich zu reißen und zu plündern; Steuern waren schon seit Ewigkeiten nicht mehr gezahlt worden, und die königlichen Beamten wirtschafteten nur noch in die eigene Tasche.

Henry und Alienor begannen schon drei Monate nach ihrer Krönung mit einer Reise durch das ganze Land, bei der jeder *Sheriff* persönlich zur Rechenschaft gezogen wurde und jede Ortschaft Gelegenheit erhalten sollte, beim Königspaar selbst Beschwerde zu führen. Vorher allerdings galt es, einen Unbestechlichen, einen Kanzler zu finden, einen Mann, der ebenso fähig wie klug war, der mit dem Klerus umgehen konnte, mit dem selbstherrlichen Adel fertig wurde und außerdem dem König treu ergeben war.

»Das wäre ein zweiter Merlin«, meinte Alienor resigniert, »du wirst Abstriche machen müssen.«

Henry schüttelte den Kopf. »Im Gegenteil. Ich glaube, ich kenne einen solchen Mann.«

Jener Geistliche, der damals die beiden Bischöfe begleitet hatte, war inzwischen von seinem Gönner, dem Erzbischof von Canterbury, zum Erzdiakon befördert worden. »Nun, Becket«, sagte Henry, als der neue Erzdiakon vor ihm niedergekniet war und seinen Krönungsring geküßt hatte, »so sieht man sich wieder. Es scheint, daß wir beide um einen neuen Titel reicher sind.« »Und um eine Last schwerer«, erwiderte Thomas Becket schlagfertig. Henry war angenehm überrascht.

»Zum Teufel, Ihr habt zuviel Geist für einen Geistlichen, Becket. Ihr braucht dringend ein weiteres Betätigungsfeld, und ich brauche einen Kanzler. Seid Ihr für diese Aufgabe zu haben?«

»Das ist nicht Euer Ernst«, sagte Becket bewegungslos.

Henry grinste. »Haltet das einem König lieber nicht vor, sonst wird er es am Ende bestätigen. Aber wirklich, Becket«, seine Stimme klang nun nicht mehr ironisch, »man hat mir erzählt, daß Ihr ehrgeizig seid, und ich halte Euch für den fähigsten Mann in diesem Königreich. Was meint Ihr?«

Der Erzdiakon blickte den lebenssprühenden jungen Mann vor sich an und erinnerte sich unwillkürlich daran, wie ihm der Erzbischof von Canterbury genau dieselbe Frage gestellt hatte.

Henrys grüne Augen bohrten sich in seine hellblauen.

»Könntet Ihr mein geschworener Mann sein«, fragte der König langsam, »mir immer treu ergeben und bereit, das Beste für mein Reich zu tun?«

Zu ihrem Verhängnis kam es keinem der beiden in den Sinn, daß in dieser Frage eigentlich zwei Aufgaben ausgesprochen waren. Henry Plantagenet sah nur einen intelligenten Mann vor sich, zu dem er sich hingezogen fühlte, und auch Thomas Becket spürte die Anziehungskraft seines Gegenübers voller Spottlust und Lebensfreude, so ganz anders als die Prälaten, die seine tägliche Umgebung bildeten.

»Ja, das kann ich«, antwortete Becket aufrichtig und mit ganzem Herzen.

Henry bedeutete einem Pagen, ihnen den bereitgestellten Wein zu bringen, und schenkte ihn in zwei Becher ein. Es war Burgunder, süß und rot wie Blut, erst vor einer Woche die Themse heraufgekommen.

»Trinken wir«, sagte Henry übermütig. »Das ist ein Pakt. Auf die Zukunft!«

Thomas Becket lachte plötzlich und verschluckte sich. Als er aufgehört hatte zu husten, brachte er hervor: »Gewöhnlich werden nur Bischöfe Kanzler. Euer Klerus wird entsetzt sein, mein König!«

Henry zwinkerte ihm zu. »Genau deswegen tue ich es!«

Mit Henry zu leben, hatte etwas von einem ständigen Abenteuer. Er war von derselben Rastlosigkeit getrieben wie Alienor. Die Kontrolle ihrer Beamten und Repräsentationspflichten lieferten ihm die willkommene Rechtfertigung, alle paar Tage ihren Aufenthaltsort zu wechseln. Innerhalb von zwei Monaten besuchten sie von Oxford, Winchester und Wallingford, Rouen und Caen sowie Bordeaux und Poitiers, ohne zu ermüden. Henry übertrug Alienor von Anfang an einen großen Teil der Rechtsprechung und des Geldwesens, und das nicht nur in Aquitanien, sondern auch und gerade in

England. Viele der Urkunden, die in die endlosen Landstreitigkeiten Ordnung bringen sollten, trugen ihre Unterschrift und ihr persönliches Siegel.

Allerdings ließen sich die Sorgen um ein riesiges Königreich – »größer als alles seit Karl dem Großen«, bemerkte Henry einmal – niemals und nirgendwo ganz verdrängen. Mitten in einer Umarmung konnte Henry plötzlich fluchen: »Die verdammten Schotten, ich bin überzeugt, daß sie ein Bündnis mit den Walisern im Sinn haben«, oder ihm fiel Alienors geistesabwesender Blick auf, wenn er sie gerade streichelte. »Was hast du?«

»Die Steuern… wir haben noch immer viel zu wenige, die sie bezahlen, und so viele Ausgaben…«

»Herrgott, Alienor, kannst du nie aufhören?«

»Nein. Kannst du es denn?«

»Nein.« Er seufzte. »Das ist unser Schicksal.«

Louis, dem seine neue Gemahlin eine weitere Tochter geschenkt hatte, fand sich endlich bereit, Alienors Ehe mit Henry und dessen Rechte auf Aquitanien anzuerkennen. Als Gegenleistung verlangte er Henrys erneuten Lehnsschwur und forderte, daß ihm Alienor seine Töchter, Marie und Alix, schickte. Da Alienor wußte, daß Louis ihr die beiden nie für immer wegnehmen würde, willigte sie ein. Schon bald kam die Nachricht, daß Louis Marie und Alix trotz ihres kindlichen Alters mit den beiden Blois-Brüdern, den Grafen der Champagne, verlobt hatte.

Verlobungen von Kindern waren bloße Gesten und konnten bis zur Heirat noch ein dutzendmal aufgelöst und neu geknüpft werden, doch diese Geste bewies, daß sich Louis die großen Rivalen der normannischen Herzöge als Verbündete sichern wollte. Thibaud de Blois und sein Bruder schienen ihre Zwistigkeiten beigelegt zu haben, doch Geoff Plantagenet entfachte im Frühsommer 1156, als Alienor ihr nächstes Kind erwartete, einen neuen Aufstand in Anjou.

Während Henry zum Festland übersetzte, reiste Alienor durch den Süden Englands, um sich die dortigen Beschwerden anzuhören. So mußte sie beispielsweise in Reading einen Zwist zwischen den Mönchen des dortigen Klosters und einem der ansässigen Barone schlichten, der während Stephens Regierung fast alles Land des Klosters an sich gerafft hatte. Er zeigte sich starr und unnachgiebig, bis Alienor, des selbstherrlichen Edlen müde, ihrem Schreiber diktierte: »Die Mönche von Reading haben bei mir Klage geführt, man habe ihnen Unrechtens in London Äcker genommen… Ich befehle Euch (…), den Mönchen alsbald ihr Land zurückzugeben. So daß ich in Zukunft keine Klagen mehr über Mangel an Recht und Gerechtigkeit hören muß; ich dulde nicht, daß sie Unrechtens Eigentum verlieren. Seid gegrüßt… et cetera, et cetera.«

Die Feder des Schreibers kratzte eilfertig über das Pergament, als eine ihrer Kammerfrauen hereingestürzt kam. Unwillig über die Unterbrechung, fragte Alienor scharf: »Was gibt es?«

»Oh, Euer Gnaden, Euer Gnaden, es ist der Prinz Guillaume! Er hat das Fieber…«

Alienor war, als stünde ihre Schwester wieder vor ihr, damals in Poitiers. Aber das konnte, das durfte doch nicht sein, daß sich ein solches Ereignis wiederholte!

Sie wachte tagelang neben ihrem dreijährigen Sohn, hörte die keuchenden Atemzüge und fühlte, wie sein Leben mit jeder Stunde mehr verrann. Oh, sie kannte die Nähe des Todes – doch während sie das sterbende Kind damals vor so vielen Jahren nur ein wenig bedauert hatte, war sie jetzt völlig ohnmächtig, spürte mit jeder Minute ein Messer im Herz. Ländereien, dachte sie erbittert, während sie Guillaumes Hand hielt, ich kann hervorragend um Ländereien kämpfen, aber nicht um das Leben meines eigenen Sohnes.

Als der herbeigeholte Heiler sie schließlich sachte an der

Schulter berührte und zu sagen wagte: »Es ist vorbei, Euer Gnaden, Gott möge seiner armen Seele Frieden geben«, sah sie ihn mit einem so mörderischen Blick an, daß er ein paar Schritte zurückwich.

Doch er faßte sich wieder und wiederholte: »Bitte, Euer Gnaden, Ihr könnt jetzt doch nichts mehr für ihn tun, und...«

»Hinaus!«

»Euer Gnaden...«

»Hinaus, sage ich! Laßt mich allein! Hinaus!«

Am selben Tag, an dem Guillaume in Reading beerdigt wurde, nahm der nichtsahnende Henry eine weitere Kapitulation seines Bruders entgegen. »Mein lieber Geoff«, sagte er sarkastisch, »langsam werden deine Aufstände nicht nur lästig, sondern albern.«

Er war längst nicht so ärgerlich wie bei früheren Gelegenheiten, was dem gedemütigten Geoff wieder etwas Auftrieb verlieh. »Was erwartest du von mir, Henry?« fragte er mürrisch.

»Was glaubst du wohl? Ich möchte, daß du eine Erklärung unterschreibst, in der du ein für allemal auf deine Ansprüche auf Anjou verzichtest. Nicht, daß ich etwas auf dein wertloses Wort gebe, aber es könnte sich für mich als nützlich erweisen.«

»Wenn du dir einbildest«, brauste Geoff auf, »nur weil du mich besiegt hast, lasse ich mir von dir das letzte Hemd wegnehmen...«

»Ich bilde mir überhaupt nichts ein.« Henry ließ seinen Panzerhandschuh langsam von einer Hand in die andere gleiten. »Weißt du, ich habe die Wahl, dich umzubringen oder dir irgend etwas zu geben, um mir weitere Belästigungen zu ersparen... und ich hoffe doch, daß du mich nicht zwingst, aus dir einen Märtyrer zu machen.«

Geoff schluckte nervös, doch seine Gier war geweckt. »Was meinst du damit, was willst du mir geben?« Henry betrachtete ihn verächtlich. »So etwas bemerkst du sofort, nicht wahr? Nun, wie es sich trifft, Bruder Geoff, haben die Bürger von Nantes in der Bretagne einen Aufstand gegen ihren blutsaugerischen Grafen Hoel begonnen und mir eine dringende Bitte um Hilfe zukommen lassen. Rebellionen sollte man eigentlich nicht unterstützen, es könnte Schule machen. Doch als ich von dem Vorfall hörte, kamst du mir sofort in den Sinn. Kurzum, du wirst mich jetzt in die Bretagne begleiten, wir werden den törichten Hoel besiegen und anschließend den Bürgern beibringen, daß sie dich aus Dankbarkeit zu ihrem Herzog machen. Armes Volk!«

»Aber«, stotterte Geoff, noch ganz benommen von dem jähen Umschwung der Dinge, »warum nimmst du dir die Bretagne nicht selbst?«

»Bestimmt nicht aus Liebe zu dir«, sagte Henry eiskalt. »Zufälligerweise habe ich gerade einen Frieden mit Louis geschlossen, und wenn ich mir noch ein weiteres seiner Lebensgebiete aneigne, dann weiß ich nicht, wie lange dieser Frieden halten wird. Wenn mein Bruder es tut, von dem bekannt ist, daß er mit mir verfeindet ist, ist das etwas ganz anderes.«

Seine Augen spiegelten kalte Berechnung wider. »Damit wir uns nicht mißverstehen, Geoff: Wenn du in der Bretagne nicht immer und jederzeit in meinem Sinn handelst, dann ist das ein Fehler, den du sehr schnell und nur kurz bereuen wirst.«

Die neue Kirche von Fontevrault mit ihren mächtigen Kapitellen und den hohen Spitzbogenfenstern, den vier Kuppeln, durch die das Licht majestätisch flutete und auf den Altar gelenkt wurde, als leuchte er selbst, war der große Stolz der Äbtissin Mathilda.

»Ich muß dir nochmals für deine Großzügigkeit danken. Das ist auch dein Werk. Natürlich mußten wir zuerst das Hospital und das Badehaus ausbauen, aber nun konnten wir auch die Kirche beenden lassen, die doch schon mein Vorgänger begonnen hat.« Mathilda lächelte Alienor an.

Sie wurde durch Alienor immer an die Feengeschichten ihrer Jugend erinnert, denn die Königin zeigte nichts, was verraten hätte, wie viele Geburten sie schon durchgestanden hatte. Die Mutterrolle hatte nicht einmal ihre jugendliche Rastlosigkeit verdrängt. In Gesprächen begann Alienor unweigerlich mit ihren Händen zu spielen oder auf- und abzugehen, als gelte es, auch noch den kleinsten Moment auszunutzen. Henry war genauso, dachte Mathilda belustigt. Wann immer sich der König in Fontevrault aufhielt, war er kaum imstande, die Messe zu überstehen, ohne sich zu erheben. Kein Wunder, daß sie keinen besänftigenden Einfluß aufeinander ausübten!

Alienor sagte, auf Mathildas Dank Bezug nehmend: »Ich hätte nicht gedacht, daß ich jemals als Wohltäterin der Kirche bezeichnet würde, Tante.« Sie sagte es mit freundlicher Ironie, denn Mathilda versuchte in regelmäßigen Abständen, Alienor zu einer etwas devoteren Haltung zu bekehren. Doch während Alienor sowohl Mathilda als auch den Frieden von Fontevrault, der hin und wieder etwas Ruhe in ihr bewegtes Leben brachte, schätzte, machte sie in dieser Hinsicht kaum Zugeständnisse.

»Wenn du nicht achtgibst, mein Kind, wirst du dich noch in eine Schutzpatronin verwandeln«, meinte Mathilda jetzt heiter, und Alienor kicherte. »Dazu hätte ich wohl das geringste Talent.« Mathilda war nicht umsonst Henrys Tante. Sie entgegnete neckend: »Wer weiß... du hast in den letzten Jahren auch sonst ungeahnte Fähigkeiten gezeigt.« Sie hakte sich bei Alienor ein, und die beiden verließen das neue, stolze Bauwerk.

»Sechs Jahre Ehe, und wie viele Kinder hast du jetzt? Drei? Vier?«

»Henry, Richard und die kleine Mathilda, Euer Patenkind, und natürlich dasjenige, das ich jetzt erwarte«, erwiderte Alienor, doch ihr Gesicht umschattete sich. »Ich bin glücklich über meine Kinder, Tante, aber täuscht Euch nicht, Gott verlangt bisweilen einen hohen Preis dafür.«

Seit dem Tod des kleinen Guillaume waren zwei Jahre vergangen, in denen sie zwei weitere Kinder zur Welt gebracht hatte, und Alienor erwähnte ihren ältesten Sohn nie mehr; doch in Augenblicken wie diesen spürte die Äbtissin den nicht verwundenen Schmerz hinter der Schale von unbekümmerter Lebhaftigkeit. Ablenkend fragte sie: »Und wer sind die beiden anderen Jungen, die du bei dir hast? Einer sieht Henry sehr ähnlich, und doch...«

Alienors Mundwinkel zuckten. »Nein, meine Söhne sind es nicht, und ich hoffe, bitte Euch, hierüber jede Anspielung zu unterlassen – es sei denn, Ihr möchtet den Skandalgeschichten um mich noch eine hinzufügen. Überlegt doch«, sagte sie, bemüht, so tiefernst wie möglich zu klingen, »zwei uneheliche Söhne mit Henry aus der Zeit, als ich noch mit Louis verheiratet war... es wäre ein gefundenes Fressen für den Klatsch.« Sie kämpfte siegreich gegen einen Heiterkeitsausbruch und erläuterte dann: »Es sind Henrys Söhne, die mit unseren Kindern großgezogen werden, Will und Ralph.«

Es war nicht ungewöhnlich, wenn auch nicht in jedem Fall üblich, daß Bastarde eines hochgestellten Vaters mit seinen legitimen Kindern aufwuchsen; Mathilda machte keine Bemerkung darüber, denn Alienor schien offensichtlich nicht eifersüchtig auf die Jungen zu sein – warum sollte sie auch? – und behandelte sie, soviel hatte Mathilda beobachten können, mit gutmütiger Freundlichkeit. Mathilda erkundigte sich, wann denn der neue Plantagenet erwartet werde.

»Wieder im September, wie letztes Jahr Richard.« Auf

Alienors Wangen zeigten sich Grübchen. »Vielleicht ist es die Geburt des göttlichen Kindes, die im Winter immer so… anregend wirkt.«

Mathilda bemühte sich, schockiert dreinzublicken, wie es ihrer Würde als Äbtissin zukam, brachte es jedoch nicht überzeugend genug fertig. Sie gab es auf. Ihre Freundschaft mit Alienor, die sie als unerwartetes Geschenk Gottes in ihrem kinderlosen Dasein empfand, hatte auch sie gelockert. Wenn Alienor Mathilda friedlich fand, so fand Mathilda Alienor belebend wie einen Jungbrunnen.

»Es ist schade, daß du schon so bald fort mußt«, sagte sie wehmütig. Die jüngere Frau strich ihr über die Wange. »Ja, ich weiß. Ich würde auch gerne bleiben. Aber Henry und ich treffen uns in Le Mans, wo wir die Ankunft des Kanzlers erwarten wollen.«

»Thomas Becket?« fragte Mathilda stirnrunzelnd. »Ich habe von ihm gehört, alles sehr widersprüchlich. Er soll der beste Freund deines Gemahls sein, sein ständiger Gefährte auf der Jagd und, wenn du es mir nicht übelnimmst, Alienor, so prunkliebend wie du selbst es bist, aber andererseits rühmt man selbst in meinem Orden seine Mildtätigkeit den Armen gegenüber, und es heißt, daß er sich den strengsten Fastenzeiten und Bußübungen unterzieht.«

»Bin ich etwa nicht auch mildtätig?« fragte Alienor mit liebevollem Spott. »Und was die Bußübungen angeht, ich weiß nicht, ob Thomas Becket in der Lage wäre, jedes Jahr ein Kind auf die Welt zu bringen… oder ob er sich überhaupt vorstellen kann, was das bedeutet.« Obwohl sie immer noch im Scherz sprach, hatte sich eine unbewußte Veränderung in ihren Ton eingeschlichen, die der empfindsamen Mathilda sofort auffiel.

»Was hältst du von ihm?«

Alienor gestattete sich ein Schulterzucken. »Sehr klug, sehr fähig, und er ist ein angenehmer Gesellschafter.«

Es war nicht die Antwort, die Mathilda haben wollte, doch sie fragte nichts mehr.

Thomas Becket war von seinem König eine schwierige Aufgabe übertragen worden, und er meisterte sie, wie alle schwierigen Aufgaben, mit Bravour. Der Kanzler von England sollte mit dem König von Frankreich geheime Verhandlungen führen, und nachdem Louis mehrere Wochen lang der Überzeugungskraft Beckets ausgesetzt war, gab er nach.

Nach Abschluß der Verhandlungen gingen die beiden Männer nach Saint-Denis, um dort Gott zu danken und zu beten, und zum ersten Mal konnte sich Louis nicht völlig auf sein Gebet konzentrieren. Er ertappte sich dabei, wie er dem englischen Kanzler neugierige und verwunderte Blicke zuwarf. Selten hatte er einen Mann so sehr, mit solcher Ausschließlichkeit im Gebet versunken gesehen, seit – ja, seit der heilige Bernhard gestorben war. Doch es war absurd, Thomas Becket mit dem berühmten Abt von Clairvaux vergleichen zu wollen.

Becket, so dachte Louis, lebte so aufwendig, wie Bernhard schlicht gelebt hatte. Der Einzug des Kanzlers in Paris war ein Spektakel für die ganze Stadt gewesen; Becket hatte nicht weniger als zweihundertfünfzig Pagen und Schildknappen in seinem Gefolge gehabt, die zahlreichen Jäger nicht mitgerechnet, und die Pariser hatten die riesige Schar Habichte, Sperber und Falken bewundert, die sie mit sich führten. Dergleichen waren sie von ihrem König nicht gewohnt. Doch damit nicht genug. Den Pagen und Jägern war ein riesiger Warenzug gefolgt, hinter dem wiederum ein Schauspiel von fast orientalischer Pracht kam – zwölf Maultiere in prächtigem Geschirr, jedes mit zwei Kästen und einem keckerndem Affen beladen, die von der Menge bestaunt wurden.

Und doch, dachte Louis, und doch – dieser weltliche

Mann mit dem Auftreten eines Fürsten war einer der gläubigsten Menschen, die er je gesehen hatte, und es konnte sich einfach nicht um geschickte Heuchelei handeln. Nachdem sie ihr Gebet beendet hatten, fragte er impulsiv: »Wie kann ein Mensch wie Ihr dem König von England dienen, der...« Er vollendete den Satz nicht, doch das war auch nicht nötig, denn Louis hatte nach einundzwanzig Jahren Regierung immer noch nicht die Kunst der Verstellung gelernt.

»... der als gottlos gilt, als frevlerisch und hochmütig wider Gott und die Kirche?« vollendete Becket. Er wirkte nicht verärgert, obwohl sich aus seinem Gesicht im allgemeinen nichts ablesen ließ. Distanziert fuhr er fort: »Glaubt mir, Ihr mißversteht den König und achtet zu sehr auf das Geschwätz seiner Feinde.«

»Nun, Ihr seid sein Kanzler und müßt so antworten.«

Thomas Becket schüttelte den Kopf. »Ich spreche aufrichtig, Euer Gnaden, obwohl Ihr mir Voreingenommenheit vorwerfen könntet, denn ich bin nicht nur der Kanzler des Königs, sondern auch sein Freund.«

Louis schwieg. Es gab Momente, in denen er in Henry Plantagenet den Antichrist sah, und andere, in denen er sich verzweifelt fragte, wie Gott einen solchen Mann nur derart bevorzugen konnte. Drei Söhne und eine Tochter hatte Alienor ihrem zweiten Gemahl in sechs Jahren geboren, und wie man hörte, sollte ein fünftes Kind folgen. Wenn sie ihm in den fünfzehn Jahren Ehe auch nur einen Sohn geschenkt hätte, nie hätte er sie gehen lassen, und hätte sie auch noch so sehr darauf bestanden! Jetzt war er zum billigen Witz in allen Fürstenhöfen geworden – der König von Frankreich, der unfähig war, sein Land mit einem Erben zu versorgen.

»Gehen wir«, sagte er abrupt. In Beckets undurchdringlichen Augen lag eine Spur Mitgefühl, als er erwiderte: »Wie Ihr wünscht, Euer Gnaden.«

Henry betrachtete seine Gemahlin, die in der sommerlichen Hitze ein Bad nahm. Zwei ihrer Kammerfrauen hatten den Waschzuber mit kühlem Wasser gefüllt, und Alienor wirkte mit ihren dahintreibenden kupferfarbenen Haaren wie eine Nixe. Die Tatsache, daß man durch die Wasserspiegelung ihren schwangeren Leib nicht erkennen konnte, erhöhte noch die Illusion.

»Da du die Blois' gezwungen hast, dir als Lehnsherrn zu huldigen und dir Tribut zu zahlen, ist die Champagne uns sicher«, sagte Alienor und entspannte sich zufrieden in dem kühlenden Wasser. »Keine Angriffe mehr aus dieser Ecke, und außerdem ist die Champagne ein reiches, fruchtbares Land.« Henry nickte. »Ich wage zu behaupten, daß Louis daran denken wird, wenn er mit Thomas verhandelt! Was meinst du, wie lange wird Thomas brauchen, bis er Erfolg hat?«

»Du zweifelst nie daran, daß er Erfolg hat, nicht wahr?« fragte Alienor zurück. Sie gab ihrer Dienerin ein Zeichen, mit den Handtüchern zu kommen.

Henry schaute sie ein wenig verblüfft an. »Du magst ihn nicht sehr«, sagte er, sie aufmerksam musternd.

Alienor warf ihr nasses Haar zurück. »Vielleicht. Ich weiß es wirklich nicht, Henry. Es ist nicht so, daß ich an seinen Fähigkeiten zweifle – er ist ein hervorragender Kanzler, und er wird bei Louis bestimmt Erfolg haben.«

»Du kannst wohl den Gedanken nicht ertragen, daß es einen Mann bei Hofe gibt, der dir nicht zu Füßen liegt, mein Schatz«, zog sie Henry auf, und Alienor schnitt eine Grimasse.

Das Geheimnisvolle, Unzugängliche an Thomas Becket, das viele ihrer Damen zur Verzweiflung brachte, hatte sie seltsamerweise nie gereizt, weil sie dahinter etwas spürte, was sie Henry nun zu erläutern versuchte. »Er kommt mir so«, sie zerbrach sich den Kopf nach einem angemessenen

Wort, fand keines und sagte in Ermangelung eines besseren, »unecht vor.«

Henry brach in lautes Gelächter aus, und sie warf ihm das Handtuch, das sie gerade hielt, ins Gesicht. »Ich weiß«, sagte sie verärgert, »du und ich lügen so leicht, wie wir atmen können, aber das meine ich nicht. Natürlich täuschen wir, aber wir beide leben gerne, wir genießen unser Dasein, und dein Freund Thomas tut genau dies nicht. Er macht sich und den anderen nur vor, es zu genießen.«

Henry war ernst geworden. Er dachte darüber nach; seine Gemahlin war gewöhnlich eine der scharfsinnigsten Beobachterinnen, die er kannte, und er schätzte ihr Urteilsvermögen. Aber was sie da vorbrachte, war sowohl verstörend wie auch unmöglich. Er erinnerte sich an die Zeiten, wenn er und Thomas zur Jagd ausritten, nebeneinander galoppierend und das Feuer des Lebens in sich. Selbstverständlich war Thomas mit ganzem Herzen bei der Sache!

»Mir kommt es vor«, erklärte Alienor, »als spiele er nur eine Rolle, als suche er noch nach einem echten Daseinszweck. Und er spielt diese Rolle mit einer solchen Vollkommenheit, daß mich der Gedanke beunruhigt, was er erst fertigbringen wird, wenn er seinen Daseinszweck gefunden hat!«

Henry bedeutete der Kammerfrau zu verschwinden, trat hinter Alienor und bildete mit dem Handtuch eine Schlinge um ihren Hals. »Du bist eifersüchtig, Geliebte, das ist alles«, sagte er und zog sie an sich.

»Eifersüchtig?« Alienors Augen blitzten. »Henry Plantagenet, du bist der eingebildetste Mann, der mir je untergekommen ist. Du glaubst wohl, ich sähe alles und jeden nur in bezug auf dich?«

»Nur«, sagte Henry und landete im Waschzuber. Prustend gab er zurück: »Hol's der Teufel, Weib, du nutzt deine Schwangerschaft schamlos aus. Warte nur, bis ich mich rächen kann!«

»Rächen?« fragte Alienor unschuldig. »An einer hilflosen, zarten Frau? Und was würdest du dann tun, du Held?«

Henry entstieg ihrem Badetrog wie Neptun den Wellen. »Ich denke, ich sehe da ein, zwei Möglichkeiten.«

»Henry«, sagte Alienor mit gespieltem Entsetzen, »heute ist Sonntag.«

»Ich bin sicher, der Herr versteht es und nimmt es uns nicht übel.«

Als sein Kanzler in Le Mans eintraf, hatte Henry gerade eine unerwartete, aber folgenreiche Botschaft erreicht. Sein Bruder Geoff hatte es fertiggebracht, sich in Nantes bei einem Turnier umbringen zu lassen. »Zumindest starb er als Herzog«, sagte Henry zynisch zu Alienor. Sie gaben beide nicht vor, um Geoff zu trauern; es wäre blanke Heuchelei gewesen und zudem sinnlos, da niemand in der Nähe war, den man damit beeindrucken konnte.

»Wir müssen uns die Bretagne sichern«, entgegnete Alienor deswegen nachdenklich, »bevor sie Louis jemand anderem als Lehen verleiht. Mit der Bretagne bist du dann Herrscher über die gesamte Atlantikküste.«

»Ganz einfach«, meinte Henry sorglos, »meine Truppen stehen ohnehin dort, und ich werde Louis sagen, daß ich mich als Erbe meines lieben Bruders betrachte. Notfalls gibt es noch einige Vorfahren, die als bretonische Herzöge herhalten können.«

Ein Knappe kam herein und meldete die Ankunft des Kanzlers. Henry sprang auf. »Verdammt, das wurde auch Zeit – der Schuft hat mir absichtlich keine Nachricht aus Paris über den Stand der Verhandlungen zukommen lassen, ich möchte wetten, nur, um mich auf die Folter zu spannen.« Er eilte hinaus.

Alienor blieb sitzen. So unzerstörbar ihre Gesundheit auch war, ihre Schwangerschaft war nun so weit fortgeschritten, daß sie leicht ermüdete. Schon wenig später kam Henry Arm in Arm mit seinem Freund in die kleine Halle zurück und verkündete triumphierend: »Er hat es geschafft, Alienor! Louis hat eingewilligt, seine kleine Marguerite mit unserem Henry zu verloben.«

Alienor schloß einen Moment lang die Augen. Sie hatten es beide erwartet, doch war noch genügend Unsicherheit dabeigewesen. Die Verlobung ihres Sohnes mit Louis' jüngster Tochter bedeutete nicht nur ein Bündnis mit Frankreich, sondern auch, daß diese beiden Kinder einmal über die vereinigten Königreiche herrschen konnten – England und Frankreich. Dagegen würde das Heilige Römische Reich verblassen. Mit echter Freude lächelte sie Thomas Becket zu. »Das sind in der Tat großartige Neuigkeiten. Ich hoffe«, sie konnte es nicht unterlassen, den Kanzler ein wenig zu nekken, »Euer Stand als Geistlicher läßt eine Siegesfeier heute abend zu?«

Henry grinste. »In der Tat, Thomas, ich glaube, das stellt uns vor ernsthafte Schwierigkeiten. Wie können wir dich zu Schlemmereien verleiten, wo du doch fasten sollst?«

»Ich habe auch dafür eine Lösung«, parierte Becket mit seiner gewohnten Geistesgegenwart. »Wie wäre es, wenn ich Euch statt dessen zum Fasten verleite?« Die Halle war von dem Gelächter der drei gefüllt, übermütig und selbstsicher.

Im Herbst brachte Alienor ihren vierten Sohn zur Welt, der nach Henrys Vater Geoffrey genannt wurde. Doch während dank der Verlobung des kleinen Henry mit Marguerite auf dem Festland der Frieden für einige Zeit gesichert zu sein schien, begannen sich in dem englischen Teil des Reiches Schwierigkeiten bemerkbar zu machen.

Seit dem Eroberer waren kirchliche und weltliche Gerichtsbarkeit getrennt, und jeder Geistliche konnte für sich beanspruchen, vor ein Kirchengericht gestellt zu werden, ganz gleich, was er getan hatte. Da aber eigentlich jeder Schreiber mit einigen Lateinkenntnissen sich als Geistlicher bezeichnete, konnte ein Großteil der Bevölkerung von diesem Anspruch Gebrauch machen. Darüber hinaus waren die Kirchengerichte auch befugt, in ›Gewissensfällen‹ zu entscheiden, ganz gleich, wer der Übeltäter war. »Und was, bitte, ist kein Gewissensfall?« fragte Henry mehr als einmal ärgerlich. »Wenn man davon ausgeht, daß Zeugen möglicherweise Meineide schwören, kann man schlichtweg alles zum Gewissensfall erklären!«

Daher pochte der Klerus, der sich von den unruhigen Zeiten unter König Stephen erholt hatte, mehr und mehr auf seine Rechte, beanspruchte fast alle Prozesse für sich und so auch fast alle Bußgelder. Der Erzbischof von Canterbury war als oberster Kirchenfürst im Lande der eifrigste Verfechter jener Ansprüche, und zwischen ihm und Henry kam es mehr als einmal zu erhitzten Auseinandersetzungen. Keine der beiden Seiten wollte nachgeben, um so mehr, da Henry dringend mehr Geld zur Unterstützung seines neuesten Plans brauchte.

Er hatte nämlich beschlossen, endlich gegenüber Toulouse seine Ansprüche geltend zu machen, seit Jahrzehnten der wunde Punkt der Herzöge von Aquitanien. Seit der Heirat von Alienors Großvater mit Felipa trugen sie rechtmäßig den Titel der Grafen von Toulouse, doch hatte sich inzwischen ein Cousin aus einer Seitenlinie zum Grafen erklärt, und die seit jeher rebellische Bevölkerung dort unterstützte ihn. Toulouse war jedoch ungeheuer wichtig für die Verbindung zum Mittelmeer, und Henry war es gelungen, einen Teil des dortigen Adels mit Versprechungen auf seine Seite zu ziehen. Ein neuer Feldzug stand bevor.

Während dieser Vorbereitungen hatten Henry und Alienor jedoch ihren ersten wirklich ernsten Streit. Wenn sie vorher gestritten hatten, so war das ein Zusammenstoß von zwei ähnlichen Temperamenten gewesen und so schnell wieder vorbei, wie er gekommen war. Dieser Streit jedoch sollte sich als folgenschwer erweisen.

Es begann an einem eigentlich harmonischen Abend, als sie beide mit ihren Höflingen in Poitiers dem Spiel von Alienors bevorzugtem Troubadour lauschten, Bernard de Ventadour. Henry war der Musik gegenüber ebenso aufgeschlossen wie seine Gemahlin, die ihm die neue Welt der Lieder und Sänger eröffnet hatte. Bernard de Ventadour stand auch als Gefolgsmann in Henrys Diensten, und jetzt sang er in dem sicheren Gefühl, daß das königliche Paar – der ›Herr des Nordwinds‹ und der ›Goldadler‹, wie er sie nannte – ihm gewogen war, eine Ballade aus dem Sagenkreis um König Artus.

Doch Alienor konnte sich heute nicht so an Bernards Vortrag erfreuen wie sonst. Sie war zu sehr damit beschäftigt, Henrys Tändelei mit der Gräfin Avisa zu verfolgen. Sie hatte immer gewußt, daß Henry ihr auf seinen Feldzügen nicht treu war, doch heute abend geschah es vor ihren Augen. Sie war zunächst überrascht, dann verärgert und schließlich zornig, und an seinen gelegentlichen belustigten Blicken spürte sie, daß er das sehr wohl bemerkte. Als er mit Avisa verschwand, grub Alienor ihre Nägel so tief in die Handballen, daß ein wenig Blut aus den roten Halbmonden quoll.

Indessen, als Henry bester Stimmung zurückkehrte, war seine Gemahlin verschwunden. Er nahm an, sie wollte ihre Kränkung über sein Verhalten nicht der Öffentlichkeit zeigen, und besuchte in dieser Nacht nicht ihr Bett, um ihr die Gelegenheit zu geben, sich von ihrem Zorn zu erholen.

Am folgenden Tag war sie jedoch auf unheimliche Weise liebenswürdig zu ihm, und als er an diesem Abend zu ihr kam, war er auf den lang erwarteten Wutausbruch gefaßt. Alienor entließ ihre Kammerfrauen, die bereits das große Bett aufgeschlagen und sie für die Nacht umgekleidet hatten.

Betont langsam rieb sie sich mit dem wohlriechenden Öl ein, daß sie seit ihrer Kreuzzugszeit verwendete und nun aus dem Orient kommen ließ. Sie saß vor ihrem aus Bronze gehämmerten Spiegel, und Henry, der ihr Bild sah, spürte den Zweck ihrer Demonstration und war einmal mehr von den ungeheuren Reizen seiner Frau gefangen.

»Wo warst du eigentlich gestern abend?« fragte er beiläufig. Alienor wandte sich ihm mit strahlendem Lächeln zu.

»Henry, Teuerster, errätst du es nicht? Ich habe eine ungemein befriedigende Nacht mit deinem so anregenden Vasallen, dem Grafen Leicester, verbracht.«

Henrys Miene wandelte sich schlagartig. »Sag das noch einmal!«

»Aber das kann dich doch kaum überraschen, Geliebter. Ich wundere mich, daß du meine Abwesenheit überhaupt bemerkt hast, du warst doch so beschäftigt.«

»Du hast es nicht getan!« Mit zwei Schritten war er bei ihr und packte sie an den Handgelenken.

Alienors braune Augen tauchten voll Spott in die seinen. »Und warum sollte ich nicht? Du kennst mich doch, Henry. Denk nach. Habe ich es getan?«

Henry hatte nicht gewußt, daß Alienor solche sprachlose, weißglühende Wut in ihm auslösen konnte. Er ließ sie los und schlug sie, ohne sich zu besinnen, ins Gesicht. Alienor schlug ohne zu zögern zurück, doch als er sie erneut ergreifen wollte, kam ihm der Schemel in den Weg, auf dem sie gesessen hatte, und diese Unterbrechung ließ ihn wieder etwas zur Besinnung kommen.

Schwer atmend, standen sie sich beide gegenüber und starrten einander an. »Es tut weh, nicht wahr, Henry?« fragte Alienor leise und beobachtete, wie das pulsierende Blut sein Gesicht langsam verfärbte. »Ich hoffe nur, es tut sehr weh und demütigt dich genauso, wie du mich gedemütigt hast!«

Seine Hände ballten sich zusammen und öffneten sich wieder. »Du bist das unverschämteste Miststück, das mir je begegnet ist.«

»Dann sieh in den Spiegel, Henry.«

Er hob die Hand, als wolle er sie noch einmal schlagen, sie fing sie ab, und unversehens waren sie in einen wütenden und stummen Ringkampf verwickelt, der auf dem Boden endete.

»Ergibst du dich?« keuchte er. Unversehens ging ihnen die Lächerlichkeit ihres Benehmens auf, und sie brachen beide in Gelächter aus.

»Weiß Gott«, sagte Henry, »als ob wir Kinder wären.« Er ließ sich neben sie fallen und küßte sie hart auf den Mund. »Tu das nie wieder, Alienor«, sagte er sehr ernst. Sie erwiderte seinen Kuß.

»Henry«, flüsterte sie, »ich habe dich vor unserer Ehe gewarnt. Wenn du mich verletzt, werde ich dich doppelt und dreifach verletzen, Schlag um Schlag.«

Henry beugte sich über sie. Ja, es stimmte, er wußte, daß sie nie eine Kränkung verzieh, genausowenig wie er es tat – doch bis zu diesem Moment hatte er nur ahnen können, was es bedeutete, eine Frau neben sich zu haben, die ihm in jeder Beziehung ebenbürtig war. Er hatte nicht geglaubt, daß sie in der Lage war, ihn derart zu treffen – und doch, er hätte es wissen müssen. Er lächelte schwach. »Erinnerst du dich, was ich damals gesagt habe? Wir sind das vollkommene Paar.«

Sie waren in der Versöhnung ebenso leidenschaftlich wie im Streit, doch beide konnten nun nicht mehr verdrängen, daß sich eine Gefahr gezeigt hatte, die jederzeit wiederkommen konnte – eine Gefahr, die von ihnen selbst ausging.

Louis entsann sich plötzlich, daß er mit dem derzeitigen Grafen von Toulouse durch Heirat verwandt war, und schickte seinen schriftlichen Protest. Henry traf zweimal mit ihm zusammen, doch eine Einigung ließ sich nicht erzielen. Zu einem Rückzug war es indessen zu spät, denn Thomas Becket hatte in England siebenhundert Ritter für den Feldzug gewonnen und sich bereits mit ihnen eingeschifft, und sogar Malcolm von Scotland, Henrys früherer Gegner, wollte sich an dem Feldzug beteiligen.

Der Graf von Toulouse sah sich bereits verloren, als Louis seine Ankunft in Toulouse meldete. Als Pilger verkleidet, mit nur wenigen Begleitern und ohne Armee hatte er sich eingefunden. Wenn Henry die Stadt jetzt angriff, so war das eine direkte Kriegserklärung, mehr noch, die gewaltsame Gefangennahme seines Lehnsherrn, der ohne Waffenschutz war. Es war das erste Mal, daß der König von Frankreich Henry Achtung abnötigte. Louis hatte die einzige Waffe ins Spiel gebracht, mit der Henry nicht gerechnet hatte – sein eigenes Vertrauen in die Unverletzlichkeit des Lehnssystems und seine Schwäche.

Henry verlangte eine Unterredung mit Louis vor den Mauern der Stadt. Louis wirkte übermüdet und angespannt, aber nicht im geringsten eingeschüchtert, und Henry verstand jetzt, was Alienor gemeint hatte, als sie davon sprach, daß ihr erster Gemahl über ›den Starrsinn der Gerechten‹ verfügte.

»Nun, Euer Gnaden«, sagte Henry sarkastisch, »es scheint, wir befinden uns in einer Pattsituation. Ich kann nicht hinein, und Ihr könnt nicht heraus.«

Unbeeindruckt entgegnete Louis: »Ich schulde dem Grafen von Toulouse meinen Schutz, sowohl als Verwandter wie auch als Lehnsherr, und ich werde die Stadt nicht verlassen, bis Ihr Eure Truppen abgezogen habt.«

Henry hüstelte. »Ein ehrenwerter Entschluß, aber sehr unvorsichtig, wenn man bedenkt, daß ich die Mittel habe, Euch monatelang hier auszuhungern. Außerdem kann ich mich darauf verlassen, daß mein Königreich ruhig bleibt – könnt Ihr das auch? Ohne Euren Kronrat beleidigen zu wollen, aber die edlen Herren sind nicht sehr beliebt, wie es heißt, und außerdem zweifle ich daran, daß sie in der Lage wären, Paris gegen eine Belagerung zu verteidigen.«

Das brachte Louis nun doch aus der Fassung. »Paris?« fragte er bestürzt.

»Wenn Ihr mich dazu zwingt, gegen Euch Krieg zu führen«, sagte Henry freundlich, »dann tue ich es doch besser gleich vor Eurer Hauptstadt und nicht hier. Das erspart uns allen Zeit und mir außerdem die Verlegenheit, den Leuten zu zeigen, daß man einen gesalbten König ebenso gefangennehmen kann wie andere Menschen auch.«

»Das würdet Ihr nicht wagen«, erwiderte Louis, um Selbstbeherrschung bemüht.

Henry zwinkerte ihm zu. »Nein?« Wer weiß, Euer Gnaden. Doch ich habe Euch einen Vorschlag zu machen. Ich ziehe meine Truppen von Toulouse ab, und als Gegenleistung übertragt Ihr mir endlich auch offiziell die Bretagne, die mir de facto ohnehin schon gehört. Außerdem verheiraten wir unsere Kinder sofort, und Ihr übergebt mir Eure Tochter, damit sie sich gleich an das Leben an meinem Hof gewöhnt.«

Louis überlegte unglücklich, dann klärte sich sein Gesicht auf. Im Grunde waren das alles Dinge, die er früher oder später ohnehin hätte tun müssen – was schadete es, wenn er sich Henrys Bedingungen beugte und dafür die Genugtuung hatte, den König von England ohne Kampf aus Toulouse vertrieben zu haben?

»Ehe ich es vergesse«, sagte Henry, der Louis' Mienenspiel beobachtet hatte, beiläufig, »ich erwarte natürlich, daß Ihr Eurer Marguerite gleich eine Mitgift gebt – wir beide werden noch sehr lange leben, hoffe ich. Also, was haltet Ihr von dem Vexin? Es bietet sich an, oder?«

Das Vexin war seit etwa hundert Jahren in das sogenannte ›normannische Vexin‹ und das ›französische Vexin‹ geteilt, da es direkt an der Grenze zwischen Frankreich und der Normandie lag. Louis versteifte sich, denn das französische Vexin als Mitgift zu übergeben, hieß, Henrys Truppen nur fünfzig Meilen Entfernung vor Paris zu haben.

Er schaute über seine Schulter zurück auf Toulouse. Eine Belagerung konnte furchtbar sein, er hatte Frieden versprochen, und was, wenn Henry seine Drohung wahrmachte und nach Paris marschierte?

»Gut«, gab er nach. »So soll es sein.« Henry zügelte seinen Hengst, der unruhig geworden war. »Dann kehren wir doch am besten gleich zurück und überbringen allen die freudige Botschaft«, sagte er. »Es wäre unchristlich, die armen Seelen weiter zappeln zu lassen, nicht wahr?«

Louis fühlte sich unfähig, ihm zu antworten oder länger gelassen zu bleiben, wendete sein Pferd wortlos und ritt in Richtung Toulouse.

Henry galoppierte sehr viel schneller zu seinem Lager, schwang sich dort vor dem wartenden Kanzler aus dem Sattel und umarmte ihn lachend. »Er hat es geschluckt, Thomas, er hat es tatsächlich geschluckt! Paris! Herrgott, das war ein göttlicher Einfall von dir!« Thomas Becket ließ sich von dem Enthusiasmus des Jüngeren mitreißen.

»Und die Bretagne?«

»Die Bretagne, das Vexin, er hat mir alles zugestanden. Das muß gefeiert werden!« Er schüttelte den Kopf.

»Armer Louis. Da kommt er unfreiwillig auf die beste Strategie seines Lebens, bringt mich in eine teuflische Zwickmühle, und anstelle sie auszunutzen, läßt er zu, daß ich ihn schamlos erpresse. Nun, einmal wenigstens wird er mich schlagen – wenn wir sterben, wird er ohne Umschweife ins Paradies kommen, während ich zur Hölle fahre.«

»Ich glaube, sogar dann schlagt Ihr ihn«, versetzte Becket lächelnd, »es wäre doch gelacht, wenn wir nicht auch den Teufel überlisten könnten.«

»Wir?« fragte Henry mit hochgezogenen Augenbrauen. »Rechnest du nicht auf das Paradies deines Glaubens, Thomas?«

»Als Euer geschworener Mann«, sagte sein Freund, »kann ich Euch nach dem Tod doch nicht im Stich lassen.«

Henry schlug ihm auf die Schultern. »So sei es. Und jetzt gehen wir und sagen meinen Soldaten, daß wir Toulouse nicht angreifen werden, weil – mein Lehnsherr sich darin aufhält!«

Woodstock war in England Alienors Lieblingsresidenz. Henry hatte den Palast dort eigens für sie ausgebaut, kunstvolle Wandmalereien angeordnet, die den Mosaiken nachempfunden waren, die Alienor auf dem Kreuzzug gesehen hatte; ein herrlicher Park, der als Labyrinth angelegt war, umgab das Schloß. Im Herbst 1161 besuchte sie dort ihre älteste Tochter Marie.

Marie war nun siebzehn Jahre alt und gerade ein Jahr mit Henri de Blois, dem Grafen der Champagne, verheiratet; die Vermählung ihrer jüngeren Schwester Alix mit Thibaud de Blois hatte gleichzeitig stattgefunden. Der Graf gestand Marie die Freiheit zu, zu kommen und zu gehen, wohin sie wollte. Sie hatte bereits begonnen, wunderschöne Gedichte und Lieder zu verfassen, und liebte das lebhafte Hofleben bei ihrer Mutter.

Sie verbrachte viel Zeit mit ihren jüngeren Halbgeschwistern. Zu Henry, Richard, Geoffrey und Mathilda war im letzten Jahr Alienor die Jüngere gekommen, die von ihrer Mutter jedoch mit dem Namen der längst verstorbenen Gemahlin Guillaumes X, Aenor, genannt wurde. Henry allerdings war inzwischen der Obhut Thomas Beckets übergeben worden, der sein Erzieher und Lehrer sein sollte.

Marie hing an allen ihren Geschwistern, besonders aber an dem temperamentvollen Richard, der wie sie Alienors Hang zur Musik und zur Poesie geerbt hatte und sich von ihr begeistert endlose Geschichten erzählen ließ, die Sagen von König Artus, Legenden von Rittern und Drachen und Kämpfen und Märchen, die sie sich selbst ausdachte. Gerade schilderte sie ihm einige Abenteuer während des Kreuzzugs ihrer Eltern, als Alienors Hofdame Denise, die sie seit ihrer Zeit in Frankreich nicht verlassen hatte, Marie zu ihrer Mutter rief.

»Erzähl mir noch, was dann mit dem bösen Kaiser geschehen ist«, drängte Richard, und Marie lachte. »Später, Richard, später.« Sie gingen an den verschlungenen Heckenwegen vorbei zu dem großen Goldfischteich, der erst in diesem Jahr dazugekommen und Henrys Überraschung für Alienor gewesen war. Goldfische waren in England mehr als ungewöhnlich, doch in Aquitanien sehr beliebt, und auch der verspielt gestaltete Springbrunnen war nach südlichem Vorbild angefertigt – eine Darstellung der berühmten Wasserfee Melusine.

Alienor saß auf einer steinernen Bank und lächelte ihren beiden Kindern entgegen. Marie war ein wenig zu groß für eine Frau und keine Schönheit, jedoch anziehend, denn sie hatte die sanften Züge und den verträumten Blick von Louis geerbt. Richard hatte Alienors rotes Haar und ihre Augen, doch im übrigen zeigte sich bereits, daß sein Äußeres auf Henry herauskam. Das Beste aus meinen beiden Ehen, dachte Alienor.

Richard sprudelte hervor: »Maman, Marie hat mir erzählt, wie Ihr auf Kreuzzug wart und dem bösen Kaiser der Griechen begegnet seid und dann mit den Türken gekämpft habt und...«

Alienor lachte. »Marie übertreibt wohl gerne ein bißchen«, sagte sie und schaute auf ihre errötende Tochter. »Ich war bei einem Kampf gegen die Türken dabei, aber ich habe nicht an ihm teilgenommen; das ist etwas ganz anderes, Richard.« Doch Richards Begeisterung war nicht zu bremsen.

»Ich habe Hodierne« – das war seine Amme – »gesagt, daß Ihr auf Kreuzzug wart, aber sie wollte es nicht glauben, sie hat behauptet, daß Frauen das gar nicht dürfen.« Er runzelte die Stirn, vor das schwere Problem der Glaubwürdigkeit von Amme oder Mutter gestellt.

»Hodierne weiß nicht, daß ich eine Ausnahme war«, erwiderte Alienor heiter. »Ich durfte.«

Sie wandte sich an ihre Tochter: »Marie, dein Vater hat mir geschrieben, daß er dich wieder an seinem Hof zu sehen wünscht, um seine neue Königin zu begrüßen, die ja auch deine Verwandte ist.«

Im letzten Jahr war Louis' zweite Gemahlin bei der Geburt einer weiteren Tochter gestorben. Diesmal hatten seine Ratgeber auf eine sofortige Neuvermählung gedrängt, denn noch immer war das Königshaus ohne Thronfolger. So hatte Louis sich mit einer Blois, mit Adèle de Champagne, vermählt.

Marie machte ein ablehnendes Gesicht. »Ich mag Adèle nicht«, sagte sie verdrossen, »und ich hatte in Blois Zeit genug, sie kennenzulernen.« Marie liebte ihren Vater, doch das Leben bei ihm war so eintönig, während das Leben bei ihrer Mutter von ständigen Veränderungen geprägt war, voller Bewegung und Aufregung. Marie nahm an, daß sie ihren Stiefvater Henry eigentlich hassen oder zumindest ablehnen sollte, doch das brachte sie nicht fertig. Statt dessen war sie fasziniert von der außergewöhnlichen Ehe, die ihre Mutter mit ihm führte, und die so anders als ihre eigene oder all jene war, die sie kannte.

»Ich fürchte, du mußt dich mit ihr abfinden«, sagte Alienor und lenkte Maries Aufmerksamkeit wieder auf die neue französische Königin Adèle. »Louis wäre ziemlich gekränkt, wenn du ihm antwortest, du würdest lieber hier bleiben. Er würde glauben, Henry und ich halten dich zurück.«

»Aber das ist es nicht...« begann Marie, unterbrach sich

aber und seufzte resignierend. »Ihr habt recht, Mutter. Ich werde wohl Vorbereitungen zum Aufbruch treffen müssen.«

Sie unterhielten sich gerade über Maries Reiseweg, als Henry in den Park gestürmt kam. Er nahm Richard in die Arme, schwang den Jungen herum und wandte sich dann an seine Gemahlin: »Alienor, bereite dich darauf vor, Lahme gehen und Taube hören zu sehen. Ich habe nichts Geringeres als ein Wunder vor!«

»Eine Fastenzeit mit täglichen Bußübungen?« schlug Alienor vor, und Henry kniff sie in die Wange.

»Nein, mein liebes Weib, aber mit der Kirche hat es schon zu tun. Ich habe beschlossen, diesem ewigen Gezänk über kirchliche und weltliche Gerichtsbarkeit ein Ende zu setzen. Gott in seiner unendlichen Güte hat mir die Mittel dazu beschert und den alten Erzbischof von Canterbury zu sich genommen. Das bedeutet, der Platz des obersten Kirchenfürsten ist frei. Muß ich noch mehr sagen?«

Alienor sog die Luft ein. »Du meinst doch nicht…«

»Doch, genau das! Himmel, wird das einen Spaß geben, wenn die anderen Bischöfe es hören.«

Marie wußte nicht, wovon der englische König sprach, doch die Miene ihrer Mutter, die gleichzeitig Erheiterung, Nachdenklichkeit und eine gewisse Besorgnis ausdrückte, versprach, daß diese Neuigkeit in der Tat aufregend sein würde.

»Das ist nicht Euer Ernst.« Thomas Becket stand ungläubig vor seinem König, und Henry hatte einmal in seinem Leben das Vergnügen, seinen Kanzler völlig überrumpelt zu haben. In Henrys Augen tanzten goldene Funken.

»Ich habe dir schon einmal gesagt, Thomas, daß man so etwas einem König lieber nicht unterstellt.«

Becket bemühte sich, auf den scherzhaften Ton einzugehen, und meinte mit einem etwas mühsamen Lächeln: »Ihr sucht Euch ein recht hübsches Kostüm an der Spitze Eurer Mönche in Canterbury!« Er schüttelte, immer noch betäubt, den Kopf. »Das kann nicht Euer Ernst sein!«

»Komm schon, Thomas«, sagte Henry gedehnt, »müssen wir das jedesmal durchmachen, wenn ich dich zu irgend etwas ernenne?«

»Der Erzbischof von Canterbury muß gewählt werden«, antwortete Becket, verzweifelt nach einem Einwand suchend, »und sie werden sich Eurer Entscheidung nicht beugen.«

»Sie werden, denn sonst besteuere ich die Kirche so hoch, daß der Vatikan in einem Jahr in lautes Wehklagen ausbricht und seine unbotmäßigen Diener dazu zwingt, so zu handeln, daß das Geld wieder fließt. Du solltest allmählich wissen, Thomas, daß in diesem Königreich letztendlich nur einer entscheidet, und das bin ich.«

Thomas Becket sah ihn stumm an. Er war zweiundvierzig Jahre alt, wirkte aber dennoch manchmal ebenso jung wie sein königlicher Freund. Aber nicht jetzt. Sehr ernst sagte er: »Mein König, ich bitte Euch, tut das nicht.«

Henry griff sich einen Apfel und begann vergnügt daran zu kauen. Es gab doch nichts Amüsanteres als Thomas und seine merkwürdigen Skrupel, wenn es galt, ein Amt anzunehmen.

»Thomas, ich brauche als Erzbischof von Canterbury jemanden, dem ich vertrauen kann, und ich vertraue dir mehr als jedem anderen lebenden Mann. Willst du das Erzbistum nicht? Ich habe mir sagen lassen, es sei der Traum jedes Diakons«, fügte er mit zuneigungsvollem Spott hinzu.

»Darum geht es nicht.« Becket starrte auf seine Hände, kräftige, von der Jagd gestählte und aufgerauhte Hände. »Es ist genau das, was ich mir immer gewünscht habe, nur wußte ich es bisher nicht. Ihr hättet es mir lieber nicht offenbaren sollen. Ich bitte Euch, erspart mir das.«

Henry warf seinen Apfel weg. »Und ich bitte dich«, sagte er eindringlich, »nicht nur als König, sondern als dein Freund... werde Erzbischof von Canterbury.«

Becket schwieg lange Zeit. Dann erwiderte er tonlos: »Ich werde tun, was Ihr wünscht, doch solltet Ihr vorher eines wissen. Ihr werdet mich bald ebensosehr hassen, wie Ihr mich liebt, denn Ihr nehmt Euch in kirchlichen Angelegenheiten einen Machtanspruch heraus, den ich dann nicht mehr dulden kann. Entweder beleidigt der Erzbischof von Canterbury Gott oder den König.«

Henry hörte nur, was er hören wollte, die Zustimmung.

»Wunderbar!« Er stieß Thomas in die Rippen. »Teufel, Thomas, ich kenne niemanden, der so schwer zu seinem Glück zu bekehren ist. Alle anderen ersuchen mich täglich um Ämter und Würden, und du sträubst dich vor dem einträglichsten Bistum meines Reiches wie eine alte Jungfer vor dem Hochzeitsbett. Aber man verlasse sich auf Thomas Becket, um den Lauf der Welt umzudrehen!«

Der Klerus reagierte, wie es vorauszusehen war, mit einem beinahe einhelligen Empörungsschrei. Der Günstling des Königs, sein bester Freund, dieser prunksüchtige Mann, dieser Emporkömmling auf dem Kanzlerstuhl als Erzbischof von Canterbury? Niemals!

Doch Henry teilte den Vertretern der Mönche und Bischöfe kaltlächelnd seine Steuerpläne mit, und da auch vom Papst keine Hilfe kam, wurde Thomas Becket, bisheriger Erzdiakon und Kanzler von England, schließlich unter Zähneknirschen zum Erzbischof gewählt.

Am Pfingstsonntag 1162 empfing er die Bischofsweihe, und noch am gleichen Tag gab er dem König das Großsiegel des Kanzlers zurück, mit der Begründung, er könne unmöglich zwei Herren dienen. Er verteilte seinen gesamten Besitz, Kleider, Juwelen, Geschirr, alles, was zur Habe eines großen

Haushalts gehörte, unter die Armen und kleidete sich von nun an in die schwarze, grob gewirkte Kutte der Augustinermönche.

Die Hofgesellschaft nahm die Nachricht von Thomas Bekkets Treiben spöttisch auf, und einige äußerten, es sei leicht, als Herr über ein Bistum wie Canterbury sein Hab und Gut aufzugeben, außerdem könne der neue Erzbischof dank seiner Freundschaft mit dem König sicher sein, daß er jederzeit wieder zu Besitz komme. Die Kirche indessen wurde nachdenklich.

Nur ein Jahr später, Henry und Alienor hielten gerade in Rouen hof, kam die Botschaft, der Erzbischof von Canterbury weise die neueste Steuer des Königs als ungesetzlich zurück. Henry fühlte sich weniger gekränkt als vor den Kopf gestoßen; er nahm jedoch an, Thomas wolle damit zeigen, daß es nach dem Druck, den er im letzten Jahr auf die Bischöfe ausgeübt hatte, noch zu früh sei, um tatsächlich eine Steuerreform durchzuführen.

Doch nach einer Woche mußte er von einer weiteren Querstellung Beckets hören. Henry wollte nach einem Jahr nun endlich sein Problem mit den Gerichten lösen und hatte verlangt, daß fortan ein vom kirchlichen Gerichtshof für schuldig befundener Geistlicher ohne Rücksicht auf sein Amt der weltlichen Gerichtsbarkeit überlassen werde.

Als Henry von dem Brief aufblickte, der das erzbischöfliche Siegel trug, war sein Gesicht aschgrau, und Alienor erschrak. »Er schreibt«, sagte Henry leise, »er würde nie zulassen, daß ein Mensch zweimal für dasselbe Vergehen abgeurteilt werden würde, das spräche jedem Rechtsempfinden hohn. Und dann«, seine Stimme hob sich, bis sie sich fast zu einem Brüllen steigerte, »dann fügt er hinzu, Geistliche könnten überhaupt nicht von einem königlichen Gericht bestraft werden, im Gegenteil, sie seien Richter über den König!«

Henry zerknüllte den Brief in seiner Hand, bis er nicht

mehr als eine kleine Kugel war. Er schleuderte sie auf den Boden. »Wie kann er es wagen!« schrie er. Schweigen herrschte unter den Edelleuten, und Henry beruhigte sich wieder ein wenig. »Nun ja«, sagte er zynisch, »ich wußte doch, daß ich ein Wunder fertigbringe. Das hier stellt Paulus' Erleuchtung bei Damaskus bei weitem in den Schatten!«

Aber nun war er verletzt. Wenn er das Wohlergehen seiner Kirche gewollt hatte, dachte Alienor, dann hatte Becket genau den falschen Weg gewählt. Henry zu verletzen, bedeutete, ihn gefährlich herauszufordern, besonders, wenn er sich verraten fühlte. Sie konnte es selbst kaum glauben und war erzürnt über diese Anmaßung, doch sie war nie mit Becket befreundet gewesen. Für Henry mußte die Enttäuschung seinen Zorn um ein Hundertfaches steigern!

Henry berief seinen ältesten gleichnamigen Sohn aus dem erzbischöflichen Haushalt zurück; er hatte eine Entscheidung getroffen. Falls es zum Machtkampf zwischen König und Kirche kommen sollte, gut! Er würde nicht eingeschüchtert zurückweichen. Wenn Thomas ihre Freundschaft so verraten konnte, dann würde auch er keine Rücksicht mehr nehmen. Doch die bittere Enttäuschung über den Lauf der Ereignisse blieb und schwärte in seinem Inneren.

»Wenn es noch unangenehmere Monate als die letzten neun gibt«, sagte Alienor zu der Äbtissin Mathilda, »kann ich darauf verzichten, sie zu erfahren.« Mathilda fand, daß die Königin erschöpft und abgespannt aussah, wenn auch mit einiger Berechtigung. Inzwischen war ganz Europa auf den Machtkampf zwischen Henry II. von England und seinem Erzbischof Thomas Becket aufmerksam geworden. Außerdem war Alienor schon wieder schwanger und übte während Henrys Abwesenheit in England die Regentschaft aus.

»Nun, du hast noch weitere anstrengende Monate vor dir«, erwiderte Mathilda mit einem aufmunternden Lächeln.

Alienor winkte ab. »Daran bin ich gewöhnt. Obwohl ich wirklich hoffe, daß dies mein letztes Kind ist – ich bin immerhin schon zweiundvierzig!«

Mathilda hatte, obwohl sie im Kloster lebte, noch nie eine Frau kennengelernt, die so offen über ihr Alter sprach wie Alienor; es war die Selbstsicherheit einer Frau, die sich ihrer Anziehungskraft noch immer gewiß ist.

Mathilda bot Alienor etwas von dem klaren Wasser an, das eine Novizin hereingebracht hatte, und bemerkte: »Ich kann verstehen, daß dein Gemahl sich verraten und als König angegriffen fühlt, mein Kind, aber andererseits muß ich zugeben, daß mir auch das Argument des Erzbischofs einleuchtet, man dürfe einen Menschen nicht zweimal für dasselbe Vergehen bestrafen.«

Alienor trank und entgegnete dann abschätzig: »Das wäre ein besseres Argument, wenn die kirchlichen Gerichte wenigstens angemessene Urteile fällen würden! Aber tatsächlich kommt es ständig zu solchen Unmöglichkeiten wie im letzten Jahr, als ein Domherr angeklagt wurde, einen Ritter ermordet zu haben, sich vor dem Kirchengericht unter Eid rechtfertigte und dann ohne jede Strafe und frei ausging. Als das königliche Gericht ihn aufforderte, vor ihm zu erscheinen, weigerte er sich unter Berufung auf den Erzbischof von Canterbury, und alles, was dieser Henry dazu schrieb, war, wenn er sich beleidigt fühle, dann solle er doch in Canterbury vor dem kirchlichen Gerichtshof erscheinen, und es werde ihm Gerechtigkeit zuteil werden. Soviel zu Thomas Becket!«

»Aber«, sagte Mathilda zweifelnd, »es kann doch nicht Machthunger sein, der ihn antreibt – er hatte alle Macht, die er erhoffen konnte, schon als Kanzler.«

Alienor strich sich das Haar aus der Stirn. »Ich weiß nicht, was ihn antreibt«, sagte sie ablehnend, »es sei denn der überwältigende Drang, im Recht zu sein. Und ehrlich gesagt ist es mir auch ziemlich gleichgültig. Ich hoffe nur, daß wir jetzt keinen Ärger mehr mit den Gerichten haben werden, nachdem Henry in Clarendon seinen Willen durchgesetzt hat.«

Die meisten Bischöfe waren, anders als Becket, adlige Landbesitzer. Vor die Wahl zwischen einem Thomas Becket, der sie durch seine plötzliche evangelarische Armut beschämte und dem sie immer noch mißtrauten, und einem aufgebrachten Henry Plantagenet, dessen skrupelloses Durchsetzungsvermögen sie kannten, gestellt, hatten sie in Clarendon gegen die Interessen der Kirche dem König nachgegeben.

Henrys Umgestaltung der Gesetzgebung hatte derzeit in Europa nicht ihresgleichen und wurde in kirchlichen Kreisen heftig diskutiert. »Stimmt es, daß nach den neuen Konstitutionen jeder Bischof Henry den Lehnseid schwören muß?« erkundigte sich Mathilda.

Alienor nickte. »Ich weiß, daß Euch das nicht gefällt, Tante, aber wenn Ihr es richtig seht, sind die Kirchenfürsten mit ihren Ländereien genauso mächtig wie die Barone, und es ist nur vernünftig, sie beide als Versallen zu behandeln. Wenn die Kirche darauf besteht, weltlichen Besitz zu haben, muß sie sich auch an die weltliche Gerichtsbarkeit gewöhnen.«

Mathilda dachte darüber nach. Die Konstitutionen legten auch fest, daß nur der König allein entscheiden konnte, unter wessen Gerichtsbarkeit ein Prozeß fiel. Unbehagen bereitete ihr vor allem eine andere Verordnung, die sie für zu anmaßend und falsch hielt.

»Ich habe gehört«, sagte sie zögernd, »daß die Konstitutionen von Clarendon unter anderem bestimmen, daß kein Geistlicher ohne königliche Erlaubnis an den obersten Gerichtshof in Rom appellieren oder den Kontinent bereisen darf.«

»Und Ihr glaubt, daß eine solche Macht dem König nicht zustünde«, stellte Alienor fest. Die Äbtissin nickte. Ihr feines Gesicht verriet tiefe Sorge. »Dergleichen kann der Heilige Vater nicht dulden, und ich befürchte, es wird noch sehr schwere Zeiten für deinen Gemahl und dich geben.«

Alienor verzog den Mund. »Ich glaube nicht, daß der Heilige Vater starrköpfiger sein könnte als Thomas Becket, und Becket hat schließlich die Konstitutionen unterschrieben.«

»Bist du denn überzeugt, daß es damit zu Ende ist?« fragte Mathilda zweifelnd.

Alienor stützte ihre Hand gegen den schmerzenden Rükken. »Ich hoffe es, Tante«, sagte sie abwesend und mit gerunzelter Stirn. Mathilda schien es, als wollte sie noch etwas hinzufügen, unterließ es jedoch. Ein anderes Thema ansprechend, erkundigte sie sich nach ihrem Patenkind.

Alienor lächelte. »Wir haben vor, sie mit Herzog Heinrich von Braunschweig zu verloben. Er ist nach Kaiser Friedrich von Hohenstaufen der mächtigste Mann im Heiligen Römischen Reich und als solcher ein sehr wertvoller Verbündeter.«

Es war in der Tat die glänzendste Partie, die eine ihrer Töchter derzeit machen konnte, es sei denn, die junge Mathilda wäre mit dem Kaiser selbst verlobt worden. Gleichzeitig war es eine Entscheidung zwischen den beiden großen rivalisierenden Familien im Heiligen Römischen Reich, den Welfen und den Staufern, die beide eine Verbindung mit England gesucht hatten. Es war kein Geheimnis, daß der Welfe Heinrich nach der deutschen Königs- und der römischen Kaiserkrone trachtete.

Sie plauderten noch eine Weile über Mathilda und die anderen Kinder, doch Alienors Gedanken kehrten ständig zu ihrem Gemahl zurück. Sie konnte sich nicht vorstellen, daß sein Streit mit seinem ehemaligen besten Freund ein so glattes Ende gefunden hatte. Henry hatte Becket zwar die

Hände gebunden, doch sie spürte, daß noch mehr auf sie alle zukam. Nein, die Äbtissin von Fontevrault hatte recht: Dies war noch nicht das Ende.

»Hier sind wir also«, sagte Henry schneidend, »um über einen eidbrüchigen Verräter zu richten.«

Es war der sechste Oktober 1164. Klerus und Barone waren in Northampton versammelt worden, nachdem der Erzbischof von Canterbury sofort nach seiner Rückkehr in sein Bistum die Konstitutionen von Clarendon für unrecht erklärt und einen erbitterten Brief an den Papst geschrieben hatte.

Henry sah furchtbar aus. Er hatte deutlich sichtbar in den letzten Monaten zuviel getrunken und zuwenig geschlafen, seine Augen waren blutunterlaufen, und seine Adern traten auf der Stirn hervor. Der zeremonielle Purpurmantel tat ein übriges, um die Wirkung noch zu verstärken.

Thomas Becket, der ihm in der schwarzen Augustinerkutte gegenüberstand, links und rechts von Würdenträgern der Kirche und des Adels umgeben, war dagegen sehr bleich, doch nicht ein Muskel in seinem maskenhaften Gesicht verriet Nachgiebigkeit.

»Ich bin kein Verräter«, erwiderte er ruhig, »und ich weigere mich, mich als solchen bezeichnen zu lassen.«

»Warum weist Ihr nicht auch den Vorwurf des Meineids zurück, hochwürdiger Erzbischof?« fragte Henry bissig. »Das ist doch Eure Unterschrift unter den Konstitutionen, oder ist das eine Augentäuschung meinerseits?«

Becket preßte die Lippen aufeinander. »Diese Unterschrift war durch äußersten Druck erzwungen und unfreiwillig; ich gebe zu, ich hätte sie nicht leisten dürfen, doch Ihr habt tiefere Schuld auf Euch geladen, als Ihr mich dazu zwangt.« Henry begann, wie ein gefangenes Raubtier auf und ab zu gehen.

»Ich habe Schuld auf mich geladen? Und wer seid Ihr, um darüber zu richten, Thomas Becket? Falls ich mich nicht irre, hatte das heilige Öl, mit dem Euer Vorgänger mich gesalbt hat, unter anderem den Zweck, mich nur Gott verantwortlich zu machen!«

»Gott und seinen Vertretern auf Erden, der Kirche!«

Keiner der Anwesenden wagte ein Wort einzuwerfen. Alle beobachteten nur wie gebannt den König und den Erzbischof. Becket fuhr fort, als stünde nicht er, sondern der König vor Gericht: »Aber Ihr, Ihr habt von Anfang an Gott und seine Kirche verleugnet, Ihr seid so machthungrig, daß Ihr die Autorität der Kirche bekämpft, wo Ihr nur könnt, und...«

»Machthungrig? Und was zum Teufel seid Ihr? Seit ich Euch zum Erzbischof von Canterbury gemacht habe, benehmt Ihr Euch, als sei es an Euch, im Alleingang einen Eroberungsfeldzug in Sachen Gottes durchzuführen. Was soll das sein, wenn nicht Machthunger?«

Beckets hellblauer Blick wurde brennend. »Ich habe niemals persönliche Macht für mich selbst gewollt – und was ich in meinem Erzbistum getan habe, war zur Ehre Gottes und zum Schutz seiner Kirche – zum Schutz vor Euch.«

Henrys Stimme wurde gefährlich leise. »Die Kirche, die Ihr verteidigt, seht Ihr vor Euch. Möchte einer der Anwesenden etwas zugunsten des Angeklagten sagen? Nein?«

Keiner kam der Aufforderung des Königs nach. »Also, damit ist die Sache klar. Ihr seid wegen Meineids verurteilt, Thomas Becket, und seid froh, daß ich Euch hier auch einen kirchlichen Gerichtshof zugebilligt habe. Was ich mit Euch tun werde, weiß ich noch nicht. Ihr habt Northampton vorerst nicht zu verlassen.«

Er schritt an Becket und den Fürsten vorbei, wandte sich nur einmal kurz um und sagte mit einer verletzenden Beiläufigkeit: »Übrigens möchte ich einen Rechenschaftsbericht über Eure Zeit als Kanzler, mit allen Einzelheiten.« Damit verschwand er, doch es war ihm gelungen, Beckets marmorner Miene schließlich doch ein Gefühl zu entreißen.

In derselben Nacht floh der Erzbischof von Canterbury nach Frankreich, wo ihn Louis bereitwillig aufnahm und ihm Asyl in der Zisterzienserabtei von Pontigny gewährte. Von dort aus exkommunizierte Becket, ohne zu zögern, gleichzeitig dreißig der englischen Bischöfe und Ratgeber des Königs.

Henry war in seinem ganzen Leben noch nie in einem solch elenden Zustand gewesen wie jetzt. Kurze Zeit, nachdem ihn Louis' Antwort auf seine ohnehin ohne große Hoffnung gestellte Forderung nach Beckets Auslieferung erreichte – Louis hatte seinen Gesandten nur gefragt, wie es möglich sei, daß ein Prälat vom König abgesetzt und verurteilt wurde, etwas, das sich er, ebenfalls von Gottes Gnaden König, nie einfallen lassen würde zu tun –, begegnete Henry Walter Cliffords Tochter Rosamond.

Walter Clifford war einer seiner normannischen Ritter, die sich an der walisischen Grenze ständige Fehden mit den einheimischen Walisern lieferten. Er war in der Hoffnung auf Hilfe zu seinem König gekommen, und da er ein skrupelloser Mann war und um die Natur des Königs wußte, ließ er sich von seiner jungen Tochter begleiten. Henry nahm sich Rosamond wie zahllose andere Frauen auch, doch bald entdeckte er, daß er begann, Gefühle für sie zu entwickeln.

Rosamond, eine blonde, makellose Madonna, wie er sie nannte – der Vergleich schockierte sie –, war in jeder Beziehung anders als Alienor: sanft, nachgiebig, nie widerspenstig, sondern im Gegenteil jeder seiner Launen ergeben, und beruhigende Wärme, wo Alienor Feuer war. Mit einem Wort: genau das, was er jetzt brauchte. Er beschloß, Rosamond zunächst bei sich zu behalten.

Alienor, die von all dem nichts ahnte, gebar inzwischen in Angers ein Mädchen, Joanna. Doch kurz bevor ihre Wehen einsetzten, kam die Nachricht, die niemand mehr erwartet hatte – Louis' dritte Gemahlin hatte ihm endlich einen Sohn geschenkt, der auf den Namen Philippe getauft und in ganz Frankreich mit triumphalen Feiern bejubelt wurde.

Damit zerschlugen sich die Pläne von einem vereinten englisch-französischem Königreich, doch Henry begegnete dem, indem er nach der Heirat seines ältesten Sohnes und Namensvetters mit Marguerite noch eine weitere Verbindung schloß. Louis' vierte Tochter Alais wurde mit Richard verlobt, und um die bretonische Bevölkerung mit seiner Herrschaft zu versöhnen, verlobte Henry auch gleich seinen Sohn Geoffrey mit der letzten indirekten Erbin der bretonischen Herzöge, der jungen Constance. Mit Hinblick auf das kindliche Alter hatten die Verlöbnisse keine weiteren direkten Konsequenzen, als daß die kleine Alais an Alienors Hof geschickt wurde.

Alienor und Henry verbrachten den Winter in Poitiers und die ersten Frühlingsmonate in England – von Rosamond war keine Rede –, doch gegen Ostern brach Henry auf, um einen Feldzug gegen Wales zu führen.

Alienor erwartete erneut ein Kind und empfand ihren Zustand zunehmend als Last. Zudem war eine Geburt für eine Frau ihres Alters nicht ungefährlich. Inständig hoffte sie, nun bald nicht mehr empfangen zu können.

Alienor weilte in Oxford, als ihre beiden ältesten Söhne, die ihren Vater ins Feld begleitet hatten, merkwürdig schweigsam zurückkehrten. Sie scheuten sich erstmals, von ihren Erlebnissen zu sprechen, brachen manchmal mitten im Satz ab und wichen Alienors fragendem Blick aus. Nach einigen Tagen entschloß sie sich, der Sache endlich auf den Grund zu gehen.

»Also«, sagte sie, als Hal und Richard wieder ausweichen wollten, »was ist geschehen? Habt ihr irgend etwas angestellt, oder ist nur die Welt untergegangen?«

»Nein«, sagte Hal verlegen, »nur...«

Richard trat ihm auf den Fuß. Hal verstummte, besann sich dann aber doch eines Besseren. Er war elf Jahre alt und sah Raymond von Tag zu Tag ähnlicher; nur hatte er nicht seine Geduld, sondern statt dessen ihre eigene Ruhelosigkeit.

»Sie soll es erfahren«, sagte Hal brüsk zu seinem Bruder. Dann starrte er auf seine Fußspitzen und murmelte, ohne sie anzusehen: »Unser Vater beleidigt Euch, Mutter, und unsere ganze Familie, indem er mit seiner Dirne offen zusammenlebt.« Er hatte nicht umsonst in Beckets Obhut gelebt; man merkte es seinem Wortschatz an, als er fortfuhr: »Es ist nicht nur, daß er durch Ehebruch sündigt, er behandelt sie, als wäre sie die Königin, und hat von uns verlangt, daß auch wir sie so behandeln. Und außerdem hat er sie in Eurem Palast untergebracht, Mutter, und das nun schon seit fast einem Jahr.«

»Wo?« fragte Alienor tonlos. Sie bewegte sich nicht; sie hätte aus totem Holz sein können wie die Jahrmarktsfiguren, die man jetzt, da der große Markt in Oxford eröffnet worden war, überall auffinden konnte. »In Woodstock.«

Richard war wütend auf Hal, daß er von Rosamond Clifford erzählt hatte, obwohl sie sich gegenseitig versprochen hatten, nichts zu sagen. Er hatte geahnt, daß es seine Mutter verletzen würde, doch er war nicht auf diesen Anblick gefaßt gewesen. Das Licht in ihren Augen schien zu ersterben, die Pupillen zogen sich zu winzigen Punkten zusammen, und sie sah kalt und tot aus. »Mutter!«

»Es ist gut, Richard«, murmelte sie. »Laßt mich bitte allein, alle beide.«

Die Jungen waren von ihrer plötzlichen Veränderung so erschreckt, daß sie widerspruchslos gehorchten. Doch Alienor merkte kaum, daß sie sich entfernt hatten. Sie stand in dem kleinen Raum, in dem ihre Söhne untergebracht worden waren, ohne sich zu rühren. Sie spürte eine Bewegung in ihrem Leib und legte mechanisch die Hand auf den Bauch. Ja, richtig, das Kind. Ihr und Henrys Kind. Sie lachte plötzlich höhnisch und kalt. Was für ein Kind würde es wohl werden, das in einer Zeit voller Verrat gezeugt worden war? »Gott verdamme dich, Henry«, flüsterte sie. »Gott verdamme dich in die tiefste Hölle.«

Wenn Henry in dieser Zeit hier gewesen wäre, hätte das ihre Zukunft vielleicht entscheidend verändert. So aber konnten der Schmerz, der glühende Zorn und der Haß sich festigen und zu Eis erstarren. Ein ganzes Jahr schon; ein Jahr. Dann hat die Liebe schon fast legendäre Ausmaße, dachte sie zynisch. Und in ihrem Palast, ihrem Lieblingspalast, der ein Geschenk von Henry und immer ein Ort der Freude, der Erholung gewesen war, ein ganz besonderer Ort. Wäre sie nicht schwanger gewesen, hätte sie England sofort verlassen; so fesselte das ungewollte Kind sie, und während sie nun auch durch Klatsch immer mehr von Henrys Geliebter Rosamond Clifford erfuhr, begannen sich Pläne in ihr zu regen, langsam, aber sicher.

Im Dezember kam, kurz vor Weihnachten, ihr Sohn John zur Welt. Zum Fest stieß Henry zu ihr, und sowie sie allein waren, bemerkte er, daß sich etwas verändert hatte. Sie trug ein blaues, silbern besticktes Kleid, und mehr denn je fiel ihm das sirenenhafte Element in ihr auf.

»John ist ein guter Name«, sagte er, um einen Anfang zu machen.

Alienor erwiderte neutral: »Jesus wäre natürlich passender bei diesem Datum, aber ich glaube kaum, daß du dich für die Rolle des Joseph eignest.«

»Nein«, sagte Henry und entspannte sich. »Ich habe gute Neuigkeiten, Alienor. Der Möchtegern-Graf von Toulouse ist mit der Annullierung seiner Ehe auch seine Verwandtschaft und sein Bündnis mit Louis losgeworden und fürchtet jetzt wohl, daß ich ihm wieder auf den Leib rücke. Er hat mir angeboten, mir als Lehnsherrn zu huldigen und Toulouse von nun an als ein Lehen des Herzogtums Aquitanien zu verwalten. Was meinst du dazu?«

»Ich meine«, antwortete Alienor, sorgfältig ihre Worte wählend, »daß das sehr schön für dich ist, Henry, denn es gestattet dir wohl, mehr Zeit für deine kleine Bettgefährtin zu haben. Sie muß sich alleine doch sehr langweilen, denn wie man hört, kann sie noch nicht einmal lesen.«

Henry war nicht ärgerlich. »Du Hexe«, sagte er belustigt, »weißt du, daß Eifersucht dir besonders gut steht, Alienor. Das habe ich schon mehrmals festgestellt.«

»Ich bin nicht eifersüchtig, Henry. Ich stelle dir nur ein Ultimatum. Entweder du schickst deine teure Rosamond nach Wales, wo sie hingehört, oder ich verlasse dich.« Die Erbitterung überwältigte sie, und sie fügte hinzu: »In Woodstock, Henry, in meinem eigenen Palast!«

Er lachte. »Ja«, erwiderte er und hob mit einer Hand ihr Kinn, »in deinem eigenen Palast. Das trifft dich am meisten, nicht wahr, meine Liebste? Und was soll das heißen, du verläßt mich?«

Sie schlug seine Hand herunter. »Das soll heißen, ich werde nie mehr mit dir zusammenleben, ich werde immer nur dort sein, wo du bestimmt nicht bist, und ich nehme meine Kinder mit mir.«

Keine andere Frau auf der Welt, dachte Henry, würde je so mit ihrem Herrn und Meister sprechen – es waren die Frauen, die verstoßen wurden oder in Ungnade fielen. Sein Gelächter füllte erneut den Raum. »Du bist unglaublich, Alienor. Ich bete dich an.«

»O nein«, sagte sie heftig, »so nicht!«

Jetzt begann der Ärger in Henry zu brodeln. »Du benimmst dich, als wäre es das erste Mal – und was das angeht, wie sehr hast du dich denn an das Ehegelübde gehalten?«

»Ich habe mir nur das gleiche Recht genommen wie du«,

sagte sie eisig, »und im Gegensatz zu dir war ich dabei nie geschmacklos. Weißt du, Henry, du solltest bei deinem Verhalten wirklich etwas mehr an den Hof denken. Wenn deine Ritter dich nachahmen, ist kein Küchenmädchen mehr vor euch sicher.«

Jede Belustigung war aus Henrys Miene und seiner Stimme verschwunden, als er sie unterbrach und kalt antwortete: »Ich glaube, du schweigst jetzt besser.«

»Aber warum denn? Wir fangen doch gerade erst an, Spaß damit zu haben. Fühlt unser großer König sich unwohl?« All die Monate hatte sie sich vorstellen müssen, wie er sich mit der unbekannten Rosamond in Woodstock vergnügte, und wenn sie ihm nur ein klein wenig von der Agonie zurückgeben konnte, die ihr das bereitet hatte, dann um so besser!

Henry trat einen Schritt näher, und sie konnte seinen Atem in ihrem Gesicht spüren, als er langsam sagte: »Du möchtest also von Geschmacklosigkeiten reden, Alienor? Gut, dann fangen wir doch besser mit einer Frau an, die mit ihrem Halbonkel ins Bett geht und sich bei der ersten Gelegenheit einem Mann an den Hals wirft, der zehn Jahre jünger ist als sie.«

Er beobachtete befriedigt, wie sie erblaßte. Irgendwo in seinem Inneren rührte sich eine Stimme, die fragte, warum er seine Gemahlin nur so hatte verletzen wollen, doch er unterdrückte diese Regung schnell. Er überließ sich ganz und gar dem ungeahnten Rausch, den es ihm bereitete, Alienor zu verwunden. Als er in ihre Augen sah, fand er dort das gleiche Verlangen auf unheimliche Weise widergespiegelt.

»Es macht mir doch immer wieder Freude«, murmelte Alienor seidig, »die Rätsel der Natur zu ergründen. Bei dir frage ich mich jeden Tag mehr, was stärker ist – deine Geldgier, dein Machthunger oder dein rührendes Verlangen, all deine Fehler und vor allem die Tatsache, daß du dein Königreich Frauen, in erster Linie doch wohl mir und deiner Mutter, zu verdanken hast, in den Armen von immer neuen Frauen zu vergessen. Fühlst du dich uns gegenüber so minderwertig? Du bringst es immer noch fertig, mich in Erstaunen zu versetzen. Deine Rosamond beispielsweise. Was um alles in der Welt findest du nur an ihr?«

»Nun, mein Engel. Zunächst einmal ist sie jung, zweitens versteht sie es im Gegensatz zu dir ausgezeichnet, mich von meinen Sorgen abzulenken, und weiß, wann sie den Mund zu halten hat, drittens ist sie ein liebevoller Mensch, etwas, das du nie sein wirst, und viertens erwartet sie nicht andauernd ein Kind!«

Die Kontrolle über das Gespräch war ihnen beiden nun völlig aus den Händen geglitten. Alienor dachte nicht mehr an die kühle Würde, die sie sich vorgenommen hatte, sie dachte nicht mehr an ihren Vorsatz, nur eisigen Sarkasmus zu zeigen. Sie lebte nur noch für den lodernden Haß, der sie erfüllte.

»Mach dir keine Sorgen mehr um Schwangerschaften, Henry. Ich wünschte, ich hätte nie ein Kind von dir bekommen, und glaub mir, ich werde dafür sorgen, daß du es dir auch wünschst. Ich kehre nach Aquitanien zurück und hoffe nur, es gelingt dir, das Vokabular der kleinen Clifford etwas zu erweitern, denn sonst dürftest du dich bald sehr langweilen.«

Henry packte sie bei den Handgelenken. »Damit das klar ist, du wirst mich nicht verlassen. Du hörst jetzt mit diesem Unsinn auf, und wenn es mir gefällt, meine Geliebte genauso wie dich zu behandeln, dann tue ich es!«

»Und wie«, fragte sie hart, »willst du mich dazu zwingen, bei dir zu bleiben? Du solltest allmählich wissen, Henry, daß niemand mich je zu etwas zwingen kann!«

»Das werden wir sehen«, erwiderte er. Mit einem Griff packte er sie und warf sie zu Boden. Alienor kämpfte wie noch nie in ihrem Leben, doch es war umsonst. Henry war sehr viel stärker als sie. Es wurde ein grausames Zerrbild ihrer Liebe, ein Monument des Hasses, und als der Akt dieser Vergewaltigung beendet war und Alienor zerschunden und gedemütigt auf den kalten Steinplatten lag, waren sie nicht in der Lage, einander anzusehen. Es war etwas Unwiederbringliches zerstört worden. Henry war kaum weniger bestürzt als sie, hatte er doch zum ersten Mal derart die Beherrschung verloren. Und das Schlimmste war, er hatte es mit vollem Bewußtsein herbeigeführt, er wollte sie so zerstört sehen, so vollkommen erniedrigt. Es war ihre Schuld – sie hatte ihn dazu getrieben. Es konnte nur ihre Schuld sein. Er stürzte zur Tür hinaus.

Alienor war lange nicht in der Lage, aufzustehen. Was sie endlich wieder zur Besinnung brachte, war eine Stimme, die sie hier am allerwenigsten erwartet hätte, die entsetzte und fassungslose Stimme ihres zweiten Sohnes. »Mutter?« Sie richtete sich hastig auf.

Richard stand dort, starrte sie ungläubig an mit Augen, die nicht länger die eines Kindes waren. Sie sah sich in ihnen widergespiegelt, wund und blau geschlagen.

Nein, betete sie stumm. Nein, bitte nicht. Wie lange war er schon hier?

Sie erhob sich und preßte einen Ärmel gegen ihre aufgeplatzten blutigen Lippen. Ihr ganzer Körper schmerzte, und jeder Schritt tat ihr weh, doch sie mußte den Jungen sofort hier hinausbringen. »Es ist gut, Richard«, brachte sie schließlich mühsam hervor. »Es ist alles in Ordnung. Mir geht es schon wieder... sehr gut.«

Doch an Richards Blick erkannte sie, daß er sehr wohl begriffen hatte, was sich hier abgespielt hatte. Er machte eine Bewegung, als wolle er Henry nachstürzen. Sie hielt ihn fest und schüttelte stumm den Kopf. Beide zitterten am ganzen Leib.

Als Alienor später allein war, sich wie eine Besessene gewaschen und ihre Wunden versorgt hatte – sie hätte nicht ertragen, daß noch irgend jemand sie so sah –, musterte sie einen bestimmten Punkt an der Wand und sagte plötzlich laut: »Du glaubst wohl, das ist das Ende, und du hättest mich gebrochen? Aber wenn es zu Ende ist, Henry Plantagenet, das schwöre ich dir, dann wird dir dein Streit mit Thomas Becket wie ein friedliches Zwischenspiel erscheinen.«

Es war Richards großer Tag, der Tag, an dem er als Herzog von Aquitanien eingesetzt werden würde. Er war zwölf Jahre alt, und Alienor hatte mit ihm eine Rundreise durch ganz Aquitanien gemacht, um ihn ihrem Volk vorzustellen. Sie hatte sich entschieden, nicht Poitiers, sondern Limoges als Ort für seine Investitur zu wählen. Limoges war die bedeutendste Stadt auf der Verbindung zwischen dem südlichen Aquitanien mit Bordeaux als Zentrum und dem nördlichen Aquitanien, dem Poitou, mit Poitiers. Und Limoges hatte einmal unter einer besonders harten Strafmaßnahme von Henry zu leiden gehabt, einer hohen Bußgeldverpflichtung, die Alienor jetzt anläßlich von Richards Feier aufhob.

Formell hatte sie jedes Recht, Richard als Herzog von Aquitanien einzusetzen, da Henry vor einem Jahr dem französischen König in Begleitung seiner drei ältesten Söhne seinen Lehnseid erneuert hatte, und damals hatten Hal für die Normandie, Anjou und Maine, Geoffrey für die Bretagne und Richard für Aquitanien geschworen. Sie konnte nur hoffen, daß Henry in seiner unerschütterlichen Überzeugung, er sei unbesiegbar, nicht merkte, was sie bezweckte, indem sie Aquitanien an Richard und Richard an Aquitanien band.

Es war das Osterfest 1170, und die Kathedrale Saint-Etienne in Limoges war bis zum Bersten gefüllt, als der aufgeregte Richard durch das Portal trat. Drei Bischöfe führten die Schar der Priester an, die ihn empfingen. Unter dem jubelnden Gesang des Chores wurde der Junge von ihnen gesegnet und mit einer seidenen Tunika bekleidet. Richard war sorgfältig auf diese Zeremonie vorbereitet worden, er machte keinen einzigen Fehler, und als ihm der Bischof von Poitiers die Lanze und der Bischof von Bordeaux das Banner überreichten, die Insignien des Herzogs von Aquitanien, nahm er beides fest in die Hand. Seine Augen trafen sich mit denen seiner Mutter, und er strahlte.

Jetzt kam der Teil der Investitur, der Alienors Einfall gewesen war. Der Bischof von Limoges trat vor und steckte Richard den Ring der heiligen Valerie, der Schutzpatronin von Limoges und legendären Verkörperung Aquitaniens, an die Hand, Symbol seiner geistigen Eheschließung mit Aquitanien.

Richard hatte sich auf seiner Reise ebenso in das Land verliebt wie seine Mutter in ihrer Kindheit, und wie sie war er überzeugt, daß er für immer ein Recht auf Aquitanien habe. Mit zwölf war er alt genug, um die Bedeutung des Moments zu verstehen, als er den Ring der Heiligen an seinem Finger fühlte. Die Loyalität der Aquitanier galt jetzt ihm, ihm und seiner Mutter, und nicht mehr seinem Vater. Aber Richards Gefühle für Henry, früher eine Mischung aus Ehrfurcht, Liebe und vielleicht auch ein wenig Eifersucht auf ein unerreichbares Ideal, waren in dem Augenblick in Haß umgeschlagen, als er seine angebetete, wunderschöne und sonst so vollkommene Mutter vor dem sich langsam erhebenden Henry auf dem Boden gesehen hatte. Alienor sprach seitdem nie von ihrem Gemahl; sie mußte es nicht. Richard hatte auch so begriffen, was sie plante.

Er schritt, die Bischöfe und Priester hinter sich, zum Altar, legte das Banner und die Lanze nieder und empfing dort die Krone der Herzöge von Aquitanien. Gleichzeitig übergab ihm der Konnetabel des Herzogtums, Saldebreuil de Sanzay, das Schwert und die Sporen der Ritterschaft. Richards Gesicht glühte. Er hatte sich immer gewünscht, die Nachfolge der sagenhaften Ritter anzutreten, mit denen er aufgewachsen war. Jetzt, in der Kathedrale von Limoges, mit dem Blick seiner Mutter, den er auf sich ruhen spürte, war es soweit.

»Christ ist König«, sang der Chor, »Christ ist Sieger.«

Die Feierlichkeiten zur Investitur zogen sich tagelang hin, und bei den Turnieren nahmen er und sein älterer Bruder Hal bereits teil, zusammen mit ihrem Freund William Marshall, dem Neffen des Grafen Salisbury, der Alienor bei einem Überfall der Lusignans vor zwei Jahren wahrscheinlich das Leben gerettet hatte. William selbst war gefangengenommen worden, doch Alienor hatte ihn sofort ausgelöst und reich belohnt.

Richard war groß für seine zwölf Jahre, und es hatte sich bereits gezeigt, daß er nicht nur das Talent der aquitanischen Troubadoure, sondern auch die hohe Begabung der Plantagenets für die Waffenkunst besaß. Er hob mehrere Gegner aus dem Sattel, bis er selbst an die Reihe kam.

Die Mehrzahl von Alienors Kindern war bei dem abendlichen Festbankett um sie versammelt. Vier fehlten. Alix, Alienors zweite Tochter mit Louis, hatte nach dem Tod ihres Gemahls Thibaud de Blois den Schleier genommen und war nach Fontevrault gegangen. Die jüngere Alienor, Aenor genannt, war mittlerweile mit dem König von Kastilien vermählt, Mathilda mit dem Herzog von Braunschweig. Alienor hatte Mathilda selbst ein langes Stück des Weges mitbegleitet und vermißte sie. Wen sie jedoch nicht vermißte, war ihr jüngster Sohn John, ein Kind von drei Jahren, das sie ohne weiteres in England gelassen hatte. Sie konnte John nicht ansehen, ohne an die Monate der Schwangerschaft zu denken, in denen sie von Henrys unverzeihlichem Betrug erfahren hatte, ohne an Henry und Rosamond jetzt in diesem Augenblick zu denken, oder an den furchtbaren Tag, als Henry nach Oxford gekommen war.

Ihre jüngste Tochter Joanna spielte mit Richards zehnjähriger Verlobter, Louis' Tochter Alais, die bei Alienor aufwuchs. Sie lächelte, als sie beobachtete, mit welcher Geduld sich Alais um die kleine Joanna kümmerte. Alais war ein liebes Mädchen, hatte Louis' beste Eigenschaften geerbt, und manchmal vergaß sie, daß Alais gar nicht ihre Tochter war.

Neben Alais und Joanna, die sich lebhaft über das Turnier unterhielten, saß Geoffrey, dem die sonst für Alienors Kinder so kennzeichnende Unruhe fehlte. Er sprach nicht viel, doch was er sagte, war stets wohlüberlegt. Geoffrey wußte, was er wollte und wie er es nur durch ein paar gezielte Worte erreichen konnte. Er teilte Richards Begeisterung für Turniere nicht. Alienor sah Richard an, der zwischen Hal und Marie saß und noch nicht das geringste Zeichen der Ermüdung zeigte. Sie wußte nicht, warum es so war, und bemühte sich, es nie zu zeigen, aber Richard war ihr Lieblingssohn, und Richard hatte sie heute das größte Geschenk gemacht, zu dem sie in der Lage war, das, was ihr mehr als alles andere am Herzen lag: Aquitanien.

»Ein Lied für meine Königin«, sagte Bernard de Ventadour und verbeugte sich mit heiterem Schwung. »Diesmal ist es keines von mir, sondern eins, das ich von den Deutschen hörte, die die Herzogin Mathilda in Empfang genommen hatten. Wie es scheint, hat sich Euer Ruhm auch bis zu ihnen verbreitet.« Er gab seinen persönlichen Spielleuten, die ihn ständig begleiteten, ein Zeichen. »Ich werde versuchen, es in ihrer Sprache zu singen.«

Were diu werlt alle min
von dem mere unz an den rin
das wolt ih mih armen
wan die künegin von Engellant
lege in minen armen.

Seine Zuhörer lachten und klatschten Beifall.

Richard fragte: »Und wie heißt es in der langue d'oc?«

Bernard, weitgereist, wie er war, übersetzte ohne zu zögern: »Wenn die ganze Welt mein eigen wäre, vom Meer bis an den Rhein, das würde ich gerne entbehren, wenn die Königin von England in meinen Armen läge.«

Marie meinte, das bewiese, daß die Deutschen doch nicht so barbarisch seien, wie es immer hieß, und unter Gelächter versuchte nun jeder, zu einem Wort des Liedes ein neues Lied zu improvisieren. Das war einer der Lieblingszeitvertreibe an Alienors Hof, und nicht nur sie und ihre Kinder, sondern auch ihre Edelleute waren geübt darin, denn die Herzogin von Aquitanien duldete in ihrer Umgebung keine geistige Trägheit.

Henry war unterdessen mit dem Papst aneinandergeraten.

Dieser forderte nun mit Nachdruck die Wiedereinsetzung von Thomas Becket, und als Henry sich weigerte, drohte er erstmals mit der Exkommunikation. Henry sah einen neuen Machtkampf auf sich zukommen und entschloß sich, von Anfang an klare Verhältnisse zu schaffen. Er ließ seinen ältesten Sohn Hal aus Aquitanien kommen und zum König von England krönen. Das war eine Unterstreichung seiner Autorität, setzte er sich doch über das Vorrecht des Erzbischofs von Canterbury hinweg, englische Könige zu salben. Außerdem schien es ihm ein Gegenzug zur Investitur Richards in Aquitanien zu sein.

Der Papst war über das Geschehen so erzürnt, daß er ankündigte, Henry sofort zu exkommunizieren und sein Land unter das Interdikt zu stellen, wenn der Erzbischof von Canterbury nicht unverzüglich wieder in seine Rechte eingesetzt würde. Henry kam ins Grübeln. Diesmal hatte sich ein Teil der Bischöfe offen für Becket ausgesprochen, und auf die Loyalität seiner Adligen konnte er sich auch nicht wirklich verlassen. Im Fall einer Exkommunikation wäre Becket eine äußerst wirkungsvolle Waffe in der Hand des französischen Königs. Und dann war da noch der beunruhigende Verdacht, daß Alienor mehr im Sinn hatte als nur Richards Nachfolge als Herzog von Aquitanien. Sicher, was konnte sie schon tun? Sie konnte noch nicht einmal die volle Souveränität über ihr Herzogtum beanspruchen, solange sie beide verheiratet waren, und diese Ehe würde bestimmt nicht annulliert werden.

Dennoch war ihm die Lage zu unsicher, als daß er, wie vor sechs Jahren, eine offene Konfrontation mit der Kirche riskiert hätte. Es fehlte ihm, gestand er sich widerwillig ein, der feste Rückhalt und die Unterstützung, die ihm seine Gemahlin als Regentin immer gegeben hatte. Also willigte er in eine von Louis vorgeschlagene Zusammenkunft mit Becket in Fréteval ein.

Sie hatten sich beide über die Jahre verändert, doch als Henry Thomas Becket vor sich sah, wurde der alte Schmerz, der Zorn über Beckets Verrat an ihrer Freundschaft, von neuem in ihm wach. »Nun, hochwürdiger Erzbischof«, sagte er steinern, »es scheint, als würdet Ihr die Gelegenheit bekommen, Euren ehemaligen Schüler noch einmal zu krönen. Der Junge wird sich freuen. Das geschieht nicht vielen Königen.«

Louis griff vermittelnd ein, bevor Becket antworten konnte. »In der Tat«, sagte er hastig, »und ich muß verlangen, daß diesmal meine Tochter Marguerite ebenfalls gekrönt wird. Sie hat ein Recht darauf. Schließlich ist sie mit Eurem Sohn verheiratet.«

»Hättet Ihr denn gewollt, daß sie von drei Prälaten gekrönt wird, für die unser hochwürdiger Erzbischof hier öffentlich die Exkommunikation fordert?« fragte Henry spöttisch. »Bedenkt, Euer Gnaden, so habt Ihr die Gelegenheit bekommen, Eure Tochter von dem außergewöhnlichsten Erzbischof geweiht zu sehen, den England je hatte.« Er blickte seinen Exkanzler an. »Von einem echten Heiligen, nicht wahr, Becket?«

Becket gab zurück: »Ich werde die Krönung an Eurem Sohn vornehmen, wenn Ihr meine Autorität als Erzbischof von Canterbury anerkennt.« Henrys Gesicht wurde starr. »Das werde ich. Seid so gut, mir als Gegenleistung zu schwören, die Landesrechte anzuerkennen.«

Ohne zu zögern und ohne zu bedenken, daß die Landesrechte in Henrys Augen auch die Konstitutionen von Clarendon einschlossen, sagte Becket: »Ich schwöre.«

Er wollte das Exil endlich beenden, und Frieden mit dem König zu schließen, ohne die Ehre Gottes zu verletzen, schien nun möglich. Nicht, daß er den Zweifel ignoriert hätte, der in seinem Inneren schlummerte. Henry Plantagenet ein treuer, demütiger Sohn der Kirche? Doch aus welchem Grund auch immer, Becket schwor, und Louis sagte erleichtert: »Diese Versöhnung gereicht Euch beiden zu Ehren und wird endlich wieder den inneren Frieden im Lande herstellen. Tauscht nun das Zeichen des Friedens miteinander aus.«

Louis, dachte Henry mit kurz aufflackerndem schwarzen Humor, war wirklich ein verhinderter Mönch. Doch dann richtete sich sein Augenmerk auf den tatsächlichen Priester vor ihm. Das Zeichen des Friedens also, der Friedenskuß, mit dem auch der Lehnsherr sich bei der Eidesleistung verpflichtete, seinen Vasallen mit seinem Leben zu schützen?

»Nein«, sagte er knapp und ohne weitere Erklärung, »ich halte das für unnötig.« Louis blickte bestürzt drein. Thomas Becket sah Henry lange an. Er erinnerte sich an den jungen Herzog der Normandie, der ihn vor nunmehr fast zwei Jahrzehnten in seinen Bann gezogen hatte. Mit ein wenig belegter Stimme erwiderte er: »Ich werde nach England zurückkehren. Lebt wohl, mein König. Ich habe das Gefühl, daß wir uns auf dieser Erde niemals wiedersehen werden.«

Damit wandte er sich um und ging. Louis eilte ihm betroffen nach, und als er den Erzbischof eingeholt hatte, sagte er drängend: »Bleibt in Frankreich, ich bitte Euch. Hier seid Ihr sicher. Wißt Ihr nicht, was es bedeutet, daß er den Friedenskuß verweigert hat, der so heilig ist wie das Sakrament?«

»O doch«, antwortete Thomas Becket. »Ich weiß es.«

Am ersten Dezember 1170 ging der Erzbischof von Canterbury in Sandwich an Land. Eine riesige Menschenmenge empfing ihn, und die Kathedrale von Canterbury war zu seinem Einzug geschmückt, als gelte es, den Papst willkommen zu heißen.

Wenige Wochen nach seiner Rückkehr erhielt Becket vom Heiligen Vater die Exkommunikationsbullen der drei Prälaten, die er angefordert hatte, und verlas sie öffentlich.

Henry erfuhr von Beckets Vorgehen am Weihnachtsfest, das er in Lisieux beging. Er hatte einen furchtbaren Wutanfall, denn erstens war es gegen die Konstitutionen, ohne sein Einverständnis mit dem Papst in Verbindung zu stehen, zweitens hatte er es in Fréteval für selbstverständlich gehalten, daß der Verzicht auf die Exkommunikation in Beckets Rückkehr mit eingeschlossen war, und drittens zeigte ihm diese Nachricht, daß die Auseinandersetzung mit Thomas nun von vorne anfing.

»Zum Teufel«, schrie er, »diesen Menschen habe ich aus dem Nichts gezogen und mit meinem Wohlwollen überhäuft, und als Dank verspottet er mich nun vor meinem ganzen Volk. Ist denn hier niemand, der mich von diesem elenden Priester befreit?« Totenstille herrschte. Keiner der Adligen und Bischöfe sagte etwas. Doch noch in derselben Nacht verließen vier von Henrys Baronen Lisieux.

Am neunundzwanzigsten Dezember erschlugen sie Thomas Becket auf den Stufen seines eigenen Altars in der Kathedrale von Canterbury.

»Meine Königin«, sagte Saldebreuil de Sanzay, »das ist das größte Verbrechen seit der Kreuzigung.«

Alienor unterdrückte die zynische Antwort, die ihr auf der Zunge lag, nämlich, daß es auch vor allem die größte Dummheit war. Mit einem Schlag hatte Henry alle Bande zwischen sich und der Kirche zerschnitten.

Der Schock, den sie wie alle anderen empfunden hatte, als sie von dem Mord erfahren hatte, war verwunden. Sie war in der Lage, die Konsequenzen abzusehen. Es wunderte sie nicht, daß der Papst Henry und seine Barone unverzüglich exkommuniziert und Henrys Gesandtschaften ignoriert hatte. Doch es war nicht allein die Kirche; das ganze Volk war empört, und schon zwei Tage nach Beckets Tod hörte man Berichte von den ersten Wundern, die sich an seinem Grab ereigneten. Blinde, Lahme, alles pilgerte nach Canterbury.

Alienor schüttelte den Kopf. Vielleicht war es das gewesen, was Thomas Becket von Anfang an gesucht und jetzt endlich gefunden hatte – die Vollkommenheit eines Märtyrers. Sie dachte an Henry. Als ihn am Neujahrstag die Nachricht erreichte, hatte er sich mehrere Tage lang in sein Zimmer eingeschlossen und jede Nahrung zurückgewiesen. Anschließend war er wieder in der Öffentlichkeit erschienen, finster und in sich gekehrt, und hatte erklärt, er würde jetzt seinen langgehegten Plan von der Eroberung Irlands verwirklichen.

Wie immer brachte es Henry fertig, in Alienor einen widersprüchlichen Wirbel von Gefühlen auszulösen. Einerseits war sie froh, ihn so leiden zu sehen. Andererseits konnte sie ihn besser verstehen, als er ahnte. Ihre Kinder waren nur entsetzt von der Tat gewesen, allen voran Hal, den Becket jahrelang erzogen hatte, aber sie hatte sich einen unwirklichen Moment lang Henry so nahe gefühlt, als stünde sie an seiner Seite. Er hatte sich in seinem Zorn gegen Becket gewandt, im

Haß, entstanden aus verratener Liebe. O ja, dachte Alienor, sie verstand Henry vollkommen, und sie kannte auch den Grund für seinen plötzlichen Irlandfeldzug – er brauchte eine Situation, die sein Volk wieder hinter ihn stellte, und einen Erfolg, der der Welt half, den Mord zu vergessen.

»Euer Gnaden?« Sie schrak aus ihren Gedanken auf. Richtig, Saldebreuil hatte ihr eben Henrys Brief vorgelesen und ihr geraten, Beckets Ermordung wegen nicht auf ihren Gemahl zu hören. »Wenn Henry möchte, daß wir nach seiner Rückkehr aus Irland gemeinsam einen Weihnachtshof abhalten«, sagte sie gelassen, »dann werden wir das tun, Becket oder kein Becket.«

Der Konnetabel war irritiert. Bisher hatte die Königin immer vermieden, mit ihrem Gemahl zusammenzutreffen, und jetzt, wo das Schicksal ihr eine goldene Gelegenheit bot, sich von ihm loszusagen...

Alienor betrachtete ihn belustigt. Saldebreuil de Sanzay war ein fähiger Mann und schon seit Beginn ihrer Ehe mit Henry ihr Konnetabel in Aquitanien, doch er war zu einfältig, um Alienors Gedankengänge nachzuvollziehen. Sie würde, wie Henry es verlangt hatte, nach Abschluß seines Irlandfeldzuges in Chinon erscheinen. Eine solche Zusage war billig und garantierte, daß er in Irland blieb und nicht dazu kam, ihre heimlichen Vorbereitungen in Aquitanien zu untersuchen. Mit etwas Glück würde es der letzte Weihnachtshof werden.

»Aber vorher«, sagte sie laut, »werde ich England noch einen Besuch abstatten.«

Die große Halle von Woodstock hatte sich wenig verändert, und die Vertrautheit mit allen Dingen versetzte ihr einen scharfen Stich. Dieselben Wandteppiche, dieselbe Einrichtung, es schien, als ob die junge Frau, die ihr nun gegenüberstand, nicht gewagt hätte, ihren eigenen Geschmack zur

Geltung zu bringen. Rosamond Clifford war allerdings, wie Alienor neidlos feststellte, eine Schönheit. In ihrem zartrosa Gewand sah sie wie ein Engel aus. Alienor fiel der Spottname ein, den einer ihrer Troubadoure für Henrys Geliebte geprägt hatte: Rosamond – la Rose Immonde, die nicht ganz reine Rose.

»Nun«, sagte sie, »ich nehme an, Ihr wißt, wer ich bin?«

Rosamond nickte scheu. Es war ihr anzusehen, daß sie sich vor der Königin ängstigte.

»Es besteht kein Grund, sich vor mir zu fürchten«, sagte Alienor sarkastisch, »ich beiße nicht. Wie wäre es statt dessen mit etwas Ehrfurcht vor Gott?«

Ein Blick auf das Kreuz, das Rosamond um ihren Hals trug, und die rührende Arglosigkeit in den Augen der jungen Frau hatten ihr genügt.

Rosamond brach sofort in Tränen aus. »Ach, sprecht nicht von Gott«, schluchzte sie. »Seit ich von dem schrecklichen Tod des heiligen Thomas hörte, warte ich auf die Rache des Herrn.«

»Warum sollte sich der Herr an Euch rächen?« Bei sich dachte Alienor, daß es noch einfacher sein würde, als sie geglaubt hatte.

»Weil ich mich nicht mit Schaudern von dem König abgewandt habe, wie ich es hätte tun sollen, nach der Exkommunikation dürfte man noch nicht einmal mit ihm sprechen...«

»Und weil Ihr in Sünde lebt«, vollendete Alienor freundlich. Rosamond nickte und betupfte sich die Augen.

Großer Gott, Henry, dachte die Königin. Dafür? Sünde, es ist nicht zu fassen. Ich hätte dich nicht verlassen, und zur Hölle mit der Kirche und den schaudernden Menschen. »In der Tat ist es eine große Sünde, in Ehebruch zu leben, und dazu noch mit einem Mann, der eines Mordes wegen aus der Gemeinschaft der Gläubigen ausgestoßen wurde... Wenn Ihr wirklich so fromm seid, wie man sich erzählt, und nur einen Funken echten Gefühls für den König hegt, dann versucht Euer möglichstes, um ihn wieder mit Gott zu versöhnen.«

Rosamond blinzelte überrascht. Sie hatte nicht erwartet, solche Worte aus dem Mund ihrer Rivalin zu hören. »Aber ich habe es versucht, habe versucht, ihm zuzureden«, sagte sie leise, »doch er hört nicht auf mich.«

»Kein Wunder«, entgegnete Alienor ironisch. »Mein gutes Kind, als ich von Versöhnen sprach, meinte ich nicht, daß Ihr Eure Sünde noch fortsetzt. Wie soll der König da an Eure Frömmigkeit glauben? Nein... habt Ihr noch nie daran gedacht, für ihn und Euch in einem Kloster zu büßen?«

Rosamond starrte sie mit halbgeöffnetem Mund an. Sie erwiderte nichts, und als Alienor ihre Hand ausstreckte, knickste sie widerspruchslos und küßte sie.

»Lebt wohl«, sagte Alienor, und wie eine entlassene Dienerin verschwand Rosamond aus der Halle des Palastes, der ihr doch von Henry übereignet worden war.

Bester Laune wandte sich auch Alienor um, um Woodstock wieder zu verlassen. Sie konnte spüren, wie es in dem Mädchen arbeitete. Natürlich würde Rosamond nicht sofort einen derartigen Entschluß fassen, doch die Saat war gelegt. Plötzlich warf sie den Kopf zurück und lachte. Wie amüsant, sich Henrys Gesicht vorzustellen, wenn er bei seiner Rückkehr seine Geliebte in einem Kloster wiederfand!

Henry gelang es in verhältnismäßig kurzer Zeit, Irland zu erobern, größtenteils, weil die dortigen Bauern und Ritter weder eine zentrale Regierung noch irgend etwas hatten, das sie dem gutausgerüsteten, schlagkräftigen Heer, das von einem der besten Feldherrn Europas geführt wurde, entgegensetzen konnten.

Die Kirche war jedoch noch stärker aufgebracht denn je zuvor, und auch das Volk hatte sich nun die Sache des Märtyrers von Canterbury zu eigen gemacht. Um Frieden zu schaffen und Zeit zu gewinnen, willigte er ein, die Konstitutionen von Clarendon rückgängig zu machen, behielt sich jedoch die Entscheidung bei der Wahl von Äbten und Bischöfen vor. Das besänftigte zwar die Gemüter des Klerus ein wenig, aber nicht die der Öffentlichkeit. Henrys Weihnachtshof in Chinon versprach eine unruhige Angelegenheit zu werden.

»Laß mich raten. Du bist gekommen, weil du mich exkommuniziert zur Hölle fahren sehen willst.«

»Aber nicht doch, Henry. Ich möchte nur auf deinem Grab tanzen.«

»Ich wußte es. Willkommen in Chinon, Alienor.«

Chinon war eine der größten Burgen auf dem Festland und in den letzten Jahren zu einer von Henrys bevorzugten Residenzen geworden. Er hatte Chinon diesmal sehr bewußt ausgewählt, und auch das im prunkvollen Stil abgehaltene Weihnachtsfest war darauf angelegt, Stärke zu demonstrieren. Henry und seine Gemahlin gingen miteinander um wie zwei Katzen, die in denselben Käfig gesperrt worden waren – sie lauerten sich gegenseitig auf und tauschten gelegentlich Tatzenschläge aus.

Alienor war nun achtundvierzig Jahre alt, doch obwohl Grau ihr Haar durchzog und sich um Augen und Mund Falten gebildet hatten, wirkte sie nicht wie eine Mutter von zehn Kindern. Ihr Körper war schlank und elastisch wie eh und je.

»Was hält dich jung«, fragte Henry, »das Blut neugeborener Kinder, oder sind es Beschwörungstänze bei Mondschein?«

»Oh, es ist ganz einfach. Ich könnte es mir nie verzeihen, wenn ich dich nicht überlebte.«

»Richtig, wir müssen immer in Gedanken an die Zukunft

leben. Apropos, nimmst du noch an Hals zweiter Krönung teil oder reist du sofort nach dem Fest ab?«

Alienor hob die Brauen. »Hal darf gekrönt werden? Von wem denn?«

»Der Bischof von Winchester«, sagte Henry, »ist nicht exkommuniziert, und ich habe dem Heiligen Stuhl ein Angebot gemacht, das er nicht ablehnen kann.«

Alienor zeigte echtes Interesse. Henry musterte sie über seinen Weinbecher hinweg. »Weil du es bist – hier ist meine Weihnachtsüberraschung für dich. Ich werde einen öffentlichen Bußakt leisten, der so demütig ist, daß er selbst von den Christen der römischen Arena nicht übertroffen werden könnte.« Er holte tief Luft.

»Ich werde nach Canterbury pilgern und mich von den Mönchen dort öffentlich geißeln lassen.«

Sie schwiegen.

»Das ist gut«, sagte Alienor dann mit aufrichtiger Bewunderung. Nur Henry konnte auf eine solche Geste kommen, die ihm mit einem Mal wieder die Sympathie und das Mitgefühl der Bevölkerung einbringen würde. Eine Geißelung entsprach ganz der Frömmigkeit des Volkes, und man hatte in der letzten Zeit immer wieder das Verhalten des französischen Königs hervorgehoben, der bereits mehrmals zu Bekkets Grab nach Canterbury gepilgert war. Ja, es war ein ausgezeichneter Schachzug, der, auch wenn er zum Teil der Reue ihres Gemahls über den Mord entspringen mochte, zeigte, daß Henry die Schatten von sich abgeschüttelt hatte.

Andererseits bewies es zusätzlich, daß Alienor sich beeilen mußte.

»Ich dachte mir, daß es dir gefallen würde«, sagte Henry. »Du möchtest nicht zufällig dabeisein? Der Anblick müßte doch eines deiner Herzensbedürfnisse stillen.«

»Nein, lieber nicht. Es wäre etwas unpassend, findest du nicht?«

Zwei Monate später versammelte Henry in Montferrand seine Barone um sich, um dem Verlöbnis seines jüngsten Sohnes John mit der Tochter des Grafen Hubert de Maurienne beizuwohnen. Da man nach der Lehnshuldigung an Louis annahm, daß der Königstitel, die Normandie und Anjou an Hal, Aquitanien an Richard und die Bretagne an Geoffrey fallen würden, fragte der Graf mit einiger Berechtigung, welches Erbe denn John zu erwarten hätte.

»Die Burgen von Chinon, Loudun und Mirebeau«, erwiderte Henry huldvoll. Erstauntes Gemurmel machte sich unter seinen Gefolgsleuten breit, denn das waren drei der wichtigsten Burgen in Henrys Reich überhaupt, an strategischen Kreuzpunkten gelegen. Diese Burgen für seinen jüngsten Sohn?

»Das kann doch nicht Euer Ernst sein, Vater!« Niemand hatte mit Hals Protest gerechnet.

Henry runzelte die Stirn. »Und warum nicht?«

»Diese Burgen einem Kind zu übertragen, ist doch nur ein Trick, damit Ihr sie noch ein Dutzend Jahre behalten könnt.«

Henry blickte seinen ältesten Sohn forschend an. Äußerlich gesehen kam Hal wohl auf Alienors Familie hinaus, er war blond und hatte edle Züge. Doch in diesem Augenblick fühlte sich Henry mit bestürzender Deutlichkeit an seinen Bruder Geoff erinnert, an die Nacht, in der sie beide vor der Bahre ihres Vaters gestritten hatten.

»Selbstverständlich behalte ich diese Burgen«, sagte er scharf, »doch das täte ich in jedem Fall, ob ich sie nun John übertragen würde oder nicht.«

Hal war aufbrausend wie alle Plantagenets, doch ihm fehlte jene kühle Zurückhaltung, die sich seine Eltern meistens auferlegten. Er sagte hitzig: »Und was ist mit meiner Krönung? War das alles nur ein Maskenspiel? Ich bin ein Mann, Vater, kein Kind mehr. Wenn ich der König von England bin, dann will ich jetzt schon die Macht haben, die mir zusteht, einen Teil zumindest. Ihr habt mich für die Normandie den Lehnseid schwören lassen, aber haben ich und Marguerite je Einkünfte aus der Normandie erhalten oder gar über sie verfügen können? Wir haben noch nicht einmal unseren eigenen Hof, wir leben bei Mutter oder bei Euch. Ich möchte mein Erbe haben, begreift Ihr, entweder England oder die Normandie oder Anjou.«

»Ich glaube«, sagte Henry langsam, »du bist wahnsinnig geworden. Du bekommst, was ich dir gebe, und wenn es mir gefällt, dir überhaupt nichts zu geben, dann ist es so.«

Hal sah aus, als würde er seinen Vater an Ort und Stelle angreifen, doch sein Bruder Will, einer von Henrys vorehelichen Söhnen, der mit seinen Halbgeschwistern aufgewachsen war, legte ihm eine Hand auf den Arm und sprach hastig auf ihn ein. Es gelang ihm, den jungen König zu beruhigen.

»Wie Ihr wünscht, Euer Gnaden.« Dann entfernte sich Hal.

Zurück ließ er eine aufgeschreckte Schar von Baronen und einen sehr nachdenklichen Henry.

Will, den sein Vater nach dem Tod Patricks von Salisbury mit dessen Grafschaft ausgestattet hatte, war das Temperament der Plantagenets erspart geblieben.

Nicht so sein Halbbruder Ralph. Anders als Will hatte er sich mit den Prinzen und Prinzessinnen, denen er ihre eheliche Abkunft neidete, nie gut vertragen. Aber was bedeutete schon ehelich? Der Eroberer war selbst ein Bastard gewesen. Der öffentliche Streit zwischen seinem Vater und Hal befriedigte ihn zutiefst, und er sagte gut gelaunt zu Will, als sie im Gefolge seines Vaters nach Chinon ritten: »Glaubst du, Hal wird noch einmal so den Verrückten spielen? Wenn ja, enterbt ihn Vater bestimmt.«

Will schaute ihn strafend an. »Hal kann nicht enterbt werden, er ist ein gesalbter König. Allerdings weiß ich auch nicht, was in ihn gefahren ist. Vater hat ihn seit Montferrand nicht mehr aus den Augen gelassen, er besteht sogar darauf, daß sie im selben Raum schlafen.« Ralph schnitt eine Grimasse. »Was für ein angenehmer Zustand, wo sie ohnehin kaum mehr miteinander sprechen!« Er überlegte.

»Diese Jagdgesellschaft, auf der Vater war, nachdem Hal seinen großen Ausbruch hatte«, sagte er schließlich, »du warst dabei. Habt Ihr wirklich nur Falken aufsteigen lassen?«

Wills Miene war unglücklich und gequält. »Er hat Boten verschickt, um seine Burgen in Kriegsbereitschaft versetzen zu lassen, aber sag es niemandem.« Er seufzte. »Ich hoffe nur, Hal tut nichts Unüberlegtes.«

In Chinon gelang es Hal in der Nacht seiner Ankunft, seinem schlafenden Vater zu entkommen. Er floh durch die Normandie, in Richtung auf die französische Grenze. Henry setzte ihm sofort nach, doch es zeigte sich, daß Hal einen mächtigen Helfer gehabt haben mußte, denn überall waren für den jungen König frische Pferde bereit gewesen. Hal gelang es, Frankreich unbehelligt zu erreichen. Er begab sich sofort nach Paris.

Die große Halle des herzoglichen Palastes von Poitiers war hell erleuchtet, obwohl es tief in der Nacht war, und die Fakkeln zeichneten unruhige Schatten auf die Gesichter der Männer, die dort versammelt waren. Vor ihnen standen hoch aufgerichtet Alienor und ihre beiden Söhne Richard und Geoffrey.

»Nun«, sagte sie langsam, »es ist soweit.« Jahrelang hatte sie, sehr vorsichtig, sehr heimlich, immer mehr ihrer Vasallen für ihre Sache überzeugt, und es war ihr gelungen, die mächtigsten Adligen auf ihre Seite zu ziehen. Heute nacht waren unter anderem die Grafen Guillaume von Angoulême, Gilles de Parthenay, Geoffrey de Rancon und Guy de Lusignan hier, um mit ihr den Aufstand gegen den König auszurufen.

»Wir werden Aquitanien von der englischen Oberherrschaft befreien«, sagte sie, »und wieder ein unabhängiges Land sein. Der französische König steht auf unserer Seite und wird den Anspruch meines Sohnes Hal in England unterstützen.«

»Können wir auch hier auf seine Waffenhilfe rechnen?« gab der Graf de Rancon zu bedenken.

Alienor nickte. »Richard und Geoffrey werden sich ebenfalls nach Paris begeben, denn sonst dauert es vielleicht zu lange, bis ein französischer Heerführer Truppen hierherführt.« Guy de Lusignan räusperte sich. »Was ist mit dem Grafen der Champagne? Wenn er sein Bündnis mit dem ehemaligen König von England hält, könnte er die Ile-de-France mit ihm einkreisen.«

Guy de Lusignan war wie die meisten seiner Familie habgierig und für jeden Verrat zu haben – vor einigen Jahren hatte er Patrick von Salisbury bei dem Versuch umgebracht, Alienor zu entführen –, doch er war eben sehr mächtig, und die Notwendigkeit zwang sie, ihn als Verbündeten zu akzeptieren. Sie konnte ihm zwar nicht im geringsten vertrauen, aber immerhin hatte er eine sehr richtige Beobachtung gemacht.

»Der Graf der Champagne hat sich ebenfalls mit mir verbündet«, antwortete sie, »wir brauchen uns also deswegen keine Sorgen zu machen. Es ist nun Zeit für Euch, aufzubrechen und Eure Lehen gegen den ehemaligen König zu verteidigen.«

Die Männer kamen zu ihr und schworen ihr und ihren Söhnen nochmals Treue, und während sie hinausgingen, sagte Richard mit gesenkter Stimme: »Macht es etwas aus, daß Hal so übereilt war?« Alienor schüttelte den Kopf. Sie war ärgerlich genug auf ihren ältesten Sohn, der Henry mit seiner närrischen und überflüssigen Forderung so früh mißtrauisch gemacht und sie so gezwungen hatte, eine gefährliche Rettung für ihn ins Werk zu setzen, andererseits hatte sie Zeit genug für ihre Vorbereitungen gehabt, und wenn der Aufstand jetzt beginnen sollte, dann gut.

»Es ist in Ordnung, Richard«, erwiderte sie und umarmte ihn, dann Geoffrey. »Geht jetzt.«

Alienors Aufruf zur Rebellion erfaßte ganz Aquitanien. Auch die Bretagne und Anjou schlossen sich ihr an, bis nur noch die Normandie zu Henry stand. Er erhielt keine Einkünfte mehr, seine Beamten wurden davongejagt, und seine Vasallen, die er zu den Waffen rief, verweigerten ihm den Gehorsam. Schottland erklärte, nur noch Hal als gesalbtem König bündnispflichtig zu sein, Louis ließ ausrichten, Henry, König von England, sei bei ihm, und auch in England begannen die Menschen sich zu erheben. Die Grafen von Leicester und Norfolk erklärten offen ihre Unterstützung für die Königin, und der Bischof von Durham schloß sich ihnen an.

Henry war außer sich vor Wut, und was ihn am meisten aufbrachte: Er hätte es voraussehen müssen. Er hatte mit einem unbedeutenden Aufstand von Hal gerechnet, was zwar traurig, aber verständlich war. Natürlich wollte Hal die Macht – ein zukünftiger König mußte sie wollen, sonst konnte er später nicht überleben. In seine Berechnungen hatte Henry auch die Möglichkeit mit einbezogen, daß Alienor ihren Sohn unterstützte. Doch eine riesige Rebellion wie diese, nicht von Hal, sondern von Alienor angeführt – er hatte einfach nicht daran gedacht, und jetzt schalt er sich deswegen einen Narren.

Oh, sie würde dafür bezahlen. Wenn er sie nur erst in Händen hätte, würde sie so dafür bezahlen, daß sie sich wünschte, nie geboren worden zu sein – sie, die sich nicht unterstanden hatte, nicht nur eines, sondern alle seine Kinder gegen ihn aufzuhetzen. Alle außer John. John, sein Jüngster, der nicht von Alienor erzogen worden war, der noch ein kleiner Junge war, der nur seinen Vater kannte. In diesen dunklen Tagen begann er John mehr zu lieben als alle seine anderen Kinder.

Doch jetzt war nicht die Zeit für Racheschwüre. Sie wollte den Krieg – sie sollte ihn haben. Henry entschloß sich, Söldner aus Brabant anzuwerben, und verpfändete zu diesem Zweck den englischen Kronschatz, sogar das diamantene Krönungsschwert. Jetzt konnte er sich nicht leisten, zimperlich zu sein, denn je mehr Zeit er Alienor gab, desto gefährdeter war sein Thron.

Innerhalb von sieben Tagen brachte Henry sein neues Söldnerheer von Rouen an die normannisch-französische Grenze und schlug mit einem Handstreich die wenigen normannischen Barone, die sich ebenfalls gegen ihn erhoben hatten. Er wies einen seiner treu gebliebenen Prälaten an, einen Brief an Alienor zu richten:

»Wir bedauern alle, daß Ihr, eine so kluge Frau vor allen anderen, Euch von Eurem Gemahl getrennt habt... Was noch schlimmer ist, Ihr habt die Frucht Eurer Leiber, Eures und des Herrn Königs, gegen ihren Vater aufgestachelt... Kehrt zurück, o hochberühmte Königin, zu Eurem Gemahl und unserem Herrn... Bevor die Ereignisse zu einem schrecklichen Ende führen, kommt mit Euren Söhnen zu Eurem Gatten zurück, dem Ihr gehorchen und bei dem Ihr leben sollt... Andernfalls sehen wir uns gezwungen, nach kanonischem Recht gegen Euch vorzugehen...«

Als der Brief bereits unterwegs war, kamen Henry ernsthafte Zweifel, ob ein derartiger Brief bei Alienor überhaupt irgend etwas ausrichten konnte. Wenn er nur wenigstens beim Volk die erwünschte Wirkung hatte.

Raoul de Faye wirkte nervös und äußerst beunruhigt, als er bei Alienor eintrat.

Die Königin hob den Kopf. »Was gibt es, Cousin?«

Raoul biß sich auf die Lippen. »Der König«, sagte er stokkend, und ihm fiel nicht auf, daß er das ›ehemalige‹ wegließ. »Nachdem er die Invasion der Normandie durch Eure Söhne zurückgeschlagen hat, ist er jetzt in das Poitou eingefallen.«

»Ich bin weder blind noch taub, Cousin«, sagte sie spöttisch. »Diese Tatsache ist mir bereits aufgefallen.«

Raoul de Faye wünschte sich, daß ihm diese Situation erspart geblieben wäre. »Meine Späher haben mir berichtet«, brachte er endlich hervor, »daß er auf dem Weg hierher ist. Euer Gnaden«, seine Stimme wurde verzweifelt, »Faye-la-Vineuse kann einer Belagerung durch diese riesige Armee nicht standhalten!«

Er hatte bereits Schreckensvisionen von den Söldnern aus Brabant vor seiner kleinen Burg; warum war er nur so stolz darauf gewesen, die Königin bei sich zu beherbergen? Alienors Blick war undurchdringlich, als sie fragte: »Glaubt Ihr, daß er meinen Aufenthaltsort kennt?«

»Nein«, erwiderte Raoul de Faye unglücklich, »oder vielmehr, es spielt keine Rolle, denn er wird es ohnehin erfahren. Euer Gnaden, was sollen wir nur tun?«

Alienor stand auf. »Wenn Ihr die Burg nicht verteidigen könnt, und da gebe ich Euch recht, dann brecht sofort nach Paris auf und gesellt Euch zu meinen Söhnen.«

Raoul de Faye war zu erleichtert, um es zu verbergen. »Aber Ihr? Was wird aus Euch, meine Königin?«

Alienor zuckte die Achseln.

»Ich werde ebenfalls versuchen, mich nach Paris durchzuschlagen, aber wir reisen besser nicht gemeinsam. So ist die Wahrscheinlichkeit größer, daß wir Henrys Spähern nicht auffallen.«

»Sie werden besonders auf eine Frau achten«, gab de Faye zu bedenken.

»Um Himmels willen, Mann, für wie dumm haltet Ihr mich eigentlich? Nehmt Ihr vielleicht an, ich reise als Frau, womöglich noch im großen Staat?« Dann besann sie sich. Es war nicht richtig, diesen loyalen Vasallen zu kränken, und sie schämte sich für den Mangel an Selbstbeherrschung, die sie jetzt doch so dringend brauchte.

»Es wird schon alles gutgehen, Cousin«, meinte sie mit einem aufmunternden Lächeln. »Wir sollten nur langsam anfangen, zu packen.« Sie dachte plötzlich daran, daß sie nach Jahren Paris wiedersehen würde – und Louis. »Immerhin«, sagte Alienor sacht, »das Schicksal hat Sinn für Ironie.«

Ralph, Henrys unehelicher jüngerer Sohn, hob die Hand, um sich gegen die untergehende Sonne zu schützen. Er war ein wenig mürrisch, denn die Straße nach Chartres nach aufständischen Soldaten abzusuchen, schien ihm kaum eine ehrenvolle Aufgabe zu sein, eher eine, die jeder einfache Späher übernehmen konnte, und er wollte sich seinem Vater als unentbehrlicher Helfer beweisen. Was für ein Glücksfall diese Rebellion für ihn doch war, was für ein unerwarteter Glücksfall!

Einer der Brabanter, den er vorausgeschickt hatte, kehrte zurück und meldete mit einem kaum verständlichen Akzent: »Da vorne reitet eine kleine Gruppe, nicht mehr bewaffnet als gewöhnliche Reisende. Sie scheinen harmlos zu sein.«

Ralph fragte schlechtgelaunt: »Sind es Leute aus dem Poitou?« Der Mann nickte. »Dann nehmt sie auf alle Fälle fest. Die Provinz besteht fast nur noch aus Rebellen!«

Es war wirklich nur eine kleine Gruppe, die seine Männer da anschleppten, ein Priester, der zu seinem Schutz von drei Knappen begleitet wurde. Ralph kratzte sich am Nacken. Verdammt, diese ständigen Märsche hatten ihm Flöhe eingebracht! Lohnte es sich, aus diesem Häuflein Gefangene zu machen?

Dann fiel sein Blick auf die schlanke Gestalt eines der Knappen, und sein Atem stockte. Das war doch nicht möglich! Er kannte dieses bezwingende, vielbesungene Gesicht, kannte die Geste, mit der sie jetzt mit ihrem Handrücken über die Stirn fuhr, hatte sie jahrelang aus nächster Nähe erlebt. Das Blut dröhnte in seinen Ohren. Ralph faßte sich wieder.

»Seid gegrüßt, Euer Gnaden«, sagte er gedehnt.

Statt zu erschrecken, lächelte sie. »Ralph! Was für ein unerwartetes Vergnügen an diesem bezaubernden Abend. Ich muß sagen, es ist nicht sehr schmeichelhaft für mich, daß du dich erst jetzt erinnerst, mein Junge. Sehe ich so schrecklich aus? Aber nicht doch, du brauchst nicht niederzuknien.«

Ralph, der keine Anstalten dazu gemacht hatte, errötete tief und entgegnete nichts. Seine Männer hatten noch immer nicht begriffen, welchen Fang sie gemacht hatten, und der Späher, den er ausgesandt hatte, fragte unruhig: »Was geschieht jetzt mit ihnen?« Ralph kam wieder zu sich. »Zum König!« schrie er. »Bei Gott, sofort zum König!«

»Ich wage zu behaupten, daß Henry dankbar sein würde, wenn du ihm meinen Anblick noch ein wenig erspartest«, bemerkte Alienor. Sie drehte sich um und schaute ein letztes Mal auf die Straße nach Chartres zurück. Der französischen Grenze so nahe gewesen zu sein... Mit der Sonne gingen auch ihre Hoffnungen unter.

IV
Gefangenschaft

Es packt die Furcht mich oft mit solcher Macht:
Ich säh der Freiheit Sonne nimmermehr,
Vergessen hier und so wie längst begraben.
Doch soll der Zweifel mich noch nicht besiegen,
Daß Gaukelbilder nur, mich zu betrügen,
Was mir des Hoffens Süßigkeit verkündet…
Noch soll mein Herz voll Bangnis nicht verzagen.

Enzio von Hohenstaufen

Henrys Gesicht, staubig von einem langen Tagesmarsch, drückte Verblüffung, Befriedigung und ein drittes, undeutbares Gefühl aus, als ihm Ralph triumphierend seine Königin brachte. Seine Hauptleuten blickten neugierig von ihm zu Alienor, unsicher, ob der König wünschte, daß sie bleiben oder gehen sollten.

»Hier haben wir also«, sagte Henry endlich, »Alienor von Aquitanien, Rebellin und Verräterin wider ihren Gemahl und König – vollständig gescheitert.«

»Das wird sich zeigen«, sagte Alienor ruhig.

Er lachte kurz auf, doch es lag nicht der geringste Funken Humor darin. Dann umfaßte er langsam mit beiden Händen ihre Schläfen und drückte zu. »Du bist geschlagen, meine liebe Gemahlin, sieh es doch ein. Ich könnte dir jetzt auf der Stelle den Schädel zerdrücken oder dich töten, und jeder würde die Strafe gerecht nennen. Aber weißt du, Alienor, mir ist noch etwas viel Besseres eingefallen.«

Er ließ sie jäh los, wohl in der Hoffnung, daß sie zurücktaumeln und stolpern würde, doch sie bewahrte ihr Gleichgewicht.

»Ich werde dich gefangenhalten, mein Herz, so lange es mir beliebt. Begreifst du, was das bedeutet, Alienor? Keine Verschwörungen mehr, kein Regieren, keine Reisen, keine Besuche, keine Lieder und keine Troubadoure, dafür werde ich sorgen. Du wirst für immer wie einer dieser Käfigvögel sein, die man auf dem Jahrmarkt kaufen kann – meine Gefangene für den Rest meines Lebens.«

Grüne und braune Augen brannten ineinander. Sie wußte

es, wußte, daß er unfehlbar das Schlimmste gefunden hatte, was er ihr antun konnte, wahrhaft schlimmer als der Tod – lebendig begraben zu sein. So, wie ihre Rebellion das Schlimmste gewesen war, das sie ihm antun konnte. Vor ihr erstreckte sich eine endlose schwarze Höhle leerer Jahre, und einen Moment lang gab sie der Verzweiflung nach. Dann straffte sie sich. Kein Selbstmitleid jetzt, nur kein Selbstmitleid, und ganz besonders nicht vor Henry und seinen Leuten.

»Dein Leben und immer, Henry, sind zwei ganz verschiedene Dinge.«

Er sah sie an. »Wann wirst du aufhören zu hoffen?« fragte er unvermittelt. »Zwei Jahre? Zehn Jahre? Zwanzig Jahre? Was meinst du, wie lange wird es dauern?«

»Solange ich atme, Henry. Und sag nicht, daß du es anders lieber hättest – so ist es doch so viel unterhaltsamer für uns beide.«

Alienor wurde von Henry zunächst nach Chinon geschickt, während er sich daranmachte, das Poitou zu befrieden. Louis und Hal waren noch damit beschäftigt, die Wunden zu lecken, die er ihnen bei der Vereitelung ihrer Invasion der Normandie geschlagen hatte, doch Richard spornte die Nachricht von der Gefangennahme seiner Mutter an, mit der Entschlossenheit der Verzweiflung allein weiterzukämpfen. Er war sechzehn Jahre alt und mußte sich nun mit einem Mann messen, der als einer der besten Schlachtstrategen Europas galt.

Richard belagerte La Rochelle, eine der wenigen königstreuen Städte im Poitou und als Handels- und Versorgungslager von elementarer Bedeutung für Henry. Sein Hauptquartier hatte er im nahegelegenen Saintes aufgeschlagen, eine Stadt, die La Rochelles größte Rivalin im Handel war und daher mit Begeisterung am Aufstand teilnahm.

Henry wollte Poitiers in die Knie zwingen, und er hatte die besseren Gerätschaften als Richard, die größere Armee, die größere Erfahrung und, was am allerwichtigsten war – er hatte Alienor gefangengenommen, die Person, an die sich die Bürger Aquitaniens gebunden fühlten und auf die sie hofften. Richard war zwar ebenfalls beliebt, aber man wußte noch wenig mehr als sein Alter und nichts über seine Fähigkeiten im Krieg. Kaum hatte Richard die Nachricht von der Einnahme Poitiers' erreicht, stand Henry schon vor Saintes und nahm die Stadt im Sturm. Richard gelang es gerade noch, sich mit ein paar Gefolgsleuten zu Geoffrey de Rancons Burg Taillebourg durchzuschlagen.

Taillebourg war, anders als Saintes, außergewöhnlich stark befestigt, so daß Henry keinen Versuch machte, seinem Sohn zu folgen, sondern nur eine Garnison in Saintes zurückließ und beschloß, nach England zurückzukehren, um sich der Rebellen dort anzunehmen.

Er ordnete an, daß die Königin ihn zu begleiten habe.

Heftige Unwetter tobten, als sie in Barfleur ausliefen. Reglos stand das Königspaar an Deck und bot dem Sturm die Stirn. Als sie in Southampton an Land gingen, machte Henry seine langversprochene Huldigung wahr: In einer schlichten Büßerkutte marschierte er, ohne Nahrung zu sich zu nehmen, direkt nach Canterbury.

Thomas Becket war im vergangenen Jahr vom Papst heiliggesprochen worden, und Henry verbrachte die Nacht allein neben seinem Grab. Diese Nacht in der tiefen Stille der Gewölbe war für Henry schmerzhafter als das, was ihn am nächsten Tag erwarten würde. In der leeren Kathedrale hallte nicht nur jede seiner Bewegungen, sondern auch das Echo der Vergangenheit wider. Thomas Becket war sein bester Freund gewesen und sein größter Feind – abgesehen von Alienor. Diese beiden, Alienor und Becket, hatten sich gegen ihn gewandt, und beide hatten dafür bezahlt. Aber der Mord an Thomas Becket, auch wenn es damals keinen anderen Ausweg gegeben zu haben schien, dieser Mord hatte ihn jetzt dreieinhalb Jahre lang verfolgt und würde ihn vielleicht für den Rest seines Lebens verfolgen.

Am Morgen feierte der König mit den Mönchen die Messe, dann entledigte er sich seiner Kutte und ließ sich, nackt und bloß, vor den Augen einer gewaltigen Menschenmenge von siebzig Augustinern geißeln.

Niemand hatte wirklich geglaubt, daß er es tun würde; nicht Henry Plantagenet, der Hochmut in Person, und die Betroffenheit wie Ehrfurcht der Bevölkerung waren groß.

Am nächsten Tag verkündete der König, daß der heilige Thomas bereits ein Wunder für ihn gewirkt hätte – in dieser Nacht sei die Nachricht gekommen, daß der König von Schottland durch seinen Friedensrichter Glanville besiegt worden war. Damit hatte er das staunende Volk, Angelsachsen wie Normannen, auf seiner Seite – es war offensichtlich, Sankt Thomas stand dem König bei, was hieß, seine Sache war gerecht. Kurze Zeit später mußten seine aufständischen Grafen und Barone sich ergeben.

Auf dem Festland war unterdessen auch Louis überzeugt, einen schweren Fehler, vielleicht sogar eine Sünde begangen zu haben, indem er die Familie des englischen Königs gegen ihr Oberhaupt unterstützt hatte. Wenn Gott und der heilige Thomas tatsächlich…

Er bot Henry Friedensgespräche an. Hal und Geoffrey hatten nicht die Absicht, ohne französische Hilfe gegen einen übermächtigen Vater weiterzukämpfen, und am achten September schlossen Louis und Henry einen Waffenstillstand. Wer in diesem Abkommen nicht berücksichtigt war: Richard.

Henry konnte sich nun ohne weitere Ablenkungen auf Richard konzentrieren, und binnen weniger Wochen hatte er den letzten Sohn, der ihm noch Widerstand leistete, an die Wand gedrängt. Schließlich willigte Richard ein, sich mit Henry zu treffen.

Es war der dreiundzwanzigste September, als Richard bleich und angespannt vor seinen Vater trat. Henry ersparte ihm die Demütigung einer öffentlichen Unterwerfung. Er bedeutete Richard, ihm in sein Zelt zu folgen, und winkte ab, als sein Gefolge, allen voran Ralph, nachkommen wollte.

In dem riesigen, leeren Zelt hätte leicht der ganze Hofstaat Platz gehabt, und die Absicht war klar. Richard spürte ein kurzes Aufflackern von Dankbarkeit, das jedoch schnell wieder verging. Dankte man seinem Folterer, weil er die Instrumente allein statt vor anderen gebrauchte?

Henry schenkte sich etwas Wein ein. »Nun?« fragte er gedehnt. »Ich muß sagen, du hast mich bei diesem Krieg am meisten überrascht. Ich hätte nicht gedacht, daß du auf die Idee kämst, La Rochelle anzugreifen. Du hast Fähigkeiten, mein Junge.«

»Ich hätte nicht gedacht, daß Thomas Becket so außergewöhnlich zeitgünstige Wunder wirken kann«, gab Richard kühl zurück, und Henrys Mundwinkel zuckten.

»Wirklich passend, in der Tat.«

Richard konnte sich nicht länger beherrschen. »Wo ist sie? Was habt Ihr mit ihr vor?«

Henrys Antlitz wirkte versteinert. »Ich habe sie zunächst nach Winchester bringen lassen, aber das ist vorläufig. Täusche dich nicht, Richard. Sie bleibt gefangen. Ich würde mich an deiner Stelle lieber fragen, was mit mir geschieht.«

Richard starrte ihn an, schwieg jedoch. Er spürte alles sehr deutlich in diesem Zelt: das plötzlich erdrückende Gewicht des Panzerhemdes, das er trug; die heiße, stickige Atmosphäre; die gewaltige Gestalt seines Vaters; sein Vater, der in seiner Kindheit ein unerreichbares Ideal gewesen war und sich zuerst mit seiner öffentlichen Zurschaustellung Rosamonds und dann mit jenem furchtbaren Tag so kurz nach Johns Geburt in einen leidenschaftlich gehaßten Feind verwandelt hatte.

»Was wollt Ihr von mir?« fragte er rauh.

Henry verschränkte die Arme. »Wie ich schon sagte, du besitzt Fähigkeiten, und ich werde sie nutzen. Ich möchte, daß du mir den Lehnseid schwörst und dich mir vollständig unterwirfst. Ich werde dir die Hälfte aller Einkünfte aus Aquitanien zukommen lassen, und außerdem behältst du den Titel. Wenn sich zeigt, daß ich dir trauen kann, bekommst du auch die Regierung. Im Gegenzug erwarte ich, daß alle Burgen des Herzogtums wieder in den Zustand versetzt werden, in dem sie vor der Rebellion waren, und wenn sich gewisse edle Herren weigern sollten, dann will ich, daß du ihre Burgen für mich eroberst. Das sind meine Bedingungen.«

Er schwieg und beobachtete den Jungen. Richard versprach ein guter Heerführer zu werden, vielleicht sogar der einzige von seinen Söhnen, der sein strategisches Talent geerbt hatte. Er konnte sehen, wie die Herausforderung, die in seinen Worten lag, gegen den verzweifelten Wunsch arbeitete, trotz aller Aussichtslosigkeit für die Mutter weiterzukämpfen. Nun, Richard würde es noch lernen, würde begreifen, daß die Wirklichkeit Kompromisse verlangte. Schon jetzt mußte dem Jungen klar sein, daß er als Rebell nicht noch einmal so günstig davonkommen konnte.

Henry betrachtete Richards rotblondes, gebeugtes Haupt. Jäh hob sein Sohn den Kopf. »Also gut«, sagte er. »Ich willige ein.«

Henry nahm einen zweiten Becher und schenkte auch ihm ein. »Trinken wir darauf.«

Henry hatte Alienors Leben genau organisiert. Ihre Bewacher wechselten regelmäßig; einmal war es Renoulf de Glanville, der den Schottenkönig besiegt hatte, einmal Ralph Fitz-Stephen. Meistens lebte Alienor im Salisbury Tower, doch Henry hielt es für angebracht, sie hin und wieder auch in andere Burgen zu verlegen.

Diese Reisen von einer Burg zur anderen, von einem Gefängnis zum anderen waren wie ein kurzes Luftschöpfen. Sonst erstickte sie die Enge, die Enge des kreisrunden Turmes, der ihr manchmal wie eine Spindel vorkam, die sich drehte und immer wieder um sich selbst drehte und sie von allem, was lebenswert war, abschnitt.

Alienor wartete absichtlich einige Monate, um Henry in Sicherheit zu wiegen, bevor sie ihren ersten Fluchtversuch ins Werk setzte. Er war mehr als schwierig, weil sie nicht mit der Hilfe des jeweiligen obersten Bewachers rechnen konnte, der sich durch absolute Loyalität gegenüber seinem König auszeichnete. Die Wächter aus dem Volk, mit denen sie in Berührung kam, wurden wie die zwei Dienerinnen regelmäßig ausgetauscht. Doch es mußte einen Weg geben; sie würde sich nicht so einfach geschlagen geben. Eingesperrt, wo sie vorher die ruheloseste aller Frauen gewesen war, mußte sie sich mit irgend etwas beschäftigen, um nicht wahnsinnig zu werden, und Fluchtpläne waren eine ausgezeichnete Ablenkung.

»Das Mittagsmahl, Euer Gnaden«, sagte der Wächter nervös und bemühte sich, dem Funkeln auszuweichen, das über sein Gesicht tanzte.

»Ich danke Euch«, erwiderte Alienor gleichmütig. »Nächste Woche verlassen wir Berkshire, und der sehr ehrenwerte Glanville bringt mich wieder in den Salisbury Tower, nicht wahr?«

»Ich... ich glaube schon, Euer Gnaden.«

Alienor streifte ihren Armreif ab und ließ ihn spielerisch zwischen ihren Fingern hin und her gleiten. »Es wird eine längere Reise werden... wie schade, daß ich diese schöne Gegend hinter mir lassen muß, wo ich doch kaum Gelegenheit hatte, die Landschaft zu bewundern. Das ist ein Versäumnis, findet Ihr nicht?«

Der Wächter fuhr sich mit der Zunge über die Lippen. »Nun...«

»Ich wäre außerordentlich dankbar für jemanden, der mir etwas mehr von Berkshire zeigen würde. Wißt Ihr, ich habe soviel überflüssigen Schmuck, daß ich mich frage, was ich damit anfangen soll.« Sie lächelte ihn an. »Und mein Sohn Richard braucht, wie ich höre, sehr dringend tapfere Soldaten im Limouisin, wo ihn der König hingeschickt hat... er wäre sicher sehr großzügig.«

Der arme Wächter stand ärgste Gewissensqualen durch. Hier bot sich ihm die Aussicht, einmal aus dem kargen Soldatenleben auszubrechen und reicher zu werden als jeder von seinen Ahnen. »Was wünscht Ihr?« brach es aus ihm hervor.

Die Königin erhob sich und legte den Armreif beiläufig neben das Mittagsmahl. »Wir haben jetzt nicht mehr genügend Zeit«, sagte sie leise, »aber wenn Ihr in vier Tagen das nächste Mal kommt, werdet Ihr doch in Begleitung des jungen Mannes mit den roten Haaren sein, oder?«

Es kamen immer zwei Wächter, von denen einer mit der normalen Wache vor der Tür ihres Gemachs stehenblieb.

»Ja«, antwortete er verblüfft, »aber woher...«

»Das ist jetzt unwichtig«, schnitt sie ihm das Wort ab. »Was zählt, ist folgendes: Ihr ruft Euren Kameraden unter irgendeinem Vorwand herein – sagt meinetwegen, ich würde behaupten, Ihr hättet etwas von meinen Speisen genommen –, überwältigt ihn dann, ich tausche die Kleider mit ihm, und Ihr bringt ich so schnell wie möglich von hier fort. Das hier«, Alienor wies auf den Goldreif, »ist eine Kleinigkeit gegen das, was Euch erwartet, wenn wir Erfolg haben.«

Sie hatte nicht gewußt, daß die Stunden so langsam verrinnen konnten, so zäh, als sei jede Minute eine ganze Welt, die es zu durchleben galt. Bis der rothaarige Mann niedergeschlagen zu ihren Füßen lag, starb sie tausend Tode. Dennoch zögerte sie keine Sekunde, sondern begann sofort, ihr Gewand aufzuschnüren, und kümmerte sich nicht um die Blicke des Wärters. Mit fieberhafter Schnelligkeit schlüpfte sie in das Wams, das er ihr hinhielt. Die wenigen Dinge, die sie mitnehmen wollte, ließen sich leicht darin verstauen.

»Gut«, sagte sie schließlich mit bebender Stimme, »gehen wir.«

Die Wache ließ sie kommentarlos vorbei – Gott sei gedankt für die Kapuze ihres Umhangs. Jeder Schritt durch den Gang hallte in Alienors Ohren mit der Wucht eines Donnerschlags wider. Doch sie waren noch nicht außer Sichtweite ihres Gemachs, als ihr Renoulf de Glanville mit ein paar Soldaten entgegentrat.

»Es tut mir leid, Euer Gnaden«, sagte er höhnisch, »aber ich muß Euch zur Umkehr bitten.«

Der Wächter an ihrer Seite versuchte die Flucht nach vorne, wurde aber mit Leichtigkeit von seinen Kameraden wieder eingefangen. Alienor selbst rührte sich nicht. Sie stand stumm da, fast leblos.

»Ihr müßt wissen«, bemerkte Glanville übertrieben höflich, »daß unser Herr, der König, jedem Soldaten, der ihm einen erfolgreichen Bestechungsversuch Eurerseits melden kann, die doppelte Summe von dem angeboten hat, was Ihr versprecht. Dieser Narr dort wußte noch nichts davon und suchte Unterstützung für Eure Flucht, aber ich nehme an, jetzt wird es allgemein bekannt.«

Alienor faßte sich.

»Armer Henry«, sagte sie sachte, »was für eine Verschwendung von Steuergeldern!« Sie streckte die Hand aus. »Ich nehme an«, fuhr sie gewollt hochmütig fort, »Ihr selbst habt es nicht nötig, Eure Lage derart aufzubessern? Dann seid so gut und gebt mir den Schmuck wieder, den Ihr Eurem Wärter habt abnehmen lassen.«

Schlagartig war jedes Überlegenheitsgefühl aus der Miene des Edlen de Glanville verschwunden. »Bei Gott, Ihr könnt froh sein, daß ich Euch überhaupt etwas lasse«, stieß er hervor. »Wechselt lieber die Tonart, Euer Gnaden, ich rate Euch im Guten.«

Alienor hob die Augenbrauen. »Und weswegen sollte ich wohl? Werde ich ohne Essen ins Bett geschickt, wenn ich nicht gehorche, oder sperrt man mich in den Keller?«

Renoulf de Glanville lag eine hitzige Entgegnung auf der Zunge, doch dann sah er ein, daß sie recht hatte. Sie war die Königin, gefangen oder nicht, und es gab keine Strafmaßnahmen, mit denen er ihr glaubwürdig drohen konnte. Glanville ließ sie zurückbringen und verfluchte stillschweigend alle arroganten Weiber.

Im Salisbury Tower war sie nicht ausschließlich auf wenige Räume beschränkt, da das Gebäude selbst viel sicherer war als ein gewöhnliches Schloß, doch Alienor entdeckte bald, daß es keinen Unterschied machte, wie weiträumig ein Gefängnis war. Es blieb immer noch ein Gefängnis. Sie wußte nicht, was schlimmer war, die völlige Einsamkeit oder die Tatsache, daß man sie von jeder Tätigkeit abgeschnitten hatte. Sie mußte etwas finden, um ihren Geist zu beschäftigen, sonst stumpfte sie mit der Zeit völlig ab. Alienor entschloß sich, aus dem Gedächtnis alle Verse, Epen und Erzählungen niederzuschreiben, an die sie sich erinnern konnte, selbst wenn sie in den Büchern enthalten waren, die man ihr zur Verfügung stellte.

Eines der ersten Dinge, die ihr einfielen, war die Strophe von Sappho, die sie als Mädchen so beeindruckt hatte. Sapphos Verse trafen nun mit einer schrecklichen Ironie zu und erhielten einen völlig neuen Sinn für Alienor: »Hinabgetaucht ist der Mond und/ mit ihm die Plejaden; Mitte/ der Nächte, vergeht die Stunde;/ doch ich liege allein…«

Die Briefe, die sie erhielt, wurden von ihrem Bewacher gelesen, und manchmal fehlten ganze Abschnitte. Eines Tages kam eine Abschrift von der Predigt eines poitivinischen Mönches an, die Henry ihr hatte schicken lassen, mit der Anmerkung, sie werde sie amüsant finden.

»Sag mir, Adler…, sag mir: Wo warst Du, als Deine Jungen aus dem Nest flogen und es wagten, ihre Krallen gegen den König des Nordwinds zu richten? Du warst es – wir haben es vernommen –, der sie angetrieben hat, sich gegen ihren Vater zu erheben. Deshalb bist Du aus Deiner Heimat fortgeschleppt und in fremdes Land gebracht worden…

Du hattest Reichtümer im Überfluß, und Deine jungen Gefährtinnen sangen ihre sanften Lieder zu Tamburin- und Zitherklängen. Du entzücktest Dich am Gesang der Flöte…

Kehre zurück, o Gefangene, kehre zurück in Deine Länder, wenn Du es kannst… Wo sind sie alle von Deiner Familie, wo sind Deine jungen Hofdamen, wo sind Deine Ratgeber! …Der König des Nordwinds hält Dich umlagert.

Rufe mit den Propheten, werde nicht müde, erhebe die Stimme wie eine Trompete, damit Deine Kinder sie hören. Der Tag wird kommen, wo Du durch Deine Söhne befreit wirst und in Deine Heimat zurückkehrst.«

Sie war allein, so einsam, wie sie noch nie in ihrem Leben gewesen war, und die Einsamkeit förderte die Erinnerung an das, was sie verloren hatte. Sie dachte an ihre goldene Jugendzeit voller Lachen und Musik, an die Menschen, die sie in ihrem Leben verloren hatte; an Raymond, die drei Guillaumes, ihre Mutter Aenor, nun auch Petronille und im letzten Jahr die Äbtissin Mathilda. Ihre anderen Kinder waren fort, verschwunden, als seien auch sie gestorben, selbst die kleine Joanna, die Henry nach ihrer Gefangennahme mit dem König Siziliens, Rogers Nachfolger Guillaume, vermählte.

An einem kalten Winternachmittag, als sie nichts außer das Feuer im Kamin und das Schreien der Raben um Salisbury Tower vernahm, verlor sie erstmals die Fassung: Sie krümmte sich zusammen, umklammerte ihre Knie und weinte, weinte heftig und hoffnungslos.

Eines der Mädchen, die man ihr zugeteilt hatte, erlöste sie. Sie trat ein, sah Alienor und stammelte verlegen: »Oh, verzeiht, Euer Gnaden, verzeiht.«

Alienor war beinahe genauso erschrocken wie das junge Ding, das die Königin noch nie so erlebt hatte. Sie erhob sich. Was um alles in der Welt tat sie da? Wie konnte sie zulassen, daß man sie so vorfand, in Tränen aufgelöst wie eine Braut vor der Hochzeitsnacht?

»Was gibt es?« fragte sie mit ein wenig zitternder, aber dennoch halbwegs sicherer Stimme. »Sir Ralph Fitz-Stephen läßt ausrichten, es sei Zeit für den täglichen Spaziergang, Euer Gnaden.« Das Mädchen wollte ihr einen wärmenden Pelzmantel um die Schultern legen, doch Alienor wies sie brüsk zurück.

»Ich bin noch nicht so alt, daß ich nicht ein wenig frische Luft vertrage.«

Die plötzliche Kälte traf sie wie ein Schock und brachte sie wieder zur Besinnung. Der steinerne Boden der Turmzinnen fühlte sich fest an unter ihren Füßen, und sie genoß jeden einzelnen Schritt, sog die kalte Luft ein, als wäre es der Atem des Lebens selbst, und sah zu dem grauen Himmel empor. Wolken ballten sich zusammen und verkündeten Schnee.

Wie konnte sie sich so gehenlassen? Das war reines Selbstmitleid. Sie hatte mit Henry um die Macht gerungen und verloren; sie hatte den Einsatz gekannt. Wenn sie je wieder frei sein wollte, dann durfte sie ihm nicht die Genugtuung geben, sie gebrochen zu haben, durfte sich nicht in selbstgefälligem

Bedauern wiegen, sondern mußte für die Zukunft planen. Es würde immer eine Zukunft geben.

»Sir Ralph«, wandte sie sich an ihren Bewacher, der sie aus Höflichkeit auf ihren Spaziergängen begleitete – denn Fluchtversuche waren hier wahrhaftig unmöglich –, »ich verlange, daß mir von nun an meine Briefe ungeöffnet ausgehändigt werden. Wie soll mir das Lesen von Briefen zur Flucht verhelfen, wo Ihr in Eurer Wachsamkeit doch sonst jedes erdenkliche Mittel gebraucht, um es zu verhindern? Außerdem könnt Ihr dem König schreiben, daß ich etwas mehr Bücher haben möchte.«

Ralph Fitz-Stephen war so verblüfft von dem Ton selbstverständlicher Autorität, daß er unwillkürlich murmelte: »Ja, Euer Gnaden«, bevor er sich seiner Lage wieder bewußt wurde.

Alienor lächelte und ging ein paar Schritte weiter. Unter ihr lag das nebelverhangene Tal, in dem sie bei klarem Wetter manchmal Winchester ausmachte.

»Ich bin Alienor von Aquitanien«, rief sie dem Tal zu, »und es gibt nichts, das ich nicht ertragen kann!«

Im dritten Jahr ihrer Gefangenschaft hatte Henry die Bedingungen für Alienor soweit gelockert, daß sie einen Besucher empfangen konnte, den ihr Bewacher, zur Zeit Renoulf de Glanville, als sicher einstufte. Es handelte sich um William, Graf von Salisbury.

Alienor war aufrichtig erfreut, als sie ihn sah, denn von Henrys beiden unehelichen Kindern hatte sie den bedächtigen Will immer lieber gemocht. Sie streckte ihm ihre Hand entgegen. »Will!« Der Graf von Salisbury war nun ein selbstsicherer junger Mann Mitte Zwanzig, und er lächelte seine Stiefmutter an. »Wie geht es meiner Königin?«

»Ich übe mich darin, mit den Raben um die Wette zu krächzen, was mir mittlerweile nicht mehr schwerfällt. Und du? Ich habe gehört, du warst mit Henry bei den Verhandlungen von Nonancourt?«

Will zögerte, und Alienor erklärte belustigt: »Das fällt unter die geschützten Nachrichten, Will? Du kannst mir ruhig davon erzählen, ich weiß es ohnehin schon.«

Der Graf von Salisbury errötete. Er hatte nicht erwartet, sie so lebensfroh anzutreffen. »Es ging um Richards Verlobung mit Alais«, sagte er zögernd, »der französische König verlangte, daß die beiden nun verheiratet würden.«

»Erzähl mir von Alais«, sagte Alienor. »Jetzt, wo Aenor, Mathilda und Joanna vermählt und weit fort sind, Alix tot und Marie in der Champagne, ist sie die einzige Tochter, die noch in meiner Nähe ist – nun ja, ein wenig.«

Will war entsetzlich verlegen. »Es geht ihr sehr gut«, sagte er und stürzte sich dann in Beschreibungen von den Verhandlungen mit Louis. »Mein Vater wollte, daß Alais von König Louis mit Bourges als Mitgift ausgestattet würde, da das Vexin schon Marguerites Mitgift in der Ehe mit Hal sei der König von Frankreich weigerte sich und sagte, daß niemand dafür garantieren könne, daß es dem König von England nicht auch in den Sinn käme, Frankreich zu erobern, aber am Ende hatte ihn Vater zu einem weiteren Nichtangriffspakt überredet.«

Alienor blickte auf ihre beringten Hände hinab. »Mit welchen Bedingungen?«

Will räusperte sich. »Sie haben beide versprochen, einen Kreuzzug zu unternehmen.«

Die Königin brach in schallendes Gelächter aus. »Ein Kreuzzug! O Will«, sagte sie, als sie wieder zu Atem kam, »darauf konnte auch nur Henry kommen, und nur Louis konnte es ohne weiteres schlucken. Schau nicht so besorgt drein, stell dir das lieber vor – Henry auf einem Kreuzzug!«

Endlich löste sich auch Wills ernstes Gesicht, und sie plauderten eine Weile über Neuigkeiten aus aller Welt, bis Will, sie unsicher ansehend, fragte: »Ihr habt gehört, daß Rosamond Clifford gestorben ist, Euer Gnaden?«

Alienors Miene war unergründlich. »Im letzten Jahr, ja, ich weiß, im Kloster Godstow. Es hat sich«, sie machte eine spöttische Bewegung mit dem Arm, den ganzen Turm umfassend, »bis hierher herumgesprochen, daß Henry den Nonnen von Godstow ihretwegen eine riesige Schenkung gemacht hat. Aber ich nehme nicht an, daß er aus Trauer ebenfalls ein Keuschheitsgelübde abgelegt hat.«

Will wich zum zweiten Mal in ihrer Unterredung ihrem Blick aus, und Alienor begriff plötzlich. »Alais?« sagte sie langsam. »Die kleine Alais?«

Will wäre am liebsten im Erdboden versunken; er brachte hastig ein anderes Thema zur Sprache. »Hal wollte nach Santiago de Compostela pilgern, aber mein Vater hielt das nur für einen Vorwand, um... nun ja, er verbot es ihm jedenfalls und schickte ihn statt dessen zu Richard nach Aquitanien. Aber Hal hat kein Talent als Eroberer, wenn Ihr mir das nicht übelnehmt, Euer Gnaden, und nachdem Richard in vierzehn Tagen die wichtigste Burg von Angoulême eingenommen hatte und er noch überhaupt nichts, zog er wieder von dannen. Auf Richard jedenfalls könnt Ihr stolz sein, meine Königin. Man spricht mittlerweile überall von seinem Ruf als Soldat, und dabei ist er erst zwanzig Jahre alt.«

Aus einem Impuls heraus setzte Will hinzu, was er eigentlich gar nicht erwähnen wollte: »Er hat den König zum wiederholten Mal um Eure Freilassung gebeten.«

»Ich weiß«, sagte sie. »Und auch Joanna hat es getan, und Mathilda, Aenor, Marie und ein halbes Dutzend andere – sie schreiben mir davon, als müßten sie sich dafür entschuldigen. Aber es hat keinen Sinn, Will. Er wird mich nie gehen lassen.«

Der Graf von Salisbury sah zu Boden, und Alienor gestattete sich ein Achselzucken. »Du kannst damit aufhören, mich zu bedauern, Will, ich lebe hier ausgezeichnet, und dein Besuch hat mir sehr viel Freude bereitet.«

Will stand auf. »Ich kann nicht sagen, daß ich nicht verurteile, was Ihr getan habt«, meinte er ernst, »aber ich habe noch nie einen Gefangenen gesehen, der sein Los so trägt wie Ihr, Königin Alienor.«

Alienor war weit davon entfernt, sich mit ihrem Los abzufinden. Kurz nach Wills Besuch unternahm sie einen neuen Fluchtversuch.

Eines Abends bat sie ihre Dienerin, alle Kerzen auf den Tisch vor dem großen Silberspiegel zu stellen. In dem erbarmungslos hellen Licht der Flammen prüfte sie ihr Gesicht und ihren Körper. Sie war vierundfünfzig Jahre alt, doch sie wirkte mindestens zehn Jahre jünger. Nirgendwo befanden sich die geringsten Spuren des Alterns, das Ergebnis einer eisernen Disziplin, mit der sie jeden Mundvoll Speisen und Getränke bemaß und sich jeden Morgen ein eiskaltes Bad auferlegte.

Nicht schlecht, dachte sie. Aber wie lange noch? Man muß seine Waffen einsetzen, solange sie noch wirksam sind. Und wenn ich hier herauskommen will, kann ich es mir nicht leisten, zimperlich zu sein.

Sie nutzte ihre Bewegungsfreiheit, die es ihr gestattete, ohne Begleitung durch mehrere Räume zu wandern, und fand schließlich den Mann, den sie gesucht hatte: den Hauptmann, der für die Bewachung der Zugbrücke zuständig war und gerade von seinem abendlichen Bericht an Ralph Fitz-Stephen kam.

Alienor trug ein dunkelblaues, fast schwarzes Gewand, und der Hauptmann erschrak, als er sie so vollkommen unvermutet aus den Schatten treten sah. »Euer Gnaden«, begrüßte er sie lahm.

»Oh, wie gut, daß ich Euch treffe, Hauptmann. Ihr könnt

mir sicher sagen, ob ich mit meiner Bitte bei Sir Ralph Erfolg haben werde. Was meint Ihr, ist es möglich, meinen Spaziergang von nun an abends zu machen?«

Der Mann wurde sofort mißtrauisch. »Weswegen...«

Alienor machte eine ausholende Geste, die dem überraschten Hauptmann zeigte, daß die Königin, die er bisher nur in Staatsroben oder Reisekleidern kannte, in diesem Hausgewand eine sehr weibliche Figur besaß. Er blickte hastig weg, während sie erklärte: »Es ist Sommer, und meine Dienerinnen erzählen mir, daß wir Vollmond haben. Ich würde so gerne die Sterne von den Zinnen aus sehen.«

Der Hauptmann zerbrach sich vergeblich den Kopf, inwiefern diese Bitte eine Vorbereitung für einen Fluchtversuch enthalten könnte. Man hatte ihn gewarnt, daß die Königin gefährlich war, doch alles, was er sah, war eine schöne Frau, die mit ihrer bezwingenden Stimme eine rührende Narretei äußerte. »Nun ja«, sagte er unbehaglich, »ich glaube eigentlich nicht, daß Sir Ralph etwas dagegen einzuwenden hätte.«

»Oh, ich hoffe, Ihr habt recht. Ich werde gleich zu ihm gehen. Danke für Euren Zuspruch, Hauptmann.« Sie schwebte graziös an ihm vorüber, glitt jedoch an der Treppe, die zu Fitz-Stephens Gemach führte, aus, und wenn er sie nicht aufgefangen hätte, wäre sie gestürzt. Alienor blieb eine Sekunde länger in den Armen des Hauptmanns, als es notwendig gewesen wäre, machte sich dann los und sagte mit einem einschmeichelnden Lächeln: »Nein, wie ungeschickt von mir! Ihr könnt versichert sein, daß ich unserem strengen Herrn da oben erzählen werde, wie schnell Ihr zur Stelle seid, wenn man Euch braucht. Nochmals, ich danke Euch aus ganzem Herzen.«

Sie war fort, und der Hauptmann blieb ein wenig verwirrt zurück, spürte noch den zarten Duft, der nun an seinen Kleidungsstücken zu haften schien und ihn in den nächsten Tagen verfolgte. Er wußte selbst nicht, warum, aber er richtete es eine Woche später so ein, daß er derjenige war, der die Königin auf ihrem nächtlichen Spaziergang begleitete.

Diesmal schwieg sie zunächst längere Zeit. Die sommerliche Sonne hatte die Luft gewärmt, selbst hier oben, und es war in der Tat sehr angenehm, so zu gehen. Die Geräusche der Nacht drangen nicht herauf, und trotz der ganzen Garnison hätten sie ebensogut allein sein können.

Alienor lehnte sich gegen einen Erker und legte die Hand auf den rauhen Stein. »Seltsam«, sagte sie versonnen, »wie er noch glüht.« Sie hob den Kopf. »Und die Sterne sind so deutlich heute nacht... wie merkwürdig, wenn man bedenkt, daß es dieselben Sterne sind, die ich auf dem Kreuzzug damals im Orient beobachtet habe. Manchmal glaube ich, daß nur die Sterne ewig bleiben werden.«

Jäh wechselte sie das Thema. »Aber ist es nicht eine bezaubernde Nacht, Hauptmann?« Der Hauptmann hatte in den letzten Minuten weniger die Sterne betrachtet als Alienors Hand, die scheinbar zufällig auf der Zinne entlangglitt, hinauf und hinunter. Er stimmte zu, ohne zu wissen, was sie gefragt hatte, und die Königin zog eine Grimasse. Es würde noch leichter werden, als sie gedacht hatte, aber um Himmels willen, der Mann mußte doch ein wenig Verstand haben, sonst wäre er nicht Hauptmann geworden – und könnte ihr nicht bei einer Flucht behilflich sein. Sie wünschte sich plötzlich ein etwas klügeres Gegenüber, jemand, dessen Einnahme eine echte Herausforderung gewesen wäre. Man konnte nicht alles haben.

Sie seufzte melancholisch. »Wart Ihr schon einmal in Aquitanien, Hauptmann, in meiner Heimat?«

»Zweimal, meine Königin, aber nur sehr kurz. Ich bin Normanne.«

Alienor verschränkte die Hände hinter ihrem Kopf, was dem Hauptmann erneut die Gelegenheit gab, ihre Gestalt zu bewundern.

»Ich habe nicht daran gezweifelt«, versetzte sie ein wenig spöttisch, »Ihr klingt nicht gerade wie ein Angelsachse. Aber erzählt mir doch von Euren Besuchen in Aquitanien. Ich habe so lange nichts mehr von meiner Heimat gehört.«

Der Hauptmann war in seinem Leben noch keiner so aufmerksamen Zuhörerin begegnet. Normalerweise empfand man seine Redeweise als ungelenk und langweilig, doch die aufmerksam auf ihn gerichteten Augen der Königin gaben ihm zum ersten Mal das Gefühl, ein fesselnder und guter Erzähler zu sein, und die Worte strömten nur so aus ihm heraus. Er hätte endlos weitersprechen können, wenn nicht eine Eule direkt über sie hinweggeflogen wäre. Die Königin erschrak und schmiegte sich, ohne nachzudenken, an ihn, und er spürte ihren zitternden Körper.

»Oh, sagt schnell ein Gebet! Ich habe mich immer so vor diesen schlechten Zeichen gefürchtet!«

Der Hauptmann fühlte sich stark; er hatte noch nie so ein hilfloses und entzückend weibliches Geschöpf kennengelernt. »Ihr braucht Euch nicht zu ängstigen, Euer Gnaden. Ich werde eine Kerze für Euch in der Kapelle aufstellen. Kommt, gehen wir hinunter«, schloß er bedauernd, »die Zeit ist um.«

»Leider habt Ihr recht. Ich habe mich so gut mit Euch unterhalten; glaubt Ihr, Ihr könntet mich wieder einmal begleiten?«

»Gewiß... gewiß, gerne...« stotterte er.

Es stand also alles hervorragend, und Alienor plante, nun einen Schritt weiterzugehen, als sie eine unangenehme Überraschung erlebte. Nicht nur, daß der eher milde Ralph Fitz-Stephen wieder von Renoulf de Glanville abgelöst wurde, nein, bei ihrem nächsten Spaziergang nach Glanvilles Ankunft stellte sie fest, daß man fast ausnahmslos alle Soldaten innerhalb des Turms durch irgendwelche Greise ausgewechselt hatte. Die äußeren Wachen waren, soweit erkennbar, eher junge Männer, aber von denjenigen, die sie zu Gesicht bekam, war keiner unter fünfundfünfzig – und der Hauptmann war spurlos verschwunden. Statt seiner begleitete sie ein hämisch grinsender Renoulf de Glanville, der ihr einen Brief ihres Gemahls übergab.

Henry schrieb, er hielte es für besser, sie in ihrem Alter nicht mehr mit jugendlichen Rüpeln zu belästigen. Alienor war zwischen Zorn, Enttäuschung und Belustigung hin- und hergerissen.

»Wie ich sehe«, antwortete sie ihrem Gemahl, »verstehen wir uns noch ausgezeichnet. Ich höre, Du klagst neuerdings über Rückenschmerzen...« Er hatte ihre Pläne wieder einmal durchkreuzt. Woher er es gewußt hatte, war gleichgültig, vielleicht hatte er es auch nur zu einem ungünstigen Zeitpunkt geahnt. Aber eines Tages, Henry, schwor sie sich, eines Tages werde ich dich überlisten. Es ist mir einmal gelungen, und es wird mir wieder gelingen.

Im Herbst 1180, als Alienor sechs Jahre gefangen und in einem Schloß in der Grafschaft Nottingham untergebracht war, erhielt sie die Nachricht, daß Louis am achtzehnten September in Saint-Port, einem Kloster der Zisterzienser, gestorben war. Sein fünfzehnjähriger Sohn Philippe, der nur einige Monate vorher feierlich als Thronfolger gesalbt worden war und bei dieser Gelegenheit auch die Lehnshuldigung von Hal und Richard entgegengenommen hatte, bestieg als Philippe II den französischen Thron.

Louis' Tod berührte Alienor sehr stark. War es möglich, dachte sie, daß sie fünfzehn Jahre mit diesem frommen, sanftmütigen Mann, der nie ganz seine Arglosigkeit im Umgang mit den Menschen verloren hatte, verheiratet gewesen war und ihm zwei Töchter geboren hatte, von denen eine bereits tot war? Alix war in Fontevrault gestorben, ohne längere Krankheit, wie ihr Vater, dem sie so sehr glich.

Die Erinnerung an ihre Hochzeit mit Louis, an den schüchternen jungen Thronfolger, den man aus seinem Kloster geholt hatte, und die fünfzehnjährige selbstsichere Herzogin von Aquitanien, deren Gefühle zwischen Zorn über den Heiratszwang und Mitleid für den Bräutigam schwankten, suchte sie öfter heim, als sie geglaubt hatte.

Aber sie fragte sich auch, wie nun, da ein neuer Herrscher die Arena betreten hatte, das Spiel um die Macht weitergehen würde. Was für ein Verbündeter, was für ein Gegner würde wohl Philippe sein?

Geoffrey Plantagenet, Herzog der Bretagne, betrachtete seinen ältesten Bruder zufrieden. Hal, der sich mit ihm in Grandmont getroffen hatte, war ungewöhnlich aufgeregt und fluchte laut. »Er hat mir schon wieder die Herrschaft über ein Fürstentum verweigert. Sitz nicht so da und grinse – es ist einfach infam und ungerecht. Du hast die Bretagne, Richard hat Aquitanien, und was habe ich? Glaubst du, daß er mir auch nur ein wenig Mitspracherecht in der Normandie oder England einräumt? Es ist, als gäbe es mich überhaupt nicht!«

Geoffrey klopfte ihm beruhigend auf die Schultern. Er hatte schon längst entdeckt, daß man andere Menschen für seine Zwecke manipulieren konnte, und er hielt Hal für das in dieser Hinsicht bei weitem empfänglichste, weil unüberlegteste Mitglied seines Hauses.

»Ich stimme dir zu«, sagte er lässig, »es ist nicht gerecht dir gegenüber. Nur, Hal, ich würde mir eher Gedanken um Richard machen, nicht um Vater.«

Hal wurde mürrisch. »Was ist mit Richard? Ich habe es langsam satt, pausenlos seine Eroberungen preisen zu hören!«

Sie befanden sich in einer Schenke, und Geoffrey, der die aufmerksam gewordenen Gäste bemerkte, legte seinem Bruder beschwichtigend die Hand auf den Arm. Sie waren beide leicht als Adlige einzuordnen, wenn auch nicht unbedingt als Prinzen, denn Geoffrey hatte Hal geraten, in möglichst schlichter Kleidung zu kommen. Nur machte schlichte Kleidung aus Hal immer noch keinen gewöhnlichen Bürger. Geoffrey verwünschte Hals Eitelkeit. Immerhin, diese Eitelkeit würde ihm unter Umständen gestatten, sein Ziel zu erreichen.

»Du solltest aber auf die Geschichten um Richard achten«, sagte er mit gesenkter Stimme. »Für wen tut er das wohl? Für Vater? Das ist doch nur zum Lachen. Er tut es für sich selbst, Hal. Er baut sich seine Macht in Aquitanien auf, und wenn du annimmst, daß er dich nach Vaters Tod so ohne weiteres als Herrscher auf den Thron steigen läßt, dann bist du blind. Warum hat er die Burg Clairvaux an seiner Grenze wieder aufbauen und neu verstärken lassen, obwohl sie nicht mehr zu seinem Teil des Reiches gehört?«

Hal sah leicht verwirrt drein, und Geoffrey seufzte.

»Diese Burg«, erläuterte er geduldig, »liegt Chinon gegenüber, und Chinons Bedeutung als königliche Schatzkammer brauche ich wohl nicht weiter auszumalen.«

Allmählich konnte Hal den Ausführungen seines Bruders folgen. »Er wird es nicht wagen...« fuhr er auf.

Doch Geoffrey unterbrach schneidend: »Nein! Mit den Truppen, die er hinter sich hat?«

Hal schlug auf den groben hölzernen Tisch. »Verdammt, ich werde es ihm zeigen! Ich werde König, und er wird sich mir unterwerfen oder...«

»Sicher«, sagte Geoffrey freundlich, »sicher. Du wirst König. Aber das fällt einem nicht in den Schoß, Hal.«

Eines der Schankmädchen hatte ihnen inzwischen Wein und etwas Brot und Käse gebracht. Geoffrey schnitt sich gelassen eine Scheibe ab. Genußvoll biß er hinein. Hal beobachtete ihn, während er kaute. »War rätst du mir, Geoffrey?«

fragte er endlich. »Was sollen wir tun?« Geoffrey lächelte. »Soweit ich weiß«, sagte er, »waren die Edlen des Limousin ganz und gar nicht erbaut von Richards Niederschlagung ihres Aufstands.«

In diesem Jahr beschloß Henry, seinen Weihnachtshof in Caen abzuhalten, und forderte seine drei älteren Söhne auf, zu erscheinen. John, der jüngste, lebte bei ihm. Auch seine älteste Tochter Mathilda würde an dem Weihnachtsfest teilnehmen, denn ihr Gemahl Herzog Heinrich hatte seinen erbitterten Machtkampf gegen Friedrich Barbarossa verloren und war aus dem Römischen Reich verbannt worden.

Außerdem befahl Henry, daß seine Königin für die Weihnachtsfeier zu ihm gebracht würde. Es war das elfte Jahr ihrer Gefangenschaft.

Alais, Louis' zweite Tochter aus der Ehe mit Constance von Kastilien, war nun zweiundzwanzig Jahre alt und unsterblich in Henry Plantagenet verliebt. Sie war eine hübsche, anziehende Erscheinung, die gewiß auch ohne ihre königliche Abstammung begehrenswert gewesen wäre. Henry zu lieben bedeutete ein ständiges Auf und Ab an Sturmflut und Gelächter, und es bedeutete quälende Furcht vor der Zukunft, denn sie war mit seinem zweitältesten Sohn verlobt. Die Tatsache, daß Alienor an diesem Weihnachtshof teilnehmen würde, verunsicherte sie noch mehr. Alienor war die einzige Mutter, die sie je gekannt hatte, und nur durch die ständige Versicherung, Alienor hätte ihr Schicksal selbst heraufbeschworen, konnte sie ihr quälendes Schuldgefühl unterdrükken.

Sie stand steif und stumm da, als Alienor in dem riesigen Burghof von Caen eintraf und von Henry mit spielerischer Leichtigkeit vom Pferd gehoben wurde.

Alienor sank in einen spöttischen Knicks. »Mein Herr und

Gebieter«, sagte sie, »ich glaube, wir haben uns längere Zeit nicht gesehen.« Ihre Stimme besaß noch immer das warme, dunkle Timbre, an das Alais sich so gut erinnerte, und sie wirkte nicht im mindesten unglücklich oder gebrochen.

»Ja, es muß ein paar Wochen her sein«, sagte Henry und betrachtete sie. Sechzig Jahre – war es zu glauben? Alienors Kinnbinde und ihr Schleier verbargen den Hals, der allein sie hätte verraten können. »Ich hoffe, du verzeihst es mir, daß ich dich bei deinem Landaufenthalt gestört habe?«

»Aber selbstverständlich, Henry. Es ist rührend, wie du immer auf mich Rücksicht nimmst.«

Er war sehr viel stärker und schneller gealtert als sie. Sein Gesicht war vom Leben gezeichnet, und er hatte den elastischen Gang seiner Jugend verloren. Dennoch strahlte er noch immer eine Vitalität aus, die sie einen Augenblick lang überwältigte. Dann wandte sie sich dem Mädchen zu, das hinter Henry wartete, und umarmte es.

»Nun, Alais, die Jahre haben aus dir eine Schönheit gemacht. Wie geht es dir, mein Kind?« Alais brachte eine nichtssagende Antwort hervor und sah zu, wie Alienor sich zu der jungen Frau umdrehte, die eben aus der großen Halle herunterkam.

Mathilda lachte und schluchzte, als sie ihrer Mutter in die Arme fiel, die sie seit fünfzehn Jahren nicht gesehen hatte. Alienor brauchte Zeit, um sie wieder zu beruhigen. Über den Kopf ihrer Tochter hinweg trafen sich ihre Augen mit denen Henrys.

»Ist das nicht der Traum jedes Christen«, fragte er, »eine Familienzusammenführung zu Weihnachten? Wie schade, daß die Jungen noch nicht hier sind.«

Alienor lächelte. »In der Tat. Aber wir sollten es auf die Feiertage beschränken, weißt du. So viel Versöhnung wird sonst zu anstrengend.«

John kniete schweigend neben einem von Henrys riesigen Jagdhunden und strich ihm mechanisch über den Kopf, während er beobachtete, wie seine Mutter mit Mathilda und deren Gemahl plauderte. Er kannte Mathilda nicht, da sie schon im Jahr seiner Geburt verheiratet worden war, und er war auch nicht sehr neugierig auf diese ältere Schwester.

Wer ihn interessierte, war seine Mutter, die Königin. Sein Leben lang hatte er Geschichten über sie gehört – jeder kannte Alienor von Aquitanien. Man sprach entweder bewundernd oder voll Abscheu über sie, rühmte ihre Klugheit, ihren Mut, ihre Schönheit oder beschuldigte sie der Schamlosigkeit, nannte sie widernatürlich und böse, doch gleichgültig ließ sie niemanden. Er wußte vor allem, daß sie ihn gleich nach seiner Geburt verlassen hatte, und war fest entschlossen gewesen, sich ihr gegenüber so abweisend wie möglich zu geben. Dennoch ertappte er sich dabei, wie er sie heimlich musterte und gespannt zuhörte, wenn sie mit seinem Vater sprach. Niemand sonst sprach so mit seinem allmächtigen Vater, dem König.

Er war sich durchaus im klaren darüber, daß sein Vater ihn seinen anderen Söhnen vorzog, und es erbitterte ihn bereits ein wenig, daß sich diese Tatsache nicht auf die Gebietsverteilung niederschlug. Warum sollten diese anderen drei, die gegen Henry rebelliert hatten, Herzogtümer und sogar die Krone erben, und er bekam nichts als bestenfalls eine Grafschaft? Das war auf keinen Fall gerecht.

Mathilda erzählte gerade von ihrem Leben in München, das Heinrich zu seiner Residenz gemacht hatte. »Ich war glücklich dort«, sagte sie, »aber es ist wunderbar, wieder hier zu sein. Meinst du, daß Vater Heinrich unterstützen wird?«

»Ich hoffe es«, warf ihr Gemahl ein und fügte düster hinzu: »Bei Gott, der Gedanke daran, daß sich der Rotbart jetzt in seinem Triumph suhlt, bereitet mir Übelkeit. Der Teufel hole alle Staufer!« Zwischen seiner Familie, den Welfen, und dem

Haus Hohenstaufen herrschte seit Jahren Blutfehde, die in dem Kampf zwischen Friedrich und Heinrich ihren Gipfel erreicht hatte.

Alienor gab eine unverbindliche Antwort und dachte bei sich, daß sie ihren Schwiegersohn für mehr als unklug hielt. Er schien seine liebenswerten Seiten zu haben, aber er neigte zu bombastischem Auftreten und Prahlerei. Bevor sich Henry zurückgezogen hatte, hatten sie sich alle endlos Heinrichs Rachepläne anhören müssen. Sie sah ihre Tochter an und hätte um ein Haar bedauernd den Kopf geschüttelt. Arme Mathilda – was für ein Leben, wenn sie das täglich ertragen mußte. Doch Mathilda war von fröhlicher, leicht zufriedenzustellender Gemütsart, und sie hatte immer das Talent besessen, sich klaglos neuen Lagen anzupassen, so wie jetzt, da sie nicht mehr von ihrer Vergangenheit sprach, sondern heiter sagte: »O Mutter, ich freue mich schon so darauf, Hal, Richard und Geoffrey wiederzusehen. Ich kenne sie nur als Jungen – wie sie sich wohl entwickelt haben mögen?«

Es war sehr kalt im winterlichen Caen, das nahe am Meer lag, doch die Auseinandersetzungen zwischen den Söhnen des Königs ließen die mangelnde Wärme vergessen. Hal eröffnete den Streit, als er von Richard die Burg von Clairvaux forderte, da sie auf einem Teil des Territoriums lag, das sein Vater ihm zugedacht hatte.

Doch Richard weigerte sich. Er war jetzt ein erfahrener Soldat, und Macht aufzugeben, die er besaß, war ihm genauso fern wie dem Rest der Familie. »Ich denke nicht daran«, gab er scharf zurück und sah seinen älteren Bruder voll Abneigung an. »Ich habe Clairvaux mit meinen Mitteln wieder aufbauen lassen, und ich behalte es auch.«

»Du mußt dich nach mir richten und nicht ich nach dir – ich bin der Älteste! Ich werde König sein, lieber Bruder, ich bin es bereits, und ich habe ganz einfach das Recht...«

Alienor nippte an ihrem Becher mit klarem Wasser. Henry trank ihr zu.

»Willkommen in der Familie«, sagte er sarkastisch.

Sie nickte. »Warum schickst du sie nicht alle einfach auf Kreuzzug und regierst hier allein weiter?«

Inzwischen hatte sich Geoffrey eingeschaltet. »Vater, es geht hier um eine prinzipielle Frage. Nach deinem Tod wird Hal über Richard und mich herrschen, wie Ihr es jetzt tut, und Ihr müßt ihn unterstützen, wenn Ihr nicht wollt, daß sein Anspruch jetzt schon lächerlich wird. Ich für meinen Teil bin gerne bereit, Hal den Lehnseid zu schwören, und wenn Richard dasselbe tut, haben wir keine Schwierigkeiten mehr, denn ein Vasall kann ohne weiteres Burgen für seinen Lehnsherrn halten.«

Seine Eltern betrachteten ihn anerkennend. Es war der erste vernünftige Vorschlag in diesem albernen Streit. Aber Richard dachte nicht so. »Ich sehe nicht ein, warum ich Hals Vasall werden sollte. Ich stehe in genau demselben Rang wie er, und...«

»Das tust du nicht! Wer ist hier der gesalbte König?«

»Dein Königstitel hat bis jetzt niemandem irgend etwas gebracht, und die Herzöge von Aquitanien...«

Henry stand auf. »Das genügt«, übertönte er sie. »Ihr scheint zu vergessen, daß der König immer noch ich bin, und *ich* entscheide über eure Gebietsansprüche. Verschwindet, und wenn wir uns heute abend wiedersehen, werdet ihr hören, was ich beschlossen habe.«

Einer nach dem anderen verließen sie den Raum, bis nur noch Henry und Alienor übrigblieben. »Nun?« Henry zog eine Grimasse. »Es wird mir wohl nichts anderes übrigbleiben, als Geoffreys Rat zu folgen. Er hat recht, wenn Hal nach meinem Tod die Regierung übernehmen soll, dann darf er keine Herzöge haben, die sich gleichrangig gebärden. Ich werde Richard befehlen, ihm den Lehnseid zu schwören.«

Alienor blickte auf das eisüberzogene Fenster. »Unter den gegebenen Voraussetzungen ist das richtig. Aber hast du schon einmal daran gedacht, daß Richard einen besseren König abgäbe?«

Henry lachte. »Das würde dir passen, nicht wahr? König Richard! Aber daraus wird nichts, Alienor. Hal ist gekrönt, und das bleibt er auch, einmal, weil man eine Krönung nicht mehr rückgängig machen kann, und zum zweiten, weil ich es so will.«

Er faßte mit beiden Händen die Kanten des breiten Lehnstuhls, in dem sie saß, und beugte sich über sie. »Ist es so einsam in Salisbury, daß du es nicht aufgeben kannst, dir die Zeit mit Verschwörungen zu vertreiben?«

»Ist deine Herrschaft so gefährdet«, schlug sie zurück, »daß du überall Verschwörungen siehst?«

»Schatten in der Schwärze zu erkennen ist Aufgabe eines Herrschers.«

»Oh«, sagte Alienor süß, »bringst du in der Nacht nichts anderes mehr fertig? Armer alter Henry.«

Henry starrte sie an, dann machte sich ein Grinsen in seinem Gesicht breit. »Bei Gott, du bist noch in Übung. Wie kannst du dein Gift nur so lange frisch halten, mein Schatz?«

»Du hältst mich jung, Henry, das hast du immer getan.«

Richard hatte sich sehr verändert. Er war verschlossen; die letzten Jahre hatten ihn härter und mißtrauischer gemacht. »Warum sträubst du dich so wegen des Lehnseids?« fragte ihn Alienor bei einem gemeinsamen Spaziergang. »Clairvaux verstehe ich, aber dieser Eid? Er bedeutet gar nichts, wenn es darauf ankommt, das weißt du.«

Richard blieb stehen und schaute sie an. »Ich glaube gern«, sagte er ausdruckslos, »daß Euch ein Eid nichts bedeutet.«

»Was meinst du damit?«

Mit zusammengebissenen Zähnen preßte er hervor: »Ich habe es damals nicht so gesehen, aber mein Gott, Ihr habt mich benutzt, benutzt wie ein Werkzeug, um Euch an Eurem Gemahl zu rächen, Mutter!«

Damit war er heraus, der Vorwurf, der schon lange in ihm gärte. Alienor schien betroffen; sie sagte nichts, nahm nur den Schritt wieder auf, und er folgte ihr schweigend. »Es ist wahr«, sagte sie mit einem Mal unerwartet, »aber ich habe es nicht nur für mich getan, Richard. Ich habe es auch für dich getan, weil ich dich als unabhängigen Herzog von Aquitanien sehen wollte, und das will ich auch jetzt noch.«

Sie griff nach seiner Hand. »Und dazu ist es nötig, daß du jetzt auf meinen Rat hörst. Wir dürfen nicht wieder solche Fehler machen wie damals. Schwör Hal den Lehnseid; die Sache mit Clairvaux kannst du ganz einfach lösen. Übergib es, aber nicht an Hal, sondern an Henry. Henry wird Hal nie mehr zugestehen, als unbedingt sein muß, und ganz bestimmt nicht eine der mächtigsten neuen Burgen im Lande. Auf diese Art kann Hal nicht mehr behaupten, du hättest dir Clairvaux widerrechtlich angeeignet.« Ihr Blick wurde abwesend, fast zerstreut. »Ich wundere mich nur«, sagte sie langsam, »warum Geoffrey so ohne weiteres bereit ist, Hal zu unterstützen.«

Schließlich fand sich Richard widerwillig bereit, Clairvaux seinem Vater zu überlassen und Hal den Lehnseid zu schwören. Doch Alienor war noch nicht wieder im Salisbury Tower angekommen, da erreichte sie die Nachricht, daß sich Hal nun auf einmal geweigert hatte, Richards Lehnseid anzunehmen, und sogar verkündete, er werde den Baronen im Limousin gegen Richard beistehen.

Geoffrey, der treibende Geist hinter Hal und den Baronen, hatte seine Schachfiguren gut plaziert. Womit er allerdings nicht gerechnet hatte, war eine vereinte Streitmacht von Richard und Henry, welche die Aufständischen Zug um Zug aufrieb. Während sich Geoffrey noch verzweifelt bemühte, die Hilfe des französischen Königs zu erlangen, erfaßte Hal plötzlich ein verheerendes Fieber.

Am elften Juni starb Henry Plantagenet der Jüngere, König von England. Er war achtundzwanzig Jahre alt gewesen.

Alienor trauerte um Hal, das dritte ihrer Kinder, das nun gestorben war, nicht um den eitlen, leichtsinnigen Mann, den sie zuletzt in Caen gesehen hatte, sondern um das Kind, das sie geliebt hatte – jenes Kind, das sie erwartete, als sie an Henrys Seite zum ersten Mal den Kanal überquerte. Der blonde, liebenswerte Junge, der Raymond geglichen hatte. Mathilda erhielt die Erlaubnis, ihre Mutter zu besuchen.

Doch Alienor lag es nicht, in Trauer zu resignieren. Außerdem war es jetzt wichtiger denn je, einen klaren Kopf zu behalten. Der Aufstand im Limousin war mit Hals Tod vorbei; Henry und Richard brauchten sich kaum die Mühe machen, die Kapitulation der Barone entgegenzunehmen. Aber die Frage, die sich jetzt stellte, war – wer würde Hals Nachfolge als Thronerbe antreten? Es war abzusehen, daß Henry nicht noch einmal eine vorzeitige Krönung veranlassen würde, doch er würde einen Erben benennen, und es gab nun drei Prinzen, die ihm zur Verfügung standen.

Alienor wußte, daß er Richard mißtraute. Er liebte John, und John war eine unbekannte Größe. Den ehrgeizigen Geoffrey würde Henry bestimmt nicht in die engere Wahl ziehen. Als Renoulf de Glanville ihr die Botschaft überbrachte, der König wünsche sie am Sankt-Andreas-Tag im Palast von Westminster zu sehen, war sie sich ihrer Sache sicher. Henry hatte etwas vor. Nun, mit Henry zu kämpfen, war immer ein aufregendes Vergnügen – und sie war fest entschlossen, daß Richard König werden sollte.

Westminster war seinerzeit in wenigen Wochen von dem neuen Kanzler Thomas Becket wiederhergestellt worden. Henry sah auf die Themse hinaus: Eine Barke brachte die Königin.

»Der König von Frankreich war so freundlich«, berichtete er seinem Sohn John, »mich darauf aufmerksam zu machen, daß durch Hals Tod Marguerites Mitgift, das Vexin, wieder an ihn zurückfiele. Als ich ihm antworten ließ, daß ich das Vexin nunmehr als Alais' Mitgift ansähe, war er nicht sehr angetan. Er forderte wieder, daß ich Alais mit Richard verheirate oder das Vexin zurückgebe.« Henry zuckte die Achseln. »Langsam wird das das allmonatliche Botschaftszeremoniell der Könige von Frankreich.«

»Aber du wirst doch nicht darauf eingehen?« fragte John beunruhigt. »Wenn Richard Alais heiratet, dann wird er mir Aquitanien nie geben, weil er dann…«

»Nein, nein. Wie oft soll ich es noch sagen?« Henry seufzte. Er liebte John, doch manchmal störte es ihn zu sehen, daß auch in diesem jüngsten Sohn der Hunger nach Macht schlummerte. Immerhin, es gehörte zum Dasein als Fürst, war sein eigener Lebensquell, und John würde ihn nie verraten.

»Ah, jetzt wird es unterhaltsam.« Henry drehte sich um. »Sie ist angekommen.« Er lächelte in sich hinein. Er war gespannt, was Alienor zu unternehmen gedachte, damit Richard König würde. Er eilte ihr zum Empfang entgegen.

Sie befanden sich alle in einem der prächtig ausgestatteten Gemächer. Geoffrey stand hinter John am Fenster, Richard ging unruhig im Raum auf und ab, Alienor saß gelassen mit ineinander verschränkten Armen auf einem bequemen Sessel, und Henry lehnte an der Wand. Alais, die vor dem Feuer kauerte, wäre am liebsten in Tränen ausgebrochen. Es ging hier auch um ihre Zukunft, doch daran dachte in diesem

Raum niemand; alle überlegten nur, wer wem welche Macht übereignete. Sie wischte sich zornig mit der Hand über die Augen und fing einen mitleidigen Blick Alienors auf. Alais schlug die Augen nieder. Sie wollte kein Mitleid. Sie wollte nur nicht behandelt werden wie ein Pfand.

»Meine Lieben«, sagte Henry, »wir müssen doch zu einem Ergebnis kommen. Richard, wenn du die Nachfolge deines Bruders antreten willst, dann wäre es doch nur vernünftig, wenn John Aquitanien erhält.«

Richard hielt in seiner unruhigen Wanderung inne. »Ich werde Aquitanien nie hergeben, an niemanden!« erklärte er leidenschaftlich. »Ich habe nicht jahrelang das Land verwaltet und dafür gekämpft, damit es dieses Kind da jetzt erhält!«

»Ich bin kein Kind mehr!«

»Henry«, sagte Alienor, »du kannst aufhören, uns zum Narren halten zu wollen. Du willst nicht nur Aquitanien für John, du willst ihm auch gleich das ganze Reich hinterlassen.«

»Schön«, erwiderte ihr Gemahl, »so ist es, aber während wir uns hier streiten, pocht der gute Philippe darauf, daß ich Alais verheiraten oder das Vexin zurückgeben soll.«

»Und deine Lösung?«

Henry sah von ihr zu der französischen Prinzessin. »Ich werde Alais mit John verheiraten.«

»Das wird Philippe niemals billigen«, sagte Richard heftig, was ihm einen interessierten Blick Geoffreys einbrachte. Richard klang nicht so, als äußere er nur eine Vermutung, und Geoffrey erinnerte sich, daß sein Bruder mit dem jungen König befreundet war.

»Vater«, sagte Richard unterdessen wieder gelassener, »Ihr sagt immer, Ihr wollt das beste für Euer Reich, wollt es nicht zerstritten und geteilt sehen. Gibt es irgendeinen Grund anzunehmen, daß ich nicht in der Lage wäre, es gut zu regieren?«

»Du wärst ein ausgezeichneter König«, unterbrach ihn Henry ernst. »Das ist nicht der Grund. Aber wenn ich dich zu meinem Erben erklärte, dann würdest du binnen eines Jahres genau wie Hal versuchen, dir dein Erbe zu nehmen. Ich will nicht noch einmal gegen einen Sohn kämpfen müssen.«

»Es war Hal, der Euch verraten hat«, sagte Richard erzürnt, »nicht ich – nachdem Ihr darauf bestanden habt, daß ich ihm den Lehnseid schwöre!«

»Aber du warst es, der schon einmal gegen unseren Vater rebelliert hat, und man kann dir nicht trauen«, warf der jüngste Plantagenet ein.

Alle sahen John überrascht an, denn bisher hatte er sich aus der Diskussion herausgehalten. »Unser Vater ist König, und er entscheidet.«

Richard musterte ihn amüsiert. »Er kann dich zehnmal zu seinem Nachfolger erklären«, sagte er verächtlich, »das hilft dir doch nicht weiter. Glaubst du im Ernst, kleiner Bruder, du könntest gegen mich kämpfen und gewinnen?«

»Ja, das glaube ich, und...«

»Eine Frage nebenbei«, sagte Geoffrey. »Was mißfällt euch eigentlich allen an der Vorstellung, daß ich König würde?«

»Um es auf einen Punkt zu bringen – alles«, entgegnete sein Vater knapp. Geoffrey, der sich für völlig abgebrüht hielt, verletzte die Direktheit dieser Antwort zutiefst.

Inzwischen waren Richard und John nahe daran, die Beherrschung zu verlieren.

»Du hältst dich für besonders großartig«, sagte John beißend, »mit deinen Eroberungen und den Liedern, die du ab und zu schreibst, aber wir werden ja sehen, wer am Schluß der Bessere ist. Das einzige Mal, als du gegen einen König angetreten bist, hast du versagt!«

»Henry«, sagte Alienor plötzlich, »warum schickst du die Jungen nicht hinaus, damit wir in Ruhe sprechen können?«

»Eine hervorragende Idee.« Es war sehr erniedrigend für die drei königlichen Prinzen, wie Kinder behandelt zu werden, doch schließlich fügten sie sich.

Alais warf Henry einen bittenden Blick zu. Arme kleine Alais, dachte er. Ein wärmendes Feuer in der Kälte und Einsamkeit seines Alters. Es war nicht einfach für sie.

»Allmächtiger«, sagte Henry mit einem erleichterten Seufzer, nachdem sie alle gegangen waren, »ich werde mittlerweile zu alt für so ein Gezänk.«

»Wir haben es heraufbeschworen«, erwiderte Alienor, mit einem Mal bitter.

»Ja, das haben wir wohl. Besonders du – er war noch ein Kind, Alienor, als du ihm schon Gedanken an Rebellion in den Kopf gesetzt hast!«

»Und John? Wer ist für John verantwortlich?«

»Wenn du mich damals nicht verraten hättest, stünden wir uns jetzt nicht alle als Feinde gegenüber!«

Alienor holte ungläubig Luft. »Ich habe dich verraten? Du hast mich verraten, und das mehrere Male, immer wieder. Was hast du erwartet, Henry? Daß ich mir alles gefallen lasse, was du mir antust, und zu allem ja und amen sage?«

»Du hast damit…« begann er, und sie sagte gleichzeitig: »Als du damals…« Sie brachen ab, sahen einander an und lachten.

»Wir hatten bei Aquitanien angefangen, oder nicht?« sagte Henry schließlich. »Bleiben wir also sachlich.«

Alienor nickte. »In aller Sachlichkeit, Henry – Aquitanien wird niemals John gehören. Und Richard wird König.«

»Wir werden sehen.«

»Nein, mein Gemahl, ich werde es sehen, und genau das ist der springende Punkt. Du wirst tot sein, wenn einer von ihnen den Thron besteigt, und ich nicht.«

»Was das betrifft«, bemerkte Henry sarkastisch, »ich hoffe, du läßt mich in der Hölle nicht allzulange allein.«

Alienor stand auf und ging zu der Feuerstelle, wo vorher Alais gekauert hatte. Ohne Henry anzusehen, sagte sie: »Wenn alle Hoffnung zerbrochen ist, Henry, und alle Träume verschüttet, dann bleibt uns wenigstens noch eine Aussicht – daß der Teufel, wenn er auch nur den geringsten Sinn für Humor hat, uns beide gleichzeitig zur Hölle fahren läßt.«

»Ja«, antwortete er langsam, »das bleibt uns. Und wenn man dort unten auch nur ein wenig Ahnung von der Kunst des Regierens hat, wird man uns das Regiment übertragen.«

Die Familie trennte sich ohne Einigung. Henry setzte keinen seiner Söhne als seinen Erben ein, Richard blieb bei seiner Weigerung, Aquitanien aufzugeben, und Johns bis dahin unbegründete Abneigung gegen Richard steigerte sich allmählich zu Haß.

Geoffrey hatte leichtes Spiel, nach Hal auch den jüngsten Bruder für seine Zwecke einzuspannen, und das nächste, was Alienor im Salisbury Tower von ihren Söhnen hörte, war, daß Geoffrey und John das Poitou angegriffen hatten und Richard dafür in die Bretagne eingefallen war. Sie erhielt die Erlaubnis, ihrer Tochter Mathilda, die in Winchester lebte, bei deren Entbindung beizustehen. Gleich zur Begrüßung stellte Mathilda fest: »Irgend etwas muß falsch an unserer Familie sein, Mutter. Ich kenne keine andere, die so übereinander herfällt. Irgend etwas stimmt mit uns nicht.«

Ihre Brüder indessen teilten Mathildas Bedenken nicht, und als Richard Geoffrey und John Schritt für Schritt zurückdrängte, begann Henry selbst, in der Normandie eine Armee aufzustellen. Er fühlte sich alt und müde; fast sein ganzes Leben lang hatte er gekämpft. Wenigstens seine Nachfolge wollte er so regeln, daß es keine Streitigkeiten gab. Das Mittel, zu dem er in Caen griff, war ebenso verblüffend wie unerwartet für alle Beteiligten.

Abermals ließ er seine Gemahlin aus England kommen und schickte eine Botschaft an Richard, in der er ihn aufforderte, Aquitanien wieder der rechtmäßigen Herzogin zu übergeben. Es war das dreizehnte Jahr von Alienors Gefangenschaft.

Die Burg von Caen hatte sich noch nie durch besondere Schönheit ausgezeichnet; sie war als Festung für Kriegszeiten gebaut worden. Doch im Inneren hatten sich zahlreiche Haushofmeister, Mägde und Knechte bemüht, einen Rahmen zu schaffen, der einer königlichen Residenz würdig war. Das kühle Frühlingslicht, das durch die noch mit Eisblumen verzierten Fenster fiel, ließ die leuchtenden Farben der Wandteppiche zu voller Geltung kommen. Dort fand sich das satte Rot der Purpurschnecke, das tiefe Blau des Waid; sie erzählten die Geschichte von Merlin, den die Zauberin Nimue in einen Weißdornstrauch bannte.

Die prächtigen Wandteppiche bildeten einen augenfälligen Gegensatz zu den abgegriffenen Möbeln, dem abgewetzten Stuhl, auf dem Henry saß, dem Tisch, dessen Holz von dunklen Weinflecken und Fett angegriffen war. Alienor stand am Fenster.

»Henry«, sagte Alienor spöttisch, »warum, glaubst du, sollte Richard dir gehorchen? Es steht kaum zu erwarten, daß du mich umbringst, wenn er es nicht tut, oder mich freiläßt, wenn er es tut. Deine Geiselnahme steht auf ziemlich schwachen Füßen.«

»Was das betrifft«, entgegnete der dreiundfünfzigjährige Henry Plantagenet, »ich weiß es, und du weißt es. Aber weiß Richard es auch? Ganz gleich, wie sehr man ihnen versichert, daß man etwas nie tun wird, Menschen wie Richard hören nie auf, zu hoffen.«

»Menschen wie wir auch nicht, mein Gemahl.«

»Ja, aber wir passen unsere Hoffnungen der Wirklichkeit

an. Ich werde dich nie freilassen, Alienor. Du bist zu gefährlich dazu.«

Alienor kam zu ihm. Ihre Schritte waren auf dem mit Fellen belegten Steinboden kaum zu hören. »Selbstverständlich«, stimmte sie zu, »übrigens fällt mir ein, daß es für Richard auch noch einen sehr viel schwerwiegenderen Grund gibt, nach Caen zu kommen.«

Henry nickte zufrieden. »Ja, es sähe wohl nicht sehr gut in den Augen deiner Aquitanier aus, wenn er seiner Mutter offen das Herzogtum verweigern würde.« Er beobachtete sie mit zusammengezogenen Augenbrauen.

»Ich kenne diesen Blick. Du führst doch irgend etwas im Schilde, mein Engel.«

»Natürlich, Henry«, sagte sie freundlich, »es ist doch sehr einfach. Ich bin damit einverstanden, daß Richard mir Aquitanien zurückgibt, aber hast du dir schon einmal überlegt, daß nichts auf der Welt mich dazu bringen kann, es wieder dir zu geben und John erst recht nicht? Du würdest an meiner Statt weiterregieren, aber das ist nicht das gleiche. Etwas Legitimation durch eine kleine Unterschrift macht sich in unserem Geschäft sehr gut, nicht wahr?«

»Du Hexe.« Henry grinste. »Bei Gott, es gibt Augenblicke, in denen ich dich vermisse.«

»Wie man den Krieg in der Langeweile des Friedens vermißt«, sagte sie schnell.

»Nein«, erwiderte er langsam. »Wie man den einzigen Menschen vermißt, der mehr ich selbst ist, als ich es je war.«

Alienor sah ihn an. Ihre Stimme klang ein wenig unsicher, als sie antwortete: »Ja, wir sind wirklich einander wert.« Keiner von beiden wußte später, wie es geschehen war, aber plötzlich lagen sie sich in den Armen. Vorsichtig legte er seine Lippen auf ihren Mund, und sie erwiderte seinen Kuß mit einer Zartheit, die ihrer früheren Leidenschaft ganz gefehlt hatte.

»Natürlich will ich immer noch Aquitanien für John.«

»Du bist so bescheiden, Henry, wie immer. Du willst das ganze Königreich für ihn. Aber falls Aquitanien nur der Anfang sein soll, nein.«

Der König lachte. »Das Leben wäre so öde, wenn du nicht mehr gegen mich kämpfen würdest, Alienor. Aber ich werde gewinnen. Ich habe immer gewonnen.«

»Wir werden sehen, mein Herr und Gebieter, wir werden sehen. Wenn ich in meinem Gefängnis eines gelernt habe, dann ist es Geduld. Und ich habe nun Geduld genug, um dich tausend Jahre auf Aquitanien warten zu lassen.«

Der versammelte Hofstaat warf sich teils verwunderte, teils belustigte Blicke zu, während Richard auf sein Schwert gestützt vor seinen Eltern niederkniete und mit ausdrucksloser Miene sagte: »...übergebe ich hiermit meine Waffen, Burgen und Vasallen wieder meiner Mutter Alienor, Herzogin von Aquitanien.«

Der Mann, der auf seiner pelzbesetzten Robe das Signum des englischen Kanzlers trug, flüsterte seinem Nachbarn mit ein wenig enttäuscht klingender Stimme zu: »Ich hatte nicht gedacht, daß er es tatsächlich tun würde, und Ihr? Richard hat sonst einen Stolz wie Luzifer.«

»Wer von ihnen hat den nicht?« gab William Marshall, einst Hals Turniergefährte und nun einer von Henrys vertrautesten Rittern, zurück. »Es muß in der Familie liegen.«

Seine Bemerkung hatte einen Stachel, denn der Kanzler war niemand anderer als Henrys unehelicher Sohn Ralph. Doch Ralph wußte sich zu beherrschen und versetzte ungerührt: »Ich wüßte eine Ausnahme. Geoffrey.«

»Richtig«, bemerkte Marshall, »unser überkluger Geoffrey. Was er jetzt wohl tun wird?«

Ralph wies auf das Königspaar und dessen Sohn, die nun in einem angeregten Gespräch gefangen zu sein schienen.

»Ich frage mich«, sagte der Kanzler, »wie lange der Frieden wohl halten wird. Warum hat Richard eingewilligt, was meint Ihr?«

William Marshall räusperte sich. »Was hat er zu verlieren? Jedermann weiß, daß er der Lieblingssohn der Königin ist und daß sie Aquitanien keinem anderen hinterlassen wird als ihm. Im übrigen verstehe ich nicht, was Ihr gegen Richard habt. Richard mag Fehler haben wie jeder Mensch, doch er ist immer noch besser als Geoffrey oder, wenn Ihr mich fragt, John.«

Das Gesicht des englischen Kanzlers wurde maskenhaft. »Wie kommt Ihr darauf, daß ich etwas gegen Richard oder irgendeinen meiner eigenen Brüder haben könnte, Marshall?« entgegnete Ralph höflich, doch mit einem leisen Unterton an Drohung. »Es wäre ausgesprochen töricht von Euch, wenn Ihr das tatsächlich dächtet.«

William Marshall zuckte die Achseln. Er war eine abenteuerlustige Natur, aber zugleich der tiefsten Ergebenheit und Treue fähig, und der Herr, den er sich gewählt hatte, war der König von England. Seine Loyalität dehnte sich jedoch nicht auf Ralph aus; er empfand den Kanzler als zu glatt, zu anpassungsfähig an jede Laune, die sein Vater haben mochte. Um Ralphs Gesellschaft zu entgehen, schlenderte er auf die königliche Familie zu.

»…das sind meine Bedingungen«, sagte Henry gerade. »Du überträgst Aquitanien an John, oder deine Haft wird wieder genauso wie ganz zu Anfang sein. Keine Festbesuche mehr, überhaupt nichts. Das wird sehr angenehm werden, Alienor, nachdem du jetzt wieder ein wenig Freiheit kennengelernt hast.«

Alienors Mundwinkel krümmten sich abwärts. »Glaubst du im Ernst, daß du mich mit dieser Drohung einschüchtern kannst?«

»Nicht sofort«, erwiderte Henry mit seidiger Stimme,

»aber in den nächsten Jahren. Wie viele Jahre bleiben dir noch? Fünf? Zehn? Zwanzig? Deine Zeit läuft aus, Alienor, und es wäre wahrhaftig zu schade, wenn du sie im Salisbury Tower, ganz ohne Besuche, verbringen müßtest.«

»Ihr seid der gemeinste...« unterbrach Richard, dem das Blut in den Kopf gestiegen war, doch seine Mutter legte ihm eine Hand auf den Mund.

»Aber nicht doch«, sagte sie lächelnd, »wir haben uns alle nun schon oft genug angeschrien. Henry, Teuerster, wie ich dir bereits sagte – du kannst tausend Jahre auf meine Unterschrift warten. Und auch deine Zeit läuft ab. Sieh zur Abwechslung einmal in den Spiegel, ich kann es empfehlen, es ist eine höchst aufschlußreiche Übung. Du stirbst mit jedem Tag etwas, alter Mann, und wenn du tot bist, glaubst du, daß John dann deinen Platz einnehmen kann? Ich mache dir einen Gegenvorschlag, Henry. Erspare uns allen weitere Kriege und mache Richard gleich zu deinem Nachfolger. Er wird es ohnehin.«

Richard beobachtete seinen Vater und seine Mutter, die sich unverwandt ansahen. Der Anblick machte ihn seltsam zornig und verwirrte ihn. Sie haßten sich, sie hatten jeden nur erdenklichen Grund, sich zu hassen, und den größten Teil der Zeit benahmen sie sich auch so, doch selbst ihr Haß schien so persönlich, so ausschließlich zu sein, daß jede Einmischung in eine ihrer Streitereien einer Verletzung ihrer Geheimnisse gleichkam.

Richard war im Grunde unkompliziert. Menschen waren seine Feinde oder seine Freunde, und dementsprechend behandelte er sie. Mit seinem Feind, den er haßte, zu lachen, wie er seine Eltern nur Momente, bevor sie einander die ärgsten Grausamkeiten an den Kopf warfen, hatte lachen sehen, kam ihm so widernatürlich und unehrenhaft vor, wie bei einem Turnier eine tödliche Lanze zu verwenden oder einen Mord durch Gift zu begehen.

Schließlich zog er William Marshall zur Seite, um mit ihm über das Gerücht zu sprechen, das seit einigen Wochen das Abendland erreicht hatte. Es hieß, Saladin, der Herrscher von Ägypten und Syrien, plane, die Heilige Stadt selbst anzugreifen, das Königreich Jerusalem, das derzeit von Guy de Lusignan regiert wurde. Bald diskutierten sie leidenschaftlich über die Möglichkeit eines neuen Kreuzzugs, ohne den König und die Königin noch weiter zu beachten. Henry und Alienor fixierten sich mit einem stummen Blick, als gelte es, den anderen zu zwingen, als erstes die Lider niederzuschlagen.

»Schön«, sagte er schließlich. »Auf eine neue Runde in unserem idyllischen Eheleben.« Er führte ironisch ihre Hand an seinen Mund. »Ich bete dich an, meine Königin, aber ich muß leider darauf verzichten, dich wiederzusehen, bis du nicht deine Unterschrift unter diesen kleinen Vertrag gesetzt hast.« Alienor neigte den Kopf. »Also dann, Henry – bis zum nächsten Jahrtausend. Ich wollte schon immer wissen, ob ich lange genug leben werde, um festzustellen, wann sich unser Herr Jesus zu seinem zweiten Erscheinen auf Erden entschließt.«

»Nun«, sagte Geoffrey, »das verändert die Lage etwas, nicht wahr?«

»Ein wenig«, erwiderte Philippe. Sie befanden sich in einem großzügig ausgestatteten Gemach im königlichen Schloß von Paris. Der Palast auf der Ile-de-la-Cité hatte sich sehr verändert, seit Louis gestorben war. Fort waren die vielen kleinen Altäre, die Kreuze, fort auch die mönchische Kargheit, die Louis bei seinen Königinnen durchgesetzt hatte.

Statt dessen speisten sie nun gesottenen Kapaun auf goldgetriebenem Geschirr, und der Wein leuchtete dunkel in Kristallgläsern, die man mühsam aus dem fernen Byzanz herbeigebracht hatte. Philippe war in vielem das genaue Gegenteil seines Vaters. Er war klein, doch gutaussehend, und ihm fehlte zur Gänze Louis' Gutmütigkeit, seine seltsame Unschuld in dem Glauben an Gott und die Menschen.

Philippe II glaubte nur an sich selbst, seine rigide Körperhaltung drückte eiserne Wachheit aus, und sein eisgrauer Blick, mit dem er Geoffrey musterte, war zielgerichtet und kalt. Geoffrey fuhr, nicht im geringsten beeindruckt, fort: »Da Richard Aquitanien übergeben hat, ist er nun wieder in Gnaden bei meinem Vater aufgenommen, und John ist weder der Provinz noch dem Thron um ein Stückchen näher.«

»Und?«

»Ich halte den Zeitpunkt für günstig, endlich meine eigenen Ansprüche anzumelden. Richards Macht ist geschwächt, und John ist ein Junge, der nicht zählt und mir obendrein vertraut.«

Philippes Lippen verzogen sich leicht. »Seid Ihr dessen so sicher, Geoffrey? Doch wie auch immer – warum sollte ich von Henry Plantagenets Söhnen ausgerechnet Euch helfen? Ihr vergeßt wohl, daß Richard mit meiner Schwester verlobt ist.«

Geoffrey lachte. »Euer Gnaden, seien wir doch ehrlich – Ihr wißt so gut wie ich, daß Richard nicht die geringste Chance hat, Alais zu heiraten, solange unser Vater noch lebt, und ich bezweifle sehr, ob er es nach dessen Tod tun wird.«

»Und meine Freundschaft mit Richard?« fragte Philippe sarkastisch.

»Männer«, erwiderte Geoffrey gedehnt, »schließen keine Bündnisse um der Freundschaft willen.«

Der junge König von Frankreich hüstelte. »Ihr seid in der Tat der Mann, als den man Euch beschreibt. Gut, lassen wir die Spielchen und kommen wir zur Sache. Sagt mir einen vernünftigen Grund, warum ich Euch unterstützen sollte.«

Geoffrey beugte sich vor. »Ich behaupte nicht, daß ich

Alais heiraten würde – Ihr wißt, daß ich die Ehe mit meiner Gattin nicht annullieren lassen kann, nicht mit zwei Kindern und der Bretagne, auf die sie Anspruch hat. Doch ich entnehme Euren Briefen an meinen Vater, daß Ihr Eure Schwester entweder vermählt oder das Vexin wieder in französischer Hand sehen wollt. Mit mir als König hättet Ihr also die letztere Möglichkeit gewiß – ich verspreche Euch das Vexin.«

»Versprechungen sind billig.«

Geoffreys Kehle war trocken. »Das Vexin einschließlich der Festung Gisors, in einem schriftlich festgelegten Pakt, meinetwegen auch einen Schwur in Anwesenheit von Zeugen; außerdem bestätige ich Euch für den Fall meines Todes Eure Vormundschaft als oberster Lehnsherr über meine Kinder und damit die Bretagne.«

»Die habe ich ohnehin«, stellte Philippe trocken fest. »Doch das Vexin liegt mir am Herzen. Ich glaube, Geoffrey, wir könnten einig werden.«

Geoffrey gestattete sich nur ein leichtes Atemholen, um seinen Gefühlen Luft zu machen. Endlich war die Krone, die schon so lange in gleißender Unerreichbarkeit vor ihm schimmerte, in greifbare Nähe gerückt. »Wie wäre es für den Anfang mit dem Titel eines Seneschall von Frankreich?« fragte er lächelnd.

Geoffreys Aufenthalt am französischen Hof fand einige Monate später ein abruptes Ende. Es war ein gewittriger Augusttag, als der neuernannte Seneschall vor dem versammelten Hof, auch seiner Halbschwester, der Gräfin Marie der Champagne, auf einem Turnier von einem Pferd zu Tode getrampelt wurde. Er erhielt ein feierliches Begräbnis in der Kathedrale von Notre-Dame. Wie es trotz der strengen Turnierregeln zu diesem Unfall kommen konnte, war Anlaß für unzählige Gerüchte, um so mehr, da sich Marie sofort nach dem Begräbnis von Philippes Hof in die Champagne zurückzog. Warum Geoffrey, der im Grunde nie ein Turnierkämpfer gewesen war, an diesem Tag ausgerechnet gegen einen der gewandtesten französischen Ritter gestritten hatte, wußte niemand. Geoffreys Tod war so undurchsichtig wie sein Leben.

Philippe beanspruchte sofort die Vormundschaft über Geoffreys zwei kleine Töchter und den Sohn, den die verwitwete Herzogin der Bretagne kurz nach dem Tod ihres Gemahls in Paris gebar. Zähe und langwierige Verhandlungen zwischen England und Frankreich setzten ein; denn wenn Philippe die herzogliche Familie in seiner Gewalt hatte, so Henry die Bretagne kraft seiner Truppen. Allerdings entging dem englischen König keineswegs, daß sich nun auch sein Sohn Richard wieder öfter an Philippes Seite in Paris sehen ließ – während Geoffreys Aufenthalt hatte er das tunlichst vermieden –, und wie es hieß, war die Freundschaft zwischen den beiden so eng wie nie zuvor.

Doch sowohl die Verhandlungen als auch Henrys Argwohn wurden von einem Ereignis überschattet, das die ganze Christenheit erneut in Aufruhr versetzte. Guy de Lusignan, der König von Jerusalem, war von Sultan Saladin vernichtend geschlagen worden, das Heilige Kreuz in den Händen der Moslems, und diejenigen Tempelritter, die die Schlacht überlebt hatten, bis zum letzten Mann hingerichtet. Da die Templer als die herausragendsten Soldaten der Christenheit galten, versetzte diese Nachricht das Abendland besonders in Schrecken. Viele waren nahe daran, in Saladin den endlich eingetroffenen Antichristen zu sehen, andere, vor allem Soldaten wie Richard, sahen in ihm die größte Herausforderung, die es für einen christlichen Befehlshaber geben konnte.

Im Herbst dieses Jahres nahm Richard Plantagenet, ohne seinen Vater vorher um die Erlaubnis zu bitten, in der Kathedrale von Tours das Kreuz. Damit begannen die Verhandlungen in eine neue Phase zu treten. Richard war nämlich bei aller Begeisterung für die gute Sache nicht gewillt, ohne seine Bestätigung als Erbe Aquitaniens die Heimat zu verlassen, und forderte als zusätzliche Sicherheit, daß John ihn begleiten sollte.

Er argumentierte, daß Henry selbst seinerzeit Louis versprochen hatte, einen Kreuzzug zu führen, und sogar eine Sondersteuer deswegen erhoben hatte. Gut, wenn Henry als König unentbehrlich war, warum sollte dann nicht John das Gelübde seines Vaters an dessen Stelle erfüllen?

Philippe verlangte als Friedenspfand, daß Richard vor seiner Abreise unbedingt mit Alais vermählt wurde.

Am achtzehnten November 1188 trafen der König von Frankreich, der König von England und sein Sohn Richard in Bonsmoulins zusammen. Als Philippe am Ende des dritten Tages erneut seine Bedingungen stellte, waren sie alle erschöpft und aufgerieben.

»Erstens«, sagte Philippe fest, »muß die Ehe zwischen Richard und Alais vollzogen werden. Zweitens muß Richard daraufhin die tatsächliche Gewalt über Aquitanien bekommen, drittens muß John das Kreuz nehmen, und viertens sollen Eure Barone in England und auf dem Festland Richard vor seiner Abreise als Thronerben huldigen.«

Henry spürte die Kälte in seinen Knochen, wie er sie vorher nie empfunden hatte, spürte die Anstrengungen der Reise nach Bonsmoulins und den Druck der sich immer wieder im Kreis drehenden Verhandlungen. So entgegnete er nur knapp: »Ihr könntet ebensogut die Stadt Jerusalem von mir fordern. Es ist mir unmöglich, mit Euren Forderungen einverstanden zu sein.« Er war überrascht, als Philippe nichts erwiderte.

Statt dessen ging Richard einen Schritt auf ihn zu und fragte sehr ernst, ihn unverwandt ansehend: »Vater, erkennt Ihr mich als Euren Erben an?«

Henry blinzelte und schwieg. Die Stille schien sich endlos hinzuziehen.

Dann löste Richard seinen Blick von seinem Vater. »Nun ist sonnenklar geworden«, erklärte er tonlos, »was ich bis jetzt für unmöglich gehalten habe.«

Damit löste er sein Wehrgehenk, legte es Philippe vor die Füße, kniete nieder und umfaßte in der Haltung, in der traditionellerweise ein Vasall seinem Lehnsherrn den Eid schwor, die Hände des französischen Herrschers.

»Ich schwöre Euch, mein König«, sagte er laut und klar, »Treue für meine Lehen, Aquitanien, die Normandie, Maine, Berry und alle Gebiete in Eurem Land, die ich erobert habe. Ich schwöre Euch weiterhin Treue wider all Eure Feinde, mit Ausnahme«, er stockte kurz, »meines Vaters, des Königs von England. Dies alles schwöre ich, und Gott soll mich an Leib und Seele strafen, wenn ich meinen Eid nicht halte.«

»Nun«, sagte Ralph mit einem verächtlichen Blick auf die fast leere große Halle in Chinon, »es sind nicht mehr viele übriggeblieben.«

William Marshall nickte stumm.

Henry hatte nach Richards Lehnseid an Philippe seine augenblickliche Rückkehr an seinen Hof gefordert und seinem Sohn nach dessen Weigerung den Krieg erklärt. Seit Bonsmoulins waren acht Monate vergangen, acht Monate, in denen der König vor aller Augen immer kränker geworden war und Richard an der Seite des französischen Königs eine Stadt nach der anderen eroberte. Am Weihnachtshof hatte schon weniger als ein Drittel des geladenen Adels teilgenommen, und jetzt waren es noch viel weniger.

»Ihr habt uns allerdings ungeheuer geholfen, Marshall«, fuhr Ralph schneidend fort, »als Ihr darauf verzichtet habt, Richard zu töten, obwohl er Euch direkt vor die Lanze kam.« William Marshall betrachtete ihn von oben bis unten. Nach dem Fall von Le Mans, als Henry die Flucht hatte ergreifen müssen, wäre Ralph beinahe von einem Verfolgungstrupp, der von Richard angeführt wurde, eingeholt worden, hätte nicht William Marshall eingegriffen.

Der Ritter hatte sein Pferd gewendet und war mit angelegter Lanze auf Richard selbst losgeritten. Doch als er erkannte, daß Richard, der mit einer Verfolgungsjagd gerechnet hatte, keinen Schild und Brustpanzer trug und infolgedessen vollkommen ungeschützt war, hatte er im letzten Moment die Lanze gesenkt, statt Richard dessen Pferd durchbohrt und die Verfolger des Königs so erst einmal zum Stehen gebracht.

»Wirklich«, sagte Ralph, »sehr ritterlich war das.«

Marshall konnte sich nicht länger zurückhalten. »Darf man fragen, was Euch das überhaupt angeht? Wollt Ihr Richard unbedingt tot sehen? Aufrichtig gesagt, bezweifle ich sogar, daß der König das will. Doch wenn Ihr Richard so sehr haßt, dann reitet doch zu seinem Lager und fordert ihn zu einem Zweikampf heraus. Oder seid Ihr dazu zu feige und wünscht, daß andere für Euch die Schmutzarbeit erledigen?«

Ralph lief rot an. »William Marshall, das ist genug! Ich werde Euch sagen, was ich denke – Ihr habt Richard nicht getötet, weil Ihr Euch beim nächsten König Liebkind machen wollt. Außerdem habt Ihr vielleicht nie die Freundschaft zu Richard aufgegeben, wer weiß, vielleicht steckt Ihr sogar heimlich mit ihm unter einer Decke.«

»Ist das Euer Ernst?« fragte Marshall mit tödlicher Ruhe. Ralph erinnerte sich rechtzeitig daran, daß er einem der besten Kämpfer des Reiches gegenüberstand und eine Forderung kaum überleben dürfte. Doch er wurde der Verlegenheit einer Antwort enthoben, denn ein junger, dunkelhaariger Mann rief sie beide an.

»Ralph, Marshall! Wo ist mein Vater?«

William Marshall murmelte kaum hörbar: »Hier kommt der Grund für all diesen Ärger.«

Ralph entgegnete mürrisch: »Im Bett natürlich, wo sonst? Er kann kaum reden, geschweige denn gehen! Wann bist du gekommen, John? Du solltest doch in der Normandie sein.«

John sagte knapp: »Ich dachte, er braucht mich hier.« Damit rang er Marshall unfreiwillig Respekt ab. Es schien, als erwidere John zumindest die Liebe, mit der ihn sein Vater überhäuft hatte, und es würde den König glücklich machen, John zu sehen, besonders, nachdem so viele Adlige, die ihm nicht nur Treue, sondern auch Freundschaft geschworen hatten, längst zu Richard übergelaufen waren. Sie begleiteten John in das Gemach seines Vaters.

John erstarrte, als er den vom Fieber geschüttelten mächtigen Körper seines Vaters in dem riesigen Prunkbett liegen sah. Der unzerstörbare Riese war gefallen, der unbesiegbare Feldherr befand sich auf dem Rückzug. Er trat näher und spürte die Fliegen, die in der Sommerhitze nun überall lauerten, spürte sie auf seinem Nacken, erkannte, wie sie über Henrys schweißgebadetes Gesicht, über seine Schultern krochen.

»Vater«, sagte er zögernd, »ich bin es, John.«

Henry öffnete mühsam die Augen. »Johnny... schön, sehr schön... aber du mußt in die Normandie zurück, Johnny, du mußt Truppen für mich ausheben...«

»Ja«, erwiderte John hastig, »das werde ich tun. So schnell wie möglich. Sofort.«

Henry verzog seinen Mund zu einem grausam verzerrten Lächeln. »Armer Johnny... eine zu große Last, nicht wahr? Wie bei Caesar und... jeder geht auf seine eigene Art zum Teufel, und ich wußte immer, daß er mich...«

»Es hat keinen Sinn, das dauert jetzt wieder eine Zeitlang«, sagte Ralph kurz.

Als John sich zum Gehen wandte, griff die brennend heiße

Hand seines Vaters nach ihm. Für den Rest seines Lebens sollte John die Erinnerung an jenen plötzlichen Griff verfolgen, an die heisere Stimme seines Vaters, die nur flüsterte: »Johnny...«

John machte sich los und verließ fast im Laufschritt das Zimmer. Er gab Befehl, seine Eskorte zum Weiterreiten fertig zu machen. Eine Stunde später verließ er Chinon. Da er nun über frische Pferde verfügte und höchste Eile angeordnet hatte, kam er in sehr viel kürzerer Zeit in Richards Lager zwischen Le Mans und Tours an, als er es selbst für möglich gehalten hatte.

Richard war nicht eigentlich überrascht, als man ihm seinen Bruder anmeldete. Er debattierte gerade mit Philippe über den Angriff auf Tours, der alles entscheiden würde, denn Tours war der Knotenpunkt aller Wege und Straßen des Reichs. »Laßt ihn eintreten«, sagte er nur.

Als John im Eingang zu seinem Zelt stehenblieb, so daß sein Gesicht im Schatten lag, fragte Richard: »Ist einundzwanzig nicht etwas früh, um zum Verräter zu werden?«

»Du hast mit fünfzehn damit angefangen«, gab John wütend zurück. Das sah Richard ähnlich, dachte er, ihn die demütigende Lage so deutlich wie möglich fühlen zu lassen.

»Es hat keinen Sinn mehr, gegen dich zu kämpfen«, sagte John kalt, »also stehe ich dir mit meinen Männern zur Verfügung.«

»Warum sollte ich dein Angebot annehmen?«

»Dann fahr doch zur Hölle«, brauste sein Bruder auf, »wenn du...«

Philippe warf besänftigend ein: »Jeder Verbündete bedeutet eine Schlacht weniger und damit auch weniger Männer, die unnötig sterben. Ihr seid willkommen, John.« Leise setzte er hinzu: »Der Kreuzzug, Richard.«

John war keineswegs entgangen, daß Philippe mit seinem Eingreifen gewartet hatte. Es war wohlberechnet gewesen und weder aus Zuneigung für Richard noch für John bestimmt. Interessant.

»Wie geht es ihm?« fragte Richard unvermittelt.

John war überrumpelt. »Vater?«

»Selbstverständlich Vater«, antwortete Richard ungeduldig, »oder glaubst du, ich erkundige mich nach dem Gesundheitszustand von Saladin?«

John sah wieder das Krankenzimmer vor sich, spürte die Hand, die ihn umklammerte. »Er stirbt«, sagte er leise.

Sie schwiegen beide, bis Philippe sagte: »Nun, das bedeutet, wir müssen uns beeilen, wenn wir noch eine offizielle Anerkennung von dir als Erben haben wollen, Richard. Ich nehme an«, setzte er hämisch hinzu, »Ihr habt nichts mehr dagegen, John?«

John beschloß, auf den Ton einzugehen. »Warum sollte ich? Wendet Euch lieber an unseren Bruder... Ralph.«

»Ja«, stimmte Richard mit einem Stirnrunzeln bei, »das könnte ein Problem werden.« Philippe sah neugierig aus; es gab also etwas, folgerte John befriedigt, was der Aufmerksamkeit des französischen Königs entgangen war.

»Unser Vater wollte Ralph schon einmal zum Bischof von Lincoln machen, doch Ralph lehnte ab«, sagte er, »und nur wer ihn nicht kannte, fragte sich, warum er so eine fette Pfründe gehen ließ.« Philippe hob die Brauen. »Nun?«

»Ein Priester kann nicht König werden«, entgegnete Richard, »und ich erinnere mich, daß Bruder Ralph schon während unserer Kindheit bis zum Überdruß wiederholte, daß auch der Eroberer als Bastard geboren wurde.«

»Jetzt erzählt er schon von Träumen, in denen ein goldener Reif unter seinem Kissen liegt«, bemerkte John. Richard gestattete sich ein Achselzucken. »Ralph ist eine Schwierigkeit, aber keine allzu große. Ich schlage vor, kleiner Bruder, du läßt deine Zelte hier aufschlagen... bei den anderen edlen Herren aus Chinon. Es herrscht ziemlich viel Gedränge hier.

Das erinnert mich an ein Sprichwort über Schiffe und Ratten, aber ich komme im Moment nicht darauf.«

John biß die Zähne zusammen. Die Muskeln an seinem Kiefer bewegten sich, doch ansonsten gab es kein äußeres Anzeichen von dem Zorn, der in ihm tobte. Warten wir es ab, Richard, dachte er. Warten wir es ab.

Richard eroberte Tours am dritten Juli, und einen Tag später begegnete er seinem Vater zum letzten Mal. Henry konnte kaum auf einem Pferd sitzen, doch er zwang sich, den Verhandlungen beizuwohnen. Das Ergebnis war, daß Richard Alais nach seinem Kreuzzug heiraten sollte, von Henry als Erbe anerkannt wurde und Henry versprach, seinen Untertanen zu gebieten, Richard die Treue zu schwören.

Anschließend wurde er auf einer Tragbahre in das nahegelegene Chinon zurückgeschafft. Er hatte mit Philippe vereinbart, daß man sich wechselseitig die Namen der Verräter während des Krieges schicken würde, doch der Beamte, der Henry – nun unfähig, selbst zu lesen – Philippes Liste vortragen sollte, kam nie über den ersten Namen hinweg. Es war der von Henrys jüngstem Sohn John.

Henry gebot dem Beamten Schweigen, als dieser fortfahren wollte: »Ihr habt genug gesagt.«

Henry Plantagenet, der erste seiner Linie auf dem englischen Thron, starb am sechsten Juli im Jahr des Herrn 1189. Er wurde im Kloster Fontevrault beigesetzt.

V
Richard

»Die Teufelskrone.« Richard hielt sie empor ins Licht: die große Krone von Anglia, die mit Rubinen wie Blutstropfen besetzt war. »So hat mein Vater sie immer genannt.« (. . .) »Nichts Böses haftet Euch an«, erklärte Alf und wagte, eine Spitze der Krone mit dem Finger zu berühren. »Und ihr auch nicht«, fügte er hinzu, obgleich er Macht in der Krone fühlte…

Judith Tarr, *Die gläserne Insel*

Der König hat mich dann in Fontevrault sofort beauftragt, nach England zu reisen und Euch zu befreien, Euer Gnaden«, schloß William Marshall. Er sah die siebenundsechzigjährige Frau an, die ihm gegenübersaß, und verbiß sich ein Lächeln. Er hätte wissen müssen, daß das Gerücht schneller als er sein würde und daß Alienor von Aquitanien nicht im Salisbury Tower darauf warten würde, daß man sie befreite. Sie hatte ihren Wachen befohlen, sie unverzüglich freizusetzen, und diese hatten ihr auch gehorcht – wer wußte, was jetzt, da der alte König tot war, noch kommen würde? William Marshall hatte Alienor bereits in Winchester bei ihrer schwerkranken Tochter Mathilda vorgefunden.

»Der König...« sagte Alienor langsam und ließ das Wort verhallen. »Hat Richard sich sofort mit Euch versöhnt, William Marshall?«

»Als er in Fontevrault eintraf, ließ er mich kommen und stellte mich zur Rede, weil ich ihn hätte töten wollen.« Flüchtig spiegelte das Gesicht des Ritters leichte Gekränktheit wider. »Ich erwiderte, daß ich mein Ziel niemals verfehle und daß mich niemand davon hätte abhalten können, ihn zu töten, wenn ich es wirklich gewollt hätte. Er lachte, meinte, er hege keinen Groll gegen mich, und gewährte mir alles, was mir... der alte König versprochen hat. Übrigens hielt er es so auch mit allen anderen, die seinem Vater bis zur Todesstunde treu geblieben waren.«

Alienor nickte schweigend. »Ihr wart bei seinem Tod dabei«, fragte sie unvermittelt, »wie starb...« Sie konnte den Namen nicht aussprechen. »Wie starb er?«

Marshall räusperte sich. »Meine Königin, es dauerte lange und war furchtbar«, entgegnete er aufrichtig. »Nachdem die Liste mit den Verrätern eingetroffen war, sagte der König nicht mehr viel.« Er zögerte, dann setzte er etwas hinzu, was er noch keinem Menschen berichtet hatte, auch Richard nicht, als dieser ihm eine ähnliche Frage gestellt hatte.

»Er hat nach Euch gerufen, meine Königin.«

»Das hat er nicht«, antwortete Alienor scharf. »Ihr erfindet das nur, Marshall, weil Ihr glaubt, daß es das ist, was eine alte Frau hören möchte.«

»Euer Gnaden«, gab William Marshall ernst zurück, »ich lüge nicht, und überdies halte ich Euch für einen der wenigen Menschen, die niemals trostreiche Märchen nötig haben.«

Alienor stand auf und wandte sich ab. Marshall schwieg und beobachtete die schlanke Gestalt dieser Frau, deren Gefangenschaft nun nach sechzehn Jahren beendet war. Nach einer Weile drehte sie sich wieder um und sagte mit einem schwachen Lächeln: »Nun, ich danke Euch für das Kompliment. Ihr seid ein guter und treuer Gefolgsmann, und ich weiß, so wird es auch bleiben. Es ist wirklich schade, daß wir das Märchen vom Ritter und der gefangenen Prinzessin nicht durchspielen können, denn Ihr eignet Euch sehr dazu, aber ich bin zu alt, und Ihr kommt zu spät für so eine Rolle. Doch ich danke Euch, William, für Eure gute Absicht.«

Nach einigem Überlegen zog sie einen der drei Ringe, die sie trug, vom Finger. Der Ausdruck in ihren Augen war seltsam. »Nehmt das als Zeichen meines Dankes«, sagte sie leise, »ich habe nur einmal einen Boten so belohnt, und es erscheint mir sehr passend.«

William kniete nieder und küßte ihre Hand. »Gott gebe meiner Königin ein langes und gesundes Leben.«

»Das wird er«, erwiderte sie, »das wird er. Er hat mir immer alle meine Wünsche erfüllt, das ist die Ironie dabei, wißt Ihr?« Sie blickte auf den Ritter hinab.

»Geht jetzt, ich bitte Euch. Ich nehme an, Ihr bleibt noch in Winchester?«

William Marshall erhob sich. »Leider nicht, Euer Gnaden«, entgegnete er bedauernd, »Euer Sohn hat mir die Hand von Isabel de Clare, der Erbin von Pembroke und Leinster in Irland, gewährt, und ich habe versprochen, sie sofort nach Eurer Befreiung aufzusuchen.«

»Tut das«, sagte die Königin, »und meine besten Wünsche für Eure Ehe.«

Als er gegangen war, begann sie ruhelos im Raum auf und ab zu schreiten. Eine Menge Aufgaben warteten auf sie, denn Richards Ankunft in England mußte vorbereitet werden. Er war in diesem Land so gut wie unbekannt, und es galt, die Anhänger des alten Königs zu versöhnen. Doch ihre Gedanken kehrten immer wieder nach Chinon zurück, in das Gemach eines sterbenden Mannes, der erfahren hatte, daß auch sein jüngster Sohn, den er mehr geliebt und gefördert hatte als jeden anderen, ihn im Stich ließ.

»Oh, es sieht dir ähnlich, Henry«, sagte sie halblaut, »du kannst nicht sterben, ohne mich dabei noch einmal zu verletzen.« Plötzlich blieb sie stehen, lehnte sich gegen die Wand und preßte ihr Gesicht gegen den rauhen Stein. »Warum, Henry? Wie ist es mit uns nur soweit gekommen?«

Seit achtunddreißig Jahren hatten ihre stärkste Liebe, ihr größter Haß nur diesem einen Menschen gegolten, und nun hatte der Tod ihn ihr endgültig genommen – ein solcher Tod. Der Tod war in der Tat ein Befreier, er machte viele Dinge möglich. Das erste Mal wagte sie es, ihre Gefühle laut auszusprechen. »Ich liebe dich, Henry«, flüsterte sie. »Gott vergebe uns beiden, aber ich habe dich während all dieser Jahre geliebt, und ich weiß nicht, ob ich je aufhören werde, dich zu lieben. Ich hoffe, du bist tatsächlich in der Hölle, und wir sehen uns dort.«

Wie eine Feuersbrunst verbreitete sich in England die Nachricht, daß Königin Alienor durchs Land reiste, von Stadt zu Stadt, von Burg zu Burg, und im Namen ihres Sohnes Recht sprach. Sie befreite alle Gefangenen, die ohne ein Gerichtsverfahren nur aufgrund des Befehls des Königs oder seiner Richter eingekerkert worden waren, und auch diejenigen, die vor Gericht einen Bürgen stellen konnten, wenn ihr Prozeß nun noch einmal aufgerollt wurde, »da ich aus eigener Erfahrung weiß«, wie Alienor in einer Proklamation schrieb, »wie herrlich es ist, aus der Haft entlassen zu werden.«

Von der Krone willkürlich eingezogene Güter wurden von ihr zurückerstattet, und sie hörte sich alle Klagen an, die über die Sheriffs vorgebracht wurden. Wohin sie kam, versammelte sich eine riesige Menschenmenge, um sie zu sehen, und Alienor nahm nach ihren Rechtsprechungen für Richard den Treueid entgegen. Sie führte auch andere Neuerungen ein, über die sie sich in ihrer Gefangenschaft Gedanken gemacht hatte und die zwar nicht so sehr ins Auge fielen wie die spektakuläre Befreiung der Gefangenen, aber dafür um so wirksamer waren.

Eine der ersten dieser Reformen war die Anordnung eines einheitlichen Hohlmaßes für Korn und Flüssigkeit und einer einheitlichen Währung. Nur so würden sich in England ein blühender Handel und ein gesundes Handwerk entwickeln können. Die Jahre der Gefangenschaft, in denen sie den Beschwerden ihrer Wachen und Dienerinnen gelauscht hatte, trugen nun ihre Früchte. Ihr Einfühlungsvermögen in Rechts- und Verwaltungsprobleme war ungebrochen, und als Richard am dreizehnten August in Portsmouth landete, zeigte sich bereits die Wirkung von Alienors Zug durch das Land: Er wurde wie der zurückgekehrte König Artus begrüßt. Eines der Lieder, die man sang, lautete: »Das goldene Zeitalter kehrt zurück/ Die Welt erneuert sich/ Der Reiche nun niedergedrückt/ Der Arme erhöht.«

»Man kann sagen, was man will«, kommentierte der ebenfalls nach England zurückgekehrte Ralph, der sein Kanzleramt verloren hatte, säuerlich, »diese Frau versteht sich auf die Volksaufwiegelei. Kein Gedanke mehr daran, daß Richard jahrelang mit seinem Vater im Krieg lag.«

Alienor hätte ihre Arbeit sehr viel mehr genossen, wenn nicht noch vor Richards Ankunft ihre Tochter Mathilda gestorben wäre. Nun hatte sie schon die Hälfte ihrer Kinder überlebt.

Nach Mathildas Tod hatte sie in Westminster Alais wiedergesehen. Die französische Prinzessin war völlig in Schwarz gekleidet, um ihre geröteten Augen lagen tiefe Schatten. Sie blickte auf, als Alienor eintrat, und fragte trotzig: »Nun?« Alienor sagte nichts.

Alais erklärte leidenschaftlich: »Ich werde Richard nie heiraten! Ich möchte nur noch Frieden haben, versteht Ihr, Frieden; ihr seid eine Familie von Wölfen, denen es Spaß macht, übereinander herzufallen!«

Alienor ging auf sie zu und umarmte sie. Alais brach zusammen und schluchzte, ihren Kopf an Alienors Schulter vergraben. »O Mutter, daß er so sterben mußte, so... so völlig allein... ich wäre doch bei ihm gewesen, wenn er mich nur mitgenommen hätte, doch er sagte, auf einem Feldzug wie diesem sei ich nur... nur eine gefährdete Last... und dann stirbt er, so...«

Alienor strich über Alais' Haar. »Ich weiß, Lämmchen.«

Später fiel Alais ein, daß auch Mathilda in diesem Monat gestorben war, und sie brachte stockend ihre Beileidsbezeugungen vor. Sie hatte Mathilda kaum gekannt, doch sie wußte, daß Alienor ihre Tochter sehr geliebt hatte. Sie sprachen noch lange miteinander, und Alais stellte ihrer Ziehmutter all die Fragen, die sie jahrelang zurückgehalten hatte.

»Haßt Ihr mich nicht?«

»Warum denn hassen, Kleines? Haß erschöpft sich, weißt

du, und ich habe meinen Haß in den letzten Jahrzehnten für Henry gebraucht und für Rosamond, bis ich erkannte, daß sie viel mehr bemitleidenswert war. Ich könnte unmöglich eines von meinen eigenen Kindern hassen, und du bist eines davon.«

»Auch John nicht?«

»Auch John nicht.«

Alais biß sich auf die Lippe. »Warum mußtet Ihr ständig Krieg gegeneinander führen, Ihr und... War es nur wegen Rosamond und dann wegen Eurer Rebellion?«

Alienor sah sie an und sah doch an ihr vorbei. »Damals dachte ich, das wäre der Grund«, sagte sie mit fast unhörbarer Stimme, »aber ich glaube, im Grunde kannten er und ich uns einfach zu gut. Wir wußten zu genau, wie wir einander verletzen konnten... und wie du gesagt hast, Alais, wir sind eine Familie von Wölfen.«

Alais' Schicksal mußte tatsächlich gelöst werden, doch es gab noch andere Schwierigkeiten zu klären. »Hast du dir schon überlegt, was du mit Ralph machst?« fragte Alienor ihren Sohn, als sie zusammen in Westminster saßen.

Richard strahlte Glück und Tatendrang aus und machte sich auch keine Mühe, es zu verbergen. Er küßte seine Mutter auf die Wange und sagte gutgelaunt: »Keine Sorge, ich bin auf eine vollkommene Lösung verfallen. William Marshall hat mir erzählt, daß... der König noch im Sterben wünschte, daß Ralph ein Bischofsamt erhält, also erfülle ich die Wünsche meines Vaters – und mache Ralph zum Erzbischof von York.«

Alienor lachte. »Hat er schon davon erfahren?«

»In der Tat, und er sträubt sich mit allen Mitteln. Aber die Wahl ist von den Kanonikern von York getroffen worden, und der päpstliche Legat hat sie mir auch bestätigt. Im September wird mein lieber Bruder dann im Eilverfahren zum Priester gemacht und in sein neues Amt eingeführt.«

Richard stand auf und holte seine Laute. Seine Mutter war frei, jede Entfremdung zwischen ihnen verschwunden, er war König, und die Jahre lagen wie ein goldenes fruchtbares Feld vor ihm. Er spielte Alienor sein neues Lied vor, und sie lächelte ihn an. Sie hatte sich in demselben Moment nach Musik gesehnt, und Richard vor all ihren anderen Kindern hatte immer die Begabung besessen, sich in ihre Stimmungen einzufühlen. Sie liebte ihn so und war so stolz auf ihn, daß sie sich überreden ließ, in seinen Gesang mit einzustimmen, als er in eine beliebte aquitanische Ballade überging.

»Der Himmel wird uns strafen«, sagte Alienor lachend, als sie geendet hatten, »bei diesem Klang muß Gott selbst vor Schreck von seinem Thron gefallen sein. Ach, Richard, ich würde gern noch mehr hören, aber wir müssen noch vieles besprechen. Wie bist du mit Philippe verblieben?«

»Ich behalte meine Eroberungen und zahle ihm 20400 Silbermark. Und er wird mich auf dem Kreuzzug begleiten.«

»Richtig«, sagte Alienor ohne große Begeisterung, »der Kreuzzug.«

Das war ein Zug an Richard, der ihr fremd war: seine Begeisterung für ritterliche und christliche Ideale. Sie hatte seinerzeit das Kreuz hauptsächlich aus Fernweh genommen, nicht mit dem Ziel, der Christenheit zu helfen, und sie zweifelte daran, ob Richards Entschluß, so bald wie möglich sein Gelübde zu erfüllen, so unbedingt klug war. Andererseits wußte sie genau, daß er sich nicht aufhalten lassen würde – war er doch genauso starrköpfig wie sie.

»Vor dem Kreuzzug«, sagte sie, »müssen wir klären, was mit Alais geschieht.« Richard sah entsetzt aus. »Mutter, ich kann sie unmöglich heiraten. Es wäre... es wäre so etwas wie Blutschande in meinen Augen. Ich kann Philippe noch eine Weile versprechen, es zu tun, damit er vorerst die Sache mit dem Vexin auf sich beruhen läßt, aber Alais tatsächlich heiraten...«

»Ich glaube«, sagte Alienor knapp, »es ist auch ihr so lieber. Aber du mußt heiraten und für einen Erben sorgen, bevor du deinen Kreuzzug beginnst, wenn nicht Alais, dann eine andere Prinzessin – und möglichst eine, deren Vater mit Philippes Zorn fertig wird.«

Richard starrte auf seine Hände. »Ich weiß.« Alienors forschender Blick zwang ihn, ihren Augen wieder zu begegnen, und er sagte zögernd: »Mir ist klar, daß ich heiraten muß, aber...«

Alienor unterbrach ihn. Es gab Geständnisse, die sie nicht hören wollte, und sie fragte, ihm das Wort abschneidend: »Richard, worauf es ankommt, ist nur eines: Bist du in der Lage, Kinder zu zeugen?«

Richard errötete ein wenig. »Ja. Ich habe einen Bastard. Aber es... wie soll ich es Euch erklären, Mutter, es... fällt mir sehr schwer, und dieses Kind war auch eher ein Unfall.«

Alienor legte ihm eine Hand auf die Schulter. Schön, dachte sie, die Gerüchte sind also wahr. Sie fühlte tiefes Mitleid mit ihm, doch als König hatte er nicht das Recht, seinen persönlichen Neigungen nachzugeben. »Es wird schon alles in Ordnung kommen, mein Sohn«, sagte sie sanft.

Richard wurde am dritten September 1189 zum König von England gekrönt. Bei dem feierlichen Einzug in die Kathedrale trug William Marshall das Zepter, und unter Richards Gefolge befanden sich seine drei Brüder, John, der das Zeremonienschwert trug, Ralph, der widerwillige Erzbischof von York, und Will, der Graf von Salisbury, dem Richard bereits zusätzliche Ländereien versprochen hatte.

Das feierliche Bankett, das sich an die Krönungsmesse anschloß, zog sich bis tief in die Nacht hinein. Alle Würdenträger des Adels und der Kirche waren geladen, und man tafelte in einem Stil, den der alte König als sündhafte Verschwendung charakterisiert hätte.

Es war am späten Abend, als John, der sich von der Feier zurückgezogen hatte und in seinem Zimmer vor dem Kaminfeuer saß, ein Klopfen hörte. Er antwortete nicht, die Tür öffnete sich leise, und jemand betrat den Raum.

»Was wollt Ihr?« fragte er schroff, ohne sich umzudrehen, und dann, noch ärgerlicher, weil er indirekt zugegeben hatte, daß er sie schon an den Schritten erkannte: »Heute ist doch Euer großer Tag, Mutter, also warum feiert Ihr nicht weiter den vollkommenen Richard?«

Alienor kam zu ihm und setzte sich. Sie musterte ihn aufmerksam. »Und warum bist du nicht dort unten?« fragte sie zurück. »Die Krönung kann kaum so bitter für dich gewesen sein, wenn man bedenkt, daß dir Richard mehr als ein halbes Dutzend Grafschaften übertragen hat – Cornwall, Devon, Dorset, Somerset, Nottingham, Derby und Mortain in der Normandie, wenn ich mich recht erinnere.«

»Selbstverständlich«, sagte John zynisch, »mein Bruder, der Held, muß auch heldenhaft großzügig sein. Nur hat er vergessen, mir neben den Grafschaften auch die wichtigsten Burgen dieser Ländereien zu geben – sie bleiben in der Obhut seiner Leute. War das Eure Idee?«

Alienor sah ihn ruhig an. Ihre Augen verrieten nichts. »Was erwartest du? Vollkommenes Vertrauen?«

»Nein«, entgegnete John erbittert, »aber ich habe es satt, so behandelt zu werden, als sei ich Judas Iskariot persönlich. Hier in diesem Palast ist kaum einer, der ihn nicht verraten hat, aber sie starren mich alle an, als wäre ich ein Ungeheuer. Heuchler! Inwiefern, bitte, ist ihr Verrat oder Eurer oder Richards anders als meiner?«

Alienor verflocht ihre Finger ineinander. »Nun, du brauchst von mir keine derartigen Vorwürfe zu erwarten«, sagte sie spöttisch, »ich bin nicht in der Stimmung, rührselig über Henry Plantagenet zu sprechen, nicht nach sechzehn Jahren Gefangenschaft.«

John schluckte. Er fühlte sich unsicher in der Gegenwart seiner Mutter, und diese Empfindung machte ihn reizbar. »Warum seid Ihr hierhergekommen?« fragte er nochmals und bemühte sich, so gleichgültig wie möglich zu wirken.

Alienor legte den Kopf ein wenig zur Seite. »Um mit dir zu sprechen, warum sonst. Ich kenne dich kaum, weißt du.«

»In der Tat, Euer Gnaden, so ist es. Und woran liegt das? Selbst eine Katze bleibt länger bei ihrem Jungen als Ihr. Für Euch gab es immer nur Richard, Richard, Richard. Was soll das jetzt werden, eine tränenreiche Versöhnung?«

»Ein Gespräch, wie ich schon sagte«, erwiderte Alienor. »Was willst du von mir hören, John? Daß alles so gekommen ist, weil Henry und ich nach deiner Geburt anfingen, erst geheim und dann offen gegeneinander Krieg zu führen? Daß ich mehr an dir hänge, als du ahnst? Das würdest du ohnehin nicht glauben.«

»Nein, das würde ich nicht«, antwortete er schnell.

Ein schwaches Lächeln spielte um Alienors Mund. »Kommen wir also zur Sache«, bemerkte sie. »Es wäre zu deinem eigenen Besten, John, wenn du nicht gegen Richard intrigieren, sondern ihm nach Kräften helfen würdest, denn vergiß nicht, du bist sein Erbe, und es kann dir also nichts an einem zerrütteten Königreich liegen.«

John zog eine Grimasse. »Sein Erbe bin ich nur, bis er einen Sohn bekommt«, sagte er, »und selbst wenn das vorerst nicht der Fall sein sollte – es gibt immer noch Geoffreys nachgeborenen Sohn Arthur.«

Seine Mutter schüttelte den Kopf. »Aber John, siehst du denn nicht, daß genau das der springende Punkt ist? Arthur ist wenig mehr als ein Säugling und in der Obhut des französischen Königs, und ich kann mir wenig Schlimmeres für die Zukunft eines Reiches vorstellen als einen Kindkönig, der die Puppe eines anderen Königs ist. Was meinst du, warum Richard nicht mehr darauf besteht, daß du ihn auf seinem

Kreuzzug begleitest? Er will nicht die Gefahr eingehen, daß ihr beide umkommt und dann nur noch Arthur bleibt.«

»Behütet von seinem Freund Philippe«, warf John sarkastisch ein.

»So weit geht keine Freundschaft, und das begreifst du sehr wohl.«

John beobachtete das Gesicht seiner Mutter in dem schwachen Feuerschein, hörte das Prasseln des trockenen Holzes und hörte sich schließlich sagen: »Gut, ich kann Euren Gründen folgen. Ich werde also Richards loyaler Bruder sein – ist es das, was Ihr wolltet?«

Bevor Alienor die Gelegenheit hatte zu antworten, stürzte schreckensbleich Johns Knappe herein. »Euer Gnaden«, stieß er atemlos hervor, »der König verlangt sofort Eure Anwesenheit. Es ist etwas Furchtbares geschehen!« Er holte kurz Luft. »Es sind die Juden. Einige von ihnen haben offenbar versucht, in den Palast zu kommen, um dem König Geschenke zu überreichen, doch die Menge dort draußen geriet bei ihrem Anblick außer sich und fiel über sie her. Mittlerweile ist die ganze Stadt in Aufruhr, das Geschäftsviertel brennt, und jeder Jude, der sich auf den Straßen sehen läßt, wird umgebracht.«

Es war eines jener Ereignisse, die wie aus dem Nichts zu kommen schienen und doch schon längst im Untergrund vorhanden gewesen waren. Die Stadt befand sich einerseits im Kreuzzugsfieber und war andererseits durch das Bier, welches zur Feier der Krönung überall umsonst ausgeschenkt wurde, ausgelassener Stimmung. Beides zusammen bewirkte, daß auf den Ausruf: »Da sind ein paar von den Schuften, die unseren Herrn Jesus gekreuzigt haben«, eine Gewalttätigkeit ausbrach, die seit mehr als einem halben Jahrhundert in London nicht ihresgleichen gehabt hatte.

Jeder haßte die Juden; es war so leicht, sie zu hassen und

ihnen all die Unbill des Alltags anzulasten. Sie hatten Christus gekreuzigt, man wußte, daß sie heimlich kleine Kinder schlachteten und Hostien schändeten, und außerdem waren sie allesamt Wucherer, die einem ehrlichen Christen das letzte Hemd abknöpften, wenn sie es konnten. Das war es, was man sich überall erzählte, was jeder bereitwillig glaubte; aber niemand beachtete, daß der Geldverleiher fast der einzige Beruf war, der für Juden nicht verboten war. Die ganze Nacht, während die ebenfalls angetrunkene Stadtwache und die von Richard hastig geschickten Soldaten, die kaum in einem besseren Zustand waren, vergeblich versuchten, die Lage wieder unter ihre Kontrolle zu bekommen, ließ sich die Londoner Bevölkerung zu Plünderungen und Morden hinreißen. Nur eine kleine Gruppe Juden, der es gelang, sich bis in den Palast des Erzbischofs durchzuschlagen, überlebte.

Richard war außer sich vor Wut, denn die Juden standen, wie bei allen Königen von England, unter seinem persönlichen Schutz – nicht, weil sie besonders tolerant waren, sondern weil sie die Juden als nützliche Einnahmequelle für Steuern betrachteten. Die Krönung des Kreuzfahrerkönigs war mit Blut besiegelt.

Während Richard sich bemühte, landauf, landab Geld für seinen Kreuzzug aufzutreiben, kam die beruhigende Nachricht, daß immerhin schon ein christlicher Herrscher unterwegs war – Kaiser Friedrich I. von Hohenstaufen, der alte Gegner Herzog Heinrichs.

Im Dezember trafen sich die Könige von England und Frankreich in Nonancourt, um Vorkehrungen für die Zeit ihrer Abwesenheit zu treffen. Jeder schwor, die Güter aller Kreuzfahrer zu schützen und dem anderen zu helfen, ihre Länder zu verteidigen, sollte es irgend jemand wagen, den Kreuzzug auszunutzen. Gleichzeitig schworen die englischen und französischen Barone, ihrer Pflicht als treue Vasallen Genüge zu leisten und keine Fehden untereinander anzufangen, solange ihre Herren außer Landes waren.

John und Ralph, einmal auf dem Festland, wurden von ihrem königlichen Bruder aufgefordert, einen Eid zu schwören, daß sie England für drei Jahre nicht mehr betreten würden, und es blieb ihnen wohl oder übel nichts anderes übrig, als einzuwilligen.

Allerdings gingen die Pläne von Richard und seiner Mutter noch weiter. »Wenn du jemand anderen als Alais heiratest, bevor ihr aufbrecht, ist Philippe imstande und zieht sich von dem Kreuzzug zurück«, sagte Alienor. »Aber wir können uns nicht darauf verlassen, daß John sich lange an seinen Eid halten wird, wenn er sich tatsächlich als den einzigen Erben sieht. Du mußt also heiraten, bevor ihr das Heilige Land erreicht.«

Richard zog eine Grimasse. »Und wie willst du das anstellen?«

Die Königin lächelte. »Warte es ab. Wenn es nicht vor dem Aufbruch geschehen kann und nicht nach der Ankunft geschehen darf, bleibt doch nur eine Möglichkeit übrig, oder?«

Am zweiten Juli 1190 vereinigten sich Richards und Philippes Streitkräfte bei Vézelay. Die beiden Könige schworen, alles, was während dieses Feldzuges an Land, Beute und Ruhm erobert würde, zu gleichen Teilen zwischen sich aufzuteilen. Zwei Tage später brach das riesige Heer, angeführt von dem altertümlichen Kreuzfahrerbanner, unter dem bereits Louis in den Orient gezogen war, auf. Der Dritte Kreuzzug hatte begonnen.

»Es ist ebenso angenehm wie überraschend«, sagte Sancho VI., »Euch hier zu sehen, meine Königin. Ich dachte, Euer Sohn hätte Euch als Regentin eingesetzt?«

Alienor nahm dankend den Arm des Königs von Navarra, während er sie in die Halle geleitete, wo zu ihren Ehren ein kleines Fest stattfinden sollte. In zwei Jahren würde sie siebzig sein, doch trotz ihres Alters hatte ihr die Reise in die Pyrenäen Spaß gemacht.

»So ist es«, antwortete sie heiter, »und nach meiner Rückkehr werde ich diese Aufgabe auch wahrnehmen. Doch vorerst ist England mit William Longchamp als Kanzler in guten Händen, und ich habe Grund, an Euren Hof zu kommen.«

»Daran zweifle ich nicht«, meinte der König von Navarra.

Navarra grenzte an Aquitanien, und er war mit der Geschichte der Frau, die ihn besuchte, wohlvertraut. Sancho war sich bewußt, daß seine Edelleute, seine ganze Umgebung auf Aquitanien nur provinziell wirken konnten, doch das belastete ihn nicht weiter. Schließlich wollte sie etwas von ihm, sonst wäre sie nicht sofort nach der Abreise ihres Sohnes aus Frankreich zu ihm gekommen.

Sie war freundlich zu seinem Gefolge und herzlich zu seiner Familie, bezauberte sie alle durch die Geschichten, die sie erzählte, und durch ihre ungebrochene Vitalität. Doch Sancho fiel auf, daß sie sich besonders um seine Tochter Berengaria bemühte. Als man sich am Abend zurückzog, war er darauf vorbereitet, allein mit Alienor zu sprechen.

»Also«, sagte er vorsichtig, »haben Euer Gnaden vielleicht einen bestimmten Vorschlag für mich?«

Alienor lächelte. »Gewiß. Ihr seid ein kluger Mann, mein König, und es hat keinen Sinn, Euch etwas vorzumachen. Außerdem wäre es die Verschwendung von kostbarer Zeit. Ich möchte Euch im Namen meines Sohnes Richard um die Hand Eurer Tochter bitten.«

Sancho heuchelte Überraschung; er zog die Brauen hoch. »Aber ist der König von England nicht schon mit der Schwester des Königs von Frankreich verlobt?«

»Ich habe vermutet«, sagte Alienor ironisch, »daß Ihr davon gehört habt. Aber beruhigt Euch. Diese Verlobung ist aufgelöst.«

»Nicht für den König von Frankreich.«

»Aber für den König von England.«

Sancho strich sich über den schwarzen Schnurrbart. »Ich bin sehr geehrt, Euer Gnaden, nur... wie soll ich mich ausdrücken... wenn ich sicher sein könnte, daß die Verbindung zustande käme, wäre ich überglücklich. Doch woher soll ich wissen, daß der König den Kreuzzug überlebt oder sich danach nicht anders besinnt? Wer eine Verlobung auflöst, kann auch eine zweite auflösen.«

»Wie es sich trifft«, entgegnete Alienor, »habe ich eine Lösung für Eure Befürchtungen. Eure Tochter würde im Fall einer Zusage nicht warten müssen, bis Richard zurückkehrt. Ich würde sofort mit ihr nach Sizilien reisen, wo mein Sohn überwintern wird.« Es war ihr gelungen, den König von Navarra fassungslos zu machen.

»Aber das würde bedeuten, daß Ihr mitten im Winter die Alpen überqueren müßt!« stieß er hervor.

Alienor zuckte die Achseln. »Und was weiter?«

Sancho mußte sich setzen. »Ihr verlangt von mir also«, sagt er langsam, »daß ich meine Tochter auf gut Glück durch halb Europa schicke, um sie mit einem Mann zu vermählen, der öffentlich versprochen hat, eine andere zu heiraten?« Um Alienors braune Augen gruben sich tausend winzige Lachfältchen, das einzige sichtbare Zeichen ihrer Belustigung.

»Nein«, erwiderte sie, »ich erwarte von Euch, daß Ihr Eure Tochter dem Herrscher über das neben dem Heiligen Römischen Reich bedeutendste Reich im Abendland vermählt, einem Mann, der sich daneben schon großen Ruhm als Feldherr erworben hat, einem Mann endlich, der Eurer Tochter als Morgengabe seine persönlichen Güter in der Gascogne übertragen wird.«

Sanchos Blick wurde starr. »In der Gascogne?« fragte er mehr als interessiert.

Alienor nickte. »Und Ihr könnt damit rechnen, daß die Handelsbeziehungen mit Aquitanien blühen und gedeihen werden.«

Sancho gelang es mühsam, seine Begeisterung im Zaum zu halten. »Aber warum tut Ihr das?« fragte er mißtrauisch. »Euer Sohn könnte jede Prinzessin in Europa heiraten.«

Alienor blinzelte ihm zu. »Nun, Euer Gnaden, wir sind doch Nachbarn, und ich rechne natürlich damit, daß Ihr mit Euren Soldaten sofort einschreiten werdet, falls sich in Richards Abwesenheit eine Rebellion oder Verschwörung oder sonst etwas dergleichen anbahnt.«

Der König von Navarra murmelte etwas in sich hinein und stand auf. »Wir werden morgen weiter darüber reden«, sagte er nachdenklich. Alienor nickte. »Das werden wir.«

Sizilien mit seiner dunklen, fruchtbaren Erde, den üppigen Getreidefeldern, den Weinbergen und der eigenartigen Bevölkerung, die teils aus Normannen, aus Griechen, teils aus italienischen Sizilianern und aus Arabern bestand, erschien den meisten Kreuzfahrern schon wie ein Vorhof des Orients. Nichtsdestoweniger war Richard nicht besonders glücklich darüber, durch die widrigen Herbstwinde in Messina festgehalten zu sein.

Immerhin konnte er so unerwartet seiner jüngsten Schwester Joanna aus einer bösen Lage helfen. Nach dem Tod des Königs von Sizilien war Joanna von dessen illegitimem Vetter Tankred gefangengenommen worden. Tankred hatte sich den Thron angeeignet, den auch der neue Kaiser Heinrich IV. für sich beanspruchte.

Indessen genügte der Anblick von Richards riesigem Kreuzfahrerheer, um Tankred dazu zu bringen, Joanna aus Palermo zu ihrem Bruder nach Messina zu schicken. Richard hatte seine Schwester seit ihrem elften Lebensjahr nicht mehr gesehen, und sie begrüßten sich ausgelassen.

»Tankred ist ein widerlicher kleiner Kerl«, sagte Joanna später empört, als sie von ihrer Gefangenschaft erzählte. »Wenn die Sizilianer sich nicht vor den Deutschen fürchten würden, würde ihn hier niemand als König akzeptieren.«

»Ich werde dafür sorgen«, antwortete Richard entschlossen, »daß er dir dein Wittun zugesteht.« Er seufzte. »Ach Joanna, dies ist ein schönes Land, aber ich kann es bald nicht mehr ertragen, hier untätig herumzusitzen, während die Lage im Heiligen Land so aussichtslos steht.«

»Erzähl mir davon«, bat seine Schwester. »In meiner Gefangenschaft habe ich wenig Neues gehört.«

»Seit Saladin Guy de Lusignan freigelassen hat, geht es nicht vor und nicht zurück. Konrad von Montferrat, der Mann, der Tyrus gegen Saladin gehalten hat, wollte Guy de Lusignan weder Tyrus ausliefern noch ihn wieder als König von Jerusalem anerkennen. Daraufhin tat Guy etwas ebenso Törichtes wie Mutiges – er begann mit seiner winzigen Anhängerschar, Akkon zu belagern. Jeder dachte, er würde zwischen den Moslems in Akkon und Saladins Heer zermalmt werden, aber es gelang ihm, ein befestigtes Lager zu errichten, so daß er jetzt Akkon belagert, während Saladin seinerseits Guy de Lusignan belagert. Guy erhielt wegen seines Mutes sehr viel Zulauf von den Christen, die sich noch im Land befinden, und der Rest des deutschen Heeres, der nach dem Tod Kaiser Barbarossas nicht umkehrte, schlug sich auch zu ihm.«

»Dann hat er Erfolg?« fragte Joanna. Richard verneinte. »Er hat zwar jetzt genug Männer, um Akkon vom Land her abzuschließen, aber Saladin versorgt die Stadt von der See aus. Und er belagert de Lusignan immer noch.« Zwischen seinen Augenbrauen grub sich eine tiefe Falte. »Ich bewundere seine Tapferkeit und sein Durchhaltevermögen in dieser Lage. Weiß Gott, als wir damals zusammen kämpften, konnte ich ihn nicht ausstehen, aber jetzt…«

»Du wirst schon noch rechtzeitig kommen«, sagte Joanna tröstend. Richard lächelte ihr zu. »Aber zuerst sorge ich dafür, daß Tankred ein wenig ins Schwitzen gerät.«

Richard forderte von Tankred nicht nur Joannas Wittum, sondern auch das Legat, das ihr Gemahl seinem Schwiegervater in seinem Testament hinterlassen hatte – ein höchst nützliches Erbe von Gold und Kriegsgaleeren. Als Henrys Erbe beanspruchte er für den Kreuzzug sowohl Geld wie auch Galeeren. Die Lage war mehr als gespannt, besonders, da man sich mit der Bevölkerung wieder nicht über die Lebensmittelpreise einig werden konnte – das uralte Kreuzfahrerproblem.

Im Oktober waren Richard, Philippe und die sizilianischen Gouverneure von Messina gerade dabei, erbittert über die Preise, das Legat und Joannas Wittum zu verhandeln, als ihre Debatte ein jähes Ende fand. Einer der Sizilianer hatte die Nerven verloren und griff Richards Gefolgsmann Hugo de Lusignan – ein Verwandter des bedrängten Guy – an. »Das genügt«, sagte Richard, verließ augenblicklich die Verhandlungen, befahl seinen Leuten, sich zu wappnen, und stürmte, wie einer der Spielleute, die den Feldzug begleiteten, später triumphierend sang, Messina in einer kürzeren Zeit, als ein Priester für ein Morgengebet brauchte.

Nun hatte er ein Druckmittel in der Hand, und Tankred erklärte sich weniger als eine Woche später bereit, Joanna als Ersatz für ihr Wittum 20000 Unzen Gold und Richard das gleiche zu bezahlen. Tankred war zu dem Schluß gekommen, daß ihm der kriegerische König als möglicher Verbündeter gegen Heinrich von Hohenstaufen doch lieber denn als Feind war, er erhielt Messina zurück, und die Lage begann sich etwas zu entspannen. Richard nutzte die erzwungene Muße, um Belagerungsmaschinen bauen zu lassen und selbst die Sehenswürdigkeiten des Landes zu besichtigen.

Auf dem Weg hierher hatte er in Neapel den Vesuv erklettert, und jetzt war der Ätna an der Reihe. Wären nicht die Nachrichten gewesen, daß die Belagerer von Akkon inzwischen gezwungen waren, ihre eigenen Pferde zu essen, hätte er glücklich sein können.

»Hier sind wir also in Neapel«, sagte Alienor und breitete die Arme aus, als wolle sie das ansehnliche Haus, das man ihnen zur Verfügung gestellt hatte, umarmen. Es war Mitte Februar, die Temperaturen angenehm warm, und ihre Kammerfrauen hatten ihre und Berengarias Pelze sorgsam wieder in den Truhen verstaut. Alienor trug ein türkisfarbenes Kleid aus leichtgewebtem Stoff, und sorglos löste sie jetzt das Kinnband, das ihre Haube festhielt. Seit ihrer Ankunft vor ein paar Tagen hatte Alienor darauf bestanden, die römischen Überreste in der Umgebung zu besichtigen und auf dem Markt einkaufen zu gehen.

Ihre zukünftige Schwiegertochter fragte nun schüchtern: »Seid Ihr niemals müde, Euer Gnaden? Wollt Ihr Euch nicht ausruhen?«

»Mein liebes Kind«, antwortete Alienor erhaben, »ich habe sechzehn Jahre Zeit gehabt, um mich auszuruhen. Das genügt für den Rest meines Lebens.«

Sie breitete ihre immer noch vollen, aber nun vollständig weißen Haare aus und genoß das Gefühl der sanften Brise um ihren Kopf. Sie ging zu dem Fenster, von dem aus man den Vesuv sah, und atmete die süße italienische Luft voller Orangenblüten tief ein.

Die Zikaden zirpten, und die Prinzessin von Navarra versank in Träumereien. In ihrem ganzen Leben hatte sie noch nie etwas so Aufregendes mitgemacht wie die Reise mit Alienor von Aquitanien, den Zug durch die Alpen, die sie beim Mont-Genèvre-Paß überquert hatten... und am Ende erwartete sie eine Heirat. Sie hatte noch wenig mehr Vorstellung von der Liebe als Lautenspiel und einen Kuß und kam nicht auf die Idee, sie könne ihren Bräutigam anders als anziehend finden. Er war noch jung, war ein großer und mächtiger König und außerdem der Anführer des heiligen Pilgerheeres. Was konnte sie mehr verlangen?

Es klopfte, und Berengaria schrak aus ihren Gedanken auf. Während Alienor sich bedauernd daranmachte, sich die Haare wieder festzustecken, eilte sie zu der Tür aus hellem Holz. Eine Kammerfrau trat ein und meldete den Grafen von Flandern an, der Alienor und Berengaria auf ihrer Reise zu Richard begleitete.

»Euer Gnaden«, begann der Graf ohne Umschweife, »die Galeeren, die Euer Sohn auf Eure Botschaft hin geschickt hat, sind angekommen...«

»Aber?« fragte Alienor knapp. »Aber der König von Sizilien verweigert Euch die Erlaubnis, Euch einzuschiffen. Mir gestattet er es. Euer Gnaden, ich verstehe das nicht, und...«

Neapel gehörte zu König Tankreds Reich. »Hat er irgendeinen Grund nennen lassen?« unterbrach Alienor den Grafen. Seine Miene war verwirrt. »Ja, er ließ sagen, Messina sei ohnehin schon überfüllt, und Ihr solltet Euch statt dessen lieber nach Brindisi begeben.«

Berengerias Miene war noch betroffener als die des Grafen. Ihre großen dunklen Augen weiteten sich, und sie sah mit ihrem schwarzen Haar und den sanften Zügen plötzlich sehr jung aus. Alienor bemerkte ihren Schrecken und unterdrückte ein Seufzen. Berengeria war ein liebenswertes Mädchen und keineswegs dumm, aber manchmal vermißte sie an ihr etwas von Alais' Feuer oder Joannas Lebendigkeit. Die Prinzessin von Navarra hatte ein an sich rührendes Schutzbedürfnis, das jedoch in Momenten wie diesem ein wenig lästig war, denn nun mußte Alienor das Mädchen trösten, bevor sie sich wichtigeren Dingen zuwenden konnte.

»Mach dir keine Sorgen, Kleines«, sagte sie und legte Berengaria einen Arm um die Taille, »wir kommen nach Messina.«

Dann sagte sie zu dem Grafen von Flandern: »Am besten, Ihr schifft Euch sofort ein. Ihr könnt dann eine Botschaft von mir an meinen Sohn mitnehmen. Uns bleibt ja wohl nichts anderes übrig, als zu tun, was der König uns rät.«

Sie ließ sich Feder und Papier bringen und schrieb schnell einige Zeilen an Richard. Inzwischen hatte man etwas Siegelwachs für sie erwärmt, sie faltete ihre Notiz und drückte den Ring mit ihrem persönlichen Signum auf die rasch erkaltende Masse. »Das wird genügen.«

Der immer noch irritierte Graf versprach, König Richard gleich nach seiner Ankunft von dieser Entwicklung zu unterrichten und ihren Brief zu übergeben, und eilte davon.

Danach blieb Alienor an dem Tisch sitzen und klopfte mit ihrer Feder nachdenklich auf das Holz.

Berengaria fragte verstört: »Aber was kann das alles zu bedeuten haben?«

»Ich weiß es nicht«, sagte Alienor grübelnd, »aber ich werde den Verdacht nicht los, daß die Wahl zwischen dem Grafen von Flandern und uns nicht willkürlich getroffen wurde. Tankred kann es eigentlich nichts bedeuten, ob wir nun hier, in Brindisi oder in Messina sind. Aber der Mann, für den es wichtig sein könnte, ist der oberste Lehnsherr des Grafen.«

»König Philippe!« rief Berengaria. Alienor warf ihr einen erfreuten Blick zu; das Mädchen hatte immerhin einen schnellen Verstand.

»Ja«, bestätigte sie. »Richards lieber Freund und Kreuzzugsgefährte Philippe.«

Richards Augen unter dem rotblonden Haar waren eisig wie das Nordmeer und ungefähr ebenso bedrohlich. »Was zum Teufel bezweckt Ihr mit so etwas?« fragte er. Tankred wünschte sich tausend Meilen weit weg von Catania. Seine Lage wurde immer schwieriger. Der neue Kaiser Heinrich VI. weilte bereits auf italienischem Boden und wartete nur auf seine Kaiserkrönung, um sich Sizilien im Namen seiner Gemahlin zu holen.

Er erklärte nun, allen Mut zusammenraffend: »Das war eine Verteidigungsmaßnahme. Man hat mich darüber unterrichtet, daß Ihr plant, mir mein Königreich wegzunehmen, und wenn man sich Eure bisherigen Taten ansieht...«

»Wer ist man?« schnitt Richard ihm das Wort ab.

Tankred wich aus. »Habt Ihr die Stirn, es zu leugnen? Ich habe Grund zu der Annahme, daß Ihr Euch bereits mit Heinrich von Hohenstaufen verbündet habt.«

»Wie bitte?« fragte Richard ungläubig.

Der sizilianische König fuhr auf: »Hat sich Eure Mutter, Eure Mutter, die Ihr zu Euch kommen zu lassen von mir verlangt, hat sie sich nun am zwanzigsten Januar in Lodi mit Heinrich und seiner Gemahlin getroffen oder nicht?«

»Jesus«, sagte Richard, »er war auf dem Weg zu seiner Krönung, und sie konnte ihm nicht gut ausweichen, ohne einen so mächtigen Mann unnötig zu beleidigen oder? Macht Euch doch nicht lächerlich wegen Heinrich von Hohenstaufen. Die Staufer sind die natürlichen Feinde meiner Familie; wißt Ihr nicht, daß meine Schwester Mathilda mit dem größten Gegner Kaiser Friedrichs, Herzog Heinrich aus dem Geschlecht der Welfen, vermählt war?«

Die Antwort kam so selbstverständlich und freimütig und mit einem leicht verächtlichen Unterton, daß Tankred geneigt war, Richard Glauben zu schenken. Vielleicht hatte er nur unnötig einen Verbündeten verärgert? »Nun ja«, sagte er unsicher, »ich gebe es zu, es klingt überzeugend, was Ihr da sagt.«

»Falls Ihr bis jetzt noch nicht bemerkt habt, daß ich es nur eilig habe, von hier wegzukommen, dann seid Ihr blind. Und wenn ich so wahnsinnig wäre, mich nicht nur mit Euch, sondern auch mit Heinrich von Hohenstaufen anzulegen, der bestimmt etwas gegen eine Eroberung meinerseits hätte, dann säße ich hier für alle Ewigkeit fest, und das Heilige Land ginge unterdessen vor die Hunde.«

Diese kalte Dusche brachte Tankred vollkommener zur Einsicht, als es die Bitte um Vertrauen und Glauben je gekonnt hätte. »Nun sagt mir«, fuhr Richard fort und ging einen Schritt auf Tankred zu, so daß dieser unwillkürlich zurückwich, »woher wißt Ihr eigentlich den genauen Tag, an dem meine Mutter den Staufer traf? Und wer hat Euch gegen mich aufgehetzt? Es muß jemand von meinen Hauptleuten sein, sonst hättet Ihr seine Lügen nicht so leicht geschluckt. Wer war es?«

Tankreds Mund zuckte. »Der König von Frankreich«, preßte er schließlich heraus, erleichtert, es losgeworden zu sein. Richard erstarrte. »So«, sagte er tonlos. »Ach so.«

Philippe lehnte sich auf ein Kissen zurück. Er lag auf einem der orientalischen Diwane, mit denen der Palast, den ihm Tankred zur Verfügung gestellt hatte, reichlich ausgestattet war. »Was hast du erwartet?« fragte er spöttisch und machte sich nicht die geringste Mühe, zu leugnen. Innerlich fluchte er allerdings auf Tankreds mangelndes Rückgrat. Er hätte wissen müssen, daß Tankred bei der ersten Konfrontation mit Richard klein beigeben würde. »Deine Mutter hat die Alpen nicht allein überquert, oder? Ist dir eigentlich klar, Richard, daß es für die französische Krone eine unerträgliche Beleidigung ist, wenn meine Schwester über zwanzig Jahre lang mit dir verlobt war und dann einfach beiseite geschoben wird?«

Richard, jetzt in die Verteidigung gedrängt, war jedoch darauf vorbereitet. Es stimmte, er hatte Philippe hintergangen, indem er vorgegeben hatte, Alais heiraten zu wollen, und heimlich bereits einer anderen Ehe zugestimmt hatte. Aber, dachte er, und sein Zorn kehrte zurück, das war noch kein Grund, um ihn bei Tankred derart zu verleumden und in den Rücken zu fallen, und er sagte das auch laut. »Er hätte mir um ein Haar den Krieg erklärt, und dann wäre unser ganzer Kreuzzug gefährdet gewesen!«

»Von Tankred? Das soll wohl ein Scherz sein.«

»Wenn dir die Männer, die zwischen Akkon und Saladin eingesperrt sind, langsam verhungern und nur noch auf uns hoffen können, gleichgültig sind«, entgegnete Richard heftig, »mir sind sie es nicht!«

Philippe verschränkte seine Arme hinter dem Kopf. »Natürlich sind sie mir nicht gleichgültig«, sagte er besänftigend. »Tatsache bleibt aber, daß du dein Wort gegenüber Alais und mir gebrochen hast.«

»Alais hatte nie den Wunsch, mich zu heiraten«, sagte Richard kühl, »und was dich angeht...«

»Ich warne dich, Richard. Noch ist deine Mutter nicht hier. Du hast noch die Gelegenheit, eine Vertragsverletzung zu vermeiden.« In Philippes Stimme schlich sich ein leiser Anflug von Drohung ein.

Richard blieb unbeeindruckt. »Ich möchte Alais nicht fallenlassen, sie kann an meinem Hof als geehrte Verwandte bleiben, solange sie es wünscht. Aber ich kann sie unmöglich zu meiner Gemahlin machen. Wenn du weiterhin darauf bestehst«, erwiderte er mit derselben Härte, »sehe ich mich gezwungen, die Hilfe der Kirche anzurufen.«

Der König von Frankreich war zum ersten Mal ein wenig verblüfft. Er setzte sich auf. »Die Kirche?«

»Wenn ein Mann eine Frau heiratet, die die Geliebte seines Vaters war, so betrachtet das die Kirche als Inzest«, sagte Richard und beobachtete, wie Philippes überlegene Miene sich langsam wandelte.

»Das würdest du nicht wagen!«

»Ich kann Zeugen aufbringen, Philippe. Und wie steht es dann um die Ehre der französischen Krone?«

Beide schwiegen eine Zeitlang. Philippes Gesicht blieb ausdruckslos, obwohl er innerlich kochte. Er war so sicher gewesen, Richard manipulieren und durchschauen zu können. Richard gegenüber in der schwächeren Position zu sein, empfand er als ungeheuer demütigend. Vor allem, da er wußte, daß Richard das Vexin behalten würde, denn es war nun schon so lange in normannischer Hand, daß sich daran kaum etwas ändern ließ. Zumindest vorerst nicht.

»Und das Vexin?« fragte er scheinbar gleichgültig.

Richard zuckte die Achseln. »Du weißt genausogut wie ich, daß ich es behalten werde. Ich bin bereit, dir eine Ersatzsumme zu zahlen, wenn du mich ein für allemal von der Verlobung mit Alais entbindest. Außerdem«, setzte er versöhnlich hinzu, »schlage ich vor, daß wir einen Vertrag aufsetzen, der vorsieht, daß das Vexin an meine männlichen Nachkommen übergeht, und wenn ich keine legitimen Erben haben sollte, fällt es wieder an dich und deine Erben zurück. Was hältst du davon? Ist das annehmbar?«

»Ich werde es mir überlegen«, sagte Philippe unverbindlich. Dann lachte er. »Du bist der unverbesserliche Ritter, Richard, nicht wahr? Die Möglichkeit, daß du von deiner kleinen Braut einen Erben bekommst, ist so gering, daß sie mich schon wieder hoffen läßt. Ich sollte dir für das großzügige Angebot danken.«

Richard, der während ihres Gespräches nach seiner Gewohnheit ruhelos auf und ab gegangen war, blieb abrupt stehen. »Hol dich der Teufel«, sagte er hilflos.

Philippes ironisches Gelächter erklang noch einmal. »Ja, wenn wir das nicht besser wüßten – ist es nicht so, Richard?« Richard sah ihn an, und Philippe erwiderte den Blick.

Richard hatte die Wahrheit über sich schon ziemlich früh entdeckt, und mit dreiundzwanzig hatte er sich, obwohl er verzweifelt dagegen ankämpfte, in den jungen König von Frankreich verliebt. Er hatte immer geahnt, daß man Philippe so wenig vertrauen durfte wie seinem Bruder Geoffrey, daß es ein entsetzlicher Fehler war, etwas für einen Menschen zu empfinden, der durch seine Stellung allein ein möglicher Feind war, aber er war nie in der Lage gewesen, Gefühle, die ihn überfielen, zu unterdrücken.

Und während er sich vollauf darüber im klaren war, daß Philippe etwas im Schilde führte, konnte er wieder nicht anders, als sich von Philippe herabziehen zu lassen, seine Umarmung zu erwidern und ihn zu küssen. »Bevor das arme kleine Mädchen ankommt«, sagte Philippe.

Berengaria konnte ihre Augen nicht von ihrem Bräutigam losreißen. Mit ein wenig boshaftem Mitleid dachte sie an die französische Prinzessin, die statt Richard mit seinem alten Vater vorliebgenommen hatte.

Sie hatte sich schnell mit ihrer Schwägerin Joanna angefreundet, die ihrer Mutter ungeheuer ähnelte; bis auf Henrys grüne Augen war die fünfundzwanzigjährige Joanna ein Ebenbild Alienors. Joanna, Alienor und Richard tauschten Erinnerungen und Verse aus der Zeit von Poitiers aus, sprachen aber auch über die Zukunft.

»Leider werde ich nicht dabeisein«, bemerkte Alienor, »ich muß mich sofort auf den Rückweg machen, und für Richard gibt es auch keinen Grund mehr, länger zu bleiben.«

Joanna protestierte: »Aber Mutter, Ihr seid doch erst zwei Tage hier!«

Alienor lächelte und fuhr ihr mit der Hand über den Kopf. »Ich kann die Regierung nicht ewig William Longchamp allein überlassen. Er ist ein guter Mann, aber ich traue den Schwüren gewisser ach so treuer Edler dort nicht.«

»Ihr meint John«, entgegnete Joanna tadelnd, »das solltet Ihr nicht sagen, Mutter. Nach Eurer Gefangennahme habe ich zwei Jahre mit John verbracht, bevor Vater mich mit Guillaume verheiratete. Er ist genauso zur Liebe und Treue fähig wie wir anderen auch.«

»Das befürchte ich eben«, antwortete Alienor, und Joanna lachte.

»O Mutter, Ihr habt mir gefehlt unter all diesen Normannen hier! Ich bitte Euch, bleibt doch ein wenig.«

»Du könntest mich begleiten«, bot Alienor an und lächelte ihrerseits über Joannas verlegene Miene. »Ich weiß, Kind, du möchtest lieber mit deinem Bruder ziehen. Das würde ich an deiner Stelle auch, und wir haben alle Zeit der Welt füreinander, wenn der Kreuzzug zu Ende ist. Außerdem, wenn du mich begleiten würdest, wer achtete dann auf unsere Berengaria hier?«

Berengarias Blut pulste in ihren Wangen. »Mein Gemahl wird auf mich achtgeben«, flüsterte sie scheu, und Richard erwiderte mechanisch: »Es wird mir eine Freude sein, Dame.«

Joanna zwinkerte ihrer Mutter zu. »Ich sehe schon, unsere beiden Brautleute wollen mich loswerden«, sagte sie vergnügt.

Doch Berengaria protestierte hastig: »O nein, Joanna, ich freue mich sehr über Eure Begleitung.«

»Ich habe noch einen anderen Grund für meine sofortige Abreise. Der Papst ist tot, und sein Nachfolger wird den Staufer und seine Gemahlin krönen. Es könnte nützlich sein, an dieser Krönung teilzunehmen.«

Richard fragte stirnrunzelnd: »Was für einen Eindruck hattet Ihr in Lodi, Mutter?«

Alienor überlegte. »Heinrich erinnerte mich an eine dieser Schlangen, die ich auf dem Marsch durch Anatolien kennengelernt habe – kalt, auf der Hut und immer bereit, zuzubeißen. Bei einem Kampf zwischen ihm und Tankred würde ich, ohne zu zögern, auf Heinrich setzen. Seine Gattin Constance ist, soweit ich sehen konnte, eine erstaunliche Frau; sehr klug, sehr temperamentvoll, und sie haßt ihren Gemahl. Es würde mich nicht wundern, wenn sie Sizilien für sich selbst wollte, ohne den Staufer.«

»Selbst wenn er Tankred besiegt«, sagte Richard, »sein Recht auf Sizilien erlischt mit Constance, und sie soll schon viel zu alt sein, um Kinder bekommen zu können – bis jetzt hat sie noch kein einziges.«

Die Königin machte eine abwertende Geste mit der Hand. »Immer, wenn ich die Leute das behaupten höre, bin ich vom Gegenteil überzeugt, und ich spreche aus Erfahrung. Bei der Geburt meines jüngsten Kindes war ich dreiundvierzig, und Constance ist jünger.«

Richard ergriff ihre Hand. »Ich wünschte auch, Ihr müßtet nicht gehen, Mutter«, sagte er sehr ernst, und sie brauchte nicht seinem Blick auf Berengaria zu folgen, um zu begreifen, was er meinte.

Sie drückte seine Hand. »Hast du vergessen, was ich dir als Kind immer versprochen habe?« entgegnete sie leise.

Alienor traf am Ostersonntag in Rom ein. Die ganze Stadt war auf den Beinen, denn an diesem Tag wurde nicht nur Coelestin III. zum Papst geweiht, sondern auch Heinrich VI. von Hohenstaufen und Constance de Hauteville, die letzte überlebende direkte Erbin Rogers II, wurden zu Kaiser und Kaiserin des Heiligen Römischen Reiches gekrönt.

Alienor machte sowohl dem Papst als auch dem hohen Paar ihre Aufwartung.

»Ich freue mich zu hören, daß die Sache voranschreitet, für die mein Vater sein Leben ließ«, sagte der neue Kaiser und fixierte sie mit seinen seltsam farblosen Augen. »Ich würde mich auch freuen, Euren berühmten Sohn einmal kennenzulernen. Wie ich annehme, habt Ihr die Gastfreundschaft des Usurpators Tankred genossen?«

»Es war unumgänglich«, antwortete Alienor kühl.

Constance de Hauteville fragte plötzlich: »Wie steht es auf Sizilien, und wie geht es meinem Vetter?«

Ihr Gemahl sah sie zornig an, doch sie ignorierte ihn. Alienor stellte für sich fest, daß Constance klargemacht hatte, wo ihre Sympathien lagen; bei Heinrich ganz bestimmt nicht.

»Euren Vetter habe ich nicht gesehen, da ich mich nur wenige Tage auf der Insel aufhielt«, sagte sie freundlich.

Heinrich erkundigte sich eisig nach seinem Namensvetter, Alienors Schwiegersohn Heinrich dem Welfen, der jetzt, da sein alter Widersacher Barbarossa tot war, die Rückkehr in sein Herzogtum plante. Alienor erwiderte höflich, sie habe durch ihre Reise bedingt keine Verbindung zu ihrem Schwiegersohn und keine Ahnung von seinen Plänen. Es war offensichtlich, daß der neue Kaiser ihr nicht glaubte.

Philippe war wenige Stunden vor Berengarias und Alienors Ankunft in Messina schon vorausgesegelt, so daß Richards Flotte jetzt auf sich allein gestellt war. Am dritten Tag ihrer Reise gerieten die Kreuzfahrer in einen gewaltigen Sturm. Als sie am siebzehnten April den vereinbarten Treffpunkt in Kreta erreichten, zeigte sich zu Richards großer Beunruhigung, daß etwa fünfundzwanzig Schiffe fehlten, darunter auch dasjenige, auf dem seine Schwester und seine Braut untergebracht waren.

Er schickte mehrere Galeeren aus, um nach ihnen zu suchen, und bald zeigte sich, daß die vermißten Schiffe an der Küste Zyperns Schutz gesucht hatten. Dort herrschte Isaak Ducas Komnenos, ein Angehöriger der kaiserlichen Familie von Byzanz wie der längst verstorbene Manuel und diesem auch charakterlich sehr ähnlich.

Er setzte die Kreuzfahrer, die in der Hoffnung auf Rettung die Insel betreten hatten, kurzerhand fest. Nur Joanna war, eingedenk der Erlebnisse ihrer Mutter mit einem byzantinischen Kaiser, vorsichtig genug gewesen, um mit Berengaria an Bord ihres Schiffes zu bleiben. Isaak Komnenos' Einladung, doch als seine Gäste auf seine Burg zu kommen, lehnten die beiden Frauen kurzerhand ab. Seither wurde ihr Schiff von zypriotischen Booten umlagert, an der Küste tauchten immer mehr Truppen auf, und die Lebensmittel gingen auch zur Neige, doch Joanna bestand darauf, daß sie standhaft blieben. Nach einer Woche schließlich traf der alarmierte Richard vor der Festung Limassol ein, befreite Joanna und Berengaria aus ihrer Zwangslage, und als Isaak sich weigerte, die restlichen Gefangenen gehen zu lassen, eroberte Richard in einem Handstreich die ganze Insel.

Während Isaak Komnenos nun in seiner eigenen Festung gefangengehalten wurde, traute der Erzbischof von Evreux Richard und Berengaria in der Kapelle des heiligen Georg, der als Schutzheiliger der Briten galt, und krönte Berengaria sofort danach zur Königin von England. Mit der Eroberung von Zypern hatte sich Richard auch eine sichere Versorgungsbasis für das Heilige Land geschaffen; er würde nicht wie alle Kreuzfahrer vor ihm unter Nachschubproblemen zu leiden haben. Als er am fünften Juni seinen Schiffen das Zeichen zum Aufbruch gab, war er sicher, dem Erfolg einen großen Schritt näher gekommen zu sein.

Richard stand vor einem ›Wandlungsturm‹, eine seiner Belagerungsmaschinen auf Rädern, der gerade ausgebessert wurde, und beobachtete Akkon. Der bewegliche Turm, der auf mehreren Stockwerken Bogenschützen beherbergen konnte, war eine seiner stärksten Waffen im Kampf um Akkon. Von der obersten Platte aus konnte auch eine Zugbrücke heruntergelassen werden, um einen Sturmangriff zu ermöglichen. Im übrigen stank der Turm erbärmlich, denn um ihn gegen das griechische Feuer zu schützen, mit dem die

Araber sich wehrten, hatte man ihn mit in Urin getränkten Häuten eingekleidet.

»Verdammtes Land«, fluchte Philippe. Er hatte allen Grund, ärgerlich zu sein. Er war mehr als zwei Wochen vor Richard eingetroffen, krank geworden und hatte in dieser Zeit längst nicht das Ansehen unter den Belagerern errungen, wie Richard es in wenigen Tagen geschafft hatte. Unter anderem lag das daran, daß Richard seine Soldaten besser bezahlte und daß er sich auch immer wieder persönlich an den Angriffen beteiligte. Nun hatten sie beide etwa einen Monat in glühender Sommerhitze vor Akkon verbracht, und die Stadt hatte immer noch nicht kapituliert.

Eben stürzte mit gewaltigem Donnern ein neuer Teil der Stadtmauer ein. »Es wird nicht mehr lange dauern«, sagte Richard. »Seit unsere Flotten den Seeweg blockieren, haben sie keinen Nachschub mehr, und mit Saladin können sie nur noch über Brieftauben in Verbindung stehen.«

Im selben Moment begannen die Araber in Akkon laut ihre Trommeln zu schlagen: das Zeichen für Saladin, einen Entlastungsangriff auf das Lager der Belagerer zu führen.

Richard zog eine Grimasse. »Wir haben Glück, daß Saladin nicht imstande ist, seine Reiterei einzusetzen«, bemerkte er.

Der französische König meinte gleichgültig: »Sie wird schon nicht so tödlich sein, wie es heißt.«

Richard schüttelte heftig den Kopf. »Täusche dich da nicht! Hier sind wir hinter unseren Befestigungen sicher, aber auf offenem Feld...«

»Im Moment bereitet mir nicht Saladin Kopfzerbrechen, sondern Konrad von Montferrat und de Lusignan«, unterbrach ihn Philippe und hob eine Hand, um seine Augen gegen die grelle Sonne zu schützen.

»Wenn du Konrad von Montferrat nicht offen unterstützen würdest, wäre das keine so große Schwierigkeit.«

»Er ist im Recht. Wer hat Tyrus gegen Saladin gehalten, während Guy de Lusignan Jerusalem verlor?«

»Himmel, Guy hat hier mehr als genug getan, um das wieder wettzumachen! Außerdem ist er der gesalbte König von Jerusalem.«

Das Geschrei der Araber, die gerade einen fränkischen Sturmtrupp zurückgeschlagen hatten, der durch die neue Mauerlücke eindringen wollte, lenkte ihre Aufmerksamkeit kurzfristig ab. Dann sagte Philippe mürrisch: »Was das betrifft, Guy de Lusignan war nicht König kraft Geburtsrecht, sondern dank seiner Heirat mit der Erbin des Königreichs. Und die ist jetzt tot.«

»Und Konrad«, setzte Richard unnachgiebig hinzu, »hat ihre jüngere Schwester auf eine Weise geheiratet, die mehr als zweifelhaft ist. Das wird noch Ärger geben, wenn wir die Stadt erst eingenommen haben. Übrigens, ich könnte die Ungläubigen bewundern – beinahe zwei Jahre lang haben sie ihre Stadt nun schon verteidigt, mit einem Mut, der einer edleren Sache würdig wäre.«

»Richard, du bist unverbesserlich«, entgegnete Philippe. »Du bemühst dich nach Kräften, sie umzubringen, und anschließend findest du sie bewundernswert. Es sollte mich nicht wundern, wenn du dich gut mit Saladin verstehen würdest. Unseren Spionen zufolge hat er erklärt, er würde dich ohne weiteres über die besten Männer seines Reiches stellen, allerdings nur mit deinem Kopf auf einer Lanze.«

Richard wollte gerade etwas erwidern, als ihm eine Bewegung an der Stadtmauer auffiel. »Jesus«, flüsterte er und packte Philippes Arm. »Philippe, ich glaube, es ist soweit! Da vorne kommt eine Gruppe mit einer weißen Flagge.« Sie rannten alle beide im Laufschritt zu der vordersten Kampflinie. Dort war unter den Belagerern große Aufregung entstanden, und als Richard eintraf, sah er bereits das ausgemergelte, dunkle Gesicht des Mannes, den die Garnison von Akkon geschickt hatte, um ihre Kapitulation anzukündigen.

Die Verhandlungen über die Übergabebedingungen zogen sich weitere drei Tage hin; am Ende wurde vereinbart, daß gegen die Zahlung von zweihunderttausend Dinaren sowie die Rückgabe von fünfzehnhundert christlichen Gefangenen und dem Heiligen Kreuz durch Saladin das Leben der Verteidiger von Akkon geschont werden sollte. Saladin erfuhr erst im nachhinein von diesen Vereinbarungen und war mehr als bestürzt; er war der Idee des *Dschihad*, des Heiligen Kriegs gegen die Christen, genauso verpflichtet wie Richard der des Kreuzzugs.

Am siebzehnten Juli marschierten die Kreuzfahrer feierlich in Akkon ein, und fast sofort kam ein Problem auf. Herzog Leopold von Österreich ließ seine Standarte neben dem Banner der Könige von England und Frankreich errichten. Richard und Philippe wechselten bezeichnende Blicke, als ihnen das berichtet wurde. Leopold gehörte zu dem winzigen Rest von Friedrich Barbarossas Heer, der mit den Gebeinen des Kaisers hier eingetroffen war (man wollte sie in Jerusalem bestatten), und benahm sich, als sei er der alte Kaiser persönlich.

Sein Banner dort stehenzulassen, wo es war, hieß ihn als gleichberechtigten Heerführer mit einem gleichberechtigten Anteil an der Beute anerkennen, was mehr als lächerlich schien, mußten doch Leopold und seine kleine Scharen von ihnen ernährt werden.

Philippe nickte schweigend, und Richard ordnete an, daß Leopolds Banner sofort heruntergeholt werden solle. Kurze Zeit später stand ihm der wutschnaubende Herzog von Österreich gegenüber. »Ich verlange, daß die Soldaten, die mir diesen Schimpf angetan haben, sofort bestraft werden!«

»Sie handelten auf meinen Befehl«, entgegnete Richard kalt. Leopold schnappte nach Luft.

»Ihr wagt es... ich habe um Akkon gekämpft wie jeder andere auch und wesentlich länger als Ihr, ich habe das Recht, meine Standarte neben der Euren zu hissen!«

»Wenn jeder Ritter, der an unserer Seite gekämpft hätte, dieses Recht beanspruchte, dann wäre Akkon voller Fahnen«, sagte Richard gelassen. »Außerdem, selbst Guy de Lusignan hat«, er schaute kurz zu Philippe, »gewisser Umstände wegen lieber darauf verzichtet – warum sollte Euch dann mehr Ehre zuteil werden als ihm?«

Das Gesicht des Herzogs von Österreich hatte sich bis unter die Haarwurzeln blutrot gefärbt. »Guy de Lusignan ist Euer Vasall«, schleuderte er Richard entgegen, »aber ich bin es nicht, und ich weigere mich, mich als solcher behandeln zu lassen.«

»Dann weigert Euch weiterhin«, sagte Richard und wandte sich ab, um zu gehen.

Leopold atmete schwer. »Das werdet Ihr noch bereuen«, schrie er dem englischen König hinterher. »Bei Gott, das wird Euch noch so leid tun, daß Ihr den Tag Eurer Geburt verflucht!«

»Nun, Richard«, sagte Philippe sarkastisch, während sie die Besetzung Akkons beobachteten, »das war nicht gerade einer deiner höflichsten Momente.«

»Ich weiß«, antwortete Richard ohne Reue, »aber der Mann ist so ein Esel!«

»Du wirst dich kaum länger mit ihm zu beschäftigen haben; ich nehme an, beleidigt wie er ist, verläßt er Akkon sofort. Was ich übrigens auch vorhabe.«

Richard starrte ihn an. »Was?«

Philippe hob die Schultern. »Was willst du, wir haben Akkon genommen, dieses elende Land bekommt mir nicht, ich kehre also nach Frankreich zurück.«

»Aber«, sagte Richard fassungslos, »du kannst doch nicht einfach dein Kreuzzugsgelübde brechen...«

»Hölle«, erwiderte Philippe ungeduldig, »tu doch nicht so, als ob du noch nie einen Eid gebrochen hättest. Was ist mit Alais? Oder mit dem Schwur, den wir bei Vézelay geleistet haben, daß alle Eroberungen geteilt würden? Ich warte immer noch auf meine Hälfte von Zypern!«

»Diese Vereinbarung bezog sich nur auf Eroberungen im Morgenland selbst«, antwortete Richard hitzig, »du denkst ja auch nicht daran, mir die Hälfte vom Artois zu geben, jetzt, wo der Graf von Flandern tot und es an dich gefallen ist!«

»Artois«, versetzte der König von Frankreich, »ist eben einer meiner Gründe, den Kreuzzug von meiner Seite aus zu beenden. Wer weiß, ob die Erben des Grafen von Flandern seinen Letzten Willen respektieren. Ich muß die Domäne persönlich in Besitz nehmen, sonst ist sie mir nicht sicher.«

Richard ergriff Philippe bei den Schultern. »Vergiß Artois! Philippe, du hast die Möglichkeit, in Jerusalem einzuziehen, die Heilige Stadt zu befreien – und da kümmerst du dich um Provinzstreitigkeiten?«

Philippe schüttelte den Kopf. »Jerusalem. Richard, du wirst nicht viel Glück in deinem Leben haben, wenn du nicht endlich begreifst, daß in dieser Welt andere Dinge zählen.«

Richards Arme sanken herab. »Du hast nie daran gezweifelt, wie?« sagte er ausdruckslos. »Ich muß dich wohl nicht daran erinnern, daß wir uns geschworen haben, unsere Länder gegenseitig zu beschützen.«

»Aber natürlich«, entgegnete Philippe.

Der Herbst hatte Rouen mit seiner melancholischen Schönheit überzogen, und Alienor wünschte sich, noch mit derselben Leichtigkeit und Ausdauer ausreiten zu können wie in ihrer Jugend. Die kühle, prickelnde Luft und die fahle Septembersonne, die wirbelnden roten und gelben Blätter forderten sie direkt dazu heraus. Sie seufzte und beugte sich über die Turmzinnen, das Kinn auf die Hände gestützt.

»Seid Ihr wieder reiselustig, meine Königin? Ihr seid doch erst kaum drei Monate hier!« Alais wirkte glücklicher und entspannter, als sie in den letzten Jahren je gewesen war. Sie war von der Furcht erlöst, zu einer Ehe mit Richard gezwungen zu werden, und solange sie nicht in der Gewalt ihres Bruders war, konnte sie niemand zu einer Heirat zwingen.

Ehe Alienor antworten konnte, erschien ein Diener und meldete, der Erzbischof von Rouen, Walter de Coutances, bitte sie um ein Gespräch. Der Erzbischof war einer von Richards vertrautesten Beratern, hatte den König bis nach Sizilien begleitet und war dann mit Alienor zurückgekehrt. Er wirkte sehr beunruhigt, als sie in die kleine Halle trat.

»Euer Gnaden«, begann er sofort, »ich habe schlechte Nachrichten. Der Erzbischof Ralph von York hat versucht, nach England zurückzukehren, doch da dies gegen seinen Eid war, gab der Kanzler Befehl, ihn sofort verhaften zu lassen. Ralph suchte in einer Abtei in Dover Zuflucht, und Longchamp ordnete an, ihn mit Gewalt herauszuholen. Er mußte vom Altar weggezerrt werden. Euer Gnaden, das Volk ist empört, und Euer Sohn spricht schon von Thomas Bekket.«

Alienors Mundwinkel zuckten. »Kein Zweifel, daß John das für einen hervorragenden Einfall hielt, aber sich Ralph als Thomas Becket vorzustellen...«

Walter de Coutances hielt es für richtig, dieser unangebrachten Heiterkeit ein Ende zu setzen. »Euer Gnaden, das kann gefährlich sein!«

Die Königin seufzte. »Ja, ich weiß. Ich glaube auch, daß Longchamp einen Fehler gemacht hat – John hat ohnehin in meiner Abwesenheit ständig versucht, die Barone gegen ihn einzunehmen, und jetzt das Asyl zu verletzen, wird ihn viel Unterstützung kosten.«

Der Erzbischof von Rouen stimmte zu. »Habt Ihr Neuigkeiten vom König, Euer Gnaden?«

»Abgesehen davon, daß er sich auf dem Rückweg nach Frankreich befindet, nein.« Walter de Coutances holte tief Luft: »Gott wird ihn für diesen Verrat an der heiligen Sache strafen.«

Alienor blinzelte. »Kein Zweifel, aber er wird sich Zeit damit lassen, und unterdessen rückt unser frommer Philippe immer näher. Ich habe Anweisungen gegeben, die Burgen an unseren Grenzen besetzen zu lassen. Eher vertraue ich auf die Prophezeiungen der Sibylle von Cumäe als auf die Freundschaft des Königs von Frankreich.«

»Er wird es nicht wagen, sich an dem Eigentum eines Kreuzfahrers zu vergehen«, meinte der Erzbischof schokkiert, »das widerspräche nicht nur dem Eid, den er geschworen hat, sondern auch allen christlichen Sitten und Gesetzen.«

»Gott erhalte Euch Euren Glauben an Sitte und Gesetz, hochwürdiger Erzbischof.«

Walter de Coutances erwiderte nichts. Er bewunderte die Königin, doch sie brachte es immer wieder fertig, ihn daran zweifeln zu lassen, ob sie überhaupt eine Christin war. Immerhin hatte sie recht; gegenüber Philippe von Frankreich mochte Vertrauen gut, Vorsicht aber noch besser sein.

In den nächsten Tagen trat die bevorstehende Rückkehr des französischen Königs in den Hintergrund vor der Aufregung, die Longchamps Verletzung des Asylrechts auslöste. Eine schnell einberufene Versammlung in der Kathedrale von Sankt Paul setzte ihn kurzerhand ab, und Longchamp blieb nichts anderes übrig, als Hals über Kopf, verkleidet als Frau, aus Dover über den Kanal zu fliehen. Doch bevor seine Feinde, allen voran John, der den Kanzler haßte, aus seinem Sturz Gewinn schlagen konnten, setzte Alienor augenblicklich einen neuen Kanzler ein, Walter de Coutances.

Ein Bote aus dem Heiligen Land brachte Alienor einen Brief ihres Sohnes, in dem er schrieb, er hoffe, nach Weihnachten innerhalb von zwanzig Tagen Jerusalem zurückzuerobern. Er hatte unterdessen auf dem Marsch von Akkon nach Jaffa nördlich von Arsuf seine erste offene Schlacht gegen Saladin gewonnen, was den Ruf der Unbezwingbarkeit des legendären Sultans schwer anschlug, besonders nach dem Fall von Akkon.

»Es war ein Kampf, der zur Legende werden wird, meine Königin«, schwor Richards Bote, als er ihr davon berichtete. »Der König marschierte immer entlang der Küste, weil so seine rechte Flanke durch das Meer und durch die Flotte, die uns begleitete, geschützt war. Gott sei gedankt für die Flotte! Saladin hatte nämlich alle Orte, in die wir kamen, vorher verwüsten lassen und die Felder verbrannt. Ohne die Schiffe hätten wir keine Gelegenheit gehabt, uns je auszuruhen und Lebensmittel zu beschaffen.« Der Mann wischte sich mit der Hand über die Stirn.

»Die Ungläubigen, möge der Teufel sie holen, beschossen uns fortwährend mit Pfeil und Bogen. Sie sind viel leichter bewaffnet als wir, müßt Ihr wissen, und zu Pferd deswegen ungeheuer schnell. Aber wir hatten Befehl vom König, dicht beieinander zu bleiben und uns nicht zu einem Ausfall reizen zu lassen.«

Alienor war bekannt, daß hier der große Unterschied zwischen der moslemischen und der christlichen Kriegsführung lag. Die christlichen Ritter waren in ihren Rüstungen zwar viel besser geschützt und so gut wie unangreifbar, dafür aber sehr schwerfällig, während die Stärke der Moslems nicht im Nahkampf, sondern in ihren Reiterangriffen und dem Fernbeschuß lag. »Wurde so nicht ein Teil des Heeres ständig Angriffen ausgesetzt?« fragte sie.

Der Bote schüttelte den Kopf. »Der König wechselte die Fußsoldaten, die auf der Landseite marschierten, ständig aus. Als wir den Wald von Arsuf hinter uns gelassen hatten, war der Pfeilregen so dicht, daß wir die Sonne nicht mehr sehen konnten. Die Hospitaliter, die in der Nachhut ritten, baten ständig um die Erlaubnis zum Gegenangriff, die der König ihnen verweigerte, weil er meinte, man müßte erst warten, bis Saladins Reiterei erschöpft sei. Ganz ehrlich, ich kann schon verstehen, warum dann schließlich doch zwei von den Hospitalitern losgaloppierten, wir fühlten uns alle wie Mäuse in der Falle, und es war so entsetzlich heiß.«

Die schrecklichen Erinnerungen waren noch jetzt auf seinem Gesicht abzulesen.

»Und dann?« fragte Alienor.

»Der Rest der Hospitaliter ritt hinterher, aber der Großteil unseres Heeres war natürlich nicht darauf gefaßt, denn der König hatte das Signal noch nicht gegeben. Dies war für Saladin der günstigste Moment, um uns zu zerstreuen, doch der König schloß sich sofort seinen Rittern an. Oh, Euer Gnaden, es war ein glorreicher Sieg, und wir, die wir den König kämpfen sahen, gaben ihm danach einen neuen Namen.«

Er hielt inne, nicht sicher, ob die Königin diesen Tribut als Lob oder als Respektlosigkeit auffassen würde. »Die Soldaten nennen ihn jetzt Cœur de Lion, meine Königin.«

Der Herrscher über Ägypten und Syrien, al-Malik al Nasir Salah ed-Din Yusuf, den die Franken Saladin nannten, war ein von Freund und Feind hochgeachteter Mann, der für den *Dschihad*, den heiligen Krieg gegen die Christen, die zerstrittene muslimische Welt geeinigt hatte, und seinem Gegner Richard I. von England, dem er jetzt gegenübersaß, eigentlich sehr ähnlich. Beide waren hervorragende Feldherren, beide waren Förderer der Dichtkunst in ihrem Land, und beide hielten mit unbeirrbarer Entschlossenheit an ihrem Ziel fest. Miteinander Verhandlungen zu führen, war für sie vor allem eine nützliche Art, den Gegner kennenzulernen und Zeit verstreichen zu lassen, bis ihre Armeen sich erholt hatten, mehr nicht.

Die Verhandlungen fanden in einem Zelt vor Jaffa statt, das in der Ebene nur zu dem Zweck aufgestellt worden war, die beiden Anführer und ihre Begleiter in sich aufzunehmen. Sie wären nie auf den Gedanken gekommen, sich gegenseitig eine Falle zu stellen oder sich gefangenzunehmen; das hätte den elementarsten Regeln sowohl der muslimischen Gastfreundschaft als auch der fränkischen Ritterlichkeit widersprochen. Saladin hatte die Ausstattung des Zeltes gestellt, und Richards Gefolge bewunderte heimlich die üppigen, weichen Teppiche und die kunstvoll geschmiedeten Damaszenerklingen, die Saladin als Gastgeschenk mitgebracht hatte. Richard war über die arabischen Sitten unterrichtet und hatte daran gedacht, sich ebenfalls mit Geschenken auszustatten.

Saladin trug den bei seinesgleichen üblichen schwarzen Bart, einen seidenen Turban und ein orangenes, weitärmliges Gewand. Er musterte den König von England. Sie hatten bereits einleitende Floskeln ausgetauscht, doch es war im Orient nicht üblich, sofort auf den Kernpunkt der Verhandlungen zu kommen.

»Wißt Ihr«, sagte Saladin langsam in der Sprache seines Feindes, die er ausgezeichnet beherrschte, »ich frage mich immer, was Euch Christen hierhertreibt, einmal abgesehen von Eurem Glauben. Ihr folgt Eurer Lehre und wir der unseren, doch wir führen den Dschihad in unserem Land, auf der Erde, die uns hervorgebracht hat. Ihr hingegen werdet regelmäßig in der Hitze krank, und überdies gefährdet Ihr durch Eure lange Abwesenheit Euer Eigentum, jeder von Euch, einfacher Soldat… oder König.«

Richard lächelte. Er verstand sehr wohl, was Saladin herausfinden wollte, und antwortete in ähnlichen philosophischen Formulierungen: »Außer unserem Glauben, mein Fürst, bringt uns wohl hierher, was alle Krieger zu allen Zeiten anzieht – Ehre, Ruhm, Beute… und heißt es nicht auch, in schwierigen Zeiten und unter schwierigen Voraussetzungen bewährt sich ein Mann? Wo könnte er sich besser bewähren als in der reinigenden Glut der Wüste?«

Saladin klatschte in die Hände, und einer seiner Leibwächter brachte ihm eine Schale mit Früchten, von denen er dem fränkischen König anbot; es war nicht nur eine Geste der Höflichkeit, sondern auch ein gezielter Hinweis darauf, daß das moslemische Heer unter keinerlei Versorgungsschwierigkeiten litt. Er ließ seinen Leibwächter vorkosten und beobachtete, wie Richard zwar erfreut, aber ohne jede verräterische Gier das erfrischende Obst zu sich nahm.

»Ja, die Wüste«, erwiderte Saladin nachdenklich, »sie bietet allerdings Reinigung, was sowohl mein als auch Euer Prophet in ihr suchten. Aber sie bietet auch Illusionen, trügerische Luftgebilde – vor allem für Fremde. Fremde sind besonders anfällig dafür, hier unerfüllbaren Träumen nachzujagen.«

»Glaubt Ihr das wirklich?« entgegnete Richard. »Als Ihr Euch daranmachtet, die zerstrittenen Emire der Moslems zu einigen, nannte man das damals nicht auch – ein trügerisches Luftgebilde?«

Saladin hob die dunklen Augenbrauen. »In der Tat. Manche Träume werden Wahrheit, wenn sich nur der richtige Mann findet, um sie durchzusetzen.«

Richards Begleiter begannen unruhig zu werden. Bis jetzt war noch kein einziges Wort zum Kriegsgeschehen gefallen, und sie verstanden dieses endlose Umherschweifen in Spekulationen nicht. Die Araber, die sich in Saladins Prunkzelt befanden, warfen ihnen spöttische Blicke zu. Fränkische Barbaren! Unterdessen verfolgten sie jedoch sehr interessiert das Gespräch ihres Herrschers mit dem Anführer der Franken, der anscheinend über den Verstand eines zivilisierten Menschen verfügte.

»Aber um seinem Traum nachzujagen«, versetzte Saladin

jetzt, »darf ein Mann in der Wüste kein schweres Gepäck mit sich führen. Es könnte sogar sein, daß er all sein Hab und Gut von sich werfen muß, um weitergehen zu können. Und was, mein Freund, wenn er dann feststellt, daß es sich dennoch nur um eine Illusion der Hitze gehandelt hat? Dann hätte er seinen Besitz und sich selbst verloren.«

Richard verschränkte die Arme. »Ich bin lange genug hier«, erwiderte er gedehnt, »um zu wissen, daß Eure Karawanenreisenden, wenn sie beispielsweise durch Ägypten ziehen, viele Freunde in Oasen haben, die ihnen helfen, Kamele, die ihre Last tragen – und vor allem einen treuen Verwalter, der in ihrer Abwesenheit auf die Güter seines Herrn achtet.«

Saladins Stimme sollte beiläufig klingen, als er erklärte: »Nun, ich kenne einen solchen Reisenden. Er hatte viele Feinde in seiner Heimat, unter anderem einen sehr nahen Verwandten, und sie alle warteten nur darauf, daß er seinen Besitz verließ. Überdies waren die Anführer seiner Karawane untereinander zerstritten.«

Richard beugte sich vor. »Auch ich kenne diesen Reisenden, und Ihr habt vergessen zu erwähnen, daß er neben den Feinden auch einen Verwalter besaß, dessen Treue und Klugheit weder von seinen Feinden noch von seinen Freunden übertroffen werden konnten.«

Interessiert fragte der Araber: »Ist das so? Ihr müßt wissen, ich hätte eigentlich geglaubt, daß solch ein Verwalter in dem Land, aus dem der Reisende kam, unmöglich sei. Wir, die wir über die Gläubigen herrschen, machen in der Regel Eunuchen zu unseren höchsten Wesiren und Beratern, denn sie können keine eigene Dynastie gründen. Ihr Franken jedoch…«

Richard nahm sich noch eine der wohlschmeckenden Früchte. »Wir haben zwar keine Eunuchen, aber Priester, die ebenfalls kein Bedürfnis nach dem Thron haben können, und unser gemeinsamer Freund, der Reisende, hat überdies einen besonderen Verwalter durch das Blut an ihn gebunden, keinen Priester, keinen Mann, und doch fähig, sowohl Priester als auch Männer in Schach zu halten.«

Saladin hüstelte. »Ich glaube, ich habe auch schon von diesem Verwalter gehört – sehr viel gehört.« Der Takt verbot ihm, mehr zu sagen.

Wenn die Mutter seines Gegenübers dem christlichen Maßstab für Frauen nicht entsprach, so stellte sie für einen Moslem geradezu die Verletzung aller ethischen Normen dar. Der Koran legte fest, daß Frauen – im Unterschied etwa zu Kamelen – keine Seelen besaßen, und wenn sich eine Frau erdreistete, wie ein Mann zu herrschen, war dies wider alle Natur und Gesetze.

Dennoch war Saladin in der Lage, das Außergewöhnliche zu würdigen, und so fuhr er fort: »Gut, angenommen es ist so, wie Ihr sagt, und der Verwalter unseres Reisenden hütet sorgfältig sein Eigentum, solange die Karawane unterwegs ist – schließt das aus, daß der Reisende auf seinem Weg umkommt? Niemand sollte sich allzu sicher sein. Ich selbst habe einmal meinen beiden Leibwächtern vertraut wie meinen eigenen Söhnen und habe etwas erlebt, was mich einmal mehr daran erinnert hat, daß man als Herrscher niemandem trauen darf – und den Tod immer gewärtigen muß.«

Er klatschte abermals in die Hände, und ein ganz in Weiß gekleideter Neger kniete vor ihm nieder und bot auf seinen riesigen schwarzen Händen einen goldenen, kugelförmigen Behälter dar. Saladin nahm ihn und klappte den Deckel zurück. Richard erblickte eine weiße, pulverartige Substanz.

»Wir nennen es Haschisch«, erläuterte Saladin mit ausdruckslosem Gesicht. »Es war sehr schwer zu bekommen, denn es gibt in meinem Hoheitsgebiet einen Mann, den man als den Fürst allen Haschischs bezeichnen könnte. Er erhebt außerdem den unverschämten Anspruch, ein Imam zu sein, und ich habe schon einmal einen Feldzug gegen ihn geführt, um sein Nest in den Bergen zu finden und auszuräuchern. Zur Zeit allerdings«, er verzog den Mund, »halten mich… nun, sagen wir, wichtigere Geschäfte davon ab, ihm zu Leibe zu rücken.«

»War es dieser Mann, der Euch den Tod vor Augen geführt hat?« erkundigte sich Richard trocken.

»So ist es. Mit Hilfe seines Haschischs und einiger anderer Annehmlichkeiten macht er sich junge Leute gefügig, die zu seinen bedingungslosen Anhängern werden und auf sein Geheiß jeden Menschen umbringen, den er bestimmt. Ihr werdet verstehen, daß ich so etwas nicht dulden kann. Doch noch während meines Feldzugs gegen ihn schickte er mir eine Botschaft, die… mehr als eindrucksvoll war. Sein Bote wurde natürlich bis auf die nackte Haut ausgekleidet und untersucht, doch er trug keine Waffe bei sich. Ich ließ ihn zu mir führen, doch er sagte, er könne nur mir allein die Botschaft ausrichten. Ich entließ meinen Hofstaat, bis auf meine Leibwächter, versteht sich. Daraufhin fragte der Bote meine Leibwächter: ›Wenn mein Herr Euch befehlen würde, Saladin zu töten, würdet Ihr es tun?‹ Und diese beiden Bastarde, die ich wie mein eigen Fleisch und Blut behandelte, zogen ihre Schwerter und riefen: ›Verfüge über uns!‹ Der Bote sagte: ›Dies ist die Botschaft meines Herrn‹, drehte sich um und verließ mit meinen beiden Leibwächtern mein Lager. Ihr könnt mir glauben, das war eines der wenigen Male, wo ich sprachlos war. Seitdem befinden wir uns in einem Waffenstillstand, aber wenn mir der Dschihad wieder etwas Zeit läßt, werde ich den Alten vom Berge mitsamt seinen Jüngern ausrotten.«

Saladin schwieg einen Moment. »Wie Ihr seht – selbst die Mächtigsten der Mächtigen sind nicht sicher.« Seinem Tonfall nach konnte das eine Drohung, eine Warnung oder einfach nur eine Erzählung zur moralischen Erbauung sein.

Richard schaute ihm direkt in die Augen. »Aber ist denn nicht gerade die Gefahr das, was unser Leben mehr als eine stumpfsinnige Aneinanderreihung von Tagen sein läßt?«

Das Gelächter des Sultans, tief und durchdringend, erfüllte das Zelt, und in seiner Stimme lag fast so etwas wie echte Sympathie, als er antwortete: »Bei dem Propheten, die Geschichten, die man sich über Euch erzählt, lügen nicht, mein Freund. Ihr habt natürlich vollkommen recht. Das Leben ist nur lebenswert, wenn man immer bereit ist, dem Tod ins Auge zu blicken. Doch fürchte ich, wenn Ihr weiter auf Eurem Kreuzzug beharrt, werdet Ihr nicht mehr sehr lange in der Lage sein, von diesem Kelch des Lebens zu kosten.«

Die Atmosphäre hatte sich verändert; jeder spürte, daß es nun um die unverhüllten Tatsachen gehen würde. Richard räusperte sich. »Was unseren Kreuzzug und Euren Dschihad betrifft, so steht viel mehr auf dem Spiel als nur mein Leben. Die Moslems und die Franken bluten sich gegenseitig aus, das Land ist völlig ruiniert, und Güter und Leben wurden auf beiden Seiten geopfert. Die Zeit ist gekommen, damit aufzuhören.«

Er schöpfte kurz Luft. »Die strittigen Punkte sind Jerusalem, das Kreuz und das Land. Jerusalem ist für uns eine Heilige Stätte, die wir nicht aufgeben können, selbst wenn nur einer von uns übrig wäre. Das Land von hier bis jenseits des Jordan muß uns überantwortet werden. Das Kreuz, welches für Euch nur ein Stück Holz ohne Wert ist, ist für uns von Bedeutung. Wenn Ihr es zurückgebt, könnten wir Frieden schließen und von diesen endlosen Mühen ausruhen.«

Saladin strich sich geistesabwesend über den Bart. Sein Tonfall blieb ohne jede Feindseligkeit, doch unnachgiebig, als er erwiderte: »Jerusalem ist ebenso unser wie Euer. In der Tat ist es uns sogar noch heiliger als Euch, denn es ist der Ort, von welchem aus unser Prophet zum Himmel fuhr, und der Ort, wo unsere Gemeinde sich versammeln wird am Tag des

Jüngsten Gerichts. Glaubt nicht, daß wir darauf verzichten können. Das Land war überdies ursprünglich unser, während Ihr Eindringlinge seid und nur infolge der Schwäche der zu jener Zeit hier lebenden Moslems imstande wart, es zu erobern. Was das Kreuz betrifft, so betrachten wir es als gutes Pfand in unserer Hand und können es nicht herausgeben außer im Austausch gegen einen Gegenstand, der für uns von vergleichbarer Bedeutung ist.«

Richard blickte auf die verschlungenen Muster des Teppichs, dessen Farben selbst die Zeit offenbar nichts hatte anhaben können. »Offensichtlich zählt Ihr das Leben Eurer Glaubensgenossen nicht dazu«, bemerkte er gelassen.

Saladin lachte. »Ich muß zugeben, ich hätte von Euch nicht gedacht, daß Ihr die dreitausend Gefangenen von Akkon einfach hinrichten laßt, weil ich Eure Bedingungen nicht erfüllte. Wo bleibt da Eure christliche Nächstenliebe?«

»Bei den Tatsachen«, antwortete Richard. »Ihr habt erstens den Vertrag gebrochen, den ich mit der Garnison von Akkon ausgehandelt hatte, zweitens versucht, mich mit ewig langen Verhandlungen in Akkon festzuhalten, und drittens war es wohl kein Zufall, daß Euer Unterhändler die Bemerkung fallen ließ, wenn ich mich nicht Euren Bedingungen beugte, würdet Ihr sämtliche christlichen Gefangenen hinrichten lassen.«

Saladin neigte den Kopf. Richards Geste war zwar brutal, aber erfolgreich gewesen, denn jetzt kannte er die ganze Härte und Rücksichtslosigkeit, deren der Franke fähig war, und wußte, daß er keine leeren Drohungen aussprach. Außerdem war Saladin als Feldherrn klar, daß Richard mit dem Tod der dreitausend muslimischen Gefangenen auch das Problem ihrer Bewachung losgeworden war und sein Heer damit frei zur Verfügung hatte. Frei, um nach Jaffa zu marschieren. Allah verdamme ihn.

»Ihr wißt selbstverständlich, daß ich Askalon zerstören

werde, bevor Ihr dort einziehen könnt – und was Jerusalem angeht, im Landesinneren habt Ihr nicht mehr Eure Flotte, die Euch schützt.«

»Dennoch werde ich beides erobern, mein Fürst.« Saladin lächelte. »Es scheint, daß einige von Euren fränkischen Hauptleuten daran zweifeln und es vorziehen, am Meer zu bleiben, sehe ich das richtig? Jedenfalls macht der Franke Konrad von Montferrat nicht den Eindruck, als wolle er wieder zu Euch stoßen, und besteht darauf, daß ich gesondert mit ihm verhandele, da er nicht von Euch vertreten zu werden wünscht.«

Richard gab sich ungetroffen. »Konrad von Montferrat ist ein ehrgeiziger Emporkömmling«, sagte er, »und wenn Ihr über unsere Zwistigkeiten unterrichtet seid, so bin ich es über Eure Verhandlungen mit Konrad. Er hat von Euch nicht weniger als Beirut und Sidon verlangt, als Entgelt dafür, daß er mit mir bricht, nicht wahr?«

Saladin rückte ein wenig näher. »So ist es. Aber da er bereits mit Euch gebrochen hat, gibt es keinen Grund, zwei bedeutende Städte zu verschleudern, die ich einige Jahre später mühsam wiedererobern müßte. Um Beirut und Sidon von mir zu erhalten, erwarte ich schon mehr von ihm.«

Richard verschränkte die Arme. »Er müßte schon gegen mich kämpfen, oder? Aber das wird er nicht.«

»Richtig«, sagte Saladin beifällig. »Es ist schade, daß Ihr nur ein fränkischer Giaur seid, mein Freund. Was für eine Verschwendung. Ich würde Euch zu meinem obersten Heerführer machen und Euch mehr als alle meine Emire ehren, wenn Ihr Euch bekehren würdet.«

»An dem Tag, an dem Ihr die Taufe empfangt«, entgegnete Richard, und beide lachten.

John sah zufrieden zu, wie seine Männer in Southampton mehrere Schiffe ausrüsteten. Er war in England trotz seines

Eides ohne größere Skrupel an Land gegangen. Den Bastard Ralph festnehmen zu lassen war eine Sache, aber einen Plantagenet-Prinzen in Ketten zu legen, besonders nach Longchamps Sturz, würde sich der jetzige Kanzler zweimal überlegen.

Was für ein Narr Richard doch war. Was für ein blutiger Narresnarr, so bald nach seiner Krönung auf seinen albernen Kreuzzug zu gehen. John hatte bereits eine Botschaft von dem zum Weihnachtsfest eingetroffenen Philippe erhalten, und er wußte genau, was ihn dort erwartete. Philippe hatte sich keine Zeit gelassen und schon im Januar das Vexin, Alais und die Festung Gisors zurückgefordert, entgegen des in Messina mit Richard geschlossenen Vertrags. Doch Alienors Seneschall hatte sich strikt geweigert, ihm die Festung zu übergeben, und da sie gut gerüstet war, mußte Philippe vorerst abziehen – und hatte an John geschrieben.

John glaubte, daß Richard mit Hilfe des französischen Königs sich sein Königreich zu eigen gemacht hatte. Nun, das ließ sich wiederholen. Doch seine angenehmen Träumereien wurden von einem seiner Männer unterbrochen, der ihm bestürzt und aufgeregt meldete, die Königin sei hier und wünsche ihn zu sprechen.

»Hier, in Southampton? Aber sie ist doch in der Normandie!« stieß John hervor und schalt sich gleich darauf einen Toren. Sie konnte den Kanal jederzeit überqueren, hatte so gute Spione wie nur irgendwer und würde ganz bestimmt nicht tatenlos zusehen, wie er sich daranmachte, Richard die Krone zu nehmen.

Alienor war in die dicken, pelzbesetzten Kleider vermummt, die eine Überfahrt mitten im Winter nötig machte, doch sie hätte ebensogut im vollen Staatsgewand vor ihm stehen können, so autoritär klang ihre Stimme. »Also, mein Sohn«, sagte sie kühl, »um uns gleich Vorwürfe und ähnliches zu ersparen, fordere ich dich auf, sofort auf das Festland zurückzukehren – ohne Flotte, Soldaten oder ähnlichem, versteht sich.«

»Und warum«, fragte John gedehnt, »sollte ich das wohl tun, Euer Gnaden?«

Alienor lächelte. »Weil ich sonst deine sämtlichen Güter in der Normandie an Richards Barone verteilen werde. Du kannst dich entscheiden – entweder England, wo du keine Burgen hast, oder deine Grafschaft in der Normandie.«

John starrte sie an. Sein Gesicht war undurchdringlich, nur die Augen verrieten etwas von dem glühenden Zorn, der in ihm tobte.

»Es wäre besser, du hörtest auf mich«, sagte seine Mutter gelassen. »Philippe ist, wie du erkannt haben solltest, als Verbündeter nicht unbedingt zuverlässig. Und ich bezweifle sehr, daß er seine Edlen dazu bekommt, ihn bei einem Feldzug gegen einen abwesenden Kreuzfahrer zu unterstützen, der derzeit im Blickpunkt aller Gläubigen steht. Hast du schon einmal an Richards Rückkehr gedacht und was er dann mit seinen Feinden machen wird?«

John würgte mühsam eine Antwort hinunter. Es stimmte: Richard mochte ein Narr sein, aber doch kein so großer Narr, daß er ihm den Gefallen tat, bis in alle Ewigkeit im Orient zu bleiben. »Gut«, entgegnete er langsam. »Ich werde mich auf meine Grafschaft in der Normandie zurückziehen.«

Alienor nickte. Sie war entschlossen, das Reich nun von England aus zu regieren. Der Loyalität der Vasallen auf dem Festland konnte sie größtenteils sicher sein; überdies mochte die Tatsache, daß es als ein Sakrileg galt, sich an Hab und Gut eines Kreuzfahrers zu vergreifen, möglicherweise doch ihren Wert haben. Alienor machte sich daran, auch die englischen Grafschaften zu bereisen und die dortigen Burgen weiter befestigen zu lassen. Sie besuchte die mächtigsten Barone des Landes, Windsor, Oxford, London und Winchester, und ließ sie noch einmal den Treueid leisten. Ihre Anwesenheit trug viel dazu bei, die Gerüchte zu zerstreuen, die nun über den König umgingen, beispielsweise, daß er vorhabe, im Heiligen Land zu bleiben und selbst die Krone von Jerusalem zu nehmen.

Philippe mußte erfahren, daß seine Adligen weniger als entzückt von der Aussicht waren, nach einer Invasion der Normandie, wie Philippe sie vorschlug, einem rachsüchtigen Richard von England gegenüberzustehen und möglicherweise vom Heiligen Stuhl exkommuniziert zu werden... Der einzige von Richards Vasallen, welcher sich zum Aufstand treiben ließ, war – wie nicht anders zu erwarten – der Graf von Toulouse. Indessen hatten sowohl Philippe wie auch der Graf vergessen, daß Richards Heirat ihm Verbündete in unmittelbarer Nähe von Toulouse verschafft hatte. Sancho von Navarra schlug den Aufstand mit einer beleidigenden Leichtigkeit nieder. Das Reich der Plantagenets hatte sich als sicher erwiesen.

Dennoch war Alienor weiterhin auf der Hut. Sie wußte nur allzu gut, daß weder Philippe noch John je nachgeben würden. John... Sie war es leid, ihre Kinder gegeneinander kämpfen zu sehen. »Was haben wir nur getan, Henry?« murmelte sie in der Einsamkeit ihrer Kammer.

Sie vermißte ihn in diesen Tagen mit einer bestürzenden Intensität. Ihr ganzes Leben lang hatte sie Vergnügen an dem Kampf um die Macht gefunden, doch nun war sie es müde, so müde, und sie wünschte sich nur noch ein friedliches, geeintes Land – ohne streitsüchtige, machthungrige Söhne, die übereinander herfielen. Doch ihre Erfahrung sagte ihr, daß es unmöglich war. Es schien, daß in diesem Jahr noch ihr nächster großer Kampf beginnen sollte.

Philippe glaubte also, er könnte in Richards Abwesenheit sein gewohntes Spiel treiben, die Plantagenets gegeneinander aufwiegeln und sich dabei soviel Land wie nur möglich aneignen? Er würde sich wundern!

Während die Menschen von Richards Eroberung Askalons und seinem Vordringen nach Jerusalem sprachen, versuchte Alienor sich mit dem Ausbau der Handelswege abzulenken.

»Die Verbindung zum Orient«, sagte sie zu Walter de Coutances, »muß sich doch noch für anderes als den Austausch von Botschaften ausnützen lassen.«

Der Erzbischof von Rouen war ein guter Mann, wenn auch nicht unbedingt der gewitzteste. »Wie meint Ihr das«, fragte er irritiert, »wir können doch unmöglich mit den Moslems Handel treiben?«

»Nein«, erwiderte Alienor schmunzelnd, »aber mit Zypern und mit Pisa und Genua, die Richard ihre Schiffe zur Verfügung stellen. Sie ziehen sehr viel Gewinn daraus, also könnten sie uns eigentlich günstige Bedingungen einräumen. Wir brauchen Geld, wenn sich Philippe wieder etwas Neues einfallen läßt. Übrigens«, fügte sie hinzu, »würde ich an Eurer Stelle über den Handel zwischen Moslems und Christen im Heiligen Land nicht so sicher sein. Wozu hat Richard die Küstenstädte erobert?«

Der Erzbischof bekreuzigte sich insgeheim und meinte, daß es auch nur die Königin fertigbrachte, eine Pilgerfahrt mit Handelsvorteilen in Beziehung zu bringen. Der Rest der Bevölkerung vernahm mit Enttäuschung, daß Richard kurz vor Jerusalem hatte umkehren müssen, da die Versorgung nicht gesichert war und Saladin alle Quellen in der Umgebung entweder trockengelegt oder verseucht hatte, dies mitten im Sommer. Alienor war eher erleichtert. Sie wollte Richard wieder in England sehen.

Im August erhielt Alienor Besuch von ihrer Tochter Marie. Maries ältester Sohn, Henri de Champagne, hatte Richard begleitet, so daß sie viele Gründe hatte, nach England zu kommen. In Frankreich trafen derzeit nur spärlich Nachrichten über den Kreuzzug ein. »Philippe hat etwas gegen Neuigkeiten aus dem Heiligen Land«, erzählte Marie spöttisch, »weil die Leute immer noch sagen, er hätte Richard gegen die Ungläubigen im Stich gelassen.«

»Ich beantworte gerade einen neuen Beschwerdebrief von ihm über Alais und das Vexin.« Alienor dehnte sich. »Briefe an Philippe zu schreiben, hält mich jung. Ich kann sonst niemandem so überhebliche Antworten schicken.«

Marie legte voll Zuneigung ihre Hand auf die ihrer Mutter. »Ich glaube, Ihr seid die einzige, die mit Philippe fertig werden kann. Er ist ebenso mein Bruder wie Richard, aber Gott möge mir verzeihen, ich vergesse es immer öfter.«

»Ja, er hat rein gar nichts von seinem Vater«, sagte Alienor, »was für sein Königreich nicht schlecht sein mag.«

Marie sah sie fragend an, und Alienor zwinkerte ihr zu.

»Liebes, du mußt doch in den letzten vierzig Jahren gemerkt haben, daß alles, was auf einem Thron sitzt, so rücksichtslos wie möglich sein muß, um am Leben zu bleiben. Und Louis war der rücksichtsvollste Mensch, der mir je begegnet ist.«

Marie war achtundvierzig Jahre alt, doch sie hatte noch nie gewagt, mit ihrer Mutter über Louis zu sprechen.

»Habt Ihr meinen Vater eigentlich je geliebt?«

Alienor faltete ihren Brief methodisch zusammen, dann schaute sie auf ihre älteste Tochter. »Das ist eine schwierige Frage. Ich hatte ihn sehr gern, wenn er mich auch manchmal in seiner ewigen Güte zur Raserei trieb. Vielleicht habe ich ihn auch in gewisser Weise geliebt, aber nicht wie eine Frau einen Mann liebt, eher wie eine Mutter ihr Kind. Ich kann dir nur sagen, daß ich fünfzehn Jahre lang mit einem sehr guten Mann verheiratet war und achtunddreißig Jahre mit seinem genauen Gegenteil, und trotzdem kommen mir diese achtunddreißig Jahre sehr viel kürzer vor, denn in den Jahren mit Louis habe ich mich viel zu oft gelangweilt.«

Marie schwieg. Sie war nahe daran, auch nach Henry zu fragen, doch Alienor wechselte vorsorglich das Thema.

»Aber sprechen wir nicht von der Vergangenheit, sondern von der Zukunft. Du kannst sehr stolz auf deinen Sohn sein, Marie.«

»Ich habe gar nicht richtig begriffen, wie alles gekommen ist«, sagte Marie mit einem schwachen Lächeln, »wie ich Euch schon erzählte, die Nachrichten in Frankreich fließen sehr spärlich.«

Alienor stand auf, und sie verließen beide das Gemach, um in den Schloßgarten zu gehen. Dabei begann die Königin ihre Erzählung: »Du weißt vielleicht, daß sich Konrad von Montferrat und Guy de Lusignan um die Königswürde von Jerusalem stritten, ungeachtet der Tatsache, daß Jerusalem nach wie vor in Saladins Händen liegt. Richard entschied schließlich, dem Streit ein Ende zu machen; außerdem brauchte er Montferrats Truppen. Er rief seine Hauptleute zusammen, um abzustimmen, wer König von Jerusalem werden sollte, und sie stimmten für Konrad von Montferrat, weil sie nicht glaubten, daß Guy sich gegen ihn durchsetzen könnte.«

»Und Guy de Lusignan?« fragte Marie. »Die Lusignans haben doch noch nie freiwillig ein Gebiet abgegeben.«

»Vielleicht half ihm die unbedeutende Kleinigkeit, daß er es gar nicht mehr hatte«, entgegnete Alienor ironisch. »Außerdem übertrug ihm Richard Zypern als Lehen, was wirklich eine großzügige Entschädigung für ein von Saladin besetztes Königreich ist.«

Marie nickte zustimmend. »Aber wie kam nun Henri ins Spiel?«

»Nun, dein Sohn sollte Konrad die frohe Kunde schonend beibringen, er saß ja schmollend in Tyrus und weigerte sich, mit Richard zu sprechen. Das tat er auch, doch kaum war Henri wieder abgereist, da wurde Konrad von zwei Meuchelmördern umgebracht – Moslems, die ein Mann geschickt hatte, den sie dort ›der Alte vom Berge‹ nennen. Richard hat versprochen, mir in seinem nächsten Brief ausführlich über ihn zu berichten. Wie auch immer, Jerusalem war wieder einmal ohne König, denn Guy de Lusignan hatte offiziell darauf verzichtet. Konrad von Montferrats Anspruch gründete sich allerdings hauptsächlich auf seine Ehe mit Isabella von Jerusalem.«

»Worauf Richard anordnete, daß Henri sie heiraten sollte«, vollendete Marie.

»So ist es«, sagte ihre Mutter, »und damit kann sich dein Sohn jetzt König von Jerusalem nennen.«

Auf Maries Stirn standen zwei feine Falten. »Diese Ermordung kommt mir seltsam vor.«

Alienor verzog den Mund. »Sie hat auch dementsprechend viel Gerede verursacht. Man hat behauptet, daß Saladin diesen Alten vom Berge bestochen haben könnte, Konrad und Richard ermorden zu lassen, damit er sie beide los wäre, der Alte jedoch nur Konrad seine Mörder auf den Hals schickte, weil er wußte, daß Saladin sonst die Hände frei hätte, um sich gegen ihn zu wenden. Du mußt wissen, Saladin und der Alte haben schon mehrmals gegeneinander gekämpft. Aber Richard schreibt, Saladin würde sich nie dazu herablassen, Meuchelmörder zu dingen, dazu sei er viel zu stolz. Ein Teil der Gerüchte beschuldigt natürlich Richard selbst, was Unsinn ist, und andere behaupten, es sei ein Racheakt von Guy de Lusignan oder Humphrey von Toron, Isabellas erstem Gemahl, gewesen.«

»Wir werden es wohl nie erfahren«, sagte Marie nüchtern. Sie hängte sich bei ihrer Mutter ein. »Ein Glück, daß Philippe nicht lange genug im Lande war, um sich mit dem Alten vom Berge zu verbrüdern.«

»Ja«, bemerkte Alienor, »es müssen Zwillingsseelen sein.«

In diesem Sommer häuften sich die beunruhigenden Nachrichten. Der nächste Schachzug des Königs von Frankreich war, sich mit Heinrich von Hohenstaufen zu verbünden, der gerade dabei war, seinen zweiten Feldzug gegen Sizilien zu planen. Sein erster Angriff hatte für ihn sehr schlecht geendet; seine Gemahlin Constance war in die Hände Tankreds gefallen, der sie als Geisel hielt. Alienor war von schlechten Vorahnungen erfüllt, wenn sie daran dachte, was dieses Bündnis wohl bezwecken mochte. Immerhin hatte Kaiser Heinrich bei seinen sizilianischen Plänen wenigstens keine Zeit, Philippe bei einem eventuellen Angriff in der Normandie militärische Hilfe zu leisten.

Im August versuchte Saladin noch einmal, Jaffa zurückzuerobern, mit der Absicht, den von Richard beherrschten Küstenstreifen an der entscheidenden Stelle zu teilen. Doch Richard schlug den Überraschungsangriff zurück, obwohl er wie viele seiner Soldaten bei der Attacke keine Zeit hatte, seine volle Rüstung anzulegen, und ohne Beinschienen kämpfte. Mit zehn Rittern führte er zu Pferde seinen Gegenangriff.

Doch kurz nach diesem Sieg wurde er schwer krank, und nahm daher wieder seine Verhandlungen mit Saladin auf. Der Erschöpfung auf beiden Seiten nachgebend, einigten sie sich darauf, einen dreijährigen Waffenstillstand zu schließen. Die Küste von Tyrus bis Jaffa wurde als christliches Gebiet anerkannt, Jerusalem selbst durfte von Pilgern, sofern sie ohne Waffen kamen, besucht werden. Saladin bot Richard persönliches Geleit für einen Besuch der Heiligen Stätten, aber Richard lehnte ab. Er hatte geschworen, Jerusalem nur zu betreten, wenn er es erobert hatte. Doch eine noch längere Abwesenheit von seinem Königreich konnte er nicht verantworten. So entschied er sich, den Kreuzzug zu beenden.

Die Vorbereitungen für seine Rückkehr erwiesen sich als unerwartet schwierig. Heinrich von Hohenstaufen hatte mit den Genuesern und Pisanern einen Vertrag geschlossen, der sie verpflichtete, ihm alle seine Feinde auszuliefern.

Der Weg über einen norditalienischen Hafen fiel also aus, ebenso über einen südfranzösischen, denn alle Häfen dort gehörten zu dem Gebiet des rachsüchtigen Grafen von Toulouse. Die Straße von Gibraltar zu durchqueren kam auch nicht in Frage, da beide Ufer unter moslemischer Oberherrschaft standen. Der nicht-toulousanische Teil der französischen Küste fiel unter Philippes Herrschaft, und das Rheinland, das Richard durchqueren mußte, wollte er größtenteils den Landweg nehmen, unterstand selbstverständlich dem Staufer. Am Ende entschied er sich, als einfacher Pilger verkleidet zu reisen.

Alienor wartete den ganzen Herbst auf Nachricht von ihrem Sohn. Joanna und Berengaria waren schon längst in relativer Sicherheit in Rom und die meisten normannischen und angelsächsischen Pilgerfahrer zurückgekehrt, aber es gab noch immer keine Spur von Richard. Sie setzte einen hohen Lohn für denjenigen aus, der ihr als erstes von Richards Rückkehr berichten konnte, und es war einer der Spione, den sie mit Maries Hilfe am französischen Hof eingeschmuggelt hatte, der kurz nach Weihnachten zu ihr kam, um sich diese Belohnung zu verdienen.

Es handelte sich um einen kleinen Mann mit wieselflinken Augen, der ihre Verbindung zu Philippes Schreiber, welcher in Alienors Sold stand, unterhielt. »Was gibt es Neues?« fragte Alienor ungeduldig. Sie war natürlich immer an Philippes Plänen interessiert, doch im Augenblick lag ihr mehr daran zu erfahren, wo in Europa Richard sich aufhielt. Nach allem, was sie wußte, konnte er in einem Sturm ertrunken, von Räubern erschlagen oder von einer Lawine verschüttet worden sein.

»Wieviel«, fragte ihr Spion lauernd, »ist meiner Königin die Abschrift eines Briefes von Kaiser Heinrich VI. an König Philippe wert?«

»Den üblichen Preis«, sagte Alienor kühl, »zuzüglich der Tatsache, daß ich Euren Herrn nicht enttarne, wie ich es leicht könnte, wenn er zu gierig wird. Schließlich gibt es noch andere Leute am französischen Hof, die mir Nachrichten liefern.«

Der Mann ließ sich nicht beirren. »Nicht diese Nachricht. Sie ist erst am achtundzwanzigsten Dezember bei König Philippe eingetroffen, und ich habe mich sofort auf den Weg über den Kanal gemacht.«

Er wartete einen Moment und fügte dann mit dramatischer Geste hinzu: »Sie betrifft König Richard!« Er hatte gehofft, daß die Königin auffahren würde, doch sie blieb völlig beherrscht. Lediglich in ihren Augen glaubte er ein kleines Aufblitzen erkennen zu können.

»Guter Mann«, sagte sie herablassend, »was meint Ihr, wie viele Geschichtenerzähler in diesen Tagen auftauchen und behaupten, von meinem Sohn zu wissen? Ich hätte mehr von Euch erwartet.«

»Aber es ist wahr«, beteuerte er gekränkt, »Euch wird kein Preis zu hoch sein, Euer Gnaden, wenn Ihr den Brief erst gesehen habt.«

»Dann laßt ihn mich erst sehen«, sagte Alienor kalt. »Ich zahle nicht für unbekannte Ware. Wenn er Eure Forderungen wert ist, werdet Ihr und Euer Herr entsprechend belohnt werden.«

Der Spion lieferte ihr resigniert die Abschrift des Briefes aus und dachte erbost, daß alles, was er über diese Frau gehört hatte, richtig war. Nur eine herzlose Teufelin brachte es fertig, so kaltblütig über das Schicksal ihres Sohnes zu verhandeln.

Alienor las. Sie blieb reglos, nur die Fingernägel gruben sich unwillkürlich in ihre Handballen. Dann stand sie jählings auf und sagte: »Es ist gut. Ich werde Euch das Doppelte bezahlen, und wenn Ihr mir mehr von Philippes Plänen liefert, werde ich Euch wiederum entsprechend belohnen. Geht jetzt.«

Als der Spion sich entfernt hatte, rief sie nach einem Diener und befahl, sofort den Kanzler zu ihr zu holen. Der Erzbischof von Rouen hatte sich bereits zu Bett gelegt und traf, höchst unzureichend gekleidet und ein wenig ungnädig über die späte Störung, bei der Königin ein. Er sah sie aufrecht neben dem Feuer stehen und fragte sich unwillkürlich, ob sie denn niemals müde wurde. Es war etwas Unnatürliches dabei; in ihrem Alter waren die meisten Leute tot oder schwachsinnig.

Sie drückte ihm ohne ein Wort den Brief in die Hand. »Lest«, sagte sie knapp.

Der Kanzler überflog hastig die formelle Einleitung und erstarrte, als er an den Kern des Schreibens kam.

»Es ist Uns daran gelegen, Euer Hoheit durch den vorliegenden Brief davon in Kenntnis zu setzen, daß zu der Zeit, als der Feind Unseres Kaiserreiches und der Unruhestifter Eures Königreiches, Richard, König von England, über das Meer fuhr, um in sein Land zurückzukehren, sein Schiff scheiterte und widrige Winde ihn nach Istrien trieben... Da die Straßen gebührend überwacht und überall Posten aufgestellt waren, hat sich Unser lieber wohllöblicher Vetter Leopold, Herzog von Österreich, der Person des genannten Königs bemächtigt, und zwar traf er ihn in einer bescheidenen Bauernhütte in der Nähe von Wien...«

Der Erzbischof schnappte nach Luft und ließ sich schwer auf einen Schemel sinken. »O mein Gott!«

»Euch ist klar, was das bedeutet?« fragte die Königin scharf. Sie brauchte seine Mitarbeit, keine Beteuerungen seiner Fassungslosigkeit oder seines Mitleids. »Erstens«, zählte sie auf, »müssen wir sofort Männer losschicken, um herauszufinden, wo Richard gefangengehalten wird. Zweitens müssen wir mit Heinrich und Leopold in Verhandlungen treten, um zu erfahren, was sie für seine Freilassung verlangen, und drittens... was glaubt Ihr wohl, was Philippe jetzt tut?«

Walter de Coutances begriff schnell. »John!« stieß er hervor.

Alienor nickte. »Ich wette, daß er bereits auf dem Weg nach Paris ist. Philippe wird ihn sofort benachrichtigt haben. Wir müssen schleunigst ein Heer zur Verteidigung der Kanalküste zusammenstellen.«

»Dem Herrn sei Dank, daß wenigstens ein Teil der Kreuzfahrer wieder hier ist«, murmelte der Erzbischof. Dann dachte er wieder an den ungeheuerlichen Brief.

»Es ist Sakrileg«, sagte er, als nütze das irgend etwas, »einen Pilger gefangenzunehmen.«

Alienor entgegnete verächtlich: »Erklärt das Leopold von Österreich und Heinrich von Hohenstaufen! Oh, ich werde an Euren Papst schreiben, aber glaubt Ihr im Ernst, daß er den Kaiser des Heiligen Römischen Reiches exkommunizieren wird, wo doch seine Vorgänger schon Schwierigkeiten genug mit Heinrichs Vater Friedrich hatten?«

Walter de Coutances stöhnte. »Dies irae! Es ist eine Katastrophe.«

»Es ist vor allem höchste Zeit zu handeln.«

Der Erzbischof nahm sich zusammen und besprach mit Alienor die nächsten Schritte, die sie unternehmen würden. Als er sich bei Morgengrauen von ihr verabschiedete, blickte er nochmals auf die einsame, schmale Gestalt der Königin zurück. Sie hielt wieder die Abschrift von Heinrichs Brief in der Hand, doch ihre ganze Körperhaltung drückte ungebrochene Lebenskraft aus, und ihr Kinn war herausfordernd gehoben. Alienor von Aquitanien hatte begonnen, mit dem Kaiser des Heiligen Römischen Reiches, dem König von Frankreich und ihrem eigenen Sohn um Richards Freilassung zu kämpfen.

»Also«, sagte Philippe, »wir verstehen uns?«

John nickte. Er war im Eilmarsch nach Paris gekommen. »Ich werde meine Ehe mit Avisa annullieren lassen und Alais heiraten; und Ihr bekommt das Vexin einschließlich des normannischen Teils und der Festung Gisors.« Er lehnte sich in dem bequemen Sessel zurück.

Sie sprachen in Philippes Privatgemach, und der König von Frankreich hatte Sorge getragen, daß so wenig Menschen wie möglich von Johns Anwesenheit an seinem Hof erfuhren. Noch sollte sein Bündnis mit John geheim bleiben.

»Jetzt zählt allein Schnelligkeit«, sagte John. »Bevor der Kaiser Richards Gefangennahme öffentlich bekanntgibt, und er wird es tun, um an sein Lösegeld zu kommen, müssen wir unseren Vorteil ausnützen. Niemand weiß, ob er lebt oder tot ist. Ich werde mich unter Berufung auf Richards Tod zum König ausrufen lassen. Das Volk glaubt doch, was es glauben soll.«

»Aber die Barone wohl nicht, jedenfalls zum Teil, und wie steht es mit Eurer Mutter, der Königin?«

Johns Miene war ausdruckslos. »Ich werde mit ihr fertig. Natürlich wird sich die Geschichte von Richards Tod nicht ewig halten lassen, aber die Hauptsache ist, daß meine Invasion in England gelingt, bevor der Kaiser seine Forderungen gestellt hat. Könnt Ihr ihn so lange zurückhalten?« Der König von Frankreich zuckte die Achseln.

»Er verhandelt ohnehin im Moment noch mit Leopold von Österreich über die Summe, die Richards Überführung in seine kaiserliche Gewalt ihn kosten wird«, sagte er und lachte leise. »Ihr müßt wissen, der gute Leopold hat es nämlich gar nicht so eilig, Euren Bruder seinem Kaiser zu überlassen. Er möchte zu gerne selbst sein Mütchen an ihm kühlen. Richard und er haben noch eine alte Rechnung zu begleichen.«

»Um so besser«, meinte John. »Dann können wir mit etwas Aufschub rechnen. Habe ich Euer Versprechen, daß der neue Graf von Flandern mich unterstützt?«

»Ihr habt es. Außerdem habe ich Aimar d'Angoulême auf meine Seite gezogen; er wird im Poitou angreifen.«

John lächelte flüchtig. »Drei Kriegsschauplätze – England, das Poitou und Euer Angriff auf die Normandie, das dürfte eigentlich genügen.«

»Ich würde zu gerne wissen«, sagte Philippe versonnen, »was Richard gerade tut. Ich kann mir nicht vorstellen, daß er ruhig in irgendeiner von Leopolds Festen sitzt.«

»Das ist mir gleich«, erwiderte John eisig. »Ich hoffe, er bleibt bis in alle Ewigkeit dort und verrottet in der Hölle.«

In Oxford tagte das von Alienor und Walter de Coutances zusammengerufene große Reichskonzil. Alienor hatte die Barone von Richards Gefangennahme unterrichtet und energisch alle Gerüchte bestritten, er sei tot. Ein Teil forderte jedoch Beweise dafür, denn traf es nicht zu, dann waren sie eben dabei, den neuen König von England zu bekämpfen.

»Euer Gnaden«, der Kanzler, ein etwas behäbiger Mann, hastete kurzatmig in das Gemach, wo Alienor ihrem Kanzleischreiber gerade diktierte, »ich habe Neuigkeiten.«

»Ich auch«, sagte die Königin. »Setzt Euch am besten gleich. John hat versucht, sich mit William von Schottland zu verbünden.«

»Und?« fragte Walter de Coutances gespannt. »William erwies sich als eine Seltenheit unter uns Königen und erinnerte sich an die Tribute, die er Henry zahlen mußte und die Richard ihm erlassen hat. Er weigerte sich und schrieb mir, er stehe mit seinen Truppen zu meiner Verfügung.«

Alienor rieb sich unbewußt die Hände; es war kalt in Oxford. Ihr fehlte die Wärme Aquitaniens. »Und Eure Neuigkeiten?« fragte sie.

Der Kanzler hüstelte. »Nun… König Philippe marschiert

auf die Grenze zum Vexin zu, und im Poitou griff Aimar d'Angoulême an. Aber es gelang den dortigen Adligen, ihn zurückzuschlagen. Man meldete mir eben, er sei gefangengenommen worden.«

Alienor legte einen Augenblick lang die Hand auf ihre schmerzende Schläfe. »Wie gut«, sagte sie, »aber habt Ihr gehört, daß es Johns Anhängern gelungen ist, die Burgen von Windsor und Wallingford zu besetzen? Sie werden selbstverständlich belagert, aber es macht mir Sorgen.«

Der Erzbischof wagte es, tröstend ihren Arm zu nehmen. »Euer Gnaden«, entgegnete er, »bisher konnte keines von seinen Schiffen an der Küste landen, und die drei, die es versucht haben, wurden erobert. Das ganze Land steht zu seinem König.«

»Wie lange noch?« fragte sie tonlos. »Wie lange noch?«

Im März kamen zwei der Männer, die Alienor ausgeschickt hatte, zurück und berichteten, Richard sei von Herzog Leopold für 75000 Mark an den Kaiser ausgeliefert worden. Die Summe war allerdings von Heinrich noch nicht ausgezahlt. Die Späher waren ihm zwischen Ochsenfurt und Speyer begegnet, wo er von Leopold an den kaiserlichen Hof gebracht wurde. Sie erzählten, er sei bei guter Gesundheit, ungebrochenen Muts und habe sie eingehend über die Lage in England und der Normandie ausgefragt.

In Speyer erwarb sich Richard durch seine würdevolle Haltung und Selbstbeherrschung großes Ansehen unter den deutschen Fürsten, die von dem berühmten Temperament und den Wutanfällen der Plantagenets gehört hatten. Hier gab Heinrich VI. auch seine erste Lösegeldforderung bekannt: Er wollte 100000 Silbermark und für ein Jahr fünfzig Galeeren sowie zweihundert Ritter. Außerdem sollte sich Richard verpflichten, den Papst um die Aufhebung der inzwischen erfolgten Exkommunikation Leopolds von Österreich zu ersuchen. Mittlerweile hatte sich Richards Gefangennahme herumgesprochen, und einer von Richards engsten Beratern, der in Sizilien von der Gefangennahme hörte, eilte an den Rhein, um noch rechtzeitig an Heinrichs Hof in Speyer zu gelangen. Es handelte sich um Hubert Walter, Bischof von Salisbury, und Richard bekam durch ihn endlich die Gelegenheit, einige Briefe nach England zu schicken. Darin bat er seine Mutter, das Lösegeld für ihn aufzubringen und sich für Hubert Walters Wahl zum Erzbischof von Canterbury einzusetzen, denn der vorherige Inhaber dieses Amtes war im Heiligen Land gefallen. Hubert versprach, so schnell wie möglich nach England zu reisen, und nahm neben den Briefen die Nachricht mit, daß Richard nunmehr auf der Burg Trifels gefangengehalten wurde.

Philippe II von Frankreich blickte auf die Festung Gisors. Gisors war Schauplatz zahlreicher Niederlagen und Demütigungen für das französische Königshaus gewesen, aber jetzt, jetzt endlich war diese Schmach mehr als wettgemacht. Er wünschte sich, der alte Henry Plantagenet, der ihn immer wie ein frühreifes Kind behandelt hatte, könnte jetzt hier sein, um zu erleben, wie Gisors ohne einen Schwertstreich übergeben wurde. Und wie amüsant es erst wäre, wenn Richard das sehen würde!

Gilbert de Vascoeuil, der Kastellan von Gisors, näherte sich auf einem Schimmel dem französischen Lager, schwang sich vor Philippe aus dem Sattel und kniete nieder. Langsam lockerte er sein Wehrgehenk und legte Philippe sein Schwert vor die Füße. »Gisors gehört Euch, mein König«, sagte er düster.

Philippe brachte die Zeremonie so schnell wie möglich hinter sich. Er hatte es eilig. Einer seiner Kanzleischreiber sagte ehrfürchtig zu ihm: »Das ist ein großer Tag für Euer Gnaden.«

»Ja«, erwiderte Philippe zufrieden. Mit Gisors in der Hand lag die Normandie nun offen vor ihm. Sein nächstes Ziel war Rouen. »Ich möchte nur wissen«, sagte er mehr zu sich selbst, »warum dieser John so lange braucht, um seine Invasion in England durchzuführen.«

Die Königin saß in einem der Gemächer der Burg von Winchester, das einst von ihrem Gemahl bewohnt worden war. Das Wandgemälde zeigte einen Adler, der von seinen Jungen angefallen wurde. »Becket sagt, es zeigt meine Zukunft«, hatte der junge König belustigt zu seiner Gemahlin gesagt, die gerade mit ihrem fünften Kind schwanger gewesen war, und sie hatten beide darüber gelacht.

Sie überflog die Listen mit den Steuern, die sie erhoben hatte, um das Lösegeld zusammenzubekommen. Heinrichs neueste Bedingungen schlossen eine Summe von 150000 Silbermark ein, 70000 davon sofort zahlbar. Außerdem wollte er Geiseln. Alienor hatte jeden Bürger mit einer Einkommensteuer von fünfundzwanzig Prozent belegt; von ihren Baronen forderte sie wesentlich mehr und versicherte zum Trost, daß ihre Spenden namentlich eingetragen würden, damit man später wisse, wieviel Dank der König ihnen schulde.

»Was ist mit dem Gold aus den Kirchenschätzen?« fragte sie den Kanzleischreiber, Pierre de Blois, der schon unter Henry zu Ehren aufgestiegen war.

»Sie fließen mühsam, meine Königin.«

Alienor zog eine Grimasse. »Wirklich ungerecht von mir, die hochwürdigen Bischöfe und Äbte vor so eine Wahl zu stellen – ihr Gold oder ihr Kreuzfahrerkönig.« Sie legte die Steuerlisten beiseite. »Aber wir müssen das Geld zusammenbekommen, Pierre, so schnell wie möglich. Philippe ist weit in die Normandie vorgestoßen.«

»Doch Prinz John konnte wegen der Stärke Eurer Verteidigung noch immer nicht in England Fuß fassen«, meinte der Kanzleischreiber tröstend. »Nun«, sagte Alienor plötzlich mit einem etwas boshaften Lächeln, »man sollte die Entschlußfreudigkeit der Kirchen etwas beschleunigen. Ich bin genau in der richtigen Stimmung, um an den Heiligen Vater zu schreiben – unseren verehrten Coelestin, der außer dem Bann auf Leopold noch keinen Finger gerührt hat, obwohl das seine Aufgabe wäre.« Sie legte die Listen beiseite und begann laut und klar zu diktieren.

»Alienor, durch Gottes Zorn Königin von England – wehe, wenn Ihr das abmildert, Pierre, ich lese mir den Brief genau durch –, an den Heiligen Vater, den Bischof von Rom, Stellvertreter Christi, et cetera, et cetera. Was die Kirche betrübt, worüber das Volk murrt und seine Achtung vor Euch verliert, ist, daß Ihr trotz der Tränen und Wehklagen ganzer Provinzen noch keinen einzigen Boten geschickt habt. Oft wurden für Dinge von geringerer Bedeutung Eure Kardinäle mit unbeschränkten Vollmachten bis ans Ende der Welt gesandt…«

»Euer Gnaden«, protestierte Pierre de Blois, »so spricht man nicht mit dem Heiligen Vater.« Alienor hob die Augenbrauen. »Ich tue es, das hört Ihr doch. Wenn man mit Bitten nichts erreichen kann, muß man mit Päpsten so umspringen. Coelestin hat in Rom auf mich den Eindruck eines eher schwachen Mannes gemacht, der nur darauf aus ist, den stärksten und furchtbarsten Herrscher nicht zu verärgern, und ich werde ihm klarmachen, daß ich noch furchtbarer sein kann als Heinrich.«

Der Kanzleischreiber hob ergeben die Schultern, griff zur Feder und fuhr fort, niederzuschreiben, was Alienor ihm sagte.

»Doch in einer so verzweifelten und traurigen Lage habt Ihr noch nicht einmal einen Subdiakon oder einen Meßgehilfen ausgeschickt. Könige und Fürsten haben sich gegen meinen Sohn verschworen; man hält ihn in Banden, während andere seine Länder verwüsten. Und die ganze Zeit über bleibt das Schwert des heiligen Petrus in der Scheide. Dreimal habt Ihr versprochen, Legaten zu schicken, und habt es nicht getan. Wenn es meinem Sohn gutginge, würden sie auf seinen Ruf hin sofort angelaufen kommen, denn sie wissen wohl, wie großzügig er sie belohnt hätte...«

Pierre de Blois blickte fragend auf, als die Königin schwieg. Sie sagte vergnügt: »Das dürfte dem Heiligen Vater ein gehöriges schlechtes Gewissen einjagen, meint Ihr nicht? Natürlich müßt Ihr dafür sorgen, daß dieser Brief öffentlich bekannt wird, damit er etwas unter Druck gerät.«

Der Kanzleischreiber feuchtete sich unruhig die Lippen an. »Ich werde es tun, Euer Gnaden, aber glaubt Ihr, daß der Heilige Vater dann tatsächlich Kaiser Heinrich exkommuniziert, weil er einen Kreuzfahrer festhält?«

»Nein«, erwiderte sie, »sicher nicht, aber er ist dann reif für meinen nächsten Brief, in dem ich ihn auffordere, seine Bischöfe hier zu etwas mehr Spendenfreudigkeit anzuhalten. Eine Interdiktsandrohung wäre genau das Richtige, oder?«

Insgeheim bemitleidete der Kanzleisekretär den Heiligen Vater, wenn dieser sich in einen ernsthaften Kampf mit Königin Alienor einließ. Das Alter hatte ihre Schönheit nicht fortwischen können, hatte ihr Gesicht nur stärker ausgeprägt, wie eine Elfenbeinschnitzerei, von der alles Überflüssige entfernt ist; doch was jeden Menschen sofort in ihren Bann schlug, war der Eindruck ungeheurer Willensstärke, den sie vermittelte, und das, ohne sich im geringsten bewußt darum zu bemühen. In ihrem roten Kleid mit den enganliegenden Ärmeln wirkte sie ein wenig wie eine stetig lohende Flamme, die sich selbst verzehrte. Er bezweifelte, daß sie je zur Ruhe kommen würde.

»Stimmt es, daß Rouen der Belagerung durch König Philippe immer noch standhält?« fragte er neugierig.

»So ist es. Graf Leicester hält die Stadt, und Philippe konnte bis jetzt wenig mehr tun, als zwei Burgen der Umgebung zu erobern, Pacys und Ivry.« Alienor ging zur Feuerstelle, kniete nieder und legte ein paar neue Scheite auf. Ein Feuer im Sommer war Luxus, doch dieser Sommer war außergewöhnlich verregnet. Pierre de Blois bemerkte zu spät, was sie tat, sprang auf, um ihr zu helfen, doch sie winkte ab.

In der letzten Zeit genoß sie es, sich mit den Händen zu betätigen. Es lenkte sie ein wenig ab von den Gedanken, die ihr ständig im Kopf herumgingen. Würde es Philippe gelingen, Rouen zu erobern? Was war mit John? Und vor allem – was, wenn der Kaiser seine Forderung bis ins Unermeßliche weiter erhöhte?

Sie streckte ihre Finger der neuen Wärme entgegen, und Pierre de Blois erkundigte sich zögernd: »Habt Ihr schon einmal daran gedacht, daß der Kaiser sich entschließen könnte, den König für immer als Geisel zu behalten, Euer Gnaden?«

»Unsinn«, entgegnete sie scharf. »Was hätte er wohl davon, außer Philippe und John glücklich zu machen? Er braucht schließlich dringend Geld für seinen Feldzug gegen Sizilien, und da sich ein großer Teil seiner rheinischen Barone im Aufstand befindet, muß er auch dafür Mittel aufwenden.«

Ein Diener meldete William Longchamp. Der so unrühmlich gestürzte Kanzler war nach England zurückgekehrt, nachdem es ihm gelungen war, während seines Aufenthalts in deutschen Landen den Kaiser zu überreden, Richard nicht mehr auf dem Trifels, sondern in der kaiserlichen Residenz von Hagenau gefangenzuhalten. Durch sein langes Exil hatte er überall im Ausland nützliche Verbindungen geknüpft, und Alienor hatte ihm die Verwaltung der Spione übertragen.

»Schlechte Neuigkeiten, Euer Gnaden«, sagte er sofort, als er eintrat, und Alienor erhob sich.

»Wie himmlisch. Ich kann es kaum erwarten, sie zu hören. Was gibt es, William?«

»Wir haben erfahren, daß König Philippe mit König Knut von Dänemark über eine Heirat mit dessen Tochter verhandelt.«

Alienor nagte an ihrer Unterlippe. »Dänemark also«, antwortete sie langsam. Es war nicht nötig, daß Longchamp ausführlicher wurde. Knuts berüchtigter Vorfahr, Knut der Eroberer, hatte vor etwa zweihundert Jahren England an sich gerissen, damals, als die Dänen die Küsten unsicher machten. Nun, eine Flotte besaßen sie heute noch.

»Wir werden die Nordseeküste ebenfalls befestigen müssen«, sagte sie sachlich. Longchamp fluchte.

»Verdammt sei diese Ratte Philippe! Wir brauchen ohnehin schon jeden Mann gegen John, um den Kanal vollkommen dicht zu machen!«

Alienor blickte an ihm vorbei. »Es wird alles gutgehen«, sagte sie beschwörend, »Richard wird wieder freikommen, und bis dahin werden wir die Insel halten.« Sie wandte sich Pierre de Blois zu. »So, und jetzt bin ich hungrig. Ihr nicht? Ihr habt Euch eine Mahlzeit redlich verdient, Pierre.«

»Aber«, sagte William Longchamp verdutzt, »Ihr könnt doch nicht einfach in so einer Lage...«

Alienors Brauen zogen sich zusammen. »Ich kann nicht? Ihr werdet Euch noch wundern, William Longchamp, zu was ich imstande bin. Seit Monaten schlagen wir uns hier mit ständig neuen Bedrohungen herum, und wenn ich mitten darin essen will, dann tue ich es, merkt Euch das!« Heftig schob sie das Tintenfaß auf dem Tisch, an dem der Kanzleisekretär geschrieben hatte, zur Seite und setzte in großen Lettern ihre Unterschrift unter den Brief. Bevor sie mit stürmischen Schritten hinausging, warf sie ihm noch über die

Schulter zu: »Und nur damit Ihr es wißt, ich werde mir während der ganzen Mahlzeit Lieder aus meiner Heimat anhören, und wenn Ihr es wagt, Euer langes Gesicht zu zeigen, werfe ich Euch hinaus!«

Die beiden Männer wechselten Blicke, nachdem sie den Raum verlassen hatte. »Sie ist die Königin«, sagte Pierre de Blois entschuldigend. »Ja«, stimmte William Longchamp mit einem schwachen Lächeln zu, »und wenn uns einer in dieser Zeit zusammenhält, dann ist sie das. Gott weiß, was geschehen würde, wenn sie nicht ständig von Ort zu Ort, von Stadt zu Stadt zöge und alle Menschen beschwörte, treu zu König Richard zu stehen – besonders die edlen Barone! Ich wüßte nur gerne, woher sie ihre Kraft nimmt.«

»Vielleicht aus einer Mahlzeit hin und wieder«, vermutete der Kanzleischreiber, und beide brachen sie in herzhaftes Lachen aus.

Philippe vereinbarte ein Treffen mit Heinrich VI. für Ende Juni. Alienor erfuhr durch ihre geheimen Verbindungen, daß der Zweck dieser Begegnung sein würde, Richard von einem deutschen in ein französisches Gefängnis wandern zu lassen, wenn die beiden Herrscher sich über die Bedingungen einig werden könnten. Sie erhöhte ihr Angebot für das Lösegeld, doch dann zeigte sich, daß ihr Sohn selbst etwas gegen Philippes Pläne unternommen hatte.

Richard bewies, daß er nicht nur die Feldherrenbegabung seines Vaters, sondern auch die Redegewandtheit seiner Mutter geerbt hatte, und bot dem überraschten Kaiser an, zwischen ihm und seinen rebellischen Untertanen am Niederrhein zu vermitteln. Dabei kam ihm das Ansehen sehr zustatten, das er als Kreuzfahrerkönig, der unerschütterlich seine Gefangenschaft trug, bei den deutschen Fürsten genoß. Das Ergebnis war geradezu grotesk: Der englische König, immer unter strenger Bewachung, handelte einen Frieden mit den Feinden seines Kerkermeisters Heinrich von Hohenstaufen aus! Die wirkliche Leistung jedoch, die ihm das schriftliche Versprechen des Kaisers einbrachte, zukünftig auf Verhandlungen mit Philippe zu verzichten, war die Versöhnung zwischen dem Staufer und Heinrich von Sachsen.

Philippe reagierte prompt. Er verstieß seine Gattin Ingeborg von Dänemark am Morgen nach der Hochzeitsnacht, ließ seine Ehe von seinen Bischöfen annullieren und versuchte Agnes von Hohenstaufen, die Base des Kaisers, als Gemahlin zu gewinnen, um Richards neuem Einfluß entgegenzuwirken.

»Das«, kommentierte Alienor, als sie es hörte, »ist ein Gottesgeschenk. Unser überschlauer Philippe hat sich übernommen.« Sie umarmte den verblüfften Erzbischof von Rouen und summte eine kleine Melodie. »Schaut nicht so mißbilligend drein, Ehrwürden, das war kein Generalangriff auf Eure Tugend. Aber ist Euch klar, was das bedeutet? Philippe kann sich von seinem Bündnis mit Knut von Dänemark verabschieden, unsere Nordseeküste ist sicher, und ich glaube, wenn ich die Leiden der armen Ingeborg in einem Brief an Knut nur ausführlich genug beklage, kann ich statt dessen ein Bündnis mit ihm schließen.«

Sie rief eine ihrer Kammerfrauen und bat sie, ihr etwas zu trinken zu bringen. Dann lachte sie. »Und was Seine Heiligkeit den Papst angeht, ich bezweifle, daß er sehr angetan von Philippes Entscheidung sein wird. Ich muß daran denken, ihn zu fragen, ob er als Stellvertreter Christi eine solche Anmaßung dulden könne – besonders, da Philippe so töricht war, seine Ingeborg nicht vor, sondern nach der Hochzeitsnacht zu verstoßen.«

Sie befanden sich gerade in Oxford, und obwohl es abends immer noch regnete, hatte zumindest tagsüber jetzt die sommerliche Wärme eingesetzt. Die Sonne schien durch das mit Glasmalerei verzierte Fenster und tauchte Alienor in grüne und rote Schatten, als sie hinzufügte: »Ich denke, ich werde auch an den Kaiser schreiben und ihm anbieten, seine Base mit meinem Enkel Heinrich, Mathildas ältestem Sohn, zu verheiraten. Damit hätte er eine noch sicherere Aussöhnung zwischen Welfen und Staufern, und ich möchte zu gerne Philippes Gesicht sehen, wenn er davon erfährt.«

Sie war bester Laune, als Longchamp in Begleitung von Henrys unehelichem Sohn Will von Salisbury eintrat. Zu ihrer Überraschung erhielten die beiden ebenfalls einen Kuß auf die Wange. »Das Leben ist wunderbar, und ich wüßte nichts, was mir so sehr Spaß machte, als zu regieren!«

»Es sieht so aus«, sagte Longchamp, nachdem er wieder seine Haltung erlangt hatte, »als hätten Euer Gnaden die guten Neuigkeiten schon erhalten?«

»Philippes Eheschwierigkeiten? Ja, davon weiß ich schon.«

Longchamp verneinte und wandte sich an den Grafen von Salisbury. »Erzählt Ihr es, Will.«

Salisbury räusperte sich. »John hat mir geschrieben. Da die Dinge festgefahren sind, schlägt er einen sechsmonatigen Waffenstillstand vor.«

»So, tut er das«, antwortete Alienor langsam. Der Ausdruck in ihren Augen verriet nichts. »Nun, da ich im Gegensatz zu meinem Sohn John an dem Frieden in diesem Königreich interessiert bin, willige ich ein – wenn er mir Windsor und Wallingford von seinen Anhängern übergeben läßt.«

Longchamp stieß vernehmbar die Luft aus, und Will sagte zweifelnd: »Dazu wird er sich nicht bereitfinden.«

»Ich glaube doch«, entgegnete Alienor. »Denn siehst du – ich habe den Verdacht, daß auch er weiß, was Philippes Verhalten mit Ingeborg bedeuten könnte, und er will sich den Rücken offenhalten.«

Der Herbst war zurückgekehrt, und die Bürger von London versammelten sich täglich um die Sankt-Pauls-Kathedrale. Dort erfuhr man nicht nur die neuesten Nachrichten aus aller Welt, besonders von dem gefangenen König; hier, in der Krypta, wurde auch das Lösegeld für Richard zusammengetragen. Viele drängten sich, um vielleicht einen Blick auf die gutbewachten Schätze werfen zu können. Die von Heinrich VI. verlangte Summe entsprach in etwa 34000 Kilogramm reinem Silber, und so viel Reichtum auf einem Haufen würde das Volk wohl nie wieder in seinem Leben sehen können.

Bewegung kam in die Menge, als ein paar Neuankömmlinge zu Pferde und in Sänften eintrafen. Man erkannte Hubert Walter, den erst vor wenigen Monaten gewählten Erzbischof von Canterbury, und den Bürgermeister von London, Harry Fitz Aylwin, die, wie man wußte, von der Königin zu Verantwortlichen für das Lösegeld gemacht worden waren; beide wurden mit Beifall begrüßt. Die Leute waren besonders stolz auf Harry Fitz Aylwin, denn erst vor zwei Jahren hatte London das Recht erhalten, einen Bürgermeister zu wählen.

Doch der Beifall wurde zum Jubel, als die Menschen erkannten, daß aus einer der Sänften die Königin selbst stieg. Der Zwiespalt mit den Normannen war in diesen Zeiten vergessen; Alienor war für England zu einem Symbol der von Feinden umlagerten Insel geworden, ihre unbesiegbare Dame, die das Reich aufrecht hielt.

»Es scheint, daß nicht jeder mir übelgesonnen ist«, stellte Alienor gegenüber dem kaiserlichen Gesandten in ihrer Begleitung fest. Sie winkte den Menschen zu und wandte sich dann an den Bürgermeister von London.

»Verschafft mir einen Platz, von dem aus man mich verstehen kann. Ich glaube, sie haben es wirklich verdient zu erfahren, was vor sich geht.«

»Soll ich für Euch übersetzen, Euer Gnaden?« erbot sich Harry Fitz Aylwin.

Alienor wehrte ab. »Wenn ich seit vierzig Jahren hier Königin wäre, ohne zumindest ein wenig von Eurer Sprache aufgeschnappt zu haben, wäre es um meine geistigen Fähigkeiten schlecht bestellt. Ich will nicht behaupten, daß ich sie gut spreche, aber für diesen Zweck reicht es.«

Der Bürgermeister brachte sie zu dem Eckstein, von dem an Sonntagen die Zisterzienser ihre Predigten hielten. Ein leichter Wind kam auf. Alienors tiefe, tragende Stimme erhob sich über die Köpfe der Menge hinweg. Sie sprach mit sehr starkem Akzent, doch verständlich, was ihr einen erneuten Beifall einbrachte.

»Die Gesandten des Kaisers sind nun endlich eingetroffen, um das Lösegeld für meinen Sohn, den König, zu überprüfen. Wenn sie ihrem Herrn zu seiner Zufriedenheit berichten können, hat er den siebzehnten Januar des nächsten Jahres als den Tag bestimmt, an dem der König wieder in Freiheit gelangt. Ich werde selbst reisen, um dem Kaiser die geforderten Geiseln und das Lösegeld zu übergeben.«

Sie hielt einen Moment inne, bis sich die Aufregung über diese Kunde ein wenig gelegt hatte, dann sprach sie weiter, und jeder Bürger hätte später schwören können, daß die braunen Augen der Königin direkt auf ihn gerichtet waren.

»Wenn je ein König seinem Volk zu Dank verpflichtet war, wenn je ein Volk weit mehr getan hat, als seine Lehnspflicht treu zu erfüllen, dann wart ihr es. Ich danke euch, gute Leute, ich danke euch aus ganzem Herzen.«

»Man darf behaupten, daß Ihr die Rednerkunst erfolgreich studiert habt, Euer Gnaden«, sagte der kaiserliche Gesandte später säuerlich, als der ohrenbetäubende Lärm selbst im Inneren der Kathedrale nicht verklungen war, »Cicero oder Quintilian?«

»Alienor von Aquitanien«, sagte die Königin mit einem

lieblichen Lächeln. »Was ist, wollt Ihr jetzt mit Eurer Prüfung beginnen?«

Der Gesandte und seine Männer machten sich umständlich daran, die Münzen und die zahlreichen Pokale, Monstranzen und Kruzifixe auf die bereitgestellten Waagen zu legen – aber erst, nachdem sie die Gewichte überprüft hatten.

»Das ist beleidigend«, flüsterte der Bürgermeister von London zornig.

»Nur für den, der sich beleidigen läßt«, sagte Alienor trokken. »Der Kaiser hat keinen Anlaß, mir zu trauen, genausowenig wie ich ihm vertraue.« Ihr Blick wanderte über die aufgetürmten Schätze.

»Ich wage zu behaupten, daß die Briefe Euer Gnaden an Seine Heiligkeit den Papst sehr erfolgreich waren«, sagte der Erzbischof von Canterbury, ihren Augen folgend, »noch nie habe ich meine Bischöfe und Äbte so willig gefunden wie nach der Interdiktsdrohung.«

Grübchen zeigten sich in ihren Wangen. »Bei Interdikt fällt mir immer der König von Frankreich ein«, erwiderte sie heiter.

Der Erzbischof nickte. »Er wird sich mittlerweile fragen, ob Ihr mit dem Teufel im Bunde seid – der Papst hat die Annullierung seiner Ehe nicht anerkannt und ihm mit dem Interdikt gedroht, und die Braut, die er haben wollte, hat heimlich Euren Enkel geheiratet.«

»Er hätte sich daran erinnern sollen«, sagte sie, »daß die Plantagenets nicht umsonst mit Dämonen verwandt sind, und daß kein Herzog von Aquitanien sich je einem König von Frankreich gebeugt hat.«

Im Winter 1193 überquerte Alienor wieder einmal den Kanal. In ihrer Begleitung waren Walter de Coutances, Erzbischof von Rouen, William Longchamp und einige ihrer aquitanischen Vasallen sowie deren Ritter. Dieser große

Konvoi schien ihr zur Bewachung der immensen Summe Lösegelds unbedingt notwendig.

Um sich möglichst wenig Gefahren auszusetzen, hatte Alienor beschlossen, nicht den direkten Weg durch feindliches Land zu nehmen, sondern den weiteren Seeweg und dann rheinaufwärts, so daß sie direkt im Herrschaftsgebiet des deutschen Kaisers an Land gehen konnte.

Im Januar des neuen Jahres erreichte sie Köln. Dort erwartete sie Adolf von Altona, den der Kaiser ihr entgegengeschickt hatte, mit einer unangenehmen Neuigkeit. »Ihr werdet nicht gleich nach Mainz weiterreisen können, um Euren Sohn zu sehen«, sagte der fettleibige, kahlköpfige Mann. »Der Kaiser besteht darauf, daß nichts vor dem vereinbarten Freilassungstag geschieht.«

»Ich frage mich, was das zu bedeuten hat«, wandte sich Alienor nachdenklich an Walter de Coutances und William Longchamp, während ihre Kammerfrauen die Reisetruhen auspackten, um sich in dem erzbischöflichen Palast einzurichten.

»Glaubt Ihr, daß Heinrich doppeltes Spiel treibt?« erkundigte sich Longchamp.

Alienor ging rastlos auf und ab. »Gewiß tut er das, aber welches? Er kann nicht von dem Vertrag über Richards Lösegeld zurücktreten, ohne sich vor aller Welt ins Unrecht zu setzen. Doch das hat er ohnehin schon getan, und was bedeutet das einem Mann wie Heinrich?« Sie wandte sich an den Erzbischof von Rouen: »Wie hieß noch einmal dieser Fürst, mit dem wir zusammengetroffen sind – Albrecht von...?«

»Albrecht von Meißen«, half Walter de Coutances, der ein hervorragendes Gedächtnis hatte.

»Also«, sagte Alienor, »soweit ich mich erinnere, hat er erwähnt, daß er auf dem Weg zum kaiserlichen Hof in Mainz war. Wir werden einen Mann zu ihm schicken, möglichst einen, der die Landessprache versteht, damit er nicht auffällt, und ihn vorsichtig um Auskünfte bitten. Schließlich ist er Richard verpflichtet. Vielleicht hilft das.«

Es war kurz nach Dreikönig, und Alienor machte gerade einen kleinen Spaziergang durch den verschneiten Garten des Palasts, als die Antwort kam. Es schneite ein wenig, doch die Flocken, die sich sachte auf ihre Haube, auf den zobelgefütterten Umhang setzten und auf ihren Lippen schmolzen, störten sie nicht. Sie betrachtete gerade die Dächer der Stadt, die man von hier aus gut sehen konnte, als ein aufgeregter Walter de Coutances sie zurück in das Gebäude holte.

Dort erwartete sie William Longchamp, die Antwort Albrecht von Meißens in der Hand. »Ich kann mich nicht erinnern, Euch gestattet zu haben, meine Briefe zu lesen«, sagte Alienor spöttisch.

Longchamp hüstelte. »In diesem Fall, Euer Gnaden, wußte ich doch, worum es geht, und schnelles Handeln ist auch bitter notwendig. Albrecht berichtet, daß der Kaiser für den zweiten Februar eine neue Versammlung der Reichsfürsten angeordnet hat. Er hat ein weiteres Angebot für den König – von König Philippe und…«

»Und John«, beendete sie.

Longchamp nickte. »Verzeiht, wenn ich das sage, meine Königin, aber sie haben es wieder einmal geschafft. Sie bieten Heinrich an, ihm für jeden Monat, den er den König weiter gefangenhält, tausend Pfund Silber zu zahlen.«

Der Erzbischof von Rouen machte seiner Empörung Luft. »Um einen König zu handeln wie um einen Sklaven auf dem Markt von Konstantinopel – das ist mehr als beschämend, das ist jedes Herrschers unwürdig und ein Skandal!«

»Das ist die Wirklichkeit«, sagte Alienor erschöpft, »und ich kann das Lösegeld unmöglich noch weiter erhöhen. Wer weiß, wie lange der Kaiser dieses Spiel sonst noch fortsetzt. Ich muß mir etwas anderes einfallen lassen.«

Sie nahm Albrecht von Meißens Brief und begann unbewußt, ihn immer kleiner zu falten, bis sie schließlich die Hand zusammenballte und ihn darin zerknüllte. »Laßt mich bitte jetzt allein.«

»Nun«, sagte Heinrich VI. von Hohenstaufen, »Ihr seid gegen meine ausdrücklichen Anweisungen hier erschienen.« Seine farblosen Augen fixierten die zweiundsiebzigjährige Frau, die vor ihm stand.

»Ich bin nicht Eure Vasallin«, entgegnete Alienor ruhig, »und es schien mir an der Zeit, daß wir beide uns unterhalten.« Sie löste ihren Mantel, übergab ihn einem der beiden Ritter, die sie als Leibwächter begleiteten, und nahm unaufgefordert Heinrich gegenüber Platz, der an einem Tisch in seinem Gemach vor einer großen Landkarte saß.

»Wie reizend, Euch schließlich doch noch wiederzusehen. Das ist ein Vergnügen, auf das ich seit Rom kaum mehr zu hoffen gewagt hatte. Ich muß sagen, Ihr habt da ein sehr schönes Land. Nur schade, daß es so von Aufständen verwüstet ist, Euer Gnaden, nicht wahr?«

Heinrich schaute ausdruckslos auf die Königin von England. Wie auch immer eine besorgte und zu allem entschlossene Mutter sich verhalten sollte, so benahm sie sich ganz bestimmt nicht.

Mit einem Blick auf die Karte fuhr Alienor im Plauderton fort: »Sizilien, oder? Wenn Ihr das Erbe Eurer Gemahlin erobern wollt, Hoheit, dann seid Ihr auf schnelle Geldmittel angewiesen. Ich würde mich an Eurer Stelle nicht auf Philippes Zahlungen verlassen. Er hat genug mit der Interdiktsdrohung zu tun, und was meinen Sohn John betrifft, er verfügt über keinerlei nennenswerte Geldmittel. Warum sind wir nicht einfach alle nett zueinander, ich übergebe Euch das Lösegeld, Ihr übergebt mir Richard, und wir tauschen alle drei einen christlichen Friedenskuß aus?«

Endlich sprach der Kaiser. »Meiner wohlüberlegten Meinung nach«, sagte er langsam, »ist mir so etwas wie Ihr noch nicht begegnet.«

»Ich weiß«, erwiderte Alienor lässig. »Man erzählt mir das jedesmal, wenn man mich sieht.«

»Ist Euch noch nie in den Sinn gekommen, daß ich auch Euch hier festhalten könnte, da Ihr Euch ohne meine Erlaubnis hierher gewagt habt?«

Alienor lachte. »Und wer sollte wohl für mich Lösegeld zahlen? John? Nein, Euer Gnaden, dazu seid Ihr zu klug. Ihr könnt Euch doch denken, daß meine Leute Befehl haben, den Schatz in Sicherheit zu bringen, wenn mir etwas geschieht.«

»Ihr vergeßt, daß Ihr Euch in meinem Land befindet.«

»Oh, Ihr habt aber keine Gewalt über den Grund des Rheines, soweit ich mich erinnere.«

Sie sahen einander an. Heinrich glaubte, daß sie tatsächlich imstande war, das ganze Gold und Silber in den Rhein werfen zu lassen. Diese Frau schon.

Alienor fragte lächelnd: »Aber Euer Gnaden, wo bleibt die staufische Höflichkeit? Ihr könntet wenigstens sagen, daß Euch mein Kleid gefällt. Ich habe mich Euch zuliebe eigens weiß angezogen – die Farbe der Bittsteller... und der Opfer.«

Der Kaiser ließ seine Hand langsam über die Karte gleiten. »Schön«, sagte er schließlich, »was wollt Ihr?«

»Daß Ihr meinen Sohn an dem festgesetzten Tag freilaßt, was sonst? Abgesehen davon, daß ich Euch die geforderte Summe sofort zahlen kann, und Philippe, wie ich schon erwähnte, wahrscheinlich nie – habt Ihr schon daran gedacht, daß Eure Reichsfürsten nichts von langwierigen französischen Zahlungen haben werden und das auch wissen? Wenn Ihr dagegen imstande wäret, sofort nach Sizilien aufzubrechen, könntet Ihr sie mit den dortigen Eroberungen großzügig versorgen, und das hielte sie gleichzeitig davon ab, über weitere Rebellionen hierzulande nachzugrübeln.« Sie hatte selbst erwogen, die Reichsfürsten zu bestechen, um den Kaiser unter Druck zu setzen, doch angesichts der riesigen Lösegeldsumme war das nicht möglich.

Heinrich schwieg. Die Stille im Raum wurde bedrohlich. Dann sagte er kalt: »Ich werde es in Erwägung ziehen.«

Alienor erhob sich und reichte ihm, ganz Königin, die Hand zum Kuß. »Ich habe nie daran gezweifelt, Euer Gnaden.«

Die Kurfürsten, Herzöge und Bischöfe des gesamten Heiligen Römischen Reichs waren anwesend, prunkvoll in ihre Ornate gekleidet, als Alienor Heinrich VI. feierlich einen goldenen Pokal als Symbol für die erfolgte Übergabe des Lösegelds reichte. Die bezahlte Summe belief sich auf 100000 Mark, und weitere 50000 sollten später folgen. Die Reichsfürsten hatten am heutigen Tag in einer erregten Debatte alle einstimmig gefordert, man möge das Lösegeld annehmen.

Der Kaiser nahm den Kelch entgegen und hielt ihn einen Moment lang in der Hand, bevor er zu sprechen begann. »Die Vereinbarung, die ich mit Euch getroffen habe, ist damit gültig.« Er winkte einem seiner Gefolgsmänner, der rasch aus der Halle eilte. Heinrich hatte weder Alienor noch sonst einem der englischen Gesandten gestattet, Richard vor diesem Tag zu besuchen, so daß sie alle ungeduldig auf das Erscheinen des Königs warteten, der genau ein Jahr, sechs Wochen und drei Tage gefangengehalten worden war.

Alienor war fest entschlossen gewesen, sich vor Heinrich keinen Moment lang schwach zu zeigen, doch als sie ihren Sohn sah, der von drei Edelmännern begleitet hereingeführt wurde, ließ sie alle Vorsicht und Zurückhaltung fallen. Schon von weitem war sein leuchtendes rotes Haar zu erkennen. Sie vergaß ihr Alter, vergaß die anwesenden Zuschauer und lief ihm entgegen, als sei sie noch ein junges Mädchen.

Richard breitete die Arme aus, fing sie auf und preßte sie an sich. Er vergrub sein Gesicht an ihrer Schulter und flüsterte: »Mutter, Mutter, Mutter.«

Sie hatte bis zum letzten Moment befürchtet, daß der Kaiser noch irgendeinen Weg finden würde, um sie zu hintergehen, und wie berechtigt diese Furcht gewesen war, zeigte sich jetzt, da Heinrich laut verkündete: »Bevor Ihr jedoch geht, Richard von England, möchte ich, daß Ihr mir den Lehnseid leistet.«

Richard war in seiner Gefangenschaft blaß geworden, aber nun schoß ihm das Blut ins Gesicht. »Was?« fragte er ungläubig.

»Ihr habt es gehört. Bezeichnet Euch als mein Vasall in Eurer Eigenschaft als König von England, und Ihr könnt gehen.«

Richard holte tief Luft. Alienor legte ihm eine Hand auf den Arm.

»Tue es«, flüsterte sie. »Du bist auch Philippes Vasall für deine Domänen auf dem Festland, und hindert dich das an irgend etwas?«

An Richards Schläfe pochte eine kleine Ader. Doch sie hatte recht. Es würde bei einer bloßen Geste bleiben, und jetzt kam es nur darauf an, so schnell wie möglich in sein Reich zurückzukehren – nach England und in die Normandie, wo Philippe zwar nicht Rouen, aber doch sehr viele wichtige Burgen und Städte erobert hatte.

»Gut«, sagte er schneidend, »wie Ihr wollt – Euer Gnaden.«

Er ging zu dem Staufer und leistete ihm in einer beleidigenden Eile den Lehnseid, den er heruntersprach, als sei es eine Steuerliste. Er war noch immer weit von seinen Ländereien entfernt, und er hatte es eilig, ein paar Rechnungen zu begleichen. Mit Philippe – und mit seinem Bruder John.

Als er geschworen hatte, kehrte er zu Alienor zurück und

ergriff erneut ihre Hände. »Mutter«, sagte er leise, »ich habe Euch immer geliebt, aber für den heutigen Tag könnt Ihr von mir verlangen, was Ihr wollt. Es gibt nichts, das ich nicht für Euch geben würde.«

John stand, an ein Fenster gelehnt, in dem großen Haus, das er in diesem Dorf zu seinem Hauptquartier gemacht hatte. »Nun?« fragte er tonlos.

Sein Gefolgsmann trat verlegen von einem Fuß auf den anderen. »Euer Gnaden, der König wurde in England im Triumph empfangen. Er verrichtete ein Dankesgebet in Canterbury –«

»Natürlich«, murmelte John. »Bei Becket. Zwei heldenhafte Märtyrer zusammen. Ich wüßte gerne, ob das *ihr* Einfall war. Aber fahrt fort.«

»Die Leute haben sogar behauptet, die Sonne scheine heller als gewöhnlich, als König Richard an Land ging, und am dreiundzwanzigsten März zog er in London ein. Er ging zu Fuß von der Themse bis zur Sankt-Pauls-Kathedrale, Eure Mutter an seiner Seite. Alle Eure Anhänger in England haben sich ihm und seinen Leuten ergeben, ohne zu kämpfen. Und als er nach Sherwood Forest kam...«

»Es reicht«, schnitt ihm John das Wort ab. »Verschwindet jetzt und laßt mich allein.« Er starrte auf das unruhige Meer, das man von hier aus erkennen konnte, und schmeckte das Salz in der Luft. Wie lange würde es wohl dauern, bis Richard den Kanal überquerte, um sich die Normandie von Philippe wieder zu holen?

Philippe hatte John nach dem Hoftag in Mainz eine Warnung geschickt: »Nehmt Euch in acht, der Teufel ist los.« Aber das war auch alles gewesen. Natürlich mußte sich Philippe jetzt auf den bevorstehenden Kampf mit Richard konzentrieren, dachte John zynisch, und er hatte in der letzten Zeit kein Glück mit seinen Verbündeten gehabt. Kaiser

Heinrich beispielsweise hatte sich geweigert, dem König von Frankreich militärische Unterstützung zu gewähren, und befand sich statt dessen schon auf dem Marsch über die Alpen. Sizilien wartete auf ihn.

Was John betraf, konnte er in den Augen seiner Männer die Überzeugung erkennen, daß er kein Gegner für einen ernsthaften Kampf mit Richard war. Und hatten sie nicht recht? Er hieb plötzlich auf das Fensterbrett ein. Er wußte es, wußte, daß er kein Soldat wie Richard war, doch er war überzeugt, ein besserer König sein zu können. Die Krone war sein Recht, seines ebenso wie Richards, noch mehr, wenn man bedachte, wen ihr Vater eigentlich als Nachfolger gewollt hatte. Er hatte so fest damit gerechnet...

Und jetzt sah es so aus, als sei sein ganzer Umsturzversuch nicht erfolgreicher als ein Kinderstreich gewesen. Er hörte die einsamen Schreie der Möwen, hörte sein eigenes Urteil. Er ließ sich einige verzweifelte Pläne durch den Kopf gehen – eine Rebellion in Cornwall, ein Bündnis mit den walisischen Prinzen – doch im Grunde spürte er, daß ihm nur noch eines blieb.

Das Haus des Erzdiakons in Lisieux war großzügig ausgestattet und hatte unter den Entbehrungen, die die Kirche im letzten Jahr durchmachen hatte müssen, nicht gelitten. Das Gemach, in dem Alienor untergebracht worden war, hatte eine bemalte Holztäfelung, üppige Vorhänge und Wandteppiche, die die Geräusche im unteren Stockwerk schluckten, wo immer noch Richards Ankunft auf dem Festland gefeiert wurde. Die Bürger von Lisieux hatten Richards Einzug in ihre Stadt mit einem Spottlied auf Philippe begleitet:

Gott ist erschienen in seiner Macht
Für den König von Frankreich wird es bald Nacht!

Der unbekannte Einwohner von Lisieux, der die Königin zu sprechen gewünscht hatte, wurde von einer deutlich erschrockenen Kammerfrau hereingeführt. Als er die Kapuze abstreifte, verschwand der Schatten von seinem Gesicht, der ihn unkenntlich gemacht hatte.

»Das bringt auch nur Ihr und Richard fertig«, sagte John, »die Auslösung eines Königs aus seiner schmählichen Gefangenschaft, in die er durch eigene Torheit und Arroganz geraten ist, in einen Triumphzug umzuwandeln. Wie viele von den Jubelchören sind denn bezahlt?«

»Wie du weißt, habe ich mein Geld in Mainz aufgebraucht«, antwortete Alienor. »Was willst du?«

»Eure Hilfe«, sagte John unumwunden. Er sah sich in den braunen Augen seiner Mutter widergespiegelt; eine winzige, dunkle Gestalt.

Ihre Stimme verriet weder Abneigung noch Zuneigung: »Warum sollte ich dir wohl helfen?«

»Weil das, was Ihr in Westminster zu mir gesagt habt«, entgegnete er, »immer noch wahr ist. Arthur ist ein Kind und ganz unter Philippes Einfluß, und Richard hat noch keinen Sohn. Er braucht einen geeigneten Erben und keinen toten Bruder, der ihn vom heldenhaften Gefangenen auf einmal in den Augen der Öffentlichkeit zum Verwandtenmörder stempeln würde.«

Alienors Mund krümmte sich nach unten. »Du bist wenigstens kein Dummkopf, obwohl ich bei deinem Verhalten im letzten Jahr sehr daran gezweifelt habe. Warum um alles in der Welt hast du nur versucht, die Krone an dich zu reißen? Ich hatte dich gewarnt, und du mußt doch gewußt haben, daß ich es nicht zulassen würde.«

»Weil ich geglaubt habe«, sagte John aufrichtig, »daß Richard nie mehr zurückkommen würde.«

Alienor musterte ihn nachdenklich. »Gut, Richard wird nicht deinetwegen zum Brudermörder werden, aber hast du daran gedacht, daß zukünftige Erben ihre Jahre auch sehr gut als Gefangene verbringen können? Es wäre nicht nur eine sehr passende Rache, sondern auch eine vernünftige Vorsichtsmaßnahme; denn Richard wird dir nie vertrauen. Warum sollte er dich nicht für den Rest seines Lebens gefangenhalten?«

John trat einen Schritt näher und sah sie an. »Ihr würdet es nicht zulassen«, sagte er, jedes Wort betonend, »weil Ihr die Gefangenschaft kennt und sie keinem von Euren Kindern antun wollt – selbst mir nicht.«

Er hörte das Seufzen des Windes um das Haus, hörte das Knacken der Bodendielen, ihre leisen Atemzüge, er dachte sogar, er könnte die unmerklichen Bewegungen der Vorhänge hören. Das Schweigen schien sich eine Ewigkeit hinzuziehen.

Endlich sagte Alienor: »Nein, das würde ich nicht.« Sie wandte ihm ihr Profil zu. »Ich will nicht, daß meine Kinder sich gegenseitig zerfleischen. Wer weiß, wie viele Jahre ich noch zu leben habe – ich war so unklug, mir einmal ein langes Leben zu wünschen. Auf jeden Fall möchte ich sie in Frieden verbringen.«

John schwieg; es gab auch nichts, das er hätte antworten können.

Nach einer Weile sprach Alienor weiter: »Ich werde mit Richard reden. Er hat nicht geglaubt, daß du den Mut haben würdest, zu ihm zu kommen, er dachte, du würdest an Philippes Hof flüchten. Das mag schon helfen. Aber erwarte nicht zuviel.«

Eisige Stille herrschte in der Halle, in der vor einer Stunde noch üppig getafelt worden war. Joannas Augen wanderten zwischen ihren beiden Brüdern hin und her. Nach Richards Freilassung hatte sie ohne Gefahr Rom mit Berengaria verlassen können, da sie nun nicht mehr befürchten mußten, von Heinrich gefangengenommen zu werden. In Barfleur waren sie dann zu Richard und ihrer Mutter gestoßen. Sie war so erleichtert, so glücklich für Richard gewesen, doch es hatte sie die ganze Zeit beunruhigt, was aus John werden würde. Von allen Geschwistern trennten sie von John die wenigsten Jahre. Sie hatte nie den Eindruck vergessen, den er auf sie gemacht hatte, als sie nach Alienors Gefangennahme von dem fröhlichen Hof ihrer Mutter in die Obhut ihres Vaters kam – ein einsamer kleiner Junge, der nie eine wirkliche Familie gekannt hatte. Was hatte John in seiner Kindheit schon erlebt, außer dem Krieg, den sein Vater und seine Mutter miteinander führten?

Joanna lächelte ihrem jüngeren Bruder ermutigend zu, doch er war von Richard gefangen. Richard zeigte keine Gefühle, er sprach ohne das geringste Anzeichen von Zorn.

»Steh auf, John. Eine tränenreiche Versöhnung wäre zwischen uns beiden wohl lächerlich, aber du brauchst«, deutliche Verachtung schlich sich nun in seinen Tonfall ein, »nichts zu befürchten. Letztendlich bist du mein Bruder, und daran kann ich nichts ändern. Dein Verhalten sei dir verziehen, wobei es sich von selbst versteht, daß du auf deine englischen Ländereien verzichten mußt. Du bleibst Graf von Mortain.«

»Danke«, sagte John tonlos. »Ich werde nie vergessen, wie großzügig du warst – Bruder.«

Joanna hielt den Atem an. Selbst der arglosen Berengaria, die neben ihr saß, war der Sarkasmus aufgefallen, und sie schaute unruhig zu ihrem Gemahl. Alienor blieb reglos.

Richard erwiderte mit dem gleichen Spott: »Wie beruhigend, das zu wissen – Bruder. Jetzt setz dich und iß etwas.«

Für eine Sekunde blitzte Zorn in Johns Augen auf; Joanna dachte, daß er es nie ertragen hatte, wie ein Kind behandelt zu werden, doch als genau das sah ihn Richard – als ein gräßliches aufdringliches Kind.

John tat jedoch, wie ihm geheißen worden war, und Joanna beobachtete, wie Richard sachte die Fingerspitzen seiner Mutter berührte. »Seid Ihr zufrieden?« fragte er sie leise.

Alienor lächelte ihm zu und sagte etwas, das Joanna nicht verstand.

Joanna tat ihr möglichstes, um ein Gespräch in Gang zu bringen, denn Berengaria wußte nicht, wie sie ihren berüchtigten Schwager behandeln sollte, und machte kaum den Mund auf. Statt dessen versuchte sie ständig, die Aufmerksamkeit ihres Gemahls zu erringen.

Joanna fand Berengarias offenkundige Anhänglichkeit an einen Mann, von dem sie bisher nicht viel gehabt hatte, rührend, aber töricht. Die Schwester des Königs wußte sehr wohl, daß er Berengaria nicht liebte, und fragte sich, wie die junge Frau dies nicht bemerken konnte. Aber Joanna hatte schon längst festgestellt, daß Berengarias Vorstellungen von der Liebe noch immer so wirklichkeitsfremd und naiv waren, wie die eines zwölfjährigen Mädchens.

Berengaria war erwiesenermaßen nicht mehr Jungfrau; Joanna hatte selbst vor ihrer Brautkammer gestanden, als das blutige Laken gezeigt wurde. Doch von ihrem Wissen her hätte sie ebensogut eine Nonne sein können.

»Ich habe gehört, Jo«, sagte John zu seiner Schwester, »du hast dich geweigert, Saladins Bruder Malik al-Adil zu heiraten?« Joanna schnitt eine Grimasse. »Das war ein überhaupt nicht ernstgemeinter Vorschlag von Richard, um die Verhandlungen mit Saladin etwas hinauszuzögern, damit das Heer sich ausruhen konnte, und ich wette, Saladin ging aus denselben Gründen darauf ein.«

Sie wandte sich an ihren älteren Bruder und fragte augenzwinkernd: »Was hättet ihr beiden Kriegshelden wohl getan, wenn ich mich nicht geweigert und darauf bestanden hätte, daß dieser al-Adil sich taufen läßt?«

Richard lachte. »Das wäre in der Tat ziemlich schwierig

geworden, denn dann hätten wir Euch das gesamte Königreich Jerusalem zu Füßen legen müssen. Saladin wäre von seinen Emiren zerrissen worden, und mich hätte das Kreuzfahrerheer geköpft.«

»Oh, aber es war schrecklich aufregend«, warf Berengaria ein, »als wir in Akkon hörten, daß Joanna die Frau eines Sultans werden sollte.«

»Die seines Bruders«, berichtigte Joanna und dachte versonnen an die abenteuerliche Zeit des Kreuzzugs, die sie und Berengaria zum größten Teil in Akkon verbracht hatten, während Richard weiter Stadt um Stadt eroberte.

»Stimmt es, daß ihr, du und Saladin, euch mehrmals persönlich begegnet seid und Geschenke ausgetauscht habt?« fragte Alienor ihren Sohn.

Richard nickte. »Er war ein großer Mann«, sagte er langsam, »und ich habe ihn sehr bewundert. Als ich in meiner Gefangenschaft hörte, daß er nur ein halbes Jahr nach meiner Abreise gestorben ist… nun, es war ein merkwürdiges Gefühl. Andererseits gibt es ohne Saladin wieder viele einander befehdende Emire im Heiligen Land, und es steht zu hoffen, daß Maries Sohn mit ihnen fertig wird.«

»Wie geht es Marie?« fragte Joanna. »Henri war ganz ihr Ebenbild, aber ich habe sie so lange nicht gesehen.«

Alienor erwiderte: »Sie und ich haben vereinbart, uns im nächsten Monat in Fontevrault zu treffen.«

»Wollt Ihr ins Kloster gehen?« fragte Joanna tiefernst, und alles brach in Gelächter aus. »Erst wenn mir der Heilige Vater meine Seligsprechung sicherstellt«, antwortete ihre Mutter und fügte hinzu: »Aber ich habe tatsächlich vor, jetzt mehr Zeit in Fontevrault zu verbringen. Es ist so friedlich dort, und es war immer mein Lieblingskloster.«

Ihre Kinder machten erstaunte und betroffene Gesichter. »Alienor von Aquitanien zieht sich von der Regierung zurück? Was ist in Euch gefahren, Mutter, seid Ihr krank?«

fragte John prüfend. Alienor entgegnete belustigt: »Ich habe nicht gesagt, daß ich mich gänzlich zurückziehe – dazu macht mir das Reisen viel zu sehr Spaß. Aber ich möchte mich manchmal ausruhen, besonders nach – nun, nennen wir es die Aufregung des letzten Jahres, und dafür ist Fontevrault genau richtig.«

Joanna dachte daran, daß ihr Vater in Fontevrault begraben lag, und hörte, wie Alienor hinzufügte: »Außerdem ist das Königreich ja jetzt in guten Händen, nicht wahr, Richard?«

Sie verpaßte Richards Antwort, denn sie war erschreckt über den tödlichen Blick, den John auf seinen Bruder warf. Dann wurde seine Miene wieder nichtssagend. Kurz danach stand er auf und schien sich zurückziehen zu wollen, doch Joanna ging ihm nach und hielt ihn fest.

»Was hast du, Johnny?« Sie war seit jenem furchtbaren Tag in Chinon, als er seinen Vater zum letzten Mal gesehen hatte, die erste, die ihn so nannte, und Johns Gesicht brannte, als hätte sie ihn geschlagen. Joanna betrachtete ihn kopfschüttelnd. »Das sollte ein glücklicher Tag für uns alle sein«, sagte sie, leichten Tadel in der Stimme, »der Tag der Versöhnung. Bis auf Marie und Aenor sind wir alle zusammen, wir leben, wir sind gesund. Ist das nicht Grund genug zum Feiern?«

»Sag das Richard«, erwiderte John, »vielleicht schreibt er ein Lied darüber. Die aus seiner Gefangenschaft sind sehr schnell sehr bekannt geworden.«

Joanna seufzte. »Du hast das Gift also noch in dir«, sagte sie. »Kannst du es nicht sein lassen? Kannst du nicht aufhören, das Königreich zu wollen, als sei es das einzige, was zählt?«

»Wenn ich tot bin«, gab ihr Bruder zurück. »Aber das war nicht der Grund, warum ich aufgestanden bin. Selbstverständlich weiß ich, daß es keinen Sinn hat, Richard nochmals herauszufordern. Du brauchst keine Angst zu haben, ich werde für den Rest seines Lebens den loyalen Bruder spielen. Es ist nur…«

Er entschied, sich Joanna anzuvertrauen. Es war sehr lange her, seit er einem Menschen erzählt hatte, was er empfand, doch heute war er ein wenig aus dem Gleichgewicht, und er dachte, warum nicht, zum Teufel. Joanna hatte ihn noch nie verraten.

»Es ist immer Richard«, sagte John rauh und wies auf die Gruppe, die seine Familie bildete. Auch sein Halbbruder, Will von Salisbury, hatte sich zu ihnen gesellt. »In gewissem Sinn war er es sogar bei Vater. Ich hatte Vaters Liebe, das weiß ich, und das wird mir auch oft genug vorgehalten, aber Richard hatte seine Achtung. Ich erinnere mich, daß er einmal sagte, Richard hätte das Zeug zu einem Karl dem Großen, wenn man ihm nur Sachsen genug gäbe. Will hat Richard nie beneidet, ihm nie seinen Krieg gegen Vater übelgenommen, dir geht es genauso, und diese kleine Närrin Berengaria himmelt ihn an, als sei er ein zweiter Lancelot und sie Königin Guinevre, und…«

»Dann sollte dir eher Berengaria leid tun«, unterbrach Joanna. Auch sie beobachtete ihre Familie. »In Richards Leben gibt es nur eine Frau, und das ist Mutter. Oh, mich und Aenor und Marie liebt er ebenfalls, aber nicht auf diese überwältigende Weise. Und was die anderen Frauen angeht…«

»Eben«, sagte John. »Bis auf Berengaria wissen wir alle über Richard Bescheid, und trotzdem gelingt es ihm, als christlicher Held durchzugehen. Doch glaubst du, wenn ich in Gefangenschaft geraten wäre, hätte *sie* den Kampf mit den mächtigsten Fürsten Europas aufgenommen, um mich wieder zu befreien? Niemals. Nur für Richard. Alles für Richard.«

Joanna sah ihn mitleidig an. Sie erkannte, daß der Haß und die Eifersucht auf Richard zur Triebkraft in Johns Leben geworden waren; sie fraßen an ihm und ließen ihn nicht mehr los. Sie fragte sich, was wohl nach Richards Tod an deren Stelle treten würde – vorausgesetzt, daß John seinen Bruder überlebte.

»Komm«, sagte sie, »gehen wir wieder zu ihnen. Du hast doch gehört, daß Mutter sich für längere Zeit vom Hof zurückziehen will. Sie hat das Recht auf einen schönen Abschied, findest du nicht?«

John unterdrückte eine Antwort, doch er ließ sich von ihr mitziehen, und gemeinsam betraten sie wieder den Bannkreis aus Wärme und Gelächter, der sich um ihre Familie gebildet hatte.

Richards Burg, Château-Gaillard, in nur zwei Jahren erbaut, ragte auf dem Felsen Andeli über die Seine. Sie war als Herausforderung an Philippe gedacht gewesen und wurde auch als solche aufgefaßt; als Verteidigungsanlage war sie so vollkommen, daß sie Richard nun auch als Festungsbaumeister berühmt machte, denn er hatte sie selbst entworfen und die Arbeiten, wenn möglich, persönlich überwacht.

Am südlichen Ufer der Seine befand sich seine neugegründete Stadt und auf der Insel Andeli die Burg, die durch starke Palisaden und Bollwerke mit beiden Ufern verbunden war. Die Mitglieder des französischen Hofstaats, die ihrem Herrn hierher gefolgt waren, um nach beinahe fünf Jahren Krieg der Vereinbarung eines neuen Waffenstillstands zuzusehen, warfen neidische Blicke auf das Bauwerk. An dieser Burg fehlten zum ersten Mal die berüchtigten ›toten Winkel‹, diejenigen Mauer- und Turmabschnitte, auf denen die Verteidiger keine Geschütze aufstellen konnten.

Richard hatte seiner Burg einen elliptischen Grundriß gegeben, und sie schien aus dem weißen Kalkfelsen Andelis herauszuwachsen. Château-Gaillard beherrschte die Straße nach Rouen und machte den Verlust von Gisors vor nunmehr sechs Jahren wieder wett. Außerdem bildete es eine exzellente Basis für die Rückeroberung des Vexin.

Richard hatte noch im Jahr seiner Rückkehr Philippe fast völlig aus der Normandie zurückgedrängt, doch seitdem führten sie einen zähen, durch wenige Waffenstillstände unterbrochenen Krieg gegeneinander, der die Grenzgebiete fast völlig ausgeblutet hatte. In diesem Jahr indessen hatte der junge, energische Papst Innozenz III., der nichts von der Schwäche seines Vorgängers hatte, erneut zum Kreuzzug aufgerufen und von den Königen von England und Frankreich verlangt, daß sie endlich miteinander Frieden schließen sollten.

Der Ort des Treffens war von Richard bestimmt worden, und manch einer aus dem französischen Gefolge meinte, daß es sich dabei um eine gezielte Beleidigung handelte. Richard befand sich nämlich in einem festverankerten Boot inmitten der Seine. Er traute Philippe ganz offensichtlich nicht einmal soweit, daß er sich mit ihm auf gleichem Territorium aufhalten wollte.

Der König von Frankreich stand am nördlichen Ufer und rief herausfordernd, auf Château-Gaillard weisend: »Bilde dir nur nicht zuviel darauf ein! Und wenn die Mauern aus Eisen wären, ich könnte sie einnehmen!«

Richard rief zurück: »Das merkt man! Und wenn sie aus Butter wären, gegen dich könnte ich sie verteidigen!«

Die Normannen, die am Südufer des Flusses standen, grinsten amüsiert. Philippes Königreich war immer noch von dem Interdikt bedroht, denn er hatte die unglückliche Ingeborg nicht nur verstoßen, sondern hielt sie außerdem noch gefangen.

»Laß uns mit den ernsthaften Verhandlungen beginnen«, sagte Philippe.

»Ernst für dich«, versetzte Richard spöttisch, »besonders nachdem dein guter Freund Heinrich das Zeitliche gesegnet hat. Ich glaube nicht, daß mein Neffe Otto gewillt ist, dich noch länger auf irgendeine Weise zu unterstützen.«

Philippe zuckte die Achseln. »Es steht noch abzuwarten, ob der Sohn des Welfen König der Deutschen und Kaiser bleiben wird. Immerhin gibt es gleich zwei Staufer für dieses Amt.«

Richard lachte. »Gewiß. Einer ist ein vierjähriges Kind in Sizilien, und du wirst doch nicht glauben, daß Innozenz das Risiko eingehen wird, unter Heinrichs Sohn Sizilien und das Reich vereinigt zu sehen, den Kirchenstaat dazwischen. Was Philipp von Schwaben angeht…«

»…so spricht genausoviel für ihn wie für deinen Neffen Otto«, schloß der König von Frankreich.

»Wir werden sehen. Vorerst liegt deine Île-de-France von mir und Otto eingekreist, und falls es dir noch nicht bekannt sein sollte, dein Plan mit einem neuen Aufstand in Toulouse ist fehlgeschlagen. Der Graf von Toulouse ist tot, und sein Sohn ist sehr angetan davon, meine Schwester Joanna zu heiraten.«

Philippe biß sich auf die Lippen. Das war ihm tatsächlich neu, er verwünschte die Langsamkeit seiner Späher, doch er war fest entschlossen, sich keine Blöße zu geben. Es kam ihm nur darauf an, mit Richard einen Waffenstillstand zu schließen, denn seine Geldmittel waren restlos erschöpft, und er brauchte Zeit, um seinen nächsten Plan ins Werk zu setzen.

»Willst du einen Waffenstillstand oder nicht?« rief er der mächtigen Gestalt auf dem Boot zu.

Richards Stimme wurde über das Wasser getragen: »Zu meinen Bedingungen – der Vorteil des Gewinners.«

Endlich hatte er Philippe da, wo er ihn haben wollte. Die Bedingungen, die er seinem ehemaligen Freund stellte, waren mehr als hart: Für einen Waffenstillstand von fünf Jahren würde Philippe zwar die wenigen normannischen Burgen behalten, die er noch hielt, doch seine Hauptleute durften sie nicht verlassen, um sich im Umland mit Lebensmitteln oder Abgaben zu versorgen. Richard hatte bereits seine Truppen postiert, um dafür zu sorgen, daß nur normannische Männer Steuern einzogen. Philippe würde bald merken, daß sich die Burgen so eher als ein Mühlstein um den Hals erwiesen – da sie von der Île-de-France aus versorgt werden mußten.

Sie feilschten mehrere Stunden lang, doch am Schluß hatte Richard für sich zusätzlich noch die französischen Rechte an Ort und Kirche von Gisors herausgeschlagen, während er Philippe nur zugestehen mußte, daß dessen Sohn Louis mit einer von Richards Nichten verlobt werden würde.

Richard beobachtete, wie der französische König sich seinem Gefolge zuwandte, um die Bedingungen schriftlich festzulegen, und fragte sich, wie es nur möglich war, daß Philippe nach all diesen Jahren noch denselben heftigen Haß und dieselben Erinnerungen in ihm auslöste wie während seines einen Jahres in Gefangenschaft, als er Zeit genug gehabt hatte, um über das volle Ausmaß von Philippes Tücke nachzugrübeln. Nun, Philippe würde ihn wohl nie gleichgültig lassen, aber nun sah es so aus, als rücke die Befriedigung seines Rachebedürfnisses näher. Natürlich existierte ein Waffenstillstand nur, um gebrochen zu werden, doch wenn Philippe sich zu diesen Bedingungen bereit fand, schwanden für ihn alle Hoffnungen.

»Also gut«, sagte der König von Frankreich laut, »ich habe unterschrieben. Ein Waffenstillstand für fünf Jahre. Ich schicke dir das Dokument jetzt hinüber.«

Ein Boot löste sich vom Ufer, und während Richard es näher kommen sah, breitete sich eine Zukunft vor ihm aus, in der er Philippe endlich besiegt und der ständige Kleinkrieg ein Ende hatte.

Der Abend hatte sich über Calus-Chabrol gesenkt, und in der Dämmerung, die sich um die Burg und ihre Belagerer legte, sah Hauptmann Mercadier seinen König fragend an. Es war der sechsundzwanzigste März 1199. Sie waren hier, um einen Aufstand Aimars de Limoges niederzuschlagen, hinter dem deutlich die Hand König Philippes zu erkennen war. »Euer Gnaden?«

»Angriff«, sagte Richard. »Die Burg ist kurz davor aufzugeben, und wir sollten uns beeilen. Wer weiß, was Philippe inzwischen weiter anzettelt.«

Calus-Chabrol beherrschte den Weg nach Limoges und war so eine der wichtigsten Stationen für den Handel zwischen dem südlichen und dem nördlichen Aquitanien. Es verriet einen geschulten Sinn für Strategie, ausgerechnet hier einen Aufstand zu beginnen, einen Instinkt, den Aimar de Limoges bestimmt nicht hatte.

Richard nahm nicht selbst an dem Sturm auf die Burg teil. Er sah zu, wie seine Belagerungsmaschinen Steine schleuderten und die Bogen- und Armbrustschützen näher an die Burgmauer brachten. Er konnte sich allerdings nicht völlig auf den Angriff konzentrieren. Seine Lieblingsschwester Marie war vor kurzem gestorben, ihre Mutter an ihrer Seite, und er hatte diesen Verlust noch nicht verwunden. Er erinnerte sich an so vieles, das er und Marie geteilt hatten; und nun, da er endgültig mit Philippe fertig zu werden schien, war sie nicht mehr da, um es zu erleben.

Richard wandte seine Aufmerksamkeit wieder der Burg zu. Dort war inzwischen ein einzelner Armbrustschütze erschienen, um das Feuer zu erwidern. Der König war beeindruckt. Es war der einzige Bewohner von Calus, der es wagte, sich auf der Burgmauer zu zeigen. Soeben krachte wieder ein ganzer Mauerabschnitt zusammen, doch der Armbrustschütze blieb unbeirrt stehen und schoß weiter wahllos auf die Angreifer, die dadurch nicht im geringsten aufgehalten wurden.

Richard entschloß sich, sich die einsame Gestalt näher anzusehen; er bewunderte Tapferkeit, wo immer er sie traf. Da er nicht direkt am Kampf teilnahm, hinderte ihn keine Rüstung, sich schnell zu bewegen. Er griff nur nach einem Schild zu seinem Schutz. Die rötliche Abendsonne blendete ihn, und er hob die Hand, um den Mann deutlicher ausmachen zu können.

In diesem Moment spürte er einen scharfen Schmerz an seiner linken Schulter. Einen Augenblick zu spät hatte er den Schild gehoben, um in Deckung zu gehen, und erkannte ungläubig, daß ihn ein Bolzen jenes Armbrustschützen getroffen hatte. Richard gab keinen Laut von sich. Schließlich war er im Heiligen Land schon schlimmer getroffen worden – seine Männer hatten gespottet, er sehe wie ein Igel aus –, und wenn er jetzt Schwäche zeigte, mochte das seine Leute irritieren und die Verteidiger zu voreiligen Schlüssen hinreißen.

Richard kehrte langsam und schweigend in sein Zelt zurück. Er setzte sich, nahm das stumpfe Ende des Bolzens in beide Hände und versuchte, ihn mit einem Ruck zu entfernen. Wilder Schmerz tobte durch seinen Körper, und er hielt nur den abgebrochenen Holzschaft in der Hand. Richard fluchte. Er konnte es sich nicht leisten, diese Wunde lange ausheilen zu lassen.

Er rief einen der Soldaten herein, bei dem er sich darauf verlassen konnte, daß er den Mund hielt, und befahl ihm, sofort den Feldscher zu holen. Bis dieser eintraf, war die Nacht endgültig eingefallen.

»Also«, sagte der König gereizt, »schneidest du mir jetzt dieses Ding heraus oder nicht?«

Der Feldscher machte ein bedenkliches Gesicht. »Es sieht so aus, als sei der Bolzen sehr tief eingedrungen, mein König.«

Richard preßte die Lippen aufeinander. »Das spüre ich selbst, dazu brauche ich dich nicht. Was ist nun mit der Eisenspitze?«

»Es ist schon dunkel, Euer Gnaden.«

»Glücklicherweise«, erwiderte Richard sarkastisch, »hat uns Gott in seiner unendlichen Güte Fackeln geschenkt.«

Der Feldscher resignierte. Er hätte lieber bis zum Tagesanbruch gewartet, doch er hatte keine Lust, deswegen mit dem König zu streiten.

Er brauchte Stunden, um die Eisenspitze endlich aus dem Fleisch zu holen, und war sehr beunruhigt über den ungewöhnlich hohen Blutverlust.

»Ich muß zuviel Wein getrunken haben«, bemerkte Richard, der nur einmal leise aufstöhnte und sonst still blieb.

»Ihr dürft Euch in den nächsten Tagen nicht bewegen, mein König.«

»Und was zum Teufel sollen dann meine Truppen denken – und der elende Aimar de Limoges?«

»Ihr könntet behaupten, Ihr wolltet Euch einige Tage ausruhen, um Euch zu vergnügen – es sind doch genug Frauen im Lager.«

Der König lächelte schwach. »Ein guter Rat«, entgegnete er. »In Ordnung, sagt den Leuten, ich vergnüge mich, und laßt nur die vier Hauptleute zu mir.«

Zwei Tage später fiel Calus-Chabrol, doch Richards Wunde hatte begonnen zu schwären. Sie war brandig geworden, und bald konnte er sich nicht mehr von seinem Lager rühren.

»Mercadier«, sagte Richard müde, »holt mir etwas zu schreiben.«

Der Hauptmann war einer seiner besten, aber auch einer seiner grausamsten Soldaten. Es hieß, daß er den Tod zu suchen schien und nichts und niemanden fürchte, so wie er sich niemandem je unterordnete – außer dem König. Doch jetzt trug sein Gesicht die Mahnmale der Furcht. Schweigend gehorchte er Richards Befehl.

Richard kritzelte äußerst mühsam einige Worte auf das

Pergament, dann ließ er es siegeln. »Bringt das sofort nach Rouen – nein, da ist sie nicht mehr. Bringt es nach Fontevrault zu meiner Mutter.«

Alienor war für die Geschwindigkeit berühmt, in der sie reiste, doch noch niemals hatte sie ihre Begleitung derart angetrieben. Sie stand in ihrem siebenundsiebzigsten Lebensjahr, und dem geplagten Abt von Turpenay, der darauf bestanden hatte, sie zu begleiten, kam es vor, als kenne sie keine Erschöpfung. Seit sie die Botschaft ihres Sohnes erhalten hatte, hatte sie wenig gesprochen, doch die Rastlosigkeit, mit der sie ihre Eskorte anführte, quer durch das Poitou und durch das Limousin, hatte etwas Verzweifeltes an sich. Der Abt wußte immer noch nicht, was genau eigentlich passiert war, nur, daß die Königin vor ihrer Abreise zwei Eilbotschaften an ihre Schwiegertochter Berengaria und an ihren Sohn John in die Bretagne geschickt hatte.

Es schien ihm, als müsse er vor Müdigkeit umfallen, als er am frühen Morgen des sechsten April hinter der Königin herstolperte, die im Eilschritt einem Soldaten in das Zelt ihres Sohnes folgte. Der König lag, von dreien seiner Männer umgeben, auf seinem Lager, und sowie der Abt einen Blick auf die Schulter warf, die ein einziges Eitermeer war, wußte er, daß der König sterben würde.

Alienor machte eine befehlende Geste. »Hinaus!«

»Aber Euer Gnaden…«

»Hinaus, alle, sage ich!«

Einer nach dem anderen verließen sie das Zelt. Alienor ließ sich neben Richard auf die Knie sinken.

»Sie haben mir… die Letzte Ölung gegeben…« sagte ihr Sohn mühsam. »Ich denke… sie wissen nicht… daß wir Plantagenets ohnehin zur Hölle fahren…«

»Auf jeden Fall habt Ihr es erreicht, dramatisch zu sterben«, sagte Alienor.

Richard lächelte. »Ich erinnere mich... Vater meinte immer... wir kommen vom Teufel, und wir gehen wieder zum Teufel.«

»Auf ihn traf das sicher zu.« Sie konnte es kaum ertragen, den Sohn so liegen zu sehen. Nicht Richard, nicht auch noch Richard! Es war ungerecht, so ungerecht, und sie wollte ihn anflehen, ihr das nicht anzutun, doch sie unterdrückte es. Ihr Sohn brauchte jetzt die ganze Stärke, derer sie fähig war. Sie hätte für ihn geatmet, wenn es ihm geholfen hätte. Sie wäre lieber selbst tausend Tode gestorben, als ihn sterben zu sehen.

»Es gibt Neuigkeiten«, sagte sie hastig, »aus dem Heiligen Land. Henri ist tot, Maries Sohn, und seine Witwe hat ein viertes Mal geheiratet – ausgerechnet Guy de Lusignans Bruder, so daß jetzt wieder ein Lusignan auf dem Thron von Jerusalem sitzt – in seiner Phantasie natürlich.«

Richard schüttelte den Kopf. »Ihr braucht mich nicht abzulenken, Mutter.«

In einem jähen Schmerzensanfall klammerte er sich an ihrer Hand fest. Es war ein Griff, der fast ihre Knöchel gebrochen hätte, doch Alienor sagte nichts. Als er sie wieder losließ, legte sie vorsichtig ihre Arme um ihn, und so blieben sie Stunde um Stunde. Das Gemurmel der Soldaten, die sich mittlerweile um das Zelt versammelt hatten, bildete den Hintergrund zu ihren leisen Stimmen.

»Ich war glücklich dort, im Heiligen Land. Ist das nicht irgendwie... lächerlich? Ich hatte zwei... Skorbutanfälle, war in einen Krieg mit einem der... besten Heerführer aller Zeiten verwickelt... und war glücklich. Zum ersten Mal... schien es, daß alles einen Sinn ergibt...«

»Natürlich liegt ein Sinn hinter allem, was geschieht, Richard. Es muß einfach, sonst werde ich wahnsinnig.«

»Aber welcher Sinn? Die Gebiete... um die wir... kämpfen, sind zwei Generationen später ohnehin schon wieder...

verloren. Keines der Reiche hat... Bestand gehabt. Alexander... Karl der Große...«

»Vielleicht liegt der Sinn darin, daß wir den Menschen Stoff für ihre Geschichten und Lieder geben, die ihnen über ihr Leben hinweghelfen. Wir tun, was sie nicht tun können. Und wenn auch ein Reich nicht ewig bestehen mag – was Henry und ich geschaffen haben, was du bewahrt und verteidigt hast, ist zu groß, um einfach zu verschwinden.«

Die Schmerzanfälle kamen immer häufiger, und jedesmal glaubte sie, daß es ihr eigener Körper wäre, der so von Agonie geschüttelt wurde.

»Singt mir ein Lied... ein Lied aus Aquitanien...«

»Du weißt doch, daß ich nicht singen kann.«

»Ihr habt es getan... früher, als ich noch klein war... und dann noch einmal...«

Sie stimmte für ihn eines der Lieder ihres Großvaters an, eines der berühmtesten Lieder, die Guillaume IX je gesungen hatte:

Ich weiß nicht, wach ich oder währt
mein Schlaf noch, wird's mir nicht erklärt...

Einmal störte Mercadier sie, als er triumphierend den Armbrustschützen hereinschleifte, der den verhängnisvollen Bolzen abgeschossen hatte. Richard erklärte, er vergebe dem Mann, man solle ihn freilassen, und schickte ihn wieder hinaus.

»Was wird jetzt mit dem Königreich geschehen? Ich muß John zu meinem Erben machen, denn Arthur lebt in Paris wie ein Schoßhund an Philippes Leine und ist noch ein Kind. Dennoch... er wird Anhänger... finden, weil er Geoffreys Sohn ist. Aber das Reich darf nicht... darf auf keinen Fall geteilt werden... das ist es, was Philippe...«

»Ich verspreche dir, daß ich alles tun werde, was in meiner Macht steht, um dies zu verhindern.«

»Arme Mutter... was wird aus Euren Ruhetagen in Fontevrault?«

»Ach weißt du, ich habe mich in der letzten Zeit ohnehin etwas gelangweilt. Ich habe nur Bücher gelesen, Briefe verfaßt, Gedichte geschrieben und ab und zu eine Reise gemacht. Es wird mir ganz guttun, wieder eine Aufgabe zu haben.«

»Glaubt Ihr, daß Gott mir vergeben wird?«

»Gott!« Sie beherrschte sich. »Er muß es, Richard. Ich werde ihn dazu zwingen, und du weißt doch, daß ich überall meinen Willen durchsetze.«

»Es ist seltsam... ich habe keine Angst vor dem Tod, nicht eigentlich. Saladin sagte einmal, das Leben sei nur lebenswert, wenn man... wenn man in jedem Moment bereit sei, zu sterben... Habe ich Euch je vom Alten vom Berge erzählt, den Saladin finden und ausräuchern wollte? Es war... mehr als eine Drohung... Saladin sagte zu mir...«

Richard brach ab. Das Sprechen fiel ihm immer schwerer. Er ließ noch einmal Mercadier und einen Schreiber kommen, um Zeugen seines Letzten Willens zu sein, dann blieben er und Alienor wieder allein.

Am Abend, als die Sonne unterging, starb er in den Armen seiner Mutter.

VI
John

Eleonore: *Plantagenet wie wir.*
Dein Los: Wahrscheinlich
Der Tod, der Untergang. Vielleicht der Aufstieg,
Vielleicht noch mehr. Doch Ruhm ist dir gewiß.

Friedrich Dürrenmatt,
König Johann nach Shakespeare

Die vier Fenster der Kirche von Fontevrault tauchten das Innere in ein majestätisches Licht, und John fiel es schwer, in dieser unerwarteten Helle seine Mutter auszumachen. Er war zu spät zu der Grablegung Richards in Fontevrault gekommen, aber Alienor befand sich immer noch hier, und die Äbtissin hatte ihm gesagt, sie halte sich in der Kirche auf.

Er fand sie schließlich an eine der wuchtigen Säulen gelehnt, in die Bilderwelt der buntleuchtenden Kirchenfenster versunken. Sie bewegte sich nicht von der Stelle, als er näher trat. Johns Kehle war trocken. Er räusperte sich: »Mutter?«

Langsam wandte sie ihm ihr Gesicht zu, und er war entsetzt über den offensichtlichen Schmerz, der darin abzulesen war – seine Mutter hatte sich sonst immer so sehr in der Gewalt gehabt. Doch ihre Stimme klang kraftlos: »Er ist wirklich sehr erfindungsreich.«

»Wer?« fragte John verblüfft.

»Gott natürlich. Weißt du, John, langsam fange ich an zu glauben, daß wir tatsächlich für alles in unserem Leben bezahlen müssen.«

»Was wollt Ihr jetzt tun?« fragte er vorsichtig.

Alienor gestattete sich ein Schulterzucken. »Da gibt es einiges, meinst du nicht? Ich habe gehört, Philippe habe nicht sehr lange gewartet und Arthur und seine Mutter vorgeschickt, um Richards Erbe für sich zu beanspruchen.«

Johns Miene verdüsterte sich. »In der Tat«, erwiderte er, »und dieser Bastard Roches hat ihnen schon Stadt und Burg von Angers übergeben. Ich habe Mercadier hingesandt.«

Alienor verzog das Gesicht. »Die Aufgabe wird ihm gefallen. Ich muß zugeben, er ist ein guter Soldat, aber flößt einem ungefähr soviel Zuneigung ein wie ein reißender Wolf. Ist dir bekannt, was er getan hat, während Richard starb? Richard hatte dem Mann, der ihn getötet hat, vergeben, doch Mercadier ließ ihm bei lebendigem Leibe die Haut abziehen. Immerhin, Angers zeigt mir, daß ich mich beeilen muß. Richard hat dich zu seinem Erben ernannt, aber die Loyalität seiner Untertanen auf dich zu übertragen, ist ein zweites.«

»Während der letzten Jahre habe ich alles getan, um ihm nützlich zu sein«, brauste John auf, »einschließlich der Beteiligung an seinem Krieg gegen Philippe!« Er schaute seine Mutter an und fragte sich, wie sie es immer wieder fertigbrachte, ihn in die Verteidigung zu drängen.

»Gewiß«, sagte Alienor ein wenig spöttisch, »daran zweifelt auch niemand, aber um die Wahl zwischen dir und Arthur etwas zu erleichtern, werde ich durch meine sämtlichen Ländereien reisen und den Leuten nochmals den Vasallenschwur abnehmen.«

John begriff. Sie würde ihre gesamte Beliebtheit beim Volk für ihn in die Waagschale legen – wie sie es auch vor Richards Krönung getan hatte. »Das würdet Ihr für mich tun?« fragte er, sah sie an und verbesserte sich sofort bitter: »O ja, richtig, nicht für mich, sondern für die Sicherheit des Reiches und für Richard. Entschuldigt, daß ich gefragt habe.«

Alienor entgegnete nichts, noch wandte sie ihren starren Blick von John ab. »Ich kann nicht in Fontevrault bleiben«, sagte John unvermittelt, »das wäre ein zu großes Geschenk für Philippe. Meine Krönung als Herzog der Normandie ist in ein paar Tagen, und der Erzbischof von Canterbury bereitet mit William Marshall die Krönung in England vor.«

»Natürlich«, antwortete seine Mutter, »wir müssen uns wieder einmal alle sehr beeilen.«

John hätte um ein Haar die Hand nach ihr ausgestreckt, doch er unterdrückte den Impuls. Er konnte sich nicht erinnern, sie je von sich aus berührt zu haben. Eigentlich hatte er angenommen, es würde ihm ein wenig Frieden verschaffen, sie um ihren Richard trauern zu sehen, doch nun löste sie statt dessen Mitleid in ihm aus und den leidenschaftlichen Wunsch, sie daran zu erinnern, daß er für sie da war, der einzige von fünf Söhnen, der ihr noch geblieben war. Doch dann sagte er laut: »Wann werdet Ihr aufbrechen?«

»Sofort natürlich. Ich kann keine Beileidsbesuche mehr ertragen, und wenn ich noch eine Woche Berengarias Tränenausbrüche über mich ergehen lassen muß, werde ich verrückt. Sie ist sofort hierhergekommen, und seitdem versucht sie, Isolde nach Tristans Tod zu übertreffen.«

Es lag ihm Trost auf der Zunge, doch er konnte es nicht aussprechen. Herausfordernd fragte John, als wollte er, daß sie ihn ablehnte: »Ihr wißt, daß ich deswegen zu spät hier bin, weil ich mir erst den Staatsschatz in Chinon übergeben habe lassen?«

»Was hättest du sonst wohl tun sollen?« versetzte seine Mutter in ihrem vertraut ironischen Ton. »Wenn Philippe ihn in Arthurs Namen beansprucht hätte, wäre das eine Katastrophe gewesen.«

»Gibt es irgend etwas, das ich für Euch tun kann?« brach es schließlich aus ihm hervor. In den Augen seiner Mutter mischte sich Erstaunen mit etwas Undeutbarem. »Nein, John, nichts. Nicht das geringste.«

Alienor hatte während der letzten Jahre Zeit gehabt, die Veränderungen im Land festzustellen, und sie wußte, daß es nicht einfach sein würde, ihre Untertanen an John zu binden.

Während sie durch Aquitanien reiste, Stadt für Stadt, Ort für Ort, nahm sie nicht nur Huldigungen entgegen, sondern verlieh sehr vielen Städten auch die eigentlichen Stadtrechte – die Unabhängigkeit von der unmittelbaren Macht des Grafen, das Recht, sich als freie Stadt durch Bürgermeister und

Stadtrat selbst zu regieren. Damit waren die Bürger nicht mehr ihrem Lehnsherrn, sondern der Herzogin von Aquitanien direkt unterstellt. Es waren dieselben Rechte, die sich beispielsweise Poitiers im ersten Jahr von Alienors Ehe mit Louis bei seinem Aufstand genommen hatte. Es lag etwa sechzig Jahre zurück.

Als sie den Bürgern von Poitiers ihre Privilegien verlieh, hätte sie beinahe über die Ironie des Schicksals gelacht. Die Zeiten hatten sich so sehr gewandelt. Es war keineswegs uneigennützig von ihr, soviel Freiheit zu gewähren; es war vorausschauend. Denn wann immer der König ein Heer zusammenstellte, mußten seine adligen Vasallen ihrerseits Männer zu den Waffen rufen, deren Loyalität erst ihnen und dann dem Herrscher galt. Alienor änderte mit ihrer Befreiung der meisten Städte dieses System, denn als Gegenleistung verpflichteten die Bürger sich, sich von nun an selbst zu verteidigen, dem König aber bei Bedarf ihre Waffen zur Verfügung zu stellen. Und doch, als sie in der Kathedrale von Poitiers, wo sie vor so vielen Jahren zur Herzogin gekrönt worden war, die Dankbarkeit ihrer Stadt bemerkte, spürte sie nicht die Befriedigung eines Kalküls, sondern tiefe Liebe. Sie hatten einen langen Weg gemeinsam hinter sich gebracht, Poitiers und sie, und die Stadt würde nun weiter aufblühen und gedeihen – ohne Abgabepflichten an die Adligen der Umgebung.

Zwei Tage, nachdem man sie in Poitiers stürmisch gefeiert hatte, traf sie in Niort auf ihre Tochter Joanna. Joanna war von den rebellischen Untertanen ihres Gemahls, des Grafen von Toulouse, in der Burg Cassès belagert worden und hatte schließlich fliehen müssen. Joanna war schwanger; dunkle Ringe zeichneten sich unter ihren Augen ab, und sie sah so schlecht aus, daß Alienor zutiefst erschrak. Gott, oder wer auch immer verantwortlich dafür war, konnte nicht auch noch Joanna fordern!

»Ich wäre nach Richards Tod sofort zu Euch gekommen«, sagte Joanna leise, »wenn ich es nur gekonnt hätte.«

»Ich weiß, mein Schatz.«

»Aber Ihr tragt es, nicht wahr? Manchmal glaube ich, Ihr seid wie ein Felsen, Mutter, ewig und unzerstörbar.«

»O ja – vor allem ewig«, entgegnete Alienor gedehnt. Mit einem Stirnrunzeln fügte sie hinzu: »In deinem Zustand ist es besser, du ruhst dich irgendwo aus, wo du nicht gestört wirst. Auf keinen Fall kannst du mit mir durch das Land ziehen.«

»Aber Mutter...«

»Ich will nicht, daß du irgendeine Gefahr eingehst.«

Am Ende wurde beschlossen, daß Joanna nach Fontevrault gehen würde, bis Alienor ihre Reise beendet hatte.

Am Ende ihres Zuges, der sie über La Rochelle und Saintes bis nach Bordeaux, in die Stadt ihrer Kindheit, geführt hatte, empfing sie Philippe von Frankreich. Er war dorthin gekommen, um seiner mächtigsten Vasallin den Lehnseid abzunehmen. Seit sein Vater Louis mit sechzehn Jahren in Bordeaux erschienen war, um seine Braut zu ehelichen, war er der erste König von Frankreich, den es hierher verschlug.

»Das«, bemerkte Saldebreuil de Sanzay, einer von Alienors ältesten noch lebenden Getreuen, »ist ein Anblick, wie er sich vielleicht nur einmal im Leben bietet.«

Im Palais l'Ombrière saß Philippe, den Alter und Krankheiten vor der Zeit hatten kahlköpfig werden lassen, in dem Prunksessel der großen Halle. Er trug den königlichen Purpurmantel, doch es entging ihm keineswegs, daß die schlanke, aufrechte Gestalt der Frau, die nun vor ihm niederkniete, ebenfalls in Scharlachrot gehüllt war.

Alienor legte, wie es bei einem Lehnseid üblich war, ihre Hand in die beiden des Königs von Frankreich. »Ich gelobe Euch Treue, mein König«, sagte sie klar, »für meine Domäne Aquitanien und alle Länder, die zu ihr gehören – und möge

Gott mich strafen, wenn ich meinen Eid nicht halte.« Ihr spöttischer Blick kreuzte sich mit dem Philippes, als er sich vorbeugte, um sie, wie es einem Lehnsherrn geziemte, auf die Stirn zu küssen.

Diese alte Hexe, dachte er mit einem gewissen Maß an Bewunderung. Sie hätte ihm nicht deutlicher machen können, daß sie ihre Heimat fest im Griff hatte und keineswegs gesonnen war, sie Arthur zu überlassen, und da er ihren Eid entgegengenommen hatte, hatte er auch ihren Anspruch anerkannt. Ganz abgesehen davon, daß es wohl mehr als töricht gewesen wäre zu glauben, man könne dieser Frau Aquitanien nehmen, solange sie lebte.

Aber, sagte sich Philippe und lächelte sie an, das würde nicht für immer sein. Sie sollte ohnehin schon längst unter der Erde liegen, und eines Tages... und dann würde er die Plantagenets dahin zurückzwingen, wo sie hingehörten – nach England. Schluß mit diesem Frankreich demütigenden Großreich. Er, Philippe, würde die Plantagenets auf ihren Platz verweisen und Frankreich zu einem mächtigen Reich machen. Wenn nur diese Frau erst tot war.

»Ihr seid meine geliebte Vasallin«, bestätigte er.

Alienors Lippen teilten sich zu einem strahlenden Lächeln. »Und Ihr seid mein geliebter Herrscher.«

Der Fehdehandschuh war geworfen.

Das Hospital von Fontevrault gehörte zu den besteingerichteten weit und breit, doch keine der in Krankenpflege erfahrenen Nonnen konnte an diesem heißen Sommertag der Frau helfen, die sich in ihren Wehen hin und her warf, eigentlich schon viel zu schwach für das Kind.

»Sie wird sterben, meine Königin«, sagte eine der Schwestern mitleidig. »Es ist besser so.« Alienor wandte sich ihr mit zornesblitzenden Augen zu. »Nein, das wird sie nicht, versteht Ihr? Ich lasse es nicht zu!«

Joanna hatte sie in ihren Schmerzen gehört. »O Mutter«, sagte sie heiser, »das ist so kennzeichnend für Euch – selbst dem Tod müßt Ihr befehlen!«

Alienor setzte sich zu ihr. »Und er wird mir gehorchen.« Sie sah das verklebte rote Haar ihrer Tochter, sah den geschwollenen Leib, die erbarmungswürdig dünnen Arme und Beine. Joanna war immer so gesund gewesen, ihr so ähnlich. Es konnte nicht sein, daß all diese Lebendigkeit ein solches Ende fand – fünf Monate, nachdem Richard gestorben war. Als der Priester mit der Letzten Ölung erschien, hätte sie ihn um ein Haar hinausgeworfen.

Doch Joanna kämpfte einen hoffnungslosen Kampf gegen den Tod, und in dem Moment, als das Kind, ein Junge, aus ihrem Leib geholt werden konnte, holte er sie. Sie war erst vierunddreißig Jahre alt und das achte von Alienors zehn Kindern, das vor ihr starb.

»Es sieht so aus«, sagte John zu seiner Mutter, die den Herbst mit ihm in Rouen verbrachte, »als würde es Gott gut mit uns meinen. Philippe hat sich eine unglaubliche Dummheit geleistet. Nicht nur, daß er seine Ingeborg nach wie vor gefangenhält, jetzt ist auch noch bekannt geworden, daß er heimlich eine neue Gemahlin genommen hatte, die ihm schon zwei Kinder geboren hat! Der Papst hat ihn sofort exkommuniziert und über Frankreich das Interdikt verhängt.«

»Armer Philippe«, antwortete Alienor erfreut, »und Arthur scheint ihm auch nicht mehr so sicher zu sein, seit Geoffreys Witwe Constance im Frühling wieder geheiratet hat. Ich nehme an, ihr Gatte sähe den Jungen lieber vor seinen eigenen Karren gespannt als vor Philippes.«

John nickte und strich sich eine dunkle Haarsträhne aus der Stirn. »Philippe hat mir bereits Unterhändler für einen Friedensvertrag geschickt – zu den Bedingungen, die Richard damals für den Waffenstillstand ausgehandelt hatte.

Natürlich will er Zeit gewinnen, doch Zeit kann auch mir nur nutzen, deswegen werde ich wohl zustimmen. Ich habe als Unterpfand vorgeschlagen, seinen Sohn Louis mit einer von Aenors Töchtern zu vermählen. Wie gefällt Euch das, Mutter? Eure Enkelin auf dem Thron von Frankreich – und eine Plantagenet noch dazu. Ich wage zu behaupten, daß Philippe diese Vorstellung Alpträume bereitet, doch er wird akzeptieren, das wette ich.«

Aenor, Alienors letzte lebende Tochter, war mit dem König von Kastilien verheiratet. »Ein guter Plan. Ich denke, ich werde selbst nach Kastilien reisen, um das Mädchen zu holen.«

John war erfreut über dieses Angebot, doch auch ein wenig überrascht. »Über die Pyrenäen? In –«

»Sag nicht, in meinem Alter«, unterbrach ihn seine Mutter ironisch, »mein Alter ist eben der Grund. Wer weiß, wie lange ich noch Gelegenheit habe, die Welt zu sehen – und Aenor. Wenn ich von einer Felslawine getroffen werde, rechne ich mit einem Gedenkgottesdienst auf deine Kosten.«

Ehe er sich's versah, war John eine Bemerkung entschlüpft, die er sofort wieder ungeschehen gemacht hätte, wäre er dazu in der Lage gewesen. »Ich werde Euch vermissen«, sagte er und hielt jäh inne. Er hätte sich ohrfeigen können.

Alienor sah sein wechselndes Mienenspiel und half ihm über den Moment hinweg. »Das spricht für meine vielgerühmte Anziehungskraft«, erwiderte sie leichthin, »ich hätte nicht gedacht, daß ein Mann mir das in diesem Alter noch sagen würde. Was allen Kampfgenossen von Methusalem und mir noch Hoffnung gibt.«

Sie erhob sich. John machte eine Bemerkung über das Wetter in den Pyrenäen, denn Alienor hatte sich wieder einmal den Winter als Reisezeit ausgesucht, und verwünschte sich immer noch innerlich. Er verstand es selbst nicht. Er hatte nun alles, wofür er immer gelogen, betrogen, gekämpft und intrigiert hatte – Richard war tot, und er war König von England. König John I., mit nunmehr dreiunddreißig Jahren. Aber war das wirklich alles, wonach er sich gesehnt hatte?

Er beobachtete seine Mutter und fragte sich, ob sie verstanden hatte, was er ihr in der Proklamation sagen wollte, die er erlassen hatte: »... Wir wollen, daß sie Herrin über alle Länder sei, die zum Königreich gehören, aber auch Herrin über uns und unsere eigenen Länder und Besitztümer.« Dieses Dokument hatte er diktiert, nachdem er von Joannas Tod gehört hatte. Joanna. Er hatte seine uneheliche Tochter nach ihr benannt, die nun zehn Jahre alt war. John hatte viele Bastarde, doch nur eine Tochter, und er liebte die jüngere Joanna sehr.

»Ich habe Aenor seit einem Vierteljahrhundert nicht gesehen«, sagte Alienor plötzlich. »Es scheint unmöglich, daß es schon so lange her ist. Wie wohl ihre Kinder sein werden?«

John hatte angeordnet, daß Hauptmann Mercadier Alienor begleiten sollte, was ihm die Bemerkung einbrachte: »Und wer schützt mich vor Mercadier?« Doch in Wahrheit war Alienor einigermaßen erleichtert über Mercadiers Geleitschutz. Sein Ruf war dermaßen furchteinflößend, daß er allein ihr wohl alle unternehmungslustigen Räuber vom Hals halten würde, und sollte es tatsächlich zu einem Angriff kommen, dann konnte sie sich auf seine Waffenkünste verlassen. Wie dem auch sein mochte, trotz Mercadiers großer Treue zu Richard konnte sie ihn nur mit innerer Abneigung betrachten. Sie war nicht zimperlich, was Tote anging, doch sie verabscheute sinnlose Grausamkeit wie den Tod des Armbrustschützen von Calus.

Alienor verbrachte die Jahrhundertwende inmitten der Pyrenäen. Diese Reise war eine Herausforderung, genau das, was sie gebraucht hatte, und wenn sie die zu Eismassen erstarrten Wasserfälle in ihrer bestürzenden Großartigkeit sah, dann dachte sie nicht an die Vergangenheit, sondern an die Zukunft.

Sie war sich durchaus im klaren darüber, daß das Reich der Plantagenets durch Philippe mehr als gefährdet war, doch sie hatte alles getan, was sie konnte, um es zu festigen, und was auch geschehen mochte, ihre Nachkommen würden sowohl auf dem Thron von Frankreich wie auch auf dem von England sitzen.

Auf ihrer Reise nach Navarra für Richard war sie nicht so tief in das Innere Spaniens eingedrungen wie jetzt, und Alienor war glücklich über diese späte Gelegenheit. Es gab eigentlich kein Land in Europa mehr, das sie nicht kennengelernt hatte. Kastilien und seine Menschen erinnerten sie an den Süden Aquitaniens, und doch waren sie wieder ganz anders, und als sie am Hof ihrer Tochter in Burgos eintraf, konnte Königin Aenor eine Frau begrüßen, auf die ihr Weg wie ein Verjüngungsmittel gewirkt hatte.

Aenor glich äußerlich von allen Plantagenets Henry am meisten, doch war ihr eine innere Ausgeglichenheit gegeben, die sie aus irgendeiner Seitenlinie geerbt haben mußte – oder vielleicht von ihrer Großmutter, die den gleichen Namen getragen hatte. Sie hatte, auch eine Seltenheit unter den Plantagenets, Glück und Zufriedenheit in ihrer Ehe gefunden und nicht weniger als elf Kindern das Leben geschenkt. Da sie nicht mehr damit gerechnet hatte, ihre Mutter noch einmal wiederzusehen, war sie von der Nachricht, Alienor komme selbst, um eine ihrer Töchter zu holen, überwältigt gewesen. Ihr Wiedersehen gestaltete sich dementsprechend stürmisch, und Aenors Kinder sahen verdutzt zu, wie ihre Mutter sich wie ein ausgelassenes junges Mädchen gebärdete.

»Laß mich leben«, protestierte Alienor lachend.

Aenors Gatte küßte ihr galant die Hand und versicherte, er

sei vor allen anderen glücklich, die legendäre Alienor von Aquitanien kennenzulernen, deren Ruhm von der Themse bis an den Nil reiche.

»Eine ein wenig verblichene Legende, fürchte ich«, erwiderte Alienor.

Aenor gab zu ihren Ehren mehrere Feste, bei denen sie bewies, daß die kastilischen *trobadors*, die sie an ihren Hof gezogen hatte, den aquitanischen Troubadouren durchaus das Wasser reichen konnten. Es waren Tage voller Heiterkeit und vertrauliche Abende, an denen sie mit ihrer Mutter manchmal stundenlange Gespräche führte, die sehr ernst ausfallen konnten.

»Und was kommt als nächstes?« fragte Aenor einmal nekkend, »geht Ihr wieder auf einen Kreuzzug oder vielleicht ins ferne Cathay?«

Alienor stützte das Kinn in die Hände. »Wer weiß, vielleicht. Aber ich glaube, die Zeit der Abenteuer ist für mich bald zu Ende. Natürlich kann unser aller Freund Philippe noch dafür sorgen, daß sich das ändert. Aber für die nächsten Jahre sind ihm wohl vom Papst die Hände gebunden. Er braucht Verbündete und vor allem unseren Handel. Gott segne Innozenz!«

Aenor, deren in der Privatheit ihres Gemachs gelöstes Haar dunkel im Fackelschein schimmerte, fragte: »Was ist eigentlich aus Alais geworden, nachdem sie so lange zwischen England und Frankreich als Druckmittel benutzt wurde?«

»Zwei Jahre nach Richards Tod heiratete sie einen Edelmann namens Gilles de Ponthieu, und nach allem, was ich von ihr gehört habe, ist es eine gute Ehe.«

Alienors Augen schmerzten ein wenig, und sie schloß die Lider. Ihre Tochter meinte zögernd: »Das letzte Jahr... muß sehr hart für Euch gewesen sein...«

»Lassen wir das lieber, Liebes.«

Die neununddreißigjährige Königin von Kastilien blickte auf ihre Mutter und umarmte sie. »Nein, wir lassen es nicht. Seit ich denken kann, habt Ihr Euch nie gestattet, zu weinen oder Euch bei irgend jemandem anzulehnen. Ihr müßt doch jetzt das Bedürfnis dazu haben, Mutter, Ihr braucht doch einen Menschen.«

Alienor küßte sie. »Ich danke dir, Liebes, aber wie du schon gesagt hast, ich habe es mir nie gestattet, und ich bin zu alt, um meine Gesetze zu ändern. Wenn ich etwas verabscheut habe, dann war es Rührseligkeit. Bei dir und deinen Kindern zu sein hilft mir mehr, als du ahnst.«

»Dann bleibt doch noch länger als diese wenigen Wochen«, bat Aenor.

Alienor seufzte. »Ich würde so gerne, aber Philippe und John warten auf das Unterpfand ihres Vertrags.«

»Nein«, sagte Aenor wehmütig, »das ist es nicht. Ihr seid wie der Wind, nirgendwo zu Hause, nirgendwo zufrieden.«

Die beiden Könige hatten Alienor die Wahl unter Aenors drei Töchtern überlassen, und sie bemühte sich, jedes der Mädchen gut kennenzulernen. Schließlich sollte es eine zukünftige Königin sein, die zu mehr in der Lage sein sollte, als bei einer Prozession dekorativ zu wirken – wie die arme Berengaria. Endlich entschied sie sich für die lebhafte kleine Blanca, die sowohl Henry wie auch ihr ähnlich sah, und sie hoffte, daß es Philippe einen kleinen Stich versetzte, wenn er eine vollkommene Plantagenet an die Seite seines Sohnes setzen mußte.

Blanca war fasziniert von ihrer Großmutter und erwies sich auf dem langen Rückweg als eine angenehme, unterhaltsame Reisegefährtin. »Aber warum soll ich denn in der Normandie heiraten und nicht in Frankreich?« fragte sie einmal.

»Weil ganz Frankreich dem Interdikt unterliegt und keine kirchlichen Zeremonien stattfinden können, bis dein Schwiegervater sich entschließt, Seiner Heiligkeit dem Papst nachzugeben. Es kommt darauf an, wer den längeren Atem hat, er oder Innozenz III.«

Sie sprach mit Blanca wie zu einer Erwachsenen, denn sie wußte, was für Lektionen das Mädchen im königlichen Dasein in Frankreich erhalten würde – bei Philippes Einstellung sicher als erstes diejenige, daß Frauen sich aus der Regierung herauszuhalten hatten. Dem wollte sie von vornherein entgegenwirken.

»Frankreich war schon einmal unter dem Interdikt, nicht wahr? Als Ihr dort noch Königin wart.«

»So ist es. Und laß dir gesagt sein, das einzige, was mich an der Aufhebung des Interdikts wirklich erleichtert hat, war, daß ich damit jemandem einen Herzenswunsch erfüllen konnte.«

»Wem denn, Großmutter?« erkundigte sich Blanca neugierig. Alienor schaute in die Ferne.

»Ich war damals noch sehr jung. Als ich ihr begegnete, war sie eine alte Frau, aber ich habe es nicht vergessen: Héloise von Paraklet, und sie kam zu mir, als…«

Sie erzählte dem Kind die Geschichte von Abélard und Héloise, wie sie sie selbst einmal erfahren hatte, und erkannte in den weitgeöffneten Augen des Mädchens ihre eigene Faszination von damals. »…und die Leute sagen, als Héloise dreißig Jahre nach Abélard starb und zu ihm in sein Grab gelegt wurde, öffnete er seine Arme, um sie zu empfangen.«

Blanca hielt den Atem an. »Wirklich?«

Alienor verbiß sich ein Lächeln. »Ich glaube nicht. Weißt du, die Toten warten nicht auf uns, ich meine, nicht auf diese Weise. Wenn sie irgendwo warten, dann bestimmt nicht als Leichen in ihren Gräbern.«

Sie begleitete Blanca nicht ganz bis zu ihrem Ziel, sondern übergab sie in Fontevrault, wie es vereinbart gewesen war, Philippes Gesandtem. Philippe wollte offensichtlich nicht, daß Alienor an dieser Hochzeit teilnahm, und sie sah keinen Sinn darin, darauf zu bestehen.

»Aber werde ich Euch wiedersehen, Großmutter?«

»Sicher. Du kannst deinem Schwiegervater sagen, ich fände es zu amüsant, wieder einmal nach Paris zu kommen, vielleicht lädt er mich dann ein.«

Alienor befand sich noch in Fontevrault, als Will, Graf von Salisbury, sie mit einer unerhörten Neuigkeit besuchte. Sie befand sich im Klostergarten, wo sie die Geheimnisse des Kräuteranbaus entdeckte, hatte die Hände voller Erde und richtete sich mühsam auf, als sie Henrys Sohn kommen sah.

»Du hast ein Talent dafür, Will, mich in unangenehmen Lagen anzutreffen.«

»Ihr seid überall die Königin«, parierte er gewandt.

Alienor lachte. »Die Königin der Kräutergärten, keine Frage. Aber weißt du, ich finde es beruhigend, etwas mit den Händen zu tun, und das ist zumindest nützlicher als Sticken. Außerdem bin ich damit nicht ganz umsonst in diesem Kloster.«

Sie klopfte ihre Hände ab und musterte ihren Stiefsohn. »Was ist denn geschehen? Du machst ein Gesicht wie damals, als du mich in meiner Gefangenschaft besuchtest, und ich kann dir versichern, zwischen Fontevrault und dem Salisbury Tower ist ein gewaltiger Unterschied.«

Will räusperte sich. »Kein Zweifel, meine Königin. Es ist nur... John hat seine Ehe mit Avisa von Gloucester annullieren lassen.«

Alienor zuckte die Achseln. »Und? Das päpstliche Dekret dazu hatte er doch schon seit Jahren in der Tasche. Innozenz wird ihm keine Schwierigkeiten machen.«

»Innozenz nicht«, sagte der Graf von Salisbury, »aber die Lusignans.«

»Ich war schon einmal besser im Rätselraten«, entgegnete

Alienor, »aber was hat Avisa von Gloucester mit den Lusignans zu tun?«

Will zog eine Grimasse. »Nicht sie. Johns neue Gemahlin.«

»Seine neue Gemahlin?«

Will verbeugte sich, als wolle er jemanden vorstellen. »Isabelle d'Angoulême.«

»Ach du meine Güte. Gehen wir in den Gang dort, Will, da steht eine Bank. Ich muß mich setzen.«

Er bot ihr seinen Arm, und sie ließen sich beide auf der grauen Steinbank an der Wand des Kreuzgangs nieder. »Also«, sagte Alienor, »John hat dieses zwölfjährige Mädchen geheiratet, das mit Hugo de Lusignan verlobt war?«

Will nickte. »Es war eine geheime Vereinbarung mit Aimar d'Angoulême«, berichtete er, »sowie Johns Ehe mit Avisa annulliert wäre, sollte er sich mit Isabelle verloben, als Unterpfand dafür, daß Aimar d'Angoulême seine Treue von Philippe auf John überträgt. Aimar ist einer von Philippes mächtigsten Verbündeten und...«

»Ich weiß«, unterbrach Alienor. »Es war ein kluger Schachzug, aber wie wurde denn aus der Verlobung eine Heirat?«

»Nun«, antwortete Will von Salisbury, »John wunderte sich auch schon etwas, daß Aimar bereit war, eine Verlobung aufzulösen, nur um eine andere einzugehen, die doch ebenso schnell wieder aufgelöst werden konnte, wenn John eine bessere Verbindung im Auge hatte. Aber dann, als die Verlobung geschlossen werden sollte, stellte uns der Herzog von Angoulême seine Tochter vor, und da war es geschehen.«

Will zog eine Grimasse. »Seht Ihr, das ist genau der Teil, der mir an der Angelegenheit nicht paßt. Meine Gemahlin Eva ist ebenfalls ein Kind, elf Jahre alt, und ich werde selbstverständlich noch Jahre mit dem Vollzug der Ehe warten – bis sie eine erwachsene Frau ist. Aber sowie John dieses

Mädchen sah, war er verloren. Oh, sie wirkt nicht wie ein Kind, oder doch um Jahre älter, und sie ist... nun, wunderschön. Doch sie ist immer noch erst zwölf, und als ich John sagte, er müsse auf sie warten, so wie ich auf Eva, erwiderte er mir bloß, er würde gerne wissen, ob ich auch auf Eva warten würde, wenn sie so aussehen würde wie Isabelle und in meinem Bett läge.« Er holte kurz Luft. »Fazit: statt eines geheimen Verlöbnisses eine vollzogene Ehe, und sowie die Lusignans das erfahren, ist der Teufel los.«

Sie schwiegen beide eine Weile. Dann meinte Alienor nachdenklich: »Was die Mitgift angeht, John könnte schlechter fahren – Isabelle ist eine der reichsten Erbinnen überhaupt. Auch das Bündnis mit ihrem Vater ist sehr wichtig und nützlich. Aber das treibt die Lusignans natürlich in Philippes Hände. Und das Mädchen – wie nimmt sie es auf?«

Der Graf von Salisbury war ein wenig verlegen. »Eigentlich... nun, es war nicht gerade eine Vergewaltigung. Sie ist sehr jung, sehr schön und sehr sinnlich, und ich glaube, es ist die Mischung von allen dreien, die John so anzieht. Nach der Hochzeitsnacht kam sie mir vor wie eine Katze, die Sahne geschleckt hat.«

»Um so besser für John«, schloß Alienor trocken. »Doch ich glaube, du hast recht, Will – das wird noch Ärger geben.«

Es war ein schöner Sommertag im Jahre 1203, und Johns Tochter Joanna war glücklich und beunruhigt zugleich, während sie auf einem Pony neben der Sänfte ihrer Großmutter herritt. Ihr Vater führte in der Normandie gegen den französischen König Krieg und hatte sie zu seiner Mutter in das Poitou geschickt.

Joanna war still, zurückhaltend, mit Johns schwarzen Haaren und seinen haselfarbenen Augen, doch wenn sie Menschen ihre Zuneigung zuwandte, dann rückhaltlos. Schon bald war sie Alienors Zauber verfallen, und sie liebte ihre Großmutter sehr. Es war wundervoll, jetzt mit ihr nach Poitiers zu reisen, und sie versuchte, nicht an die Gefahr zu denken, die über ihrem Vater schwebte.

Schließlich gab sie es auf. »Wird der König von Frankreich... glaubt Ihr, daß er siegreich sein könnte?« fragte sie ihre Großmutter.

»Er glaubt es«, erwiderte Alienor sarkastisch, »und er verkündet es laut und deutlich aller Welt. Philippe, der Rächer der Enterbten – er benutzt ja immer noch Arthur als Schild und Vorwand. Wenn diese Frau, die Geoffrey damals geheiratet hat, nur Verstand genug gehabt hätte, Paris sofort nach seinem Tod zu verlassen, wären wir alle heute viel sicherer.«

»Habt Ihr Arthur je kennengelernt?« forschte das Mädchen. »Wie alt ist er jetzt?«

»Er ist siebzehn Jahre alt. Nein, ich habe ihn nie gesehen. Jedenfalls scheint er seinem Vater nicht sehr zu gleichen. Was auch immer man über Geoffrey sagen konnte, niemand hätte ihn je als einen Narren bezeichnet, und Arthur muß einer sein, Philippe die ganze Normandie abzutreten, falls er ihm auf den Thron hilft!«

Joanna wollte gerade fragen, ob es stimmte, daß Arthur es auch gewagt hatte, Philippe für Aquitanien den Lehnseid zu leisten, doch ihre scharfen Augen erspähten eine Staubwolke am Horizont. »Großmutter«, sagte sie unsicher, »ich glaube, der Späher, den Ihr vorausgeschickt habt, kommt zurück.«

Alienor versuchte, sich so aus ihrer Sänfte zu beugen, daß sie Joannas ausgestreckter Hand folgen konnte. »Verwünscht seien alle Sänften!« rief sie heftig aus. »Es ist nicht zu fassen; vor noch nicht einmal drei Jahren habe ich noch die Pyrenäen überqueren können, und jetzt verurteilen mich diese törichten Ärzte zu so einer Umstandskrämerei.«

Joanna lächelte scheu. »Sie wissen eben nicht, wovor sie mehr Angst haben sollen«, versetzte sie, »vor dem Ärger

Euer Gnaden, falls sie Euch das Reisen ganz verbieten, oder vor der Möglichkeit, daß Ihr dabei sterben könntet. Also sind sie auf eine Zwischenlösung verfallen.«

Alienor zog sie an einem ihrer langen dunklen Zöpfe. Ihr jüngster Sohn hatte mehr als genug Fehler, doch zu Johns guten Seiten gehörte, daß er in alle seine unehelichen Kinder vernarrt war und sie an seinem Hof erziehen ließ, und irgendwie hatte er es fertiggebracht, in Joanna eines ihrer liebenswertesten Enkelkinder großzuziehen.

Der Späher war inzwischen auf Hörweite näher gekommen. »Zur Königin«, brüllte er, völlig außer Atem, »ich muß sofort zur Königin!«

Alienor befahl rasch, ihm Platz zu machen. »Was gibt es?« fragte sie so gelassen wie möglich.

»Meine Königin«, keuchte der Soldat, »die Lusignans versuchen, Euch den Weg nach Poitiers abzuschneiden – und Euer Enkel Arthur ist bei ihnen!«

Alienor fühlte sich versucht zu lachen. Daß die Lusignans sich erheben würden, damit war zu rechnen gewesen, wenngleich sie angenommen hatte, sie würden ihre Streitkräfte zu Philippe in die Normandie schicken. Doch daß ihr schon wieder eine Gefangennahme drohte, und diesmal von ihrem eigenen Enkel, grenzte ans Groteske!

Sie war mittlerweile über achtzig Jahre alt, doch ihr Verstand arbeitete so scharf und klar wie eh und je. »Welches ist die nächste Burg?« fragte sie den Hauptmann ihrer Eskorte.

»Mirebeau, Euer Gnaden.«

»Richtig – laßt sofort kehrtmachen. Wir werden uns in Mirebeau verbarrikadieren.« Sie hielt einen Moment lang inne. »Welches sind Eure schnellsten Reiter? Zwei von ihnen sollen versuchen, meinen Sohn zu benachrichtigen, auf alle Fälle jedoch getrennt, damit wenigstens einer von ihnen durchkommt.«

Während der Hauptmann Befehle schrie, trommelte sie

nervös mit den Fingern auf ihren Schoß. Mirebeau war nicht auf eine Belagerung vorbereitet, und John befand sich in der Normandie, in Le Mans, soweit sie wußte, viele Tagesmärsche entfernt. Und er war nie der begnadetste Heerführer gewesen.

»Vater wird uns retten«, sagte Joanna mit ein wenig zitternder Stimme, doch im Brustton der Überzeugung.

Alienor lächelte ihr zu. Das Mädchen geriet nicht in Panik; das war in ihrem Alter schon sehr viel. »Sicher«, sagte sie mechanisch, »sicher.«

Das zur Burg gehörende Städtchen Mirebeau war nur sehr klein, doch Alienor hatte nicht alle Bewohner in die Burg evakuieren können, und sie mußte jetzt von den Turmzinnen aus zusehen, wie der Ort von den Truppen der Lusignans und Arthurs besetzt wurde. Die Erstürmung der Stadt war kaum eine Eroberung zu nennen gewesen, doch sie hatte an allen Zinnen und Schießscharten Bogenschützen postieren lassen, die den ersten Angriff erfolgreich zurückgeschlagen hatten.

»Werden sie noch einmal angreifen?« fragte Joanna neben ihr. Alienor schüttelte den Kopf. »Ich glaube, sie werden sich auf eine Belagerung verlegen. Die Burg kann sehr lange vor direkten Angriffen verteidigt werden, aber sie werden richtig vermuten, daß wir nicht viele Vorräte haben.« Plötzlich zog sie das Mädchen an sich. »Joanna, du hast bessere Augen als ich – sag mir, was sie da machen!«

Joanna blinzelte und schluckte dann. »Es sieht so aus«, antwortete sie mit belegter Stimmen, »als würden sie die Stadttore zumauern, damit kein Einwohner entkommen kann.«

»Und auch kein Bote von der Burg«, ergänzte Alienor. »Nun, sie werden zumindest ein Tor für ihren eigenen Nachschub frei lassen müssen.«

Sie umfaßte eine Falte ihres Kleides und grub ihre Hand hinein. Zeit, sie mußte vor allem Zeit gewinnen. »Gehen wir«, sagte sie zu ihrer Enkelin. »Wir bieten zwei schöne Zielscheiben, und den Lusignans würde ich es zutrauen, daß sie auch auf Frauen schießen lassen.«

Joannas Hand stahl sich in die ihre, und sie spürte, daß das Mädchen von derselben Frage gequält wurde wie sie – würde einer ihrer Reiter zu John durchkommen? Und wie lange würde John dann brauchen, um von Le Mans hierher zu marschieren?

Unterhandlungen – sie mußte versuchen, durch Verhandlungen Zeit herauszuschlagen. Alienor schickte einen der Stadtbewohner hinaus; statt einer Antwort kam ein Soldat bis vor die Burg und schrie zu den Wachen empor, man habe den aufsässigen Bürger, der gegen den rechtmäßigen König Arthur rebellierte, gleich behalten und könne sich mit nichts Geringerem als der vollständigen Übergabe zufriedengeben.

»Das, mein Kind«, sagte Alienor heiter zu Joanna, »bezeichnet man im allgemeinen als eine völlig törichte Haltung. Die edlen Herren de Lusignan werden schon sehen, was sie davon haben. Was Arthur betrifft...« Sie lachte plötzlich. »Sein Vater war zu gerissen, und Arthur ist zu kurzsichtig, bei weitem zu kurzsichtig.«

»Was ist, wenn sie nun doch noch einmal angreifen?«

»Das tun sie nicht. Ich habe in meinem Leben viele Männer gekannt, alle haben sie Krieg geführt, glaub mir, ich *weiß* es.«

Die Enge der belagerten Burg machte sich schon nach ein paar Tagen bemerkbar, und der Mangel an Essen ebenso. Es herrschte allgemeine Gereiztheit. Alienor ließ den Hauptmann zu sich kommen. »Falls die Burg genommen werden sollte«, sagte sie, »darf kein Mensch erfahren, daß das Mädchen bei mir die Tochter des Königs ist, habt Ihr verstanden?«

»Aber Euer Gnaden«, protestierte er, »das sollte doch gerade ihr größter Schutz sein!«

Alienors Mundwinkel verzogen sich. »Vor den Lusignans? Der Familie, die John durch seine Ehe mit Isabelle gedemütigt hat? Man könnte ihr ebensogut ein rotes Tuch umbinden. Sie ist eine meiner Kammerfrauen, und sorgt dafür, daß Eure Leute sich das merken.«

»Jawohl, meine Königin.«

Ihre größte Sorge galt Joanna. Ihr selbst würde eine eventuelle Gefangennahme nicht viel ausmachen – »schlechte Gewohnheiten wird man nicht los«, murmelte sie –, aber das Mädchen... Sie würde Gott nicht gestatten, die zweite Joanna ebenso früh enden zu lassen wie die erste.

Joanna beklagte sich mit keinem Wort, zeigte keine Angst, doch sie hatte Alpträume, und mehr als einmal erwachte sie schreiend. »Es tut mir leid«, schluchzte sie, an ihre Großmutter geklammert, in deren Zimmer sie schlief, »ich will es nicht, es tut mir so leid!«

»Das ist schon in Ordnung. Wir haben nur unsere Träume, um uns Luft zu machen. Das Leben ist nie gerecht.«

»Aber es ist nicht das Leben, es sind die Menschen«, sagte das Mädchen heftig.

»Die sind im Königsstand noch viel ungerechter, mein Kind. Merk dir eins, wenn wir, die wir regieren, nicht irgendeine Krone trügen, würde man uns am nächsten Baum aufknüpfen. Soviel zu unserem christlichen Wert. Siehst du, stehlen kann jeder – dafür geliebt werden, das ist die Kunst.«

Schließlich schlief Joanna wieder ein, doch Alienor verbrachte die Nacht hellwach. Der August stand bevor. Schon jetzt war es in Mirebeau stickig, und es gab kaum eine Möglichkeit, sich zu waschen. Ihre Gefühlsregung machte sich endlich in einem hysterischen Gelächter Luft, das sie mit ihrem Handrücken auf dem Mund erstickte, um Joanna nicht wieder aufzuwecken.

Es war kurz vor Morgengrauen, als ein Pochen sie weckte. Alienor erhob sich rasch und eilte zur Tür. Sie war nicht im geringsten eitel, doch normalerweise hätte sie nie zugelassen, daß man sie in ihrem Alter in einem derartigen Zustand sah – mit offenen Haaren, nur in einem Nachtgewand. Indessen dachten diesmal weder sie noch der Mann, der sie weckte, an das Ungewöhnliche des Anblicks, den sie bot.

»Euer Gnaden«, flüsterte er, »die Wächter glauben, sie können etwas erkennen – eine Armee kurz vor Mirebeau.«

»Das ist doch nicht möglich«, sagte Alienor tonlos.

Joanna war inzwischen ebenfalls wach. Sie gab dem Mädchen ein Zeichen, sich schnell anzukleiden, und tat dasselbe. Ihre durchscheinenden, zarten Hände zitterten, als sie mit Joannas Hilfe ihre Haube befestigte. Konnte es… konnte es…

Leise, um die noch schlafenden Menschen nicht zu wekken, eilten sie beide den Gang entlang und auf den Südturm. Inzwischen war die Dämmerung angebrochen; im Morgendunst konnte man ein Banner erkennen – das Löwenbanner der Plantagenets. Joanna fiel ihrer Großmutter um den Hals. »Es ist Vater«, sagte sie jubelnd, »es ist Vater, er ist es!« Alienor nickte nur.

Wie sich später herausstellte, hatte ihn einer der Boten in der Nacht zum dreißigsten Juli erreicht; er hatte weniger als zwei Tage gebraucht.

Johns Ankunft kam für Arthur und die Lusignans völlig überraschend, mehr noch, sie war eine Katastrophe. Daß die Belagerer alle Tore bis auf eines hatten zumauern lassen, erwies sich jetzt als Falle, doch auch so wären sie der Übermacht von Johns Heer nicht gewachsen gewesen. Geoffrey de Lusignan wurde ohne Widerstand gefangengenommen.

Als John, deutlich von seinem Gewaltmarsch gezeichnet und fast am Rande der völligen Erschöpfung, aber gehalten vom grimmigen Triumph in der Burg eintraf, wurde er von einer begeisterten Joanna begrüßt. Er drückte sie an sich und küßte sie, doch seine Augen suchten seine Mutter. Alienor trat auf ihn zu, und dann sprach sie aus, worauf er, das wußte sie, sein ganzes Leben lang gewartet hatte.

»Du kannst mehr als stolz auf dich sein, John. Selbst Richard hätte es nicht besser machen können.«

John schwieg einen Moment und schloß kurz die Augen, doch als er sie wieder öffnete, kam die Antwort schnell und verletzend: »Ich hätte es mir denken können, Euer Gnaden, daß dies das höchste Lob sein könnte, zu dem Ihr fähig seid – ein Vergleich mit meinem vollkommenen Bruder.«

Bevor John Mirebeau wieder verließ, um in die Normandie zurückzukehren, ließ er noch seinen Neffen Arthur vor sich führen. Arthur ähnelte weniger Geoffrey als Hal; mit dem gleichen verstockten Trotz wie sein längst verstorbener Onkel rief er, kaum daß er vor dem englischen König stand: »Ich wollte mir nur nehmen, was mein war, und ich werde es noch tun! Ich habe ein Recht auf die Krone. Mein Vater war Euer älterer Bruder, und damit bin ich Richards Erbe und nicht Ihr, und...«

»Du beweist deine königlichen Anlagen sehr gut«, unterbrach ihn John schneidend, »wenn du deinen Kampf damit beginnst, deine Großmutter gefangennehmen zu wollen.«

Arthur hatte das gute Aussehen der Plantagenets, doch jetzt waren seine hübschen Züge von Haß und Verachtung verzerrt. »Ihr seid wahrhaftig der Richtige, um mir das vorzuhalten«, entgegnete er beißend, »*Onkel*! Ihr wart es doch, oder nicht, der erst seinen Vater und dann seinen eigenen Bruder verraten hat, und es in beiden Fällen nur tat, um zu dem Stärkeren überzulaufen? Und noch nicht einmal im Verrat wart Ihr erfolgreich – Ihr habt es ja in einem ganzen Jahr mit französischen Truppen im Rücken nicht fertiggebracht, diese alte Hexe da zu entmachten!«

John war erstarrt. Völlige Stille herrschte. Als er sich jetzt erhob, umgab ihn etwas Erschreckendes wie ein sichtbarer Mantel. Keiner der Anwesenden hätte, und wären ihm die Kronen von England und Frankreich gleichzeitig angeboten worden, auch nur für einen Moment mit Arthur tauschen mögen.

Nur Arthur blieb unbeeindruckt. »Ihr könnt mich gefangenhalten, so lange Ihr wollt, aber Ihr könnt mir mein Recht nicht absprechen, und ich werde nie aufgeben, nie! Der König von Frankreich besiegt Euch ohnehin, und dann...«

John beachtete ihn nicht mehr. »William«, sagte er sehr leise und sehr kalt zu einem seiner Gefolgsleute, »schaff ihn mit Hubert de Bourgh nach Rouen. Dort bleibt er, bis ich weitere Befehle gebe.« Dann packte er William de Braose bei der Schulter und sah ihm direkt ins Gesicht. »Hast du verstanden, was ich gesagt habe?«

William de Braose zögerte nur eine Sekunde. »Ja, mein König«, erwiderte er fest. Während der immer noch Beleidigungen ausstoßende Arthur gewaltsam fortgebracht wurde, fügte er noch im gleichen Tonfall wie John hinzu: »Der Wille meines Königs geschehe.«

Alienor löste sich aus dem Hofstaat und ging zu ihrem Sohn. »John, ich muß mit dir reden«, sagte sie mit gesenkter Stimme, die dennoch keinen Widerspruch duldete, und legte ihre Hand auf seinen Arm. John sah sie an, rührte sich nicht, machte jedoch auch keine Anstalten, sich loszureißen. »Bitte«, fügte sie hinzu.

»Gut. Gehen wir.« Sie schritten schweigend aus der Halle, doch sowie sie in dem kleinen Gemach angekommen waren, das Alienor während der Belagerung bewohnt hatte, blieb er stehen. »Nun, Euer Gnaden?«

»John, tu es nicht«, sagte sie knapp. Er lachte kurz, ein Lachen, in dem nicht ein Funken von Humor lag. »Danke. Ihr habt eine hervorragende Meinung von mir.«

»Nicht von dir, von uns allen«, gab Alienor zurück. »Ich bin schließlich nicht achtzig Jahre blind durch die Welt gelaufen. Ich beschwöre dich, John, tu es nicht.«

»Weil er mein Neffe ist? Das Blut komme über mich und meine Kinder und so weiter? Verdammt, Ihr habt ihn doch gesehen. Wenn ich ihn am Leben lasse, muß ich ihn für die nächsten dreißig oder vierzig Jahre bekämpfen. Es ist notwendig.«

Alienor stützte sich leicht auf eine Stuhllehne. »Notwendigkeit«, sagte sie müde. »John, ich mache dir keine albernen Vorhaltungen über Mord, aber ich sage dir, du irrst dich, abgesehen davon, daß es nicht der einzige Grund ist. Als Henry gegen Thomas Becket kämpfte und laut fragte, ob ihn denn niemand von diesem Priester befreien könnte, da trieb ihn ebenfalls nicht nur die Notwendigkeit, auch wenn sie der Hauptgrund war. Damals konnte ich es verstehen, und ich kann es noch. Es gibt Menschen, die man nur durch Tod los wird, aber dennoch weiß ich heute auch, daß es falsch ist. Mord ist falsch. Arthur ist dein Becket, John. Tu es nicht.«

John blickte an ihr vorbei. »Vater hat seinen Kampf mit der Kirche so beendet, nicht wahr?«

»Nein«, sagte Alienor scharf, »er hat einen Märtyrer geschaffen. Das war zwar sehr schön für das englische Volk, das jetzt einen echten Heiligen hat, aber für deinen Vater war es sowohl als Mensch wie auch als König ein Schlag, der ihn um so schwerer traf, als er ihn sich selbst versetzt hatte.«

»Arthur ist kaum als Märtyrer geeignet.«

Alienor spürte die Resignation in sich wachsen. Sie versuchte es noch einmal. »Er wird zum Märtyrer werden, wenn du ihn dazu machst, und dann noch zu einer viel stärkeren Waffe in Philippes Hand. Siehst du das denn nicht? Man wird dich nicht mehr als Verwandtenverräter bezeichnen wie jetzt Arthur, sondern als Verwandtenmörder. Ich rate dir, ich bitte dich, ich flehe dich an, John – tu es nicht!«

Ihr jüngster Sohn schaute sie an, sehr lange, streckte die Hand aus, als wolle er sie berühren, zog sie dann wieder zurück und entgegnete leise: »Ihr habt es selbst gesagt, Mutter. Arthur ist mein Thomas Becket. Und zwischen König und Becket gibt es nur eine Lösung.«

Alienor wandte sich ab. Nach einer Weile flüsterte sie: »Wie du willst. Dann leb wohl, John, ich glaube, wir werden uns nicht wiedersehen. Ich gehe nach Fontevrault zurück, und ich werde nicht mehr an deinen Hof kommen.«

»Tut, was Ihr wünscht«, erwiderte John heftig. Er wollte hinauseilen, doch sie rief ihn noch einmal zurück. »John!«

Der König blieb stehen. Alienor ging ihm nach, und zum ersten Mal legte sie ihre Lippen leicht auf seine Wange. »Leb wohl, John«, sagte sie noch einmal.

Joanna verließ ihre Großmutter, nachdem sie noch einige Wochen in Fontevrault verbracht hatte. Ihr Vater hatte sie zu sich rufen lassen, denn er war dabei, über eine Ehe mit dem walisischen Prinzen Llewelyn zu verhandeln. Angesichts der fortdauernden Kämpfe in der Normandie war es wichtig, wenigstens an der Grenze zu Wales Ruhe zu haben.

»Ich werde Euch vermissen, Euer Gnaden«, sagte sie traurig, während sie mit Alienor auf deren Lieblingsweg durch den Garten schritt. Alienor berührte sachte ihre Schulter.

»Ich werde dich auch vermissen, Joanna.«

»Seid Ihr sicher, daß Ihr nicht mit mir an den Hof kommen wollt?« Die Königin schüttelte den Kopf.

»Aber Ihr werdet einsam hier sein, Großmutter!«

Alienor lächelte. »In einem Kloster voller Nonnen und Mönche? Es gibt wenige Orte auf der Welt, wo man seltener allein sein kann.« Sie verzog das Gesicht. »Was wohl Bernhard von Clairvaux gesagt hätte, wenn er erführe, daß ich meine Tage mehr und mehr in einem Gotteshaus verbringe!«

»Bernhard von Clairvaux?« fragte Joanna ehrfürchtig

staunend. »Der Heilige? Ihr habt ihn noch gekannt? Aber er muß doch vor mindestens hundert Jahren gelebt haben!« Sie wurde sich ihrer Taktlosigkeit bewußt und legte jäh die Hand auf den Mund.

Alienor lachte. »Ganz so lange ist es nicht her. Ich glaube, ich könnte ein Buch schreiben über all die Heiligen, die ich in meinem Leben gekannt habe, und wie sie wirklich waren – aber die Kirche würde es sofort auf den Index setzen.«

Harmonisch schlenderten sie weiter, und Alienor bemerkte: »Immerhin, das erinnert mich an etwas. Hast du die Krypta je gesehen?« Joanna verneinte verwundert. »Ich habe nur den normalen Gottesdiensten beigewohnt.«

»Dann komm.«

Die Königin führte sie in die Krypta, und Joanna sah die Grabmäler, die dort aufgestellt waren: Henry II. von England und ihm zu Füßen zwei seiner Kinder, Richard I. und dessen Schwester Joanna, die ihren Namen trug.

Sie blickte wieder auf ihre Großmutter. »Was denkt Ihr, wenn Ihr das seht?« fragte sie impulsiv. Alienor neigte den Kopf ein wenig zur Seite. »Daß ich Henry einmal versprochen habe, daß wir beide gemeinsam zum Teufel fahren – und daß ich ihn schon eine Ewigkeit lang warten lasse. Doch das ist das Privileg von uns Frauen, Joanna. Außerdem geschieht es ihm recht – dem alten Ungeheuer.«

Joanna sagte beunruhigt: »Ihr fühlt Euch doch wohl, oder?«

Die Königin lachte. »Ich habe mich noch nie so wohl gefühlt, mein Kind. Du weißt doch, ich werde ewig leben – allein schon, um Philippe zu ärgern.«

»Dann kann ich wieder hierherkommen und Euch besuchen?«

»Vielleicht besuche auch ich dich, wenn du diesen Waliser tatsächlich heiratest«, antwortete Alienor versonnen, »was hältst du davon? Ich war noch nie in Wales.«

Joanna hakte sich bei ihr ein, und gemeinsam verließen sie die Krypta.

»Ja, ich werde kommen«, sagte die Königin, und Freude und Hoffnung lagen in ihrer Stimme, »im Frühling.«

Ein halbes Jahr später, am einunddreißigsten März 1204, starb Alienor von Aquitanien in Fontevrault, wo sie neben ihrem Gemahl und ihrem Sohn beigesetzt wurde. Sie war einundachtzig Jahre alt geworden.

NACHWORT

»Melusine«, »leichtsinnig«, »eine meisterhafte Politikerin«, »romantisch«, »kaltblütig und ehrgeizig«, »Leitstern der Troubadoure« oder auch »wenig besser als eine Dirne« – all das hat man Eleonore von Aquitanien im Laufe der Zeit genannt. Schon während ihres Lebens bildeten sich Legenden um sie, die ungefähr fünfzig Jahre nach ihrem Tod ins Uferlose auswuchsen – eine der amüsantesten, die alle erkennbaren Daten wild durcheinanderwirbelt, ist die von ihrer Affäre mit keinem anderen als Saladin während ihres Kreuzzugs, die als Ergebnis natürlich den teuflischen John hatte. (Zur Entstehungszeit der Legende hatte er seine große Auseinandersetzung mit dem Papsttum schon hinter sich.)

Zweifelsohne war Eleonore – Alienor, wie die Form ihres Namens in der langue d'oc lautet – aus dem Stoff, der zur Legende qualifiziert. Legenden sind nicht immer Tatsachen, und mein Roman ist infolgedessen genau das; ein Roman, keine Biographie. Dennoch entsprechen viele Details, die als romanhafte Zutat gelten könnten, den Fakten, so zum Beispiel die Auseinandersetzung Guillaumes IX, in der Geschichte als »der erste Troubadour« bekannt, mit seinem Sohn über seine Geliebte Dangerosa, Alienors Streit in Antiochia mit ihrem Gemahl Louis oder der Sturm während ihrer und Henrys Überfahrt nach England. Eine der Freiheiten, die ich mir genommen habe, ist zum Beispiel die Umbenennung von Henrys zweitem unehelichen Sohn, des Erzbischofs von York, in »Ralph«. Bei den Normannen war es bisweilen üblich, legitimen und illegitimen Söhnen den gleichen Namen zu geben, und »Ralph« hieß in Wirklichkeit

Geoffrey, was aber bei der großen Anzahl von Geoffreys in der Geschichte nur für Verwirrung gesorgt hätte. Wenn man über Alienor recherchiert, muß man überdies immer im Auge behalten, daß die Chronisten ihrer Zeit Mönche waren, die mit einer Frau wie ihr, zumal in ihren jungen Jahren, wenig anzufangen wußten und sehr dazu neigten, sie deswegen zu verdammen. Erst in unserem Jahrhundert sind die Historiker ihr wirklich gerecht geworden.

Meinen ersten Anstoß für die Schilderung der Personen Alienor und Henry verdanke ich jedoch nicht einer Biographie oder Chronik, sondern der wunderbaren Darstellung zweier hervorragender Schauspieler – Katharine Hepburn und Peter O'Toole – in der Verfilmung von James Goldmans Drama »The Lion in Winter«. Das ist keine sachliche Haltung, sondern eine emotionale, aber schließlich waren es lebende Menschen und keine Ziffern auf dem Papier.

Was den Rest meiner Hauptfiguren betrifft, so möchte ich noch auf Richard und John Plantagenet eingehen. Im öffentlichen Bewußtsein leben sie natürlich für immer an der Seite von Robin Hood und Ivanhoe als der gute König Richard und der böse Prinz John. In der Geschichtsschreibung machte sich mit dem Einsetzen des Nationalismus und dann vor allem im letzten Jahrhundert eine Tendenz bemerkbar, Richard ab- und John aufzuwerten. Die Gründe lagen unter anderem darin, daß man für die Kreuzzüge nicht mehr soviel übrig hatte wie im Mittelalter und Richard statt dessen vorwarf, er habe sein Land sträflich ausgeblutet und vernachlässigt, während John der erste König seit der Eroberung war, der einigermaßen regelmäßig hauptsächlich in England residierte.

Diese Vorwürfe berücksichtigen nicht, daß das Königreich, über das Richard regierte, nicht England mit einem kleinen Anhang am Festland war, sondern riesige Festlandsprovinzen mit England (ohne Schottland und Wales) als Anhang. Daß John in England blieb, lag daran, daß er den größten Teil dieser Provinzen verlor. Dennoch war er nicht einfach der finstere (und unfähige) Schurke, als den man ihn früher dargestellt hat, genausowenig wie Richard der strahlende Held ohne Fehl und Tadel war – oder die »unvergleichlich leistungsfähige Tötungsmaschine« mit gewissen musischen Begabungen, als die ihn ein Teil der modernen Geschichtsschreibung bezeichnet. Er besaß die Anlagen sowohl zum Helden als auch zur »Tötungsmaschine«; beides machte ihn zu einem Menschen seiner Zeit, der wie sein Bruder im Zusammenhang mit seiner Familie verstanden werden muß.

Daß er daneben auch ein brillanter Stratege und, wenn nötig, ein hervorragender Diplomat war, zeigt erstmals John Gillingham in seiner fundamentalen Biographie, die Richard von sehr vielen Klischees befreit. Ich bin Gillingham allerdings darin nicht gefolgt, daß ich Richard homosexuell sein ließ; er weist völlig zu Recht darauf hin, daß es keinen gültigen Beweis für diese Annahme gibt. Aber für meinen Roman war sie unwiderstehlich.

Letztendlich trifft auf alles, was man über Richard, John, den Rest der Plantagenets und ganz besonders Alienor je gesagt hat, ein italienisches Sprichwort zu: »Wenn es nicht wahr ist, dann ist es eine gute Geschichte.«

BIBLIOGRAPHIE

Appleby, John: England without Richard 1189–1199. London 1965.

Brown, E. A.: Eleanor of Aquitaine: Patron and Politician. Austin 1976.

Dürrenmatt, Friedrich: König Johann nach Shakespeare. Zürich 1985.

Gillingham, John: Richard Löwenherz. Düsseldorf 1981.

Jäschke, Karl-Ulrich: Die Anglonormannen. Stuttgart 1981.

Kelly, Amy: Eleanor of Aquitaine and the four Kings. Harvard 1950.

Laube, Daniela: Zehn Kapitel zur Geschichte der Eleonore von Aquitanien. Bern 1984.

Lauffray, C. und P.: Die Plantagenets. Lausanne 1969.

Marie de France: Poetische Erzählungen nach altbretonischen Liebes-Sagen. Übersetzt von Wilhelm Hertz. Essen o. J.

Penman, Sharon: Here Be Dragons. New York 1986.

Pernoud, Régine: Königin der Troubadoure. Eleonore von Aquitanien. Köln 1966.

Rüdiger, Horst (Hrsg.): Lateinische Gedichte. Herrsching o. J.

Sappho: Strophen und Verse. Übersetzt von Joachim Schickel. Frankfurt am Main 1978.

Tarr, Judith: Die gläserne Insel. München 1986.

Warren, W. L.: Henry II. London 1973.

Ders.: King John. London 1961.

Wilhelm IX. von Aquitanien: Gesammelte Lieder. Übersetzt von Werner Dürrson. Zürich 1969.

Willemsen, Carl (Hrsg.): Kaiser Friedrich II. und sein Dichterkreis. Wiesbaden 1977.

Die Herzöge von Aquitanien

1) Ermengarde ⚭ Guillaume IX ⚭ 2) Felipa von Toulouse

Aenor de Châtellerault ⚭ Guillaume X

Raymond ⚭ Constance von Antiochien

Alienor
⚭ 1) Louis VII
⚭ 2) Henry II.

Petronille
⚭) Raoul de Vermandois

Aigret

Das normannische Herrscherhaus von England

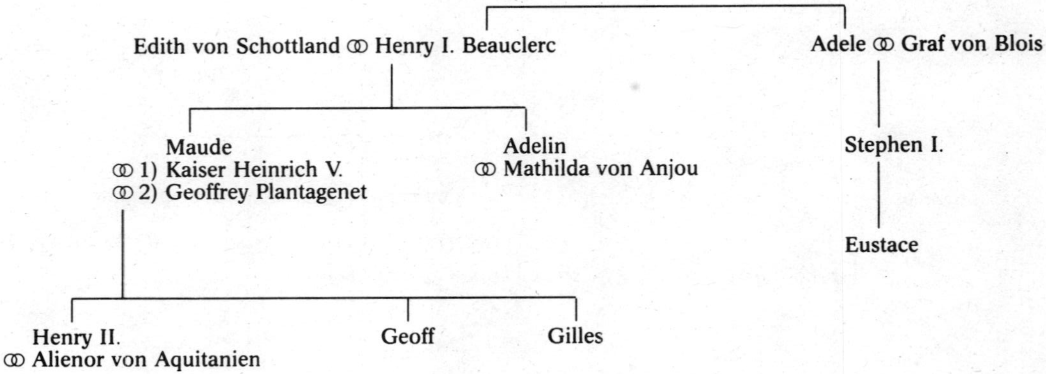

Das französische Königshaus

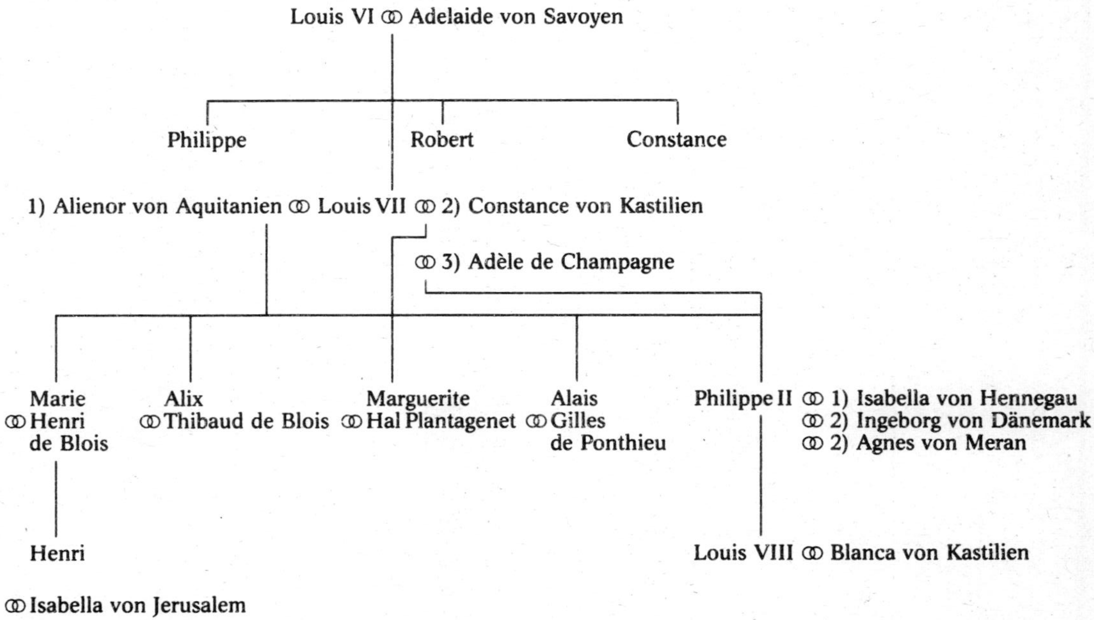

Die Plantagenets

Henry II. ⚭ Alienor von Aquitanien

Will, Graf Salisbury

Ralph, Erzbischof von York

Guillaume

Hal ⚭ Marguerite Capet

Mathilda ⚭ Heinrich von Braunschweig (Heinrich der Löwe)

Richard I. Löwenherz ⚭ Berengaria von Navarra

Kaiser Otto IV. ⚭ Agnes von Hohenstaufen

Mathilda

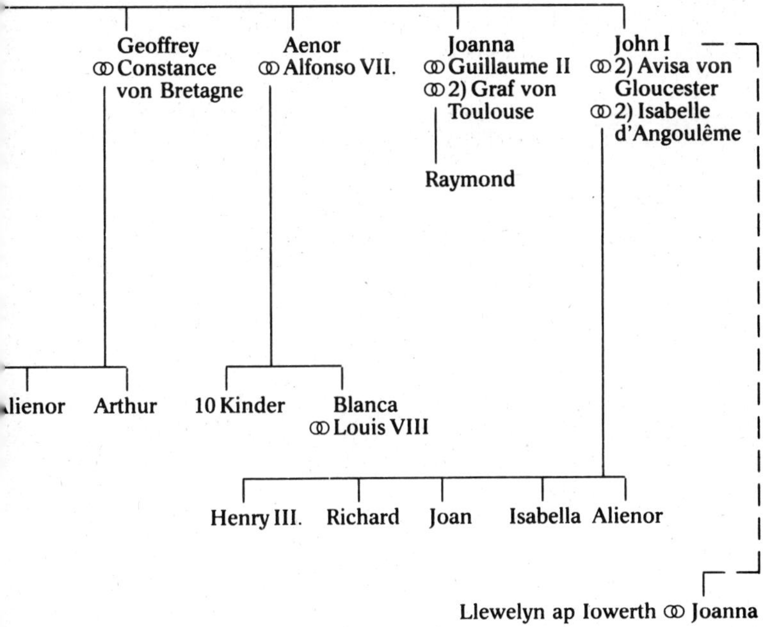

Geoffrey
ꝏ Constance von Bretagne
Aenor
ꝏ Alfonso VII.
Joanna
ꝏ Guillaume II
ꝏ 2) Graf von Toulouse
John I
ꝏ 2) Avisa von Gloucester
ꝏ 2) Isabelle d'Angoulême
Raymond
lienor
Arthur
10 Kinder
Blanca
ꝏ Louis VIII
Henry III.
Richard
Joan
Isabella
Alienor
Llewelyn ap Iowerth ꝏ Joanna

Wahnsinn,
der das Herz zerfrißt

Roman

Für meine Eltern,
ohne die nichts möglich gewesen wäre,
und für Klaus, das Computergenie,
für den dasselbe gilt.

»Was du auch seist, Seel oder Leib,
Erbarm dich! geh nicht von mir! bleib!
Oder laß beid uns weiter fliehn
Als Winde wehn und Wolken ziehn!
Es ist zu spät – du warst, du bist
Der teure Wahnsinn, der mein Herz zerfrißt.«

Byron, *Der Giaur*

1851

»Ich lache dann und wann, um nicht zu weinen,
Und weine, weil der Mensch nicht Tag für Tag
Sich zwingen kann, in Stumpfsinn zu versteinen;
Erst muß in Lethes Strom des Herzens Schlag
Stillstehen, eh der Friede wird erscheinen...«

Don Juan

Zehn Tage vor ihrem Tod reiste Augusta Leigh mit dem Zug nach Brighton, um ihre Schwägerin Annabella zu besuchen. Augustas Tochter Emily, die dieses Zusammentreffen arrangiert hatte, stand dem Unternehmen mit großer Skepsis gegenüber. »Hältst du es wirklich für vernünftig, Mamée?« fragte sie, während sie ihre Mutter zum Bahnhof brachte. »Ich meine, glaubst du nicht, daß sie noch immer... noch immer...« Es war weder Emilys Art, ihre Sätze unvollendet zu lassen, noch hegte sie für gewöhnlich Zweifel an Dingen, die sie selbst eingefädelt hatte, so daß Augusta das Ausmaß ihrer Befürchtungen erkennen konnte. »Aber nein«, erwiderte sie lachend und küßte ihre Tochter auf die Wange. »Wir sind ganz einfach zwei alte Damen, die sich lange nicht gesehen haben. O dear, wir kommen zu spät, Emily. Beeilen wir uns ein bißchen.«

Augusta heuchelte Zuversicht, die sie nicht ganz empfand, doch sie war schon immer der Ansicht gewesen, unausweichliche Probleme sollte man erst dann fürchten, wenn man ihnen direkt gegenüberstand. Wozu sich unnötig den Kopf zerbrechen und das Leben schwermachen? Sie hatte vor, diese Fahrt mit der neumodischen Dampflokomotive – ein Abenteuer, das sie noch nie mitgemacht hatte – zu genießen, auch wenn sie ein wenig Angst davor hatte. Die Eröffnung der ersten Eisenbahnlinie von Liverpool nach Manchester lag zwar nun schon über zwanzig Jahre zurück, das leicht Bedrohliche und Spekulative hing dem neuen Transportmittel jedoch immer noch an. »Wenn die Menschen dazu gemacht wären, durch das Land zu rasen wie wildgewordene Bullen«, hatte Augusta seinerzeit zu ihrem mittleren Sohn Frederick gesagt, als Stevensons Modell zum allgemeinen Gesprächsthema wurde, »dann besäßen sie Flügel.« Nichtsdestoweniger war sie sehr neugierig.

In dem Abteil, in das sie Emily fürsorglich noch begleitete, befand sich zur Zeit kein weiterer Reisender, wie Augusta etwas erleichtert feststellte; denn in den sechsundsechzig Jahren ihres Lebens hatte sie ihre ungewöhnliche Scheu vor Fremden nie ganz verloren. Außerdem konnte sie so ihre erste Fahrt mit dieser seltsamen Maschine erleben, ohne beobachtet zu werden. Sie verabschiedete Emily mit einem Augenzwinkern und dachte dabei liebevoll, daß das arme Kind bisher nicht viel vom Leben gehabt hatte. Emily war – mit Ausnahme ihrer wahnsinnigen Schwester – das einzige von Augustas sieben Kindern, das niemals Geld für Kleider, Würfelspiel oder die wechselnden Modetorheiten beansprucht hatte. Auf diese Art sah man sie als »Stütze der Familie« und den »einzigen Trost der guten Augusta« an und bedachte sie überreichlich mit Mitleid, das eine Spur von Verächtlichkeit in sich trug.

Emilys ein wenig trockene und scharfzüngige Art schreckte Freier immer wieder ab, und die familiären Umstände taten ein übriges. Doch eines Tages würde Emily sicher aus dem Schatten ihrer älteren Schwestern treten, so daß dann ihre wahren Qualitäten zur Geltung kämen, die fröhliche Uneigennützigkeit, die sie nie in Selbstmitleid verfallen ließ. Ihr lag es nicht, sich in Grübeleien zu versenken, selbst jetzt nicht, obwohl sie wußte, daß die gesamten Sorgen der Familie Leigh bald auf ihren Schultern ruhen würden.

Augusta seufzte. Von Annabella würde sie keine finanzielle Hilfe erwarten können. Ihre Schwägerin hatte in ihrer gebieterischen Art ausdrücklich geschrieben, daß es über eine Unterredung hinaus keine weiteren Hoffnungen für Augusta geben dürfe. Nun, es ging ihr diesmal auch um etwas völlig anderes. Immerhin ließ sich so der jahrzehntelange alberne Streit beilegen, und darauf kam es in der Hauptsache an. Bell...

Sie wandte den Kopf und blickte aus dem Fenster, entschlossen, weitere trübe Gedanken bis nach ihrer Ankunft in Brighton zu verschieben. Es nieselte, und die winzigen silbrigen Tropfen in solcher Geschwindigkeit vorbeifliegen zu sehen, bereitete ihr ein kindliches Vergnügen. Sie wünschte nur, sie wäre noch jung genug, in diesem Herbstwetter ausreiten zu können, um die erlesene prickelnde Feuchtigkeit auf der Haut zu spüren.

Augusta fiel ein, wie ihr Bruder ihr einmal geschrieben hatte: »Du meinst & c., es sei Herbst; ich würde gerne wissen, wie Du die gegenwärtige Jahreszeit nennst, in jedem anderen Land, das ich gesehen habe, wird man Winter dazu sagen.« Und sie mußte lachen. Unversehens begann sie ein Gespräch mit ihm, wie sie es in der letzten Zeit immer öfter tat, da sie wußte, daß sie ihn bald wiedersehen würde. »Weißt du, es ist wirklich schade, daß du diese Lokomotiven nicht mehr erlebt hast. Sie sind vielleicht etwas laut, aber doch angenehmer als Kutschen für die Überlandfahrt – es holpert nicht so. Wirklich dumm von mir, sich vor so etwas zu fürchten. *Du* hättest natürlich gleich das erste Modell benutzt.« Sie schwieg eine Weile und versuchte vergeblich sich Byron in einem Zug auszumalen. »Sicher, Kutschen waren romantischer. Und könntest du dir vorstellen, daß sich ein Kutscher so steif und würdig benimmt wie der Herr vom Personal, mit dem Emily vorhin sprach? Er hätte Fletcher Konkurrenz gemacht! O Georgy, wir sind alle etwas unbeweglicher geworden...«

Da fiel ihr wieder ein, daß ihr Bruder, als sie sich seinerzeit zum erstenmal wirklich begegneten, ihr streng verboten hatte, ihn so zu nennen. »Sag Byron.« Sie fühlte sich belustigt und verärgert zugleich und redete ihn von da an ständig mit »Baby Byron« an, worauf er, um sich zu rächen, ihren Spitznamen von Gus zu Gans umformte. Baby Byron!

Bei ihrer Ankunft in Brighton hatte es aufgehört zu regnen, und der Schirm, den ihr Emily vor ihrem Abschied noch einmal ans Herz gelegt hatte, diente ihr nun als Stütze. Der unverbrüchlich freundliche Schaffner half ihr beim Aussteigen und war fast gekränkt über das Trinkgeld, das sie ihm geben wollte. Nachdem sie sich eine Weile vergeblich nach Annabella umgesehen hatte, wurde sie von einem Bediensteten mittleren Alters angesprochen. »Mrs. Leigh?« Sie nickte und fühlte sich plötzlich verängstigt und verloren. Von der fröhlichen Reisestimmung war so gut wie nichts übriggeblieben. Ihre Gelenke schmerzten, und sie wurde sich einmal mehr ihrer Hinfälligkeit bewußt. »Lady Byron hat mich geschickt, um Sie abzuholen. Sie erwartet Sie.«

So – Annabella wollte also nicht persönlich erscheinen, um sie zu empfangen. Das schmerzte, nicht sehr, aber doch wie ein kleiner, feiner Dorn, der sich nicht entfernen läßt. Sie tröstete sich damit, daß auch Annabella das Alter zusetzte.

Die Kutsche, die Annabella geschickt hatte, brachte Augusta schließlich zu einem der zahlreichen Seehotels. Als sie vor kurzem wieder begonnen hatten, sich zu schreiben, hatte Annabella nur die hiesige Post als Adresse angegeben, als befürchte sie, Augusta könne unvermutet hier auftauchen. Versuchte Annabella hier wieder einmal, sich mittels präzis durchdachtem Handeln von Ängsten und Gefühlsausbrüchen abzuschirmen? Dabei waren wir einmal Freundinnen, dachte Augusta. Es ist, wie ich zu Emily gesagt habe. Zwei alte Damen, die sich gerne wiedersehen möchten. Alles andere ist vorbei.

Es genügte allerdings, beim Betreten von Annabellas Hotelsuite den trockenen Kuß ihrer Schwägerin auf der Wange zu spüren und in ihre Augen zu blicken, um zu wissen, daß nichts vorbei war, daß Annabella sich immer noch von der Vergangenheit gefangennehmen ließ, einer Vergangenheit, die über dreißig Jahre zurücklag. »Meine liebe Augusta!«

Die Suite entsprach Annabella aufs Haar: geschmackvoll eingerichtet, jeder Gegenstand passend und an seinem richtigen Platz, nichts Überflüssiges. Alles, wie es sich gehörte.

Beim Eintreten traf Augusta auf einen ihr unbekannten jungen Mann. Annabella stellte ihn als Reverend Robertson vor, »meine geistliche Stütze in der letzten Zeit«. Reverend Robertson hatte das gesunde gute Aussehen eines Vollblutpferdes, allerdings gepaart mit einem eisigen, abweisenden Blick.

In seine Stirn gruben sich zwei mißbilligende Falten, während er die gebrechliche alte Dame mit unübersehbarer Distanz betrachtete. Augusta lächelte: »Reverend, ich nehme an, wir sehen uns spätestens dann wieder, wenn Sie zum Erzbischof von Canterbury befördert werden.« Eine dritte ablehnende Linie trat auf seiner Stirn hervor, während er kühl antwortete: »Ich strebe nicht das Bischofsamt an.« Augustas Mund wölbte sich mit Erstaunen. »Welch ein Versäumnis für die Christenheit!« rief sie.

»Setze dich doch, Augusta«, forderte Annabella ihre Schwägerin kühl auf, um dem peinlichen Verhalten gegenüber dem Reverend ein Ende zu bereiten – es bewies einmal mehr die Oberflächlichkeit ihres Glaubens. Annabella war entsetzt über Augustas Aussehen: Sie war sehr gealtert und wirkte wie ein Gebilde aus brüchigem Pergament, das ein einziger Hauch umstoßen könnte. Sie stirbt, dachte Annabella, und fühlte Betroffenheit in sich aufsteigen. Ursprünglich hatte sie vorgehabt, gleich mit dem Verhör zu beginnen, aber so ließ sie Augusta noch einige Zeit ihr seichtes Geplaudere fortführen. Eine todgeweihte Frau würde ihr ohnehin nicht mehr die Unwahrheit sagen. Annabella nahm den Zettel mit den Fragen, die sie sich aufgeschrieben hatte, aus ihrem Pompadour und begann unbewußt ihn immer kleiner zusammenzufalten.

Augusta erzählte von London, von der Weltausstellung, die dort zum erstenmal stattfand, von der Mode, die sich unter Königin Viktoria so sehr verändert hatte. »Im Moment reden alle davon, in der nächsten Saison nur noch in bis zum Kopf hochgeschlossenen Kleidern zu erscheinen – bis zum Kopf! Für unsereins ist das ja gleichgültig, aber die jungen Mädchen tun mir leid. Sie müssen sich mit diesen Kragen ja wie Giraffen vorkommen!« Sie wandte sich Robertson zu. »Sicher langweilt Sie solches Frauengeschwätz, Reverend.« Sie war nicht hierhergekommen, um über die Londoner Mode zu sprechen, sondern um sich mit Annabella zu versöhnen, und wartete darauf, daß deren geistliche Stütze endlich verschwand, damit sie mit dem ernsthaften Teil ihres Gesprächs beginnen konnten.

Annabella begriff, worauf ihre Schwägerin hinauswollte, und ließ ein winziges Lächeln über ihre fest zusammengepreßten Lippen gleiten – das erste seit langer, seit sehr langer Zeit. »Reverend Robertson wird während der gesamten Dauer unserer Unterredung anwesend sein«, sagte sie und sah Augusta dabei direkt in die Augen. »Schließlich brauche ich einen Zeugen, der der Nachwelt berichtet, was du zu sagen hast.«

Augusta traf es wie ein Schlag ins Gesicht. Also das sollte es sein. Keine Versöhnung, natürlich nicht. Ein Geständnis. Seit dreißig Jahren nur das eine – ein Geständnis. Ein Geständnis, damit Annabella sich endlich in ihren jahrzehntelangen Bemühungen der Selbstrechtfertigung bestätigt sah – eine ebenso absurde wie unnötige Rechtfertigung, da nur Annabella selbst sich anklagte. Die Öffentlichkeit betrachtete sie als den Inbegriff von Tugend. Arme Annabella. »Ich verstehe dich nicht«, sagte sie traurig. Hatte sie Annabella nicht längst schon alles gestanden, was es zu gestehen gab? Sie erinnerte sich an das letzte gequälte Zusammentreffen mit ihrer Schwägerin, das keiner von beiden auch nur ein wenig geholfen hatte. Was gab es also noch zu gestehen?

Annabellas schneidende Stimme riß sie aus ihren Gedanken. »Dann muß ich dein Gedächtnis etwas auffrischen, Augusta.« Sie wechselte schnell einen Blick mit dem Reverend, der unauffällig nickte, und fuhr dann fort: »Ich bin zu der Überzeugung gekommen, daß mein Gatte, dein verstorbener Bruder, am Ende seines Lebens erkannt haben muß, daß ich vom ersten bis zum letzten Moment sein einziger wahrer Freund gewesen bin.«

Augusta dachte an die zahlreichen bissigen Bezeichnungen, die Byron für seine Frau verwendet hatte: »Meine moralische Klytämnestra«, »das tugendhafte Ungeheuer, Miss Milbanke«, »die Prinzessin der Parallelogramme«. Das Tragikomische an Annabellas Behauptung ließ in ihrem Inneren den verzweifelten Wunsch entstehen zu lachen, und sie brachte daher nicht mehr als ein angemessenes Schweigen zustande – mochte es Annabella deuten, wie sie wollte. Vielleicht war sie an einer Reaktion auch überhaupt nicht interessiert.

»...nicht schon früher eingesehen hat, kann nur an *einem* liegen.« Sie rückte etwas näher und glich in diesem Augenblick, wie Augusta fand, einem der Hühner von Six Mile Bottom, das einen Wurm gesichtet hatte. »*Du* hast ihn gegen mich aufgehetzt. *Du* hast seinen unnatürlichen Haß gegen mich in deinen Briefen aufrechterhalten, und daß er nicht reuig nach England zurückkehrte, um meine Verzeihung zu erflehen, ist allein *deine* Schuld.«

Augusta saß wie gelähmt da. Sie sah die unerbittliche Frau vor sich an, ohne sie wirklich zu erkennen. War dies die Schwester, die sich in der Verlassenheit einer Nacht an sie geklammert und geschluchzt hatte: »Ich weiß nicht, warum er mich nicht liebt, Augusta, ich weiß es wirklich nicht.«

»Und um zu dieser Schlußfolgerung zu gelangen, hast du dreißig Jahre gebraucht?« fragte sie schließlich, um überhaupt etwas zu sagen. In Annabellas blasse Wangen stieg ein Hauch von Rot. »Wage es nicht, dich über mich lustig zu machen, Augusta.« Augusta blinzelte und erinnerte sich lieber an die praktische Hilfe, die Annabella ihr in den ersten Jahren immer zuteil hatte werden lassen... an die Freundlichkeit und Großzügigkeit, mit der sie Augustas Tochter Medora behandelt hatte, auch wenn diese Freundlichkeit das Messer gewesen war, daß sie in Augustas Herz umdrehte... an die liebevolle Art, die Annabella ihr gegenüber während des einen Jahres ihrer Ehe gezeigt hatte. Damals war zwischen Annabella und Augusta ein tiefes selbstverständliches Vertrauen gewachsen, das kaum einer verstehen konnte.

Endlich streckte Augusta zögernd eine Hand aus und legte sie an Annabellas Gesicht. »Bell«, flüsterte sie, »Bell.« Einen Augenblick lang rührte sich Annabella nicht, und die Zeit schien zwischen den beiden zu gefrieren. Dann sprang sie auf. »Gib es zu!« stieß sie hervor, und jetzt sah Augusta reinen Haß aus ihren Augen leuchten – Haß, der sich über Jahrzehnte hinweg aufgestaut hatte.

»Du hast ihn dazu gebracht, mich zu verabscheuen, du hast meine Ehe zerstört, bevor sie überhaupt begonnen hatte! Die ganze Zeit über hast du so getan, als seist du meine Freundin, während du unter meinem Dach mein Vertrauen mißbraucht hast!« Sie wandte sich jäh ab und rang um Atem. »Ich kann nicht mehr, Reverend«, sagte sie schließlich. »Sprechen Sie mit ihr.« Annabella trat ans Fenster und wandte Augusta ihren sehr geraden, abweisenden Rücken zu.

»Mrs. Leigh«, begann Robertson und ließ seine tiefe Stimme grollend ertönen, als predige er auf der Kanzel, »warum blieben Sie bei Ihrem Bruder, nachdem Lady Byron zu ihren Eltern zurückgekehrt war?« – »Auf Lady Byrons Bitte«, erwiderte Augusta. In ihrer Schläfe begann eine kleine Ader schmerzhaft zu pochen. »Sie... wir dachten, mein Bruder könnte wahnsinnig sein, und sie bat mich, sie täglich über die Ergebnisse der ärztlichen Untersuchungen zu unterrichten.«

Robertson holte tief Luft. »Aber nachdem sich gezeigt hatte, daß Ihr Bruder nicht wahnsinnig war, sondern nur ein unmoralisches Ungeheuer, das seiner armen Frau das Leben zur Hölle gemacht hatte – warum blieben Sie danach dennoch bei ihm?« Seine Stimme war nur mehr ein drohendes Flüstern. »Zu diesem Zeitpunkt bat Lady Byron Sie bestimmt nicht mehr um Ihre Anwesenheit in jenem Haus der Sünde. Wäre es nicht Ihre Pflicht gewesen, Ihre hilflose Schwägerin offen zu unterstützen? Hatten Sie nicht eine eigene Familie, um die Sie sich kümmern mußten? Warum also blieben Sie?«

Augusta fühlte sich mit einem Mal unendlich müde. Ihr kam diese ganze Szene wie ein längst abgespieltes Schauspiel vor, bis zum Überdruß wiederholt. »Aus Liebe«, antwortete sie. »Er brauchte mich, und er war mein Bruder.«

Annabella drehte sich abrupt um und verließ den Raum, ohne Augusta noch einmal angesehen zu haben. Sie schlug die Tür hinter sich zu. Der Reverend schaute ihr eine Weile irritiert nach, ehe er fortfuhr: »Es wäre gut, wenn Sie sich dessen etwas früher erinnert hätten, Mrs. Leigh. In Lady Byrons Augen sind Sie eine unwürdige Sünderin, die mit halben Geständnissen ihr Vergehen nur noch schlimmer macht, eine schlechte Mutter für Ihre armen Töchter Georgiana und Medora, und... wohin gehen Sie?«

Augusta hatte sich ebenfalls erhoben. Sie setzte ihren Hut wieder auf und streifte die Handschuhe über, während sie mit etwas zitternder, aber dennoch ruhiger Stimme erwiderte: »Ich sehe keinen Sinn darin, dieses Gespräch fortzusetzen, da Lady Byron uns verlassen hat. Ich kann nur wiederholen, daß ich ihr Vertrauen niemals mißbraucht habe, daß ich immer ihre Freundin war und sein werde. Ihnen jedoch, Reverend, bin ich keine Rechenschaft schuldig. Guten Tag.«

Sie hörte noch, wie er hinter ihr herrief: »Sie sind Gott Rechenschaft schuldig, Mrs. Leigh!« Dann verschwamm ihr Blick.

Irgendwie fand sie aus dem Hotel heraus. Das Salz der Tränen biß auf ihrer Haut. Aus irgendeinem Grund war sie wieder achtzehn, ein Mädchen im Haus von Lord Carlisle, das ein paar sentimentale Tränen über ihre Romanze mit Cousin George Leigh vergoß, und über den Flegel von Bruder, der sich auf so herzlose Weise darüber lustig machte. Plötzlich hörte sie seine Stimme. »Augusta? Aber Gänschen, warum weinst du?«

Sie blieb stehen, starrte in den Himmel über Brighton mit sich verdunkelnden Wolken, den Möwen, die schreiend ihre Kreise zogen. Eine von ihnen sah genauso aus wie Annabella. Unter den Tränen kam mit einem Mal ihr altes Gelächter zum Vorschein, geboren aus der Überzeugung, daß die Welt verrückt und schon deshalb nicht ernst zu nehmen sei. »Das Leben ist doch schön!«

1788–1812

»Ein unverheiratetes Mädchen wünscht natürlich, verheiratet zu sein – wenn sie zugleich heiraten & lieben kann, ist es gut – aber auf jeden Fall muß sie lieben.«

»Ich weiß nicht, wie das Leben anderer Menschen gewesen ist – aber ich kann mir nichts Seltsameres vorstellen als einige der früheren Teile des meinen.«

Als sie sich das erste Mal begegneten, hatten sie beide ihre Kindheit schon hinter sich. Frühere Gemeinsamkeiten gab es nicht, obwohl Augusta vage Erinnerungen an Byron als Säugling und Kleinkind hatte. Ada nannte er sie damals. Aber da Augustas Großmutter, Lady Holderness, sie nach dem Tod Captain Byrons sofort zu sich geholt hatte – was einen jahrzehntelangen Streit mit Augustas Stiefmutter nach sich zog –, waren beide Geschwister als Einzelkinder aufgewachsen.

Augusta lebte hauptsächlich bei ihrer Großmutter, aber manchmal auch bei Freunden, den Howards, oder bei ihren erheblich älteren Halbgeschwistern. Dort wurde sie zwar freundlich, aber doch etwas gönnerhaft aufgenommen, da man in ihr die Frucht eines ruinösen Skandals sah. Ihre Mutter, die bildschöne Marquise Carmarthen, hatte seinerzeit Mann, Kinder und gesellschaftliche Stellung aufgegeben, um mit Captain John Byron nach Paris durchzubrennen. Als wollte sie das Schicksal strafen, starb sie nach der Scheidung von dem Marquis und einer kurzen Ehe mit John Byron bei der Geburt ihrer Tochter.

John Byron, in Familienkreisen kurz »der tolle Jack« genannt, fand alsbald eine neue Gemahlin: die Schottin Catherine Gordon of Gight, plump, unhübsch, steinreich. Binnen eines Jahres hatte er sie, wie schon die Marquise, um ihr Vermögen gebracht. Er schenkte ihr einen Sohn, den er allerdings nie richtig kennenlernte, da ihn die ständige Flucht vor seinen Gläubigern immer wieder ins Ausland trieb, wo er schließlich starb.

Die Verwandtschaft seiner beiden Gemahlinnen atmete auf. Die Gordons waren erleichtert, weil Catherine jetzt endlich diesem Ausbeuter, den sie abwechselnd umbringen und ihm dann wieder bis an das Ende der Welt folgen wollte, befreit war. Lady Holderness, die Mutter der Marquise Carmarthen, sah nun eine Möglichkeit, die Frucht der bedauernswerten Verirrung ihrer Tochter unter ihre Aufsicht zu bringen, denn Mrs. Catherine Byron, so hatte sie gehört, war als Erzieherin denkbar ungeeignet. Sie machte vor allem durch ihre Angewohnheit, Geschirr an den Wänden zu zertrümmern, von sich reden.

So wuchs Augusta bei verschiedenen Verwandten auf, ihr Bruder George Gordon dagegen bei seiner Mutter, begleitet von ständigen Temperamentsausbrüchen. Lady Holderness, bei der Augusta sich meistens aufhielt, war nicht mehr die Jüngste. Sie kümmerte sich liebevoll um ihr Enkelkind, aber da sie sehr schnell ermüdete, bestand ein Großteil ihrer Erziehung in kleinen Erzählungen und dem abendlichen Gebet. Augusta blieb häufig sich selbst überlassen und verbrachte viel Zeit mit den Dienstboten, ob nun in der Küche, in Lady Holderness' sorgsam gehüteten Garten oder auf einer der Koppeln ihres Landguts.

Dieses regelmäßige Zusammensein mit den Hausangestellten ließ Augusta manche Erfahrung sammeln, die sie von ihren Altersgenossen unterschied und zu durchaus fragwürdigen Situationen führte. Denn die Saison verbrachte Lady Holderness für gewöhnlich in ihrem Londoner Stadthaus. An den nachmittäglichen Teegesellschaften durften auch die Kinder teilnehmen.

Ein beliebtes Gesprächsthema waren die schockierenden Neuigkeiten aus Paris, wo die Bevölkerung nach dem Ende von Robespierres Schreckensherrschaft in einen hemmungslosen Vergnügungstaumel gefallen war. »Es ist unglaublich«, mokierte sich Lady Carlisle. »Man sagt, daß die Tallien und diese Kreolin, die Beauharnais – daß diese Frauen tatsächlich in ihren Salons manchmal nur von Rosenblüten bedeckt als griechische Göttinnen auftreten!«

Sie vergewisserte sich mit einem raschen Blick, daß ihre kleine Gertrude außer Hörweite war. »Und wenn man bedenkt, meine Liebe – beide sind adeliger Abstammung und unterhalten dennoch gleichzeitig Beziehungen zu diesem Emporkömmling Barras.«

Lady Holderness verzog den Mund. »Mit der adeligen Abstammung ist es nicht sehr weit her. Die Beauharnais stammt aus Martinique, und man weiß ja, wie *dort* die Herrschaften mit ihren Dienstboten verkehren. Farbig oder nicht, es sollte mich nicht wundern, wenn dort jeder Krämer, der sich etwas Personal leisten kann, nach Sonnenuntergang in deren Betten zu finden ist, von den sogenannten Adeligen ganz zu schweigen, die auch nur emporgekommene Krämer sind.«

Lady Holderness hatte nicht bemerkt, daß sich Augusta und ihr Cousin Frederick Howard, die um Erlaubnis bitten wollten, den Raum zu verlassen, den Damen genähert hatten. Augusta war bei dem Wort »Martinique« aufmerksam geworden und fragte nun verwundert: »Ist es denn falsch, sich nach Sonnenuntergang in den Betten der Dienerschaft zu befinden? Als Lord Leveson-Gower uns besucht hat, war er auch am hellichten Tag dort.«

Tödliche Stille herrschte. Leveson-Gower war Lady Carlisles Bruder, der die Howards bei ihrem letzten Aufenthalt auf Lady Holderness' Landgut begleitet hatte. Lady Carlisle starrte nun entsetzt auf das kleine braunhaarige Mädchen herab. Lady Holderness hatte ihren Fächer fallen lassen. Augusta wurde sich bewußt, daß etwas nicht stimmen konnte, und zupfte an dem ausladenden Satinkleid ihrer Großmutter. Diese rührte sich nicht.

Endlich versuchte Lord Carlisle, der den Disput der Damen bisher nur mit stummem Lächeln begleitet hatte, die peinliche Situation zu überbrücken: »Nun, Blut setzt sich durch. Das ist genau die Sorte Bemerkung, die Jack auch gemacht hätte.«

Lady Holderness warf ihm einen verärgerten Blick zu. Sie liebte es nicht, an Captain John Byron, der Lord Carlisles Vetter gewesen war, erinnert zu werden. Sie sorgte nach Möglichkeit dafür, daß er vor ihrer Enkelin nicht erwähnt wurde. Sie wandte ihre Augen wieder Augusta zu und erklärte strafend: »Du warst sehr unartig, mein Kind. Geh bitte sofort in dein Zimmer.«

Augusta öffnete den Mund, um zu widersprechen, denn sie wußte nicht, was sie getan hatte. Aber ihre sonst so freundliche Großmutter wirkte mit einem Mal fast furchteinflößend, und so drehte sie sich um, schaute noch einmal hilfesuchend zurück und hastete dann hinaus.

Lady Holderness nahm diesen Fauxpas zum Anlaß, ihr Enkelkind ernsthaft zu tadeln. Außerdem sah sie die Notwendigkeit, sich nach einer Gouvernante umzusehen, da Augusta nach diesem Vorfall in Gesellschaft außergewöhnlich schweigsam wurde. Die Wahl fiel auf die Tochter einer französischen Emigrantenfamilie, jung, munter und etwas kokett, aber sehr gutherzig. Mademoiselle Berger erfüllte in jeder Hinsicht ihre Aufgabe, nur in einer nicht. Sie wandte ihre Gunst zunächst freizügig dem Verwalter zu, war aber auch nicht traurig, als dieser seine Vorliebe für die Köchin entdeckte. »Schlechter Geschmack, *ma petite*«, sagte sie zu Augusta und tröstete sich mit Augustas ältestem Halbbruder, der Lady Holderness zu diesem Zeitpunkt gerade besuchte.

Augustas jüngerer Bruder und seine Mutter bekamen nie eine Einladung von Lady Holderness, auch sprach Catherine Byron niemals den Wunsch aus, ihre Stieftochter wiederzusehen. Lady Holderness bemerkte nur einmal spitzfindig: »Diese Frau ist kein Umgang für uns.« Catherine, nie durch Diplomatie irgendwelcher Art behindert, drückte sich ihrem Sohn gegenüber wesentlich deutlicher aus: »Verdammt will ich sein, wenn ich in meinem Leben noch eine einzige Zeile an die Holderness richte – und Johns Brut geht dich nichts an!«

Als Catherines Sohn zehn Jahre alt war, starb der fünfte Lord Byron, der Onkel des »tollen Jack«. Dieser Todesfall hätte keine weitere Bedeutung gehabt, wenn nicht das Schicksal vorher den Sohn und den Enkel des fünften Lords dahingerafft hätte. Beide wurden mehr betrauert als der fünfte Lord Byron, der von seiner Familie als »der böse Lord« bezeichnet worden war und sich vornehmlich mit der Dressur von Ratten und Heuschrecken beschäftigt hatte.

Doch da »der böse Lord« keine direkten Erben hinterließ, fiel der Titel nebst Schloß und Gut an »den kleinen Jungen in Aberdeen«, wie er im Testament genannt wurde – George Gordon, sechster Lord Byron. Catherine hielt dies für die Gerechtigkeit des Himmels. Sie hatte es immer als besondere Heimtücke empfunden, daß ihr hübscher intelligenter Sohn, den sie ebenso maßlos verwöhnte, wie sie ihn züchtigte, mit einem lahmen rechten Fuß geschlagen war. Seit er gehen konnte, kaufte sie alle möglichen Dehnungs-, Streckungs- und Pressungsmaschinen, um diese Behinderung zu beheben. Sie bestand sogar darauf, daß er sie während seiner Unterrichtsstunden trug, und ahnte nichts von dem tiefen Gefühl der Demütigung und Minderwertigkeit, das sie dem Jungen dadurch einflößte.

Doch jetzt kam der gerechte, der unüberbietbare Ausgleich: ihr Sohn wurde Pair von England! Catherine brach ihr Gelübde, niemals mehr an die Holderness zu schreiben. Sie machte es so kurz wie möglich, doch aus jeder Zeile sprach ihr Triumph. Ha! Sie war jetzt die Mutter eines Mitglieds der ewig herrschenden Oberschicht. Da mochte die Holderness sehen, wo sie mit Johns Göre aus erster Ehe hinkam.

Lady Holderness preßte die Lippen zusammen, während sie ihrer Enkeltochter Catherines Brief reichte. »Augusta, dein Bruder ist jetzt der sechste Lord Byron.« – *»Magnifique!«* rief Mademoiselle Berger. *»C'est superbe, vraiment!«* Augusta sah ihre Großmutter bittend an. »Kann ich ihn jetzt besuchen?« Lady Holderness' Antwort war ebenso kurz wie endgültig. »Nein!«

Catherine und der Pair von England siedelten nach Newstead Abbey über, dem verfallenen Stammsitz der Byrons. Die Wälder waren abgeholzt oder verwahrlost, der Tierbestand ausgerottet, und die zum Schloß umgewandelte alte Abtei lag zum Teil schon in Trümmern. Jedermann hatte Catherine davor gewarnt, sich dort niederzulassen, doch die Vorstellung, ihre Briefe von nun an vom altadeligen Stammsitz Newstead Abbey aus verschicken zu können, lockte unwiderstehlich. Dafür nahm sie sogar das Entsetzen beim Anblick dieses Erbes in Kauf. Ihr Sohn allerdings verliebte sich vom ersten Augenblick an in das verfallene alte Schloß, den See und den verwilderten Park.

Er verschwand stundenlang, manchmal den ganzen Tag, um das Gebäude und seine Umgebung zu erkunden, was Mrs. Byron zur Verzweiflung trieb; denn anders als in dem bescheidenen Haus in Aberdeen war er hier ihrer Aufsicht völlig entzogen. Als er dann wiederauftauchte, waren seine Kleider schmutzig, und in der Hand hielt er triumphierend einen Totenschädel.

»Ich wußte doch, daß es noch Überreste von den Mönchen hier gibt, Mama!« Catherine warf einen Blick auf seine Trophäe und erschauderte. »Wie kannst du so etwas nur anfassen? Wirf es weg!« Der Sohn hatte ihren Starrsinn geerbt und schüttelte energisch den Kopf. Sie mußte lächeln. Obwohl seine Haare fast so dunkel wie ihre waren, schien er doch sonst das Abbild seines Vaters zu sein. Jack, den sie so sehr geliebt hatte, daß sie noch in diesem Jahr bei den Worten »O mein Captain« in einer Theatervorstellung in Ohnmacht gefallen war... und den sie auch ein- oder zweimal durchaus ernsthaft mit dem Messer bedroht hatte, wenn ihr Temperament mit ihr durchging.

»Es ist ein Brief von Mary Duff gekommen«, schmeichelte sie. »Wirf das gräßliche Ding weg, und ich gebe ihn dir.« Mary Duff war eine Cousine, die im letzten Jahr Aberdeen besucht und die er sofort zu seiner Verlobten erklärt hatte.

Sein Gesicht erhellte sich jetzt, doch dann warf er ihr einen mißtrauischen Blick zu. Seine Mutter machte sich nicht das geringste daraus zu lügen, wenn es ihrem Zweck dienlich war. Er überlegte und schüttelte wieder den Kopf.

Catherine richtete sich auf und runzelte die Stirn. Sie war klein, aber mit ihrer üppigen Figur eine imposante Erscheinung. Ihre Stimme klang drohend, als sie jetzt befahl: »Wirf es weg, sofort!« Er rührte sich nicht. Wie der Blitz war sie bei ihm und versetzte ihm ein paar Ohrfeigen. »Oh«, keuchte sie und wich einige Schritte zurück, »du bist genau wie dein Vater. Aber du bist mein Sohn, nur zehn Jahre alt, und du wirst mir gehorchen!« Seine Wangen waren gerötet, aber er schob das Kinn vor und erklärte laut und deutlich: »Eher gehe ich zur Hölle!«

Bei dieser Bemerkung verlor Catherine ihre Beherrschung. Joe Murray, einer der Diener des bösen Lords, hatte ihr vor etwa einer Viertelstunde das Dinner serviert und beobachtete nun staunend, wie seine neue Herrin erst ihr Weinglas, dann die sorgsam hergerichtete Platte mit dem Kapaun in Richtung ihres Sohnes schleuderte, der offensichtlich Übung darin besaß, sich zu dukken, und dabei Flüche von sich gab, die dem fünften Lord selbst Ehre gemacht hätten.

»Du glaubst wohl, du könntest dir das erlauben, weil wir nicht mehr in Aberdeen sind? Verdammt sollst du sein«, sie ging zu dem Besteck über, »verdammt, verdammt, verdammt! Lahmes Balg!«

Bei dem letzten Wort erstarrte ihr Sohn, vergaß, ihren Geschützen auszuweichen, und wurde von einer Gabel getroffen. Blut tropfte von seinem Ohr herab, doch er rührte sich nicht, sah sie nur an. Langsam öffneten sich seine Finger, und der Schädel kollerte auf den Boden, wo ihn Murray hastig auflas und vorsichtshalber aus dem Raum entfernte.

Aller Trotz fiel von dem Jungen ab, und er starrte seine Mutter zutiefst verletzt an, so daß Catherine sofort wieder zu sich kam. Sie lief zu ihm, umarmte ihn und küßte fiebrig sein Gesicht ab. »Mein Kleiner, mein Lieber, ich habe es doch nicht so gemeint. Ich liebe dich über alles in der Welt, das weißt du doch.« Er wußte es – schließlich sagte sie es ihm oft genug –, aber während er ihren vertrauten Beteuerungen zuhörte, wußte er auch, daß sie nicht zögern würde, diese neue Waffe wieder zu verwenden, wenn er sie das nächste Mal reizte.

Von dieser Zeit an hörte Augusta etwas öfter von ihrem Bruder. Lord Carlisle, das Howardsche Familienoberhaupt, hatte durch das königliche Landesgericht die Vormundschaft über den unmündigen sechsten Lord Byron erhalten, was ihm ganz und gar nicht behagte. »Wie soll ich einen zehnjährigen Bengel erziehen, den ich nie sehen kann, weil er eine Furie als Mutter hat? Entschuldige, Augusta.«

Lord Carlisle und Catherine begegneten sich nie persönlich, zerstritten sich aber brieflich so heftig, daß der geplagte Carlisle die Vormundschaft an das königliche Gericht zurücksandte. Er bekam sie wieder. Nachdem Catherine eine Reihe der von ihm vorgeschlagenen Erzieher gefeuert hatte, einigten sie sich auf Harrow als passende Lehranstalt für einen Pair von England.

Der Junge sah in Harrow zunächst einmal eine Art römische Kampfarena mit ihm als Gladiator. Er hatte inzwischen einen regelrechten Fanatismus für alle Sportarten entwickelt, bei denen ihn sein rechter Fuß nicht behinderte. Reiten, Schwimmen, sogar Boxen – alles wurde mit einer wütenden Leidenschaft zur

Vervollkommnung gebracht. Er glaubte, daß darin die einzige Möglichkeit läge, von diesen Hunderten fremder Jungen, die bei seiner Ankunft in Harrow alle auf seine Behinderung zu starren schienen, anerkannt zu werden.

Zum Zeitpunkt seiner ersten Schulferien hatte Augusta ihren Debütantinnenball. Ihre Einführung in die Gesellschaft wurde ein Erfolg, den Lady Holderness – knapp und präzise – an Mrs. Byron weitermeldete. »Deine Schwester Augusta hat ihr Debüt hinter sich, Byron.« – »Können wir sie nicht jetzt besuchen?« – »Nein!«

Als Augusta achtzehn Jahre alt wurde, starb Lady Holderness. Catherine schickte ein Beileidsschreiben. Neben der Absicht, der gesellschaftlichen Konvention – von Newstead Abbey aus – Genüge zu tun, bewog sie zu diesem Schritt vor allem die Tatsache, daß Augusta offensichtlich gesellschaftliche Verbindungen hatte, die einem Pair von England später einmal nützen könnten. Sie unternahm daher den Versuch, taktvoll und diplomatisch zu schreiben.

»Ich werde alle Gedanken über eine Person, die nicht mehr unter uns weilt, vermeiden... Obwohl er doch so wenig von Ihnen weiß, spricht Ihr Bruder mit der größten Zuneigung von Ihnen.« Augusta hielt diesen Brief in der Hand und dachte nach. Von Lady Holderness und den Howards beeinflußt, sah das Bild, das sie sich von Catherine Byron machte, wie eine Kreuzung aus Fischweib und schottischer Hexe aus. Catherines Meinung war ihr gleichgültig. Aber ihr Bruder... Sie überlegte. Sie schrieb. Und sie erhielt eine Antwort.

Keiner von beiden konnte später sagen, warum sie sich in diese Korrespondenz stürzten, warum sie sich so völlig dem Entzükken hingaben, an einen fremden Vertrauten zu schreiben, an einen Unbekannten, der einem doch so nahe stand. Vielleicht war es gerade dieser Gegensatz, der sie beide reizte, vielleicht war es das Bedürfnis nach einer Person, die alles verstand.

»Ach, wie unglücklich war ich bisher durch die Trennung von einer so liebenswerten Schwester! Aber das Schicksal hat mir nun Genüge getan, indem es mich eine Verwandte entdecken ließ, die ich liebe, eine Freundin, der ich vertrauen kann. Als beides, meine liebe Augusta, werde ich Dich immer ansehen, und ich hoffe, daß Du Deinen Bruder nie unwürdig Deiner Zuneigung und Freundschaft finden wirst... Adieu, meine liebste Schwester, und vergiß nicht die Börse, die Du mir stricken willst.«

Augusta war die einzige, der er von den ständigen Streitereien mit seiner Mutter erzählen konnte. »Meine Unterhaltungen zur Zeit sind Bücher, und meiner Augusta zu schreiben, was immer zu meinen größten Vergnügen zählen wird... wieder ein Streit mit Mrs. Byron. Sie erklärt, daß ich mich mit ihren schlimmsten Feinden verbündet hätte – viz. Lord Carlisle, Mr. Hanson und Du – und beehrt uns alle mit einer Reihe von Bezeichnungen... zum Schluß nennt sie mich einen echten Byron, was das schlimmste Schimpfwort ist, das sie finden kann.«

Catherine hatte es mit einem aufwachsenden Jugendlichen zu tun, der einen Großteil ihres eigenen Temperaments geerbt hatte. Schon sie dazu zu bewegen, die Hilfsmaschinen für seinen Fuß – die trotz jahrelanger Quälerei nicht das geringste Ergebnis gebracht hatten – zu entfernen, bevor sie ihn nach Harrow schickte, war ein monatelanger Kampf gewesen. Jetzt, da er ihr immer weniger gehorchte, überschüttete sie ihn abwechselnd mit Küssen und beschimpfte ihn dann wieder. Sie warf ihm die Ähnlichkeit mit seinem Vater vor und bewirkte dadurch eine lebenslange Sympathie für diesen ansonsten unrühmlichen Gentleman. Häufig griff sie zu ihrer schrecklichsten Waffe, ihn als »lahmes Balg« zu verfluchen.

Byron erweiterte in Harrow die Liste seiner sportlichen Fähigkeiten und ging unter die Schützen, und obwohl seine Treffsicherheit bald die Achtung seiner Kameraden noch steigerte, gab auch sie ihm nicht das erwünschte Gefühl der Gleichwertigkeit. Der verkrüppelte rechte Fuß prägte ihn für immer und ewig, und es gab keinen Tag, an dem er nicht unter dieser Behinderung litt.

Seine Briefe an die unbekannte Schwester spiegelten seine ständig wechselnden Stimmungen, einmal melancholisch, dann wieder witzig, mit einer reizenden Mischung aus Naivität und Altklugheit: »Kannst Du Dir diesen Cousin nicht aus Deinem hübschen Kopf schlagen?... Und wenn ich fünfzig Mätressen hätte, ich würde sie alle am nächsten Tag vergessen!« Augusta mußte zuerst lachen, als sie diesen Brief von ihrem noch nicht fünfzehnjährigen Bruder erhielt, fand den folgenden Teil seines Berichtes jedoch sehr viel ernster.

Er enthielt die ausführliche Schilderung einer neuen Byronschen Familienszene, die sich zu allem Überfluß noch in Harrow, vor den Ohren der gesamten Schule, zugetragen hatte. Byron wußte genau, daß er noch monatelang wegen dieser öffentlichen Ohrfeigen und Maßregelungen seiner Mutter gehänselt werden würde, und das, nachdem er seine Mitschüler gerade erst dazu gebracht hatte, seine Lahmheit zu übersehen. Einer seiner Freunde hatte ihm mitleidig zugeflüstert, als Catherine gerade in ihrer Schimpftirade innehielt, um Luft zu holen: »Byron, deine Mutter ist eine Närrin.« – »Ich weiß.«

Eigentlich nahm er sie schon längst nicht mehr ernst, aber als er an Augusta schrieb, tauchte die ganze Peinlichkeit dieser Szene erneut vor ihm auf, und er schloß: *»Muß ich diese Frau Mutter nennen?!!!«* In einem Postskriptum gab er der Hoffnung Ausdruck, die nächsten Ferien nicht zu überleben.

Augusta lag es eigentlich nicht, sich in anderer Leute Angelegenheiten zu mischen, doch an dieser Stelle überlegte sie zweimal und entschied sich dann, an den Familienanwalt Hanson zu schreiben. Lord Carlisle, so führte sie aus, hätte bestimmt nichts dagegen, wenn ihr Bruder die nächsten Ferien bei seinem Anwalt Hanson und nicht bei seiner Mutter verbringen würde, was angesichts der angespannten Situation ohnehin für beide Teile das Beste wäre. Außerdem könnte Hanson dann mit Byron einen Abstecher zu den Howards machen, wo nicht nur Lord Carlisle, sondern auch sie selbst zum ersten Mal das Vergnügen einer persönlichen Begegnung haben könnten.

Die Herren Hanson und Carlisle zeigten sich einverstanden, Byron war begeistert, und Catherine schrieb an alle drei Intriganten einen rachsüchtigen Brief, in dem sie ihren verwundeten Gefühlen auf eine Weise Luft machte, die ihr Sohn als »Meisterübung im *Furioso*-Stil« bezeichnete, oder auch als »die Explosion der Dowager auf Papier«.

Diese Begegnung, der so schnell keine zweite folgen sollte, wäre um ein Haar katastrophal verlaufen. Sicher, der Abend, an dem Hanson und sein junger Klient bei den Howards dinierten, fing vielversprechend genug an.

Castle Howard war eine der größten Festungen, die die Normannen je erbaut hatten, und Byron war von der Anlage, die auch nicht die geringste Verfallserscheinung zeigte, nachhaltig beeindruckt. Traurig dachte er an die Große Halle von Newstead Abbey, die er zur Zeit nur noch zu Schießübungen benutzen konnte. *Diese* Halle war üppig eingerichtet, nicht nur mit dem üblichen riesigen, schweren Eichentisch, sondern auch mit Porträts und Trophäen an den Wänden und elegant gedrechselten Möbeln aus Frankreich.

Auf einer Chaiselongue in der Nähe des Kaminfeuers, das ein Diener eifrig schürte, saß eine Dame, die offensichtlich Lady Carlisle sein mußte. Sie hätte seiner Mutter nicht weniger ähneln können! Lady Carlisle trug ein zartes Musselinkleid; denn seit bekannt geworden war, daß der Erste Konsul der Franzosen, Napoleon Bonaparte, Musselin verabscheute, hatte das Material in England eine ungeahnte Beliebtheit erlangt. Ihre schlanke Gestalt und das blasse glatte Gesicht ließen keine Schlüsse auf ihr Alter zu. Um die Chaiselongue hatte sich eine Schar rotblonder Mädchen gereiht, die die Ähnlichkeit mit ihrer Mutter nicht verheimlichen konnten.

Lord Carlisle wollte wohl dafür sorgen, daß die Familie nicht ausstirbt, schloß Byron mit dem leichten Zynismus, den er sich in Harrow angeeignet hatte. Ihm fiel plötzlich mit Entsetzen ein, daß er überhaupt nicht wußte, wie Augusta aussah, daß sie sehr wohl eines dieser Mädchen sein konnte.

Sie musterten ihn alle erwartungsvoll, und obwohl er sich so lange auf diesen Besuch gefreut hatte, wünschte er sich plötzlich, weit fort zu sein. Nur nicht hier unter diesen überlegenen, gesellschaftsgewandten Fremden, die im nächsten Moment schon seinen Gang bemerken würden.

Etwas abseits stand Lord Carlisle mit zwei jungen Männern und einem weiteren Mädchen.

Byron spürte, wie Hanson ihm die Hand auf die Schulter legte.

»Nun gehen Sie und begrüßen Sie Ihren Vormund und Ihre Schwester, Mylord«, sagte der Anwalt freundlich. Byron schluckte, gab sich einen Ruck und ging auf die kleine Gruppe zu.

Augusta war etwa so groß wie er, für ein Mädchen hochgewachsen und ein wenig dünn. Ihr Haar, etwas heller als seine eigenen, fiel in kastanienbraunen Locken auf ihre Schultern. Der Blick in ihr Gesicht ließ ihn fast erschrecken, als er erkannte, wie sehr sie sich glichen.

Sie besaßen beide die vollkommene klassische Nase, die hohe Stirn und den etwas zu großzügigen Mund der Byrons. Nur ihre leicht schräggestellten Augen und die Grübchen, die schon beim leisesten Lächeln hervorkamen, ließen sie ausgesprochen weiblich wirken. Byron wollte sie umarmen, brachte es dann aber vor all diesen Fremden doch nicht fertig, streckte ihr die Hand entgegen und sagte leise: »Augusta.«

Augusta fiel als erstes der Klang seiner Stimme auf, ein melodiöser Bariton, der nichts mehr von einem Stimmbruch verriet. Er kam ihr viel älter vor, als sie erwartet hatte, und sie spürte jäh Enttäuschung in sich aufkommen, weil sie ihn nie als Kind erleben würde, wie sie ihre Vettern erlebt hatte, weil man ihnen die gemeinsame Kindheit weggenommen hatte und es jetzt vielleicht zu spät war. Sie hatte bemerkt, mit welchem Gesichtsausdruck er die Howards gemustert hatte. Was, wenn er sie als genauso fremdartig empfand?

»Georgy«, sagte sie, denn so hatte sie ihn als Kind genannt, vor dem Tod ihres Vaters.

Aber irgendwie schien es falsch zu klingen. Er konnte sich nicht mehr daran erinnern – wie sollte er auch, er war viel zu jung gewesen.

Sie fragte sich, ob er wohl jetzt auch an ihren Vater dachte, den unbekannten Vater, über den man nicht sprach. Das geheimnisvolle Schweigen hatte sie zu den abenteuerlichsten Vorstellungen angeregt – ein Pirat, ein Ritter, der ausgezogen war, um Gefahren zu bestehen –, bis sie alt genug war, um von gelegentlichen Bemerkungen Lord Carlisles oder anderer Verwandter wie »Jack war liebenswert in seiner Verrücktheit, aber vollkommen verantwortungslos, es war ihm gleich, wer unter seinen Extravaganzen litt« ernüchtert zu werden.

Sie zögerte noch einen winzigen Augenblick, dann trat sie vor und umarmte ihren Bruder. Die Schultern unter ihren Händen spannten sich kurz, doch er erwiderte ihre Umarmung mit einer unerwarteten Heftigkeit.

An der gespielt selbstsicheren Art, mit der Byron daraufhin Lord Carlisle begrüßte, erkannte sie ihre eigene Schüchternheit und hatte sofort das Gefühl, ihn bemuttern zu müssen.

Dieses Bedürfnis verging ihr jedoch spätestens beim Dessert, als sie von ihrem angebeteten Vetter George Leigh erzählte und Byron das Medaillon mit dem Porträt dieses Cousins zeigte, das sie immer bei sich trug. Ihr Bruder wartete einige Augenblicke und murmelte dann, die Augen auf die Tischdecke geheftet: »Übrigens möchte ich dich bitten, mich nicht mehr Georgy zu nennen. Sag Byron – es gibt schon zu viele Georges in der Verwandtschaft!«

Sie erstarrte und wußte einen Augenblick lang nicht, ob sie ihn ohrfeigen oder auslachen sollte. In diesem Moment dämmerte ihr die Erkenntnis, daß Catherines Ausbrüche vielleicht nicht unprovoziert gewesen waren. »Gut«, erwiderte sie langsam, »Baby Byron.« – »Gans!« Aber während er das sagte, zwinkerte er ihr zu, und sie konnte nicht anders, als ebenfalls ein Auge zuzukneifen und ihn mit übertrieben strengem Blick so lange strafend anzusehen, bis sie beide in schallendes Gelächter ausbrachen.

Dennoch mußte er immer wieder seine kleinen Sticheleien anbringen. Als Lord Carlisle von einem Manöver berichtete, an dem Lieutenant Leigh teilgenommen hatte, entfuhr Augusta ein überraschter Ausruf. Darauf blickte ihr Bruder sie von der Seite an und bemerkte mit hochgezogenen Augenbrauen, Vetter George sei wohl nicht sehr schreibfreudig. Das traf sie. Seit über einem Monat hatte George Leigh nichts mehr von sich hören lassen!

Die Leighs gehörten zu den wenigen Verwandten der Byronschen Familie, die Augusta in ihrer Kindheit kennengelernt hatte, und obwohl man sie eigentlich überall recht freundlich aufnahm, schien ihr doch George der erste zu sein, der nicht diese Seien-wir-nett-zu-Augusta-sie-kann-ja-nichts-dafür-Haltung an den Tag legte.

Bei ihm spürte sie Achtung und Freundlichkeit, und ein- oder zweimal, als sie mit ihm ausritt, hatte sie sogar Bewunderung in seinen Augen aufblitzen sehen. George Leigh war darüber hinaus eine ins Auge fallende Erscheinung, deren Charme man sich nur schwer entziehen konnte. Und so hatte Augusta sich an dem Tag, als er mit ihr ihren ersten Ball eröffnete, unsterblich in ihn verliebt. Eigentlich hatte sie gedacht, er würde sie nie bemerken, doch gerade auf diesem Ball hatte er ihr zugeflüstert: »Ich glaube wahrhaftig, du wirst erwachsen, Augusta.«

Damit hatte eine wunderbare Romanze begonnen, die nur durch die ärgerliche Tatsache gestört wurde, daß Georges Vater General Leigh, der seinem Sohn ein Offizierspatent gekauft hatte, darauf bestand, daß dieser sich auch längere Zeit bei der Armee sehen ließ. Und nun hatte George lange nichts mehr von sich hören lassen, was Augusta zu allen möglichen Befürchtungen Anlaß gab – Ängste, die ihr Bruder durch seine gemeinen Bemerkungen wieder wachrief und schamlos ausnutzte.

Sie sprang auf und rannte in ihr Zimmer, zutiefst gekränkt und beleidigt. Was hatte ihr dieser hinterhältige Stichler von Bruder noch in seinen Briefen versichert? Sie sei »die nächste Verwandte, die ich in der Welt habe, sowohl durch *Blutsbande* als auch durch Liebe« – ha! Alle Männer waren Egoisten, und die beiden Georges am allermeisten!

Da lag sie nun auf ihrem Bett, das Gesicht in ihr Kissen vergraben, einsam und allein, und wiegte sich in Selbstmitleid. Plötzlich hörte sie jemanden sagen: »Augusta? Aber Gänschen, warum weinst du denn?« Sie blickte auf und warf ihm ein Kissen in das Gesicht. Diese unvermutete, aber heftige Attacke ließ ihn stolpern, und unversehens sah sich Byron völlig unbeabsichtigt vor seiner Schwester auf den Knien liegen. So blieb ihm nichts, als sich die Lage zunutze zu machen, indem er sie aus dieser Position beschwor, ihm zu verzeihen.

Augusta fand die ganze Angelegenheit auf einmal übertrieben

lächerlich. »Steh auf«, sagte sie, »es sei dir vergeben.« (Diesen Satz hatte sie aus einem jüngst populär gewordenen Ritterroman.) »Oh dear, wenn wir uns das nächste Mal treffen, bring mir lieber gleich einen ganzen Vorrat Taschentücher mit – du Schuft!« Dann entdeckte sie zu ihrer Überraschung, daß er ein überaus reizendes, verwirrendes Lächeln besaß, das in seinen dunklen Augen kleine Funken tanzen ließ.

Diese erste Begegnung der beiden Kinder des tollen Jack sollte bis auf weiteres auch die einzige bleiben. Mrs. Catherine Byron hatte den längeren Arm, und sie sorgte dafür, daß ihr Sohn seine nächsten Ferien mit ihr verbrachte. Leider jedoch nicht auf Newstead Abbey, denn Catherine hatte sich schweren Herzens entschlossen, den Byronschen Stammsitz an Lord Grey de Ruthyn, einen dreiundzwanzigjährigen Junggesellen, zu vermieten. Ruinierte Güter finanzierten sich nicht von selbst, und Lord Grey zahlte immer pünktlich seine Miete, wenn er auch sonst nur durch seine Jagd auf Fasane und Dorfmädchen von sich reden machte. Catherine hatte in der Nähe einen wesentlich bescheideren Gutshof als Domizil gewählt, so daß ihr Sohn die Gelegenheit bekam, täglich nach Newstead Abbey hinüberzuwandern und sich mit dem Fasanenjäger anzufreunden.

Doch die Freundschaft währte nicht lange. Schon Anfang April erhielt Augusta einen Brief, in dem von einem heftigen Streit die Rede war: »Ich bin nicht wieder versöhnt mit Lord Grey, und ich *werde es nie sein.* Er war einmal mein *bester* Freund, meine Gründe dafür, diese Freundschaft abzubrechen, sind solcher Art, daß ich sie nicht erklären kann, selbst Dir nicht, meine liebe Schwester (obwohl Du die erste wärest, der ich sie bekennen würde, wenn ich es könnte)... Meine Mutter billigt meinen Streit mit ihm nicht, aber wenn sie den Grund wüßte (den sie nie erfahren wird), würde sie mich nicht mehr plagen.«

Augusta wunderte sich, sagte aber nichts. Und bald hatte Byron an der ganzen Angelegenheit jedes Interesse verloren, denn er hatte sich zum ersten Mal wirklich heftig verliebt. Daß Mary Chaworth verlobt und zwei Jahre älter als er selbst war, verdrängte er. Schließlich war sie allein durch ihre Herkunft für ihn bestimmt. Die Byrons heirateten so gut wie immer ihre Cousinen, und Mary Chaworth war – wie seine drei vorhergehenden Schwärmereien – mit ihm verwandt.

Dazu kam ein höchst romantischer und inspirierender Umstand: sein Vorgänger, der böse Lord, hatte Marys Großvater hinterrücks umgebracht und bis zu seinem Lebensende das Schwert, mit dem die blutige Tat begangen worden war, an dem Ehrenplatz von Newstead Abbey hängen lassen. Verständlicherweise hatten sich daraufhin die beiden Familien etwas entfremdet. Da sich das rattenzüchtende Ekel in seinen letzten Jahren aber auch mit den eigenen, engsten Verwandten völlig zerstritten hatte, sahen die Chaworths keinen Grund mehr, sich nicht mit dem neuen Herrn von Newstead Abbey zu versöhnen.

Mary beobachtete den jungen Verliebten mit Belustigung. Zugegeben, er sah sehr gut aus, er war auch unterhaltsam und ihr offensichtlich völlig ergeben – aber ein ernst zu nehmender Verehrer? Wohl kaum. Hin und wieder brachte er sie allerdings in Verwirrung. Sie schenkte ihm ihr Bild, um herauszufinden, wie sie bei diesem Kind stand. Das Ergebnis war überwältigend.

Byron weigerte sich gegen Ende der Ferien, nach Harrow zurückzukehren, um bei seiner Angebeteten bleiben zu können. Alle Wutanfälle Catherines, alles wohlmeinende Zureden des Anwalts Hanson nützte nichts. Er wollte in Annesley Hall ausharren, wo ihn ein Blick, ein Lächeln von Mary glücklich oder unglücklich machen konnte. Mary empfand unerwartetes Vergnügen bei seinen leidenschaftlichen Liebesanträgen, Vergnügen, das durch die prickelnde Verbindung zwischen keuscher Reinheit und leichtsinniger Koketterie, die er ihr ermöglichte, entstand. Schließlich war er ja nur ein Kind!

Byron war nicht ganz so unschuldig, wie Mary Chaworth glaubte. Seinerzeit, als er noch mit seiner Mutter in Aberdeen lebte, hatte ihn das schottische Hausmädchen abwechselnd mit Bibelsprüchen und von Stimmung und Alkohol ausgelösten merkwürdigen Zärtlichkeiten bedacht. Damals konnte er nichts damit anfangen, jetzt aber stieg die Erinnerung in ihm auf, war ihm abwechselnd peinlich und dann wieder seltsam angenehm.

Er wußte ziemlich genau, was er von Mary wollte. Doch er fühlte in ihrer Gegenwart eine viel zu große Scheu, um jemals einen eindeutigen Schritt zu wagen.

Eines Abends beschloß Byron, sie zu überraschen und durch ihr Fenster einzudringen. Dank seiner Gelenkigkeit hatte er das Fensterbrett ziemlich schnell erreicht. Noch bevor er in Marys Zimmer sehen konnte, hörte er ihre Stimme, hörte sie lachend zu irgend jemandem sagen: »Was, ich soll mir aus dem lahmen Jungen etwas machen?« Er ließ sich fallen. Marys Zimmer lag nicht sehr hoch, aber der Aufprall war doch recht schmerzhaft und lenkte ihn einige Augenblicke lang von dem dumpfen Pochen in seinem Inneren ab. Der lahme Junge. So war das also. Ich soll mir aus dem lahmen Jungen etwas machen? So.

Er lag noch sehr lange unter Marys Fenster und atmete den süßen, durchdringenden Geruch des nächtlichen Gartens ein. Seine Hände klammerten sich an der aufgewühlten Erde unter ihm fest. Am nächsten Tag hatte er hohes Fieber und wünschte sich intensiv zu sterben.

Er sah sich schon bleich und kalt in einem Sarg liegen, die schluchzende Mary zu seinen Füßen, die ihm alle Liebe der Welt schwor – umsonst. Er war tot. Mary zog sich für den Rest ihres Lebens in ein Kloster zurück und weinte jede Nacht um den Verlorenen, Unwiederbringlichen, den sie so grausam abgewiesen hatte, oder sie brach vor seinem Leichnam zusammen, riß einen Dolch aus ihrem Kleid und stieß ihn sich in das Herz, im Tode endlich mit ihm vereint.

Das Fieber verging, und mit ihm jene tragischen Träume. Während er endlich verspätet in der Postkutsche nach Harrow saß, tauchten statt dessen andere Vorstellungen auf. Wie mußte sie über ihn gelacht haben! Nie, nie wieder würde er sich wegen einer Frau derart lächerlich benehmen. Er war endgültig von der Liebe geheilt. Keine von diesen koketten, nichtswürdigen Wesen würde ihm je wieder etwas bedeuten, würde ihn jemals ausnützen können. Sie waren alle gleich. An Augusta, die von seiner Verdammung aller Frauen verschont geblieben war – er zog es vor, sie sich als geschlechtsloses Wesen zu denken – schrieb er: »Ich bin fest überzeugt, daß so etwas wie Liebe nicht existiert.«

Mit Todesverachtung widmete er sich der verhaßten Mathematik, der wesentlich angenehmeren Rhetorik, dem Studium griechischer Klassiker und ließ sich gelegentlich in Raufereien mit all den jugendlichen Grafen und Herzögen ein, die den Lehrern von Harrow das Leben schwermachten.

Wenn ihn – vor allem in den nächsten Ferien – die Erinnerung dann und wann quälte, versuchte er sich in Versen – er hatte vor einiger Zeit den Zauber der Worte entdeckt.

Annesleys Berge, bleich und öd ihr,
Wo gedankenlos als Kind
Ich gestreift – wie wild umweht ihr
Und umheult von Sturm und Wind!
Nicht, wie sonst so gern ich immer
Doch getan es, träum ich hier;
Marys Lächeln läßt ja nimmer
Euch ein Eden scheinen mir.

Byron begann Freude an der Reimerei zu finden und kritzelte von nun an öfter als früher auf Papier, was ihm die Stimmung eines Augenblicks eingab.

Als seine Mutter ihm von Mary Chaworth's Vermählung erzählte, sagte er nur »Ach, ja?« und verlangte nach dem Frühstücksei. Mary war in seiner Phantasie längst zu einem Doppelwesen geworden: für die irdische Mary hatte er nur Hohn und Spott, die überirdische, unsterbliche Geliebte hatte er zum Idol stilisiert, an das er ständig Gedichte schrieb, die er wieder vernichtete.

Augusta war mittlerweile mit George Leigh verlobt. General Leigh verweigerte dem zum Captain beförderten George seine Zustimmung zu einer sofortigen Eheschließung, und da weder Augusta noch Cousin George über nennenswerte eigene Einkünfte verfügten, blieb es auf diese Weise zunächst bei einer Verlobung. George Leigh ließ Augusta schwören, daß sie auf ihn warten werde, und war im übrigen nicht wirklich unglücklich über die Aussicht auf ein etwas längeres Junggesellendasein. Er liebte Augusta auf seine Art, sie war seine Cousine, er fand sie hübsch und unterhaltsam, genau die Art Mädchen, die man heiraten mochte, aber – es gab doch noch so viele andere! So gab er seinem Vater halbwegs recht, als dieser Augustas bescheidene Mitgift erwähnte, die im Augenblick eine Ehe unmöglich machte.

Byron nannte den General dafür in seinen Briefen »L'Harpagon« und schlug seiner Schwester vor, mit George nach Schottland durchzubrennen. Er neckte sie damit, daß sie eines Tages noch das Brautkleid für Großmütter einführen würde.

Im übrigen genoß er sein letztes Jahr in Harrow, die Freundschaft seiner Altersgenossen und die Bewunderung seiner jüngeren Protegés, die in ihm eine Art Held sahen. Als er die Schule verließ, hatte Harrow in seinen Gedichten den Platz von Mary Chaworth eingenommen. Bei allem Abschiedsschmerz war er mit seinen siebzehn Jahren aber doch gespannt auf das Studium in Cambridge: »Nur Snobs gehen nach Oxford.«

Cambridge mit seinen elegant-geschwungenen gotischen Gebäuden bezauberte ihn und erschien ihm wie ein Traum aus dem Mittelalter. Sein College, Trinity College, war eines der ältesten und berühmtesten, großzügig angelegt und hatte schon viele Staatsmänner und Künstler hervorgebracht. Man war sich der Tradition sehr bewußt und stellte die höchsten Ansprüche.

Als Byron hörte, daß er wegen der Hausordnung auf seinen geliebten Neufundländer Boatswain verzichten müßte, schaffte er sich einen zahmen Bären an und hatte nach einem ausgedehnten Streit mit den Autoritäten das Vergnügen, ihn für die Dauer seines gesamten Studiums dort halten zu dürfen. Dieser Bär verschaffte ihm gleich einen gebührenden Einstieg in das Universitätsleben: Zum Gaudium aller Mitstudenten umarmte das Tier während einer Vorlesung einmal den Professor. »Ihm hat Ihr Vortrag so gut gefallen«, verteidigte sich Byron, als ihn später das Opfer erbost zur Rede stellte. »Ich finde, er ist sehr bildungsfähig. Er sollte in eine Studentenverbindung aufgenommen werden.«

Das Leben zeigte sich von seiner besten Seite – und die Mädchen auch. Byron stürzte sich in eine Reihe kurzer Affären mit zahlreichen blauäugigen Carolines, Annes und Coras und achtete darauf, daß er derjenige war, der jeweils die Liaison beendete. Wesentlich ernster nahm er den Wunsch, in eine der zahlreichen Studentenverbindungen aufgenommen zu werden, in den Whig Club beispielsweise, der erst neu von einem gewissen John Cam Hobhouse gegründet worden war.

Hobhouse und Byron waren sich immer wieder bei Vorlesungen und Studententreffen begegnet und beäugten sich zunächst mit einer nicht näher bestimmbaren Abneigung. Für John Cam Hobhouse war Byron ein junger Adeliger mit einem quecksilbrigen Temperament, der das Universitätsleben nur als besseren Zeitvertreib anzusehen schien und im übrigen nicht zum nützlichen Teil der Bevölkerung zählte. Für Byron war Hobhouse ein auf den ersten Blick unbeweglicher und farbloser Charakter, der alleine durch eine gewisse Wortgewandtheit auffiel. Als Byron erfuhr, daß Hobhouse sich auch politisch betätigte und nicht weniger als zwei derartige Verbindungen, darunter eben den Whig Club, gegründet hatte, sah er sich gezwungen, seine Einschätzung etwas zu ändern.

Hinter dem unscheinbaren Hobhouse steckte mehr. Byron wäre selbst sehr gerne Mitglied eines solchen Clubs gewesen, denn die Politik begann ihn immer mehr zu interessieren. Im Augenblick herrschte im Land ein jäher Auftrieb des Konservativismus, den die Eroberungsfeldzüge Napoleons begünstigten. Die konversativen Tories hatten es erreicht, daß ihre Gegner, die Whigs, kraft eines Dekrets von der Regierung ausgeschlossen blieben. Diese Entscheidung löste heftige Diskussionen unter den Studenten aus. Hobhouse und sein Club besaßen angeblich Verbindungen zur Presse der Hauptstadt, was sie nur noch beneidenswerter erscheinen ließ.

Doch wie sollte man an sie herankommen? Byron hätte sich eher die Zunge abgebissen, als bei Hobhouse den Eindruck entstehen zu lassen, er wolle sich anbiedern. Der Zufall kam ihm zur Hilfe, als er sich nach einem Gottesdienst in der Kapelle des College bei dem Verlassen des Gebäudes neben Hobhouse wiederfand. Hobhouse begrüßte ihn höflich und bemerkte: »Die

Predigt war ziemlich langweilig, nicht wahr? Es überrascht mich, daß Sie in der letzten Zeit so regelmäßig an den Messen teilnehmen... bitte mißverstehen Sie mich nicht, ich meine das nicht böse... Sie erschienen mir nur nie sehr religiös.« Byron war weit davon entfernt, gekränkt zu sein. Er lächelte und zuckte die Achseln. »Ich bin es nicht. Glauben Sie wirklich, ich komme hierher, um mir den alten Debon anzuhören? Dann schon lieber eine Geschichtsvorlesung bei Lovell!«

Hobhouse hob die Hand, um sein Grinsen zu verbergen, denn Lovell war unter den Tutoren des College wohl der langatmigste. Byron fuhr fort: »Nein... es ist die Musik, die mich fasziniert. Haben Sie nicht den Sänger bemerkt, der die meisten Solopartien übernimmt?« Hobhouse nickte zustimmend. »Ja, natürlich... Edleston, John Edleston. Er singt Sopran, oder?« – »Altus«, korrigierte Byron automatisch und fügte hinzu: »Sie kennen ihn?« Hobhouse schüttelte den Kopf und musterte den Jungen vor ihm. »Wollen Sie sagen, daß Sie jeden Sonntag an die zwei Stunden Debon ertragen, nur um John Edleston zu hören?« Byrons Miene war undurchdringlich. Er erwiderte: »Ich würde sogar *drei* Stunden Hobhouse ertragen, nur um die neuesten Nachrichten aus London und Europa zu hören.« Hobhouse stutzte einen Augenblick, starrte auf sein Gegenüber. Dann lachte er. Damit war das Eis zwischen den beiden gebrochen. Hobhouse schlug ihm auf die Schulter, eine überraschende Geste bei einem so zurückhaltendem Menschen.

»Sie sollen Ihre drei Stunden bekommen, bei Gott. Ich würde mich sehr freuen, wenn Sie am nächsten Donnerstag um fünf Uhr zu unserer Sitzung kommen würden. Und... ach ja, Matthews hat erwähnt, daß Sie gelegentlich etwas schreiben.« Matthews war ein gemeinsamer Bekannter, Byron spürte einen Augenblick lang leichten Ärger in sich aufwallen: Er hatte vor, im nächsten Jahr anonym einen Gedichtband zu veröffentlichen, und er konnte darauf verzichten, daß das ganze College davon erfuhr. Es wäre schrecklich, mit jenen Einfaltspinseln, die entweder Robert Southey oder Walter Scott imitierten, in einen Topf geworfen zu werden. Aber Hobhouse entwaffnete ihn mit seinen nächsten Worten: »Ich wäre sehr geehrt, wenn Sie mir das eine oder andere zeigen würden… wenn auch nur, um mich gelegentlich in den drei Stunden zum Schweigen zu bringen.«

»*Nur* deswegen«, sagte Byron mit hochgezogenen Brauen und hätte das Gespräch gerne fortgesetzt, wenn nicht in diesem Moment ein Junge von etwa sechzehn Jahren aus der Kapelle auf ihn zugerannt wäre. Er blieb vor ihnen stehen und keuchte. »Es tut mir leid, daß ich mich verspätet habe, By, aber…« Er erblickte Hobhouse, und sein Gesichtsausdruck änderte sich. »Guten Tag, Sir.«

Hobhouse erwiderte den Gruß und fügte hinzu: »Edleston, der berühmte… Altus, nicht wahr?«

Edleston nickte scheu. Er hatte lockige blonde Haare, und sein kleiner zierlicher Körperbau schien die Kraft, die in seiner Stimme lag, zu verleugnen. Sein Blick flackerte über Hobhouse hinweg, um wieder an Byron haften zu bleiben.

Byron lächelte ihm zu und wandte sich an Hobhouse. »Tut mir leid, aber ich habe Edleston eine Bootsfahrt versprochen, Hobhouse. Wenn Sie uns allerdings begleiten wollen…« Edleston runzelte bei diesen letzten Worten ungewollt die Stirn, und Hobhouse versicherte hastig, er sei beschäftigt und habe leider keine Zeit. Er beobachtete, wie die beiden sich an dem alten Brunnen vorbei durch das prächtige Westtor entfernten, und sah Byron mit der Mischung aus erwachender Zuneigung, Neugier und Beunruhigung nach, ein Gefühl, das ihm in den kommenden Wochen, in denen sie Freunde wurden, immer vertrauter wurde.

Hobhouse umgab sich mit einer Aura lässigen Zynismus und starrte manchmal geradezu vor Selbstvertrauen, was ihn zu einer ergiebigen Zielscheibe für die Attacken scharfzüngiger Mitstudenten machte. Daneben besaß er durchaus Sinn für Humor und fühlte sich durch Byrons respektlose Verkürzung seines Namens in »Hobby« nicht im geringsten in seiner Würde gekränkt.

Bald wurde er, mit Matthews, Francis Hodgson, Scrope Davies und Douglas Kinnaird zusammen, die alle ebenfalls zum Whig Club gehörten und mit Byron inzwischen einen langsam sich ausprägenden Kreis bildeten, nach Newstead Abbey eingeladen, das nun vom lästigen Mieter Lord Grey befreit war. Hobhouse registrierte, daß Edleston nicht mit von der Partie war. Er hatte bereits bemerkt, daß Byron aus unerfindlichen Gründen lieber nicht gleichzeitig mit Edleston *und* seinen anderen Freunden zusammen war, auch wenn er sich keinen Reim darauf machen konnte, weil Edleston zwar kein Student, aber dennoch ein aufgeweckter und gebildeter Junge war.

Es wurde in jeder Hinsicht ein ausgelassenes Wochenende. Byron servierte Wein aus Totenschädeln, sie stöberten Mönchskutten auf und veranstalteten in dieser Tracht ein Wettschießen in der Großen Halle. Dann kam einer auf die Idee, über einem der Schädel einen Bluteid zu schwören: Eine so melodramatische Geste war einfach unwiderstehlich.

Leider verdarb Matthews die Feierlichkeit der Stunde, indem er Hobhouse auf der Suche nach einem wirklich mittelalterlichem Dolch fast aus dem Fenster stieß, und Hobhouse schwor, nur halb im Scherz, bei einer solchen Behandlung das Schloß sofort zu verlassen. Byron versicherte ihm, das Fenster sei auf keinem Fall sehr hoch und der Boden darunter, am Vormittag von den Pferden aufgewühlt, würde ihn weich aufnehmen.

Scrope Davies hatte sich bereit erklärt, im nächsten Dorf nach ein paar Mädchen Ausschau zu halten, und als dieser erfolgreich zurückkehrte, nahm die Feier einen noch ausgelasseneren Verlauf. Es wurde Morgen, ehe der erste von ihnen zum Schlafen kam, und Nachmittag, ehe Hobhouse sich mit schwerem Kopf und schmerzenden Gliedern auf die Suche nach etwas Eß- und Trinkbarem machte. Dabei stellte er fest, daß er sich in dem verdammten Gemäuer nicht zurecht fand, und war schließlich froh, als er auf Byron stieß, der ihm wortlos einen Krug Wasser anbot.

Hobhouse trank dankbar, spritzte sich etwas Wasser ins Gesicht und auf den Kopf und stellte mit einem Blick überrascht und leicht verärgert fest, daß Byron keinerlei Anzeichen eines Katers zeigte – im Gegenteil, er wirkte geradezu unnatürlich ausgeruht und heiter. Hobhouse setzte den Krug ab und schwor sich gleichzeitig ewige Enthaltsamkeit.

»Kennen Euer Lordschaft so etwas wie Erschöpfung?«

Byron lachte. »Doch, hin und wieder. Als ich kürzlich Edleston endlich aus dem Wasser gezogen hatte, war ich selbst so erledigt, daß ich keinen Schritt mehr gehen konnte.«

Hobhouse hatte von der Angelegenheit gehört, wenn auch nicht von Byron selbst. Edleston hatte, offensichtlich in einem Anfall von Tollkühnheit, versucht die Schwimmkünste seines bewunderten Freundes nachzuahmen und war, um Ausdauer zu beweisen, alleine und viel zu lange im Fluß geblieben. Dabei war er immer weiter abgetrieben und schließlich in einen Strudel geraten. Wie Davies berichtete, hatte Byron sich nach einiger Zeit Sorgen gemacht, war flußabwärts geschwommen und gerade noch rechtzeitig gekommen, um Edleston vor dem Ertrinken zu bewahren.

Ehe er sich eines Besseren besann, fragte Hobhouse achtlos: »Edleston... warum ist er nicht auch hier?« Byron ließ sich Zeit mit seiner Antwort. Er griff nach dem Krug und sagte schließlich gelassen: »Das alles würde ihm nicht gefallen. Er wäre eifersüchtig.« – »Bitte?« – »Er wäre eifersüchtig«, wiederholte Byron ungerührt. »Auf diese anderen und mich?« fragte Hobhouse irritiert. »Das auch«, erwiderte Byron gelassen. »Aber hauptsächlich auf die Mädchen.«

Hobhouse mußte sich setzen. Er räusperte sich und fragte: »Bist du«, sie waren inzwischen alle zum vertraulichen Du übergegangen, »immer so direkt?« Byron zuckte die Achseln. Er musterte Hobhouse. »Du hast mich gefragt, Hobby.« Hobhouse schluckte. Er verstand, was Byron sagen wollte, war aber nicht gewohnt, damit derartig freimütig umzugehen. Ihn erschreckte Byrons »gefährliche Offenheit«, wie er es nannte.

»Und... und es macht dir nichts aus? Es beunruhigt dich nicht?« Byron zuckte die Achseln und wirkte belustigt. Er hatte Hobhouse schon länger in Verdacht gehabt, unter seinem Reformeifer noch einen Rest von Puritanismus zu bewahren, und entgegnete jetzt absichtlich nonchalant: »Warum sollte es das? Ich mag Edleston, und ich mag die Mädchen dort unten. Wenngleich ich zugeben muß, daß Edleston mir wesentlich wichtiger ist als die Mädchen, aber das liegt daran, daß ich sie kaum kenne, und was ich bis jetzt gesehen habe, scheint mir außergewöhnlich spatzenhirnig zu sein. Würdest du in einem solchen Fall nicht auch...«

Hobhouse unterbrach hastig: »Ich fühle mich miserabel, und

ich schlage vor, daß du mir noch etwas Wasser gibst und wir dieses Gespräch schleunigst vergessen.« Das dunkle Grün von Byrons Augen wurde von goldenen Fünkchen unterwandert. »Ich wußte, daß du so reagieren würdest.«

Byron war zum erstenmal in seinem Leben in ernsten Geldschwierigkeiten. Der zahme Bär stellte nicht die einzige Extravaganz in seinem Leben dar. Eine geheime Wohnung in London, rauschende Feste für seine Freunde in Newstead, all die hübschen, unbedarften Carolines und die »leidenschaftliche, aber reine Affäre« mit Edleston, wie er sie in seinen Briefen nannte – die Zinswucherer waren um einen Klienten reicher. Dazu kam, daß Byron durch Augusta von der Not des alten Familienfaktotums Joe Murray erfuhr, der der Leibdiener des bösen Lords gewesen war. Er setzte ihm eine Rente aus, und als es Augusta gelang, Murray mit einem dreijährigem Engagement bei einem ihrer Verwandten zu versorgen, versprach er, den alten Diener nach Ablauf dieser Frist selbst zu beschäftigen. Denn die Rente, die er jetzt schon anbieten konnte, war denkbar klein.

Byron erzählte Augusta von seinen Problemen und bat sie um strengstes Stillschweigen (»ich will erproben, ob man einer Frau ein Geheimnis anvertrauen kann«). Postwendend bot sie ihm Hilfe an. Byron, ganz in der Tradition des Gentleman, der sich von einer Dame *nie* Geld leiht, lehnte entrüstet ab und stürzte seine Schwester damit in einen ernsthaften Konflikt.

Augusta, zur Zeit bei ihrer Schwester, Lady Chichester, untergebracht, machte sich wirklich Sorgen um ihn. Schulden bei Wucherern hatten nicht gerade die Angewohnheit zu verschwinden, und darüber hinaus waren derartige Kreditgeber nicht als besonders geduldige Menschen bekannt. Von ihr wollte er keine Hilfe annehmen, seine Mutter konnte er nicht fragen, ohne den mühsam erreichten Waffenstillstand zu gefährden – was also sollte sie tun? Einfach abwarten und zusehen, wie ihr Bruder sich in immer größere Schulden verstrickte?

Am Ende entschied sie sich dafür, mit Lord Carlisle zu sprechen. Bestimmt würde er alles verstehen und die ganze Angelegenheit regeln, ohne daß Catherine etwas davon erfuhr. Er tat es.

Aber Baby Byron war so verärgert über diesen Verrat, daß er den Briefwechsel mit Augusta abbrach. Für ihn existierte sie nicht mehr. Aus und vorbei. Ihre Briefe schickte er ungeöffnet zurück.

Von nun an konnte sie nur noch von Hanson Neuigkeiten über ihren Bruder erfahren; der Familienanwalt, über die Entfremdung zwischen den Geschwistern nicht unterrichtet, war erstaunt, als er ein Billet von ihr erhielt:

»Bitte seien Sie so freundlich, mir einige Zeilen darüber zu schicken, ob Sie ihn gesehen haben und ob er zurück nach Cambridge gegangen ist...«

Sie hörte einiges, doch nur das, was Hanson für die Ohren einer jungen Dame für geeignet hielt: Studienerfolge, gewonnene Universitätsmeisterschaften und schließlich die Veröffentlichung eines kleinen Gedichtbandes, anonym allerdings. Ihre Freundin Gertrude Howard erzählte ihr unter dem Siegel der Verschwiegenheit wesentlich pikantere Neuigkeiten: Byron hatte ein Mädchen, als Page verkleidet, zur Jagd mitgenommen – man stelle sich vor! –, hatte seine Kutsche wie das Gemach eines Sultans ausstaffiert, öffentlich seine Bewunderung für Napoleon erklärt und der Gattin des Dekans das Herz gebrochen.

»Er muß ein fürchterlicher Mensch sein«, sagte Gertrude, um sich gleich darauf nach Byrons näheren Gewohnheiten zu erkundigen. »Glaubst du, er wird jemals heiraten?« – »Nun«, erwiderte Augusta im Spaß, »er hat einmal erwähnt, daß er dich sehr hübsch fand, damals bei seinem Besuch in Castle Howard.« Lady Gertrude errötete. »Ich kann mich kaum noch erinnern... aber natürlich war er da noch viel jünger als heute...« – »Jetzt ist er achtzehn«, warf Augusta ein, »und ich sage dir, er wird nicht heiraten.«

Byron dachte tatsächlich noch lange nicht daran, sich zu vermählen. Doch für Augusta machte der Tod des alten Generals Leigh den Weg zum Altar frei. Mittlerweile war sie zweiundzwanzig und hatte zur Überraschung aller Verwandter an ihrer Kindheitsliebe zu George Leigh festgehalten.

Cousin George war, trotz redlicher Trauer um seinen Vater, mit dem Lauf der Ereignisse mehr als zufrieden. Er erbte ein kleines Vermögen, das er wirklich brauchen konnte (Augustas

Bruder war nicht der einzige, der Schulden machte), wurde zum Colonel befördert und konnte endlich seine Verlobte heiraten, der er trotz aller Oberflächlichkeit ernsthaft zugetan war.

George war vollkommen glücklich, und wenn Augusta einen leisen Schmerz darüber verspürte, daß ihr Bruder weder die Einladung zu ihrer Hochzeit angenommen noch sich dazu bequemt hatte, ein Glückwunschschreiben zu schicken, so ließ sie es sich nicht anmerken.

Sogar Augustas ehemalige Gouvernante, Mademoiselle Berger, war zur Feier gekommen; sie zerstritt sich ernsthaft mit Lady Carlisle und Lady Chichester. Diese beiden Damen belehrten die Braut, als sie sie zu Bett brachten, im Flüsterton darüber, daß »alles halb so schlimm« sei, und nach dem ersten Kind »gewiß nicht mehr so oft« vorkäme. Daraufhin erklärte die leicht beschwipste Französin laut und deutlich: »Alles dummes Zeug! *C'est magnifique, ma petite,* es gibt nichts Schöneres!«

Augusta wußte sehr genau, worauf sich das Gerede der Damen bezog. Ihr wäre es allerdings nie in den Sinn gekommen, darin eine unangenehme und lästige Pflicht zu erblicken. Während ihrer Flitterwochen und der darauffolgenden Monate erlebte sie das Erwachen ihres eigenen Körpers. Und da sie die sinnliche Natur ihrer Eltern geerbt hatte, lernte sie bald, auch diese Seite der Liebe zu genießen.

Nach jener ersten, ungestörten Zeit zu zweit kam der Einstieg in das gesellschaftliche Leben der Hauptstadt. Der König, George III., war in Geisteskrankheit verfallen, und alles scharte sich nun um seinen Sohn, den Prinzen von Wales. George Leigh hatte schon vorher die Bekanntschaft zweier berüchtigter Freunde des neuen Prinzregenten gemacht, Lord Darlington und Sir Harry Fetherstonhaugh, einstmals galanter Beschützer von Nelsons Lady Hamilton. Die beiden vermittelten George Leigh nicht nur die sehr ehrenvolle Freundschaft mit dem Prinzregenten in höchsteigener Person, sondern begeisterten ihn auch für Rennwetten. »Zum Teufel«, sagte er einmal zu Augusta, »so ein Rennen ist ungefähr das Aufregendste, was es gibt.«

Augusta antwortete nicht, sondern blickte ihren Gatten nur von der Seite an. Er sah noch genauso gut aus wie der Junge, in den sie sich verliebt hatte. Allerdings wirkte sein Gesicht im Moment abgespannt und übernächtigt, was wohl von den endlosen Würfelpartien mit Lord Darlington kam. Warum aber, dachte sie auf einmal, wirkte er mit seiner Begeisterung für die Pferdewetten eher jünger und kindlicher als sie und nicht älter? »George«, sagte sie unvermittelt, »ich erwarte ein Kind.« Er kam auf sie zu und küßte ihre Hand.

Irgendwann konnte Augusta nicht länger George und die Clique des Prinzen von Rennen zu Rennen begleiten und zog sich daher auf das Gut der Leighs, Six Mile Bottom, zurück. Es war mehr Landgut als Herrschaftssitz, doch Augusta gefiel es, eingebettet in die sanfte Landschaft Südenglands. Das Hauptgebäude und die beiden kleinen Nebenbauten wirkten wie ein altertümliches Spielzeug, bereits vom romantischen Flair der Jahre gezeichnet.

Sie ließ nur einige Räume neu tapezieren und ritt aus, solange sie es sich erlauben konnte. Der Rennort Newmarket, wo die Saison noch nicht begonnen hatte, lag in der Nähe, Cambridge war ebenfalls nicht allzu weit entfernt, aber ihr Bruder hielt anscheinend immer noch an seinem Groll fest.

Als sie nicht mehr reiten konnte, wurde Augusta häuslich. Eine Freundin hatte ihr Byrons Gedichtband geschickt, ohne allerdings zu wissen, wer der Verfasser war. Augusta war keine sehr kritische Natur; ihr gefielen die Gedichte, obwohl sie auch manche der ernster gemeinten zum Lachen brachten. »Oh, wann endet das Grab alle Leiden und Sorgen?« Das war Baby Byron! Im übrigen schien er seine Neigung zum Pathetischen selbst richtig einzuschätzen, den er ließ den meisten seiner tiefdüsteren Klagen eine witzige Alltagsbeschreibung folgen, so zum Beispiel die Schilderung einer Collegeprüfung:

Die armen Toren tadeln grimm und graus,
Die in mathematischen Sätzen schlecht zu Haus;
Dem Jüngling Heil, der mit Euklid vertraut,
Wenn sonst ihn keine Kunst auch je erbaut,
Dem sauer jede Zeile Englisch wird,
Der aber wie ein Kritiker skandiert…

Als sie dann mit einer Tochter niederkam, beschloß sie, mit dieser Nachricht die Beziehungen zu ihrem Bruder wiederaufzunehmen. »Ich nenne sie Georgiana«, schrieb sie, »und ich bin sicher, *Du* weißt, warum.« Doch bevor sie dazu kam, diesen Brief abzuschicken, hatte Byron ihr einen Grund gegeben, ihm wirklich böse zu sein.

Die *Edinburgh Review*, ihres Zeichens eine der beiden angesehensten Literaturzeitschriften des Königsreichs, hatte sich das Vergnügen gemacht, Byrons anonym erschienenen Gedichtband (der Verfasser bezeichnete sich nur als »ein Minderjähriger«) hemmungslos zu verreißen. Der Artikel hagelte nur so von Adjektiven wie »platt«, »einfallslos« und bat, sich daran zu erinnern, daß das bloße Reimen von Endsilben noch keine Dichtung darstelle. Byrons Antwort war die vollkommenste Rache, die ein Autor nehmen konnte.

Er schrieb eine Satire, »Englische Barden und schottische Rezensenten« betitelt, der er einen Vers von Pope voranstellte: »So schamlos sind die Barden; doch fürwahr/ Noch schlechter ist der Rezensenten Schar.« Diesem Motto getreu machte er alle führenden, derzeitig angesehenen Kritiker und Literaten lächerlich:

So viel muß die Satire selber sagen,
Daß über Dichtermangel nicht zu klagen.
Es ächzen unter ihrer Last die Pressen;
Den armen Setzern wird ganz schwach, indessen
Des Southeys Epenschwall ringsum sich türmt
Und Littles Lyrik rastlos sie bestürmt...

So weit, so gut. Augusta lächelte, als der berühmte Schauerromanschreiber Matthew »Mönch« Lewis als »Apollos Totengräber« bezeichnet wurde. Doch als die Rede auf Lord Carlisle kam, verlor sie ihren Sinn für Humor:

Und keine Muse lächelt mehr derweil
Dem gichtischen Gewinsel des Carlisle.
Dem Knaben wohl und seinem frühen Lied

Verzeiht man, falls die Jugendtorheit flieht;
Doch wer verzeiht den ew'gen Vers dem Greise
Des Haar stets grauer wird, wie seine Weise
Stets schlechter? Welche Würden diesen Peer
All schmücken: Reimer, Stutzer, Pamphletier!
Als Junge dumm, als Greis ein Faselhans...

Augusta war entsetzt. Lord Carlisle hatte die Vormundschaft, die ihm das königliche Gericht aufbürdete, nicht gewollt, aber er hatte sie immer uneigennützig und gewissenhaft verwaltet – bei verschiedenen Anlässen, wie damals bei dem Urlaub mit Hanson, war er sogar weit über bloße Verpflichtungen hinausgegangen. Dieser kurze Absatz in einer Satire, die der Öffentlichkeit bestimmt nicht entgehen würde, mußte für ihn ein Schlag ins Gesicht sein.

»Das gichtige Gewinsel von Carlisle« – wo der Mann schon seit zwei Monaten durch Gichtanfälle ans Bett gefesselt war! Für diese absichtliche Taktlosigkeit gab es keine Entschuldigung. Sie suchte ihren Brief an Byron hervor, den sie der nächsten Post hatte mitgeben wollen, und zerriß ihn. Auch als er ihr ein formelles Glückwunschschreiben zu der Geburt ihrer Tochter schickte, reagierte sie nicht. Soviel zumindest war sie Lord Carlisle schuldig, der sie fast mitaufgezogen hatte und ihr immer ein guter Freund gewesen war.

Aus einem empörten Brief von Gertrude Howard erfuhr sie den Anlaß zu der Entzweiung zwischen Lord Carlisle und Byron: ihr Bruder, der laut englischem Gesetz immer noch minderjährig war, hatte beabsichtigt, vorzeitig seinen Sitz im Oberhaus einzunehmen. Dazu aber wäre eine offizielle Vorstellung von seiten Lord Carlisles notwendig gewesen, doch Byrons Vormund hatte sich geweigert, da er von dem ganzen Unternehmen nichts hielt und, gesundheitlich bedingt, ohnehin lieber auf seinem Landsitz blieb, statt die anstrengende Reise in die Hauptstadt zu unternehmen. Allein diese Weigerung, nichts anderes, war Byron also Grund genug für seinen Angriff gewesen! Augusta versenkte ihn entschlossen in den hintersten Winkel ihres Bewußtseins.

Da Augusta ihre Mutter nie gekannt hatte und deswegen entschlossen war, ihren eigenen Kindern soviel Zeit wie nur möglich zu widmen, verzichtete sie auf eine Amme und stellte nur zögernd das traditionelle Kindermädchen, die unentbehrliche »Nanny«, ein.

Augusta erholte sich sehr schnell von der Geburt. Die Mutterschaft hatte sie in eine blühende Frau verwandelt. George Leigh fand sie nach wie vor sehr anziehend und stellte sich bereitwillig nach einem angemessenen Zeitraum ein, um seine Rechte als Ehemann wahrzunehmen.

Doch kaum hatte er Augusta in die Arme genommen, da begann Georgiana im Nebenzimmer zu brüllen. Mit einem »Oh dear, das Baby«, ließ sie George zurück und eilte zu ihrer Tochter. Als sie schließlich, das Kind immer noch im Arm, zurückkam, brachte sie Georges schmerzvoll verzogenes Gesicht zum Lachen. »Geduld«, flüsterte sie, »es ist doch nur, solange sie so klein ist.«

George Leigh war froh, als die Rennsaison im benachbarten Newmarket zu Ende ging und er einen Grund hatte, Six Mile Bottom zu verlassen und dem Prinzregenten nach London zu folgen. Er verabschiedete sich mit einem bedauernden Kuß von seiner Frau, mit einem weitaus weniger bedauernden von dem Kind und hoffte im übrigen, daß Georgiana bei seiner Rückkehr aus dem schlimmsten Alter herausgewachsen sein würde. Augusta war ebenfalls ein wenig erleichtert, ihn gehen zu sehen. Sie hatte sein Unbehagen gespürt. Außerdem forderte die neue Mutterrolle ihre ganze Kraft.

Nachdem jedoch fast zwei Monate seit Georges Abreise vergangen waren, begann Augusta sich sehr einsam zu fühlen. All ihre Freunde befanden sich in London, und sie bekam kaum Besuch. George war nicht sehr schreibfreudig. Neuigkeiten kamen ihr bald so spärlich vor wie gutes Wetter. Ihre Freundinnen Lady Gertrude Howard und Thelma Wesmanscott hatten geheiratet, Napoleon die Österreicher bei Wagram besiegt, und Byron bereiste auf der traditionellen »Kavalierstour« der jungen Aristokraten das Mittelmeer, »den Orient«, wie der streng britische

Hanson schrieb. Armer Orient, dachte Augusta und kehrte zu ihrem eintönigem Leben zurück. Doch dann, allmählich, war Georgiana alt genug, um einige Zeit ohne ihre Mutter auszukommen oder auch auf eine Reise mitgenommen werden zu können. Während der sechste Lord Byron den Hellespont durchschwamm und ein türkisches Mädchen davor rettete, wegen ihrer Beziehung zu einem Ausländer ertränkt zu werden, besuchte seine Schwester ihren Gatten in Derby.

Erst dort wurde sie sich über den Lebensstil ihres Mannes klar. George Leigh war noch nie eine sehr vorsichtige und sparsame Natur gewesen, doch inzwischen war er so hoch verschuldet, daß er Six Mile Bottom und alle seine Güter mit einer erheblichen Hypothek belasten mußte. »Keine Sorge, Augusta«, erklärte er großspurig. »Nicht ein einziger Gläubiger wird es wagen, einem Freund des Prinzregenten nahezutreten – und irgendwann muß ich wieder gewinnen!« Das sagte er, bis die Rennsaison in Newmarket begann. Dort verlor er die Protektion des Prinzen. Daß er nicht der einzige war, daß dieses Verhängnis auch andere traf, war bedeutungslos. Es blieb nur die nackte Tatsache, daß von nun an auf Rücksichtnahme von seiten der Gläubiger nicht mehr zu rechnen war.

Ein Jockey, den George Leigh mit ein paar Freunden dem Prinzregenten persönlich empfohlen hatte, gewann zunächst ein äußerst schwieriges Rennen – sehr zur Freude des Prinzen, der auf ihn gewettet hatte – und wurde dann öffentlich des Betrugs überführt. Ein nicht wiedergutzumachender Skandal! George Leigh saß in Six Mile Bottom, blickte düster auf die Rechnungen und Beschwerdebriefe, die sich nun täglich vor ihm auftürmten, und raufte sich die Haare.

»Was soll ich nur tun? O Gott, was soll ich nur tun?« Er war unfähig, mit Banken und Wucherern zu korrespondieren. Zum Gutsverwalter war er ebenfalls nicht geboren. Bisher hatten sich seine Anordnungen auf den Satz »Ganz so wie im letzten Jahr« beschränkt. Was blieb ihm also anderes übrig, als sein Glück erneut auf der Rennbahn zu versuchen? »Da habe ich wenigstens Erfahrung«, seufzte er. »Warte es nur ab, Augusta, eines Tages werde ich gewinnen!« Fort war er.

An diesem Punkt begriff Augusta, daß sie die Geschicke ihrer Familie in die Hand nehmen mußte. George würde ihr dabei nicht helfen, konnte es vielleicht auch wirklich nicht. Sie hatte einen Mann geheiratet, der charmant, leichtsinnig, seinen Freunden gegenüber großzügig und hilfsbereit – und für die schwierigen Tage des Lebens vollkommen ungeeignet war.

Als erstes schrieb sie an die Patin ihrer Tochter Georgiana, die Prinzessin von Wales. Die Prinzessin war schon seit langem mit ihrem Gemahl verfeindet und würde den Skandal mit dem Jokkey nicht weiter übelnehmen. Augusta bewarb sich um das Amt einer Hofdame. Sie brauchte dringend eine weitere Einkunftsquelle, denn auf Georges Armeesold war nicht zu rechnen. Außerdem hatte eine Hofdame das Recht auf ein ständiges Appartement im St. James Palace, so daß wenigstens die Kosten für eine Londoner Wohnung wegfielen.

Für den Fall, daß die Prinzessin dennoch ablehnend oder auch nur gleichgültig reagieren würde, wandte sie sich zusätzlich an alle Verwandten und Freunde, auf die sie in London zählen konnte – die Howards, ihre Schwester Lady Chichester, Georgianas zweite Patin, die Herzogin von Leeds –, und bat sie um Unterstützung für ihre Bewerbung. Zusätzlich begann sie eine regelmäßige Korrespondenz mit dem Familienanwalt Hanson, um sich über Darlehen, Guthaben und Zinsen aufklären zu lassen. Sie entwickelte sich zu einer wahren Meisterin in Ausflüchten in ihren Schreiben an Georges Gläubiger. Bei gelegentlichen Treffen mit diesen Herren nützte sie den Vorteil ihres Geschlechts, da die Höflichkeit es selbst dem härtesten Wucherer verbot, mit einer scheinbar völlig hilflosen Frau so direkt zu sprechen wie mit einem Mann.

Im Februar 1811 kam ihre zweite Tochter Augusta Charlotte zur Welt. Augusta war tatsächlich von der Prinzessin als Hofdame akzeptiert und für die Zeit ihrer Schwangerschaft beurlaubt worden.

Anläßlich der Geburt seines zweiten Kindes kam George Leigh – außerhalb der Rennsaison – nach Six Mile Bottom. Er hielt sich vom Glück mit einem Engel als Gattin begünstigt und versuchte gar nicht, seine Erleichterung darüber zu verbergen, daß sie sich der gräßlichen Geldgeschäfte annahm. Er machte Augusta eine Liebeserklärung nach der anderen, weigerte sich aber standhaft, das Wetten und das Glücksspiel aufzugeben. »Das ist das einzige, was ich für euch tun kann, für dich und die Kinder – die einzige Möglichkeit für mich, Geld zu verdienen!«

Er blieb überraschend lange. In der Nacht seines Abschieds sah Augusta ihn, müde und zufrieden, an ihrer Seite einschlafen, strich ihm mit der Hand über das verwirrte Haar und dachte daran, daß sie ihn nicht mehr liebte.

Es war keine plötzliche Erkenntnis – etwa durch einen Streit hervorgerufen –, sondern eher ein langsam in ihr reifendes Wissen, das sich nun voll entfaltet hatte. Sie hatte denselben Fehler wie viele junge Mädchen begangen und sich in ein romantisches Idealbild verliebt – ihr großer Vetter, der vollkommene Held. Vielleicht hätte sie das früher erkannt, hätte nicht General Leigh mit seinem Verbot ihren Trotz wachgerufen.

Nun kannte sie den Alltag, kannte George mit all seinen Fehlern. Sie spürte weder Abscheu noch Abneigung ihm gegenüber. Diese Ehe und alle sich daraus ergebenden Folgen waren ihre Entscheidung gewesen, und sie konnte nicht ihrem Mann die Schuld dafür geben, daß sie ihn nicht so gesehen hatte, wie er nun einmal war. Sie mochte ihn immer noch, hatte ihn gern, aber die Liebe war ihr verlorengegangen, und insgeheim trauerte sie darüber.

Nicht lange nach Georges Abreise (Bath – »dort kenne ich sozusagen alle Pferde persönlich«) erhielt Augusta Besuch von ihrer Tante Sophia Byron. Sophia war die jüngste Schwester des tollen Jack, als einzige unverheiratet, und reiste gerne im Land herum, um ihre Nichten und Neffen über die Familiengeschichte zu belehren. Da sie neben einer gehörigen Portion Selbstsicherheit, die in ihrer Jugend so manchen Bewerber abgeschreckt hatte, auch den Byronschen Humor besaß, fand sie nichts dabei, als Augusta bei der Erzählung von den Torheiten ihres Gatten eher lachte, als weinte.

»Ich muß sagen, Augusta«, bemerkte sie und nickte dazu heftig mit dem Kopf, »dein George erinnert mich sehr an seinen Onkel, meinen Bruder Jack. Die arme Seele konnte auch nie mit

Geld umgehen, und das, obwohl er gleich zwei reiche Frauen hintereinander heiratete. Wenngleich ich auch nicht verstanden habe, wie er ausgerechnet auf Catherine kam – kein Vergleich zu deiner Mutter, Augusta, kein Vergleich. Nun ja«, sie seufzte, »sie ist ja nun tot – Catherine, meine ich. Wußtest du das nicht? Wie traurig für den armen Jungen, so etwas gleich bei seiner Ankunft zu hören.« – »Wen meinst du?« fragte Augusta verwirrt. »Aber Augusta«, erwiderte Sophia, entzückt, eine völlig neue Familiennachricht weitergeben zu können, »deinen Bruder Byron natürlich. Er ist von den Heiden zurückgekehrt und wieder im Lande.«

Ihr Beileidschreiben war in einem sehr vorsichtigen Ton gehalten gewesen, ein Versuch, seine Stimmung zu ergründen. Schließlich hatte sie Catherine kaum, das gespannte Verhältnis zwischen Mutter und Sohn dafür um so besser gekannt. Sie mußte lange auf eine Antwort warten, doch obwohl sie sich über die Jahre hinweg ihrem Bruder entfremdet hatte, war sie sehr erleichtert, als sie seine unordentliche, verschlungene Schrift auf einem der Briefumschläge entdeckte, die eines Tages in Six Mile Bottom eintrafen.

Newstead Abbey, 21ster August 1811

Meine liebe Schwester, ich hätte Deinen Brief schon längst beantworten sollen, aber wann habe ich je getan, was ich hätte tun sollen? – Ich verliere meine Verwandten & Du vermehrst die Zahl der Deinen, doch was besser ist, weiß Gott allein; – neben der armen Mrs. Byron hat mich der Tod in wenig mehr als einem Monat zweier ganz besonders guter Freunde beraubt, aber da sämtliche Bemerkungen zu solchen Dingen überflüssig und fruchtlos sind, lasse ich die Toten ruhen und kehre zum trüben Geschäft des Lebens zurück, das mir freilich nichts sehr Angenehmes bietet, weder an Aussichten noch im Rückblick.

—— Ich höre, daß Du die Untertanen Seiner Majestät vermehrt hast, was in dieser Zeit des Krieges und der Drangsal wahr-

wahrhaft patriotisch ist, obgleich Malthus uns lehrt, daß wir, gäbe es nicht Schlachten, Mord & plötzlichen Tod, längst übervölkert wären, meine ich, daß wir jüngst einen Überfluß an diesen nationalen Wohltaten gehabt haben, & daher rechne ich Dir Dein matronenhaftes Betragen hoch an. –– Ich glaube, Du weißt, daß ich mehr als zwei Jahre durch das Archipel gestreift bin & ebenso hätte fortbleiben können trotz all des Nützlichen, das ich je getan oder daheim noch tun könnte, und daher werde ich, sobald ich meine irreparabelen *Angelegenheiten irgendwie* repariert *habe, geradenwegs ins Ausland gehen, denn ich habe Euer Klima & alle Dinge, auf die es* regnet, *von Herzen satt, immer unbeschadet und ausgenommen Deiner, pflichtschuldigst. Es würde mich freuen, Dich hier zu sehen (denn ich glaube, Du hast das Anwesen noch nie gesehen), wenn Du es einrichten kannst. Murray steht immer noch wie ein Fels & wird wahrscheinlich an die sechs Lords Byron überleben, obschon in seinem 75sten Herbst.*

Du sagst, Du hättest mir viel zu erzählen, laß es mich auf jeden Fall wissen, da ich es beim besten Willen nicht erraten kann; was immer es sein mag, es wird auf gehörige Aufmerksamkeit treffen. Dein getreuer und hochgeschätzter Vetter F. Howard hat eine Miss Soundso geheiratet, ich wünsche ihm um Deinetwillen Glück, und um seinetwillen, obschon ich, grob gesprochen, die Brut nicht ausstehen kann. Übrigens werde ich in den nächsten sechs Monaten heiraten, wenn ich irgend etwas finde, das geneigt ist, Geld gegen Rang einzutauschen, danach werde ich zu meinen Freunden, den Türken, zurückkehren. Inzwischen bin ich, liebe Frau Schwester,

stets der Deine,
B –

Sie las den Brief ein zweites Mal durch und lachte. Baby Byron! Bevor sie antworten konnte, machte sie die Bekanntschaft von Byrons Freund Scrope Davies. Davies litt an der chronischen Krankheit der adeligen Jugend – er spielte. Allerdings war er erfolgreicher als George Leigh; er gewann nämlich (meistens jedenfalls), eine von seinen erspielten Summen hatte sogar das Startkapital für Byrons zweijährige Reise gebildet.

Scrope Davies war eng mit dem derzeit bedeutendsten Salonlöwen Englands befreundet: Beau Brummel, Dandy, Modediktator und intimster Vertrauter des Prinzregenten. Dementsprechend genau achtete Davies auf sein Aussehen: die blonden Haare elegant gelockt, fand er sich mit raffiniert geschlungener, blütenweißer Krawatte, gesticktem Hemd und einer hautengen Hose bei Augusta ein. Er erklärte, er sei ein Freund ihres Bruders, auch mit Colonel Leigh bekannt, in Cambridge ansässig, und da er in der Gegend einige Dinge zu erledigen habe, sei er so kühn gewesen, sie zu besuchen. Im übrigen solle er ihr Grüße von ihrem Bruder bestellen. Scrope Davies' leicht stotternde Sprechweise hätte, zusammen mit seiner äußeren Erscheinung, unwillkürlich komisch wirken können, wäre nicht jede seiner Bemerkungen knapp und meistens sarkastisch gewesen.

»Wie geht es Byron?« fragte Augusta und bot ihrem Gast ein Glas Wein an. »Er sitzt in Newstead Abbey und langweilt sich«, erwiderte Mr. Davies und bediente sich. »Danke, Mrs. Leigh. Oh, sind das Ihre Töchter? Wirklich Kinder, wie sie Byron gefallen würden!« Wäre Augusta nicht so damit beschäftigt gewesen, Georgiana im Auge zu behalten, die die Schläfrigkeit der Nanny nutzte, um Augusta Charlotte zu zwicken, dann wäre ihr der hinterhältige Blick von Byrons Freund nicht entgangen.

... ich wünschte, ich könnte sofort nach Newstead aufbrechen und sie Dir zeigen. Ich kann Dir nicht sagen, wie sehr es mich freuen würde, es und Dich *zu sehen; aber, mein liebster B., es ist eine lange Reise... Mr. Davies schreibt mir, Du hättest versprochen, ihn beiläufig zu besuchen; bitte tue es, Du kannst dann so leicht hierherkommen. Ich habe mein Herz daran gesetzt. Bedenke, wie lange es her ist, daß ich Dich gesehen habe.*

In der Tat habe ich Dir viel zu erzählen; aber es sagt *sich leichter, als es sich* schreiben *läßt. Du hast wahrscheinlich von vielen* Veränderungen *unserer Lage, seit Du England verlassen hast, gehört; materiell gesehen, hat sie sich zum Schlechten hin gewandelt...*

Ich habe die Zeit nicht, auch nur halb soviel zu schreiben, wie ich zu sagen habe, denn mein Brief muß weggehen; aber ich ziehe es vor, in aller Eile zu schreiben, als überhaupt nicht zu schreiben. Du kannst Dir nicht vorstellen, (...) wie viel und ständig ich in der letzten Zeit an Dich gedacht habe.

Dein Brief (oder wenigstens ein Teil davon) hat mich zum Lachen gebracht. Ich bin ja so glücklich, zu hören, daß Du Deine Vorurteile gegen das schöne Geschlecht *genügend überwunden hast, um Dich zum Heiraten entschlossen zu haben; aber ich werde sehr darauf hoffen, daß meine zukünftige Schwägerin mehr Anziehungspunkte als nur Geld besitzt, obwohl das sicher irgendwie nötig ist. Ich habe keinen weiteren Augenblick, liebster B., also verzeih mir, wenn ich bald wieder schreibe –*

A. L.

P. S. Bitte schreib, wenn Du kannst.

Newstead Abbey, 30ster August 1811

Meine liebe Augusta,

– Von den Verlegenheiten, die Du in Deinem letzten Brief erwähnst, habe ich noch nie zuvor gehört, aber diese Krankheit ist epidemisch in unserer Familie. –– Auch bin ich nicht von irgendwelchen Veränderungen, die Du andeutest, unterrichtet worden, und wie sollte ich auch? an der Küste des Schwarzen Meeres hörten wir nur von den Russen. – Du hast mir also viel zu erzählen, & alles wird neu für mich sein.

–– Ich weiß nicht, was Scrope Davies damit meinte, als er Dir sagte, ich hätte Kinder gern, ich verabscheue ihren Anblick so sehr, daß ich immer den größten Respekt vor dem Charakter des Herodes *hatte. –– Da aber mein Haus hier groß genug ist für uns alle, müßten wir sehr gut miteinander auskommen, & ich brauche Dir nicht zu sagen, daß ich mich nach* Dir *sehne.*

–– Ich kann an einer kurzen Reise von zwei Tagen wirklich nichts so Schreckliches finden, aber das kommt alles vom Ehestand, Du hast ein Kindermädchen & die ganzen &ceteras einer

Familie. Nun gut, ich muß heiraten, um meine eigenen Verheerungen & die meiner verschwenderischen Vorfahren wieder gutzumachen, aber wenn ich je das Pech haben sollte, mit einem Erben beschenkt zu werden, so soll er statt einer Rassel *einen* Knebel *bekommen.*

– Da Du nicht kommen kannst, wirst Du schreiben, ich sehne mich danach, all diese unaussprechlichen Dinge zu hören, denn ich kann sie unmöglich erraten, sofern sie nicht Deinen *Verwandten, den Than von Carlisle, betreffen, – obschon ich große Hoffnung hatte, wir seien mit ihm fertig. – Ich kann nur wenig beifügen, was Du nicht schon weißt, und da ich ganz allein bin, habe ich nicht viel Abwechslung und Gelegenheit zum Klatsch, ich werde nur selten von Besuchern belästigt, & die wenigen, die ich habe, werde ich so schnell wie möglich wieder los. –– Ich werde mich nun von Dir verabschieden im Jargon von 1794. »Gesundheit & Brüderlichkeit!«*

stets Dein
B –

6 Mile Bottom, Samstag, 2ter September

Mein liebster Bruder,

– Ich hoffe, Dir mißfällt es nicht so sehr, Briefe zu bekommen, wie sie zu schreiben, denn in diesem Fall würdest Du mich als eine große Folter bezeichnen. Aber da ich Dich in meinem letzten darauf vorbereitet habe, daß diesem sehr bald ein weiterer folgen wird, hoffe ich, daß Du Dich geistig für das unausweichliche Verhängnis gestärkt hast. Ich schrieb wirklich in so einer Eile, daß ich nicht die Hälfte von dem sagen konnte, was ich sagen wollte, aber ich wollte nicht zögern, Dir mitzuteilen, wie froh Du mich dadurch gemacht hast, daß Du geschrieben hast. Seit ich Deinen Wunsch hatte, mich dort zu sehen, habe ich ständig in der Vorstellung geschwelgt, nach Newstead zu gehen. Schließlich kam mir ein erleuchtender Gedanke.

Wir beabsichtigen, glaube ich, im Herbst nach Yorkshire zu gehen. Also, wenn ich Dir en passant *einen Besuch machen könnte, wäre das wunderbar und würde mir die größte Freude bereiten. Aber ich fürchte, es wäre nötig, daß Du Dich dazu entschließt, meine* Rangen *auch zu empfangen. Was meinen Gatten betrifft, er zieht das Dasein eines Eilboten* draußen *dem* Inneren *einer Postkutsche vor, besonders, wenn sie von einer Nanny und Kindern besetzt ist, also reisen wir immer unabhängig voneinander…*

Also, mein liebster Byron, laß mich bitte von Dir hören. Ich erwarte täglich, von einer Lady Byron *zu hören, da Du mir Deinen Entschluß, zu heiraten, anvertraut hast, wobei ich wirklich hoffe, daß Du das ernst meinst, da ich überzeugt bin, daß so ein Ereignis sehr zu Deinem Glück beitragen würde, VORAUSGESETZT, daß Ihre Ladyschaft die Art von Person wäre, die zu Dir paßt; und Du wirst nicht ärgerlich über mich sein, wenn ich sage, daß nicht JEDE das wäre; sei deswegen nicht zu* voreilig. *Ich fürchte, Du wirst mich* gehenkt wünschen, *weil ich Dich so gnadenlos langweile, also, Gott segne Dich, mein liebster Bruder, und wenn Du Zeit hast, schreibe bitte. Wirst Du uns mit noch weiteren* Satiren *unterhalten?* O Englische Barden*! Ich werde Dich zum Lachen darüber bringen (wenn wir uns treffen).*

Immer Deine Schwester und Freundin,
A. L.

Newstead Abbey, 4ter Sept. 1811

Meine liebe Augusta,
ich schrieb Dir seit meiner Antwort auf Deine zweite Epistel…, & ich schreibe Dir nun einen dritten Brief, den Du der Stille & Einsamkeit zu verdanken hast. – Mr. Hanson kommt am 14ten hierher, & ich gehe geschäftlich nach Rochedale, aber das soll Dich nicht abhalten, hierherzukommen, Du wirst Joe & das Haus & den Keller & alles, was darin ist, ganz zu Deinen Diensten finden. – Was Lady B. anbelangt – wenn ich eine entdecke, die reich genug ist, um mir zu gefallen & töricht genug, mich zu

nehmen, werde ich ihr Gelegenheit geben, mich unglücklich zu machen, falls sie es kann. – Geld ist der Magnet, und was die Frauen anbelangt, ist die eine so gut wie die andere, je älter um so besser, dann haben wir die Chance, sie in den Himmel zu heben. – So, Dein Gemahl mag Bälger nicht mehr als ich; wer sie aber in die Welt setzt, hat kein Recht zu nörgeln, ich hingegen darf mit voller Berechtigung lästern.

– Meine ›Satire‹! – Ich bin froh, daß sie Dich zum Lachen brachte, denn irgend jemand sagte mir in Griechenland, Du seist verärgert, & das tat mir leid, weil Du vielleicht der einzige Mensch warst, den ich nicht verärgern *wollte. ––*

– Aber wie Du mich zum Lachen *bringen willst, weiß ich nicht, denn es ist, dessen sei versichert, eine ungeheuer* ernste *Sache für mich, sieh Dich also vor, oder ich werde* Dich *in die nächste Ausgabe stecken, um unsere Familienfeier zu verschönen... – Du sagst, Du meinst &c., es sei* Herbst*; ich würde gerne wissen, wie Du die gegenwärtige Jahreszeit nennst, in jedem anderen Land, das ich gesehen habe, wird man Winter dazu sagen. –– Wenn wir uns im Oktr. treffen, werden wir mit meiner Kutsche fahren – & können einen Käfig für die Kinder & einen Karren für die Nanny nehmen. – Oder sie vielleicht über den Kanal vorausschicken.*

–– Laß uns alles darüber wissen, Deine ›Gedankenerleuchtung‹ *ist ein wenig umwölkt wie der Mond in diesen albernen Breiten. – Gute Nacht, Kind. –*

stets Dein
B –

Augusta hätte nicht sagen können, warum die wiedererwachte Korrespondenz mit ihrem Bruder, dieser liebevolle Austausch gegenseitiger Neckereien, so wichtig für sie geworden war. Als ihre Tante Sophia erzählt hatte, er sei wieder in England, waren ihr alle früheren Zwistigkeiten mit einem Mal unwichtig erschienen. Ihr Grund, auf ihn böse zu sein, lag fast drei Jahre zurück, seine Gekränktheit über ihren »Verrat« noch länger. Sie hatten beide nun wirklich genug Zeit gehabt, sich gegenseitig zu grollen – und waren sie nicht Geschwister?

Seltsam; ihre älteren Halbbrüder und die Schwester aus der gefeierten ersten Ehe ihrer Mutter waren für sie nie so wichtig gewesen wie dieser jüngere Bruder. Sie hatte sie immer mehr als befreundete Cousins empfunden, obwohl sie ihr alle drei während ihrer Kindheit regelmäßig zu Gesicht kamen, ganz anders als Byron. Doch irgendwo in ihrem Inneren war immer das Gefühl versteckt gewesen, für ihre älteren Geschwister eine Schande darzustellen, das Produkt einer skandalösen Verbindung, über die man nur sprach, wenn die Kinder schon im Bett lagen.

Byron gegenüber hatten sich solche Gedanken nicht eingestellt. Ihr erster Briefwechsel damals, dem noch nicht einmal eine persönliche Begegnung vorangegangen war, hatte für beide die Gewißheit gebracht, endlich einen Vertrauten zu haben, der einen vollkommen verstand. Und jetzt sah es so aus, als ließen sich tatsächlich die Jahre der Entfremdung wieder überwinden. Sie freute sich sehr darauf, ihn im Herbst zu treffen und zum erstenmal Newstead Abbey zu sehen. Aber dann erkrankte Georgiana, und Augusta mußte ihrem Bruder absagen.

Es war keine wirklich ernste Krankheit, doch für ein Kind trotzdem gefährlich. Außerdem bestand die Gefahr, daß Georgiana die kleine Augusta Charlotte ansteckte, und ein Baby von nicht einmal einem Jahr hätte kaum eine Chance gehabt, dies zu überleben. Augusta erwartete inzwischen wieder ein Kind und hoffte nur, daß diese Schwangerschaft genauso unkompliziert verlaufen würde wie die vorherigen.

Wenn sie nicht Georgiana die Stirn kühlte, mühsam versuchte, dem wimmernden Mädchen seine Arznei einzugeben, spielte sie mit der kleinen Augusta oder zerbrach sich den Kopf über George Leighs Abrechnungen und die immer noch anwachsenden Schulden. Und das mir, dachte sie. Sie hatte Mathematik immer gehaßt.

Sie versuchte, so gut es ging, das hypothekenbelastete Six Mile Bottom zu verwalten. Ihr Gatte weigerte sich bei seinen gelegentlichen Besuchen standhaft, einen Primasverwalter einstellen zu lassen – und in dieser Angelegenheit brauchte sie seine schriftliche Einwilligung. »Wirklich, Augusta, ich finde es fabelhaft, daß du dich so um all diesen Geldkram kümmerst, und mit dem Rest hast du gewiß recht – aber bei dieser Sache hast du nicht richtig nachgedacht. Hilfskräfte, ja, in Ordnung, aber ein *Primasverwalter* ist doch viel zu teuer. Außerdem würden die Leute sagen, ich würde noch nicht einmal mit meinem eigenen Gut fertig.«

Ende Februar 1812, sie war hochschwanger, bekam Augusta einen Vorausabdruck des neuesten Werkes ihres Bruders. Auf die Innenseite des Einbanddeckels hatte er – schwer lesbar und unordentlich wie immer – in seiner krakeligen Schrift eine Widmung geschrieben: »Für Augusta, meine Schwester, die mich immer mehr geliebt hat, als ich es verdient habe.« Sie klappte das Buch zu und sah noch einmal nach dem Titel: »Childe Harolds Pilgerfahrt«.

1812–1813

»Da sehen Sie, was *Ruhm* ist – wie *sorgfältig* – wie *grenzenlos* – ich weiß nicht, wie andere darüber denken – aber ich werde stets um so leichter und um so mehr geachtet, sobald ich den meinen los geworden bin.«

»Childe Harolds Pilgerfahrt« erschien am neunten März 1812 und wurde zur literarischen Sensation. Es machte Byron über Nacht berühmt. Die aus zwei Gesängen bestehende Verserzählung vom düsteren, zynischen Reisenden, der die Welt verachtet und doch alles andere sucht, nur nicht ein friedliches Dasein, erfüllte Englands lesende Welt mit freudigem Entsetzen.

Childe Harold schien besessen von den Empfindungen des eigenen Ich: »Von Lust vergiftet, ächzt er fast nach Qual/ Und sucht Veränderung, sei's im Schattental.« Er interessiert sich nicht für Kirche und Moral und bereist Länder, von denen man durch den Krieg mit Napoleon fast völlig abgeschnitten war. Die »Pilgerfahrt« stand in der Tradition des englischen Reisegedichts, gewiß, aber statt idyllischer Abendlandschaften mit Kirchturm und Kuhglocke hörte man von den exotischsten Gegenden, von Kalifen, Derwischen, Wüsten und Wadis, von bis ins kleinste Detail beschriebenen Stierkämpfen in Spanien, von einem verzaubernden Griechenland, das gleichwohl unter der türkischen Fremdherrschaft ächzte. Die wilde Landschaft Albaniens und der Aufruf zum Widerstand gegen die Türken waren schon etwas ganz anderes als die heimatlichen Narzissen am See, die von der herrschenden Schule der »Seepoeten« so liebevoll beschrieben wurden!

Was aber am meisten begeisterte und schockierte, war die radikale Hingebung an das Gefühl. Childe Harold wurde zum Ideal der jungen Männer, zum vergötterten Idol der Frauen. Seit Goethe in Deutschland »Die Leiden des jungen Werther« herausgebracht hatte, vor nunmehr über dreißig Jahren, hatte man Vergleichbares nicht mehr gesehen. Und dann die Entdeckung, daß die Beschreibung des Helden, des wilden Harold, genau auf seinen jungen Dichter paßte – die dunklen Haare, die bleiche Haut, der spöttische, herausfordernde Blick: Byron *war* Childe Harold, und die englische Aristokratie warf sich ihm zu Füßen.

Es hagelte Briefe von Verehrerinnen, die um eine Begegnung, eine Haarlocke, einen einzigen Blick flehten. Erschien Byron auf einer Gesellschaft, durchquerte er langsam einen Salon in der geschmeidigen, gleitenden Gangart, die er sich angewöhnt hatte, um seine Behinderung zu verbergen, so richteten sich sofort alle Augen auf ihn.

Die Regentschaft des Prinzen hatte Byron in England den Boden bereitet. Erlaubt war, was gefiel. Während alle weiblichen Wesen den aus Frankreich kommenden klassizistischen Stil nachahmten, richtete sich ein Gentleman (oder wer dafür gehalten werden wollte) streng nach den Anweisungen des großen Dandys Beau Brummel.

Ein hoher Kragen, sagte Brummel, so hoch, daß das Gesicht darin verschwand, wenn man den Kopf neigte; darum eine blütenweiße, locker geschlungene Krawatte, die unter keinen Umständen Falten werfen durfte. Die Weste zum Frack durfte gelb oder rosenholzfarben sein, *niemals* aber grün oder gar erdbraun. Die Hosen (glücklich diejenigen, die eine entsprechende Figur besaßen) mußten maßgeschneidert sein, hauteng und taillenbetont. Unbedingt hohe Stiefel, mit einer aus Champagner hergestellten Schuhwichse blank poliert, und ein aus Weißdornholz bestehender, silberbeschlagener Spazierstock vervollständigten das Bild, in dem natürlich Ringe in diskreter Zahl und eine geschmackvolle Uhrenkette auch nicht fehlen durften.

Ein solchermaßen gekleideter Herr von Stand mußte, um akzeptiert zu werden, drei Bewährungsproben bestehen: Beau Brummels Billigung war zu erlangen (als höchste Ehre galt die Frage nach dem Schneider, die allerdings auch in eine hinterhältige Kränkung umschlagen konnte), der Lustspieldichter Sheridan mußte seine Konversation amüsant und die Kokotte Harriet Wilson seine Art charmant finden. Gelang all dies, dann war dem Glücklichen hohes Ansehen sicher, und er konnte beginnen, sich nach einer Mätresse umzusehen.

Seine Wahl sollte dabei entweder auf eine Schauspielerin oder Sängerin, vorzugsweise aus Frankreich, fallen oder auf eine verheiratete Frau – niemals aber auf ein junges Mädchen von Stand. Entschied er sich für eine verheiratete Frau, dann mußte er nur eines tun, um nicht unangenehm aufzufallen: diskret sein. Indiskretion war die einzige Sünde, die diese Gesellschaft nicht verzieh. Sie erinnerten an schöne, nur für einen Sommer bestimmte Schmetterlinge, diese Damen und Herren, die von Fest zu Fest flatterten und sich nun alle um ein neues Licht scharten, ein vierundzwanzigjähriges Idol, dem sie die Welt zu Füßen legten und das sie auf ein Podest von zerbrechlichem Porzellan stellten.

Seinen größten Triumph erlebte Byron, als ihn die *Edinburgh Review*, deren Verriß ihn seinerzeit zu einer Satire angeregt hatte, mit Shakespeare verglich – ein Vergleich, dem die gesamte literarische Welt enthusiastisch zustimmte. Und das alles wegen Childe Harold! Londons vormalige Dichterhelden sahen sich auf höchst ärgerliche Weise entmachtet, allen voran Robert Southey, der Byron den Angriff in »Englische Barden und schottische Rezensenten« immer noch nicht verziehen hatte. »O Southey, laß vom ›wechselvollen Sang‹ / Man kann zu oft auch singen, und zu lang.«

Southey war nicht der einzige, der jetzt, da auch alle früheren Veröffentlichungen Byrons sehr viel eifriger gelesen wurden als bei ihrem Erscheinen, Rache schwor. Doch anders als sie alle sah das Objekt ihrer Empörung, daß es auf der Welt noch Wichtigeres gab als literarische Vergötterung.

Es war eine Zeit der Veränderungen. Die Leichtlebigkeit des Adels konnte nicht darüber hinwegtäuschen, daß die Französische Revolution irreversible Veränderungen nach sich zog. Der Triumph des Bürgertums ging auch in England Hand in Hand mit spektakulären industriellen Neuerungen.

Aber diese Erfindungen brachten nicht nur Segen. Durch die Einführung des mechanischen Webstuhls beispielsweise waren zahlreiche Fabrikarbeiter arbeitslos geworden, so daß es in einigen Orten zu gewalttätigen Unmutsäußerungen gekommen war. Auf ein solches Ereignis gründete Byron, der zunächst über die Benachteiligung der Katholiken sprechen wollte, seine erste

Rede im Oberhaus. Es war ein großer Augenblick für ihn, als der Kanzler ihm bei seiner offiziellen Investitur den Eid abnahm und er damit zum vollberechtigten Mitglied des Oberhauses wurde.

Byron setzte sich absichtlich deutlich links von dem im Oberhaus befindlichen Thron, wo traditionellerweise die Lords der Opposition ihren Platz hatten. Die Rede, die er hielt, hätte ihm auch nie und nimmer die Billigung der Regierungspartei eingebracht.

»Ich für meinen Teil«, sagte Byron, »betrachte die Manufakturisten als eine sehr mißhandelte Klasse von Menschen, die den Ansichten gewisser Individuen geopfert wird, die sich selber durch ebendiese Praktiken bereichert haben, welche die Webstuhlarbeiter ihres Arbeitsplatzes beraubten.« Ein kurzer Seitenblick in die Richtung der betreffenden Herren, die die Gesetzesvorlage eingebracht hatten, welche die Zerstörung von Webstühlen zum Kapitalverbrechen erklären sollte, bekräftigte seine Aussage.

»Durch die Anwendung einer gewissen Art von Webstuhl leistet ein Mann die Arbeit von sieben – sechs sitzen somit auf der Straße! Aber dazu muß bemerkt werden, daß dergestalt geleistete Arbeit weit minderwertiger an Qualität ist, im Inland kaum verkäuflich, und nur mit der Aussicht auf Export hastig hergestellt wird. Sosehr wir uns über jede Verbesserung in den Künsten, die der Menschheit zum Segen gereichen kann, freuen mögen, so dürfen wir doch nicht zulassen, daß die Menschheit den Verbesserungen in der Mechanik aufgeopfert wird. Der Unterhalt und das Wohlergehen der arbeitswilligen Armen ist für das Gemeinwesen von größerer Bedeutung als die Bereicherung einiger weniger Monopolbesitzer!«

Beifall bei den oppositionellen Whigs, Zischen und abfällige Rufe von den Tories. Lord Holland allerdings, der Führer der Whigs im Oberhaus, machte ein bedenkliches Gesicht. Ihm klang das Ganze zu revolutionär, zu sehr nach Maschinenstürmer. Wollte der junge Lord den Fortschritt aufhalten?

»Ich habe den Zustand dieser erbarmungswürdigen Menschen gesehen, und er ist eine Schande für ein zivilisiertes Land. Ihre Ausschreitungen mag man verdammen, wunder nehmen können sie nicht. Die Wirkung der gegenwärtigen Vorlage wäre nur, sie zur offenen Rebellion zu treiben. Ich bin überzeugt, daß man durch frühere Untersuchung diesen Menschen Arbeit und der Gesellschaft ihre Ruhe hätte geben können. Es ist vielleicht noch nicht zu spät und ist sicherlich den Versuch wert. Gewalt kann unter solchen Umständen nie spät genug angewendet werden.« Byron holte tief Luft und schloß: »Ich erinnere die Lords noch einmal daran, daß es Mißstände gibt, die eher Mitleid als Strafe verdient hätten!«

An diese Parlamentssitzung schloß sich eine Soirée bei den Hollands an, die zu Ehren des berühmten neuen Mitglieds des Oberhauses gegeben wurde. Bei seinem Eintritt erlebte Byron die übliche Reaktion: die Damen der Gesellschaft umschwärmten ihn, versuchten verzweifelt, seine Aufmerksamkeit zu erregen, und saugten gierig jede noch so beiläufige Bemerkung von ihm auf. Nur eine zierliche Frau am anderen Ende des Raumes hatte noch keinen Schritt in seine Richtung gemacht. Dieses Verhalten weckte sein Interesse.

Er sah sie sich näher an und fand sie ausnehmend hübsch: Die Dame trug ein weißes, duftiges Musselinkleid französischer Machart. Ihre Robe wurde nur durch einen Gürtel unterhalb des Busens zusammengehalten und gestattete so bei jeder Bewegung neue Spekulationen über ihre offensichtlich vollkommenen Formen. Ihr silberblondes, schimmerndes Haar trug sie kurzgeschnitten und in wirre, wie zufällig erscheinende Locken gelegt. Alles, was Byron sonst noch auf diese Entfernung erkennen konnte, war eine durchscheinende Haut, mindestens so hell wie seine eigene.

Er machte sich von seinen Verehrerinnen frei und ging auf die gleichgültige Schönheit zu, um ihre Bekanntschaft zu machen. Sich der Wirkung seiner sonoren Stimme bewußt, sagte er nur leichthin: »Mylady?«

Sie musterte ihn lange von oben bis unten, wobei er Gelegenheit hatte, ihre himmelblauen Augen, die aparten, elfenhaften Gesichtszüge zu studieren und Einzelheiten ihrer Kleidung in sich aufzunehmen. Ihr Gewand war mit silbrigen Sternenblumen bestickt, deren Anordnung ihre Entsprechung in den Brillanten auf ihrem Gürtel fand. Als das Schweigen zwischen ihnen schon fast unbehaglich wurde, drehte sich die Dame auf dem Absatz um und ging.

Natürlich mußte er erfahren, wer sie war. Seine Phantasie half ihm, die Erscheinung in eine wortreiche Beschreibung zu fassen. »Oh, Lady Caroline Lamb«, sagte Lady Holland, kaum daß er seine Frage angedeutet hatte. Caroline. Bei der nächsten Abendgesellschaft, die er besuchte, hielt er nach ihr Ausschau.

Sie stand sehr dekorativ an eine Balustrade gelehnt, anscheinend in ein Gespräch mit Walter Scott vertieft. Byron überlegte, ob er sich diesmal von seiner Gastgeberin – es handelte sich um Lady Jersey – vorstellen lassen sollte, wurde aber dann von Scott angerufen. »Ah, Byron.« Der schottische Schriftsteller winkte ihn zu sich. »Ich bin sicher, Sie wollen bestimmt eine der schönsten Frauen Londons kennenlernen – Lady Caroline Lamb.«

Lady Caroline nickte flüchtig. Sie trug wieder Musselin, allerdings in einem zart violetten Ton. Ihr tief dekolletiertes Kleid wurde über den Schultern von zwei auffallend schönen Spangen festgehalten, die sogar Beau Brummels Billigung gefunden hätten. Byron musterte sie lange und unverhohlen, genauso wie sie ihn das letzte Mal angesehen hatte. Langsam färbten sich ihre Wangen scharlachrot.

Endlich sagte er: »Ich bin entzückt. Darf ich fragen, warum Sie meine Bekanntschaft bei den Hollands ausgeschlagen haben, Lady Caroline?« – »Sie schienen mir überreichlich beschäftigt«, erwiderte sie kühl. Aber er war sich inzwischen sicher, daß Feuer unter dem Eis verborgen war. Der feinfühlige Walter Scott hütete sich, ein Wort zu sagen. »Nun, ich hoffe, heute sind Sie einem Gespräch etwas weniger abgeneigt.«

Byron fand, sie glich einer Puppe aus gläsernem Marmor und wurde in seinen Überlegungen über die Albernheit dieses Vergleichs unterbrochen, als sie plötzlich fragte: »Wollen Sie mit mir tanzen, Lord Byron?« Nun war es an ihm, kühl zu sein. »Ich dachte, Sie hätten es bemerkt«, antwortete er eisig. »Mein rechter Fuß ist lahm.« Er erlebte zum zweiten Mal innerhalb kurzer Zeit, wie ihre gläserne Haut errötete. »Oh, das tut mir leid«, sagte sie bestürzt. »Verzeihen Sie.« Etwas zögernd setzte sie hinzu: »Ich würde gern mit Ihnen in den Garten gehen.« Er bot ihr seinen Arm an, und gemeinsam verließen sie den überraschten Walter Scott und die sofort tuschelnde und wispernde Gesellschaft.

Die Nacht war kühl, und er zitterte fast ein wenig, als er Carolines Stimme aus der Dunkelheit hörte. »Wissen Sie, Lord Byron, daß ich nach unserer ersten Begegnung über Sie in mein Tagebuch geschrieben habe: Verrückt, schlimm und gefährlich zu kennen?« Er mußte lächeln. Genau diese Art von Kommentar hatte er von ihr erwartet. »Und jetzt?« fragte er. »Was werden Sie jetzt in Ihr Tagebuch schreiben, Lady Caroline?« Ihre Stimme klang dünn, als sie antwortete: »Jenes schöne, bleiche Gesicht ist mein Schicksal.« Und er spürte ihre Lippen.

Caroline Lamb war die erste Frau von gesellschaftlichem Rang, die Byrons Geliebte wurde, und das machte sicher anfangs einen Teil ihrer Faszination für ihn aus. Daneben bewunderte er ihre kapriziöse Art, ihre Angewohnheit, innerhalb von Sekunden von einem Gefühlsextrem in das andere zu wechseln. Sie hatte tatsächlich etwas von einer Elfe an sich. Als sie ihm zum erstenmal schrieb, machte er eine merkwürdige Entdeckung.

Er besaß ein sehr gutes Gedächtnis und war sicher, Carolines Schrift schon einmal irgendwo gesehen zu haben. Nach längerem Überlegen sah er durch, was er an Verehrerpost aufbewahrt hatte. Unter den frühesten Briefen befand sich folgendes Billet:

Childe Harold,
Ich habe Ihr Buch gelesen & kann nicht widerstehen, Ihnen mitzuteilen, was ich & all diejenigen, mit denen ich lebe, & deren Meinungen weit würdiger sind als die meine, davon halten – wir halten es für wunderschön. Sie verdienen es, glücklich zu sein, und Sie werden es sein. Verschwenden Sie nicht solche Talente, wie Sie sie besitzen, an Trauer und Bedauern der Vergangenheit, & leben Sie vor allem in Ihrem eigenen Land, das stolz auf Sie sein wird – & das Ihre Aufmerksamkeit braucht. Nehmen Sie bitte keine Mühe auf sich, um herauszufinden, wer Ihnen jetzt

schreibt – es ist eine, die Ihrer Aufmerksamkeit höchst unwert ist und die Sie nicht kennen…

Byron war verblüfft, und Unbehagen stieg in ihm auf, als er diesen Brief mit Carolines Schreiben verglich. Es handelte sich wirklich um dieselbe Handschrift. Er erinnerte sich vage daran, noch weitere Briefe in dieser Schrift empfangen zu haben, die von Mal zu Mal leidenschaftlicher und demütiger geworden waren (»Ich wünschte, ich könnte die Geheimnisse in Deiner Brust finden, oder daß die Eitelkeit einer Frau mich dazu bringen würde, Deine Liebe und Dein Vertrauen zu erringen«). Wenn Caroline also von Anfang an von Childe Harold fasziniert gewesen war, dann konnte ihr Verhalten bei Lady Holland nur dazu gedient haben, absichtlich seine Aufmerksamkeit zu erregen.

Carolines weiteres Benehmen bestätigte seine Vermutung. Sie sah ihn fast jeden Tag, schrieb ihm aber dennoch weiter leidenschaftliche Liebesbriefe. Als sie sich zum erstenmal als ein Page verkleidete und ihn in dieser Aufmachung besuchte, war er entzückt. Als sie es immer wieder tat, zu jeder Tages- und Nachtzeit, Treffen mit Hanson und seinem Verleger Murray oder auch mit Freunden wie Hobhouse und Davies unterbrach, zu toben anfing, wenn er ihr nicht seine volle Aufmerksamkeit schenkte, kühlte sich seine Begeisterung merklich ab.

»Sie lieben mich eben nicht, Byron!« – »Caro«, sagte er müde (es war drei Uhr nachts, und er hatte die letzten zwei Stunden damit verbracht, sie zu bitten, ihre Besuche vorher anzukündigen), »ich halte Sie für das klügste, angenehmste, absurdeste, liebenswerteste, verwirrendste, gefährlichste, faszinierendste kleine Wesen der Welt – aber Sie hätten vor zweitausend Jahren geboren sein sollen!« Am nächsten Tag schickte sie ihm ein Kuvert mit ihrem Schamhaar und einem Zettel:

Caroline Byron –
die Liebste nächst Thyrza
& die treueste – Gott segne Dich
Liebster – ricordati di Biondetta
Von Deiner wilden Antilope

Mittlerweile war ihre Affäre zum Stadtgespräch geworden. Caroline folgte ihm überall hin, und als sie sich auf einem Maskenball begegneten, schockierte sie die versammelte Gesellschaft damit, daß sie sich vor aller Augen entblößte, um ihm klarzumachen, wer sie sei. Der einzige, der sich nicht aus der Ruhe bringen ließ, war Carolines Ehemann William. Byron war ihm ein paarmal begegnet und hatte ihn auf angenehme Weise distanziert zurückhaltend und sympathisch gefunden. William Lamb sah in der Affäre seiner Frau mit dem Helden der Saison nur eine weitere ihrer Extravaganzen. Seine Familie war nicht so tolerant.

Carolines Mutter, Lady Bessborough, und ihre Schwiegermutter, Lady Melbourne, beschlossen kurzerhand, dem Gerede ein Ende zu setzen und Caroline nach Irland zu verfrachten. Räumliche und zeitliche Distanz würden, so dachten sie, ein übriges tun. Byron wußte zunächst nichts von diesem Plan, und hätte er es gewußt, so hätte er ihm bestimmt keinen Widerstand entgegengesetzt. Er hatte inzwischen genug von Caros Launen, denen sie durch einen Einbruch bei ihm einen neuen Gipfel aufgesetzt hatte.

Er war eines Abends von einer Sitzung des Whig Clubs zurückgekehrt, hatte sein Zimmer verwüstet und seinen Sekretär aufgebrochen gefunden. In der Mitte des Raumes lag ein aufgeschlagenes Buch, in das mit Carolines Schrift gekritzelt war: »Gedenke mein!« Erbost ließ er ihr durch einen Boten sofort ein Billet überbringen:

> Gedenke dein, gedenke dein!
> Bis deines Lebens eitler Schaum
> Verbraust, soll Scham dein Erbe sein,
> Dich hetzend wie ein Fiebertraum.

Eine Stunde später meldete sein Diener Fletcher Lady Caroline, die sich ihm zu Füßen warf und in einen von krampfartigem Schluchzen unterbrochenen Tränenstrom ausbrach. »Um Himmels willen, Caro, so böse war das auch wieder nicht gemeint!« – »Dann verzeihen Sie mir?« murmelte Caroline, den Kopf an seinen Knien. »Sicher, wenn Sie jetzt aufstehen und nach Hause gehen. Ich habe zu tun.« Mit einem ihrer irritierenden Stimmungswechsel sprang Caroline auf und lächelte einschmeichelnd. »Sie arbeiten an Ihrem neuen Werk, ja?« – »Nein«, erwiderte Byron etwas zerstreut, da die Gefahr einer neuen Szene gebannt schien, »ich schreibe an meine Schwester.« Carolines marmorne Haut wurde erst weiß, dann rot. »Ihre Schwester? Wie kann Ihre Schwester wichtiger sein als ich! Sie...«

Als ihn am nächsten Tag die Damen Melbourne und Bessborough zu sich baten, war er alles andere als ein großer Liebender, der für seine Angebetete durchs Feuer geht. Lady Melbourne forderte ihn mit einer liebenswürdigen Handbewegung auf, doch Platz zu nehmen, und begann nach einem Blickwechsel mit Lady Bessborough zu sprechen. »Sie müssen verstehen, Lord Byron, daß uns das Verhalten meiner Schwiegertochter Caroline in letzter Zeit Sorgen bereitet.«

Zu ihrer Zeit hatte Lady Melbourne als *die* Londoner Schönheit gegolten, und es war ein offenes Geheimnis, daß William Lamb nicht der Sohn ihres Gemahls sein konnte. Sie hatte zwar volles Verständnis dafür, daß Caroline in anderen Betten Trost suchte, entsetzte sich jedoch über die Art, wie dies geschah. Diskretion war für Caroline ein Fremdwort, und inzwischen hatte sie es geschafft, William zum Gespött Londons zu machen.

»Caroline«, sagte Lady Melbourne energisch, »ist offensichtlich krank und braucht Luftveränderung.«

Byron beobachtete sie voll Interesse. Lady Melbourne hatte die Einrichtung ihres Salons völlig auf sich abgestimmt und wirkte inmitten der sanften Pastellfarben selbst wie eine chinesische Elfenbeinschnitzerei. Er verstand, was sie wissen wollte, und antwortete: »Ich bin ganz Ihrer Meinung. Caroline würde ein Aufenthalt auf dem Lande sicher sehr guttun. Ich für meinen Teil allerdings ziehe momentan die Stadt bei weitem vor.«

Lady Melbourne lehnte sich zufrieden zurück. Ohne Vorwürfe, Erklärungen und Ermahnungen hatte sie von Byron das Versprechen erhalten, daß er Caroline weder in London halten noch ihr zu ihrem »Landaufenthalt« folgen würde. »Wie gut, daß wir uns verstehen«, lächelte sie. »Spielen Sie Bridge, Lord Byron?«

Aber keiner von ihnen hatte mit Carolines Reaktion gerechnet. Am Tag vor der geplanten Abreise nach Irland verschwand sie, und Byron erhielt Besuch von einer völlig aufgelösten Lady Bessborough. Caroline war nicht bei ihm. Aber er kannte sie inzwischen, und wirklich brachte kurz darauf ein Dienstmann ein Billet. Es war nicht schwer, aus dem Boten herauszubringen, wo sie sich befand.

Byron schickte Lady Bessborough zurück nach Melbourne House und fuhr zu dem kleinen Vorstadthotel, in dem Caroline ein Zimmer gemietet hatte. Dort wartete sie, mit zitternden Mundwinkeln und aufgerissenen Augen. »Oh, mein Geliebter, sie wollen uns trennen!« – »Ja«, antwortete er resignierend, »sicher, Caroline.« Abrupt veränderte sich ihre Miene. Aus dem hilfesuchenden kleinen Mädchen wurde ein Wirbelsturm in Menschengestalt.

»Oh! Sie wußten es! Sie waren damit einverstanden!« Sie hämmerte mit ihren Fäusten auf ihn ein. »Ich werde Ihnen nie verzeihen, niemals, nie!« – »Aber«, unterbrach sie Byron und hielt ihre Hände fest, »Sie werden jetzt mit mir kommen!« Der »kleine Vulkan« (wie er sie einmal genannt hatte) brach aus. »Nie, nie, nie!« Bis er sie schließlich kurzentschlossen um die Taille packte und fast gewaltsam zu seiner Kutsche zerrte.

Dann beruhigte sie sich merkwürdigerweise, starrte während der Fahrt nur schweigend vor sich hin und ließ sich kommentarlos von ihrer Mutter und Lady Melbourne in Empfang nehmen. Doch als sich Byron verabschiedete, sah sie ihn an, und für den Bruchteil einer Sekunde verkörperte sie für ihn wieder die glänzende Erscheinung, die ihn bei den Hollands bezaubert hatte. »Ich weiß, daß Sie mich noch lieben«, sagte sie ruhig. »Denn wenn Sie es nicht mehr täten, würde ich mich rächen, so rächen, daß Sie sich wünschten, nie geboren worden zu sein. Aber Sie lieben mich ja noch.« – »Wie entmutigt man eine solche Frau?« fragte Byron Lady Melbourne, die ihn hinausbegleitete. »Ich würde sagen«, antwortete diese, »Sie sollten heiraten.«

Als Byron Augusta geschrieben hatte, er müsse bald eine reiche Frau finden, hatte er dies – wie alles in seinen Briefen – nur halbwegs ernst gemeint. Die meisten ihm bekannten Ehen waren katastrophal verlaufen. Die Heirat seiner Eltern war nur ein Beispiel für eine Eheschließung mit unvorhersehbaren Folgen. Und Augusta selbst – das Muster einer unglücklichen Ehe, dachte er. Sie bekam ein Kind nach dem anderen, aber ansonsten schien ihr wettbesessener Gemahl hauptsächlich durch Abwesenheit zu glänzen.

Byron hatte George Leigh nie gemocht, obwohl er ihn nicht kannte. Vielleicht hatte das seine Ursache in der unklar empfundenen Enttäuschung, damals, als er seine Schwester gerade für sich entdeckt hatte und feststellen mußte, daß sie bereits ernsthaft in diesen unbekannten Vetter verliebt war. *Kannst Du Dir diesen Cousin nicht aus Deinem hübschen Kopf schlagen?* Immerhin, die Ehe hatte sie nicht verbittert werden lassen. Er fand es genauso einfach, ihr zu schreiben, wie damals, als er noch ein Schuljunge in Harrow war. Und sie antwortete auf das, was er meinte, nicht auf das, was er sagte. *O Englische Barden!*

Der Rest der Welt bestand darauf, ihn als düsteren romantischen Helden zu sehen – als Childe Harold. Sicher, er hatte Harold als sein Alter Ego gedacht, aber bestimmt nicht vorgehabt, die ganze Zeit nur Klagen und Seufzer von sich zu geben. Wenn er mit seinen Freunden Hobhouse, Davies und Kinnaird zusammen war, genossen sie den gegenseitigen Schlagabtausch an ironischen Bemerkungen und dachten nicht daran, in Melancholie zu versinken.

Caroline allerdings hatte darauf bestanden, er müsse von irgendeinem unaussprechlichen, düsteren Geheimnis verfolgt sein. Später, als er auf ihr »Liebst du mich« mit einem ebenso unhöflichen wie direkten »Nein« geantwortet hatte, war sie zu dem Schluß gekommen, sein Geheimnis liege in seiner Herzlosigkeit.

Nun ja, jetzt erholte sie sich von dieser Herzlosigkeit in Irland und schrieb ihm eine Flut von Briefen, in denen sie ständig auf Williams unaufhörliche Zuneigung und ihre eigenen bezwingenden Reize zurückkam. Sie versicherte ihm, sie könne jedem Mann den Kopf verdrehen. »Kein Zweifel«, sagte Byron zu Lady

Melbourne, mit der er sich angefreundet hatte, »das kann jede Frau, aber zeigen Sie mir eine, die imstande wäre, einen Mann auch länger als vier Wochen zu halten! Das heißt, *Sie* könnten mir eine solche Frau natürlich schon zeigen.«

Er mochte Lady Melbourne, und da er sie selten sah, hatte er begonnen, mit ihr zu korrespondieren. Sie war durch nichts zu schockieren und außerdem der Takt in Person, so daß er ihr gegenüber weder düster noch romantisch zu werden brauchte.

Obwohl er seit Mary Chaworth keine sehr schmeichelhafte Meinung über Frauen im allgemeinen hatte, genoß er in seiner widersprüchlichen Art die bloße Gegenwart eines weiblichen Wesens, und Lady Melbourne war eine der charmantesten Frauen, die er je kennengelernt hatte. Dabei schützte das Alter der etwa Sechzigjährigen sie vor dem Verdacht, in ihn verliebt zu sein, und das gab ihrer Beziehung eine Zwanglosigkeit wie zwischen nahen Verwandten. Ganz abgesehen von allem anderen war Lady Melbourne mit ihrem gesunden Menschenverstand eine wertvolle Ratgeberin in dem Problem, wie man Carolines Briefe beantworten sollte.

»Warum wollen Sie es überhaupt?« hatte sie gefragt, nicht vorwurfsvoll, sondern wie immer freundlich. »Sie lieben Caroline doch nicht, und durch ihr Benehmen hat sie eigentlich auf Ihre Achtung auch keinen Anspruch.« – »Da bin ich anderer Meinung«, erwiderte Byron und begann mit gerunzelter Stirn, in Lady Melbournes kostbarem Salon auf und ab zu gehen. »Sicher, ich liebe sie nicht, aber ich habe diese Affäre schließlich genauso gewollt wie Caro, und es muß doch einen Weg geben, die ganze Geschichte zumindest in Höflichkeit zu beenden.« – »Byron, Sie sind ein Kindskopf«, bemerkte Carolines Schwiegermutter und gähnte, »aber bitte, schreiben Sie ihr. Auf diese Art bekommen wir sie wenigstens seelisch gesund aus Irland zurück.«

»Wenn sie dreißig Jahre jünger wäre«, sagte Byron an diesem Tag zu Hobhouse über Lady Melbourne, »wäre ich verrückt nach ihr – und ich hätte eine gute Freundin verloren.« Er glaubte nämlich nicht, daß Liebende Freunde sein konnten.

Um Lady Melbourne einen Gefallen zu erweisen, befolgte er ihren Rat hinsichtlich einer Ehe und machte ihrer Nichte Annabella Milbanke einen Heiratsantrag. Er kannte Miss Milbanke kaum, aber sie hatte auf ihn den Eindruck einer ruhigen, betont vernünftigen, leidenschaftslosen Person gemacht – mit einem Wort, vielleicht nicht die ideale Geliebte, aber das genaue Gegenteil von Caroline Lamb. Er erhielt einen Korb und war nicht weiter überrascht, geradezu unschmeichelhaft erleichtert. Bei näherer Überlegung kam er nämlich zu dem Schluß, daß eine Ehe mit der »liebenswürdigen Mathematikerin«, wie er sie Lady Melbourne gegenüber nannte, als bloßes Abschreckungsmittel für Caroline doch etwas zu weit ginge. »Ich beglückwünsche Annabella & mich zu unserer gemeinsamen Flucht.«

Da er andererseits nicht als Asket leben konnte und Caroline immer öfter von ihrer bevorstehenden Rückkehr schrieb, begann er eine Affäre mit der herbstlichen Schönheit, Lady Oxford. Lady Oxford war über vierzig, aber immer noch eine sehr attraktive Frau. Er bewunderte ihre üppigen Reize und überließ sich gerne ihrer friedlichen Sinnlichkeit, die sie in beiderseitigem Einverständnis nie in Liebe ausarten ließ. Die Nachricht von dieser Verbindung hatte offensichtlich Caroline in Irland zum Schweigen gebracht. Statt dessen, so erfuhr er von Lady Melbourne, sammelte sie alle Porträts von ihm, die sie bekommen konnte – zu welchem Zweck auch immer. Lady Melbourne hielt auch noch eine weitere Nachricht für ihn bereit, diesmal eine echte Überraschung: Annabella Milbanke wollte mit ihm in schriftlicher Verbindung bleiben. Zusammen mit diesem Wunsch schickte sie eine Aufstellung der Eigenschaften, die sie von einem Ehemann forderte. Byron schrieb an Lady Melbourne:

»Ich schicke Ihnen den Entwurf zu A's auserwählten Gatten zurück, zu dem ich nichts sagen werde, weil ich ihn nicht verstehe – obwohl ich allerdings vermute, daß es genau das ist, was es sein sollte.

– Sie scheint verzogen worden zu sein – nicht so, wie Kinder es gewöhnlich sind – sondern systematisch Clarissa Harlowiert in eine peinliche Art von Korrektheit – mit einem Vertrauen auf die eigene Unfehlbarkeit, was sie zu einem fürchterlichen Mißgriff führen wird oder führen dürfte – ich meine damit nicht den üblichen Irrtum junger Damen von hohem Stand – sondern sie wird genau das finden, was sie sich wünscht...«

Nach Annabellas zweitem Brief glaubte er, ihr Ziel entdeckt zu haben: eine Bekehrung des berühmt-berüchtigten Dichters. Er war nicht sehr interessiert und überließ sich lieber seiner Affäre mit Lady Oxford. Als Lord Oxford beschloß, mit seiner Familie nach Sizilien zu segeln, schieden Byron und seine Mätresse in aller Freundschaft. Sie hatten, wie Byron sagte, die Regeln des Epikur zur Genüge deklamiert. Warum nur fühlte er sich so leer? Er hatte doch, was er wollte – alles war in äußerster Harmonie verlaufen. Der gegenseitige Sättigungsgrad war erreicht.

Lady Oxford war nicht Caroline Lamb, die öffentlich seine Bilder und Briefe verbrannt hatte; zu diesem Anlaß hatte sie alle Kinder des irischen Dorfes, in dessen Nähe sie logierte, in Weiß gekleidet und um das Feuer tanzen lassen. Durch Lady Bessborough allerdings hörte er, daß es sich dabei ausnahmslos um Kopien gehandelt hatte – Caroline konnte sich von den Originalen nicht trennen. Bei Lady Oxford bestand keine Gefahr, daß sie an ihn jemals anders als wohlwollend denken würde, so wie er sie immer in dankbarer Erinnerung behalten würde. Warum also dieses Gefühl der Ausgebranntheit, der inneren Erstarrung? Seit der mißglückten Romanze mit Mary Chaworth damals hatte er sich nicht mehr wirklich in eine Frau verliebt, und er war überzeugt, daß Carolines Vorwurf der Herzlosigkeit zutraf.

Sicher, die Affäre mit dem Chorsänger Edlestone damals in Cambridge war für ihn eine sehr ernste Angelegenheit gewesen, und Edlestons früher, durch eine Lungenentzündung bedingter Tod hatte ihn tief getroffen. Aber wenn er ganz ehrlich war, mußte er sich eingestehen, daß diese Tragödie eine Beziehung beendet hatte, der er insgeheim schon überdrüssig gewesen war und die ihn von seiner längst ersehnten Reise in die Mittelmeerländer abgehalten hatte. Er verabscheute sich für diesen Gedanken und fühlte doch dieselbe Leere und Langeweile wie damals. Byron trug sich ernsthaft mit dem Gedanken, mit Hobhouse eine zweite große Reise in den Süden zu machen, als ein Brief von seiner Schwester Augusta eintraf. Sie kündigte ihr Kommen nach London für Ende Juni an.

Augusta war, in ihrer Eigenschaft als Hofdame, bereits ein paarmal in London gewesen. Doch da die Prinzessin sich meistens von der modischen Clique des Prinzregenten, die unter anderem auch die Dauer der Landaufenthalte bestimmte, fernhielt, hatte Augusta ihren Bruder bei diesen kurzen Gelegenheiten nie treffen können.

Doch jetzt hatte sie sich mitten in der Saison frei machen können und Kinder, Schulden und Six Mile Bottom hinter sich zurückgelassen. Sie war eigentlich weniger auf das Großstadtleben gespannt als auf ihren berühmten Bruder. Sie hatte natürlich ständig von ihm gehört, nicht nur vom Erfolg der Verserzählungen, sondern auch von Lady Caroline und Lady Oxford und zahlreichen anderen Damen, mit denen er gerüchteweise in Verbindung gebracht wurde. Nach Lady Oxfords Abreise war Lady Jersey als neue Mätresse des berüchtigten Lords ins Gespräch gekommen, bis einmal mehr Caroline Lamb alle Aufmerksamkeit auf sich lenkte.

Nach ihrer Rückkehr aus Irland hatte sie Gesellschaften, auf denen sie Byron hätte begegnen können, zunächst gemieden. Doch kaum hörte sie von Lady Oxfords Reise nach Sizilien, da erschien sie schön, blaß und tragisch auf einer der glanzvollsten Soirées der Saison 1813 und stieß sich nach einem kurzen, heftigen Wortwechsel mit ihrem ehemaligen Liebhaber vor allen Anwesenden das Messer in die Brust. Sie war aus dem einen oder anderen Grund nicht schwer verletzt, doch momentan sprach man von nichts anderem. Armer Byron, dachte Augusta.

Und wenn ich fünfzig Mätressen hätte, ich würde sie alle am nächsten Tag vergessen haben. So glaubte er. Aber die Wirklichkeit gebärdete sich rebellisch und sah etwas anders aus – sie ließ sich nicht vergessen.

Augusta, die ihren Bruder überraschen wollte, kam einen Tag früher in seiner Wohnung in der St. James Street an. Sie hatte nicht vergessen, wie nervös sie damals bei den Howards auf Hanson und seinen Schützling gewartet hatte – immer mit Blick auf die Uhr. Das sollte diesmal anders werden. Als sie jedoch vor der Eingangstür stand, zögerte sie einen Augenblick. Was, wenn sie nun nicht willkommen war? In diesem Fall, entschied sie, würde sie eben gleich in ihr winziges Appartement im Palast übersiedeln.

Auf ihr Klopfen öffnete Byrons treuer Kammerdiener. Fletcher betrachtete sich noch als vollkommener Diener der alten Schule und brachte die unbekannte Dame, die irgendwie seinem Herrn ähnelte, sofort mit dem für morgen erwarteten Besuch in Verbindung.

»Mrs. Leigh!« rief er überrascht und fuhr in seinem normalen, gesetzten Tonfall fort: »Ich darf Sie bitten, einzutreten.« Augusta ließ sich von ihm das Arbeitszimmer ihres Bruders zeigen und machte unterwegs nur halt, um Byrons Neufundländer (ein Nachfahre von Boatswain) zu streicheln. Sie liebte Hunde und besaß selbst einen. Schließlich kam sie in den Raum, der offensichtlich auch als Bibliothek diente (ein Gutteil der Bücher befand sich auf dem Boden zerstreut). Sie achtete sorgfältig darauf, keinen falschen Schritt zu tun, und schlich auf Zehenspitzen zu der Gestalt am Schreibtisch, von der sie im Augenblick nur den Rücken und den vornübergeneigten Kopf sah. Sie wartete einen Moment, dann legte sie ihm die Hände auf die Augen. Eine Ewigkeit lang blieb es still, und aus irgendeinem Grund hatte sie plötzlich vor der Vorstellung Angst, er könnte eine seiner Carolines, Oxfords, Jerseys erwarten.

»Augusta.«

1813–1814

»Ich war gezwungen, sogar die Sekunden zu pflücken –
denn wer kann schon auf morgen hoffen?
wahrlich *morgen* erst? *Jede Minute* ––«

Byron war entzückt, Augusta wiederzusehen.

Zu seiner Schande mußte er gestehen, daß er sich kaum noch an ihr Aussehen erinnern konnte – nur verschwommen ließen sich einzelne Gesichtszüge in sein Gedächtnis zurückrufen. Jetzt entdeckte er sie neu. Augusta trug ein unauffälliges dunkles Reisekleid; mit ihrer Taille hätte sie ohne weiteres eine der alten Roben des Ancien régime, die mit ihren Reifröcken die Damen zu ständigen Hungerkuren zwangen, tragen können. Er konnte kaum glauben, daß sie drei Kinder geboren hatte. Als sie die Arme hob, um ihren Hut abzunehmen, merkte Byron, daß er ihr eigentlich einen Platz anbieten müßte.

Er blickte sich suchend um, aber was in diesem Raum an Sitzgelegenheiten vorhanden war, war mit Reitjacken, Soda- und Whiskyflaschen oder Büchern belegt. Seine Schwester erfaßte die Situation schon etwas früher und ließ sich ohne viele Umstände inmitten der Unordnung auf dem Teppich nieder. Ihr Hut kam dabei auf einer Gedichtsammlung seines Freundes Thomas Moore zu liegen. Sie reckte sich ein wenig und sagte mit einer leichten Grimasse: »Du weißt nicht, wie *sehr* ich mich davor fürchtete, du könntest mich mit Handkuß vor dem Personal empfangen, du weißt schon ›*meine liebe Augusta, ich bin ja so erfreut, dich wiederzusehen*‹.« Sie ließ die Mundwinkel hängen und bemühte sich ernsthaft, wie ein würdiger Dackel auszusehen. Er zog die Brauen hoch. »Und ich hatte Angst, du kämst als behäbige Matrone mit mindestens drei Bibelsprüchen auf den Lippen.«

Sie lachte. Er bemerkte verdutzt, daß sie zu den Personen gehörte, die mit dem ganzen Körper lachen konnten, nicht nur mit dem Gesicht. Ihre Knie preßten sich aneinander, das Kinn hob sich und ließ ihre Wangen nur noch aus Grübchen bestehen. Selbst die Hände schienen an ihrer Heiterkeit teilzuhaben und flatterten auf dem Teppich. »Mit der würdigen Matrone liegst du gar nicht so falsch.« Plötzlich schien sie der Kummer in Person zu sein. »Ich werde auch älter, Georgy.«

»Sicher«, erwiderte er todernst, »ich sehe da fast nur noch graue Haare, lauter Runzeln, und die Gicht kann auch nicht mehr weit sein.« – »Wie kannst du nur so gemein zu mir sprechen!« protestierte sie. »Gicht! Das Rheuma ist es, das mir Kummer macht!« Er beobachtete ihre fliegenden braunen Haare und fühlte sich entspannt und vollkommen glücklich. »Gus«, sagte er zärtlich. »Gans. Liebes Gänschen.« – »Baby Byron!« Sie blinzelte ihm zu. Ihre Augen waren dunkelgrau, fast schwarz.

»Ich muß wirklich ein Ekel gewesen sein, damals. Aber es war tatsächlich nicht böse gemeint.« Sie mimte die Überraschte. »Damals?! Wenn deine Mutter so reiselustig wie du gewesen wäre, hätte sie dich in der Türkei auf dem nächsten Sklavenmarkt verkauft!« Sein Lachen klang dunkel und volltönend, und ließ keine Gedanken für etwas anderes. »Sie hätte ein schlechtes Geschäft gemacht. – Sag mal, Gus, woher wußtest du eigentlich, daß ich wieder im Lande war, als du mir schriebst?« – »Tante Sophia.«

Er sah irritiert aus. »Kennst du sie denn nicht?« fragte Augusta. Byron schüttelte den Kopf. »Nicht daß ich wüßte. Das heißt... möglicherweise habe ich sie ein- oder zweimal in Aberdeen gesehen. Ich bin mir nicht sicher. Wie sie mit uns verwandt ist, weiß ich natürlich.« – »Also du kennst sie nicht wirklich?« Augusta sprang auf. »O dear, dann hast du ja keine Ahnung von der *wahren* Familienchronik.« In ihren Augen blitzte etwas. Sie schnappte sich einen seiner herumliegenden Spazierstöcke, stützte sich darauf, ihre Schultern rutschten nach vorne, sie legte den Kopf leicht zur Seite und glich mit einem Mal tatsächlich verblüffend einer alten Frau.

»Mein lieber Junge, habe ich dir schon erzählt, daß dein Cousin Robert einen Schnupfen hat? Ach, das erinnert mich an meinen Urgroßonkel väterlicherseits, den seligen Dick Byron – Dick der Dicke, versteht sich. Er hatte es auch mit der Nase, die ganze Zeit war sie entzündet, und er stritt sich deswegen mit seinem Bruder, George dem Raffer. Dieser hieß so, weil er aus purer Bosheit immer alle Taschentücher in der Gegend zusammenraffte und versteckte, sowie Dick der Dicke sich blicken ließ. All das hatten sie natürlich von ihrem Vater, Lord Byron dem Hungrigen, der... aber was sehe ich da?! Du folgst meinen Ausführungen nicht mit dem nötigen Ernst, Junge. Du lachst gar? Sei gewiß«, sie nickte heftig mit dem Kopf, »gar finster und blutig ist die Geschichte der fluchbeladenen Byrons, angefangen von John dem Zahnlosen, der...«

»Hör auf, Augusta«, ächzte ihr Bruder, »ich kann nicht mehr. Du meine Güte!« Er applaudierte. »Ich werde dich an das Drury Lane Theater empfehlen, Gus. Wußtest du, daß ich im Komitee bin?« – »Ich möchte Mrs. Siddons nicht arbeitslos machen«, antwortete Augusta und setzte sich wieder. »Du weißt nicht, was ich für diese Frau nicht schon alles getan habe. Von Sheridan bis Sotheby hat mich jeder angefleht, doch die Hauptrolle in seinem neuen Stück zu übernehmen, und nur um der guten Sarah nicht weh zu tun, wies ich sie alle ab.« – »Besteht gar keine Möglichkeit, daß Sie Ihre Meinung ändern, Madame?« fragte Byron und verlagerte sein Gewicht von einem Bein auf das andere. Augusta winkelte ihren rechten Arm an und stützte in einer schwermütigen Pose ihren Kopf darauf. »Nun, wenn jener unbedeutende Schreiberling Lord Byron es fertigbrächte, für mich eine Tragödie zusammenzustellen, würde ich es mir *vielleicht* noch einmal überlegen.«

Auf diese Art ging der Nachmittag in den Abend über, bis Augusta schließlich bedauernd erklärte, nach St. James aufbrechen zu müssen. Sie verabredeten für den nächsten Tag einen Gang durch den Boulevard von St. Paul's.

Byron überraschte sich dabei, sogar eine Viertelstunde vor dem ausgemachten Zeitpunkt vor der Kathedrale zu stehen. Er mußte warten, denn Augusta verspätete sich etwas. Als sie endlich ein wenig atemlos ankam, entschuldigte sie sich und erklärte, die Prinzessin habe sie nicht eher gehen lassen.

»Die arme Frau war buchstäblich ausgehungert nach Neuigkeiten vom Landleben.« Sie kniff ihn leicht in den Arm. »Du hast mir noch überhaupt keine Fragen in dieser Richtung gestellt, du Ungeheuer, dabei gibt es so viel zu erzählen – die Kühe haben sich doch tatsächlich entschlossen, in diesem Jahr nur schwarzgefleckte Kälber zur Welt zu bringen!« Er schnitt eine Grimasse und flüsterte ihr zu: »Hier in London sind die Neuigkeiten wesentlich aufregender – schau nicht zur Seite, aber da geht gerade eine. Lady Beaumont überlegt sich ernsthaft, ob sie nicht die Schneiderin von Mrs. Eaton bestechen könnte. Da aber Lord Beaumont noch tief in den Schulden steckt, die er gemacht hat, um Beau Brummel seinen Koch abspenstig zu machen, ist sie im Moment noch verhindert.«

Diesen Augenblick nützte Lady Beaumont, um mit einem begeisterten Aufschrei den gefeierten Dichter und seine Schwester zu entdecken. »Oh, Lord Byron – Sie hier? Nein, daß man Sie auch einmal wiedersieht! ›Der Giaur‹ ist einfach hinreißend, ich konnte mit dem Lesen überhaupt nicht aufhören, obwohl Edward meinte… aber da haben wir ja auch Mrs. Leigh.« Lady Beaumont würdigte Augusta, die sie durch einige Hofempfänge vom Sehen her kannte, eines kurzen Nickens. Sie holte ihr Lorgnon, das in dieser Saison auch bei Damen mittleren Alters in Mode gekommen war, hervor und betrachtete die Schwester des Berühmten angelegentlich.

»Guten Tag, meine Beste. Was gibt es Neues auf dem Lande?« Byron sah Augusta mühsam einen ehrenhaften Kampf mit einem äußerst unpassenden Lachanfall ausfechten. Ihre feinen Nasenflügel bebten, als sie schließlich antwortete: »Oh, Lady Beaumont, die Neuigkeiten in der Stadt sind doch viel aufregender. Mein Bruder hat mir eben einige wirklich *faszinierende* Einzelheiten erzählt.« Sie kniff ein Auge zu und wandte sich unschuldsvoll an Byron. »Nicht wahr, Georgy?« Ihre Stimme klang honigsüß, und er hatte gerade noch Zeit, sie in die Rippen zu stoßen, als Lady Beaumont voll freudiger Erwartung fragte: »In der Tat, Lord Byron? Was denn zum Beispiel? Ach, ich sterbe vor Neugier – falls Sie sich nicht wieder über den armen Southey lustig gemacht haben. Der Mann wird neuerdings ganz einfach unterschätzt, aber die Nachwelt wird ihm schon Gerechtigkeit zuteil werden lassen.«

»Die Nachwelt, Lady Beaumont«, erwiderte Byron, »schätzt es im allgemeinen überhaupt nicht, wenn man ihr Lorbeeren hinterläßt – noch dazu verwelkte Lorbeeren.« Er sah die Kampfeslust in ihren Augen aufsteigen, denn Lady Beaumont galt als eine überzeugte Anhängerin aller Seepoeten. Da er aber weder über Robert Southey noch über den Rest der »Tümpelfanatiker«, wie er sie bei sich nannte, diskutieren wollte, flüchtete er in die bequemste Ausrede, die ihm zur Verfügung stand. »Wenn Sie uns jetzt entschuldigen, Mylady, mein Fuß schmerzt vom längeren Stehen immer etwas.« Lady Beaumont verwandelte sich wieder in eine eifrige Bewunderin des tragischen Genies und wurde die Fürsorge in Person. »Aber natürlich, Lord Byron, natürlich.«

Kaum war sie außer Sicht, murmelte Augusta: »Feigling.« – »Wenn du noch einmal Georgy zu mir sagst, Gus, lege ich dich übers Knie.« Sie blieb vor einem Stand mit Tabaksdosen stehen. »Ich zittere jetzt schon. Weißt du, ich habe dich so genannt, als ich noch klein war, bevor meine Großmutter mich wegholte.« Er runzelte die Stirn. »Daran kann ich mich nicht erinnern«, sagte er ärgerlich, »wie habe ich dich genannt?« Sie lächelte. »Du warst ja noch nicht drei Jahre alt. Ich glaube, du sagtest Ada.«

Gemeinsam schlenderten sie zwischen den zahlreichen Buden und Ständen herum. St. Paul's, ursprünglich ein kleiner Markt für das Bürgertum, war in den letzten Jahren zum Promenadeort der Dandies und ihrer Damen geworden. Dementsprechend sah das Angebot aus: es gab Handschuhe, Parfums, vergoldete Käfige mit echten oder ausgestopften Singvögeln, Krawatten und Reitpeitschen, Spazierstöcke (aus Weißdornholz!) für die Herren – jeder modische Tand, der zu finden war. Byron kannte St. Paul, er wußte, daß auch Augusta schon öfter dortgewesen sein mußte, aber die Begeisterungsfähigkeit, mit der sie alles sah, ließ auch ihn den Boulevard neu erobern.

Sie probierte schlechthin alles, von spitzenbesetzten Handschuhen bis zu einem gräßlichen Hut, der nur aus rosaroten Blüten bestand. Augusta versicherte, sie würde ihn anläßlich der nächsten bei Hof veranstalteten Jagd tragen, und weidete sich an Byrons entsetztem Gesicht. Dann erklärte sie dem erfreuten Verkäufer, dies kostbare Stück sei doch zu schön für sie, und wanderte zum nächsten Stand, wo man die verschiedensten Schmuckstücke erwerben konnte. Dort gab es zwei sündhaft teure Medaillons, beide aus zartem Filigransilber gearbeitet und eines schöner als das andere, die sie ernsthaft in Versuchung führten. Doch schließlich wollte sie tatsächlich etwas kaufen, ohne sich in allzu große Ausgaben zu stürzen.

Endlich erstand sie für Georgiana und Augusta Charlotte zwei künstliche Singvögel, die nur aus kleinen zusammengenähten Seidenkissen bestanden und so wirkten, als würden sie trotz ihres delikaten Aussehens nicht so schnell kaputtgehen. Für das Baby Henry gab es eine hübsch lackierte Rassel, die sich auseinandernehmen ließ und in ihrem Inneren weitere, immer kleiner werdende Kugeln barg. »Einen Knebel haben Sie nicht?« fragte Augusta mit einem Seitenblick auf Byron. Für George Leigh und die Nanny bedurfte es längerer Überlegungen. Dann wechselten ein zart gemusterter Schal und eine elegante Herrenkrawatte den Besitzer. Byron konnte es sich nicht verkneifen, zu bemerken: »Eine Börse, die nur *du* öffnen kannst, wäre angebrachter.«

»George tut, was er kann«, erwiderte Augusta, mit einem Mal völlig ernst. Byron sah leichte Schatten in ihrem Gesicht. Ein wehmütiger Zug lag um Mund und Augen. »Glaubst du das wirklich, Gus?« – »Er glaubt es«, sagte sie beinahe abweisend. »Es ist nicht seine Schuld, daß er vollkommen unfähig für Dinge wie Verwaltung und Geldgeschäfte ist. Wir kommen sehr gut miteinander aus, und ich habe ihn gern.« Byron biß sich auf die Lippen. Ihm lag die Frage auf der Zunge, ob Sympathie für eine Ehe genüge, in der einer sich um nichts, der andere dagegen um alles kümmerte.

Aber er wollte Augusta nicht verärgern und sagte deswegen ablenkend: »Ich habe auch Schwierigkeiten mit Newstead Abbey. Hanson meint, der Besitz ließe sich so nicht länger halten, und beschwört mich, ihn zu verkaufen.« Im geheimen hatte Byron schon oft bedauert, daß er dem ehernen Gentlemankodex der Zeit gefolgt und seinem Verleger Murray auch die Autorenrechte an Childe Harold und allem, was er danach geschrieben hatte, gegeben hatte – getreu der Vorstellung, ein Adeliger könne sich zwar mit Dichtung beschäftigen, aber doch nicht *Geld* damit verdienen. Damit wäre er in den Augen der Gesellschaft zum berufsmäßigen Skribenten herabgesunken – und hätte Newstead sanieren können. Nun ja, geschehen war geschehen.

»Wem sehen deine patriotischen Wohltaten ähnlich«, fragte er seine Schwester, »dir oder George?« Augusta verzog das Gesicht. »Das ist die typische Frage eines Junggesellen. Kinder ähneln in diesem Alter noch überhaupt niemandem, nur sich selbst. Sie sind eigenständige kleine Wesen. Georgiana beispielsweise hat eine Stupsnase und große, klare Augen. Die kleine Augusta dagegen sieht aus wie eine kleine Chinesin, und genauso bewegt sie sich auch – sie geht nicht, sie trippelt. Und Henry... o dear, Byron, da drüben verkaufen sie Kartenspiele.«

»Spielst du?« fragte er überrascht. Sie lachte. »Man kann nicht mit George verheiratet sein und Whist nicht kennen. Allerdings gilt seine Aufmerksamkeit hauptsächlich den Pferdewetten. Und ich spiele prinzipiell nicht um Geld.« Sie zog ihre Handschuhe aus und ließ sich eines der angebotenen Kartenspiele geben. Dann mischte sie, so schnell, wie er es bisher nur bei Scrope Davies gesehen hatte. Fasziniert beobachtete er ihre langen, schlanken Finger, die flink und dennoch behutsam mit den eilenden Spielkarten umgingen. Augusta hatte wunderschöne Hände, schmal und trotzdem kräftig. Sie begann, die Karten auf dem rauhen Verkaufstisch auszulegen. Er sah das Muskelspiel unter ihrer Haut, nicht blaß und hell wie seine eigene, sonder ein Schmelzton zwischen Gold und Braun. »Mein Zigeunerteint«, hatte sie gestern stirnrunzelnd bemerkt. »Aber dir könnte ein bißchen Sonne auch nicht schaden, Bruderherz.«

Augusta sammelte die Karten wieder ein und ließ sie noch ein letztes Mal prüfend durch die Finger gleiten. »In Ordnung, ich nehme sie. Weißt du«, wandte sie sich an Byron, »es ist eine gute Entspannung nach den Kindern und vor den Abrechnungen.« Sie unterbrach den geschäftigen Verkäufer beim Einpacken, zog nach kurzem Suchen eine Karte aus dem Stoß hervor und reichte sie Byron. »Das ist für dich, zur Erinnerung. Ich finde, sie sieht mir ähnlich.« Er drehte die Karte um. Es war die Kreuzdame. Augusta blinzelte ihm zu. »Da ich deine übergroße Zuneigung zu dem Prinzregenten kenne, konnte ich dir schlecht den König oder den Buben geben.«

»Meine Schwester ist in der Stadt«, schrieb Byron am achten Juli an seinen Freund, den irischen Dichter Thomas Moore, »was ein großer Trost ist; – da wir nie viel zusammen gewesen sind, fühlen wir uns natürlicherweise mehr zueinander hingezogen, und es ist aufregend für uns, vor Fremden zusammen zu sein.«

Er begann, wieder Spaß an den Maskenbällen und Abendgesellschaften zu haben, die in der letzten Zeit zu einer lästigen Routine geworden waren. Unmöglich, sich mit Augusta zu langweilen oder irgend etwas im Leben ernst zu nehmen. Einmal, als er mit ihr in seiner Loge im Drury Lane Theater saß und darauf wartete, die unsterbliche Sarah Siddons in ihrer Abschiedsvorstellung als Lady Macbeth zu sehen, fiel ihm auf, daß Augusta etwas übermüdet und nachdenklich aussah. Er wußte, daß sie an diesem Tag Nachrichten aus Six Mile Bottom bekommen hatte. »Von nun an«, sagte er rasch, »wirst du dir nicht mehr so viel Sorgen zu machen brauchen. Ich werde immer...« Augusta legte ihm die Hand auf den Mund. »Hebe dir diesen Ton für das Parlament auf, Lieber. Da *unten* findet die Tragödie statt, nicht hier.«

Byron verdrängte entschlossen jeden Gedanken daran, daß Augusta wieder abreisen könnte. Schließlich war sie gerade erst gekommen, und sie hatten sich so lange Zeit nicht gesehen. Cousin George hatte Augusta ihre ganze Kindheit hindurch gekannt, ihm hingegen war erst mit vierzehn ein bloßer Briefkontakt gestattet worden. Er ertappte sich nicht zum erstenmal bei dem Gedanken, daß es am besten wäre, wenn Augusta überhaupt nicht verheiratet wäre. Sie könnte dann hier bei ihm bleiben, ihm den Haushalt führen und ihn somit der lästigen Notwendigkeit entheben, nur aus diesem Grund eine Ehe einzugehen. Ohnehin würde keine Frau ihn je so gut verstehen wie Augusta.

Da aber solche Spekulationen sinnlos waren, überließ er sich dem glücklichen Augenblick. Als er Augusta, die ihren Pflichten bei der Prinzessin nachkommen mußte, einmal mehrere Tage nicht sah, bemerkte er an sich eine merkwürdige Unruhe. Er vermißte sie bereits, obwohl das absurd war. Um sich abzulenken, streifte er nochmals durch St. Paul's und suchte ein Geschenk für sie. Endlich entschied er sich für ein Parfum, das ihm kennzeichnend für Augusta vorkam: bittersüß, sehr flüchtig und trotzdem haftend.

Als er es ihr überreichte, fühlte er sich irgendwie lächerlich und wandte den Kopf ab, so daß ihr dankbarer Kuß ihn auf den Hals traf und einen Teil seines Kragens mit roter Schminke bedeckte. »Bleib stehen«, sagte Augusta, »ich entferne es.« Sie lief zu der nächsten Blumenvase und tauchte ein Taschentuch, das sie irgendwo hergezaubert hatte, hinein. »So ein Vorkommnis im letzten Jahr«, sagte Byron, während Augusta versuchte, den roten Fleck zu entfernen, »und Caroline Lamb hätte mir die Augen ausgekratzt. Sie sah mich ständig von mindestens drei Mätressen gleichzeitig umgeben.« – »Sie hat dich unterschätzt«, antwortete Augusta, völlig in ihre Beschäftigung vertieft, »unter einem Harem tust du es nicht.« Ihre Nähe verwirrte ihn.

An diesem Abend waren sie bei Lady Glenverbie eingeladen, und Augusta freute sich schon sehr darauf. Sie war eine pragmatische Natur, und hatte sich die Sorgen um Familie und Six Mile Bottom für ihre Rückkehr dorthin aufgehoben. Augusta wußte, daß sie ohnehin nur wenige Wochen in London bleiben konnte – zwei oder drei vielleicht, länger nicht – und fand es sinnlos, sich jetzt schon den Kopf über Dinge zu zerbrechen, die sie ohnehin erst später erledigen konnte. Erstmals seit ihrer Hochzeit hatte sie mehr als vierundzwanzig Stunden ganz für sich, und sie war entschlossen, diese Unterbrechung aller Komplikationen und Schwierigkeiten, über die man nachdenken *mußte*, zu genießen. Und sie hatte ihren Bruder wiedergefunden.

Es war wunderbar, jemanden zu haben, der einen so vollkommen verstand. Sie wußten beide, daß die Welt verrückt war, und jeder Versuch, sie wirklich ernst zu nehmen, verursachte nichts als sinnlose Melancholie. Byron hatte sich rein äußerlich seit ihrer letzten Begegnung ziemlich verändert. Er war zu einem jungen Mann geworden, dessen Äußeres an die Statuen griechischer Athleten erinnerte. Kein Wunder, dachte sie, daß die Frauenwelt ihm zu Füßen lag.

Byron und Augusta hatten beide die typischen Familiengesichtszüge, die klassische Nase, die hohe Stirn und den großzügigen Mund. Während Augusta dadurch keine ausgesprochene Schönheit war, verliehen sie ihm etwas Edles: dazu kamen das arrogante Kinn und die immer spöttisch dreinschauenden Augen, die die undurchsichtige grüne Farbe des fernen Hochlands hatten. Seine Haare waren dunkler als ihre, fast schwarz (hier setzte sich das Erbteil der schottischen Catherine durch), doch sie hatte bemerkt, daß sich bei ihm trotz seiner fünfundzwanzig Jahre schon eine graue Strähne einschlich.

Sie versuchte sich die Frau vorzustellen, die er einmal heiraten würde. Welchen Charakter sie wohl haben müßte? Was für eine Art Mädchen paßte überhaupt zu ihm? Sie ging im Geist all ihre Londoner Bekanntschaften durch und kam zu keinem zufriedenstellenden Ergebnis. Augusta zuckte die Achseln und wandte sich ihrem Ballkleid zu. Da sie längere Zeit nicht die Mittel – oder den Leichtsinn – besessen hatte, sich der Mode gemäße Abendroben zu beschaffen (außerdem, mit wem sollte sie schon tanzen?), war es noch mehr in der Taille und nicht unter dem Busen verengt. Als Georgiana ein Jahr alt wurde, hatte sie es sich angeschafft – und bei ihrem Besuch in Derby getragen.

Immerhin, sie fand, daß die grüne Farbe ihr gut stand. Der Satin fühlte sich sehr angenehm auf der Haut an. Im übrigen, hatte Byron nicht irgendwann einmal gesagt, er könne sie sich sogar in diesen ausladenden Prachtroben der alten Zeit vorstellen? Augusta dankte dem Himmel, daß sie nicht klein war. Eine kleine Frau würde in diesem doch ziemlich eng geschnittenen Kleid, das nicht nur die Taille, sondern auch die Beine betonte, wie eine Aufziehpuppe wirken.

Nachdem sie sich angekleidet hatte, ließ sich Augusta von der Zofe, die ihr im St. James Palace zustand, frisieren. In Six Mile Bottom tat sie das selber oder bemühte allenfalls die Nanny. Aber heute genoß sie es, die raschen, geschickten Hände zu spüren, die ihr mit Kamm und Bürsten durch das Haar fuhren und danach die Frisur zusammenstellten, die sie sich gewünscht hatte. Obwohl das arme Mädchen – das schließlich noch mehr Hofdamen, die sich keine eigenen Zofen leisten konnten, versorgen mußte – sichtlich überlastet war, fand Augusta, daß sie ihre Sache sehr gut gemacht hatte.

Ihr Haar war zu einer losen Krone aufgesteckt und löste sich nach vorne in Locken auf, die ihrem Gesicht seine vage Herbheit nahmen. Sicher, etwas bedenklich für eine Ballnacht, aber sie würde ohnehin nicht sehr viel tanzen, da ihr Bruder es nicht konnte.

Sie hatten es sich zur Gewohnheit gemacht, sich auf einer Couch niederzulassen, die Gäste zu studieren und sie den verschiedensten Gegenständen zuzuordnen. »Eine Flasche«, sagte Byron heute, als Lord Glenverbie vorbeiging, »eine blinkende, blitzende, rundlich-liebäugelnde Whiskyflasche – älterer Jahrgang.« – »Und *Lady* Glenverbie?« Er zog die Brauen hoch. »Westminster Abbey!« Augusta überlegte sich eine Bezeichnung für den König der Dandies, Beau Brummel in höchst eigener Person. »Achtung – Verehrer von rechts!« flüsterte sie. Es handelte sich jedoch nicht um einen Verehrer, sondern um den Gruselromanautor Matthew Lewis, nach seinem Sensationsroman Mönch genannt und gut mit Byron bekannt, der jetzt auf die Geschwister zusteuerte. Byron warf einen Blick in seine Richtung und erschauerte. »Schlimmer – Mönch Lewis.«

Lewis war eigentlich ein netter Kerl, aber mit seinen endlosen Geschichten tödlich langweilig und der Alptraum jedes Gastgebers. Da er aber die wichtigsten Voraussetzungen für eine Abendgesellschaft erfüllte – bekannt zu sein und Erfolg gehabt zu haben –, lud man ihn trotzdem ein und hoffte darauf, daß er schon irgendein Opfer fand. In diesem Fall traf es Byron.

»Hallo, Mönch. Scheußliches Wetter in der letzten Zeit, nicht wahr?« Lewis sah verwirrt aus und ließ die Unterlippe hängen. »Aber… aber es hat doch nicht geregnet!« stotterte er schließlich. »Eben«, sagte Byron tiefernst und nippte an dem Glas Champagner, das er in der Hand hielt (teure Schmuggelware – Napoleon hatte die Kontinentalsperre gegen England noch nicht aufgehoben), »eben. Sehen Sie, Mönch, hier in England müssen wir alles verkehrt herum sehen. Wie wäre es sonst möglich, daß wir einen Schwachsinnigen als König und einen Idioten als Regenten haben?« – »Ach, Sie scherzen, Byron«, sagte Lewis befreit und rückte seine Krawatte zurecht, »Sie scherzen. Habe ich Ihnen schon erzählt, wie ich neulich die Blessingtons besuchte? Es war…«

Augusta hörte noch eine Weile höflich zu, mußte sich aber zwingen, nicht einzuschlafen. Sie unterdrückte krampfhaft ein Gähnen und sah dabei zufällig auf ein junges Mädchen, das sich von der kleinen Gruppe, bei der es stand, halb abgewandt hatte und zu den Geschwistern herüberblickte. Sie war hübsch und zierlich, hatte aschblondes Haar und drückte mit ihrer Körperhaltung ein deutliches Selbstbewußtsein aus. Augusta bemerkte, daß die Aufmerksamkeit des Mädchens Byron galt – wem sonst? Sie starrte ihn fast an.

Für einen kurzen Augenblick trafen sich ihre und Augustas Augen und hielten einander fest. Dann wurde der Blick des Mädchens unstet, flackerte und riß ab. Sie senkte die Augenlider, errötete und verschwand aus Augustas Sichtweite. Augusta schüttelte den Kopf. Neben ihr redete Matthew Lewis immer noch. Sie beschloß, daß es an der Zeit wäre, Byron zu erlösen, und unterbrach den Mönch mit der Frage nach der Identität jenes jungen Mädchens, das sie beschrieb. »Oh«, sagte Byron, »das muß die Prinzessin der Parallelogramme sein.« Erläuternd fügte er hinzu: »Annabella Milbanke. Ich wußte nicht, daß sie heute abend hierher kommt.«

Byron hatte Augusta von seinem mißglückten Heiratsantrag erzählt. Infolgedessen wußte sie einiges über Annabella. Miss Milbanke war klug, belesen und widmete sich hauptsächlich der Mathematik. Bis jetzt hatte sie bereits drei Anträge ausgeschlagen, und ihre Briefe an Byron klangen stellenweise wie Auszüge aus einer Missionarsbiographie. Augusta gestattete sich ein kurzes Schulterzucken. Mönch Lewis hingegen war nicht geneigt, sich von seinem Thema abbringen zu lassen. »Ach, Sie hätten hören sollen, was Lady Blessington zu mir sagte! Sie machte mir ein Kompliment nach dem anderen, ich war so gerührt, daß ich es fast nicht mehr aushalten konnte!« – »Beruhigen Sie sich, Mönch«, warf Byron trocken ein, »sie kann es unmöglich ernst gemeint haben.«

Matthew Lewis wußte eine Zeitlang nicht, wie er reagieren sollte. Als ihm schließlich nichts anderes einfiel, bat er Augusta um einen Tanz. Sie willigte ein, um ihrem Bruder Gelegenheit zu geben, sich von den endlosen Monologen zu erholen. Außerdem schien er jetzt in einer bissigen Stimmung zu sein, und der arme Lewis war nicht sehr schlagfertig. Nach einer Weile fragte er: »Haben Sie mein Buch gelesen, Mrs. Leigh?« – »O ja«, erwiderte sie höflich, »ich fand es wirklich spannend.« Lewis nickte und bemühte sich, den Takt zu halten. »Das dachte ich mir«, sagte er befriedigt, »jeder hält es für spannend. Aber warum laufen die Leute nur weg, sobald ich versuche, ihnen etwas zu erzählen?«

Hilfesuchend schaute er sie an. »Das tun sie nämlich manchmal, wissen Sie.« Augusta brachte es nicht über sich, ihm wahrheitsgemäß zu antworten, also lächelte sie lieber ungläubig und murmelte irgend etwas Nichtssagendes. Nach einigen Drehungen bemerkte sie, wie ein leichtes Raunen durch den Saal ging.

»Um Himmels willen«, flüsterte Augusta, »Caroline Lamb ist gerade gekommen. Wenn sie Byron sieht, passiert irgend etwas. Mr. Lewis, sie müssen augenblicklich hingehen und sie aufhalten – erzählen Sie ihr eine Geschichte!« Sie ließ seinen Arm los, sah, wie er ihrer Aufforderung Folge leistete, und versuchte, ohne viel Aufsehen möglichst schnell zu ihrem Bruder zu gelangen. Sie fand ihn noch immer auf dem Diwan sitzend, wider Erwarten allein. »Mach dich auf eine Katastrophe gefaßt, laß dir irgend etwas einfallen, löse dich in Luft auf – Caroline ist hier.«

»Ich wußte gar nicht, daß du sie kennst«, sagte Byron überrascht. Augusta warf ihm einen raschen Blick zu. »Nicht näher, aber ich habe sie früher häufig auf Gesellschaften gesehen. Sie ist immerhin einer der meistbeachteten Schönheiten überhaupt. Man muß nicht unbedingt mit Lord Byron in nähere Beziehung treten«, setzte sie stichelnd hinzu, »um berühmt zu werden. Aber was ist – möchtest du mit ihr reden?« Byron war unmißverständlich entsetzt. »Hölle, nein. Als ich ihr das letzte Mal begegnet bin, rammte sie sich ein Messer in die Brust.« Er stand auf und schaute sich suchend um. »Ich schlage vor, wir verschwinden unauffällig und suchen im oberen Stockwerk Zuflucht.«

Augusta fand ihr Verhalten im Grunde lächerlich. Aber was sie von Caroline Lamb gehört hatte, ließ es dennoch sinnvoll erscheinen. Abgesehen von den Tanzenden drängte sich mittlerweile alles zu Caroline, so daß die Geschwister unauffällig den Ballsaal verlassen konnten.

Sie schlichen sich in einen Seitentrakt von Glenverbie House und fanden schließlich ein kleines Frisierzimmer. Augusta warf einen Blick in den Spiegel, der über einem zierlichen Tisch angebracht war, und zuckte zusammen. »Das dachte ich mir – durch dieses Gedränge ist meine Frisur ruiniert. Ich sehe aus wie die Windsbraut persönlich.« Sie begann, die Nadeln aus ihrem Haar zu ziehen, und griff nach einer Bürste. Als sie den Arm heben wollte, ließ ein Gedanke sie innehalten.

Sie wandte sich Byron zu und drückte ihm mit den Worten: »Da dieser ganze Aufwand ja deinetwegen geschehen mußte, kannst du mir eigentlich helfen« die Bürste in die Hand. Er lächelte schwach. »Warum nicht?« Sie stand völlig still, während seine Hände begannen, ihr Haar zu ordnen. Eine Weile hörte man nur ihre Atemzüge. Dann flüsterte er heiser: »Du hast das schönste Haar der Welt, Augusta.« Abrupt drehte sie sich zu ihm um und sah ihn an. Eine Frage stand zwischen ihnen, die keiner von beiden sich je zu stellen gewagt hatte. Er machte einen Schritt auf sie zu und küßte sie, langsam und fordernd. Wieder suchte er ihren Blick und erkannte, was darin lag. Es hätte Abscheu sein können, Erschrecken oder einfach Verwirrung. Es war Liebe.

Als Byron am nächsten Morgen aufwachte, glaubte er flüchtig, noch den Duft von Augustas Haut zu spüren, ihre Wärme, ihre Nähe. Natürlich hatten sie irgendwann in den großen Ballsaal zurückkehren müssen, schon allein, um sich von den Glenverbies zu verabschieden. Vielleicht war auch Caroline Lamb noch dagewesen, aber wenn, dann hatte er sie nicht bemerkt. Nicht mehr.

Seltsam, dachte er, sein ganzes Leben lang hatte er nach etwas gesucht, ohne zu wissen, was es war. Augusta. Ihre Hand, ihre

Stimme, die Art, wie sie ihm zulächelte – ihr Dasein. Liebste Augusta. Sie weckte in ihm etwas, das noch keine andere Frau wachgerufen hatte – Zärtlichkeit, die über bloße Leidenschaft weit hinausging. In der Stille der Kutsche, auf dem Weg nach Hause, bevor er sie in St. James absetzte, hatten sie nicht gesprochen. Kaum, daß ihre Fingerspitzen sich berührten. Und doch war dieser bloße Hauch einer Berührung für sie genausoviel wie das unwirkliche, phantastische Erlebnis, das ihm vorausgegangen war.

Eigentlich wollte er alle Verabredungen, die er für diesen Tag getroffen hatte, absagen, das Boxen, das Dinner mit Hobhouse, aber dann kam ein Billet von Augusta. Die Prinzessin war erkrankt, nicht sehr ernst, aber sie verlangte Augustas Anwesenheit. Unterzeichnet hatte Augusta nicht mit ihrem Namen, sondern mit einem Kreuz. Er verstand. Kreuzdame. Liebe. Also hielt er seine Vereinbarungen ein und war den ganzen Tag so zerstreut, daß er sich erst von dem mittelmäßigen Sportler Bill Jackson k. o. schlagen ließ. Jackson war sehr viel überraschter als sein Kontrahent, der das Boxen für Gentlemen erst eingeführt hatte und als erstklassig galt. Anschließend verwechselte er Hobhouse dreimal mit Douglas Kinnaird.

»Um Himmels willen, Byron, was ist denn mit dir los?« fragte Hobhouse, und sein langes Pferdegesicht nahm einen irritierten Ausdruck an. »Ich verstehe ja, daß dir dieser Fasan nicht besonders schmeckt, aber mußt du ihn deswegen ständig mit Pfeffer bestreuen?« Byron errötete etwas. »Tut mir leid, Hobby. Das muß das englische Klima sein – ich glaube fast, wir sollten noch einmal die Türken heimsuchen.« – »Hm«, sagte Hobhouse nachdenklich und betrachtete sein Gegenüber aufmerksam. Byron hatte einen Ausdruck in den Augen, den er an ihm noch nicht kannte. »Dir geht wohl die Inspiration aus? Oder bist du immer noch auf der Flucht vor diesem verrückten Weibsbild?« – »Vor wem?« – »Himmelherrgott, Byron!«

Byron lenkte ein, riß sich zusammen und unterhielt sich eine Weile mit ihm über gemeinsame Bekannte, nostalgische Erinnerungen an Griechenland und das literarische Leben im allgemeinen. Dabei kam das Gespräch auch auf den irischen Dichter

Thomas Moore. »Es gibt nichts, was Moore nicht tun könnte, wenn er es nur ernsthaft anpackte. Er hat eigentlich nur einen Fehler – er ist nicht *hier.*« Hobhouse räusperte sich. »Als du ihn kennengelernt hast, war er dafür nur allzu gegenwärtig.«

Beide lachten. Moore hatte damals Byron fast zum Duell gefordert, wegen ein paar suspekter Zeilen in ›Englische Barden und Schottische Rezensenten‹, die sich auf ihn bezogen und sein irisches Temperament entflammt hatten. Statt sich jedoch zu duellieren, hatten sich beide Dichter entschlossen, die Londoner Nachtlokale heimzusuchen, und waren anschließend die besten Freunde geworden. »Gut, er ist ein netter Kerl«, sagte Hobhouse jetzt, »aber ich kann nicht vergessen, was er aus meinen ›Vermischten Schriften‹ machte.« Dieser von ihm zusammengestellten Lyrikanthologie hatte Hobhouse ein paar eigene Gedichte beigefügt. Daraufhin taufte Thomas Moore den kleinen Band ›Vermieste Schriften‹.

»Aber Hobby, du mußt doch zugeben, daß der Titel so etwas geradezu herausgefordert hat.« – »Du hast gut reden«, knurrte Hobhouse, »an dich traut sich ja kein lausiger Rezensent mehr heran – Shakespeare!«

Ihre Unterhaltung wandte sich der Politik zu. »Glaubst du nicht, daß wir irgendwann einmal keine Probleme mehr mit den Iren haben werden?« fragte Hobhouse. »Sicher«, erwiderte Byron spöttisch, »wenn wir uns vollkommen mit ihnen vereinigt haben. Wie der Hai mit seiner Beute.« Hobhouse seufzte. »Langsam verstehe ich, warum du Schwierigkeiten im Oberhaus hast.« Byron verzog das Gesicht. »Laß das Oberhaus, Hobby. Als ich zum erstenmal dort war, dachte ich, ich könnte mit meinem Sitz doch tatsächlich etwas bewirken. Aber alles, was von einem erwartet wird, ist, während der Reden der Parteiführer nicht einzuschlafen.« – »Byron«, ermahnte Hobhouse, »du übertreibst. Ich hoffe doch sehr, daß du das Zeug nicht veröffentlichen willst, was du mir neulich geschickt hast.« Er zitierte gedehnt:

Es heißt – *Gleichgültigkeit* sei dieser Zeiten Wesen
Dann hört den Grund – im Reime müßt ihr's lesen –

Ein König, der nicht *kann* – ein Kronprinz, der's nicht *tut*
Ein Volk, das nie begann – ein Ministerrat, der *ruht* –
Was macht's da, wer *im* Amt ist oder *nicht*
Ob *Irre-Wirre-Nichtsnutz* – oder *Bösewicht*?

Byron schüttelte den Kopf. »Nein, Doug, das war nicht zur Veröffentlichung gedacht. Wenn...« – »Byron«, unterbrach Hobhouse betont langsam, »wenn ich Douglas Kinnaird wirklich so ähnlich geworden sein sollte, werde ich mich nach einer ständigen Maske umsehen müssen.« – »Entschuldige.«

Als Hobhouse in dieser Nacht, sichtlich verwirrt, nach Hause ging, machte er noch einmal bei Fletcher halt. »Also, Fletcher, was ist los? Wer ist es – Lamb, Oxford, Jersey oder wer?« Fletcher hatte schon immer eine geheime Antipathie gegen Hobhouse gehabt. »Es steht mir nicht zu, mich über die Angelegenheiten meines Herren zu verbreiten«, antwortete er würdevoll.

Byron grübelte inzwischen in seinem Arbeitszimmer. Er war nicht darauf gefaßt gewesen, daß man ihm seinen Zustand so deutlich ansah. Das Besondere an seiner und Augustas Situation, bisher von ihm zurückgedrängt, schob sich immer öfter störend in sein Bewußtsein. Die strenge, schottisch-calvinistische Erziehung aus Aberdeen kämpfte mit seiner eigenen Verachtung aller Autoritäten, insbesondere der kirchlichen. Natürlich glaubte er nicht an das Gerede von Sünde und Strafe – wenn nur ein Teil davon stimmte, war er ohnehin verdammt, und wenn nicht, würde er es nach seinem Tod noch früh genug herausfinden.

»Ich glaube an keine Offenbarungsreligion, weil keine Religion offenbart ist; und wenn es der Kirche gefällt, mich zu verdammen, weil ich das *Nichtseiende* nicht anerkenne«, hatte er an einen Freund aus Cambridge geschrieben, »werfe ich mich auf die Gnade des ›*Unverstandenen Urgrunds allen Seins*‹, der das tun muß, was das Richtigste ist; obgleich ich meine, daß *Er* niemals etwas geschaffen hätte, um es in einem anderen Leben foltern zu lassen... Was Ihre Unsterblichkeit angeht, wenn die Menschen leben sollen, warum dann sterben? Und unsere

Leichname, die wieder auferstehen sollen, sind sie das Auferstehen wert? Ich hoffe, falls es meiner ist, daß ich ein besseres *Paar* Beine bekommen werde, ... da ich ansonsten arg zurückbleibe bei dem Gedränge im Paradies.«

Nein, er glaubte nicht, daß ihn und Augusta ein himmlischer Blitzschlag treffen würde; wie, zum Teufel, war die Menschheit nach den Lehren eben dieser Kirche denn entstanden? Er und Gus, sie liebten sich, gerade weil sie Geschwister waren, und nicht trotzdem – dieses neue Element, das in ihre Beziehung getreten war, war nichts als eine Bestätigung ihrer natürlichen Liebe zueinander.

Aber wenn Augusta das nun anders sah?

Er verbrachte eine schlaflose Nacht und fuhr Fletcher am nächsten Morgen wegen der geringsten Kleinigkeiten an, womit er seinen Diener fast zur Verzweiflung trieb. Fletcher war den Tränen nahe, als Byron schließlich wütend erklärte: »Ich gehe in den Club – hier kann man es ja nicht mehr aushalten!« Sprach's, hinkte hinaus (wenn er sich schnell bewegte, ließ sich seine Behinderung nicht mehr verbergen) und warf die Tür hinter sich zu. Draußen blieb er stehen, schloß die Augen und holte tief Luft, als er eine Stimme sagen hörte: »Guten Morgen, Byron – du siehst furchtbar aus.« Er öffnete die Augen wieder und lächelte. »Du siehst wundervoll aus. Guten Morgen, Augusta.«

Jetzt war es für sie Entzücken und Qual gleichzeitig, in Gegenwart Fremder zusammen zu sein. Sie entwickelten eine Art Geheimsprache, die außer ihnen niemand verstehen konnte, und es bereitete ihnen ungeahntes Vergnügen, sie vor aller Augen anzuwenden. Bei einer Begegnung mit Lord Holland, als sie einen Spaziergang machten, zeichnete Byron scheinbar zerstreut mit seinem Stock ein Kreuz in den Straßenstaub. Oder er entgegnete auf eine Frage von Mrs. Villiers nach seinen Lieblingstieren: »Gänse, ganz entschieden Gänse.«

Mrs. Villiers, die mit Augusta befreundet war, quiekte enttäuscht auf. »Wie unpoetisch, Lord Byron! Aber natürlich«, fuhr sie hoffnungsvoll fort, »Sie scherzen?« – »Keineswegs«, versetzte Byron unerschütterlich, »es ist mein völliger Ernst. Das

Geschnatter bezaubert mich so sehr. Obwohl ich als Poet selbstverständlich überhaupt keine Lieblinge haben und neutral bleiben sollte.« In seinen Augen tanzten Funken, als er sich seiner Schwester zuwandte und sie fragte: »Hast du eigentlich irgendwelche Favoriten unter deinen Kindern, Augusta?« »Sicher«, antwortete sie ruhig. »Das große Kind mit den Initialen B. B.«

Als sie im Hyde Park mit dem Dramatiker Sotheby zusammentrafen, wandte sich dieser eifrig an Byron. »Byron, Sie gehören doch dem Drury-Lane-Komitee an – wie stehen die Aussichten, mein neues Stück aufführen zu lassen?« – »Sotheby«, sagte Byron und bemühte sich um eine angemessen würdige Haltung, »Sie haben uns bis jetzt jedes Ihrer Stücke geschickt und verlangt, daß wir es aufführen lassen. Haben Sie eine Ahnung, wie viele es inzwischen sind?« Sotheby glich normalerweise auffallend einem Engelskopf von Botticelli. Jetzt jedoch schienen die vollen Wangen einzufallen, und der Schmollmund kehrte stärker hervor. »Aber diesmal handelt es sich um eine ganz besondere Tragödie mit einem wahrhaft erhabenen Thema – ein biblisches Thema, Byron.«

Augusta machte ihr unschuldigstes Gesicht. »Herodes vielleicht, Mr. Sotheby? Irgend jemand hat mir einmal gesagt, Herodes sei ein wirklich bewundernswerter Charakter.« Sotheby fuchtelte entsetzt mit den Händen in der Luft herum. »Um Gottes willen, nein. Herodes ist ein Unhold, ein brutaler Tyrann, der...« »Jetzt kommt es mir auch so vor, als hätte ich das verwechselt«, unterbrach Augusta sanft und freundlich, »seit einigen Tagen werde ich immer vergeßlicher. Das müssen die endlosen Soirées sein – die abgestandene Luft, Sie verstehen. Finden Sie es nicht auch gut, sich bei solchen Gelegenheiten manchmal etwas früher zurückzuziehen?« Sotheby, aus dem Konzept gebracht, nickte abwesend. »Gewiß, gewiß. Also, Byron, würden Sie mein Stück...«

Als der arme Sotheby sich endlich entfernt hatte, murmelte Byron: »Gänschen, ich bin ernsthaft böse auf dich. Du bist hinterhältig.« Sie ließ die Unterlippe hängen und verzog ihr Gesicht zu einer tragischen Clownsmaske. »Und was bist du, mein Lieber? *Bösartig* ist noch zu schwach dafür – fragst die arme Lady

Holland, ob sie bei einer Soirée gewohnheitsgemäß ihre Haare neu aufstecken muß!« »Ich liebe dich.«

Doch es gab auch die Augenblicke völligen Alleinseins, flüchtige, verstohlene Stunden, die ihnen wie allen Liebenden viel zu kurz erschienen. Einmal wollten sie ausreiten, aber das Wetter machte ihnen einen Strich durch die Rechnung. Augusta schauderte, als sie aus dem Fenster von Byrons Bibliothek blickte. »Nun, es war in der letzten Zeit zu schön, um wahr zu sein.« Wie bei ihrem ersten Besuch ließ sie sich auf dem Fußboden nieder. »Ich hatte ein paar Äpfel mitgebracht, für unterwegs – möchtest du?« Ihr Bruder nickte und setzte sich zu ihr.

Sie hauchte gegen die Frucht und polierte sie mit ihrem Taschentuch. Dann warf sie den Apfel Byron zu. Er kaute eine Weile und sagte träumerisch: »Das erinnert mich an den Tag vor meiner Abreise nach Spanien. Damals dachte ich wirklich, die Sintflut kommt wieder – du kannst dir vorstellen, wie froh ich war, dieses Nebelloch von Land zu verlassen. Ich kam mir mindestens wie Marco Polo vor, mit einem Schuß Columbus dazu, unterwegs in die Länder der Sonne.« Augusta fragte in plötzlicher Einsicht: »Das war es, was du wirklich wolltest, nicht wahr – Marco Polo sein. Fremde Welten entdecken.« Er zuckte die Achseln und wickelte sich eine ihrer braunen Locken um den Finger. »Vielleicht. Hör auf, meine Gedanken zu lesen, Gans.«

Sie legte ihm sachte die Hand auf den Nacken. Das war die Stelle, die sie an ihm am meisten liebte, verwundbar und ungeschützt. »Ich wünschte, ich hätte mir dir gehen können – damals. Ich hätte so gerne das Mittelmeer gesehen, die griechischen Inseln...« Sie seufzte. Byron betrachtete ihr Profil in der dämmrigen Beleuchtung. Wie hatte er sich nur jemals einbilden können, in Mary Chaworth verliebt zu sein, oder in irgendeine nach ihr? Sie schienen ihm alle nur verzerrte Spiegelbilder zu sein, Phantome, die er auf der unbewußten, verzehrenden Suche kurze Zeit für Wirklichkeit genommen hatte. Dabei hatte er die Wirklichkeit immer gekannt – und nun wußte er, daß er ohne sie nicht mehr leben konnte. Aber wie konnte er mit ihr leben?

»Augusta«, sagte er jäh, »wenn ich wieder dorthin zurückkehren würde, ans Mittelmeer... würdest du dann mit mir gehen?« Sie antwortete nicht, und seine Stimme wurde hastiger, drängender. »Wir könnten nach Italien gehen – oder, wenn dir das lieber ist, auf die griechischen Inseln. Du weißt nicht, wie schön es dort ist. Sonne und Zikaden und heißer Kalkstein, der aussieht wie glühendes, erstarrtes Licht. Und das Meer, Gänschen – nicht so wild wie hier, eine spiegelnde blaue Fläche. Sag, würdest du?« Vielleicht war es der trommelnde Regen, der sie in eine traumähnliche Inselatmosphäre versetzte, vielleicht seine Stimme, vielleicht... Sie stand auf und sah ihn an. »Ja, das würde ich.« Zwei Tage später mußte sie nach Six Mile Bottom zurückkehren.

Als sie ihre Kinder begrüßte und in die Arme schloß, kam ihr alles fremd vor, als hätten die drei Wochen in London Augusta zu einer anderen Person werden lassen. Es konnte auch daran liegen, daß sie seit dem Versprechen, ihrem Bruder in das Ausland zu folgen, entschlossen jeden Gedanken an die Kinder verdrängt hatte. Die trügerische Vision eines endlosen Sommers stand ihr vor Augen, frei von Geldsorgen, nächtelangem Grübeln und Suchen nach einer neuen Ausflucht für die Gläubiger, frei von – sie senkte den Kopf und schmiegte ihre Wange an den Hals der kleinen Augusta, atmete den Geruch des sauberen, süßen Kinderkörpers ein.

»Mamée«, sagte Georgiana, »Mamée, du hast uns gefehlt.« Sie war jetzt fünf Jahre alt, und in ihrer hohen, selbstsicheren Stimme schwang ein vorwurfsvoller Ton mit. Oder bildete sie sich das nur ein? Augusta lachte und nahm der Nanny das Baby Henry ab. »Ihr habt mir auch gefehlt – oh dear, ihr seid in den drei Wochen tatsächlich gewachsen! Ich glaube fast, ihr könnt mich diesmal schlagen!« Die kleine Augusta quietschte vor Vergnügen, doch Geogiana konnte inzwischen weiter denken und runzelte die Stirn. »Aber Mamée, das ist nicht fair. Du bist größer als wir!« – »Ihr habt kein Baby im Arm!« gab Augusta zurück und rannte mit fliegenden Röcken zur Eingangstür, den glucksenden Henry an sich gepreßt, ohne auf den Protest der Nanny zu achten.

Es war ein Spiel, das sie zunächst nur eingeführt hatte, um Augusta Charlotte ihre Scheu vor schnellen Bewegungen zu nehmen: ein Wettlauf von der Pforte bis zu dem Gatter, das die Einfahrt nach Six Mile Bottom begrenzte. »Was, ihr seid noch nicht da? Georgey, du bist die Älteste, du gibst das Signal, aber wehe dir, wenn du mogelst!« – »Was tust du dann?« fragte Georgiana und kicherte, denn dieses Frage- und Antwortritual war ihr längst vertraut. »Ich kitzele dich, bis die Sonne im Westen aufgeht und alle Katzen Hunde lieben! So, und nun mach schon!«

Georgiana hielt vorsichtshalber den Arm ihrer kleinen Schwester fest, stellte sich in Positur und rief: »Neun, zehn, hundertelf!« Diese Zahlen hatte sie sich gemerkt, um Mamée bei ihrer Rückkehr damit zu beeindrucken. Aber Mamée fand gar keine Zeit, beeindruckt zu sein, sie rannte gleich los, und die kleine Augusta hinterdrein. Georgiana ließ ihre Beine über den Sand des Vorplatzes fliegen, spürte, wie ihr Herz hämmerte, und erlebte einen Augenblick höchsten Triumphes, als sie Mamée in ihrem dunklen Kleid einholte. Mamée machte es einem niemals leicht, und deswegen war es so wundervoll, sie zu besiegen.

Georgianas heiße Hände ergriffen das Gatter, und ihre Stimme überschlug sich, als sie glücklich schrie: »Gewonnen!« Mittlerweile waren Mamée und die kleine Augusta auch angekommen. Mamée kniff Georgiana leicht in die Wangen und lehnte sich gegen das Gatter. »Du kleiner Fratz, du wirst wirklich immer besser. Aber das nächste Mal gewinnt vielleicht Augusta. Was meinst du, Schatz, schlägst du sie?« Augusta Charlotte antwortete nichts, sondern wiegte nur ihren Kopf hin und her. »Sie ist dumm«, sagte Georgiana verächtlich, »sie kann noch nicht einmal richtig sprechen. Dauert das bei Henry auch so lange?«

Ihre Mutter schwieg. Augusta Charlotte machte ihr Sorgen. Sie war nun bald drei Jahre alt und sollte schon längst sprechen können aber die Kleine, drückte ihren Willen immer nur durch schrille, vogelartige Schreie und kleine Wortfetzen aus. Merkwürdig: ansonsten entwickelte sie sich viel schneller als ihre ältere Schwester, war schon fast genauso groß wie diese. Ihre zarten Gesichtszüge machten sie zum hübschesten von Augustas Kindern, sie wirkte so ungeheuer zerbrechlich.

Ganz anders der kleine einjährige Henry, der hauptsächlich durch sein rotes Haar und eine äußerst kräftige Nase auffiel. Er war ein liebes, wenn auch anstrengendes Kind, das schon einige Worte aufgeschnappt hatte und ansonsten versuchte, sich durch gurgelnde, glucksende Laute oder notfalls mit Geschrei verständlich zu machen. »Mamée«, sagte Georgiana wieder, »ich habe dich so sehr vermißt.«

In diesem Moment wußte Augusta, daß sie nicht mit Byron das Land verlassen konnte.

Für Byron war die Zeit nach Augustas Abreise so öde und langweilig wie nur irgend etwas in seinem Leben. Er versuchte sich durch seine Korrespondenz mit Lady Melbourne, die auf seine Nachricht, er wolle mit seiner Schwester eine Reise nach Italien oder Griechenland machen, merkwürdig unwillig reagiert hatte, oder Annabella Milbanke abzulenken. Die Prinzessin der Parallelogramme war entschieden sehr gebildet, konnte es aber nicht lassen, ihm zu predigen:

»Ich habe das Recht auf ein ständiges und überlegtes Bemühen um Ihr Glück... Leiden Sie nicht länger darunter, der Sklave des Augenblicks zu sein, und vertrauen Sie Ihre edlen Impulse nicht den Veränderungen des Lebens an... Tun Sie Gutes... Fühlen Sie Wohlwollen, und Sie werden es hervorrufen... unvollkommen wie meine Übung darin ist, habe ich doch das Glück genossen, Frieden zu stiften & Tugend bei Gelegenheiten hervorzurufen, die nur diese ständige Richtung meiner Gedanken erahnen konnte.«

Er konnte einfach nicht anders, als ihr darauf zu antworten: »Das große Ziel des Lebens ist das Empfinden – zu spüren, daß wir existieren – wenn auch unter Schmerzen – es ist diese ›sehnsuchtsvolle Leere‹, die uns antreibt...«

Sie schien schockiert zu sein, schrieb aber unverdrossen weiter. Eigentlich wurde er nicht recht aus Annabella klug, wie er Lady Melbourne anvertraute:

»Die Episteln Ihrer Mathematikerin... dauern an – & die letzte schließt mit der Wiederholung des Wunsches, daß niemand außer Papa & Mama davon wissen dürfe & da ist nun nicht mehr zu helfen – doch – bedenken Sie – da ist die strikteste von St. Ursulas 11000, wie nennt man sie? – klug – sittsam – & fromm – und läßt sich auf einen heimlichen Briefwechsel mit einer Person ein, die allgemein für ein großer Roué gehalten wird – & bezieht ihre betagten Eltern in diese geheimen Verhandlungen mit ein – es ist, wie ich glaube, bei alleinstehenden Damen nicht üblich, solch brillante Abenteuer zu wagen – aber das kommt von der *Unfehlbarkeit* – nicht, daß sie irgend etwas sagt, das nicht auch vom Stadtausrufer verkündet werden könnte.«

Zumindest waren Annabellas Briefe eine willkommene Ablenkung, um nicht darüber nachzudenken, daß jetzt die Rennsaison in Newmarket begonnen hatte und George Leigh sich also wieder bei Augusta befand. George Leigh!

»Sie hat einen Narren geheiratet«, sagte er bei einem seiner Besuche zu Lady Melbourne, als sie ihn nach seiner Schwester fragte, »aber sie wollte ihn haben, und ich habe nie irgendwelche Anklagen, sondern immer nur Verteidigungen gehört.« Was zum Teufel hatte Augusta bewogen, die Frau dieses Mannes zu werden?

Der Gedanke an George Leigh brachte ihn auf den Prinzregenten. Die königstreue *Morning Post*, die jede noch so banale Nachricht brachte, wenn sie nur mit etwas fürstlichem Glanz aufpoliert war, hatte in ihrer letzten Ausgabe stolz den Besuch des Prinzen bei den Gräbern Karls I. und Heinrichs VIII. vermeldet. Schlecht gelaunt, wie Byron war, schrieb er seinen Kommentar dazu:

Hier ruhn, bekannt ob Treubruch allerwärts,
Karl ohne Kopf, und Heinrich ohne Herz;
Ein andres Ding dort zwischen ihnen steht,
Nicht König, doch bezeptert, wie ihr seht,
Dem Volk der erstre, seinem Weib der zweite.
Zweifacher Zwingherr, seht in ihm sie beide
Belebt aufs neue; ob Gerechtigkeit
Und Tod auch jenen Staub im Wind zerstreut:
Was hilft das Grab? Aus wirft es seinen Raub,
Zu bilden einen George aus beider Blut und Staub.

Seine Königliche Hoheit trug nämlich ebenfalls diesen absoluten Dutzendnamen.

Byron vergaß allen Groll auf Monarchien im allgemeinen und den Prinzregenten im besonderen, als ein Brief von Augusta kam. Sie könne nicht, wie versprochen, mit ihm auf Reisen kommen. Er brach sofort nach Six Mile Bottom auf.

»Ich kann nicht«, sagte Augusta und versuchte, ihre Stimme nicht zittern zu lassen, »es geht einfach nicht. Du weißt genau, wenn wir das Land verlassen, werden wir nicht mehr zurückkehren können, weil man nicht lange brauchen wird, um den wahren Grund für unsere Reise zu entdecken.« Sie schluckte und fuhr sich mit den Händen nervös an die Kehle. »Du kennst das nicht, wie es ist, ohne Eltern und im Schatten eines Skandals aufzuwachsen, aber ich.« »Deine Kinder«, warf Byron ein und wich ihrem Blick aus, »wären nicht elternlos. Sie haben George.«

Augusta erbleichte, als hätte er sie geschlagen. Sie ging auf ihn zu, bis sie unmittelbar vor ihm stand, und sagte langsam: »Legst du es darauf an, mich zu demütigen? Du weißt genau, daß George sie ohne weitere Bedenken dem Nächstbesten übergeben würde und«, sie klang auf einmal erschöpft, »ich hoffe, es hat dir große Freude bereitet, mich das sagen zu hören.« Sie wandte sich ab. Lange Zeit schwiegen sie, bis er schüchtern ihr Haar berührte. Plötzlich ergriff sie seine Hand und preßte sie an ihre Wange. Ihre Haut war eiskalt. Sie zitterte. »Ich kann nicht«, flüsterte sie. »Ich kann meine Kinder nicht verlassen, und ich kann George nicht verlassen. Er ist auch nur ein Kind, das alleine nicht zurecht kommt.«

Byron legte seine Lippen auf ihre Augen, ihren Hals, ihren Mund. Augusta schlang die Arme um ihn und küßte ihn, lange und leidenschaftlich.

»Du könntest deine ältere Tochter mitnehmen«, sagte er schließlich stockend, »die anderen sind ja wohl zu klein für so eine Reise. Aber, wenn du meinst, könnten wir es trotzdem versuchen...« – »Nein«, murmelte sie traurig, »könntest du ständig mit drei Kindern zusammen leben – gerade du?« Er empfand in diesem Augenblick sehr klar alles um sich herum: das helle, kalte Herbstlicht, das Augustas Haar wie gesponnenes Glas wirken ließ, ihre Tränen auf seiner Haut, ihren Körper in seinen Armen. »Und was wird aus uns?« Sie löste sich von ihm und fuhr sich mit dem Handrücken über die Augen – wie sie es damals getan hatte, als er ihr bei den Howards in ihr Zimmer gefolgt war und sie ihm ein Kissen an den Kopf geworfen hatte. »Ich weiß nicht.« Sie sah ihn an. »Ich liebe dich, und ich werde dich immer lieben, aber ich weiß nicht... ob so, auf diese Art.« Geistesabwesend verschränkte sie ihre Finger ineinander und bog sie um. »Bitte, laß mir Zeit.«

Ich nenne, ich flüstre, ich atme dich nicht;
Es ist Schmerz in dem Klang, es ist Schuld im Gerücht;
Nur die brennende Trän auf der Wang, o mein Herz
Verrät dir den tiefen, den schweigenden Schmerz.

Zu kurz für das Glück, für den Frieden zu lang
Entschwanden die Stunden, berauschend und bang
Wir brachen die Kette, entsagten dem Glück,
Wir scheiden, wir fiiehen – und kehren zurück.

O mein sei die Reue, und dein sei die Lust!
Vergib, o mein Leben! – Verlaß, wenn du mußt;
Das Herz, das dich liebt, verlier es die Ruh,
Doch beugt es und bricht es kein andrer als du.

Stolz wider die Stolzen, voll Demut vor dir
Ist die Seele, ob es dunkelt und stürmet in mir;
Und die Tage sind schnell, und die Stunden sind schön
Bei dir, o mein Herz, wie in seligen Höhn.

Dein Auge voll Liebe, dein Seufzer voll Leid
Bannt oder vertreibt, straft oder verzeiht;
Und verhöhne die Welt mein Entsagen von dir,
Antwortet, o Lippen, nicht ihnen – nur mir!

»So«, sagte Lady Melbourne. Vor sich hatte sie ein Journal mit Byrons neuestem Gedicht, »Stanzen für Musik«, liegen. »Ich glaube, Sie schulden mir eine Erklärung, mein Lieber.« Byron beobachtete sie und fand sie bewundernswert. Lady Melbourne verließ ihr Haus, das sie so ganz auf sich abgestimmt hatte, wo jeder Gegenstand ihre Persönlichkeit unterstrich, eigentlich so gut wie nie. Dort fühlte sie sich wohl, dort hatte sie jeden Besucher im Griff. Dennoch war sie heute in die St. James Street gekommen und verbreitete in seiner Junggesellenwohnung so viel Würde und Ausstrahlung, als säße sie in ihrem vielgerühmten Salon. Er lächelte etwas unsicher.

»Aber Lady Melbourne, das ist eine Gelegenheitsarbeit. Thomas Moore wollte ein paar Strophen haben, die sich in Musik umsetzen lassen.« Lady Melbournes Augenbrauen zogen sich drohend zusammen. »Byron, glauben Sie nicht, daß ich Sie inzwischen kenne?« Etwas sanfter, doch immer noch der Vorwurf in Person, fügte sie hinzu: »Ich dachte, wir seien Freunde und Sie würden zu mir kommen, wenn Sie Probleme hätten. Und das hier«, sie tippte mit einer Fingerspitze gegen die Zeitschrift, die sie mitgebracht hatte, »klingt sehr ernst.«

Byron schwieg. Lady Melbourne bemerkte zu ihrem Erstaunen, daß die Farbe seiner Augen, vielleicht durch den Lichteinfall, sich zu einem fast schwarzen Grau verdüstern konnte. Sie wartete einige Augenblicke, dann fuhr sie behutsam fort, ihrer ungeheuerlichen Vermutung nachgehend. »Sie wissen, Sie können mir vertrauen. Ich glaube nicht, daß Caroline Sie noch einmal schwach werden läßt, die Oxford ist fort, und danach sind Sie eigentlich nur mit *einer* Frau öfter gesehen worden. Ist es die Person, an die ich denke?«

Byron zögerte einen Moment, dann nickte er. Lady Melbourne gelang es nicht ganz, ein entsetztes Atemholen zu unterdrücken. Als sie sich wieder gefangen hatte, sprach sie mit einer Ruhe in der Stimme, die sie ihr ganzes Leben lang eingeübt hatte. »Sie sind wahnsinnig geworden, alle beide. Ganz abgesehen von Kirche, Moral und Gesellschaft – für derartige Dinge sieht das Gesetz eine ziemlich harte Strafe vor.« Sie machte eine Pause, doch er lehnte sich zurück, und in seinen nun eindeutig grün schillernden Augen ließ sich keine Regung ablesen. Deswegen sagte sie mit absichtlicher Härte: »Für *beide* Teile.«

Das traf ihn. Sein Gesicht verlor die maskenhafte Starre, und er sah mit einem Mal sehr jung und verwundbar aus. Er umklammerte nervös seine Stuhllehne und fragte schließlich: »Glauben Sie – glauben Sie, daß sie in Gefahr ist?« Er drehte den Kopf zur Seite und wandte ihr sein Profil zu.

»Wie lange hat man damals gebraucht, um den Grund für die Reise von Lord Bespin und seiner Schwester herauszufinden? Aber das können Sie natürlich nicht wissen. Es ist jetzt – du meine Güte, schon dreißig Jahre sind seither vergangen.« Sie schüttelte den Kopf. »Meiner Meinung nach sollten Sie so schnell wie möglich versuchen, sich von dieser Geschichte zu lösen, in Ihrer beider Interesse. Im übrigen, wenn mich mein Instinkt nicht trügt, haben Sie an der Sache vielleicht weniger Schuld als eine gewisse andere Person. Schon gut«, sie wehrte seinen Protest ab, »schon gut. Ich meine nur, eine kleine Ortsveränderung würde Ihnen guttun. Haben Sie mir nicht erzählt, Sie seien zu einer Hochzeit in Aston eingeladen? An Ihrer Stelle würde ich hingehen. Die Braut soll ausnehmend hübsch sein.«

Aston, 28ster Sept. 1813

Meine liebe Lady Melbourne,
– Ich sehe nicht, wie Sie leicht hätten weniger sagen können – Sie irren sich allerdings sehr in bezug auf sie – Sie – *oder vielmehr* ich *haben* meiner *A großes Unrecht getan – und – es muß irgendeine selbstsüchtige Dummheit, beim Erzählen meiner eigenen Geschichte, sein – aber wirklich & wahrhaftig –* sie *traf keine Schuld – nicht den tausendsten Teil im Vergleich zu mir – sie war sich ihrer eigenen Gefahr nicht bewußt – bis es zu spät war – und ich kann mir ihre spätere »Hingabe« nur durch eine Beobachtung erklären, die ich nicht für ungerecht halte – nämlich daß Frauen weitaus* anhänglicher *sind als Männer – wenn man ihnen nur irgendwie Aufrichtigkeit und Zärtlichkeit entgegenbringt.*

Was Ihre *A betrifft – weiß ich nicht, was ich von ihr halten soll; – ich lege ihren vorletzten Brief bei – und den vorletzten von* meiner *A – damit Sie Ihre eigenen Schlüsse aus* beiden *ziehen können; – ich glaube, Sie müssen der* meinen *einräumen – daß sie in puncto* Begabung *eine sehr außergewöhnliche Person ist – aber ich will nicht mehr sagen.«*

Als er diesen Brief schrieb, war Byron schon in Aston. Er hatte noch lange mit Lady Melbourne gesprochen, zuletzt in einem wahren Rausch von Erleichterung; endlich mit jemandem über Augusta reden zu können. Doch aus irgendeinem Grund, auf den er nicht kam, schien sie seiner Schwester die Schuld geben zu wollen. Wie dem auch sei, er hatte ihren Rat befolgt und nahm an der Hochzeit James Wedderburn Websters teil. Er war nicht eigentlich mit dem »kühnen Webster«, wie er ihn seiner Streitlust und seiner ständigen Frauengeschichten wegen nannte, befreundet, aber er kannte ihn eben gut.

Webster schien wirklich in seine Braut, eine gewisse Lady Frances, verliebt zu sein. Er verbreitete den ganzen Tag Lobeshymnen über sie und handelte sich eine von Byrons boshaften Attacken ein, als er erklärte, Frances sei in allen Eigenschaften, menschlich und moralisch, nur Christus zu vergleichen. Byron schrieb an Lady Melbourne, er persönlich hielte die Jungfrau Maria für ein angemesseneres Sinnbild. »Ich werde ein paar komische Jagoismen mit unserem kleinen Othello haben; – ich selber hätte keine Chance bei seiner Desdemona.« In Webster fanden sich nämlich zwei häufig einander bedingende Eigenschaften vereint: brennende Eifersucht und ein notorischer Hang zu anderen Frauen.

Byron fand Lady Frances tatsächlich reizend. Sie trug ihr Haar kurzgeschnitten wie Caroline, war auch blond, aber mit einem stark rötlichen Schimmer. In ihrer graziösen Erscheinung erinnerte sie ihn etwas an Mary Chaworth.

Am zweiten Tag seines Aufenthalts in Aston fühlte Byron sich so einsam, daß er den eigentlichen Zweck seiner Reise vergaß, an Augusta schrieb und sie bat, hierherzukommen. Sie lehnte ab. Er erhielt ihren Brief genau an Websters Hochzeitsabend, betrank sich und faßte einen Entschluß. »Nein, ich bin nicht ärgerlich«, antwortete er auf ihre nächste Epistel, »aber Du weißt nicht, wovor Deine Anwesenheit hier mich bewahrt hätte.« Er hatte beschlossen, Lady Frances zu verführen.

Die Zeit dazu war ziemlich knapp bemessen, denn die Sitte verlangte, daß die Hochzeitsgäste ungefähr eine Woche nach dem Fest wieder abreisten. Er spielte Frances Billets zu, sah sie erröten, in seine Richtung schauen und den rotgelockten Kopf wieder abwenden, nur um das Spiel nach einiger Zeit zu wiederholen. Als er sie beim Dinner zum zehnten Mal dabei ertappte, wie sie ihn anstarrte, kam er zu der Überzeugung, er könne den nächsten Schritt wagen.

Er arrangierte ein zufälliges Treffen an einem ungestörten Ort. Dort machte er Frances eine offizielle Liebeserklärung und entdeckte zu seiner Überraschung, daß sie völlig unerfahren war. Vielleicht hielt ihn diese Einsicht davon ab, ihr mehr als ein paar Küsse zu geben. Er überlegte schon, ob er die Angelegenheit nicht ganz fahren lassen sollte, als er in seinem Zimmer einen leidenschaftlichen Liebesbrief von Frances fand, der jedoch mit der Versicherung schloß, sie könne ihrem Gatten niemals untreu werden. Nun gut. Man würde sehen. Er verlängerte seinen Aufenthalt.

Lady Melbourne, der er schriftlich Bericht erstattete, zeigte sich hocherfreut über diese Wendung der Dinge. Aber als er wieder abreiste, war er immer noch nicht weiter gekommen. Der kühne Webster lud ihn zwar ein, noch ein wenig länger zu bleiben, doch Byron lehnte ab. Er hatte nämlich entdeckt, daß im benachbarten Doncaster die Rennen stattfinden würden, und mit George Leigh zusammenzutreffen, konnte er in dieser Situation nicht ertragen. Also kehrte er zurück, nicht nach London, sondern nach Newstead Abbey.

Dort entstand innerhalb von wenigen Tagen ein neues Versepos, »Die Braut von Abydos«. Byron selbst hielt nicht viel davon, schrieb es nur, wie er Moore sagte, um sich von der Realität abzulenken – und dennoch schlich sie sich ein. Die Liebenden in seiner Erzählung waren Geschwister. Erst im letzten Moment entschloß er sich, aus ihnen Cousin und Cousine zu machen. Bald darauf kamen die Websters nach Newstead Abbey.

Der Teufel mochte wissen, was den »kleinen Othello« dazu trieb, ausgerechnet hierherzukommen – war er denn blind? Der Austausch von Billets ging wieder los, die heimlichen Küsse wurden leidenschaftlicher. »Ich glaube, der Platonismus ist in Gefahr«, erfuhr Lady Melbourne. Aber als Byron Frances eines Abends in seinem Schlafzimmer fand, offensichtlich zwischen Tränen und Hingabe hin- und hergerissen, war er von sich selbst angewidert. Sicher, Webster mochte seine Frau ebenfalls betrügen, aber er liebte sie. Und Byron, das wurde ihm klar, als er Frances' Gesichtsausdruck sah, empfand nicht den Funken eines echten Gefühls für sie.

Plötzlich kam es ihm widerwärtig vor, diese Frau noch aus dem Brautbett heraus verführen zu wollen. Und das alles noch nicht einmal Frances' wegen. Er brachte sie mit so viel Zartgefühl wie möglich dazu, wieder zu gehen, und war zum erstenmal in seinem Leben einem Zusammenbruch wirklich nahe. Bald danach reisten die Websters wieder ab.

In seiner Einsamkeit erreichte ihn ein Brief von Annabella Milbanke. Sie hatte seinerzeit Byrons Heiratsantrag unter dem Vorwand abgelehnt, ihr Herz sei bereits anderwärtig gebunden. Nun deutete sie erstmals an, dies sei möglicherweise nicht oder nicht mehr der Fall. Er verspürte keine Lust, ihr zu antworten, jedenfalls noch nicht gleich. Und mit der nächsten Post kam eine Botschaft, die alles andere für ihn unwichtig machte. Augusta schickte eine Locke ihres Haares, zusammen mit einer kurzen Nachricht:

> Partager tous vos sentiments
> ne voir que par vos yeux
> n'agir que par vos conseils, ne
> vivre que pour vous, voila mes
> vœux, mes projets, & le seul
> destin qui peut me rendre
> heureuse.

Sie würde zu ihm kommen.

Die meiste Zeit des Spätherbstes und des beginnenden Winters verbrachte Byron in Newstead, nur gelegentlich war er bei Freunden in London zu sehen. Das einzige, was Lady Melbourne noch zum Thema Frances Wedderburn Webster sagte, war die beiläufige Feststellung: »Sie kommen sehr schnell über Frances hinweg.« Byron zog die Brauen hoch. »Von was zum Teufel soll man sich da erholen? Ein paar Küsse, nach denen es ihr nicht schlechter ging und mir nicht besser.«

Lady Melbourne nippte an ihrer Teetasse und bemerkte schließlich: »Sie schrieben mir, Sie wären bereit, aufs Ganze zu gehen.« – »Ja«, erwiderte Byron abwesend, »das war ich wohl. Ich glaube, ich hätte mich sogar mit Webster, diesem Idioten, duelliert. Wenn er gewonnen hätte, hätte ich eine schöne Dichterleiche abgegeben. Die Frommen hätten ihre Moral, Sie wären ärgerlich, Lady Oxford würde sagen, es sei meine eigene Schuld, weil ich ihr nicht nach Sizilien gefolgt bin, und Caroline wäre verrückt vor Trauer, daß es nicht ihretwegen geschehen ist.«

Sehnsüchtig erwartete Byron nun das Jahresende in London. Augusta mußte in ihrer Rolle als Hofdame der Prinzessin am traditionellen Neujahrsball teilnehmen, und sie hatten verabredet, danach gemeinsam nach Newstead zu fahren. Immer öfter kam ihm jetzt Lady Melbournes Warnung über die Gefahr, in der sie sich beide befanden, störend in den Sinn.

Für sich persönlich fürchtete er nichts – er konnte sehr gut auch außerhalb von England leben, in Griechenland beispielsweise, das er immer wieder als Kulisse für seine Erzählungen nahm. Aber Augusta hatte klargemacht, daß sie ihn nicht begleiten würde, und er wußte, wie Frauen selbst bei einem normalen Ehebruchsskandal behandelt wurden. Und wenn tatsächlich das Undenkbare eintrat und das Gesetz sich einschaltete? Nein, das war unmöglich. Es gab keine Beweise, nicht die geringsten. Nur er und Augusta kannten die Wahrheit, und Lady Melbourne, doch sie hatte sein Vertrauen noch nie mißbraucht. Und es gab keinen Beweis!

Als er Augusta wiedersah, waren alle Zweifel und Befürchtungen mit einem Mal weggewischt. Sie kam in Begleitung ihrer

Freundin, Mrs. Thelma Villiers, bei der sie während ihres kurzen Londoner Aufenthalts wohnen würde. Glücklicherweise hatten sie immer noch ihre Zeichen und Andeutungen, um sich zu verständigen. Nachdem er ihr einen leichten Kuß auf die Wange gegeben hatte, bemerkte er, daß sie die Finger gekreuzt hielt. Sie klang wie immer, lebhaft und etwas in Eile, doch als er sie näher betrachtete, glaubte er, eine bestimmte Veränderung an ihr wahrzunehmen.

»Bevor du etwas sagst«, bemerkte Augusta fröhlich, »ja, es stimmt, ich erwarte wieder ein Kind.« Sie hatte seinen Blick gesehen und wandte sich nun unbefangen an Mrs. Villiers. »George ist allerdings nicht so sehr erfreut darüber, daß er schon wieder Vater wird, aber ich bin sicher, wenn das Kleine erst einmal da ist, wird er es lieben wie alle seine Kinder.« Sie lachte, der Inbegriff der glücklichen Mutter. Doch Byron sah, wie sie sich auf die Lippe biß, als Thelma Villiers ihre überschwenglichen Gratulationen anbrachte, und er erkannte die Schatten in ihren Augen.

»Warum hast du es mir nicht geschrieben?« Sie saßen in seiner großen Reisekutsche, und das eintönige Holpern über die frosterstarrten Wege wirkte einschläfernd. »Weil ich weiß, daß es Georges Kind ist.« Sie fröstelte und hauchte gegen ihre kalten Hände. »Ich bin ganz sicher.« Er glaubte ihr nicht wirklich. Wenn sie die Niederkunft Anfang April erwartete, wie sie Mrs. Villiers gesagt hatte, wie konnte sie da sicher sein? Er dachte daran, was man sich über Kinder von Bruder und Schwester erzählte – sie seien Ungeheuer. Es *mußte* Aberglauben sein und – George Leigh kam als Vater ebenfalls in Frage.

Er spürte, wie Augusta ihren Kopf an seine Schulter legte. »Laß uns das einfach alles vergessen«, flüsterte sie, »die ganze Welt einfach vergessen. Es gibt nur das Jetzt.« Als er kurz aus dem kleinen, eisblumenbedeckten Fenster schaute, um festzustellen, wo sie sich befanden, hatte es angefangen zu schneien.

Bei ihrer Ankunft in Newstead lag der Schnee schon so hoch, daß der Weg für die Kutsche zweimal freigeschaufelt werden mußte. Ein paar Tage später waren sie eingeschneit. »Da sieht man, daß auch der Himmel für Bestechungen zugänglich ist«, sagte Byron. »Ich habe meinem Freund Hodgson eine gehörige Summe vorgestreckt, damit er für uns betet.« Hodgson war Diakon in Cambridge, ein ehemaliger Mitstudent und Byrons Partner in der »Theologieschlacht« (wie Byron sie bezeichnete), die sie brieflich miteinander führten. Byron hatte mehrmals erwogen, ihn mit Miss Milbanke bekannt zu machen. Aber da Annabella zwischen ihren Predigten immer wieder betonte, *nicht* streng kirchengläubig zu sein, ließ er es bleiben.

Wie auch immer, dieser Winter konnte als ein Geschenk des Himmels angesehen werden. Endlich völlig allein, brauchten sie auf niemanden mehr Rücksicht zu nehmen. Es gab nur sie beide, den Schnee und Newstead Abbey. Byron schrieb an Thomas Moore, sie seien vollkommen glücklich, »da wir uns nie langweilen oder streiten, und wir lachen viel mehr, als es in so einem würdigen Gemäuer schicklich ist; und die familieneigene Schüchternheit macht uns zu vergnüglicheren Gesellschaftern füreinander, als wir es für irgend jemand anderen sein könnten.«

Augusta war beeindruckt von der großartigen Verfallenheit von Newstead. Die Zinnen, das halbeingestürzte doppelbogige Tor, ja selbst die Trümmerhalden des Seitenflügels sahen durch die verzauberte Hand des Frostes nicht mehr ruiniert, sondern geheimnisvoll aus. Newstead wirkte überhaupt wie das Schloß aus einer alten Legende oder Sage, und sie spekulierten gemeinsam, ob sich wohl irgendwelche Geister blicken lassen würden.

»Mönche, natürlich«, sagte Byron, der träge vor dem Kaminfeuer in dem riesigen »Großen Wohnraum« lag, »immerhin war es einmal eine Abtei. Ich wette, irgendwo wurde einer eingemauert oder so etwas.« Augusta rutschte zu ihm hinüber und beugte sich über ihn. »Aber doch kein *Mönch*«, erwiderte sie mit gespielter Entrüstung, »damit hat uns dein Lewis schon zur Genüge versorgt.« Sie zeichnete zart mit den Fingern seine Gesichtszüge nach. »Eine weiße Frau vielleicht, oder irgendein verstoßener Sohn, der sich blutig gerächt hat – *das* würde mich interessieren.« Sie schnitt eine Grimasse. »Wenn Tante Sophia recht hat, müßte die gesamte Sippschaft ohnehin hier versammelt sein.«

Sie ließ ihre Stimme hohl klingen. »Die fluchbeladenen Byrons!« – »Sie hat mich hier besucht, weißt du, unsere Tante Sophia, meine ich. Sie brachte Cousin Robert Wilmot und seine Frau mit, aber sie blieben alle drei nicht lange.« Augusta hob die Mundwinkel. »Tante Sophia bleibt nie irgendwo sehr lange, und das macht sie zu einem angenehmen Gast, trotz ihres Ticks mit der Familiengeschichte.« Byron nickte. »Ich mochte sie, und auch Wilmots bessere Hälfte, aber er selbst – ehrlich gesagt, ich konnte ihn nicht ausstehen.« Er sah in Augustas Augen den Schalk aufblitzen.

»Nun, wenn du Gedichte an seine Frau schreibst...« – »Ein Gedicht!« protestierte ihr Bruder. »Warum nicht? Sie erinnerte mich an eine der Schönheiten aus Tausendundeine Nacht.« – »Cousin Robert«, sagte Augusta trocken, »hat wahrscheinlich nichts dagegen, wenn sie *dich* an etwas erinnert, doch er wünscht eben keine Erinnerung bei *ihr*.« Sie kicherte. »Armer Byron, so unschuldig und ständig von den bösen Frauen verfolgt!« – »Unsinn, Gänschen, ihr seid alle Hexen und habt mich mit einem hinterlistigen Bann belegt!« Er küßte sie. Sie seufzte leicht und murmelte: »Als Hexe kann ich dir sagen, daß du schon etwas mehr tun mußt, um mich dazu zu bringen, dich von dem Bann zu lösen.«

Einmal wachte er mitten in der Nacht neben ihr auf. Sie zu beobachten, während sie noch schlief, war ein neuartiges Erlebnis, das einen unbeschreiblichen Zauber in sich barg. Ihr Gesicht wurde halb von ihrem verwirrten Haar verdeckt, und über ihrer ganzen Erscheinung schien eine köstliche Ruhe zu liegen. Murray und Fletcher hatten die bewohnbaren Zimmer von Newstead Abbey durch zahlreiche Kohlenpfannen und Kaminfeuer so aufgeheizt, daß es fast schon wieder zu warm war. Augusta mußte sich im Schlaf von der Daunendecke befreit haben. Er folgte mit den Augen ihren harmonischen Körperlinien, der vollen Brust, den langen Beinen und dem erstaunlich leicht gewölbten Bauch, in dem bläuliche Adern schimmerten.

So wie sie war, schwanger, mit den ersten kleinen Lachfalten, die sich unaufhaltsam um Augen und Mund gruben, und mit den Händen, die auch nicht mehr die einer Zwanzigjährigen waren, erschien sie ihm doch schöner als alle Mätressen, Ballköniginnen und Porträts, die ihn je beeindruckt hatten. Sie berührte ihn in seinem Innersten. Er wollte sie wecken, verzichtete dann aber darauf und überließ sich dem sanften, ruhigen Rhythmus ihres Atems.

Der Schnee und die Einsamkeit ließ ihm unendlich viel Zeit. Augusta sprach von »dem verzweifelten Versuch, sich vor unseren unheiligen Ahnen zu rechtfertigen«. »Bedenke, Byron«, sagte sie mit tiefernster Stimme zu ihrem Bruder, »sie alle hatten ständig so schrecklich wichtige Dinge zu tun, wie Familienfehden zu führen, ihre Frauen zu ermorden und Ratten zu züchten. Und wir sitzen hier herum und albern bloß. Kein Wunder, wenn uns Geister erscheinen!«

Also schrieb er eine neue Verserzählung (»in Prosa wird mir immer alles zu wirklichkeitsgetreu«), »Der Korsar«, wieder vor griechisch-türkischer Kulisse. Die Heldin nannte er Medora, ein Wortspiel mit dem italienischen »me adora«, was sowohl »sie liebt mich« als auch »er liebt mich« bedeuten konnte. Augusta gefiel der Name.

Wenn er arbeitete, zog sie sich stundenlang in die Bibliothek zurück. »Du glaubst doch wohl nicht, daß ich in Six Mile Bottom viel zum Lesen gekommen bin.« Sie saß dann, die Knie hochgezogen, in einem seiner Sessel und vertiefte sich in das jeweilige Buch, das sie sich geholt hatte. Byron erkundigte sich neugierig einmal nach dem Titel ihrer augenblicklichen Lektüre und erfuhr zu seiner Verblüffung, daß es sich um eine Abhandlung über Schmetterlingsarten handelte, ein Werk, das er dem naturkundeinteressierten Kinnaird verdankte.

»Warum nicht?« fragte sie ihn neckend. »Vorher hatte ich ›Corinne‹ von Madame de Staël. Da brauche ich Erholung!« Er mußte lachen. »Wenn du sie getroffen hättest, Gus, würdest du das auch sagen.« Augusta blinzelte. »Ich dachte, du magst sie?« – »Ich mag ihre Bücher und auch sie, für eine halbe Stunde. Die

Dame schreibt Oktavbände und *redet* Folianten!« Eine unerklärliche Traurigkeit überfiel ihn plötzlich und unvermutet, wie ein Schleier aus Asche. »Wie lange wird es noch dauern, Augusta?« Sie wußte sofort, was er meinte. »Solange der Schnee dauert«, antwortete sie ruhig.

Schnee, der Stern für »Schneeflocke«, wurde zu einem weiteren ihrer Symbole. Als das Wetter sich für kurze Zeit aufklärte und ein paar Tage die Sonne schien, machten sie lange Spaziergänge in dem strahlenden Weiß. Byron war zuerst besorgt. »Schadet dir das denn nicht irgendwie?« – »Männer!« spottete Augusta und rannte ein Stück die kaum erkennbare Allee entlang. Sie hatte sich von Murray ein paar alte Sachen ausgeliehen – Byrons wären ihr mittlerweile zu eng gewesen – und genoß es, im Dahinfliegen die reine, kalte Luft des Winters einzuatmen. Bei einer der wenigen Ulmen, die der böse Lord übrig gelassen hatte, machte sie halt, drehte sich einmal um den Baum und lief wieder zu Byron zurück. »Oh dear, ich habe doch keine Völkerwanderung vor! Und«, sie lächelte ihm zu, »als Mutter von drei Kindern kann ich dir versichern, daß ich weiß, was für mich gefährlich ist, und was nicht. Bestimmt nicht ein Spaziergang!« Byrons wegen konnten sie ohnehin nicht schnell laufen. Da der See vor der alten Abtei zugefroren war, hätten sie ihn überqueren können. Aber hier zögerte Augusta. »Laß uns außen herum gehen.«

»Was denn, du Amazone, hast du Angst?« Das hätte er lieber nicht sagen sollen. Blitzschnell griff sie nach dem Schnee und stäubte ihn ihrem Bruder so lange ins Gesicht, bis er lachend um Gnade bat. Er wischte sich die letzten Überreste ihrer unvermuteten Attacke aus Gesicht und Kragen und sah sie an, wie sie da in den abgelegten Männerkleidern stand, mit funkelnden Augen, die Haut von der kalten Luft und der Anstrengung gerötet. Völlig ernst sagte sie auf einmal: »Ich liebe dich.« – »Ich liebe dich.« – »Und für wie lange?« Das war ein Ritual, das sich zwischen ihnen eingespielt hatte. »10000 Jahre und noch einen Tag mehr.«

An diesem Tag war es der Post gelungen, sich nach Newstead Abbey durchzuschlagen. Obwohl sie jetzt beide die mittlerweile geschriebenen Briefe aufgeben konnten, fühlten sie sich irgendwie gestört. Übrigens bekamen auch beide ihren Teil Nachrichten aus der Welt. Byron erhielt einen ganzen Stoß Briefe von Hobhouse, Davies, Kinnaird, Moore, dem Verleger Murray, Lady Melbourne, Annabella Milbanke (»natürlich«) und Caroline Lamb (»o nein!«).

»Da, für dich, von Spooney!« sagte Byron und warf Augusta ein versiegeltes Päckchen zu. August machte sofort ein besorgtes Gesicht. Spooney war sein Spitzname für Hanson. Dieser schickte neben einigen Zinspapieren auch die Nachricht, trotz der Geldsumme, die ihr Byron inzwischen geliehen hatte, könne George von der Bank, bei der er verschuldet war, kein weiterer Aufschub gewährt werden. Byron sah die Miene seiner Schwester und runzelte die Stirn.

»Setzt der alte Schuft dir zu? Mir schickt er auch nur Hiobsbotschaften. Er will unbedingt, daß ich Newstead Abbey verkaufe. Ich hätte es im letzten Sommer fast getan, aber der Mann, den Spooney als Käufer ausfindig gemacht hatte, war ein Betrüger.« – »Vielleicht«, erwiderte Augusta nachdenklich, »sollte ich Six Mile Bottom auch verkaufen. Aber wer will schon ein so hoch verschuldetes Gut haben!« Sie hob den Kopf und schenkte ihm ihr jähes, geheimes Lächeln, das ihn immer eine Sekunde lang schwindlig werden ließ. »Da hast du es mit Newstead leichter – das ist schon vom Inventar her interessanter!«

Er wußte, was sie meinte. Bei ihrer Ankunft hatte er ihr beiläufig aus den Schädelbechern zu trinken gegeben, mit denen er bis jetzt noch jeden Besucher schockiert hatte. Es war nicht böse gemeint gewesen, er wollte nur wissen, wie sie reagierte. Augusta hatte den Totenkopf, ohne mit der Wimper zu zucken, in die Hand genommen und daraus getrunken. »Exzellent. Dein Wein ist wirklich hervorragend, Liebster, aber meinst du nicht, du könntest dir allmählich neues Geschirr anschaffen? Falls du nicht auf die Mitgift der noch zu heiratenden reichen Lady Byron warten willst.« Er kam sich noch jetzt, im nachhinein, ausgesprochen kindisch vor.

Es schneite wieder, aber beide wußten sie, daß ihr gemeinsamer Winter nicht mehr lange dauern konnte. Bald waren die

Straßen einigermaßen passierbar. Am sechsten Februar verließ Augusta Newstead Abbey.

Byron blieb nur einen Tag länger in Newstead, dann kehrte auch er nach London zurück. In der Stadt gingen bereits die ersten heimlichen Andeutungen und Gerüchte um. Sie hatten ihren Ursprung weder in Lady Melbourne noch in Fletcher oder Murray (die blind hätten sein müssen, um nichts zu bemerken, aber viel zu loyal waren, um irgend jemandem etwas zu erzählen), sondern in Byron selbst. Die Gesellschaft war von ihm fasziniert und stimmte doch Lady Caroline Lambs Urteil zu, er sei »verrückt, schlimm und gefährlich zu kennen«.

Infolgedessen wurde er genauer beobachtet als der Prinzregent, dessen öffentliche Bigamie ohnehin für niemanden ein Geheimnis blieb. Jede von Byrons Affären wurde ausgiebig beklatscht. Und dann, nach Lady Oxfords Abreise, gab es auf einmal keinen Stoff mehr zum Klatschen – man sah ihn fast ausschließlich mit seiner Schwester. Das Zwischenspiel mit Lady Frances war viel zu kurz, um wirklich ernst genommen zu werden. Schließlich zog er sich auf seinen obskuren Landsitz zurück – wieder mit seiner Schwester –, und wen es interessierte, der konnte von Augustas Freunden auch erfahren, daß sie ein Kind erwartete. Es war noch nicht genügend Stoff für eine Skandalgeschichte. Aber es war ein Anfang.

Byron bemerkte die Veränderung erst, als er mit Augustas älterer Halbschwester, Lady Chichester, zusammentraf. Er kannte Lady Chichester nicht sehr gut, eigentlich nur vom Sehen, aber da sie sozusagen verwandt waren, begrüßte er sie. Sie versuchte zunächst ihn zu übersehen, erinnerte sich dann aber offenbar ihrer guten Erziehung und grüßte eisig zurück. Byron war überrascht. Was hatte er ihr getan? »Ach, Lady Chichester, haben Sie in der letzten Zeit von Augusta gehört? Ich warte nämlich auf einen versprochenen Brief.«

»Nein«, sagte die Chichester kurz, und ihr Tonfall machte ihn wirklich stutzig. Das schien mehr als schlechte Laune oder Migräne zu sein. »Dann«, antwortete er unbehaglich, »sollten Sie ihr schreiben.« Lady Chichester musterte ihn lange. Endlich stieß sie hervor: »Vielleicht tue ich das. Aber ich glaube, daß einige ihrer Geschwister ihr in der letzten Zeit zu oft geschrieben haben!« Mit diesem Satz ließ sie ihn stehen. Der nächste Schlag kam von Lady Melbourne, die sich in einem Postskriptum erkundigte, ob er irgend jemandem außer ihr sein Geheimnis anvertraut habe. Das konnten alles immer noch Zufälle sein. Glücklicherweise bot ein anderes Ereignis ergiebigeren Stoff zum Klatschen.

Der Prinzregent und Beau Brummel hatten sich zerstritten. Harmloser Ausgangspunkt für diese Entwicklung war eine von Brummels Schnupftabaksdosen, die der Prinz bewunderte und sich als Geschenk erbat. Als Gegenleistung schlug er vor, daß Brummel eine neue Dose selbst entwerfen sollte, die, ohne Rücksicht auf die Kosten, beim Hofjuwelier ausgeführt werden sollte. Nun gefiel diese Schnupftabaksdose dem Prinzregenten ebenfalls so gut, daß er sie für sich beanspruchte und nicht an Brummel weitergehen ließ.

Als nächstes wurde ihm hinterbracht, Beau Brummel habe in Carlton House öffentlich behauptet, er habe aus dem Prinzregenten den Gentleman gemacht, der er sei, und er könne das auch wieder rückgängig machen. Auf dem nächsten Ball schnitt der Prinz den Dandy zuerst, überlegte es sich dann jedoch wieder anders und kam gegen Ende des festlichen Ereignisses huldvoll auf Brummel zu, den er durch das Getuschel für genug gestraft hielt. Beau Brummel sah ihn eisig an und fragte dann mit klarer, weithin vernehmbarer Stimme seinen Nebenmann: »Entschuldigen Sie, wer ist denn Ihr fetter Freund?«

Das war das endgültige Aus für die Freundschaft zwischen Prinz und Dandy. Die konservativen Kreise, die Brummel schon immer um seine unnachahmliche, selbstverständliche Eleganz beneidet und seinen unverschämten Ton ihnen gegenüber gehaßt hatten, schwelgten wochenlang in Schadenfreude. »Wie wird er jetzt seine Landwäscherei bezahlen können?« war eine der beliebtesten Fragen, in Erinnerung an Brummels Forderung, ein Gentleman dürfe zwar auf keinen Fall Parfum benützen, solle aber immer saubere, gestärkte Wäsche, nicht in den billigen Läden der Stadt, sondern auf dem Lande gewaschen, tragen.

Doch irgendwann verschwand die Schadenfreude und auch das Mitleid Brummel gegenüber, der unbekümmert in seinem alten Stil weiterlebte. Die Gesellschaft besann sich wieder auf ihr vorheriges Gesprächsthema. Byron wurde nachdrücklich daran erinnert, als er einen Brief von Caroline Lamb erhielt, der ganz anders war als ihre früheren Episteln:

»Sagen Sie Ihrer Schwester, sie soll versuchen mich nicht zu verabscheuen. Ich bin ihrer sehr unwürdig, ich weiß & fühle es, aber da ich Sie nicht sehen noch lieben kann, lassen Sie sie nicht hart über mich urteilen – sorgen Sie dafür, daß sie mich nicht ignoriert, wie es Lady Gertrude Sloane tut & Lady Rancliffe. Sagen Sie ihr, ich fühle meine Fehler, mein Verbrechen früher – aber versuchen Sie es & bringen Sie sie dazu, mir zu vergeben, wenn Sie können, denn ich liebe diese Augusta mit meinem Herzen, weil sie Ihnen gehört und Ihnen teuer ist.«

Es war eine sehr subtile, feinsinnige Drohung. Er dachte an Carolines Temperament, an ihren Schwur, sich zu rächen; ihre Affäre war nun schon fast zwei Jahre her, aber Caroline vergaß nichts und verzieh nichts. Schon bei Augustas kurzem Neujahrsaufenthalt in London hatte sie das Gerücht verbreitet, Augusta habe ihren Mann verlassen – damals hatte Caroline keinen weiteren Grund gehabt als Byrons offensichtliche Zuneigung zu seiner Schwester. Sie wollte ihm durch sie weh tun.

Dann kam eine Epistel von der Prinzessin der Parallelogramme: »Ich wurde wegen dieser Korrespondenz herausgefordert. Die Briefe wurden in beide Richtungen, das weiß ich, ein- oder zweimal beobachtet.« Annabella war Lady Melbournes Nichte und damit Carolines angeheiratete Cousine. Es konnte nur Caroline sein, die ein Interesse daran hatte, Briefe von Annabella an Byron und umgekehrt zu »beobachten« – wer sonst würde sich wegen *dieser* Korrespondenz die Mühe machen, wer sonst als eine Frau, die jede weibliche Person, die mit ihm im Kontakt stand, als Rivalin betrachtete? Und wenn Caroline eine Möglichkeit fand, Annabellas Briefe einzusehen, dann kam sie wahrscheinlich auch an Lady Melbournes Schreiben.

Er mußte sie irgendwie zum Schweigen bringen oder zumindest herausfinden, wieviel sie tatsächlich wußte. Und da er Caroline kannte, wußte er, daß es dafür nur eine Möglichkeit gab. Aber bevor er dazu kam, diese Idee in die Tat umzusetzen, erhielt er Besuch aus Six Mile Bottom. George Leigh – außerhalb der Rennsaison, man bedenke! – brachte ihm die Nachricht, Augusta sei mit einer Tochter niedergekommen. »Wenn Sie zur Taufe kämen, Byron, würden wir uns sehr darüber freuen«, schloß Leigh höflich.

»Wie geht es Augusta?« fragte Byron angespannt und bemühte sich, so ruhig und gelassen wie möglich zu wirken. Sein Schwager zuckte die Achseln. »Wie soll es ihr schon gehen – etwas erschöpft natürlich, aber Augusta macht das nichts; sie verkraftet eine Geburt sehr gut, wissen Sie, wie eine Katze.« Der Colonel seufzte. »Obwohl ich wünschte, sie wäre nicht ganz so fruchtbar wie eine Katze. Aber da kann man nichts machen, nicht wahr? Für Sie ist das selbstverständlich anders. Sie haben einen Titel zu vererben, da wollen Sie wahrscheinlich Kinder.«

Byron kämpfte mit der Versuchung, George Leigh durch einen gezielten Upper Cut mit dem Fußboden nähere Bekanntschaft schließen zu lassen. Da stand er, immer noch blond und gutaussehend, und lächelte unbedarft. »Cousin George«, sagte Byron schließlich eisig, »mir scheint, für die Kinder sind *Sie* genauso verantwortlich wie Augusta.« Das Lächeln von Colonel Leigh wurde breit. »Aber Byron, Sie wissen doch, wie das ist – man will ein paar nette Stunden, mehr nicht, und schon hat man ein Kind am Hals. Dazu braucht man noch nicht einmal verheiratet zu sein, nicht wahr, alter Junge? Obwohl ich«, beeilte er sich hinzuzufügen, »natürlich gerne mit Augusta verheiratet bin. Sie ist doch ein liebes, reizendes Frauchen, und wie sie mit dem Gut umgeht – also das finde ich wirklich bewundernswert. Ich würde mich zu Tode langweilen. Mögen Sie eigentlich Pferderennen, Cousin Byron?«

Byron begleitete Colonel Leigh nach Six Mile Bottom zurück. Er fand Augusta die ganze Zeit von allen möglichen Verwandten belagert – die Gattinnen ihrer älteren Brüder, einige Howards, und nicht zu vergessen, die Kinder – und konnte wieder nur in Symbolen mit ihr sprechen. »Du siehst gut aus, Gus, wie ein

Stern.« Sie verzog das Gesicht. »Eher wie eine Sternschnuppe – ›oh, welch ein Fall war dies‹! Aber ich trage mein Kreuz.« Das Baby war rot und häßlich wie alle Neugeborenen, schrie die ganze Zeit und schien gesund und vollkommen normal zu sein.

Byron fühlte keine übergroße väterliche Zuneigung – er hatte sich inzwischen eingeredet, daß es George Leighs Kind war –, aber er ertappte sich dabei, daß er anfing, Augustas Sprößlinge gern zu haben. Die älteste, Georgiana, war eigentlich ein netter Kerl, klug und vernünftig, kein lästiges kleines Ungeheuer. Er wußte nicht, was er von der kleinen Augusta halten sollte, doch der nunmehr zweijährige Henry, der ständig versuchte seiner Schwester die Süßigkeiten wegzunehmen, mit denen die Nanny sie bestochen hatte, gefiel ihm auch irgendwie. Der Junge hatte leuchtendrote Haare und war von einer Art liebenswerter Häßlichkeit, die ihn an Hobhouse erinnerte, obwohl es natürlich lächerlich war, Hobby mit einem Kleinkind zu vergleichen.

Byron erklärte sich sogar zu einem Spaziergang mit den Kindern bereit, um die überbeanspruchte Nanny zu entlasten. »Er kann doch schon laufen, oder?« fragte Byron mit einem Blick auf Henry. Die Nanny errötete. »Selbstverständlich, Euer Lordschaft.« Bei dem Spaziergang fiel ihm ein, daß er noch gar nicht wußte, wie seine Schwester ihr Neugeborenes zu nennen gedachte. Er fragte Georgiana, und diese, stolz darauf, zwei so schwierige Worte korrekt aussprechen zu können, erwiderte: »Elizabeth Medora.«

Medora. Me adora.

»Du bist doch ein echter Lord, oder?« unterbrach Georgiana seine Gedanken. »Wir sind mit so vielen Lords und Ladies verwandt, und sie kommen immer, wenn Mamée ein neues Kind geboren hat. Bei Henrys Taufe waren sie auch alle da.« Sie krauste die Nase. »Zuerst habe ich geglaubt, Mamée hätte nur zwei Brüder, obwohl ich *die* auch nicht richtig kenne. Einer ist ein Herzog.« Sie warf ihm einen geringschätzigen Blick zu. »Du bist nur ein Lord.« – »Das tut mir leid«, antwortete Byron und bemühte sich, ein angemessen bekümmertes Gesicht zu machen. Georgiana versetzte ihrer Schwester, die sich an ihrem Rock festklammerte, einen kleinen Rippenstoß, und fuhr überlegen fort. »Mach dir nichts daraus – Papa ist nur ein Mister oder ein Colonel, immer abwechselnd. Ich habe Mamée gefragt, was an dir so Besonderes ist. Weil du doch der Taufpate von«, diesmal stolperte sie etwas über den Namen, »Lizabeth Medora sein sollst. Mamée sagte, du wärst ihr verrückter Bruder.« Sie blickte ihn schräg von der Seite an. »Bist du verrückt?« – »Vollkommen«, erwiderte er.

Die Taufe am zwanzigsten April, nur fünf Tage nach der Geburt des Babys, wurde eine mittlere Katastrophe für Byron. Er kam zunächst neben Lady Chichester zu stehen. Beide Teile bemühten sich krampfhaft, sich *nicht* anzusehen. Dann nahm er seinen Platz als Taufpate neben der Gräfin Rutland ein, die als ehemalige Lady Elizabeth Howard ebenfalls einigen Grund hatte, ihm zu grollen, und ihn das auch spüren ließ. Bei der anschließenden Feier waren zusätzlich einige Provinzler von den umliegenden Gütern eingeladen, die ihn anstarrten wie ein seltenes Insekt. Siehe da, der berühmte Lord Byron!

Als Augustas ältester Bruder, der Herzog von Leeds, ihn schließlich mit einer chevaleresken Geste fragte: »Na, alter Junge, wie finden Sie unseren grandiosen Sieg über Boney?« antwortete Byron wütend: »Entsetzlich!« Der Herzog wich zurück, als sei er gegen eine unsichtbare Mauer gestoßen. »Wie bitte?« – »Ich finde ihn katastrophal. Ich habe Napoleon« – absichtlich sagte er nicht Bonaparte – »immer bewundert und es nie für möglich gehalten, daß er abdanken könnte. Er ist für mich der erste der drei bedeutendsten Männer Europas.«

Spöttisch blickte er den Herzog an. »Falls Sie wissen wollen, wer die anderen beiden sind – Beau Brummel und ich. Sie widersprechen doch nicht?« Der Herzog wirkte einigermaßen fassungslos, holte ein Taschentuch hervor und tupfte sich den Schweiß von der Stirn. »Aber Sie... Sie müssen doch zugeben, daß die freien Völker Europas jetzt...« – »Die *freien* Völker Europas«, unterbrach ihn Byron verächtlich, »bekommen jetzt statt eines großen Tyrannen ihre vielen kleinen zurück. Glauben Sie etwa, daß sich für den Durchschnittsbürger etwas ändert? Er wird seine Steuern nicht mehr in Napoléondors bezahlen müssen, das ist alles. Ausgebeutet wird er trotzdem – nur eben nicht mehr von einem Genie, sondern von den vielen korrupten Königshäusern des Ancien Régime, die weiter auf ihren Krücken gehen können, die die Engländer ihnen so freundlich zusammengeflickt haben!« – »Ich finde nicht«, sagte der Herzog und holte tief Luft, »daß Ihre Ansichten einem Mitglied des englischen Adels entsprechen!« – »Ich auch nicht.«

Als Hobhouse ihn zwei Tage nach der Taufe bat, sofort nach London zurückzukehren, empfand Byron das als große Erleichterung. Sein Vater, dachte er, konnte es nicht sehr schwer gehabt haben, Augustas Mutter zu verführen – bei *der* Verwandtschaft! Bestimmt war der Herzog von Leeds eine getreue Verkörperung seines Erzeugers.

Er vergaß jedoch seinen Groll auf sämtliche Angehörige der Taufgesellschaft völlig, als Hobhouse ihm mit abgewandtem Gesicht sagte: »Du besuchst deine Schwester besser nicht mehr so schnell, Byron.« – »Was soll das heißen?« fragte er alarmiert. »In gewissen Kreisen... beginnt man sich... und vor allem eine gewisse Person... Gedanken zu machen, die...« – »Um Himmels willen, Hobby – sie ist meine *Schwester*, und wenn ich sie gern habe, was kann man dabei schon finden?« Hobhouse blickte ihn an, ehrlichen Kummer in den Augen.

»Wie gesagt... Kinnaird und ich haben auch schon angefangen, uns... Gedanken zu machen. Wenn du mir dein Ehrenwort gibst, daß die gewisse Person alles, aber auch alles frei erfindet, gehe ich und fordere jeden, der ihre Mutmaßungen weiterverbreitet, zum Duell!« – »Woher soll ich wissen, was sie alles erzählt?« fragte Byron ärgerlich und starrte an Hobhouse vorbei. »Ihr mangelte es noch nie an Phantasie.« Hobhouse nickte langsam. »Vielleicht besitzt sie zuviel Phantasie – kann auch sein. Wie dem auch sei, Byron, du bist nicht katholisch und ich nicht dein Beichtiger. Aber meiner Meinung nach solltest du das entweder mit deiner Schwester oder der gewissen Person klären, bevor sie ihre Geschichte mehr Leuten als nur deinen engsten Freunden andeutet.«

Caroline Lamb erhob sich leise von dem Bett in Byrons Wohnung und achtete sorgfältig darauf, den Mann neben ihr nicht aufzuwecken. Sie hatte erreicht, was sie wollte. Sie war wieder Byrons Geliebte. Und nun wünschte sie herauszufinden, weswegen. Caroline war weder dumm noch unsensibel und hatte sehr wohl gemerkt, daß weder Liebe noch Begehren Byron in ihre Arme zurückgetrieben hatten. Entgegen Byrons Mutmaßungen war es ihr bis jetzt jedoch noch nicht gelungen, seine Briefe an Lady Melbourne einzusehen, und die wenigen an Annabella, die sie entdeckt hatte, sagten ihr nichts. Schon andere hatten beobachtet, daß die Beziehung zwischen den Geschwistern ungewöhnlich eng war. Und der Weg einer weiteren Schlußfolgerung lag offen. Aber sie mußte es *wissen*.

Also schrieb sie Byron den bewußten Brief. Wenn man den Ausflug nach Six Mile Bottom als Verzögerung einrechnete, hatte er eigentlich genauso reagiert, wie sie es erwartet hatte. Natürlich gab es immer noch die Möglichkeit, daß er als hilfsbereiter Bruder nur um den Ruf seiner Schwester besorgt war. Aber wie weit geht ein Bruder, um seine Schwester zu schützen, wenn der Bedrohung nichts zugrunde liegt?

Im Dunkeln fand sie schnell den vertrauten Weg zu Byrons Arbeitszimmer und tastete dort nach dem Sekretär. Sie war schon oft hier gewesen und hatte sich nach der Geschichte mit dem Einbruch ohne Gewissensbisse unter anderem einen Zweitschlüssel für seinen Schreibtisch beschafft. Da er aber das Schloß an der Eingangstür längst auswechseln hatte lassen, konnte sie nicht im geringsten davon profitieren. Bis heute.

Im flackernden Kerzenlicht öffnete sie lautlos ein Fach nach dem anderen, sah zähneknirschend ihre eigene Korrespondenz neben der von Annabella Milbanke liegen, bis sie endlich auf das stieß, was sie suchte: ein dickes Paket Briefe, alle von der gleichen Schrift an Byron adressiert, eine Schrift, die sie von ihren früheren Besuchen in Byrons Wohnung her wiedererkannte. Obenauf lag eine Spielkarte. Seltsam, dachte Caroline. Die Kreuzdame.

Die ersten Briefe, die sie in aller Hast überflog, stimmte sie ungeduldig. Alles Kindereien, buchstäblich. Nach kurzem Überlegen nahm sie einen zweiten Stapel, noch nicht so umfangreich wie der erste. Der oberste Umschlag war mit Byrons Schrift adressiert, weswegen sie ihm zunächst weniger Aufmerksamkeit geschenkt hatte. Dann entdeckte sie, daß es sich nicht um eine Adresse, sondern um eine Aufschrift handelte:

La Chevelure
der *einen*, die ich
am meisten *liebe* +

Aha! In dem Kuvert befand sich eine einzelne Haarlocke, ein glänzendes Dunkelbraun, soweit Caroline das bei dieser schwachen Beleuchtung beurteilen konnte. Der nächste Brief war wieder mit Augustas Schrift adressiert und – ah! Genau das wollte sie wissen. Caroline las, und der Haß, der sie innerlich schüttelte, stand in merkwürdigem Gegensatz zu ihrer Erscheinung: eine wunderschöne nackte Frau mit verwirrtem, kurzem Haar und dem unschuldigen Gesichtsausdruck eines Engels.

Wenn ich Ihnen gefolgt wäre, würden Sie mir befohlen haben, das Bett für Ihre neuen Favoritinnen aufzuschlagen – Sie sind genau der Mann, um so etwas auszuüben & mit all meiner Leidenschaft hätten Sie mich dazu gebracht, es zu tun. Alles bis auf das habe ich bereits getan, nicht wahr – & wirklich, in dieser Nacht erwartete ich, daß das Signal dazu jeden Moment gegeben würde... Es war ein seltsames Abenteuer, aber Sie waren in dieser Nacht nicht so freundlich wie früher. Sie haben an andere gedacht, selbst als Sie mit mir zusammen waren – *da bin ich ganz sicher – + Die Erinnerung an diese Nacht ist unerträglich für mich, Gott segne meinen Freund – oder eher den Feind meines Herzens. Gott segne & erhalte Dich diese Nacht & mache selbst Deine Träume gesegnet.*

Byron hielt den Brief in der Hand und war überzeugt, daß Caroline Lamb langsam, aber sicher wahnsinnig wurde. Doch ihr Wahnsinn hatte Methode – sie *wußte*. Sie wußte noch mehr, als er ursprünglich angenommen hatte. Wie zum Teufel kam sie dazu, dieses Zeichen zu verwenden? Es schien, als müsse sich die ganze, elende Affäre mit ihr wiederholen, weil sie ihn nun wahrhaftig erpressen konnte. Miststück!

Carolines Temperament hatte sich in den Jahren nicht verändert, nur verstärkt. Wieder folgte sie Byron überall hin, Ausritte, Gesellschaften, selbst Schießübungen fanden nicht ohne sie statt. Anfangs versuchte er die Vorzüge zu sehen: Carolines Benehmen zog überall, wo sie auch war, die Aufmerksamkeit der Menschen auf sich, und bildete so die beste Ablenkung vor jedem anderen Getuschel.

Aber schon nach zehn Tagen hatte er genug davon. Es war unmöglich. Er haßte Caroline inzwischen, haßte sie inbrünstig und hätte keinen Finger gerührt, um sie aus einem Sumpf zu ziehen, wäre sie hineingefallen. Außerdem – wie lange konnte man bei Carolines Geistesverfassung für ihr Schweigen garantieren? Zur Hölle mit Caroline, wenn sie sich einbildete, ihn erpressen zu können. Er beschloß, dieses abstoßende Zerrbild einer Affäre so zu beenden, daß sie ihn ein für allemal in Ruhe ließ. Er verabredete ein erneutes Treffen in seiner Wohnung.

Dort küßte er sie zunächst ohne die geringste Leidenschaft. Dann sagte er mit trügerischer Sanftheit: »Arme Caro, Sie werden sich wohl nie verändern. Ich nehme an, Sie werden mich lieben, was auch passiert, nicht wahr?« Caroline blickte ihn verwirrt an. »Doch«, flüsterte sie, »ich habe mich verändert.« – »Wie schön für Sie, Caro. Ich nämlich auch. Sie wissen ja, ich war immer ein überzeugter Junggeselle. Aber irgend etwas in diesem Jahr hat in mir den Willen geschürt, mich zu verheiraten.« Carolines marmorne Haut wurde aschfahl. Benommen stammelte sie: »Sie... Sie wollen heiraten?« – »Ja«, versetzte er brutal, »aber bestimmt nicht Sie, selbst wenn Sie frei wären. Sie ekeln mich an, Caro. Und ich bin sicher, Sie verstehen, daß mich die unbezähmbare Leidenschaft zu meiner zukünftigen Ehefrau dazu zwingt, jeden Kontakt mit Ihnen ein für allemal aufzugeben.«

Es war das Ende. Sie wußte es. Eine Ehe seinerseits entzog ihr jede Grundlage. Vielleicht, wenn sie einen der Briefe mitgenommen hätte... doch der alles überwältigende Haß, der sie erfüllte, hatte sie jede Logik vergessen lassen. Das war das Ende. Doch sie würde sich rächen. Irgendwie, irgendwann.

Als Byron von seiner Heirat gesprochen hatte, war das nicht viel mehr als ein Bluff gewesen. Er überredete Augusta, mit ihm und den Kindern (denn ihr Jüngstes konnte sie nicht gut allein lassen, und die anderen zu benachteiligen, wäre, wie sie schrieb, ungerecht) im Juli an die See zu fahren, nach Hastings. Hodgson aus Cambridge hatte dort ein Haus für ihn gemietet. Es würde wunderbar sein, endlich wieder »meine A« für sich zu haben.

Aber der Gedanke an eine Heirat ging ihm nicht mehr aus dem Kopf. Lady Melbourne drängte ohnehin darauf, sie meinte, es sei die einzig vernünftige Lösung. Und in der Tat, wenn er heiratete, irgendwen heiratete, würden alle Gerüchte von selbst verstummen. Augusta wäre sicher.

Andererseits... es war schon schlimm genug, daß *sie* sich durch eine Ehe gebunden hatte, auch wenn sich ihr Gatte selten genug bei ihr blicken ließ. Bei einer Vermählung seinerseits... doch wie lange würde sich Caroline durch einen Bluff zurückhalten lassen?

Er fühlte sich noch immer hin und her gerissen, als er bei Augusta in Six Mile Bottom eintraf, um mit ihr die gemeinsame Reise vorzubereiten. Augusta hatte sich augenscheinlich von der Geburt erholt. Sie wirkte schlank wie eh und je und köstlich vertraut in seinen Armen. Byron, der sich trotz seiner Sportleidenschaft ständigen Hungerkuren unterziehen mußte, um sein Gewicht (und die vielbeneidete Ephebenfigur) zu erhalten, war voll Bewunderung.

Er hatte ihr eigentlich eines der Medaillons mitbringen wollen, die ihr damals in St. Paul's aufgefallen waren. Doch auch eine intensive Suche führte nicht zu dem gewünschten Ergebnis. Immerhin hatte ihm ein Juwelier versprochen, die Schmuckstücke nach seiner Beschreibung anzufertigen, eines mit Augustas Initialen und eines mit seinen. Augusta... wenn er sie bei sich spürte, glaubte er, niemals eine andere Frau ertragen zu können. »Gänschen, was würdest du sagen, wenn ich heirate?«

Sie stand auf und begann, unruhig auf und ab zu gehen. Dann

erklärte sie zu seiner Überraschung: »Ich habe auch schon daran gedacht.« Sie fand, er sah verletzt aus, als billige er ihr keinen Realitätssinn zu. Baby Byron! »Ich bin weder blind noch taub!« fügte sie schärfer, als es ihre Absicht gewesen war, hinzu. Er dachte daran, daß Mrs. George Lamb, Carolines Schwägerin, Augusta bei ihrem letzten Londoner Besuch offen geschnitten hatte. Doch Augusta meinte offensichtlich etwas anderes.

»Letzte Woche«, sagte sie schließlich, »schrieb mir meine Schwester Mary.« Lady Chichester, erinnerte er sich. »Sie fing mit unserem gemeinsamen Evangelienunterricht bei der Großmutter an und schloß damit, sie könne nicht mehr mit mir verkehren, wenn sich ihr Sohn in Harrow um die Ehre seiner Tante prügeln müßte.« – »Harrow!« entfuhr es ihm entsetzt. Es konnte doch unmöglich schon Schulgeschwätz sein! Augusta lachte unfroh. »Mary war schon immer für präzise Ortsangaben. Und für den Fall, daß mir der Verlust ihrer Freundschaft nicht genügt«, ihre Hände begannen zu zittern, »für diesen Fall, gab sie als Postskriptum an, würde sie der Prinzessin empfehlen, meine Ernennung als Hofdame nicht zu erneuern.« Byron verspürte den dringenden Wunsch, Lady Chichester den Hals umzudrehen. Er wußte, was das für Augusta bedeutete.

Ihre Schritte wurden immer nervöser. »Ich brauche diese Ernennung! Für viele ist es kaum mehr als ein Ehrenamt, ich weiß, aber nicht für mich. Für mich bedeutet es die einzige Möglichkeit, die ich habe, um etwas Geld zu verdienen, und sei es auch noch so wenig.« Sie bemerkte den Blick ihres Bruders und fuhr erregt fort: »Oh dear, sag jetzt nicht, du könntest mir noch einmal etwas leihen! Ich kann nicht über Jahre hinweg von dir Geld borgen, wenn Du selbst nicht genügend hast, um Newstead Abbey zu halten!«

Sie verbat sich, im Moment an etwas anderes zu denken, und hielt ihre Augen ständig auf ihn gerichtet. Endlich seufzte er und sagte: »Und wenn ich heirate – was wird dann aus uns?« Augusta unterdrückte den Wunsch, zum ihm hinzulaufen und sich einfach festhalten zu lassen. »Wir bleiben, was wir sind«, sagte sie ruhig. »Bruder und Schwester. Aber nicht mehr. Ich fände es hinterhältig jeder Frau gegenüber, sie nur unter der Voraussetzung zu heiraten, um so leichter deine Schwester als Geliebte haben zu können.«

Das war sehr direkt und doch notwendig. Ihre Stimme wurde weich, als sie weitersprach: »Glaubst du wirklich, daß *das* so wichtig ist? Wenn du jetzt weggehen würdest und ich dich nie mehr wiedersähe, ich würde trotzdem nicht aufhören, dich zu lieben. Und wenn ich nun vom Tag deiner Hochzeit an nichts als deine Schwester für dich sein werde, denkst du, das ändert irgend etwas Wesentliches zwischen uns?« Sie trat näher und berührte sachte mit ihren Fingerspitzen seine Hand.

»Bitte, glaub nicht, ich wäre besonders edel und opfere mich für meine Kinder auf. Ich bin bloß feige – ich fürchte mich einfach entsetzlich vor der Vorstellung, was uns alle erwartet, wenn wir nicht irgend etwas tun.« Er sagte leise: »Ich fürchte mich auch. Wenn ich nicht ein solcher Feigling wäre, würde ich einfach allein aus England verschwinden, und alle Probleme wären gelöst. Aber ich könnte es nicht ertragen, dich nie mehr wiederzusehen.« Er zog sie an sich und spürte, wie ihr ganzer Körper von unterdrücktem Widerstand gegen die Wirklichkeit bebte.

Auf einmal fragte sie: »Wen willst du eigentlich heiraten?« Er schüttelte verblüfft den Kopf. »Ich weiß es noch nicht.« Augusta tat ihr Möglichstes, aber ein hysterischer Lachanfall machte sich Luft und schüttelte sie so lange, bis sie kaum mehr atmen konnte. »Sind... sind wir nicht großartig, Georgy? Reden die ganze Zeit über Heirat und sind kurz davor, vor Entsagung zusammenzubrechen, und... und kennen noch nicht einmal die Braut!«

Nun, da eine Ehe beschlossen war, fühlten sich beide merkwürdig erleichtert. »Es ist gut, wenn man weiß, daß etwas unvermeidlich ist«, sagte Augusta einmal, »dann kann man aufhören, sich darüber Sorgen zu machen, bis es tatsächlich eintrifft.« Das, ob nun falsch oder richtig, war ihre Lebenseinstellung.

Sie diskutierten lange über die Wahl der zukünftigen Ehefrau. Augustas Vorschlag sagte Byron zu: Lady Charlotte Leveson-Gower, eine entfernte Verwandte, die Nichte von Lord Carlisle. Er argwöhnte, daß Augusta ihn auf diese Art mit den Howards versöhnen wollte. Aber warum eigentlich nicht? Lady Charlotte war Augustas Freundin, und »was auch immer sie liebt, mag ich ebenfalls«, wie er an Lady Melbourne schrieb. Da sich anläßlich der Feier des Sieges über Napoleon nicht nur fast der gesamte englische, sondern auch der kontinentale Adel in London aufhielt, ergab sich ein paarmal die Gelegenheit zu einem unauffälligen Treffen.

In der Tat besuchte Byron eigentlich nur Lady Charlottes wegen die zahlreichen Bälle und Veranstaltungen des »Sommers der Souveräne«, wie er ihn nannte, denn die Art, wie man diesen nationalen Triumph zur Schau trug, stieß ihn ab. Der Prinzregent hatte sich seinen fürstlichen Gästen zuliebe sogar eine standesgemäßere (und glänzendere) Mätresse zugelegt, Lady Jersey, und bedauerte nur, daß sein Stolz es ihm verbot, Beau Brummel für seine unersetzlichen Ratschläge in Fragen des Geschmacks zurückzuholen.

Lady Charlotte war wirklich der einzig erfreuliche Anblick in dieser Gesellschaft. Byron fand sie zwar etwas schüchtern und verlegen, aber doch liebenswert. Sie erinnerte ihn ein wenig an ein scheues Reh, mit riesigen Augen, und er konnte sich gut vorstellen, sie gern zu haben und sich sogar etwas in sie zu verlieben.

Es gab aber noch eine Alternative. Die Prinzessin der Parallelogramme hatte ihren Vater bewegt, Byron offiziell zu sich nach Seaham einzuladen, und deutete in ihren Briefen an, sie bedauere ihre Ablehnung seines Heiratsantrags. Er nahm an, daß sie einen zweiten Antrag nicht unwillig aufnehmen würde. Aber er war nicht sicher, ob er sich wirklich von Annabella Milbanke angezogen fühlte. Was ihm an ihr gefiel, war ihre ruhige Art, die sie so wohltuend von anderen Frauen unterschied, die Tatsache, daß sie ihn niemals mit aufdringlichen Bitten oder Fragen verfolgte, und die Aura von Würde, mit der sie sich umgab.

Nur schien sie eben sehr selbstgefällig zu sein und davon überzeugt, sie müßte alle anderen Menschen dazu bringen, ihre Meinungen zu teilen. Er hatte damals in den Briefwechsel mit ihr eingewilligt, um ihr zu beweisen, daß ihre Abfuhr ihn nicht im mindesten kränkte, und die Korrespondenz halbherzig bis jetzt fortgeführt. Byron war Annabella Milbanke zwar nur ein- oder zweimal persönlich begegnet (sogar sein Heiratsantrag wurde seinerzeit in schriftlicher Form über Lady Melbourne vermittelt), glaubte aber, sie mittlerweile durch ihre Briefe etwas besser zu kennen. Erleichtert, mit seinen Heiratsvorsätzen zu konkreten Vorstellungen gekommen zu sein, brach Byron mit Augusta und ihrer Familie nach Hastings auf.

Hastings, historischer Schauplatz der entscheidenden Schlacht zwischen Normannen und Angelsachsen, hatte sich inzwischen zu einem bezaubernden Seebad entwickelt, das von der tonangebenden Gesellschaft noch nicht wirklich entdeckt war. Im Augenblick befand sich alles, was Rang und Namen besaß, in London. Das Haus, das Hodgson für sie gemietet hatte, lag ein wenig abseits von der eigentlichen Stadt, fast direkt am Strand. Es war ein heller, freundlicher Bau, nicht sehr groß, aber mit genug Räumen, um sie alle unabhängig voneinander aufzunehmen.

Die Nanny bekam ein eigenes Zimmer neben Henry und dem Baby. Georgiana und die kleine Augusta wurden zum erstenmal nicht in der unmittelbaren Umgebung ihres Kindermädchens untergebracht, worauf die Ältere sehr stolz war. Byron hatte nur Fletcher mitgenommen. Dazu kam eine Haushälterin, von Hodgson eigens zu diesem Zweck engagiert, eine Mrs. Clerk, die zwar äußerlich einem Drachen glich (»das war Absicht – er will mich unbedingt an das Fegefeuer erinnern!«), ansonsten jedoch eine gutmütige, zahnlose Fee am Herd, die nur gelegentlich mürrisch auf die Extravaganzen ihrer Gäste reagierte.

»Wissen Sie, Mrs. Clerk, daß wir Ihre Gesellschaft der sämtlicher Berühmtheiten Europas vorgezogen haben?« bemerkte Byron. »Der Prinzregent bewirtet im Moment alle Fossilien des Kontinents in London – der Sommer der Souveräne, und der Teufel soll mich holen, wenn ich da länger zugesehen hätte.«

Für die Kinder war der Aufenthalt paradiesisch. Hastings war ein Abenteuer. Die kleine Augusta entwickelte ein erstaunliches Geschick darin, in den Klippen herumzuklettern, und ihre Mutter mußte Georgina einschärfen, die Kleine keinen Augenblick alleine zu lassen. Henry war, dem Himmel sei Dank, damit zufrieden, sich mit Wasser und Sand so dreckig wie möglich zu machen. »Wie nennst du deine Jüngste eigentlich«, fragte Byron, »Elizabeth oder Medora?« – »Mignonne«, erwiderte Augusta und atmete tief die rauhe Seeluft ein. »Sie ist so klein, und ihre beiden Namen sind viel zu würdevoll für sie.«

Byron fühlte sich immer noch nicht dazu berufen, den Ersatzvater für Augustas Kinder zu spielen, aber er liebte sie auf seine Weise. Als er entdeckte, daß keiner der kleinen Leighs schwimmen konnte – woher auch? –, bot er an, es ihnen beizubringen.

»Nur Georgiana«, sagte Augusta, »die anderen beiden sind noch zu klein.« Augusta Charlotte hatte so lange nichts dagegen, bis sie Byron und ihre Schwester im Wasser sah und begriff, daß sie sie nicht mitnehmen würden. Darauf brach sie in ein ohrenbetäubendes Gebrüll aus, das ihre Mutter nur mit einem Gang zu den Klippen beschwichtigen konnte. Augusta beobachtete ihren Bruder und Georgiana, und für einen Moment wünschte sie sich, nie mehr nach Six Mile Bottom zurückkehren zu müssen.

Liebster Byron. Er würde immer jemanden brauchen, der sich um ihn kümmerte, für ihn sorgte, der ihn liebte und den er lieben konnte. Genau deswegen sollte er auch heiraten und nicht den Einsiedler im Exil spielen, was das Geschwätz ebenfalls zum Schweigen gebracht hätte. Er würde es nie zugeben, doch er kam ganz einfach ohne die Menschen nicht zurecht.

Eines Nachts, als sie sich alle glücklich, müde und erschöpft zurückziehen wollten, hielt Byron Augusta am Arm fest und flüsterte: »Du bist bis jetzt kein einziges Mal ins Meer gegangen.« Sie verzog das Gesicht. »Wann denn?« Er zwinkerte ihr zu. »Jetzt zum Beispiel.« Mit einem raschen Blick vergewisserte er sich, daß niemand zuhörte. »Liebes Gänschen, die Nanny schläft ihren wohlverdienten Schlaf, deinen Kindern habe ich einen Knebel umgebunden und Fletcher mit dem Baby in die Türkei auf den Sklavenmarkt geschickt – also komm mit mir schwimmen.«

Als sie sich überzeugt hatten, daß auch wirklich jeder schlief, schlüpften sie verstohlen in die Dunkelheit hinaus und liefen auf den Strand zu. Die Nacht war warm, fast schwül, und Augusta trug nur den Morgenrock, den ihr Ehemann ihr anläßlich der

Geburt ihrer Tochter geschenkt hatte. Eine Geste, die kennzeichnend für George war: Er hatte Glück auf der Rennbahn gehabt und einen kleinen Gewinn erzielt. Vor lauter Rührung lief er in das nächste Modegeschäft und kaufte für Augusta einen Hauch von Spitze.

Sie hatten beschlossen, nackt zu baden, da sie ohnehin niemand sehen würde, und Byron kam es vor, als vereinigten sich in Augusta Meer, Nacht und die sanfte Brise, die in diesem Augenblick wehte, zu einem unbestimmbaren Ganzen. »In ihrer Schönheit wandelt sie / Wie wolkenlose Sternennacht; / Vermählt auf ihrem Antlitz sieh / Des Dunkels Reiz, des Lichtes Pracht: / Der Dämmrung zarte Harmonie, / Die hinstirbt, wenn der Tag erwacht.«

Sie streckte versuchsweise den Fuß ins Wasser und erschauerte. »Das hast du für Mrs. Wilmot geschrieben, du Schuft, denke nur nicht, daß ich das nicht weiß!« Sie kicherte und fügte hinzu: »Kein Wunder, daß Cousin Robert eifersüchtig war!« Er berührte ihre Schulter. »Du würdest mir nicht glauben, daß ich dabei an dich gedacht haben muß, oder?« Byron spürte, wie ihr Haar ihn streifte, als sie den Kopf schüttelte. »Nein. Ich bin nicht schön.«

Sie bückte sich plötzlich und begann, ihn mit dem salzigen Meerwasser zu bespritzen. »Aber ich bin wirklich gut darin, dir das einzureden!« Diesmal war sie nicht schwanger. Er hob sie mühelos auf und warf sie ein paar Meter weiter in das tiefere Wasser, folgte ihr und tauchte sie mehrmals unter. Augusta war wendig wie eine Katze, und sie balgten sich eine Zeitlang halb über, halb unter der Meeresoberfläche. Dann, so spontan wie er gekommen war, verschwand ihr Übermut, und sie begannen, still hinauszuschwimmen. Augusta genoß die bebende Kühle um ihren Körper und überließ sich ganz dem Gefühl der rhythmischen, langsamen Bewegung.

Als sie in dieser Nacht, naß und zufrieden, in das Haus zurückkehrten, war jeder Gedanke an eine noch so kurze Trennung verflogen.

Am nächsten Tag bekamen sie Besuch von ihrem Cousin, Captain George Byron, der den Titel der Familie erben würde, falls sein berühmter Vetter ohne männlichen Erben sterben sollte. Gleichzeitig traf ein Brief von Annabella Milbanke ein. Jäh holte sie die Wirklichkeit ein: »Vor einiger Zeit habe ich deutlich gemacht, da ich wußte, Sie würden die Motive für diese Erklärung nicht mißverstehen, daß ich mich getäuscht hatte... als ich dachte, ich sei jemals eine ernsthafte Verbindung eingegangen. Die Gründe, die mich dazu brachten zu glauben, daß der Charakter einer Person meinem eigenen angemessen wäre, sind mit der Möglichkeit einer näheren Untersuchung geschwunden, und obwohl ich weit davon entfernt bin, ihm gleichgültig gegenüberzustehen, könnte mich jetzt nichts mehr dazu bringen, ihn zu heiraten.«

»Schön für sie«, sagte Byron und reichte Augusta Annabellas Brief, den sie schnell überflog. »Ich glaube, sie ist in dich verliebt.« Byron lächelte ungläubig. »Die Prinzessin der Parallelogramme? Sie steht mir höchstens wohlwollend gegenüber.« Augusta wandte sich an den Verwandten. »Mein Bruder wird bald heiraten, Cousin, wußten Sie das schon?«

Captain Byron war groß, etwas zu stattlich und ziemlich konservativ. Er wußte nicht, was er von seinem Vetter halten sollte, der aber immerhin den Familiennamen wieder bekannt gemacht hatte, wenn auch auf ziemlich seltsame Weise. »Tante Sophia erwähnte es. Darf man fragen, welche Dame das Glück hat, die Auserkorene zu sein?« – »Wir wissen es noch nicht«, sagte Byron unbekümmert. »Entweder Lady Charlotte oder Miss Milbanke. Was meinen Sie, Cousin, soll ich eine Münze werfen?«

Der Captain starrte ihn mißbilligend an und fand seinen Vetter genauso unpassend und frivol, wie er ihn sich vorgestellt hatte. »Diese Haltung einer so ernsten Angelegenheit gegenüber finde ich reichlich unangebracht.« – »Da Sie gerade von ernsten Angelegenheiten sprechen«, griff Augusta ein, »Sie sagten, Sie hätten Neuigkeiten von Hanson?« Mr. John Hanson, redlich geplagter Familienanwalt, hatte endlich einen wirklich seriösen Käufer für Newstead Abbey gefunden. Es fehle nur noch die Unterschrift des jetzigen Eigentümers, ließ er ausrichten. Dieser sah jedoch nicht im mindesten dankbar aus.

»Verdammter Spooney«, murmelte er, »ich hätte nie gedacht,

daß er es tatsächlich schafft.« Byron liebte Newstead Abbey, seit er es als Zehnjähriger das erste Mal gesehen hatte. Bis jetzt war die Möglichkeit eines Verkaufs immer unwirklich und weit weg gewesen. Doch was blieb ihm übrig, als Hanson seine Unterschrift zu geben?

Augusta schlug vor, nach Ablauf der Mietsfrist am 13. August von Hastings aus nach Newstead Abbey zu fahren, statt wie geplant nach London beziehungsweise Six Mile Bottom zurückzukehren. Sie hatte ihre Freundin Charlotte brieflich nun fast so weit gebracht, daß sie einer Verlobung zustimmte. Das hieß, Augustas Tage mit ihrem Bruder waren gezählt. Und wo konnten sie ihre letzte gemeinsame Zeit besser verbringen als in Newstead, von dem sie ebenfalls Abschied würden nehmen müssen.

Also reisten sie mit den Kindern in den Norden Englands, machten eine kurze Zwischenstation in London (wo Henry beinahe unter die Hufe der königlichen Wachablösung geraten wäre) und begaben sich dann zum letztenmal in die alte Abtei. Newstead bot sich in der melancholischen Schönheit des Spätsommers. Selbst der verwilderte Park, den Augusta mit Hund und Kindern durchstreifte, besaß seinen eigenen unwiderstehlichen Zauber.

Bald nach ihrer Ankunft traf Sophia Byron, reiselustig wie eh und je, zu einer ihrer Stippvisiten ein, und erkundigte sich eindringlich, mit welcher Lady Byron man denn nun rechnen dürfe. »Wenn du meine Meinung hören willst, Neffe«, sagte sie und nahm sich eine der aus London mitgebrachten Pralinen, »nimm Miss Milbanke.« – »Warum eigentlich?« fragte Byron. Sophia warf einen raschen Blick auf Augusta, die im Moment mit Mignonne spielte und ihnen keine Aufmerksamkeit schenken konnte. »Du und deine Schwester, ihr seid schon zwei solche Kindsköpfe, daß ihr keinen weiteren von der Sorte gebrauchen könnt, und die gute Charlotte ist einer. Das hat sie natürlich von ihrer Großtante Isabella Byron. Soweit ich weiß, konnte Isabella...«

Zwei Wochen später traf ein aufgeregter Brief von Lady Charlotte ein. Ihre Eltern, die schon fast bereit gewesen waren, ihre Zustimmung zu geben, hatten plötzlich ihre Meinung geändert und wollten, daß Charlotte einen ihrer Howard-Vettern heiratete, auf Wunsch seines Vaters Lord Carlisle. Charlotte besaß nicht den Mut, sich zu widersetzen. »Es sieht so aus«, sagte Byron zu Augusta, »als sei Miss Milbanke die Glückliche – oder der Pechvogel. Ich werde ihr schreiben.«

Newstead Abbey, 9ter Septr. 1814

Meine liebe Miss Milbanke,
Sie waren in Ihrem letzten Brief so freundlich zu sagen, ich möge »bald« wieder schreiben – Sie fügten aber nicht hinzu oft *– ich muß mich deshalb dafür entschuldigen, daß ich schon wieder Ihre Zeit in Anspruch nehme – um nichts von Ihrer Geduld zu sagen. – Es gibt etwas, das ich Ihnen sagen möchte – und da ich Sie für einige – vielleicht auch für lange Zeit nicht sehen werde – will ich mich bemühen, es sogleich zu sagen. – Vor einigen Wochen stellten Sie mir eine Frage – die ich beantwortete. Nun habe ich Ihnen eine vorzulegen – auf die, falls sie ungehörig ist – ich nicht hinzufügen muß, daß Ihre Ablehnung, sie zu beantworten, hinreichender Tadel sein wird. – Es ist dies.*

– Sind die »Einwände« – auf die Sie anspielten – unüberwindlicher Natur? – oder gibt es eine Art oder Änderung des Verhaltens, die sie möglicherweise beseitigen könnten? – Ich bin mir wohl bewußt, daß jede solche Änderung in der Theorie leichter ist als in der Praxis – aber gleichzeitig gibt es wenige Dinge, die ich nicht versuchen würde, um Ihre gute Meinung zu erringen – auf alle Fälle würde ich gerne das Ärgste wissen – doch möchte ich auch nicht, daß Sie etwas versprechen oder sich verpflichten – sondern nur von einer Möglichkeit *erfahren, die Ihnen gleichwohl nicht weniger Handlungsfreiheit ließe. – Als ich Sie gebunden glaubte – hatte ich auf nichts zu drängen – wie ich freilich auch jetzt wenig habe – außer, daß ich von Ihnen selbst gehört habe, daß Sie in Ihren Gefühlen niemandem verpflichtet sind – und meine Aufdringlichkeit daher vielleicht nicht ganz so egoistisch erscheinen mag als erfolglos. – Es ist nicht ohne Zögern, daß ich mich in dieser Angelegenheit nochmals an Sie wende –*

und doch bin ich nicht sehr konsequent – denn um Sie damit zu verschonen, hatte ich am Ende beschlossen, lieber ein abwesender Freund zu bleiben, als ein lästiger Gast zu werden – und wenn ich Anstoß errege, so ist es besser auf die Entfernung. –

– Mit allen meinen übrigen Gefühlen sind Sie bereits vertraut – wenn ich sie nicht wiederhole, geschieht es, um Ihren Unwillen zu vermeiden – oder zumindest nicht zu vergrößern. –

stets Ihr Ihnen aufrichtigst
ergebener B

Kein echter Heiratsantrag, fand Augusta, eher der Versuch zu erfahren, wie ein Antrag wohl aufgenommen würde. Immerhin war es ein definitiver Schritt. Sie fragte: »Bist du dir ganz sicher – ich meine, über *sie*? Denk daran, wie ernst es für euch beide ist.« Ohne ein weiteres Wort machte er sich daran, den Brief in seinem Schreibfach zu verschließen. Augusta verwünschte ihre eigene Inkonsequenz. Wenn sie ihm jetzt ausredete, diesen Antrag abzuschicken, würde er es nie tun. »Auf der anderen Seite ist es ein sehr hübscher Brief«, sagte sie langsam, »und es wäre schade, wenn er nicht abgesandt werden würde.« – »Dann *wird* er verschickt werden«, erwiderte Byron, zog das Blatt Papier wieder hervor und suchte nach einem Kuvert.

Ich habe Ihren zweiten Brief und bin fast zu aufgeregt, um zu schreiben – aber Sie werden verstehen. Es wäre absurd, irgend etwas zu unterdrücken. Ich bin und fühle mich längst verpflichtet, Ihr Glück zum obersten Ziel meines Lebens zu machen. Wenn *ich Sie glücklich machen* kann, *habe ich keine weiteren Bedenken. Ich werde Ihnen* vertrauen *und Sie als alles ansehen, zu dem ich aufsehen – alles, das ich lieben kann. Die Furcht, Ihren Erwartungen nicht zu entsprechen, ist die einzige, die ich jetzt fühle. Überzeugen Sie mich – das ist alles, was ich wünsche – daß meine Zuneigung alles ersetzen wird, was meinem Charakter noch fehlt, um zu Ihrem Glück beizutragen. Dies ist ein*

Augenblick der Freude, den ich nicht mehr zu erfahren glauben konnte. Ich wagte nicht, *es für möglich zu halten, und ich habe unter Schmerzen einen Entschluß aufrecht erhalten, der sich in der Tat auf die Annahme gründete, daß Sie ihn nicht umgestoßen wünschten – daß seine Aufgabe nicht zu Ihrem Besten wäre. In Wirklichkeit hat es nie eine Veränderung in meinen Gefühlen gegeben. Mehr davon werde ich später sagen. Ich schrieb mit der letzten Post – mit welch anderen Empfindungen! Lassen Sie mich dankbar für die sein, die ich nun anerkenne.*

In aufrichtiger Zuneigung die Ihre
A. I. M.

1814–1816

»Vollkommen war sie, doch Vollkommenheit
Will unsrer schlechten Welt nur schlecht behagen
Wo Adam erst das Küssen lernte, seit
Die Fluren Edens ihm verschlossen lagen,
Wo alles Unschuld war und Seligkeit
(Wie hat er seine Zeit nur totgeschlagen?)«

Don Juan

Byrons Gesicht wurde schneeweiß. Augusta erschrak. »Was hast du?« Er fing sich wieder und lächelte schwach. »Es regnet nicht, es schüttet. Sie hat akzeptiert.« – »Schade«, sagte Hobhouse, »da wird nichts aus unserer Italienreise.«

Hobhouse war auf dem Weg zu entfernten Verwandten in Newstead Abbey vorbeigekommen, hatte dort von dem Heiratsantrag gehört und im Fall einer Ablehnung eine Tour durch die italienischen Städte vorgeschlagen. »Solange es nicht Griechenland ist – da läßt du wieder jede Scherbe mitgehen, die du in die Hände bekommst.« Das war Byrons eher gleichgültige Reaktion gewesen. Hobhouse hatte sich höflich an Augusta gewandt. »Sie wissen wahrscheinlich, Mrs. Leigh, daß Byron eine etwas merkwürdige Einstellung zur Archäologie...« – »Räuberei, Hobby, Räuberei. Ihr englischen Archäologen nehmt die Griechen, Ägypter und Gott weiß wen aus wie Weihnachtsgänse.«

Doch nun dachte keiner mehr an freundschaftliche Neckerei. Annabella hatte akzeptiert. Sie schwiegen alle drei, seltsam hilflos und ungewiß, was man in einer solchen Situation sagen konnte. Dann schrie eines der Kinder, Augusta sprang auf, und Hobhouse fiel ein, daß er eigentlich gratulieren sollte. Er entledigte sich dieser undankbaren Aufgabe und fügte hinzu: »Ich nehme an, du gehst jetzt nach Seaham.« – »Nein«, erwiderte Byron und klang immer noch erschüttert, »erst nach London. Spooney schießt dort einen Bock nach dem anderen.« Er faltete Annabellas Brief gedankenverloren zusammen und sagte mit gerunzelter Stirn: »Aber wir verlassen Newstead, Augusta und ich.«

Sie verbrachten ihren letzten Tag bewußt nicht allein, sondern in Gesellschaft der Kinder.

Georgiana war als einzige alt genug, um zu begreifen, daß sie Newstead verlassen und nach Six Mile Bottom zurückkehren würden. Es tat ihr leid. Die alte Abtei barg in sich ebenso viele Abenteuer wie Hastings – auch wenn sich wider Erwarten kein Geist gezeigt hatte –, aber andererseits würde es auch schön sein, nach fast drei Monaten nach Hause zurückzukehren, nach Six Mile Bottom. Sie machten einen letzten Ausflug in den Park. Sie paßte ihre Schritte aufmerksam denen ihres Onkels an (mittlerweile hatte sie begriffen, daß er weder sehr schnell gehen konnte noch wollte) und wünschte, er hätte ihr das Reiten ebenso beigebracht wie das Schwimmen. Er nahm sie zwar zuweilen mit auf sein Pferd, aber das war nicht ganz dasselbe.

Augusta hatte ein Picknick vorbereitet und Georgiana einen Teil des Proviants zu tragen gegeben, worauf diese sehr stolz war. Endlich fanden sie eine Lichtung, die sie für geeignet hielten. Byron beobachtete Augustas schnelle, geschickte Hände, die Brot austeilten und Äpfel schälten (die Kleinsten erhielten Milchbrei, mit Ausnahme von Mignonne, der sie ohne weitere Umstände die Brust gab). Er dachte daran, wie sie Karten gemischt hatte. Verdammt, der Juwelier von St. Paul's war mit den Medaillons immer noch nicht fertig, und er wollte sie ihr eigentlich als Abschiedsgeschenk geben.

Er wurde von Henry abgelenkt, der sich mit aller Gewalt bemühte, seinem Onkel den linken Schuh auszuziehen. Byron nahm den kleinen Irrwisch auf und warf ihn hoch in die Luft, so daß Henry vor Vernügen kreischte und die Nanny vor Angst aufschrie. Doch das Essen schien die Kinder müde gemacht zu haben; selbst Henry rollte sich nach einiger Zeit einfach zusammen und schlief ein, den Daumen im Mund, nachdem ihn Augusta einige Male vorher sanft, aber energisch hinausgezogen hatte.

Georgiana schlief nicht wirklich; sie döste nur vor sich hin und hörte die Stimmen von Mamée und Byron, die sich leise unterhielten. Sie begleiteten ihren Halbschlummer mit einer wispernden, unverständlichen Melodie. Als es plötzlich still wurde, blinzelte sie ein paarmal und öffnete schläfrig die Augen. Die beiden Flüsterer standen vor einer Ulme, die ihren Schatten über die Reste des Picknicks warf, und ritzten mit dem Obstmesser irgend etwas ein.

Später, kurz bevor sie aufbrachen, lief Georgiana zu dem Baum hin und versuchte unter Aufbietung ihrer gesamten Kenntnisse die Inschrift, aus der noch Harz quoll, zu entziffern:

Augusta
Byron
20ter Sept. 1814

Am nächsten Tag reisten sie ab, Byron nach London, Augusta und die Kinder nach Six Mile Bottom.

Annabella Milbanke gehörte zu den Menschen, die zunächst niemandem und später allen ein Rätsel waren. Anders als Byron besaß sie einen streng logisch denkenden, äußerst präzisen Verstand, dem es jedoch völlig an Phantasie und Einfühlsamkeit mangelte. Sie war sehr stolz darauf, eine unabhängige, moderne junge Frau zu sein. Dabei übersah sie, daß ihre Eltern für sie, das verwöhnte Einzelkind, bis jetzt alle praktischen Hindernisse des Lebens aus dem Weg geräumt hatten. Von Haushaltsführung, von der sie keine Ahnung hatte, bis hin zu dem Schreiben von lästigen Absagebriefen an ehemalige Verehrer erledigte ihre Mutter alles für sie. Ralph und Judith Milbanke hingen mit grenzenloser Anbetung an ihrer Tochter und hielten sie in jeder Beziehung für vollkommen.

Wenn Annabella sich einmal eine Meinung gebildet hatte, dann hielt sie daran fest und starb lieber tausend Tode, als diese Meinung zu ändern. Sie war sehr belesen – die Bildung, die sie in ihren Briefen durchblicken ließ, konnte man nicht als Heuchelei abtun, sie fand wirklich Freude an systematischer Gelehrsamkeit. Und vor allem tat sie nie, unter keinen Umständen, etwas Unpassendes. Annabella Milbanke wußte, was sich gehörte.

Als Byron 1812 über Nacht berühmt wurde, las sie selbstverständlich auch »Childe Harold« und war wider Willen fasziniert. Sie beobachtete etwas verächtlich den Kult, der sich um Byron entwickelte, und fand das Verhalten ihrer Cousine Caroline Lamb, gelinde gesagt, abstoßend. Nichtsdestoweniger bat sie

Caroline, Lord Byron ein paar von ihren eigenen (Annabellas) Gedichten zu zeigen. Gelegentlich, wenn ihr die Mathematik zuviel wurde, versuchte sie sich an Versen. Byron mußte sehr positiv geurteilt haben, denn die wütende Caroline wollte ihr nur einen Teil seines Briefes zeigen, der an sich schon lobend genug war.

Für Annabella schien Carolines Benehmen eine erneute Bestätigung ihrer These, daß Leidenschaft keine Basis für eine Freundschaft und noch weniger für eine gute Ehe sei. Als ihr Lady Melbourne daher den überraschenden Heiratsantrag Lord Byrons übermittelte, reagierte sie vollkommen in Übereinstimmung mit ihren Prinzipien: sie lehnte höflich und distanziert ab. In ihren Augen war ein Mann, der sich auf solche Art und Weise mit Caroline Lamb lächerlich gemacht hatte, einfach unpassend.

Aber dann, nach erfolgter Ablehnung, ertappte sie sich dabei, wie sie immer öfter an ihn dachte. Hing dies nur damit zusammen, daß sie sich für seine Werke begeisterte? Sie sah ihn auf der einen oder anderen Gesellschaft, wagte aber nicht, sich ihm zu nähern. Schließlich kam sie zu der Überzeugung, sie habe die Aufgabe, seine Seele zu retten und schob ihre Träume, in denen er auftauchte, auf dieses edle Bestreben. Als er auf ihre Bitte um einen Briefverkehr mit ihr einging, wartete sie ungeduldig auf sein erstes Schreiben.

Nicht, daß er ihr irgend etwas Neues über sich selbst erzählen konnte – sie hatte sich ihre Meinung über ihn längst gebildet. Er *war* Childe Harold, düster, zynisch, ein gefallener Engel. Wenn sie sein bisweilen frivoler Ton irritierte, dann hielt sie dies für eine Maske, hinter der er seine tief verborgene Melancholie versteckte. Sie blieb lange Zeit in Seaham auf dem Landsitz ihrer Eltern, fragte sich, warum er zwar einigermaßen regelmäßig, aber selten schrieb, und fühlte sich merkwürdig verärgert über die Geschichten um ihn und Lady Oxford.

Im Sommer 1813 dann, auf einem Ball der Lady Glenverbie, sah sie Byron erstmals zusammen mit seiner Schwester. Die völlige Harmonie, die die beiden umgab, fiel ihr sofort ins Auge. Sie hörte Byron lachen und mußte sich abwenden, ohne zu wissen, warum.

Einige Zeit später sah sie, fast gegen ihren Willen, wieder in seine Richtung. Jetzt unterhielt sich Byron mit einem Freund. Er saß zurückgelehnt da und wirkte etwas gelangweilt. Sie studierte sein Gesicht und glaubte auf einmal, sich jedes einzelne Detail einprägen zu müssen. In diesem Moment kreuzten sich ihre Augen mit denen seiner Schwester. Annabella fühlte einen Stich, ihre Knie wurden weich, und mit einem Mal erkannte sie, was sie so lange in den Schleier der edlen Gefühle gehüllt hatte: sie hatte sich in Lord Byron verliebt.

Zuerst versuchte sie, es vor sich zu verleugnen – diese allgemeine Torheit, die hier jeden albernen Backfisch befiel, konnte doch nicht sie ereilt haben, die kühle, zurückhaltende Annabella Milbanke! Aber ihr mathematisch trainierter Geist zwang sie diesmal, die Tatsachen anzuerkennen. Sie hatte sich verliebt, zum erstenmal in ihrem Leben, obwohl es ihr an Bewerbern nicht wirklich gemangelt hatte.

Annabella fühlte sich rat- und hilflos, ein für sie ungewohnter Zustand. Ein Mann, den man einmal abgewiesen und dem man mitgeteilt hatte, man liebe einen anderen, war nicht gerade ein wahrscheinlicher Freier.

Als ihr schließlich außer einer unverschleierten Erklärung, zu der sie bei aller Verzweiflung doch nicht imstande war, nichts mehr einfiel, kam eine Botschaft aus Newstead Abbey, mit der sie am allerwenigsten gerechnet hatte. Annabella schickte noch am selben Tag postwendend ihre Zusage. Da er ihr mitgeteilt hatte, sie solle ihre Briefe an seine Londoner Wohnung adressieren, denn er wisse nicht, wie lange er in Newstead bleiben würden, entschloß sie sich, ihr Schreiben nach London und eine kurze Notiz über seinen Inhalt direkt nach Newstead zu senden, ahnte aber nicht, daß dieser Beweis ihrer Eifrigkeit infolge eines Fehlers der Post erst nach ihrem Brief ankommen würde.

Doch Byron hatte um ihre Hand angehalten. Da sie nie irgendwelche Selbstzweifel hegte, kam sie nicht auf den Gedanken, er könne in den letzten zwei Jahren nicht in sie verliebt gewesen sein. Und weil sie auch nie wirkliche Liebesbriefe bekommen hatte, fand sie seinen Ton nicht unterkühlt. Eines allerdings ließ sie stutzen: er schien es nicht sehr eilig zu haben, an ihrer Seite zu weilen und schob Schwierigkeiten mit seinem Anwalt vor.

So wurde es Mitte Oktober, ohne daß er sie zumindest besucht hatte. Dann kam ein sehr freundlicher Brief von Mrs. Leigh, Byrons Schwester. Sie schrieb, wie glücklich sie ihren Bruder schätze (»genau wie er sich selbst«), drückte die Hoffnung aus, ihre zukünftige Schwester bald kennenzulernen und deutete taktvoll ihr Bedauern darüber an, daß das Brautpaar sich bis jetzt noch nicht hatte begegnen können. Für Annabella stellte dieser Brief eine Art inzwischen notwendiges Trostpflaster dar, und sie schrieb Byron, nachdem sie ihre Enttäuschung darüber ausgedrückt hatte, daß die letzte Post keinen Brief von ihm brachte:

»Ich habe eine Art Ausgleich durch einen Brief Ihrer Schwester – *meiner* – erhalten – auf so herzliche Weise freundlich, daß ich nicht sagen kann, wie dankbar ich ihr bin.«

Annabella hatte die zwanglose Zuneigung nicht vergessen, die sie an jenem Abend bei den Glenverbies zwischen Byron und Mrs. Leigh beobachtet hatte, und sie beschloß, eine Korrespondenz mit der ihr unbekannten Augusta anzufangen, um ihrem Verlobten auf diese Weise näherzukommen. Mrs. Leighs nächster Brief erweckte in ihr den Wunsch, sie kennenzulernen, und sie lud ihre zukünftige Schwägerin ein, sie doch gemeinsam mit Byron in Seaham zu besuchen. Augusta erwiderte:

»... Ich bin Ihnen nicht nur für Ihre freundliche & sofortige Antwort auf meinen Brief, sondern auch für Ihren Wunsch und Ihre Absicht zu schreiben, selbst bevor Sie ihn erhielten, wirklich dankbar. Sie können sich nicht vorstellen, wie sehr ich mich über Ihren & Sir Ralphs & Lady Milbankes freundlichen Wunsch, mich in Seaham zu sehen, freue, oder wie sehr – *wie wirklich sehr* – ich dort hingehen möchte. Ich fürchte aber fast, daß es mehr als schwierig für mich ist, mein Zuhause im Augenblick zu verlassen. Ich bin *eine Amme* für mein Baby, Gouvernante für mein ältestes Mädchen & irgend etwas dazwischen für meine zwei mittleren Kleinen...«

Sie entschuldigte Byron sehr viel glaubhafter und mit mehr Gefühl, als er es selbst tat:

»Ich hoffe, Sie werden ihn bald sehen, meine liebe Miss Milbanke. Es scheint, als wäre ich so ungeduldig, wie er es ist, zu Ihnen zu kommen, aber ich möchte so gern, daß Sie ihn näher kennenlernen, da ich überzeugt bin, daß er dadurch in Ihrer Wertschätzung steigen wird – und ich wünschte auch seinetwegen & wegen der *Familienschüchternheit,* daß seine Ankunft in Seaham schon vorbei wäre. Ich bin sicher, Sie werden amüsiert darüber sein, daß er mir gegenüber den Wunsch äußerte, daß *ich* Ihnen *seinen* Anteil an dieser verhängnisvollen Schüchternheit beschreibe...«

Als Byron Ende Oktober immer noch nicht erschienen war, halfen auch alle Erklärungen und Entschuldigungen seiner Schwester nichts mehr. Annabella schrieb:

»Ich denke, das wird der letzte Brief sein, den Sie von mir erhalten. Wenn Sie so viel allein sind und nicht immer beschäftigt, warum habe ich dann nicht mehr Ihrer Gedanken?«

Am ersten November kam er, die erste Begegnung seit mehr als einem Jahr, und beide wußten eigentlich nicht, wie er sich angesichts der veränderten Situation verhalten sollte. Annabella streckte unsicher ihre Hand aus, und Byron küßte sie. Danach standen sie sich schweigend gegenüber, bis Byron schließlich sagte: »Es ist lange her, daß wir uns getroffen haben.«

Annabella entfloh der Situation unter dem Vorwand, sie müsse ihm ihre Eltern vorstellen, ohne daran zu denken, daß diese ihn bereits empfangen hatten. In Gegenwart ihrer Eltern fühlte sie sich sicherer, eine allgemein gehaltene Unterhaltung kam in Gang. Byron fand sie in etwa, wie er es erwartet hatte: schweigsam, zurückhaltend, intellektuell. Daß sie sich offensichtlich davor fürchtete, allein mit ihm zu sein, rührte ihn. Sie erschien ihm zum erstenmal als das junge Mädchen, das sie tatsächlich war.

Er versuchte alles, um ihr über ihre Nervosität hinwegzuhelfen. Annabellas Mutter machte er ein Kompliment nach dem anderen und ließ sich von Sir Ralph seine Erfahrungen in der Bewirtschaftung von Landgütern erzählen. Nach und nach lag in Annabellas Blick mehr Feuer, als er von der kühlen Miss Milbanke je erwartet hätte. Byron verwickelte sie in ein Gespräch über die Schauspieltechnik von Kean, und obwohl sie sich immer noch zurückhielt, wirkte sie mit den leicht geröteten Wangen, den Körper angespannt etwas nach vorne geneigt, anziehender, als sie ihm früher erschienen war.

Sie war klein und zierlich, was Byron nicht sehr schätzte, denn es erinnerte ihn an seine Mutter und Lady Caroline, aber wirklich hübsch machte Annabella ihre niedrige Stirn, die weit auseinanderstehenden Augen und der feingezeichnete Mund. Ihr eher rundlicher Kopf, mit einem ziemlich kleinen Kinn ruhte auf einem wahrhaft graziösen, langen Hals.

Annabella fand, er sei ein wenig gealtert (sie entdeckte schon graue Haare), und schob dies auf seinen unpassenden Lebenswandel. Aber das würde sich ja nun ändern! Als ihre Mutter zu bedenken gab, daß es Zeit sei, sich zurückzuziehen, wußte Annabella nicht, ob die Erleichterung oder das Widerstreben in ihr größer war.

In den folgenden zwei Wochen spielten sie, wie Byron sich ausdrückte, alle Kapitel eines Romans von Jane Austen durch. Er konnte sich nicht entscheiden, was er von ihr halten sollte, und langweilte sich mit ihren Eltern fast zu Tode. Daneben entdeckte er zwischen all der Verlegenheit und umständlichen Konventionalität, die sie beide wahrten, eine beruhigende Tatsache: Annabella nahm alles, was er sagte, wortwörtlich.

Einmal (sie hatten sich inzwischen auf »Liebster« und »Annabella« geeinigt) fragte er sie neckend: »Weißt du, daß du mir mit deiner Ablehnung damals fast das Herz gebrochen hast?« Annabella sah ihn an und erwiderte: »Ja. Und deswegen habe ich es zu meiner Pflicht gemacht, dein Leben zu retten.« Er faßte es nicht. Sein Sinn für Boshaftigkeit erwachte, und er wollte herausfinden, was sie ihm noch alles abnehmen würde.

»Ach, hättest du das doch schon vor zwei Jahren getan! Seitdem bin ich tiefer in die Schluchten der Hölle hinabgestiegen als je irgendein Mensch – und dir ist ja bekannt, daß ich nicht an die Erlösung glaube!« Annabella wagte es tatsächlich, ihn unaufgefordert mit der Hand zu berühren. »O Byron, wir alle haben eine Hoffnung!« Das war zuviel. Er erhob sich von der Chaiselongue, auf der er mit ihr saß, und lehnte sich mit abgewendetem Kopf gegen den Kamin. Seine Schultern zuckten. Und Miss Milbanke, die natürlich nie auf die Idee gekommen wäre, daß irgend jemand über sie lachen könnte, kommentierte mit ihrer ernsten Stimme: »Solange es Tränen gibt, solange kann ein Herz gerettet werden.«

Byrons Langmut war auf schwere Prüfungen gestellt. Sah Annabella in ihm nur ein Objekt für Predigten, oder liebte sie ihn? Er machte einen direkten Annäherungsversuch. Annabella sprang entsetzt auf und starrte ihn an, als habe er sich in irgendein widerliches Insekt verwandelt. »Wie... wie kannst du nur so etwas tun!« Er antwortete ein wenig scharf, und ein häßlicher Streit entstand. Am folgenden Tag reiste er ab, aber bis er in Bouroughbridge, in der ersten Herberge, die er fand, für die Nacht unterkam, hatte ihn das schlechte Gewissen gepackt. Man behandelte seine Braut nicht wie ein Mädchen von der Straße. Also schrieb er Annabella den liebevollsten Brief, den sie je von ihm erhalten hatte:

Mein Herz –
Wir sind so weit voneinander getrennt – aber schließlich ist eine Meile genauso schlimm wie tausend – was ein großer Trost ist für einen, der sechshundert reisen muß, bevor er Dich wiedersieht.

– Wenn es Dir irgendeine Befriedigung gibt – mir ist so unbehaglich wie einem Pilger mit Erbsen in den Schuhen – und so kalt wie Nächstenliebe – Keuschheit oder irgendeine sonstige Tugend. – Auf meinem Weg nach Schloß Eden habe ich die Post abgefangen – & fand Briefe an Hanson – die ich Lady Milbanke zum Zeitvertreib beilege, die bei ihrer Leidenschaft für Geschäfte froh sein wird, etwas zu haben, das danach aussieht. – Ich gedenke, Newstead morgen zu erreichen & Augusta tags darauf. – Schenke unseren Eltern so viel von meiner Liebe als Du mit ihnen teilen willst – & verfüge über den Rest ganz nach Belieben – immer der Deine

B

Deine Botschaft ist – nein, nichts als du selbst kann mir jetzt wirklich willkommen sein. Mein Liebster, es gibt keinen Moment, in dem ich nicht meinen dummen Kopf geben würde, um Dich zu sehen... Ich bin tief betrübt, das versichere ich Dir. Was sagt unsere Schwester?...
Immer die Deine,

AIM

»Unsere Schwester« drückte sich ziemlich deutlich aus. »Du setzt dich sofort hin und schreibst einen Entschuldigungsbrief. Es ist deine Schuld – du hast das arme Kind erschreckt.« Byron zog die Brauen hoch. »Gus, außer dir würde niemand Annabella mehr ein Kind nennen. Sie ist eine... äußerst selbstsichere Person.« Augusta sah ihn kopfschüttelnd an. Sie hatte hauptsächlich an Annabella Milbanke geschrieben, weil sie sie kennenlernen – das kühle Wesen aus den früheren Briefen an Byron mit dem Mädchen, das damals bei Lady Glenverbie so fasziniert und verwundbar ausgesehen hatte, in Einklang bringen wollte. Sie war sich immer noch nicht sicher, aber eines wußte sie: Annabella Milbanke liebte ihren Bruder. »Bitte, schreib ihr, Liebster.«

Schimpfe nicht mehr mit Dir. *Ich sagte Dir schon, es gab keine Gelegenheit – Du hast mich nicht beleidigt. Ich bin so glücklich, wie die Hoffnung mich machen kann, und so fröhlich, wie die Liebe es mir erlaubt, bis wir uns treffen, und immer, mein Herz – der Deine*

B

Damit waren beileibe nicht alle Schwierigkeiten aus dem Weg geräumt. Hanson verzögerte die Geschäfte, und ein Haus in London mußte gefunden werden, denn in seiner Junggesellenwohnung konnte er Annabella schlecht aufnehmen. Byron selbst wurde immer unsicherer, ob er wirklich mit Annabella leben wollte. Aber er sah keinen ehrenhaften Ausweg. Außerdem würde eine gebrochene Verlobung das Feuer der Gerüchte erneut schüren, die mit Bekanntmachung seiner Heiratspläne von selbst erstarben.

Endlich wurde die Hochzeit auf Ende Dezember, Anfang Januar festgelegt. Er versuchte sich davon zu überzeugen, daß er Annabella zumindest gern hatte. In ihren Briefen wechselte Annabella zwischen Belehrung, Ungeduld und Versicherung ihrer endlosen Zuneigung. Am sechzehnten Dezember setzte sie Byron eine Art Ultimatum für einen endgültigen Termin. Gleichzeitig kam ein Schreiben von Augusta, wie um die Unterschiedlichkeit der beiden Frauen zu betonen:

Mein liebster B +

Wie gewöhnlich habe ich nur kurze Zeit, um Deine Grüße zu beantworten + aber ich weiß, ein paar Zeilen sind besser als überhaupt keine – finde ich wenigstens +

Es war sehr + sehr + lieb von Dir, mitten unter all den Besuchern &c. &c. an mich zu denken. Ich habe mich kaum von meinen *gestern erholt. La Dame hat so geredet, oh meine Sterne! aber es hat mir eine ganze Welt von Ärger erspart. Oh, aber sie hat eine Ähnlichkeit in Deinem Bild mit Mignonne festgestellt, die als Konsequenz natürlich sehr gut gelaunt ist + Ich möchte wissen, liebster B + wie Deine Pläne sind – wann Du kommst + wann Du gehst – pah! wann die Glückwunschschreiben fällig sind, wann der Kuchen angeschnitten wird, wann die Glocken läuten werden, &c. &c. &c. Übrigens, meine Besucher sind mit A bekannt & preisen sie zum Himmel. Sie sagen, ihre Gesundheit wurde durch das Studieren verletzt &c. &c. &c. Ich habe keinen weiteren Augenblick, mein Liebster + außer um zu sagen*

Immer Deine
A.

Am zweiten Januar des neuen Jahres um elf Uhr morgens heiratete Byron Annabella Milbanke. Hobhouse, der Trauzeuge war, notierte in sein Tagebuch:

»Miss M. war stark wie ein Fels und sah während der ganzen Zeremonie ständig Byron an. Sie wiederholte die Worte hörbar und gut. Byron stockte zuerst, als er sagte ›Ich, George Gordon‹, und als er zu den Worten ›Mit all meinen weltlichen Gütern werde ich dich unterstützen‹ kam, schaute er mit einem halben Lächeln zu mir herüber...

Ich fühlte mich, als hätte ich einen Freund beerdigt.«

Hobhouse fand sowohl die Braut als auch den Bräutigam ungewöhnlich ruhig. Kurz nach der Trauungszeremonie standen Annabella zwar Tränen in den Augen, sie verließ das Zimmer, aber als sie in ihrem Reisekleid aus blaugrauem Satin, mit weißer Spitze besetzt, zurückkehrte, war nichts mehr davon zu sehen. Hobhouse schenkte ihr eine Gesamtausgabe der bisher erschienenen Gedichte Byrons als Hochzeitsgabe und begleitete sie zur wartenden Reisekutsche. Etwas zögernd, um zu versuchen das ungute Gefühl, das ihn erfüllte, loszuwerden, wünschte er der neuen Lady Byron viele glückliche Jahre. Annabella erwiderte: »Wenn ich nicht glücklich werde, wird es mein eigener Fehler sein.« Er half ihr, in das Gefährt einzusteigen, schloß vorsichtig die Tür und eilte dann auf die andere Seite, um sich von Byron zu verabschieden. Byron wirkte immer noch gelassen, aber für Hobhouse, der ihn seit ihrem gemeinsamen Studium in Cambridge kannte, war diese Ruhe nur eine dünne Maske. Er erkannte es an der Art, wie Byron ihm die Hand drückte, sehr fest und nicht willens, sie wieder loszulassen. Als die Kutsche anfuhr, rannte Hobhouse hinterher und winkte, nicht sicher, was da auf die Welt zukommen würde.

Annabella, Lady Byron, befand sich mit ihrem eben angetrauten Mann auf dem Weg nach Halnaby, einem Gut der Familie Milbanke, wo sie ihre Flitterwochen verbringen würden. Sie fühlte sich so hilflos wie noch nie zuvor in ihrem Leben. Schweigend hingen beide ihren Gedanken nach. Nach einer Weile begann Byron zu singen, wilde Lieder in einer Sprache, die sie noch nie zuvor gehört hatte. Er spürte ihren Blick, brach ab und sagte spöttisch: »Du brauchst keine Angst zu haben, Bell, ich fresse dich nicht. Das war ein albanischer Hochzeitsgesang.«

Es war das erste Mal, daß er diese reizende Verkleinerungsform ihres Namens gebrauchte. Niemand hatte sie bis jetzt so genannt, und sie errötete. Er nahm ihre Hand: »Weißt du, ich habe dich jetzt in meiner Gewalt und könnte es dich fühlen lassen.« Es sollte eine neckende Erinnerung an seinen ersten Annäherungsversuch sein, aber Annabella faßte es als eine Drohung auf. Sie erstarrte. Er spürte, wie sie zu zittern anfing, und sagte rasch: »Oh, Bell, ich dachte eigentlich, du wärst eine kluge Frau. Das war wirklich auch der Grund, warum ich dich geheiratet habe – eine Frau wie dich zu überlisten, das ist schon etwas.« Offenbar schien das auch nicht das Richtige zu sein.

Die Hochzeitsnacht wurde wider Erwarten nicht zum Debakel. Annabella war nicht frigide, wie Byron heimlich befürchtet hatte, nur etwas verängstigt. Und dennoch, als sie längst eingeschlafen war, den Kopf an seine Schulter gelegt, und er ihre leisen Atemzüge hörte, überwältigte ihn trostlose Einsamkeit.

Annabella verbrachte ihre Flitterwochen in einem ständigen Schwanken zwischen Glück und Unglück. Sie bemerkte, daß sich Byron bemühte, auf ihre Interessen einzugehen: er begann, an einer Gedichtssammlung über biblische Themen zu schreiben, die als Geschenk für sie gedacht waren. Sie bot sofort an, seine Manuskripte in Reinschrift zu übertragen; vage erinnerte sie sich, daß er einmal erwähnt hatte, wie lästig er diese Arbeit fand. Annabella hingegen bereitete es viel Freude, und es entsprach am ehesten ihren Vorstellungen vom Leben mit einem Dichter. Eigentlich hatte sie angenommen, Byrons Dichtungen wären ihr wichtigstes Gesprächsthema, nun aber mußte sie feststellen, daß er über alles andere lieber sprach. Vor allem irritierte sie, daß er so gut wie nie bereit war, über den tieferen Sinn seiner Epen zu reden. Einmal, als sie gerade dabei war, einen Vergleich zwischen Milton und ihm zu ziehen, unterbrach er sie und sagte eindringlich: »Alles, was ich will, ist eine Frau, mit der man lachen kann, und ich kümmere mich nicht darum, was sie sonst noch ist.« Sie fühlte sich verletzt und antwortete pikiert: »Ich würde meinen, daß uns die Tränen eher verbinden.«

Am Tag nach ihrer Ankunft in Halnaby kam ein Glückwunschschreiben von seiner Schwester, das sie seltsam berührte. Augusta schrieb in ihrer gewohnt hastigen, liebevollen Weise, und Annabella, die derartige Briefe noch nie erhalten hatte, erstaunte schon der Anfang:

»Liebster, erster & bester aller Menschen,
– Du Schuft, Du hast mir seit drei Wochen nicht geschrieben...«

Annabella hätte nie gewagt, irgend jemanden mit dieser unbekümmerten Lässigkeit anzureden, und sie konnte sich nicht entscheiden, ob diese Art nun charmant oder unpassend war. Sie bemerkte, daß der abwesende Ausdruck in Byrons Gesicht verschwand, während er Augustas Brief las. Mit einem Mal wirkte er so jung, wie er tatsächlich war, und sie erinnerte sich an ihren Eindruck bei den Glenverbies. Behutsam fragte sie: »Lieber, vermißt du deine Schwester?« Der Blick, den er ihr zuwarf, schien seltsam intensiv zu sein. Er sagte langsam und fast widerwillig: »Manchmal glaube ich, daß ich ohne Augusta nicht glücklich sein kann.«

Annabella spürte zwar, daß ihr Gatte nicht zufrieden war. Sie ahnte aber nicht, daß er inzwischen ein merkwürdiges Vergnügen daran gefunden hatte zu erkunden, wie weit ihre Leichtgläubigkeit ging. »Mein Großvater mütterlicherseits hat Selbstmord begangen, ein Vetter von mir zündet mit Vorliebe Häuser an, und mein allerwertester Großonkel hatte ein völlig kriminelles Verhältnis zu seinen Ratten.«

Annabella schloß daraus, daß er – ebenso wie Childe Harold und alle seine anderen Helden – ein düsteres Geheimnis mit sich herumtrug. Wollte er ihr etwa mit diesen Geschichten andeuten, daß Wahnsinn in der Familie lag? Als er ihr mitteilte, er hätte die Heldin seiner drei berühmten Gedichte »An Thyrza« über alles geliebt, verführt, und schließlich mit zwei Kindern zurückgelassen, so daß sie sich das Leben nahm, war Annabella entsetzt. Aber sie glaubte ihm.

Annabella ahnte ihr Leben lang nicht, daß »Thyrza« keine Frau, sondern ein Mann gewesen war, der Chorist Edleston in

Cambridge, der sehr früh an einer Lungenentzündung starb. Nach dieser »leidenschaftlichen, aber reinen Affäre« (wie er in sein Tagebuch schrieb) erlaubte sich Byron auf einer zweijährigen Reise noch weitere homoerotische Experimente, ließ die Neigung aber nach seiner Rückkehr ganz fallen. Jedenfalls benutzte er die Thyrza-Gedichte, um Annabella genau das vorzuführen, in das sie sich verliebt hatte – einen Byronschen Helden.

Bereits nach zwei Tagen entschloß Annabella sich, Augusta Leigh einzuladen. Es geschah weniger aus Höflichkeit als aus dem bohrenden Gefühl der Hilflosigkeit heraus, das sie empfand, wenn Byron ihre Flitterwochen als »Sirupmond« bezeichnete, ihr schreckliche Geschichten von seinen vergangenen Untaten erzählte und sie im übrigen halb als Engel, halb als lästigen Störenfried anredete. Annabella hätte sich an ihre Eltern gewandt, wenn es nicht so demütigend gewesen wäre, zuzugeben, daß sie sich vielleicht in der Wahl ihres Gatten geirrt haben könnte. Aus dem gleichen Grund kamen auch ihre eigenen Freundinnen nicht in Frage.

Hatte Byron nicht einmal gesagt: »Niemand versteht mich so gut wie Augusta?« Und hatten Mrs. Leighs Briefe nicht ausgesprochen freundschaftlich geklungen, so daß Annabella sie in ihren Antworten als ihre Schwester bezeichnete? Augusta Leigh mußte ihr helfen.

Meine liebe Schwester,
Ich wünschte, ich KÖNNTE Euch besuchen! aber ich bin sicher, daß Du die Schwierigkeiten, die eine solche Reise begleiten, verstehen wirst, & daß Du nicht annimmst, der Wunsch *oder* Wille *fehle. Ich bin nicht wenig dankbar für all die Freundlichkeit, die Du zu diesem Thema ausdrückst & hoffe, daß wir uns treffen & bald,* irgendwie & irgendwo. *Dein netter Brief vom 4ten & B's haben mich erst diesen Morgen erreicht. Ich erwähnte das aus Angst, Du könntest Dich über meine trödelige Antwort auf den ersten Brief meiner ›wirklichen Schwester‹* wundern… – *›die arme Gans‹ dankt Dir aus vollem Herzen & hofft, sie verdient ihn mehr, als sie es bis jetzt getan hat… Ich wünschte, die Ent-*

fernung wäre nicht so beträchtlich, kurz, ich wünsche eine ganze Menge – & bin in sehr schlechter Laune, wenn ich an all die Schwierigkeiten, die mir in den Weg gelegt werden & die, wie ich fürchte, unüberwindbar sind, denke… Ich amüsiere mich mit dem Gedanken, wie B's Gesichtsausdruck während der Beständigkeit des DURHAM-GELÄUTES gewesen sein muß. Ich werde mit ihm zanken, *also Adieu, meine liebe Schwester…*

Annabella war, gelinde gesagt, verdutzt. Das Ereignis, auf das Augusta zum Schluß anspielte, hatte sie ziemlich gekränkt, und sie war nicht auf die Idee gekommen, es komisch zu finden. Auf ihrem Weg nach Halnaby waren sie an der Stadt Durham vorbeigekommen, wo die Einwohner ihnen zu Ehren alle Glocken läuten ließen. Sie hatten dort etwa eine Stunde lang Station gemacht, und während der ganzen Zeit hatte das Glockengeläute nicht aufgehört, bis Byron schließlich mit einer Grimasse gesagte hatte: »Soviel zu unserem Glück!« Annabella war sehr verletzt gewesen. Wollte Augusta etwa andeuten, sie solle sich über derartige Beleidigungen *lustig* machen?

Aber Augustas Schreiben kam ihr so herzlich vor, daß sie darin eine helfende Hand sah. Sie brauchte einfach jemanden, der ihr riet, was zu tun war. Also stürzte sie sich in einen Briefwechsel mit einer Frau, die sie nie gesprochen und erst einmal aus der Ferne erblickt hatte. Die sorglose Art, in der Augusta schrieb, faszinierte sie. Sie wußte, daß Augusta mit Six Mile Bottom und ihren Kindern ebenfalls Probleme haben mußte, aber Byrons Schwester gelang es anscheinend, diese beiseite zu schieben oder nicht so wichtig zu nehmen.

Auf Augustas Brief folgte eine Zeit der Entspannung. Byron behandelte Annabella mit sarkastischer Nachsicht. Er hörte nach und nach auf, ihr gräßliche Geschichten zu erzählen, und bemühte sich statt dessen, mit ihr über Themen ihrer Wahl zu reden. Als sie einmal begann, über Religion zu sprechen, hielt er ihr den Mund zu, stellte sich in aller Eile als Agnostiker und halben Atheisten dar, ließ sie wieder los und sagte neckend: »So! Jetzt setze dich hin und bekehre mich!« Sie beeilte sich, ihm zu versichern, daß sie ihm nicht böse sei, denn »ich habe Verständnis für Zweifler, da ich selbst gezweifelt habe.« – »Du meine Güte«, erwiderte er und seufzte, »wie großzügig von dir, Bell.«

Er bemerkte belustigt, daß sie sich Epigramme und Aussprüche von ihm, die sie für besonders originell hielt, voller Eifer neben ihre Studien des Historikers Gibbons aufschrieb:

»Es ist mehr Lebendigkeit in erfundenen als in historischen Gestalten – in Falstaff mehr als in Julius Caesar.«

»Die Asiaten sind nicht qualifiziert dazu, Republikaner zu sein, aber sie haben die Freiheit, Despoten zu verjagen, was dem nahe kommt.«

»Caroline muß für das Herz ihres Ehemanns wie ein ständig fallender Wassertropfen sein – er höhlt aus und versteinert.«

»Kleine Pedantin«, sagte Byron, als er Annabella schon wieder beim Protokollieren von einigen seiner Sätze fand. »Hast du denn keine gute Meinung von mir, Byron?« fragte sie gekränkt. Sein Gesicht verschloß sich unverzüglich. »Teuerste Annabella, ich halte dich für ein vollkommenes Musterbeispiel britischer Tugenden. Da ich in dieser Meinung nicht allein stehe, wirst du wegen deiner Eheschließung von halb England bedauert – frag Hobhouse.«

In dieser Nacht wachte sie auf und sah ihn am Fenster stehen. Er fuhr leicht mit seinen Fingern über das Glas, zeichnete irgendein bestimmtes Muster, immer wieder. Das einfallende Mondlicht zeichnete seine Gestalt in scharfen Kontoren, und sie glaubte plötzlich, dies sei der Moment, um ihm näherzukommen. Sie stand auf und berührte ihn sachte an der Schulter. Er fuhr herum, und sein verzerrter Gesichtsausdruck erschreckte sie entsetzlich. »Laß mich in Ruhe, Bell, laß mich einfach in Ruhe! Ich brauche dich nicht, und ich *will dich nicht*!«

Der Sirupmond war vorbei.

Am einundzwanzigsten Januar kamen Byron und Annabella in Seaham an, da Hanson immer noch kein Haus in London für sie hatte auftreiben können. Byron hatte versucht, dem Besuch in Seaham auszuweichen – unter dem Vorwand, sich selbst um die Wohnangelegenheit kümmern zu wollen –, war aber ohne Erfolg gewesen. In Seaham warteten Annabellas Eltern, froh, ihre

Tochter wieder bei sich zu haben, und offenbar der Ansicht, das junge Paar sollte sich am besten gleich dort häuslich niederlassen. Byron schauderte schon bei dem Gedanken. Sein Verhalten gegen Annabella tat ihm leid, und er versuchte so höflich wie möglich gegen sie zu sein.

Aber immer öfter fragte er sich, ob der Teufel ihn geritten hatte, ausgerechnet Miss Milbanke einen Heiratsantrag zu machen. Die tödliche Langeweile kam in Briefen an seine Freunde zum Ausdruck:

»An dieser öden Küste haben wir nichts außer Gemeindetreffen und Schiffbrüche... Mein Papa, Sir Ralpho, hielt neulich eine Rede bei einem Treffen in Durham über Steuern, und nicht nur in Durham, sondern auch hier, mehrere Male nach dem Dinner. Mittlerweile, glaube ich, spricht er zu sich selbst (ich habe ihn mittendrin verlassen) über verschiedene Likörgläser hinweg, die ihn weder unterbrechen können noch einschlafen... Ich muß nun zum Tee kommen – verdammter Tee. Ich wünschte, es wäre Kinnairds Brandy, und Du dabei, um mich darüber zu belehren.«

Er vermißte seine Freunde, London, ungestörtes Alleinsein, und vor allem vermißte er Augusta.

Augusta erhielt jeden zweiten oder dritten Tag einen Brief von Annabella, in dem sie der »Schwester« intimste Vertraulichkeiten offenbarte. Hauptthema war natürlich Byron und sein Verhalten, und so endete jeder Brief mit der kaum verschleierten Bitte um Rat. Für Augusta hatten die Rätsel schon mit Annabellas Einladung begonnen. Jede junge Frau würde doch in den Flitterwochen allein sein wollen! Annabella aber bat sie nach zwei Tagen Ehe, sie zu besuchen!

Während der Verlobungszeit war Augusta gerührt gewesen von Annabellas Herzlichkeit und ihrer Liebe zu Byron, die sich in ihren Briefen unter einer Flut von formellen Sätzen immer mehr herausschälte. Die Schreiben nach der Hochzeit verrieten zusehends das Bedürfnis nach einer Schwester, nach Hilfe. Augusta war sich schon bald klar darüber, wo Annabellas wahres Problem lag: Die neue Lady Byron hatte sich in eine Kunstfigur verliebt, den melancholischen, gutaussehenden Dichter des »Childe Harold«, und schien nun die Wirklichkeit nicht bewältigen zu können. Dazu war die arme Annabella, der Inbegriff an Humorlosigkeit, neben einem Charakter wie Byron nicht fähig. Augusta lehnte höflich alle Vorschläge ab, zu dem jungen Ehepaar zu stoßen, und überlegte, wie man Annabella am taktvollsten den richtigen Weg weisen konnte. Zuerst versuchte sie es indirekt:

»Ich kann selbst auf diese Entfernung über den Fortgang der ›merkwürdigen Vorgänge‹ lachen – es sieht ihm so ähnlich, zu *versuchen* den Leuten *einzureden, er sei unangenehm & all das.* Oh dear!!«

Annabella nahm weiterhin alles ernst, was Augustas Bruder äußerte oder tat, und ermutigte ihn so, sich wie der Schurke in einem Gespensterroman von Mrs. Radcliffe aufzuführen – anders gesagt, wie einer seiner eigenen Helden. Augusta wurde deutlicher:

»Ich werde Dir, meine liebe Schwester, *meine ganze Torheit* bekennen, als welche sie sich jetzt erwiesen hat – daß Du nämlich vielleicht all seine ›Merkwürdigkeiten‹, ›seiner Art zu sprechen‹ & ›Grübeleien‹ *nicht* verstehen könntest und daß ein solches *Mißverständnis Dich* unglücklich gemacht hätte, was er sehr schnell entdeckt hätte & seine eigenen geraden Vorstellungen seiner Befähigung zum häuslichen Leben hätten *leichtes Spiel* gehabt. Aber nun schlage ich meine Befürchtungen in den Wind & ich bin sicher, Du tust das Richtige, ›lachst darüber‹...«

Annabella lachte nicht. Statt dessen schrieb sie eifrig weiter, ignorierte alle Hinweise Augustas und grübelte über das düstere, dunkle Geheimnis nach, das, so war sie überzeugt, Byron mit sich herumtragen mußte.

Annabella drängte auf einen Besuch in Six Mile Bottom, was Augusta so lange abwehrte, wie sie konnte, unter dem Vorwand, sie müsse dann erst nach einem Haus für die beiden Byrons und ihre Bediensteten suchen, da sie nicht alle in Six Mile Bottom untergebracht werden könnten. Augusta hatte ein echtes Gefühl der Freundschaft für Annabella entwickelt, aber sie liebte Byron, und sie wußte nicht, ob sich ihre guten Vorsätze hinsichtlich ihres Bruder-Schwester-Verhältnisses auch einhalten lassen würden, wenn sie ihn tatsächlich wiedersah.

Doch nicht nur, daß Annabellas Wunsch nach einem Besuch sich immer mehr verstärkte, Byron schaltete sich ein und stellte fest, wenn Six Mile Bottom nicht sie beide aufnehmen konnte, dann unter Umständen einen von ihnen. Der andere müßte dann nach London vorausfahren, wo Lady Melbourne inzwischen ein Haus an der Picadilly Terrace aufgetrieben hatte, das Augusta für zu groß und zu teuer hielt:

»Könnte sich B nicht mit einem *kleinen* Haus in der Stadt zufrieden geben Ach nein – ich kenne seinen *umherschweifenden* Geist – aber warum nicht – bis er sich ein *großes* leisten *könnte*? Gefällt Dir nicht mein Versuch, Eure Angelegenheiten zu regeln!«

Das Haus an der Picadilly Terrace *war* zu teuer, aber Byron war der zähen, sich ewig dahinschleppenden Verhandlungen überdrüssig und mietete es. Wie auch immer, sein Vorschlag in bezug auf Six Mile Bottom war ziemlich eindeutig. Wollte Augusta ihren eigenen Ansichten nicht zuwider handeln, so blieb ihr jetzt keine andere Wahl, als beide einzuladen, Byron und Annabella. Sie schrieb Annabella, die sofort begeistert zusagte.

Annabella hatte noch immer nicht an Sicherheit gewonnen. Mittlerweile hatte sie Gelegenheit gehabt, Byron im gewöhnlichen Alltagsleben zu beobachten: so zum Beispiel seine unerschütterliche Freundlichkeit gegenüber allen Bediensteten, selbst denen, die er verabscheute; die kindische Freude, die er daran hatte, in den Klippen von Seaham herumzuklettern und sich über ihr ängstliches Zögern lustig zu machen.

Doch all dies änderte nichts an seinem Verhalten abends, wenn sie allein waren. Beispielsweise schien er manchmal Dinge zu sehen, die einfach nicht da sein konnten. Annabella war unfähig, diese Merkwürdigkeiten zu deuten, bis sie einen klaren Hinweis von Augusta erhielt:

»...liebste Annabella, erlaube ihm nicht mehr, auf diese Weise den Narren zu spielen, & verstecke bitte *Deine Brandyflasche* – ich glaube, er hat sie gestohlen...«

Erst jetzt wurde Annabella aus ihren Betrachtungen über ihre seltsame Ehe gerissen und stellte fest, daß ihr Gatte angefangen hatte, sich regelmäßig zu betrinken.

Auf dem Weg nach Six Mile Bottom herrschte das inzwischen gewohnte unbehagliche Schweigen zwischen den Eheleuten. Annabella, die sich in Gedanken schon mit Augusta beschäftigte, fragte schließlich: »Warum nennst du deine Schwester eigentlich Gans?« Er zuckte die Schultern. »Ist sie so dumm? Sicher, sie scheint nicht unbedingt logisch zu denken, aber ich hatte an und für sich den Eindruck...« – »Sie ist ein Narr«, unterbrach er sie, »und ich bin einer, und du auch.« Sie verstummte und fühlte sich einmal mehr verletzt.

»Du hast mich doch geheiratet, um mich glücklich zu machen, oder?« Annabella war völlig überrascht und stammelte: »Ja... ja, natürlich...« Er umarmte sie vollkommen unerwartet und küßte sie. »Nun, du machst mich glücklich.«

Sie betraten Six Mile Bottom gemeinsam. Byron rief unsicher: »Gus?« Als Antwort stürmten die Kinder auf ihn los, die aufgeregte Nanny hinterher. Annabella beobachtete erstaunt, wie vertraut sie mit ihm schienen, hatte er ihr doch einmal gesagt, daß er Kinder nicht besonders mochte. Dann vernahm sie eine Stimme: »Laßt ihn leben, um Himmels willen, wir brauchen ihn noch!«

Annabella drehte den Kopf und sah Augusta Leigh auf der Treppe stehen, eine große, schlanke Frau von einunddreißig Jahren, die mit ihrem dunkelbraunen Haar und den regelmäßigen Gesichtszügen an Byron erinnerte und um deren Mund ein belustigtes Lächeln lag. Augusta zögerte einen winzigen Augenblick, dann ging sie auf Annabella zu und gab ihr die Hand. »Du mußt nicht denken, daß es bei uns immer so drunter und drüber geht, Liebes. Normalerweise sind wir nur ein Irrenhaus!« Annabella verstand kein Wort von dem, was Augusta sagte. Sie erwiderte etwas förmlich: »Meine liebe Augusta – wie ich mich freue, dich zu sehen.«

Byron hatte sich inzwischen von den Kindern befreit. Er trat zu seiner Schwester und gab ihr einen leichten, hauchzarten Kuß auf die Wange. Mit deutlich auf Annabella gezieltem Spott sagte er: »Meine liebe Augusta!« Dann brach seine Stimme plötzlich. »O Gus, ich habe dich so sehr vermißt!« Annabella fühlte einen winzigen Stich in der Brust – zu ihr hätte er nie so gesprochen – und schämte sich gleich darauf. Er hatte nur diese eine Schwester. Warum sollte er sie nicht vermissen?

Augusta wirkte etwas schüchtern, als sie ihrer Schwägerin anbot, diese durch das Haus zu führen. »Wenn du es gerne möchtest.« Sie zwinkerte ihrem Bruder zu und sagte schnell: »Byron wird sich inzwischen *gerne* um die Kinder kümmern.« Er antwortete: »Irgendwann skalpiere ich dich, Gus.« Annabella war schockiert. Sie glaubte, Augusta trösten zu müssen, und flüsterte, während sie gemeinsam die Treppe emporstiegen: »Bestimmt meint er es nicht böse, Augusta.« Zu ihrer Verblüffung lachte Byrons Schwester. »Wenn ich das denken würde, hätte ich ihn schon längst in den nächsten Dorfteich befördert.«

Sie zeigte Annabella die Zimmer, die sie während der Zeit ihres Aufenthalts hier bewohnen würden. »Ich hoffe, sie gefallen dir. Ein wenig klein vielleicht, aber um etwas anderes zu finden, hätte ich die Nanny im Bett des Stallknechts unterbringen müssen.« Sie deutete Annabellas entsetzten Blick richtig und fügte hinzu: »Liebes, du mußt doch inzwischen gemerkt haben, daß ich das idiotischste Wesen von der Welt bin – nimm mich einfach nicht ernst!« Plötzlich schlang sie ihre Arme um die widerstrebende Annabella und berührte mit den Lippen die Stirn ihrer Schwägerin. »Aber ich freue mich wirklich, dich hier zu haben!« Annabellas Zurückhaltung löste sich. Sie dachte an all die verständnisvollen Briefe, die Augusta ihr geschrieben hatte, und lächelte. »Ich... ich bin auch glücklich.« Zu ihrem Entsetzen spürte sie Tränen in sich aufsteigen. »Ich brauche doch so sehr... eine Schwester.« Impulsiv küßte Augusta sie noch einmal, nahm ihr Kinn in beide Hände und sagte ernst: »Du *bist* meine Schwester, Annabella. Als ich dir das schrieb, habe ich es so gemeint.«

Sie kehrten zusammen in den großen Salon zurück, wo Byron auf sie wartete. Die Nanny hatte Augustas Kinder inzwischen weggebracht. Er kommentierte ihr gemeinsames Erscheinen mit den Worten: »Die beiden As!« – »Wie bitte?« fragte Annabella verblüfft. »So haben Lady Melbourne und ich euch genannt – ihre A und meine A.« Byron zog die Augenbrauen hoch. »Allerdings dachte ich damals nicht, daß ich euch einmal so sehen würde.« Ironisch setzte er hinzu: »Du warst vorhin etwas kühl zu Bell, Augusta.« Annabella protestierte: »Das ist ungerecht – sie hätte nicht freundlicher sein können.«

Augusta ging überhaupt nicht darauf ein und erkundigte sich trocken, ob sie eine gute Reise gehabt hätten. Sie strich eine widerspenstige Locke zurück und erklärte, zu Annabella gewandt: »Hör zu, ich weiß, was es heißt, mit dem Schuft da in einer Kutsche zu sitzen. Wenn er dich stört, wirf ihn einfach einem der Raubtiere vor, die ihr im Gepäck mitführt.« Die verwirrte Annabella wußte nichts darauf zu antworten, wurde aber von ihrem Ehemann dieser Notwendigkeit enthoben. »Hast du ein bestimmtes Tier im Auge, Gus?« Augusta musterte ihn von oben bis unten. »Weißt du, du hast abgenommen, mein Lieber. Der Bär kommt nicht mehr in Frage, wende dich also an die Hunde.«

Auf diese Art sprachen sie den ganzen Nachmittag und beim Dinner. Annabella begann wider Erwarten, Gefallen an der Unterhaltung zu finden. Sie war entspannt und zum erstenmal seit langer Zeit nicht vor die Frage gestellt, was als nächstes zu tun oder zu sagen war. Schließlich kam sie zu dem Schluß, daß darin das Geheimnis von Augustas Charme liegen müssen, denn sie war bestimmt keine Schönheit.

Byron wirkte wie verwandelt in Augustas Gegenwart. Kein Gedanke an finstere Gewissenserleichterungen (»ich muß dir von Thyrza erzählen...«) oder düstere Wahnvorstellungen – wenn man ihn sah, hätte man meinen können, er habe nie auch nur eine einzige bösartige Idee im Kopf. Er scherzte auf gutmütige Art über Annabellas Studien und lobte ihre Gewissenhaftigkeit; als Augusta nach Annabellas Schneiderin fragte, machte er ihr ein Kompliment über ihr Kleid. Das ging so lange gut, bis Annabella versuchte, das Gespräch auf etwas ernstere Themen zu lenken.

»Ist es nicht schade«, sagte sie zu Augusta, »daß Byron sich für verdammt hält und nicht an die Erlösung glaubt? Manchmal frage ich mich, ob er überhaupt ein Christ ist.« Sie sah Byrons Miene und fügte eilig hinzu: »Natürlich habe ich Verständnis für Zweifler. Ich habe selber gezweifelt, ein paarmal wenigstens.« Ihr Ehemann gähnte. »Aber ich glaube doch, Bell, das ist ja das Schreckliche.« Annabella dozierte: »Glaube ist nichts ohne die Hoffnung auf Erlösung. Nur durch die Auferstehung...« Sie geriet ins Stottern, als sie merkte, daß Byron sie mit seinen Augen förmlich vernichten wollte. Mit einem Knall stellte er das Glas, das er in der Hand hielt, auf den Tisch zurück. »... bekommt das Christentum seinen Sinn«, schloß sie lahm.

Byron gebrauchte die betont sanfte, freundliche Stimme, die sie zu fürchten gelernt hatte, als er anfing, zu sprechen. »Die Basis deiner Religion ist Ungerechtigkeit. Der Sohn Gottes, der Reine, der Unbefleckte, der Unschuldige, wird für die Schuldigen geopfert. Das beweist zwar seinen Heroismus, nimmt aber von der Schuld der Menschen nicht mehr, als die Bereitschaft eines Schuljungen, sich für einen anderen züchtigen zu lassen. Du erniedrigst den Schöpfer zuallererst, indem du ihn zum Stammvater von Kindern machst; und zweitens verwandelst du ihn in einen Tyrannen über ein unbeflecktes und unbescholtenes Wesen, das in die Welt gesandt wurde, um den Tod für das Wohl einiger Millionen Schurken zu erleiden, die nach allem wahrscheinlich ebenso verdammt wurden wie vorher.«

Annabella wandte sich zornig an Augusta. »Denkst du genauso?« Augusta schüttelte lächelnd den Kopf. »Ich glaube an die Auferstehung und die Erlösung, weil ich an die Liebe glaube.« Byron sah sie an. »Und was ist mit Geistern, Gus? An die glaubst du doch auch?« Seine Schwester verzog das Gesicht und erwiderte: »Ich hoffe darauf, daß nur solche Ekel wie der alte Rattenzüchter zum Spuken verurteilt werden. Du meinst doch nicht, daß er irgend jemanden geliebt hat?« Sie stand auf und reichte Annabella die Weinkaraffe über den Tisch.

»Sehr mitfühlend von dir, Gus, unseren liebenswürdigen Großonkel seinen sämtlichen Nachfahren aufzubürden. Stell dir vor, wie man sich als Durchschnittsmensch bei dieser Erscheinung fühlen muß.« Augustas Miene wurde auf einmal täuschend unschuldig. Sie murmelte, ohne in seine Richtung zu schauen: »Oh, ich kann das sicher nicht beurteilen. Du bist derjenige, dem die Geister erscheinen, hast du das vergessen?« Einige Sekunden lang herrschte Stille, dann brachen sie beide in Gelächter aus. Annabella fühlte sich verwirrt und ausgeschlossen. Sie warf ein: »Um noch einmal auf die Erlösung...« Eisig sagte Byron: »Danke, meine Liebe. Wir kommen auch ohne dich zurecht.« Annabella erhob sich von ihrem Stuhl und verließ steif den Raum.

Am nächsten Morgen war Byron, ganz gegen seine Gewohnheit, früh aufgestanden, doch als Annabella herunterkam, stellte sie fest, daß die Geschwister mit dem Frühstück auf sie gewartet hatten. Lediglich die Kinder waren bereits fertig, und Augusta wischte ihrem Sohn gerade mit einer Serviette den Mund ab, als sie Annabella auf der Treppe hörte. Sie gab Henry noch einen Klaps auf die Finger, da er nach ihrem Teller griff, ging dann auf ihre Schwägerin zu und begrüßte sie freundlich. »Guten Morgen, Bell – o dear, verrate mir, wie du das machst. Ich wirke um diese Tageszeit immer völlig verschlafen, du dagegen – sieht sie nicht besonders hübsch aus, Byron?« Ihr Bruder entgegnete aufgeräumt: »Ja, das tut sie. Bell, du solltest öfter Blaugrau tragen, es gefällt mir an dir.«

Annabella war fassungslos. Das, nachdem er sie am Abend zuvor so behandelt und sie die ganze Nacht nicht eines Blickes gewürdigt hatte! Augusta erkannte ihre Schwierigkeiten und sagte schnell: »Aber setze dich doch. Ich hoffe, du magst Porridge, ich mußte einen schweren Kampf mit Henry und der kleinen Augusta ausfechten, um dir eine Portion zurückzuhalten.« Byron erkundigte sich, wie sie geschlafen habe, und fragte, wann sie ihren Eltern schreiben würde. Es blieb Annabella nicht verborgen, daß sowohl Byron als auch Augusta sich ständig bemühten, sie in das Gespräch mit einzubeziehen. Das Frühstück verlief so ohne den häßlichen Beigeschmack des vorherigen Abends. Annabella bemerkte, daß Bruder und Schwester ein Medaillon trugen, daß sie bei ihrem Gatten noch nie gesehen hatte, entschied sich aber, im Moment nicht danach zu fragen.

Später machte sie einen Spaziergang mit Augusta. Das Wetter war nicht besonders schön, aber mit etwas Glück würde es wenigstens nicht regnen. Augusta studierte mit gerunzelter Stirn die schweren grauen Wolken, fröstelte und hakte sich bei Annabella ein, während sie über das Frühjahr im allgemeinen plauderte und bedauerte, hier nicht mit dem etwas günstigeren Seeklima von Seaham gesegnet zu sein. Annabella versuchte zunächst auf ebenso unbeschwerte Weise zu antworten, kam jedoch dann mehr und mehr darauf, über die Probleme ihrer Ehe zu sprechen.

Augusta erwies sich als aufmerksame Zuhörerin. Als Annabella geendet hatte, überlegte sie eine Weile und meinte schließlich: »Ein Teil seines Verhaltens kommt zweifellos von diesen elenden Geldschwierigkeiten. Und natürlich leidet er darunter, daß er Newstead verkaufen mußte.« Annabella fragte verwundert: »Aber er wollte Newstead doch verkaufen, oder?« Um die Augen ihrer Schwägerin legte sich ein kleiner Schatten. »Hast du dich noch nie zwingen müssen, etwas zu tun, was du nicht wirklich wolltest, einfach, weil es keine andere Möglichkeit gab?« Einen Moment lang hatte Annabella den Eindruck, Byrons Schwester redete über etwas ganz anderes.

»Diese ewigen Verhandlungen mit Hanson, Newstead und das ganze übrige Hin und Her – so etwas zersetzt und macht gereizt, Bell.« Annabella gab zu, daß diese Aussage nicht aus der Luft gegriffen war. Sie wußte, daß der impulsiv großzügige Byron an mehrere seiner Freunde – Hodgson zum Beispiel und auch an den »kühnen« Webster – größere Summen ausgeliehen hatte, die er nie mehr wiederbekommen würde. Aber andererseits... »Mag sein«, sagte sie. »Das begründet trotzdem noch nicht sein Verhalten mir gegenüber.«

Augusta warf ihr einen etwas merkwürdigen Blick zu und fragte dann nach Byrons Eßgewohnheiten. »Willst du andeuten, seine *Mahlzeiten* seien ein Grund?« stieß Annabella empört hervor. »Einer von vielen«, erwiderte Augusta ungerührt. »Er hat wirklich ziemlich abgenommen, und ich weiß, wie seine Hungerkuren aussehen. Von Soda und Biskuits allein kann man nicht gut leben, Bell. Glaub mir, ich habe Kinder, ich weiß, wie wichtig gesunde Ernährung ist. Und wenn er noch dazu trinkt...«

Annabella erinnerte sich, daß Byron an manchen Tagen bis zu sechs Sodaflaschen hintereinander geleert und sonst nichts zu sich genommen hatte. Eine exzentrische Dichtergewohnheit, hatte sie gedacht, und auch zeitweise versucht, ihn davon abzubringen. Doch sie fand es abwegig und oberflächlich, unkontrollierte Wutanfälle auf mangelhaftes Essen zurückzuführen, und das teilte sie Augusta in einem etwas pikierten Ton auch mit. Augusta umarmte sie.

»Bell, ich will ihn doch nicht entschuldigen, nur erklären.« Annabella war versöhnt und erkundigte sich, ob Augusta mit George Leigh ähnliche Schwierigkeiten hätte. »O dear, nein – er ist nie lange genug da, um mir Schwierigkeiten zu *machen.*« »Vielleicht«, sagte Annabella, mit den Gedanken schon wieder bei etwas anderem, »liebt er mich Thyrzas wegen nicht.« Augusta stutzte. »Natürlich liebt er dich... und wen meinst du mit Thyrza?« Mit dieser Frage hatte Annabella nicht gerechnet und gab kurz wieder, was Byron ihr berichtet hatte.

»Also, ich kann es nicht beschwören, weil wir zu diesem Zeitpunkt zerstritten waren – hat er dir davon erzählt? –, aber wenn er so unsterblich in ein Mädchen verliebt gewesen wäre, wie du sagst, dann hätte er sie auch geheiratet. Und ganz bestimmt hätte ich gehört, wenn eine Frau, mit der er zwei Kinder hatte, Selbstmord begangen hätte. Du weißt doch, wie in großen Familien geklatscht wird.« Annabella war nicht überzeugt.

Zum Lunch aß Byron nichts, was Annabella wider Willen an Augustas Theorie erinnerte. Sie machten Pläne über ihr gemeinsames Leben in London, was Byron abwechselnd zu bissigen und witzigen Kommentaren anregte.

Schließlich sagte er, zu seiner Schwester gewandt: »Lady Melbourne mag dich nicht, Augusta.« Sie entgegnete gelassen: »Ich wüßte nicht, warum.« Byron beugte sich über den Tisch und flüsterte ihr etwas ins Ohr. Augusta blieb ungerührt. Doch Byrons Augen begannen zu glitzern. »Ich werde es erzählen, Gus.« Die Stimme seiner Schwester klang vollkommen ruhig. »Das ist mir egal.« – »Soviel zur Schamhaftigkeit der Frauen«, sagte Byron und unterließ für den Rest des Tages alle weiteren Bemerkungen dieser Art.

Trotzdem wurde der Abend schlimmer als der vorhergehende. Es fing ganz harmlos an, mit einer Diskussion über Napoleons Rückkehr von Elba. »Ich glaube, er wird es wieder schaffen«, bemerkte Byron, »Europa hatte ja nichts Besseres zu tun, als erst in London und dann in Wien alle Schuster mit durchtanzten Sohlen wieder auf Trab zu bringen.« – »Du kannst diesen Mann doch unmöglich bewundern!« rief Annabella schokkiert.

Byron antwortete ausnahmsweise ehrlich: »Doch, ich bewundere ihn. Aber das heißt nicht, daß ich ihn nicht für einen Tyrannen halte. Nur ist es meiner Meinung nach besser, von einem genialen Tyrannen regiert zu werden, als von irgendeinem der verdammten Fossilien, die sonst überall mit ihren Hintern den Thron warmhalten.« – »Byron!« – »Kannst du mir vielleicht sagen, wozu unser Wahnsinniger sonst noch fähig ist? Sein Sohn natürlich wird alle erretten. Er erweist sich jetzt schon als so *überlegen.*« Byron goß sich ein weiteres Glas Brandy ein. »Das ganze überkommene System sollte abgeschafft werden. Meiner Meinung nach ist die einzig wahre Staatsform die Republik. Zum Teufel mit allen Monarchien!«

Annabella schluckte und sagte unverhohlen tadelnd: »Ich kann diese Ansicht nicht teilen.« – »Nein, woher auch? Du teilst nur deine eigenen Ansichten, mein Engel.« Mittlerweile war aus seinem gespielten Ärger wirklicher Zorn geworden. Er trank seinen Brandy mit einem Zug aus und griff erneut nach der Flasche.

Eigentlich verstand er selbst nicht, warum Annabella ihn so wütend machte. Hodgson beispielsweise vertrat ähnliche Ansichten wie sie, und die Debatten mit ihm hatten immer in Freundschaft und gegenseitiger Achtung geendet. Aber wenn er mit Annabella sprach, fühlte er irgend etwas Dunkles, Unkontrollierbares in sich aufsteigen, das sich Luft machen mußte, und seine eigene Ungerechtigkeit brachte ihn nur noch mehr auf.

»Byron«, sagte Augusta sanft, »du trinkst zuviel.« – »Ja«, antwortete er herausfordernd, »warum tue ich das wohl? ›Wir scheiden, wir fliehen – und kehren zurück!‹ Weißt du, wann ich das geschrieben habe, Gus?« – »Meiner Meinung nach ist dieses Gedicht...« begann Annabella. Ihr Gatte explodierte.

»Deine Meinung interessiert niemanden!« Annabella erstarrte, unfähig, auch nur einen klaren Gedanken zu fassen. Augusta ging zu ihr hinüber, umarmte sie und küßte sie auf beide Wangen. Dann wandte sie sich mit blitzenden Augen an ihren Bruder. »Mich interessiert, was sie denkt, und ich erlaube nicht, daß du sie unter meinem Dach schlecht behandelst!« Annabella brach in Tränen aus. Sie ließ sich von Augusta in ihr Zimmer führen, klammerte sich an ihrer Hand fest und schluchzte. »Er liebt mich nicht, o Augusta, er haßt mich.« Augusta half ihr, sich zu entkleiden, zog ihr das Negligée über und schüttelte ihr Kissen zurecht. »Er ist betrunken«, sagte sie kurz, »und das werde ich ändern. Gute Nacht, Bell.«

Annabella lag lange wach und wartete auf ihren Ehemann. Als er kam, sprach er kein Wort mit ihr, und sie hörte in dieser Nacht, wie er im Schlaf redete. Er schien Alpträume zu haben. Es war eine wirre Mischung aus Flüchen und Bitten, ihn nicht zu verlassen, bis er schließlich hochfuhr und schrie: »Rühre mich nicht an!« Zuerst dachte sie, er meine wirklich sie persönlich, aber dann entdeckte sie, daß er gerade erst aufgewacht war.

Er starrte sie an, ohne sie zu erkennen. »Byron«, flüsterte sie, »ich bin es, Bell.« Zum erstenmal gebrauchte sie diesen Namen, mit dem nur Byron und Augusta sie ansprachen. Sein Blick klärte sich langsam, und er strich mit der Hand behutsam über ihr Gesicht. »Es tut mir leid, Bell.« Er zog sie an sich und war zärtlicher zu ihr als selbst in ihrer Hochzeitsnacht. Er gebrauchte sogar wieder ihren vertrauten Kosenamen Pip. Auch nachdem er längst wieder schlief, schaute Annabella ruhelos in das Dunkel und grübelte darüber nach, warum sie Augusta, die dieses Wunder vollbracht hatte, mit einem Mal fast haßte.

Am dreißigsten März kamen Lord und Lady Byron nach London, um ihr neues Heim am Picadilly zu beziehen. Annabella fand es tatsächlich zu groß, aber sie wäre lieber gestorben, als es zuzugeben. Erst als sie sich überzeugt hatte, daß es allein Byrons Fehler war, gestattete sie sich, ihrer Mutter in diesem Sinne zu schreiben. Sie fühlte sich ansonsten nicht unzufrieden. Byron behandelte sie mit gleichgültiger Freundlichkeit, sie hatte ihr eigenes Schlafzimmer, und sie merkte, wie sie von der weiblichen Londoner Gesellschaft beneidet wurde.

Lady Jersey beispielsweise, die standesgemäße Mätresse des Prinzregenten, die er sofort nach dem Sommer der Souveräne wieder aufgegeben hatte, sowie seine fürstlichen Gäste zum Wiener Kongreß abwanderten, hatte sich durchaus ihre Vorliebe für Byron bewahrt. Als der Prinzregent sich sogar geweigert hatte, das von ihm bestellte Porträt der Lady zu bezahlen – statt dessen schickte er es seiner ehemaligen Mätresse, zusammen mit der Rechnung –, hatte Byron ein mitfühlendes Gedicht für die Dame geschrieben, der man einst einen kurzen Flirt mit ihm nachsagte. Zudem bot sich hier wieder die Gelegenheit, den Prinzen zu attackieren, und so eine Chance ließ er nie vorbeigehen. Lady Jersey erinnerte sich seiner in Dankbarkeit und schien bei ihrem Empfang des jungen Paares von seiner Heirat nicht übermäßig entzückt zu sein.

Unter den ersten Gratulanten zum Einzug befand sich Caroline Lamb. Anfangs war sie die Freundlichkeit in Person. Erst als Byron in ihrer Anwesenheit den Arm um Annabellas Taille legte, brach sie in schneidendes Gelächter aus, drehte sich um und verließ das Haus. Annabella fühlte sich hin und her gerissen: entweder war Caroline einfach eifersüchtig, oder... Sie dachte an das berühmte Urteil ihrer Cousine, als diese Byron kennenlernte (Caroline hatte dafür gesorgt, daß es sehr schnell die Runde machte): verrückt, schlimm und gefährlich zu kennen.

Annabella lernte nach und nach Byrons Freunde kennen. Ihr Urteil fiel überwiegend negativ aus. Thomas Moore war ihr zu leichtfertig (hatte er nicht unter einem leicht durchschaubaren Pseudonym unanständige Gedichte verfaßt?), Scrope Davies zu gottlos und oberflächlich, und Douglas Kinnaird ging schon allein durch seinen berühmten Brandy ihrer Wertschätzung verloren. Hodgson, der Diakon aus Cambridge, fiel vielleicht noch unter die Kategorie »respektabel«. Aber auch er sprach für ihren Geschmack Kinnairds Brandy zu gerne zu. Und allesamt neigten sie ständig dazu, den Ernst des Lebens zu vergessen.

Byron schrieb an einer Tragödie, aus der er ihr Teile vorlas. Annabella hoffte, wieder mit der Reinschrift betraut zu werden. Aber dann erklärte er, das Manuskript verbrannt zu haben. »Oh, warum?« rief sie bestürzt. »Das Thema war doch wirklich erhaben!« – »Meine Liebe«, sagte er und gähnte, »die Tragödie wurde zu realistisch.«

Anfang Juni konnte Annabella sicher sein, ein Kind zu erwarten. Dieser Zustand machte sie nur halbwegs glücklich, denn sie sah sich wieder in die verhaßte Situation gebracht, zur Hilflosigkeit verurteilt zu sein. Andererseits verhielt sich Byron jetzt ihr gegenüber nicht nur freundlich, sondern auch liebevoll. Sie hatte sich endlich einen Kosenamen für ihn ausgedacht, »Ente« (als Pendant zu »Gans«), und da sie nie auf den Gedanken gekommen wäre, er könnte das als Anspielung auf seine Behinderung verstehen, gebrauchte sie diese Bezeichnung bei jeder Gelegenheit. So schrieb sie ihm, als er Augusta für ein paar Tage besuchte und sie bat, ihm eine Arznei nachzuschicken.

Liebling Ente –
Ich fühle mich, als ob B- sich selbst liebte, was mir mehr als alles andere gut tut, und die junge Pip zum Hüpfen bringt. Du würdest lachen, wenn Du die Auswirkungen Deiner Abwesenheit sehen und noch viel mehr hören könntest – Teppiche werden geklopft, Treppen gefegt, klopfen, schrubben, bürsten! – Durch all das werde ich früh aufgeweckt... Das alte Sprichwort –

›Ist die Katze aus dem Haus, tanzen die Mäuse‹ –

Sie sollen ihren Urlaub haben, aber ich kann meinen nicht genießen. In der Tat, in der Tat ist ein unartiger *B tausendmal besser als überhaupt kein B.*

Ich wage nicht, mehr zu schreiben, aus Furcht, Du könntest durch die Länge erschreckt werden, und überhaupt nichts lesen. Also werde ich den Rest Gans erzählen.

Ich hoffe, Du rufst ›Pip, pip, pip‹ – immer wieder. Ich denke, ich höre Dich – aber ich werde nicht melancholisch werden...

Sie las den Brief noch einmal durch, ehe sie ihn versiegelte, und spürte eine flüchtige Verwirrung. Irgendwie klangen die Spitznamen bei ihr nicht wie bei Byron und Augusta.

Mit fortschreitender Schwangerschaft begann sie die Anwesenheit von Byrons Freunden mehr und mehr zu stören. Als sie dies erkennen ließ, ging Byron häufiger mit der »Picadilly Crew«, wie Annabella sie heimlich bezeichnete, außer Haus. Annabella war gekränkt und reagierte zuerst mit Vorwürfen, dann mit kleineren Krankheiten, eine Ausflucht, die sie schon als Kind erprobt hatte. Byron war zunächst voll Mitleid, was aber bald in Ärger umschlug. Er hatte Augusta schwanger erlebt. Warum ertrug Annabella diesen Zustand so schlecht?

Immer öfter war er außer Haus, und Annabella fand bald heraus, daß er nicht nur mit der Picadilly Crew unterwegs war, sondern seine Zeit auch mit einer Frau verbrachte, der Schauspielerin Susan Boyle. Annabella beschränkte sich zunächst auf würdevolle Vorhaltungen, doch die Szene endete damit, daß sie in Tränen aufgelöst war.

Als Annabella einmal vor dem Kamin stand und sah, daß er fröstelte, fragte sie ihn unvorsichtigerweise: »Stehe ich dir im Weg?« – »O ja«, entgegnete er, »verdammt im Weg.«

Nichts hatte sich geändert, als seien jene mehr oder weniger friedlichen Monate von einer boshaften Hand ausgelöscht worden. Alles war wieder wie früher. Und noch immer fühlte sich Annabella dieser Belastung einfach nicht gewachsen. Jemand mußte ihr helfen. Augusta – Augusta war die einzige, die sie verstand. Annabellas Briefe wurden wieder verzweifelter und endeten in offenen Hilferufen:

»Ich habe bis zuletzt in der Hoffnung auf einige Veränderungen gewartet – aber alles ist unerträglicher Stolz & Härte. O Augusta, wird es sich je für mich ändern – ich weiß kaum, was ich sage. Obwohl ich gestern versucht habe das Beste aus den Dingen zu machen, habe ich, als Selbstbetrug unmöglich wurde, gedacht, daß sein *Kopf* seit Samstag (in dieser Nacht saß er mit Kinnairds Gesellschaft bis halb fünf Uhr morgens da und trank) nicht mehr ganz richtig war – und er wird, fürchte ich, mehr und mehr Grund hinzufügen.«

Annabella fürchtete, er könnte wahnsinnig sein. Hatte er nicht selbst zugegeben, daß dies in seiner Familie schon vorgekommen war? Augusta mußte ihr helfen. Sie hatte es längst vorgezogen, das merkwürdige Gefühl in jener Nacht in Six Mile Bottom zu ignorieren. Sie brauchte Augusta und drängte auf ihr Kommen. Augusta wehrte ab. Am elften November, als Byron davon gesprochen hatte, Susan Boyle in ihrem Haus einzuquartieren, schrieb Annabella ihren letzten Appell:

Laß mich Dich Mitte der Woche sehen – spätestens. Hobhouse ist gekommen – um einen Plan für eine Auslandsreise zu arrangieren, wie ich großen Grund habe zu glauben. Mein Kopf schmerzt – er wurde gequält – aber ich will nicht mehr auf dem Papier sagen. Du wirst gut tun, denke ich – wenn es irgendwie getan werden kann.

Meine liebste A, ich fühle all Deine Freundlichkeit.

Am fünfzehnten November traf Augusta in dem Haus am Picadilly ein.

Beide erwarteten sie mit einiger Nervosität, schweigend in der großen Empfangshalle sitzend. Byron begann, leise die Melodie eines seiner albanischen Lieder zu summen. Annabella blätterte unruhig in ihrer Ausgabe von Gibbons Weltgeschichte. Endlich sagte ihr Mann: »Du bist eine Närrin, Bell, daß du sie hierher eingeladen hast.« Annabella fragte verstört: »Aber ich dachte, du magst deine Schwester.« – »Eben deswegen will ich sie ja nicht hier haben.« Schweigen. Annabella starrte fünf Minuten lang auf dieselbe Seite und dachte darüber nach, was aus der selbstsicheren, kühl-gelassenen Miss Milbanke geworden war.

»Ich frage mich, was Gus zu der Boyle sagen wird. Vermutlich runzelt sie die Stirn und schimpft mich aus. Aber«, Byron sah Annabella direkt an, »ich kann Augusta über alles zum Lachen bringen.« – »Das ist höchst bedauerlicherweise wahr«, antwortete sie scharf. Erneut trat Stille ein. Dann kam Fletcher und meldete, Mrs. Leighs Wagen sei vorgefahren. Sie sprangen beide auf.

Annabella erreichte sie zuerst, umarmte sie und spürte Augustas Hand beruhigend über ihr Haar streichen. »Ich... ich... o Augusta!« Augusta küßte sie und wandte sich ihrem Bruder zu. Er musterte sie von oben bis unten und entdeckte etwas, das Annabella entgangen und eigentlich auch kaum zu erkennen war. »O nein – du bist schon wieder schwanger!«

Augusta zuckte diesmal merklich zusammen. Sie wußte genau, warum er es tat. Seit Annabellas Schwangerschaft fortgeschritten war, hatte sich Byron in ein eingebildetes Treuegelübde mit Augusta geflüchtet. Diese Erkenntnis war daher für ihn niederschmetternd.

Augusta fühlte sich müde und abgespannt, und das nicht nur von der Reise. Sie hatte nicht geheuchelt, als sie Annabella von den Schwierigkeiten mit ihrer mittleren Tochter schrieb. Nachdem sie die kleine Augusta einmal dabei gefunden hatte, wie sie einem verletzten Vogel mit einem Stein den Kopf einschlug und ihm systematisch die Federn ausriß, hatte sie sie mehrmals ärztlich untersuchen lassen. Die Diagnose, auch wenn sie von einem Landarzt aus Newmarket kam, war erschreckend gewesen. Seiner Meinung nach lag ein Fall von Schwachsinn vor. »Vielleicht irre ich mich auch, Mrs. Leigh, und das Kind ist nur etwas zurückgeblieben, schließlich sind vier Jahre noch kein Alter. Nur, wenn ich recht habe, können Sie von Glück sagen, wenn es nicht bösartig ist. Auf keinen Fall würde ich sie länger ohne Aufsicht lassen. Am besten geben Sie sie in ein Heim.«

Augusta klammerte sich an den dünnen Hoffnungsfaden der leichten Zurückgebliebenheit. Der Doktor hatte sie anschließend gefragt, ob sie und George miteinander verwandt seien. Als sie bestätigend nickte, nahm sein Gesicht einen bekümmerten Ausdruck an. »Das dachte ich mir, Mrs. Leigh. Sehen Sie, in Familien wie der Ihren heiratet man immer wieder untereinander, und auf der Universität hat man mich gelehrt, daß so etwas schlechte und ungünstige Anlagen fördern soll. Aber wer hört heutzutage schon auf einen solchen Ratschlag?«

Augusta versuchte ihre eigenen Sorgen beiseite zu schieben.

Byron und Annabella hatten genug Probleme. Annabellas Gesicht war aufgedunsen, die Hand- und Fußgelenke geschwollen, und sie schrak bei dem geringsten Laut zusammen. Später, als sie beide allein waren und Augusta ihre Sachen auspackte, erzählte Annabella ihr mit zitternder Stimme von Byrons Drohung, Susan Boyle in dieses Haus zu bringen. »Womit habe ich es nur verdient, Augusta, daß er mir so etwas antut?« Augusta sagte grimmig: »Er wird es dir nicht antun, verlaß dich darauf.«

Annabella spürte grenzenlose Erleichterung. Augusta war da und würde alles wieder in Ordnung bringen. Nach einiger Zeit überwog erneut ihre Skepsis: »Aber warum, Augusta, *warum*?« Augusta seufzte. »Bell, es liegt vielleicht nur daran, daß für Männer diese Zeit auch sehr schwierig ist. Sie fühlen sich überflüssig, verstehst du, und das Warten zehrt auch an ihren Nerven.« Mit einem schwachen Lächeln fügte sie hinzu: »Besonders das Warten darauf, wieder mit ihrer Frau in einem Bett zu liegen.« Annabella errötete. Augustas unumwundene Ausdrucksweise berührte sie noch immer peinlich.

»Glaubst du wirklich, daß es deswegen... und außerdem bin ich im Augenblick sehr häßlich.« Augusta drückte ihre Hand und sagte tröstend: »Unsinn. Du hast dich ein bißchen verändert, aber das ist ganz normal. Was meinst du, wie ich jedesmal ausgesehen habe? George fragte sich immer, ob er nicht eine andere Frau vor sich hätte.« Sie lachte. »Und ich war viel gereizter als du – sprich mit der armen Nanny!« Annabella durchschaute, wie gern sie sich auch auf diese Behauptung eingelassen hätte, die Wahrheitsverdrehung. Trotzdem wollte sie mit Augusta ihre Theorien über Byrons Geisteszustand erörtern. Sie erinnerte an den angeblich in der Familie liegenden Wahnsinn.

Diesmal machte sich ihre Schwägerin nicht darüber lustig, sondern blickte sehr ernst und nachdenklich drein: »Es kann schon sein – das mit dem Familienwahnsinn«, sagte sie traurig. Annabella kam nicht auf den Gedanken, diese Äußerung auf die Sorgen um die kleine Augusta Charlotte zu beziehen. Sie erklärte fast triumphierend: »In meinen Augen ist es so gut wie eindeutig. Der Wahnsinn muß ihn zumindest gestreift haben. Da du nun hier bist, Augusta«, sagte sie, »wird er vielleicht etwas öfter daheim bleiben.« Augusta zuckte die Achseln. Dabei fiel Annabella wieder das Medaillon auf, das sie trug, und dessen genaues Gegenstück sie bei Byron gesehen hatte. Betont unauffällig murmelte sie: »Was für ein hübscher Schmuck – kann ich mir ihn einmal umlegen?« Ohne weitere Umstände faßte Augusta sich in den Nacken, löste den Verschluß und drückte das Kettchen nebst Anhänger Annabella in die Hand. Diese betrachtete es aufmerksam. Das Medaillon war in zartem Filigransilber gearbeitet und trug auf der Rückseite eine Gravur: B und drei Kreuze. »Ein Mitbringsel von eurer Hochzeitsreise«, sagte Augusta munter.

Ein Geräusch ließ Augusta aufschauen. Byron stand hinter ihr und beobachtete sie, der Himmel mochte wissen, wie lange schon. »Was ist nur aus uns allen geworden, Gus?« fragte er leise und setzte sich zu ihr. »Was auch immer«, erwiderte sie behutsam, »es *ist* so, es läßt sich nicht ändern, und wir müssen das Beste daraus machen.«

Augusta hatte ihr Versprechen wahrgemacht und Annabellas Vertrauen nie mißbraucht. Sie legte ihm zart die Hand auf den Nacken. »Habe ein wenig Geduld mit ihr, bitte, Liebster. Sie trägt dein Kind, und es geht ihr nicht gut.« – »Das ist ihr Normalzustand«, murmelte er. Augusta blinzelte ihm zu. »Und *dein* Normalzustand? Der übertrifft den ihren natürlich gewaltig an Gesundheit?« Er mußte lachen, ein schwaches Echo seines früheren Gelächters. »Liebste Augusta.«

Augusta blickte in das wärmende Feuer. »Die Flammen sehen aus wie widerspenstige Höflinge, nicht? Unter dem Eindruck, der Prinzregent taucht bald auf.« Sie trug an diesem Tag ein Kleid aus dunkelrotem Satin und wirkte dadurch selbst etwas wie eine Flamme, fand Byron. »Nein, nein – das sind die Tänzer von Paris.« In Paris hatte sich nach dem endgültigen Sieg der Alliierten über Napoleon abermals die vornehme Welt Europas versammelt.

Der Gedanke an Paris brachte ihn auf das sinnlose Gemetzel von Waterloo, und er sagte: »Es tut mir leid wegen Frederick Howard, Gus.« Frederick Howard, einer der zahlreichen Carlisle-Söhne, eng mit Augusta befreundet und frisch mit einer weiteren Cousine vermählt, war einer der vielen gewesen, die auf den Feldern von Waterloo ihr Leben gelassen hatten.

Byron wußte, wie sehr Augusta ihren Vetter gemocht hatte – einmal hatte sie ihm erzählt, sie sei als zehnjähriges Mädchen in Frederick verliebt gewesen, habe aber nie gewagt, es ihm zu gestehen – und wollte ihr auf diese Art mitteilen, wie sehr ihn der ganze kindische Streit mit den Howards und dadurch mit Augusta reute. Sie seufzte. »Frederick Howard... so viele sind tot aus unserer Kindheit...«

Augusta schüttelte sich. »Wenn wir nicht bald aufhören, Geister zu beschwören, enden wir bei unserem Vater und seinen Mätressen, und dann haben wir die gesamte Unterwelt hier!« Der melancholische Bann des Feuers war gebrochen. Er fragte: »Apropos Unterwelt – hast du die Geschichte mit Dick dem Dandy-Killer gehört? Das war das große Halali für den armen Brummel, fürchte ich. Wenn er nicht schleunigst außer Landes flieht, kann er sein Domizil im Schuldenturm aufschlagen.«

Unter der Bezeichnung »Dick der Dandy-Killer«, die der boshafte Scrope Davies eingeführt hatte, verbarg sich der reiche Zuckerbäcker Richard Myler. Er hatte sich, überzeugt, der Prinzregent würde trotz allem wieder zu Beau Brummel zurückfinden, mit anderen auf ein Geschäft eingelassen, um dreißigtausend Pfund für den König der Dandys aufzubringen, mit einem eigenen Beitrag von siebentausend Pfund. Doch als ihm zu Ohren kam, daß keine Aussicht auf Rückgabe des Geldes bestand, stellte er Brummel öffentlich im White's Club zur Rede und löste so einen riesigen Ansturm von Gläubigern aus, die mittlerweile nächtelang vor Brummels Haus kampierten.

Augusta schnitt eine Grimasse. »Wenn er geht, wer soll euch armen Männern dann sagen, was ihr anzuziehen habt?« Sie musterte ihn kritisch und ahmte Brummels leicht näselnde Stimme nach. »Mein lieber Lord Byron, das Hemd, das Sie da tragen, ist unmöglich und kann nur den Straßenfegern der letzten Saison zugemutet werden. Die Manschetten an Ihrem Ärmel bestehen aus Perlmutt, obwohl ich ausdrücklich angeordnet habe, nur Elfenbein zu tragen. Und was Ihre Schuhe angeht – auf dem linken

Rand des rechten Vorderteils Ihres linken Stiefels befindet sich ein Fleck! Wie rechtfertigen Sie das, mein Herr?«

Byron stand auf und verbeugte sich tief vor ihr. »Verzeihung, aber das liegt an meiner Menagerie. Ich habe eine Gans im Haus, die von der dort ebenfalls ansässigen Ente ständig terrorisiert wird und mir deshalb dauernd vor die Füße flattert.« Augustas Gesicht sah in dem schwachen Licht wie das einer zufriedenen Katze aus. »Ein seltsames Tier, Lord Byron. Wie können Sie nur mit so etwas leben?« – »Oh, man gewöhnt sich an alles, wissen Sie. Ein so geduldiger und sanftmütiger Mensch wie ich liebt sogar ihr Geschnatter.«

Annabella lag in ihrem Bett, hörte die Geschwister lachend die Treppe hinaufkommen und wußte in diesem Moment nicht, wen sie am meisten haßte: Byron, Augusta oder sich selbst. Mittlerweile war aus dem Argwohn ihrem Gatten gegenüber eine Art Verfolgungswahn geworden. War er schlechter Laune, hielt sie ihn für wahnsinnig, wenn er lachte, so wie jetzt, spürte sie brennende Eifersucht auf diejenige Person, welche ihn zum Lachen gebracht hatte.

Andererseits konnte sie Augusta nicht gehen lassen. Bei aller Eifersucht liebte sie ihre Schwägerin, sie brauchte sie und fühlte sich nur mit Augusta an ihrer Seite vollkommen sicher und ruhig. Von der Treppe drang Byrons Stimme zu ihr. »...kannst du Bell sagen, daß ich mit der Boyle gebrochen...« Er wurde wieder undeutlich. Augustas Antwort verstand sie nicht mehr. Die Schritte entfernten sich in das zweite Obergeschoß, wo Augusta ihr Zimmer hatte. Nach einer Weile hörte sie Byron wieder herunterkommen.

Sie wartete, da sie wußte, daß Augusta auf jeden Fall noch einmal nach ihr sehen würde, bevor sie sich endgültig zur Ruhe legte. Wenig später öffnete sich sachte die Tür, und sie erkannte Augustas Flüstern: »Bell?« Annabella wisperte: »Ich bin noch wach, Augusta.« Byrons Schwester kam auf sie zu, und Annabella, deren Augen sich längst an die Dunkelheit gewöhnt hatten, sah, wie sich Augustas Figur unter dem spitzenbesetzten Morgenrock, den sie trug, abzeichnete: groß und schlank.

Augusta beugte sich über sie und küßte sie auf die Stirn. Annabella fühlte, wie ihre Lippen brannten. Augusta roch schwach nach Seife und nach einem merkwürdig faszinierenden Parfum. Plötzlich klammerte sich Annabella an ihre Hand. »Bleib heute bei mir, bitte, bleib bei mir!« Augusta zögerte innerlich und gab dann nach. Annabellas Niederkunft war innerhalb der nächsten zwei Wochen zu erwarten, und es mochte besser sein, sie in der Anspannung nicht allein zu lassen, auch wenn Mrs. Clermont, Annabellas ehemalige Kinderfrau, im Nebenzimmer schlief. »Wie du willst«, sagte sie freundlich und glitt vorsichtig zwischen die Laken.

Annabella rührte sich erst lange Zeit nicht. In ihr kämpften Zuneigung und Eifersucht. Schließlich legte sie ihren Kopf an Augustas Schulter und sagte mit erstickter Stimme: »Ich wünschte, meine Mutter wäre gekommen.« Judith Milbanke hätte um nichts in der Welt ihr einziges, geliebtes und verwöhntes Kind zu dieser Zeit im Stich gelassen, wäre sie nicht selbst durch schwere Krankheit ans Bett gefesselt gewesen.

»Ich weiß.« Augustas Stimme klang seltsam verloren. »Ich habe meine Mutter nie gekannt, aber bei der Geburt jedes Kindes rufe ich nach ihr. Ist das nicht merkwürdig?« Annabella fühlte sich verzehrt vor Scham über die Schwäche, die sie zeigte, als sie jetzt in Tränen ausbrach und sich an Augusta festhielt. Keiner ihrer anderen Freundinnen gegenüber hatte sie sich je so gehenlassen. Und eine innere Stimme sagte ihr, daß sie sich unter anderen Umständen, in einer anderen Zeit, nie Augusta Leigh als Freundin ausgesucht hätte. Wenn sie genau darüber nachdachte, hatte Augusta sogar nichts Gemeinsames mit ihren übrigen Freundinnen.

Aber sie war eben *da,* warm und tröstlich, die einzige, die alle Umstände von Annabellas Ehe kannte und verstand, die einzige, der sie vertrauen, die ihr Rat und Hilfe geben konnte. Und das alles überwog letztendlich Annabellas Eifersucht, daß Byron ihr seine Schwester so offensichtlich vorzog. Annabella schmiegte sich an Augusta und schlief schließlich, getröstet und beruhigt, in ihren Armen ein.

Annabellas Wehen setzten am frühen Morgen des zehnten Dezember 1815 ein und dauerten den ganzen Tag. Im Haus am Picadilly herrschte ein ständiges Kommen und Gehen, doch die Hebamme hatte schon ziemlich bald die meisten von Annabellas Bediensteten in das Vorzimmer verbannt und zu bloßen Handlangern degradiert. Die Arme in die Hüften gestemmt, hatte sie die grünliche Gesichtsfarbe der jungen Zofe abschätzig gemustert und erklärt: »Sie sind hier ungefähr ebenso nützlich wie ein fiebriger Maikäfer. Holen Sie heißes Wasser, das ist das einzige, was Sie im Augenblick tun können. *Sie*«, ein Kopfnicken zu Mrs. Clermont, »können bleiben, Sie sehen so aus, als ob Sie nicht sofort in Ohnmacht fallen würden.«

»Ich habe geholfen, Lady Byron mit zur Welt zu bringen«, sagte Mrs. Clermont. »Auch gut«, erwiderte die Hebamme ungerührt. Sie war eine große, schwere Frau mit dem Gesicht eines Dragoners, die man selbstverständlich schon seit mehreren Tagen hier am Picadilly einquartiert hatte. »Wer von den Anwesenden versteht noch etwas vom Geschäft?« Ihr Blick fiel auf Augusta. »Ich glaube nicht, daß das Ihr erstes Kind ist, Mrs. Leigh.« Augusta schüttelte den Kopf. »Mein fünftes.« Annabella rief schwach nach ihr. »Sehr gut. Aber ihr übrigen verschwindet nach draußen. *Ein bißchen plötzlich, wenn ich bitten darf!*«

Der Tag blieb für Augusta in entsetzlicher Unruhe in Erinnerung. Annabella schrie, jammerte und flehte, klammerte sich abwechselnd an Mrs. Clermont und an Augusta fest und war zwischendurch nicht von der Überzeugung abzubringen, daß sie sterben müsse. Diese Gefahr bestand keinen Augenblick, doch es war die schwerste Geburt, die Augusta jemals miterlebt hatte. Kein einziges Mal hatte es um sie selbst so schlimm gestanden. Annabella rief nach ihrer Mutter, nach Mrs. Clermont, nach Augusta. »Verlaß mich nicht«, bettelte sie schluchzend und schob die Hand der Hebamme fort, »verlaß mich nicht.«

Am späten Abend gebar sie eine Tochter und schlief fast sofort ein, völlig ausgelaugt und erschöpft. Augusta tastete sich müde das Treppengeländer hinab, um Byron die Nachricht zu überbringen. Er wartete mit Hobhouse in der Bibliothek, offensichtlich äußerst angespannt und nervös. Augusta entrang sich ein kleines Lächeln, als sie ihn erblickte. Er stürzte auf sie zu und fragte rauh: »Es ist doch nicht totgeboren, oder?« Damit hatte er sich nämlich in der Erinnerung, wie er die letzten Monate mit Annabella umgegangen war, den ganzen Tag herumgeschlagen. Augusta verneinte stumm und setzte sich. »Eine Tochter, Byron, eine völlig gesunde und normale Tochter.«

Hobhouse stammelte seine Glückwünsche. Augusta ließ sich von ihm ein Glas Whiskey reichen, trank einen Schluck und begleitete ihren Bruder dann zurück in das Zimmer der jungen Wöchnerin. Annabella war wach, ihr Mund blutig und zerbissen. Erschreckt verglich er sie mit der selbstbewußten, hübschen Miss Milbanke, die er in Melbourne House kennengelernt hatte, und sagte schuldbewußt: »Was für eine Folter habe ich dir verschafft.« Annabella wußte, daß er damit nicht nur die Geburt meinte, und als er sie küßte, glaubte sie, daß sich zum zweitenmal und nun wirklich die Dinge in ihrer Ehe zum Guten gewandt hatten. Elf Tage später entdeckte sie die bestürzende Wahrheit.

Es war nichts Spektakuläres, kein Kuß, keine Umarmung oder etwas noch Eindeutigeres. Annabella, noch immer sehr schwach, wollte sich in die Bibliothek zurückziehen. Als sie eintrat, hielt sie einen Moment in der Tür inne und konnte so Augusta und Byron völlig unbemerkt beobachten. Die beiden saßen zusammen auf einem Sessel, er auf der Lehne, sie mit angezogenen Füßen auf der eigentlichen Sitzfläche. Sie hatte den Kopf zurückgelehnt, und er strich langsam über ihr welliges braunes Haar. Keiner sprach ein Wort. Doch die Harmonie, das vollkommene Vertieftsein ineinander wurde so deutlich, daß Annabella fast aufgeschrien hätte. Plötzlich begannen sich in ihrem Kopf hundert kleine Einzelheiten zusammenzufügen, und sie *wußte.* Sie mußte blind gewesen sein, auf närrische Weise blind.

Annabella schloß leise die Tür und ging zurück in ihr Schlafzimmer. Von tiefem Schmerz gelähmt, legte sie sich auf ihr Bett und überließ sich apathisch den Gefühlen, die die ungeheuerliche Entdeckung in ihr auslösten.

Sie war schon vorher auf Augusta eifersüchtig gewesen, doch was sie nun erkannt hatte, war etwas völlig anderes. Man hatte sie skrupellos ausgenutzt! Byron hatte sie nur geheiratet, um diese... Wahrheit zu verschleiern. Und Augusta – sie schauderte bei dem Gedanken, wie sehr sie Augusta vertraut, was sie ihr alles erzählt, wie sie sie ins Herz geschlossen hatte.

Annabella hatte einmal in ihrem Leben wirklich geliebt, und der Mann, dem ihre Liebe galt, für den sie alle Hemmungen und Hindernisse ihres so zurückhaltenden Wesens ablegen wollte, hatte sie auf grausame Weise zurückgewiesen. Mehr noch, er hatte sie mißbraucht, geschändet und in den Dienst seiner eigenen perversen Leidenschaften gestellt. Keine Minute länger wollte sie mit diesem Ungeheuer das Leben teilen.

Annabella vergoß keine einzige Träne. Ihr Verstand, der nun endlich wieder frei von Emotionen denken konnte, sagte ihr, daß große praktische Schwierigkeiten auf sie zukamen. Sie wollte klug vorgehen. Ihre Eltern hatten, nun schon zum zweitenmal, eine Einladung nach Seaham geschickt. Beim erstenmal hatte sie gemeinsam mit Byron abgelehnt. Diesmal akzeptierte sie. Sie stellte einen Arzt ein, angeblich wegen Byrons körperlicher Gesundheit, und nahm Augusta das Versprechen ab, so lange zu bleiben, bis jener Dr. Le Mann seine Untersuchungen vor allem in Hinblick auf Byrons Geisteszustand abgeschlossen hatte, und ihr täglich Bericht zu erstatten.

Byrons Idee, das Kind Augusta Ada zu nennen, nahm Annabella begeistert auf. Sie spielte in jeder Hinsicht die vollkommene Ehefrau, da sie nun endlich begriffen hatte, was Byron von ihr erwartete. Lediglich am Tag ihrer Abreise fiel sie etwas aus der Rolle. Sie verabschiedete sich von Byron, der ach so selbstverständlich in Gesellschaft seiner Schwester war. »Wann treffen wir drei wieder zusammen?« fragte er heiter, Shakespeare zitierend. »Im Himmel, wie ich hoffe«, erwiderte sie scharf und ging.

Schon am nächsten Tag bereute sie diesen Lapsus und schrieb ihm von der Zwischenstation ihrer Reise aus einen munteren, liebevollen Brief. Er sollte und würde keinen Verdacht schöpfen, bis sie bei ihren Eltern in Sicherheit war, und Augusta ebenso wenig. Augusta würde wie versprochen jeden Tag ihre falschen Freundschaftsbeteuerungen schicken und damit hoffentlich auch den Beweis, den Annabella brauchte, um sich und ihr Kind zu retten: daß nämlich Augustas Zuneigung zu ihrem Bruder weit über schwesterliche Liebe hinausging. Am achtzehnten Januar 1816 kam Annabellas letzter freundlicher Brief an ihren Gatten am Picadilly an.

Liebste Ente,
Wir sind hier gut angekommen und wurden in die Küche, statt in das Empfangszimmer gebracht, durch einen Fehler, der angenehm genug für hungrige Leute war... Wenn ich nicht immer nach B Ausschau halten würde, wäre ich sehr viel bereiter für die Landluft. Miss *findet ihre Versorgung verbessert und wird deswegen dicker. Es ist sehr gut, daß sie die Schmeicheleien um sie herum nicht verstehen kann, ›der kleine Engel‹. Alles Liebe der guten Gans & jedermanns liebe Grüße für Euch beide von hier.*

Immer Deine Dich über alles liebende
Pippin... Pip- ip.

Im Haus am Picadilly logierte schon seit einiger Zeit – im Grunde seit der Geburt des Kindes – Captain Byron. Eigentlich war er gekommen, um zu Augusta Ada zu gratulieren; als ihm aber dann Annabella und Mrs. Clermont von den beunruhigenden Ausfällen seines Vetters erzählten, beschloß er, als moralische Stütze und unvoreingenommener Beobachter zu bleiben. Er bekam Annabellas Brief ebenfalls zu sehen und hielt sie für eine aufopfernde kleine Ehefrau, die die Launen ihres vermutlich verrückten Gatten geduldig ertrug und ihn trotzdem noch liebte. Augusta gegenüber empfand er eine vage Sympathie, die ebenso vage erwidert wurde.

Augusta war erleichtert über den Ton von Annabellas kurzer Nachricht und schrieb täglich, wie versprochen, ihre Berichte über Byrons Gesundheitszustand. Ihr Bruder ließ sich nur sehr ungern von Doktor Le Mann untersuchen, willigte jedoch hin und wieder ein.

»B. stand früh auf – scheint ruhig zu sein, aber beschwert sich über Erschöpfung und Kopfschmerzen – fragte, wie es Dir ginge. Ich sagte, sehr gut, & sprach *unbestimmt,* wie Du es gewollt hast, von Deinen Gefühlen. Er hat nicht viel gesagt & das wenige in guter Laune. Er redet davon, heute zu fasten... Le Mann war bei B., der zuerst verwirrt war, sich aber nachher vernünftig & gutgestimmt unterhielt... Le M.... schlug Calonel vor, dem schließlich beigestimmt wurde, oder auch jeder anderen vorgeschlagenen Medizin. Er bat Le M., morgen wieder vorbeizuschauen. Alles, was mit Klugheit & Höflichkeit bei einem ersten Besuch gesagt werden *konnte,* wurde gesagt. Er wurde gefragt, ob er sich wünsche, einen Arzt zu haben – antwortete nein...«

Dieser erste Gesundheitsbericht diente in seinem sachlichen Ton zwar nicht Annabellas Zweck, wurde von ihr aber trotzdem mit »Nr. 1« gekennzeichnet und ihrem Anwalt übergeben. Als sie von Augusta den Bescheid bekam, Le Mann habe Byron für nicht geistesgestört befunden, hingegen körperlich in sehr schlechter Verfassung, entschloß sie sich, zu handeln. Niemand konnte ihr vorwerfen, sie habe nicht alle denkbaren Entschuldigungen in Erwägung gezogen. Sie wollte Byron persönlich nicht schreiben, sondern bat ihren Vater, das zu tun – ihren Gatten davon zu unterrichten, daß sie eine gesetzliche Trennung wünsche. Annabella wollte aus mehreren Gründen keine Scheidung: Einmal hätte eine solche unfehlbar einen Skandal mit sich gebracht, und öffentlichen Ärger zu erregen, war gegen die guten Sitten und würde ihrem Kind schaden. Zum zweiten hinderte eine Trennung im Gegensatz zu einer Scheidung beide Ehepartner daran, jemals wieder zu heiraten.

Für Annabella war diese Regelung ideal. Sie brauchte nicht mehr mit Byron zusammenzuleben und sorgte dafür, daß er keine zweite Frau ebenso unglücklich wie sie selbst machen konnte. Außerdem hätte eine neue Ehe ihm bestimmt das Sorgerecht für ihr Kind verschafft. Und nur um dieses Sorgerecht zu bekommen und um seine nötige Zustimmung für die Trennung zu erhalten, versteckte Annabella zunächst noch ihren großen Trumpf: das Wissen um das große Verbrechen, das er mit seiner

Schwester begangen hatte und für das sie nun eifrig Beweise sammelte. Ihr Anwalt Lushington hatte ihr zu dieser Taktik geraten. Byrons Verhalten allein rechtfertigte eigentlich schon eine Trennung. Falls nicht – nun, dann würde man sehen.

Doch als sich ihr Vater daran machte, seinem Schwiegersohn den bewußten Brief zu schreiben, fiel ihr ein, daß durch diesen Schritt Augusta womöglich ihre regelmäßigen Berichte einstellen würde. Dem mußte sie Rechnung tragen. Außerdem ließ sich das ärgerliche Gefühl nicht verdrängen, ihrer Schwägerin eine Erklärung schuldig zu sein.

Folglich schrieb sie Augusta einen langen Brief über ihren Entschluß und endete: »Meine liebste Augusta – werde ich immer noch Deine Schwester sein? Ich muß von meinen *Rechten,* als solche betrachtet zu werden, zurücktreten; aber ich denke nicht, daß das einen Unterschied in der Freundlichkeit, die ich so gleichmäßig von Dir erfahren habe, machen wird.«

Für Augusta kam Annabellas Brief nicht gänzlich unerwartet. Sie hätte blind und taub sein müssen, um die Andeutungen von Annabellas Londoner Freundinnen oder den Ton von Annabellas Antworten nicht richtig zu verstehen. Trotzdem hoffte sie bis zum Erhalt dieser Nachricht das Beste. Hatte sich nicht alles zum Guten gewendet, und war Bell jetzt nicht von der Furcht befreit, ihr Gatte könnte geisteskrank sein? Als sie nun Annabellas Brief erhielt, fühlte sie sich hin und her gerissen. Sie wußte, wie unglücklich die Ehe von Byron und Annabella gewesen war, und glaubte sich dafür mitverantwortlich, weil sie ihren Bruder zu einer Heirat überredet hatte.

Auf Annabellas Frage gab es für sie daher nur eine Antwort: »Du wirst immer meine liebste Schwester sein! Wie könntest Du etwas anderes für mich bedeuten...«

Am selben Tag traf Sir Ralph Milbankes Brief ein. Augusta überlegte und schickte ihn dann ungeöffnet wieder zurück. In einer an Annabella gerichteten Erklärung bat sie, diesen letzten Schritt noch einmal zu überdenken, da er gerade in Byrons jetzigem Zustand schlimme Auswirkungen haben könnte. Die Antwort kam diesmal von Annabellas Mutter Judith:

»Annabella hat gerade Ihren Brief bekommen. Ich glaube, daß in dieser Welt nicht mehr lange irgendeine Sorge um sie notwendig sein wird. Sie ist in einem schrecklichen Zustand und aufgeregt in einem Grad, der entsetzenserregend geworden ist.

Ihr *grausamer böser* Bruder hat ihr Herz gebrochen... Ich glaube nicht, daß Sie ein Recht hatten, den Brief aufzuhalten... Sie sind nicht dazu da, um über ihn zu urteilen... Die Gründe dafür, den Brief aufzuhalten, werden nächste Woche, nächsten Monat und nächstes Jahr und so weiter immer noch dieselben sein – Wünschen Sie meiner armen unglücklichen Tochter, den Taten entweder eines Wahnsinnigen oder eines grausamen Wilden ausgeliefert zu sein? ... Warum ihn auf ihre Kosten bevorzugen?«

Diesmal kam Sir Ralph persönlich, nicht um mit Byron zu sprechen, sondern um seinen Brief Fletcher direkt zu übergeben. Danach verschwand er wieder, ohne Augusta eines Blickes zu würdigen.

Byron reagierte weniger wütend und zornig als mit ehrlicher Verwunderung.

2ter Februar 1816

Mein Herr,

– Ich habe Ihren Brief erhalten. Auf die unbestimmte und allgemeine Beschuldigung, die er enthält, bin ich natürlich um eine Antwort verlegen – ich werde mich deshalb auf die greifbare Tatsache beschränken, die Sie als eines der Motive für Ihren gegenwärtigen Vorschlag anzuführen belieben. – Lady Byron wurde von mir nicht des Hauses »verwiesen« – sie schied von mir in anscheinender – und auf meiner Seite – wirklicher Harmonie...

– Ich bin mir allerdings keiner einzigen kränkenden Behandlung bewußt, die Ihrer Tochter widerfahren ist: – sie mag mich finster – & zu Zeiten heftig – gesehen haben, aber sie kennt die Ursachen zu gut, um solche Schwankungen des Gemüts auf sich selbst zurückzuführen... – Und nun, mein Herr – nicht zu Ihrer Genugtuung – denn ich schulde Ihnen keine – sondern zu meiner eigenen – & um Lady Byron gerecht zu werden – ist es meine

Pflicht zu sagen, daß es seitens ihres Benehmens – Charakters – Gemüts – ihrer Fähigkeiten – oder Veranlagung nichts gibt – das meiner Meinung nach zum Besseren hätte gewendet werden können – weder in Worten noch in Taten – noch (soweit man in Gedanken eindringen kann) in Gedanken, kann ich mir einen Fehler von ihrer Seite in Erinnerung rufen – & kaum sogar eine Schwäche…

Sie ist die Mutter meines Kindes – & solange ich nicht die ausdrückliche Billigung Ihres Vorgehens habe – werde ich mir erlauben, die Schicklichkeit Ihres Dazwischentretens zu bezweifeln. – Das wird bald festgestellt sein – & wenn es das ist – werde ich Ihnen meinen Entschluß unterbreiten – der sehr wesentlich von dem ihren abhängen wird. – Ich habe die Ehre

Ihr gehorsamster & sehr ergebener Diener zu sein
Byron.

Er schrieb auch an Annabella, erst indirekt durch Augusta, dann selbst. Seiner Meinung nach war die Prinzessin der Parallelogramme erheblich von ihren Eltern beeinflußt worden, und er fragte sie, ob sie ihn sehen wolle, ob die Trennung wirklich ihr eigener Entschluß sei. Annabella antwortete nicht. Damit waren die Fronten abgesteckt. Byrons bis dahin gemäßigte Stimmung schlug ins Gegenteil um, und er unternahm mit dem zunächst widerstrebenden Hobhouse eine Sauftour durch die Stadt.

Augusta wartete bis zwei Uhr morgens in der Bibliothek, neben ihr Captain Byron, der seine Ansichten zu dem Verhalten seines Cousins ausführlich zum besten gab. Er hatte ohne das Wissen der Geschwister angefangen, mit Annabella zu korrespondieren, und wurde langsam von ihr auf einen Spionageposten vorbereitet. Er unterbrach seinen Monolog nur einmal, um zu fragen: »Hören Sie mir eigentlich zu, Cousine?« – »Gewiß«, murmelte Augusta und wünschte sich hundert Meilen und hundert Jahre weit weg von hier. Schweigend ließ sie seine Moralpredigt über sich ergehen.

Erst als sie ein dumpfes Poltern vernahm, stand die übermüdete Augusta auf und lief hinaus, um die zwei eben eingetretenen Betrunkenen zu empfangen. Captain Byron, der ihr nacheilte, wußte nicht, wer ihn mehr entsetzte: der lauthals singende Hobhouse oder sein Vetter, der über das Stadium der Fröhlichkeit schon weit hinaus war.

Hobhouse bemerkte das Empfangskomitee und unterbrach seinen Abgesang der Nationalhymne. »Oh, Mrs. Leigh!« Er schwankte auf sie zu und kniete dann – nicht ohne einige Ausrutscher – vor ihr nieder. »Meine liebe Mrs. Leigh, liebste Mrs. Leigh, Sie sind d-d-die wundervollste Frau der Welt. I-i-ich bin völlig verliebt in Sie und b-b-bitte Sie, mich zu heiraten.«

Captain Byron fiel nichts Besseres ein, als Hobhouse anzustarren und mißbilligend zu erklären: »Aber Mrs. Leigh ist doch schon verheiratet!« – »Ich liebe sie trotzdem«, lallte Hobhouse, erhob sich taumelnd und wäre gestürzt, wenn Augusta ihn nicht gehalten hätte. »Sie sind ein Idiot, Hobhouse«, sagte sie ärgerlich. »Vetter George, bringen Sie ihn in irgendein Gästezimmer, und bitte tun Sie es *schnell*!« Dem Captain blieb nichts anderes übrig, als Hobhouse die Treppe halb hochzuziehen, halb zu schleppen, während dieser von neuem die Nationalhymne anstimmte.

Er beschloß, Lady Byron von diesem Vorfall unbedingt zu unterrichten. Augusta, die die ganze Zeit ihren Bruder nicht aus den Augen gelassen hatte, berührte ihn sachte am Arm. »Komm«, flüsterte sie, »bitte.« Er machte ein paar Schritte auf sie zu und brach zusammen. Als Captain Byron ohne seine unliebsame Last zurückkehrte, fand er Augusta neben ihrem Bruder kniend und ihn umarmend. Er setzte abermals seine Muskelkraft ein, um Byron in sein Schlafzimmer zu befördern. Dann wollte er sich unbedingt sofort an seinen Schreibtisch begeben. Lady Byron *mußte* von den neuesten Vorkommnissen erfahren.

Annabella war ungehalten über die Schwierigkeiten, die sich vor ihr auftaten. Lushington hatte ihr eröffnet, daß sie Zeugen brauche, um »den Druck« jemals ausspielen zu können. Sie fühlte sich versucht, Captain Byron etwas direkter zu instruieren, als ein Billet von Lady Caroline Lamb kam. Caroline bat um eine kurze Unterredung. Da Annabella ohnehin vorhatte, nach London zu fahren, um dort mit Lushington direkt ihre Sache vertreten zu können, willigte sie ein.

Caroline besuchte Lady Byron, schwarz verschleiert, die Augen niedergeschlagen und unendliche Trauer in der Stimme. »Oh, meine *liebe* Annabella, du ahnst nicht, welche Vorwürfe ich mir mache! Ich hätte dir all diese Leiden ersparen können.« Sie war immer noch eine blendende Schönheit. Caroline führte ein Taschentuch an die Augen. »Liebste Cousine, niemand weiß so gut wie ich, wie schrecklich das alles für dich gewesen sein muß. Aber *er*«, Annabella sah ein flüchtiges Beben auf Carolines zarter Haut, »er schwor mir, solche Verbrechen niemals zu erneuern. Sonst hätte ich dir schon längst von der furchtbaren Entdeckung erzählt, die mir auf der Seele lastet.«

Annabella wußte dagegen, daß Caroline sich sofort, nachdem ihre Abreise publik geworden war, am Picadilly eingefunden und sich Byron ein weiteres Mal als Mätresse angeboten hatte. Offensichtlich bisher ohne Erfolg. »O Annabella, es fing schon an, als er von einer Liebe sprach, die alles übertraf, was er bis jetzt kennengelernt hatte – alles. Und dann, später, zeigte er mir Briefe und – alle Schrecken der Welt schüttelten mich, als ich die Unterschrift sah.« Sie verstummte, schien mehrere Male ansetzen zu wollen und stammelte schließlich: »Seine Schwester, Annabella, seine Schwester!«

»Danke, Caroline«, sagte Annabella kühl, »das weiß ich bereits.« Der ganze Auftritt entsprach vollkommen Carolines Art: schlecht, melodramatisch und geschmacklos. Doch entweder hatte Caroline sie nicht gehört oder nicht hören wollen, denn sie sprach bereits weiter. »... schrieb sie ihm: ›O Byron, wenn wir doch zusammen leben und uns lieben könnten, wie wir es als Kinder getan haben! Damals war es unschuldig!‹« Sie verstummte und sah ihre Cousine erwartungsvoll an.

Annabella gestattete sich ein Achselzucken. »Das zumindest hast du erfunden, Caroline. Sie lebten als Kinder voneinander getrennt.« Caroline zuckte zusammen. Plötzlich begannen ihre Augen zu leuchten, und sie lächelte ihr bezauberndstes Lächeln. »Du glaubst mir nicht? Du glaubst nicht, daß ich die Briefe tatsächlich gesehen habe? Ach, Annabella«, sie wirkte verträumt, »ist dir je aufgefallen, daß sie beide gewisse Zeichen verwenden? Zum Beispiel«, sie legte zwei Finger auf eine bestimmte Art aufeinander, »dieses Zeichen? Nicht wahr, meine Liebe?«

Ihre Augen trafen sich in seltsamer Übereinstimmung. Annabella war mit einem Mal enthusiastisch gestimmt. Caroline *wußte* und ließ sich als Zeugin verwerten. Und – was ein anderes Naturell als Annabellas sofort als Rachewunsch erkannt hätte – bei Carolines Veranlagung bestand keine Möglichkeit, daß sie jetzt noch ihr Wissen für sich behielt. Annabella wurde somit der lästigen und unpassenden Aufgabe enthoben, der bereits tuschelnden Öffentlichkeit klarzumachen, daß sie nicht eine Frau war, die ihren Mann verlassen hatte, sondern ein Opfer auf der Flucht. Mit einer liebenswürdigen Handbewegung winkte sie Caroline näher. »Meine liebe Caroline«, sagte sie freundlich, »warum erzählst du mir nicht mehr?«

Mittlerweile war es Ende Februar. Hobhouse hatte sich noch nie so elend gefühlt wie an dem Tag, als er am Picadilly vorsprach. Er wurde von Augusta empfangen. Da er noch keine Gelegenheit gefunden hatte, sich bei ihr für sein Verhalten an jenem Abend zu entschuldigen, wußte er nicht recht, wie er anfangen sollte.

Er mochte Augusta Leigh, auch wenn sie ihn wegen einiger abfälliger Bemerkungen über Lady Byron scharf zurechtgewiesen hatte und er nicht ganz ihr Verhältnis zu Annabella verstand. Offensichtlich versuchte sie, beiden Parteien gerecht zu werden.

Augusta war mittlerweile im sechsten Monat, und die Spuren der Erschöpfung fielen ins Auge. Verlegen begann Hobhouse: »Mrs. Leigh, ich weiß nicht, wie ich es sagen soll...« – »Aber ich«, unterbrach sie ihn mit zuckenden Mundwinkeln, »Sie haben sich wie ein Trottel aufgeführt, und es tut Ihnen leid. Schon gut, Mr. Hobhouse.« Hobhouse fühlte sich ungeheuer erleichtert und fand sie einmal mehr charmant. »Sie müssen nicht glauben, daß ich normalerweise auf... auf diese Art...« Augusta hatte Hobhouse früher eigentlich nie besonders gemocht, aber nun erweckte das unbeholfene Verhalten dieses sonst so selbstsicheren Mannes ihre Sympathie. »Mr. Hobhouse, ich weiß, Sie sind sonst immer ein äußerst standfester Charakter.« – »Aus Zinn«, sagte Byron, der eben den Empfangsraum betrat.

»Tag, Hobby. Kommst du wegen Spooneys Verhören?« Hanson, der von Lushington einige Aussagen von Annabella und ihrem Personal erhalten hatte, hatte begonnen, die zurückgebliebenen Bediensteten von Picadilly Terrace über die Ehe seines Klienten zu befragen, um etwas Material in die Hand zu bekommen. Hobhouse schüttelte den Kopf und musterte seinen Freund. Byron versagte sich zur Zeit jeden Alkohol, grübelte statt dessen stundenlang und war abwechselnd reizbar und gut gelaunt.

Hobhouse fand, daß er trotzdem nicht viel besser aussah als seine Schwester. Vielleicht hätte er Le Mann doch nicht feuern sollen. »Wir haben seit einiger Zeit einen neuen Hausgast«, sagte Byron und verzog das Gesicht. »Cousin Robert Wilmot fühlte sich ebenfalls verpflichtet, mir in dieser Stunde der Not beizustehen.« Robert Wilmot war auf Anraten seines Vetters Captain Byron gekommen, nicht etwa aus großer Sympathie für den derzeitigen Lord Byron. Da Wilmot ein ähnlich aufbrausendes Temperament wie Byron hatte, stand zu erwarten, daß er sein moralisches Mißfallen schneller und weniger zurückhaltend äußern würde als der Captain.

Hobhouse zwang sich, jeden abschweifenden Gedanken zu unterdrücken: »Der Grund, aus dem ich gekommen bin, hat nur indirekt etwas mit Hanson zu tun. Es geht in der Stadt ein Gerücht um, das«, er schluckte, »das dich und Mrs. Leigh betrifft.« Er sah die Geschwister unwillkürlich nach der Hand des anderen greifen und spürte eine tiefe Traurigkeit. »Diesmal ist es kein verstecktes Getuschel mehr. Es ist ein offener Skandal, und obwohl die Person, die mit dem Gerede angefangen hat, wieder dieselbe ist, findet sie diesmal überall Gehör. Die ganze Stadt, könnte man sagen.«

Hobhouse untertrieb. Die Trennung von Lord und Lady Byron war zur Schlagzeile jedes Provinzblattes geworden. »Lord Byron«, schrieb die *Morning Post,* gewiß kein Provinzblättchen, »ist gefallen, um nie wieder aufzuerstehen.« Annabella erklärten alle Seiten offen zu einer Heiligen, zur Verkörperung aller Tugenden und dem Inbegriff von Edelmut, da sie persönlich nie ein Wort gegen ihren Mann äußerte. Die Schauspielerin Fanny Kemble drückte öffentlich ihre Bewunderung für Lady Byrons »schöne Politik des Schweigens« aus.

Hanson, der sich gegenüber Lushington in der immer schwächeren Position befand, verbot Augusta jeden Briefkontakt mit Annabella. »Aber warum?« begehrte sie auf. »Wir sind Freundinnen und werden es auch bleiben, egal was geschieht.« Sie würde nie den Tag vergessen, an dem Annabella sich in ihren Armen fast zu Tode geschrien und ihr Kind zur Welt gebracht hatte, die vielen Male, da sich Annabella ihr unter Tränen anvertraut hatte. Dieses Band *bestand* und würde immer bestehen, Liebe und Loyalität. Hanson seufzte. »Ich sage das äußerst ungern, meine liebe Augusta, aber Ihre Freundin Annabella hat über Lushington jeden weiteren Verkehr mit Ihnen abgelehnt, und das, kurz nachdem Caroline Lamb Sie offen dieser unaussprechlichen Sache bezichtigt hat. Es besteht also nicht der geringste Grund, ihr weiterhin Briefe zu schreiben.«

Augusta war erschlagen. Hanson brachte es nicht übers Herz, ihr mitzuteilen, daß Annabella ihre Botschaften fein säuberlich numeriert bei Lushington als Beweismittel angebracht hatte. Seltsam – Augusta Leigh bewies doch sonst einen unfehlbaren Sinn für Realität, warum also in diesem Fall nicht? Dann erkannte er, daß Zuneigung für Augusta wohl in erster Linie Treue bedeutete, Loyalität, die selbst über das Ende der Liebe hinausging, wie im Falle ihres Ehemanns. Und Augusta konnte oder wollte nicht akzeptieren, daß ihre »Schwester« dies anders sah.

George Leigh hatte sich auf einen dringenden Brief von Hobhouse hin einmal als verantwortungsbewußt erwiesen und logierte inzwischen ebenfalls im Haus am Picadilly, energisch allen Gerüchten widersprechend. Nach zähem Hin und Her mit Lushington bekam Hanson Annabellas schriftliche Erklärung, daß sie Gerüchte über ihren Gatten und Mrs. Leigh weder verbreite noch unterstütze. Außerdem hatten sich beide Parteien darauf geeinigt, nicht vor Gericht zu gehen.

Die Anwesenheit der drei Cousins, die er am wenigsten leiden konnte, machte die Situation am Picadilly für Byron angespannter, als sie es je seit den schlimmsten Zeiten seiner Ehe gewesen war. Robert Wilmot redete täglich vom Höllenfeuer, und als er eines Nachts offen sagte, Augusta Leigh habe dieselben unmöglichen Moralvorstellungen wie ihr Bruder und sei folglich ebenfalls verdammt, forderte ihn Byron zum Duell. Damit hätte er allen aufgestauten Zorn an dem armen Wilmot ablassen können. Über den Ausgang eines Duells bestand kein Zweifel. Aber Augusta hielt ihn zurück, und Captain Byron gelang es, auch den aufgebrachten Robert Wilmot zu beschwichtigen.

Trotz aller Ereignisse empfand Byron gegenüber Annabella nicht die geringsten Haßgefühle.

Liebste Pip –
Ich wünschte, Du würdest Dich entschließen – denn ich habe das alles schrecklich satt – & kann nicht sehen, was dabei Gutes herauskommen soll.

Wenn Du willst – ich bin bereit, jede Bußrede oder Reden zu halten, die Dir gefallen, & werde sehr brav & gut behandelbar für den Rest meiner Tage sein – & sehr reuig wegen allem, was vorher geschehen ist.

Jedenfalls, wenn Du diesem Vorschlag nicht zustimmen kannst, bitte ich Dich, diesen Zettel für Dich zu behalten & ihn weder Doktor Bailey noch Lushington noch dem Unterhaus – noch irgend jemandem aus Deinem derzeitigen Kabinett – zu zeigen, wenigstens dem professionellen Teil.

Ich bin sehr sicher, daß Du dies für nichts, als was es sein soll, halten wirst – & ich bin des formellen Stils unserer letzten Briefe schrecklich müde & muß in dem, den ich gewöhnt war, Zuflucht nehmen.

Immer der Deine & wahrhaftig
Privat *B.*

Byron erhielt keine Antwort. Lady Melbourne, die sich zunächst in der ganzen Angelegenheit reserviert verhalten hatte, forderte ihre Briefe von ihm zurück. George Leigh verschwand nach Derby, und die Entdeckung, daß sowohl Robert Wilmot wie auch Captain Byron heimlich mit Lushington – und wahrscheinlich auch mit Annabella – korrespondierten, verschaffte ihm endlich einen Grund, sie beide hinauszuwerfen. Statt der drei ungeliebten Vettern zog Hobhouse ein, und Hobhouse war es auch, der am neunten April Byron und Augusta zu einem Empfang bei Lady Jersey begleitete.

Lady Jersey begrüßte Byron verlegen. Sie hatte ihn zwar eingeladen – als eine freundliche Geste, in Erinnerung an das Gedicht, das er wegen der Schäbigkeit des Kronprinzen für sie verfaßt hatte –, aber nicht damit gerechnet, daß er tatsächlich kam. Ihre Gäste hingegen hatten darauf gehofft. Als Lady Jersey gespielt munter rief: »Meine Freunde – Lord Byron ist hier!« erstarben ihr die Worte auf den Lippen. Alles starrte auf das vielbesprochene Paar und zog sich dann sehr schnell in die umliegenden Räume zurück, in einer tragischen Umkehrung der früheren Reaktion einer jeden Gesellschaft auf Byron. Es war eine öffentliche Ächtung des gefallenen Idols und der »Partnerin seiner Sünden«, wie Lady Rancliffe verächtlich flüsterte.

Lediglich Mercer Elphinstone, rothaarige Erbin der Saison und freundliche Kokette, huschte zu Byron hinüber und sagte schnell: »Wenn Sie mich geheiratet hätten, wäre Ihnen das nicht passiert.« Dann verschwand auch sie. Allerdings gestaltete sich der allgemeine Rückzug so, daß sich alle in den Türrahmen der Zimmer, in die sie geflüchtet waren, drängten, um das verrufene Paar nicht aus dem Auge zu verlieren.

Byron ließ alles geschehen. Er spürte Augusta neben sich, ihre Hand fest in der seinen. Und in diesem Moment erkannte er, was er getan hatte. Die einzige Entschuldigung für die Heirat mit Annabella war immer gewesen, daß er Augusta nur auf diese Art beschützen konnte. Aber er hatte sich auf jede nur erdenkliche Weise bemüht, ihr diesen Schutz zu rauben, er hatte Annabellas Leben ruiniert und war sogar eifersüchtig wegen Augustas Zuneigung für die »Schwester« gewesen, weil er Augusta für sich allein haben wollte und nicht konnte. Er hatte Annabella in fast jedem Augenblick ihrer Ehe dafür büßen lassen, daß sie nicht Augusta war. Und nun war er im Begriff, Augustas Existenz völlig zu zerstören.

Sie mußte es wissen, und trotzdem hatte sie ihre Kinder und Six Mile Bottom nun schon seit sechs Monaten allein gelassen, um bei ihm zu bleiben. Sie war inzwischen hochschwanger und hatte doch die angespannte Situation am Picadilly ohne Klagen ertragen und war damit weit mehr als seine Ehefrau gewesen. Wie konnte er George Leigh verurteilen? Er selbst hatte Augusta auf schlimmere Weise benutzt. Um Augusta zu befreien, gab es für ihn nur einen Weg, bedingungslos die Trennungsurkunde unterzeichnen und dann sofort das Land verlassen, für sehr lange Zeit verlassen, wahrscheinlich für immer. Er fühlte Augusta, und das war in diesem Moment das einzige, an das er denken konnte.

Annabella Milbanke, Lady Byron, hatte vor sich drei Dokumente liegen: die Trennungsurkunde ihrer einjährigen Ehe, den letzten Brief Byrons und den Privatdruck eines Gedichtes, von dem es nur wenige Exemplare gab und das ihr Lushington unter großen Mühen beschafft hatte. Das Gedicht machte sie zorniger als alles andere.

Stanzen an Augusta

Als alles rings in der Nacht versunken,
Vernunft selbst halb ihr Licht entzog
Und Hoffnung nur gleich trüben Funken,
Der mehr fast irrgeführt mich noch,

In jener Seelenöde Tagen
In jenes innren Kampfes Glühn
Wenn, nur zu nahn schon bang, die Schwachen
Verzweifeln und die Kalten fliehn,

Als Glück und Liebe floh und schneller
Des Hasses Pfeil nach mir entsandt
Warst du der Stern, der um so heller
Mir aufging und mir nie entschwand.

Gesegnet sei sein reiner Schimmer,
Der mein, ein Engelsauge, wacht;
Mir nah erglänzend stand er immer
Hold zwischen mir und grauser Nacht.

Und als die Wolke uns umhüllte
Die zu verfinstern ihn gedacht,
Glomm reiner nur sein Licht, das milde,
Bis alle Finsternis verjagt.

Dein Geist umschwebe stets den meinen
Und lehr ihn, was er dulden soll;
Ein sanftes Wort von Dir, der Reinen,
Wiegt mehr als all der andern Groll.

Du bist der Weide zu vergleichen
Die sanft sich beugt, doch nimmer bricht
Und stets mit ihren treuen Zweigen
Ein vielgeliebtes Mal umflicht.

Ob Stürme brausen, Wolken gossen,
Du warst dir gleich und wirst es sein,
In schwerster Wetter wildem Tosen
Dein trauernd Blatt auf mich zu streun.

Und welken sollst Du mit den Deinen
Drum nie, trifft auch das Schlimmste mich;
Des Himmels Sonne wird bescheinen
Die Treuen stets, und drum auch dich.

Mag falscher Liebe Band zerbrechen
Die deine ist zu himmlisch-licht;

Nie trügt dein Herz – in sanften Schlägen
Fühlt stets es tief, doch wankt es nicht.

Und als sich alles von mir kehrte,
Fand ich es immer so bei dir;
Bleibt solch ein Herz mir, ist die Erde
Doch keine Wüste, selbst nicht mir.

Das würde sie den beiden niemals verzeihen. Annabella legte in einem unvermuteten Schwächeanfall den Kopf in die Arme und weinte. Was war denn an Augusta, daß man sie ihr vorziehen konnte? Warum hatte diese Augusta sie um die Liebes ihres Gatten gebracht? Was schrieb Byron? Nicht etwa eine Entschuldigung oder ein Reuebekenntnis, nein, in seinem letzten Brief hieß es nur:

Ich habe gerade von Augusta Abschied genommen... das einzige unerschütterte Band meines Lebens – wohin immer ich gehen mag – & ich werde weit gehen – Du & ich können uns nie wieder in dieser Welt begegnen – noch in der nächsten – laß das sein, wie es will... Deswegen sage ich – sei freundlich zu ihr & den ihren – denn nie hat sie auf andere Weise Dir gegenüber gehandelt oder gesprochen – sie war immer Deine Freundin – das mag wertlos für jemanden erscheinen, der so viele hat: – wie auch immer, sei gut zu ihr & erinnere Dich daran, daß, obwohl es Dir vielleicht zum Vorteil gereichen mag, Deinen Ehemann verloren zu haben – es für sie Schmerz bedeutet, die Wasser jetzt, oder die Erde später zwischen sich & ihrem Bruder zu haben.
Sie ist gegangen – ich muß nicht hinzufügen, daß sie nichts von dieser Bitte weiß...

Immer Augusta! Ihr analytischer Verstand zwang sie dennoch zu der Schlußfolgerung, daß die Beweise, die sie gegen die Geschwister zu haben glaubte, unzureichend waren. Byron konnte, wenn der erste Schock einmal abklang, auf die Idee kommen, seine Tochter Augustas Vormundschaft anvertrauen zu lassen. Das königliche Gericht könnte einwilligen, wenn es nur den geringsten Zweifel an Augustas Schuld gab. Dagegen mußte sie sich absichern.

Sie brauchte einen klaren, unwiderlegbaren und unmißverständlichen Beweis. »Sei gut zu Augusta«! Hier war eine Ansatzmöglichkeit. Annabella wußte, daß Augustas Position als Hofdame nur noch an einem hauchdünnen Faden hing. Ein Wunder, daß man sie nicht schon längst entlassen hatte. Und sie steckte wie immer in finanziellen Schwierigkeiten.

Annabella dagegen war durch ihre Mutter, die im letzten Jahr das immense Vermögen ihres Bruders, Annabellas Onkel Noel, geerbt hatte, für immer finanziell sichergestellt, ganz abgesehen davon, daß die Milbankes ohnehin nicht gerade unter Armut litten.

Der Weg, eindeutige Beweise in die Hände zu bekommen, konnte nur direkt über Augusta gehen. Annabella lächelte zum erstenmal seit langem zufrieden. Sie holte sich einen frischen Bogen Papier, nahm ihre Feder und brach ihr monatelanges Schweigen Augusta gegenüber.

Wenige Wochen darauf hielt sie Augustas Antwort in den Händen, weit weniger naiv, demütig und eifrig, als Annabella erwartet hatte, doch sie erfüllte ihren Zweck:

Auf allgemeine Anschuldigungen muß ich in allgemeinen Begriffen antworten, und wenn ich auf meinem Sterbebett läge, könnte ich bestätigen, wie ich es jetzt tue, daß ich ständig an Dich gedacht habe... Keine Schwester hätte jemals den Anspruch auf mich haben können, den Du hattest. Das habe ich gefühlt & nach diesem Gefühl nach meinem besten Urteilsvermögen gehandelt... Mir wurde versichert, daß die öffentliche Meinung sich so sehr gegen meinen Bruder gewandt hat, daß das geringste Zeichen von Kälte von Deiner Seite mir gegenüber mir ungeheuer schaden würde, & ich bin daher um das Wohl meiner Kinder willen verpflichtet, den ›beschränkten Verkehr‹ aus Deinem Mitgefühl heraus zu akzeptieren...

Meine ›gegenwärtigen unglücklichen Verhältnisse‹ ——! Ich habe in der Tat genug äußeren Grund, um einen zusammenbrechen zu lassen, aber inneren Frieden, den mir niemand wegneh-

men kann. Es kam mir niemals in den Sinn, daß Du anders als in strengster Erfüllung Deiner Pflicht handeln könntest – daher bin ich überzeugt, daß Du das jetzt mir gegenüber tust.

1816–1824

»Es scheint, daß ich in meiner Jugend das größte Elend des Alters erfahren soll. Meine Freunde fallen um mich, und ich muß als einsamer Baum zurückbleiben, längst bevor ich verdorrt bin. Andere Männer können immer bei ihren Familien Zuflucht nehmen; aber ich habe keine Hilfe außer meinen eigenen Gedanken.«

Es regnete. Genauer gesagt, es goß in Strömen. Von den fünf Personen, die sich am Abend des fünfzehnten Juni 1816 in der Villa Diodati am Genfer See zusammengefunden hatten, wünschten mindestens zwei den Rest der Gesellschaft an das andere Ende der Welt.

Der einundzwanzigjährige Dr. John William Polidori war einer von ihnen. Byron hatte ihn auf Drängen von Augusta und Hobhouse, er müsse einen Mediziner bei sich haben, der auf sein Wohlergehen achte, mitgenommen. Inzwischen hielt Byron diese Anstellung für eine weitere seiner zahllosen Fehlentscheidungen.

Polidori war groß, trug sein pechschwarzes Haar etwas überlang und ahmte mit jeder seiner Gesten eifrigst sein Idealbild, den Byronschen Helden nach. Er hatte den Auftrag nicht als Arzt, sondern als Mitglied einer trotz oder wegen des Skandals immer noch großen Lesergemeinde angenommen. Die Aussicht, mit dem berühmten Lord Byron reisen zu können, ließ ihn jede Bedingung akzeptieren.

Doch nach kaum einem Monat, den er mit Byron – dem nach allem anderen als nach Gesellschaft zumute war – durch Flandern und den Rhein entlang reiste, betrachtete er seinen dichtenden Patienten als sein Privateigentum und begann sich dementsprechend zu verhalten.

Seit ihrer Ankunft am Genfer See reagierte Byron darauf, indem er die Anwesenheit des Arztes völlig ignorierte. Dies erwies sich als besonders leicht, da drei weitere Exilanten sich zu ihnen gesellt hatten, die ebenfalls England hatten den Rücken kehren müssen.

Percy Bysshe Shelley, zwei Jahre älter als Polidori, war ebenfalls Dichter. Seine Bekanntheit in England gründete sich allerdings weniger auf sein – noch verhältnismäßig spärliches – Werk als auf die Ansichten, die er vertrat: Gottlosigkeit, Demokratie und freie Liebe. Wegen einer kleinen Broschüre, »Die Notwendigkeit des Atheismus«, hatte man ihn von Oxford, wo er studierte, relegiert. Seine erste größere Dichtung »Königin Mab« wurde vor allem wegen Anmerkungen wie »Frau und Mann sollten so lange miteinander vereint sein, wie sie einander lieben«, »Liebe ist frei«, »Keine Einrichtung könnte dem menschlichen Glück mehr systematisch feindlich gegenüberstehen als die Ehe« gelesen und zerrissen.

Shelley glaubte nur an die Natur. Er sah das Gute als identisch mit dem Schönen an, forderte die Aufhebung des Privateigentums und stellte das Weltall unter das universale Gesetz der Liebe. Doch nicht genug damit, Shelley setzte seine Theorien auch in die Praxis um, verließ seine Frau und floh mit seiner siebzehnjährigen Geliebten und ihrer Stiefschwester auf den Kontinent. Das war vor zwei Jahren gewesen. Shelley und Mary Godwin hatten ein gemeinsames Kind und waren inzwischen nur einmal kurz wieder in England gewesen.

Polidori als strenger Katholik verabscheute Shelley allein seiner Ansichten wegen. Byron dagegen schien offensichtlich von ihm fasziniert zu sein. Schon rein äußerlich, dachte Polidori wütend, konnte man sich keine größeren Antipoden vorstellen. Während Byron viele, die ihm begegneten, an einen dunklen gefallenen Engel erinnerte, glich der blonde langhaarige Shelley einer hellen Lichtgestalt. Er war mager und hatte nichts von Byrons athletischem Äußeren.

Im Unterschied zu Byrons sarkastischer Art, die seine Umgebung oft zunächst einschüchterte, benahm sich der nur mittelgroße Shelley gleichbleibend liebenswürdig. Allerdings fehlte ihm völlig jene verwirrende Mischung aus Charme und Faszination, die Byron an den Tag legen konnte, wenn er nur wollte. Shelley überzeugte nicht durch seine Ausstrahlung, sondern durch seinen messerscharfen Verstand. Wahrhaftig, hätte man sich die Mühe gemacht und nach Byrons genauem Gegenteil gesucht, Shelley wäre keine schlechte Wahl gewesen.

Und doch sympathisierten diese beiden, die sich selbst aus England verbannt hatten, fast vom ersten Augenblick an miteinander. Polidori kam sich bei den nun regelmäßig erfolgenden Diskussionsabenden manchmal wie ein völliger Ignorant vor, und das haßte er. Hatte ihm der Verleger Murray nicht fünfhundert Pfund dafür angeboten, daß er als *einziger* Begleiter Byrons im Exil ein Tagebuch führte?

Die Person, die Polidori nächst Shelley am meisten mißfiel, war Claire Clairmont, die die beiden Dichter zusammengebracht hatte. Ihren richtigen und sehr viel prosaischeren Vornamen Mary Jane hatte Claire schon mit fünfzehn abgelegt.

Claire, eine etwas üppige reizvolle Brünette, hatte sich Byron buchstäblich am Vorabend seiner Abreise aus England an den Hals geworfen. Ihre Methode war nicht eben originell. Einige anonyme Briefe, und, als das nichts half, eine zufällig herbeigeführte Begegnung hatten genügt, um Byron zu gewinnen. Für Claire stand sein Verhalten in völligem Einklang zu dem Bild, das sie sich von dem skandalumwitterten Lord gemacht hatte. Dabei war sie ihm eigentlich nur deswegen aufgefallen, weil sie von ihrer Bekanntschaft mit Shelley erzählte, dessen »Königin Mab« er gelesen und bewundert hatte. Sein Interesse wurde geweckt, und so hatte Claire mit Glück mehr als ein Dutzend Konkurrentinnen aus dem Feld geschlagen, die entweder von Fletcher oder von Byron selbst rundum abgewiesen worden waren.

Die Geschichte endete in einer kurzen Zwei-Tage-Liaison, die Claire Gelegenheit gab, Byron ihre Stiefschwester Mary vorzustellen. Für Claire, die seit Marys Flucht mit Shelley das junge Paar nicht verlassen hatte, bedeutete dieser Augenblick höchsten Triumph. Sie hatte ebenfalls einen Dichter erobert, nicht nur einen, *den* Dichter, Gesprächsthema seit vier Jahren und Inbegriff aller Romantik. Die Ernüchterung folgte auf dem Fuße. Byron, der Claire niemals vorgespielt hatte, sie zu lieben, beantwortete keinen einzigen ihrer Briefe, die sie ihm quer durch Europa hinterherschickte. Als klar war, daß die Shelleys England wieder verlassen mußten, begleitete sie Claire ein weiteres Mal und überredete sie, in die Schweiz zu fahren, wohin Byron schließlich kommen mußte.

Nachdem ihr mittlerweile aufgegangen war, daß Byron nicht gerade darauf brannte, sie wiederzusehen, und sie schon fast alle Hoffnung aufgab, kam er dann doch im selben Hotel wie die Shelleys an. Am nächsten Morgen fand er zu seinem Entsetzen ein Billet von Miss Clairmont auf seinem Frühstückstablett vor, das der Page lächelnd hereinbrachte. Er setzte alles daran, um einer Begegnung auszuweichen – diese fast aus seinem Gedächtnis entschwundene Claire erinnerte gefährlich an Caro Lamb. Schließlich überraschte sie ihn, als er gerade von einer Bootsfahrt zurückkam, vorsichtshalber in Begleitung von Mary und Shelley, um sich eine höfliche Behandlung zu sichern.

Byron hatte in literarischen Kreisen, abgesehen von Thomas Moore, keine wirklichen Freunde. Die Bekanntschaft mit Sir Walter Scott konnte man besser als gegenseitiges Wohlwollen bezeichnen. Die anderen Dichter, von denen die meisten ihre romantische Rebellenpose wie Robert Southey zugunsten von royalistischer Lobhudelei allmählich ablegten, hielt er für eingebildete Heuchler: »Sie überlaß ich ihrem ew'gen Teetisch/ Und Damencliquen, zierlich und ästhetisch.«

Shelley dagegen war etwas ganz anderes, gewiß keine Bruderseele, doch die Bekanntschaft war mehr oder weniger die erste, die Byron reizte und intellektuell herausforderte. Er mietete die Villa Diodati, Shelley, Mary und Claire zogen in ein nahe gelegenes kleines Landhaus.

»Glauben Sie an Geister, Shiloh?« fragte Byron zerstreut. Shelley lachte. »Wenn ich das bejahe, haben Sie mich bei einem Widerspruch in meinem Atheismus ertappt. Ich bin der Meinung, daß wir nach unserem Tod alle in ein unsterbliches seliges Nichts abgleiten, ein unendliches Glücksgefühl, wenn Sie so wollen.« Polidori fuhr auf. »Diese Ansicht kann ich nur als unhaltbar, unbegründbar und undenkbar verurteilen.« – »Warum, Dr. Polidori?« fragte Mary Godwin höflich. Polidori errötete. »Das sagt mir mein Glaube.«

Mary hob kaum merklich die Augenbrauen. »Ohne Sie kritisieren zu wollen, Doktor, denken Sie nicht auch, daß man einem Menschen mit einer ebenso festen Überzeugung, wie Sie sie haben, mit etwas detaillierteren Argumenten kommen müßte?« Byron beobachtete sie aufmerksam. Er war sich lange nicht sicher gewesen, ob er Mary Godwin nun mochte oder nicht. Sie war eine eigenständige Persönlichkeit, nicht nur Shelleys Anhängsel, und vertrat auch ganz eigene Ansichten.

Als Tochter der Frauenrechtlerin Mary Wollstonecraft und des Freidenkers William Godwin war Mary in einer Atmosphäre intellektueller Offenheit aufgewachsen. Ihr Scharfsinn und die ruhige, tolerante Art bildeten ihre Hauptanziehung. Äußerlich sah sie fast aus wie eine blassere Kopie von Shelley: helles Haar, ein feiner Knochenbau und eine fast magere Figur, bestimmt nicht das, was man sich unter einer Femme Fatale vorstellte. Sie begegnete Byron zunächst mit einiger Zurückhaltung, da sie sein Vorurteil gegen hochgebildete Frauen kannte. Aber Byron hatte bald festgestellt, daß Mary Godwin nicht Annabella Milbanke war. Im Unterschied zu Annabella besaß Mary Phantasie, Humor und Toleranz gegenüber Andersdenkenden und machte es daher selbst Polidori schwer, auf sie böse zu sein.

»Gerne würde ich meinen Glauben in Einzelheiten erläutern, Mrs. Shelley, aber da ich weiß, daß ich Mr. Shelley nicht umstimmen kann, halte ich das für überflüssig.« – »Der Grund, warum ich gefragt habe«, warf Byron ein, »ist, daß mir Mönch Lewis ein Buch geschickt hat, eine Sammlung deutscher Spukgeschichten.« Shelley, der sich sehr für deutsche Literatur interessierte, hob den Kopf. »In Deutsch?« Byron verneinte. Er war durchaus sprachbegabt und hatte sich auf seiner Mittelmeerreise ziemlich schnell Italienisch, Neugriechisch, Spanisch und etwas Albanisch und Türkisch angeeignet. Aber Deutsch gehörte nicht zu seinem Kanon.

Claire, die nicht wollte, daß der Abend erneut in eine Dreierdiskussion abglitt, bat darum, einige der Geschichten vorzulesen. Ihr Einfall fand allgemeine Zustimmung. Das Prasseln des Feuers und die schwache Beleuchtung bildeten die geeignete Atmosphäre. Mary schloß nach einiger Zeit die Augen und überließ sich dem Klang der Stimmen: Byrons dunkle, sonore, die helle, etwas heisere Shelleys, Polidoris abwechselnd tiefe und dann wieder sich in Aufregung überschlagende, der süße Sopran Claires. Bald saßen sie nicht mehr in der gewohnten Ordnung auf weit auseinanderstehenden Stühlen, sondern kauerten nebeneinander und genossen die seltsame Intimität, die sich gebildet hatte und niemanden mehr ausschloß.

Keiner wollte, daß der Abend zu schnell zu Ende ginge, und so fingen sie an, aus dem Gedächtnis zu zitieren. Als Byron gerade die Hexenballade »Christabel« von Samuel Coleridge vortrug, schrie Shelley auf und rannte aus dem Raum. Byron und Polidori, die ihm nach der ersten Verblüffung nacheilten, fanden ihn heftig würgend über das Treppengeländer gebeugt. »Es war Mary«, flüsterte er zitternd. »Als Sie in Ihrem Gedicht bei der halbentkleideten Hekate angelangt waren, da sah ich plötzlich Marys Brüste, und sie waren nackt, und sie hatte Augen anstelle von Brustwarzen.«

Shelleys Ausbruch hatte den Bann, von dem sie alle gefangen gewesen waren, gelöst, aber Byron, der nicht wollte, daß diese Stimmung für immer verflog, kam ein Einfall. »Laßt uns jeder ein Thema wählen – egal ob Werwölfe oder Zauberei – und eine Geschichte in Prosa schreiben.« – »Das ist nicht gerecht«, protestierte Claire. »Sie und Shelley sind hoffnungslos im Vorteil.« Shelley hatte sich inzwischen erholt. Er lächelte schwach. »Im Gegenteil. Schon der Gedanke an Prosa läßt mir das Blut gefrieren.« Am Ende stimmten sie alle Byrons Vorschlag zu und stellten fest, daß ihnen von der Nacht des fünfzehnten Juni kaum noch Zeit zum Schlafen geblieben war.

Meine liebste Augusta

... Was für ein Narr war ich zu heiraten – und Du nicht sehr klug – mein Liebes – wir hätten so ledig und so glücklich leben können – als alte Jungfer und Junggeselle; ich werde nie jemanden wie Dich finden – noch Du (so eitel es erscheinen mag) jemanden wie mich. Wir sind dazu gemacht, unsere Leben zusammen zu verbringen, & deshalb – sind wir – wenigstens – ich – durch

einen Berg von Umständen von dem einzigen Menschen getrennt, der mich je hätte lieben können, oder zu dem ich mich rückhaltlos hätte hingezogen fühlen können.

Wärst Du eine Nonne gewesen – und ich ein Mönch – daß wir vielleicht durch ein Eisengitter miteinander sprechen könnten, statt über das Meer hinweg – doch das macht nichts – meine Stimme und mein Herz sind immer...

»Schreiben Sie an Ihrer Geistergeschichte?« Byron blickte auf, verärgert über die Störung. »Nein« antwortete er kurz. »Ich wäre Ihnen sehr dankbar, Miss Clairmont, wenn Sie mich in Ruhe lassen würden.« Ihr hübscher Mund verzog sich zu einem Schmollen. Nichts, aber auch gar nichts, entwickelte sich so, wie Claire Clairmont es sich ausgerechnet hatte. Sie legte Byron die Arme um den Hals und wisperte: »Einmal hast du mich Claire genannt, Albé, weißt du noch?«

Albé, eine Verballhornung der Initialen L. B., war Marys Spitzname für ihn. Er machte sich los und sagte in einem nicht einmal unfreundlichen Ton zu ihr: »Miss Clairmont, oder Claire, wenn Ihnen das lieber ist, ich habe Sie nicht gebeten, hierherzukommen. Unsere *nähere* Bekanntschaft wurde, soviel ich weiß, auch von Ihrer Seite betrieben. Für mich ist sie beendet, aus Gründen, die nichts mit Ihnen zu tun haben. Ich finde Sie nach wie vor attraktiv, aber ich liebe Sie nicht. Schlagen Sie sich alle Hoffnungen aus dem Kopf.«

Claire hörte ihm nicht wirklich zu. Sie stampfte mit dem Fuß auf. »Sie sind gemein zu mir!« Hinter ihrem kindischen Gehabe verbarg sich eine tiefergehende Angst. Sie war schwanger, und sie wußte, daß mit Bekanntwerden dieser Tatsache jede Chance, die Affäre wiederaufzunehmen, verdorben war. Ihre Hände zitterten, und Byron hatte plötzlich Mitleid mit ihr. »Haben Sie denn Ihre Geistergeschichte geschrieben?« fragte er. Claire schüttelte den Kopf.

Keiner hatte bis jetzt etwas geschrieben. Polidori brütete und war überzeugt, Byron hätte das Ganze nur vorgeschlagen, um ihm Minderwertigkeitsgefühle einzuflößen. Shelley gab schon bald den Kampf mit der Prosa auf. Und Mary zerbrach sich bis jetzt ebenfalls vergeblich den Kopf. Sie wollte etwas wirklich Gutes, Schauriges schaffen, etwas, das ihr die Achtung ihrer Freunde einbrachte. Aber es kam nichts.

Byron war schließlich der erste, der eine Geschichte entworfen hatte. Es ging um zwei Freunde, die in den Orient reisten. Einer wurde tödlich verwundet und ließ den anderen an seinem Sterbebett schwören, niemandem von seinem vorzeitigen Dahinscheiden zu erzählen. Doch als der überlebende Freund allein nach England zurückkehrte, fand er den verstorbenen Reisegefährten höchst lebendig wieder, der um die Schwester des durch den Schwur Gebundenen warb. Byron war nicht recht zufrieden mit diesem Fragment und überließ Polidori seinen Entwurf.

Für die nächste Zeit war eine mehrtägige Segeltour von Byron und Shelley über den Genfer See, auf den Spuren des Schweizer Dichterphilosophen Rousseau, geplant. In der Nacht vor ihrer Abreise hatte Mary einen Traum, der ihr Spukdilemma lösen sollte. Sie sah einen großen Leichnam in einer seltsamen Gruft liegen. Neben dem Körper kniete eine verwaschene kleine Figur und stach mit verschiedenen Instrumenten in das längst schon erkaltete Fleisch. Und dann öffnete der Leichnam zu ihrem Entsetzen die Augen, begann zu atmen, starrte sie an... Mary erwachte schreiend. Als sie sich wieder beruhigt hatte, wußte sie mit einem Mal, daß ihr Problem einer Stoffsuche nicht mehr existierte. Sie *hatte* es. Ihre Geistergeschichte. Was sie so sehr erschreckte, mußte auch die anderen erschrecken. Nachdem sie Byron und Shelley am Pier verabschiedet hatte, begann sie, die Geschichte von einem Leichnam zu schreiben, der auf künstliche Weise wieder zum Leben erweckt wird.

Byrons und Shelleys Rousseau-Expedition verlief zunächst äußerst friedlich. Sie fanden die Natur so zauberhaft, wie Rousseau sie beschrieben hatte, und wandelten andächtig durch Meillerie, das verwunschene Paradies des Schweizers. Abends erhitzten sie sich in Debatten über die »Tümpelfanatiker« Wordsworth und Coleridge, die Shelley so innig verehrte.

Doch der Ausflug drohte in einem Fiasko zu enden. Ein jäher Wind kam auf, so scharf und heftig, daß der Genfer See mit einem Mal große Ähnlichkeit mit einem Meer hatte. Byron, der wußte, daß Shelley nicht schwimmen konnte, befreite sich von seinem Mantel. Im Sturm rief er Shelley zu, er solle sich an ihm festhalten, wenn sie beide über Bord gingen. »Schlagen Sie nicht um sich, ich werde Sie retten!« – »Ich will nicht gerettet werden!« schrie Shelley zurück. »Kümmern Sie sich nicht um mich, retten Sie vor allem sich selber!« Wie durch ein Wunder gelangten sie wohlbehalten in den nächsten Hafen.

»Shiloh«, bemerkte Byron erschöpft und musterte den völlig durchnäßten Shelley, »Sie sind der mutigste Mann, den ich kenne. Aber warum, zum Teufel, wollten Sie meine Hilfe nicht annehmen?«

Shelley schüttelte heftig den Kopf: »Sie haben mein Leben nicht in Ihrer Hand, Albé. Ich weiß, daß ich durch das Wasser sterben werde. Und ich würde es mir nie verzeihen, wenn ich Ihnen den Tod brächte.« – »Ich dachte«, erwiderte Byron, »ich wäre der Verrückte hier. Aber Sie sind noch schlimmer, Shiloh.« Die beiden Männer blickten sich an und brachen in befreiendes Gelächter aus.

Mary schrieb inzwischen wie besessen an ihrer Geschichte, die sich allmählich zu einem Roman ausweitete. Im Mittelpunkt der Erzählung stand ein Arzt namens Frankenstein. Polidori war dabei, aus Byrons Fragment eine Spukgeschichte um einen Vampir zu entwickeln. Byron und Shelley sprühten nach ihrer Rückkehr vor neuen Ideen. Bald war Claire die einzige, die nichts zu Papier brachte. Sie versank in Langeweile und Eifersucht.

Byron wartete schon seit einigen Wochen auf den nächsten Brief von Augusta, war unruhig, gereizt und fühlte sich von aller Welt im Stich gelassen und einsam. Mittlerweile war jedes Schuldgefühl gegenüber Annabella verflogen. Sie hatte ihn von Augusta getrennt. In dieser Lage traf ihn Claire an und nützte seine Stimmung zu ihrem Vorteil. Sie erreichte, was sie wollte: sie wurde wieder Byrons Mätresse. Doch sie konnte nicht umhin, sich zu fragen, wie lange das wohl anhalten würde.

Claire bot an, Byrons entstehende Manuskripte – er arbeitete an einem Drama und mehreren Versepen – in Reinschrift zu übertragen. Da sie über eine schöne Schrift verfügte und er diese Aufgabe ohnehin haßte, fand ihr Angebot dankbare Aufnahme. Claire argwöhnte, daß er in ihr in jedem Fall lieber eine Sekretärin als eine Geliebte sah. Er benahm sich entsprechend. Wer, dachte Claire, konnte es ihr da übel nehmen, wenn sie sich Einblick auch in die Manuskripte verschaffte, die sie eigentlich nichts angingen?

> Will der Tag meines Glückes auch schwinden
> Und der Stern meiner Hoffnung verglühn,
> Verschmäht dein sanft Herz doch, zu finden
> Die Fehler, deren andre mich ziehn;
> Und kannt es auch all meine Schmerzen,
> Nie erschrak's, sie zu teilen mit mir,
> Und die Liebe, die oft ich im Herzen
> Geträumt, fand ich einzig bei dir.

»An seine Schwester, Mary, an seine *Schwester!*« sagte Claire, nur für den Fall, daß ihre Entdeckung zu harmlos erscheinen sollte. Shelley und Mary blickten unbehaglich drein. Endlich erklärte Shelley: »Ich habe nie an das Geschwätz geglaubt. Er ist eben anders als die meisten, das ist alles.« – »Im übrigen«, fügte Mary hinzu, »hattest du nicht das Recht, seine Sachen zu durchstöbern.« Aber Claire hatte es getan und wurde dabei von Byron auf frischer Tat ertappt.

Er sagte kein Wort. Aber der Ausdruck in seinen Augen erschreckte sie so sehr, daß sie unwillkürlich rief: »Du darfst mir nichts tun – ich erwarte ein Kind!« Damit war es heraus. Die in Tränen aufgelöste Claire berichtete Mary und Shelley, Byron hätte gesagt, daß er sie nie wiedersehen wolle. »Was soll ich nur tun? O Gott, was soll ich nur tun?«

Am Ende war es der gutmütige Shelley, der helfend eingriff und sich damit auf ewig dem Verdacht aussetzte, er habe selbst mit Claire eine Affäre gehabt. Er vereinbarte mit Byron, daß Claire ihn und Mary zurück nach England begleiten würde, wo

Shelley erneut versuchen wollte, das Sorgerecht für seine ehelichen Kinder zu erlangen. Dort würde Claire dann ihr Kind zur Welt bringen, das von Byron als das seine anerkannt und als solches ohne Nennung der Mutter amtlich eingetragen werden würde. Über das weitere Vorgehen liefen die Meinungen beider Parteien, zwischen denen Shelley vermittelte, erheblich auseinander. »Augusta kann das Kind aufziehen.« – »Niemals!« Schließlich einigte man sich darauf, daß das Kind, Junge oder Mädchen, bei seinem Vater aufwachsen würde.

Bevor die Shelleys abreisten, gab es noch einen kleinen Eklat. Der eifersüchtige Polidori forderte Shelley aus keinem ersichtlichen Grund zum Duell. Shelley weigerte sich, die Sache ernst zu nehmen. »Sie wissen genau, daß er Pazifist ist und sich aus Prinzip nicht duelliert«, sagte Byron und musterte Polidori von oben bis unten. »Aber ich trete gerne an seine Stelle.« Polidori kehrte rachsüchtig auf sein Zimmer zurück und machte sich an die sorgfältige Beschreibung des Bösewichts in seiner entstehenden Novelle »Der Vampir«.

Nachdem die Shelleys die Schweiz verlassen hatten, nahm Byron eine von Madame de Staëls Einladungen an. Madame, die in Coppet residierte, erinnerte sich wohlwollend ihrer Londoner Bekanntschaft. Es war Byrons erster Auftritt in der Gesellschaft seit der öffentlichen Ächtung bei Lady Jersey damals, und als Madame de Staëls Türsteher seinen Namen ausrief, stieß eine Dame einen spitzen Schrei aus und fiel lautlos in Ohnmacht. »Das ist zuviel«, kommentierte die Duchesse de Broglie mit Blick auf die Unglückliche, der man eifrig Luft zufächelte, »mit fünfundsechzig Jahren!«

»Zittert, Sterbliche«, murmelte Byron sarkastisch, »der Satan ist erschienen.« Madame hatte Neuigkeiten, interessante Neuigkeiten aus England. Lady Caroline Lamb hatte ihre schriftstellerischen Fähigkeiten entdeckt und ein Buch, das sie als »Enthüllungsroman« bezeichnete, verfaßt. Das Motto zu diesem Werk mit dem Titel »Glenarvon« stammte aus Byrons Erzählung »Der Korsar«:

He left a name to all succeeding times
linked with one virtue and a thousand crimes.

Die Hauptfigur bildete Lord Glenarvon – düster, bleich, dunkelhaarig, blendendes Aussehen –, den man beim besten Willen nur als barbarisches herzloses Ungeheuer bezeichnen konnte. Dieser Antichrist in Person verführt nicht nur die edle Calantha, die bildschöne, reine und anmutige Heldin des Romans, sondern auch eine ganze Anzahl weiterer Damen und trägt außerdem ein geheimes unsägliches Verbrechen mit sich herum. Calantha jedoch liebt Glenarvon trotz allem, folgt ihm überall hin, tut alles für ihn, bis er ihr gänzlich das Herz bricht und sein wohlverdientes Ende findet. Der Roman wurde von der englischen Gesellschaft – und später auch auf dem Kontinent – begeistert aufgesogen. Byron kommentierte in einem Brief an seinen Verleger die literarischen Neuerscheinungen der jüngsten Zeit:

Ich las die »Christabel« –
  Ein reiner Quell.
Ich las den »Missionär« –
  Sehr schön auf Ehr.
Ich probierte »Ilderim« –
  War schlimm.
Ich las in »Margaret von Anjou« –
  So was kannst du?
Ich blätterte in Websters »Waterloo« –
  Puh! Puh!
Ich besah mir Wordsworths milchweiches »Rylstone-Reh«
–
  O je!
Ich las auch »Glenarvon« von Caro Lamb –
  Gott verdamm!

Mittlerweile war es Ende August. Besuch aus England kam: die Herren Hobhouse und Davies. Hobhouse brachte einen Brief von Augusta mit, und Byron benutzte Scrope Davies, der bald wieder abreiste, als Rückversicherung gegenüber der Post.

Diodati – Genf, 8ter Sept. 1816

Meine liebste Augusta

– Durch zwei sich bietende Gelegenheiten – habe ich Dir auf privatem Weg Antworten auf Deinen von Mr. H überbrachten Brief gesandt. — S ist auf seinem Rückweg nach England – & wird vermutlich vor diesem Brief ankommen. – Er bringt einige Pakete mit Siegeln – Halsbändern – Bällen & c. – & ich weiß nicht was sonst noch alles – aus Kristallen – Achaten – und anderen Steinen geschnitten – die alle vom Mont Blanc *stammen & von mir an Ort & Stelle erworben & von dort hierher mitgebracht wurden – ausschließlich für Dich, um sie zwischen Dir und den Kindern zu verteilen – einschließlich Deiner Nichte Ada, für die ich einen Ball ausgewählt habe (aus Granit – übrigens einer weichen Substanz – aber der einzigen hier), womit sie rollen & spielen kann – wenn sie alt genug – und mutwillig genug dafür ist – und noch dazu ein kristallenes Halsband – und alles, was Du sonst noch dazu legen willst – die Liebe!*

–– Der Rest ist für Dich – & das Kinderzimmer – aber vor allem für Georgiana – die mir einen sehr netten Brief geschrieben hat. – Ich hoffe, Scrope wird alles gut befördern – was er versprach…

– Nun denn – Lady B ist »lieb zu Dir« gewesen, sagst Du – »sehr lieb« – hm – es ist gut, daß sie wenigstens zu einem von uns lieb ist – und ich bin froh, daß sie das Herz & die Einsicht hat, zumindest Deine Freundin zu sein – Du warst immer die ihre. – Ich hörte neulich – daß sie unwohl sei – ich war sehr betroffen – und es tat mir sehr leid – weiß Gott – aber lassen wir das; – Doch H erzählte mir, sie sei nicht krank… – das ist eine Erleichterung. — Was mich betrifft, bin ich bei guter Gesundheit – & in leidlicher – wenn auch sehr unausgeglichener Stimmung… Ich habe die Absicht, Ende des Monats die Alpen zu überqueren – und – Gott weiß wohin – zu gehen… ich habe noch immer eine Welt vor mir…

— H hat mir all die sonderbaren Geschichten erzählt, die über mich & die meinen im Umlauf sind; – nichts *davon ist wahr, – ich war in einiger Gefahr auf dem See – (in der Nähe von Meillerie), aber nicht der Rede wert; und was all diese »Mätressen« an-*

geht – Gott steh mir bei – ich hatte nur eine. – Nun – schimpf bitte nicht – denn was hätte ich tun sollen? – Ein törichtes Mädchen – das, trotz allem was ich sagte oder tat – mir nachreiste – oder vielmehr voraus – denn ich fand sie hier vor – und ich hatte alle erdenkliche Mühe, sie zur Rückkehr zu bewegen – aber sie fuhr schließlich... Ich war nicht verliebt, noch spüre ich weiter irgendwelche Liebe für sie, – aber ich konnte doch nicht gerade den Stoiker spielen bei einer Frau – die achthundert Meilen überstanden hatte, um mich zu entphilosophieren... — Und jetzt weißt Du alles, was ich von der Sache weiß – & sie ist vorbei...

Annabella, Lady Byron, war mit dem Verlauf der Ereignisse nicht ganz zufrieden. Statt ihr großzügiges Angebot, ihr durch freundschaftliche Gesten einen Deckmantel gegenüber der Gesellschaft zu verschaffen, enthusiastisch aufzunehmen, reagierte Augusta zurückhaltend. Daß sie manchmal auch sarkastisch wurde – »es kam mir nie in den Sinn, daß Du anders als in strengster Erfüllung Deiner Pflicht handeln könntest« – entging Annabella. Es irritierte sie, daß Augusta ihr »Freundschaftsangebot« offensichtlich durchschaut und es als das genommen hatte, was es war: eine unausgesprochene Erpressung. Doch Annabella war sich sicher, schließlich ihr Ziel zu erreichen. Augusta mußte von ihr abhängig werden.

Die erste Zeile der Fortsetzung von »Childe Harold« genügte, um sie in Panik zu versetzen: »Gleichst du der Mutter, Ada, holdes Kind?« Byron kümmerte sich um Ada! Dabei hatte er bisher doch ein sehr distanziertes Verhältnis zu Kindern gehabt. Wenn er sich nach Ada sehnte, könnte er vielleicht sogar verlangen, was Annabella mehr als alles andere fürchtete, daß seine Tochter Augusta anvertraut würde. Augusta könnte – Schrecken aller Schrecken – zu ihm ins Ausland flüchten. Eine Flucht zu Byron, ob mit oder ohne Ada, würde sie für immer Annabellas Einflußnahme entziehen.

Augusta mußte sich inzwischen um fünf Kinder, ein hochverschuldetes Gut und ihren Ehemann kümmern. Allein zu Byron zu reisen (und sich damit für immer aus England zu verbannen) kam für sie noch weniger in Frage als vorher.

Annabella hätte ihre komplizierte Intrige aus Mildtätigkeit, Einschüchterung und Selbstrechtfertigung gar nicht entwerfen müssen. Augusta gab im Prinzip nichts auf, als sie sich Annabellas Bedingungen beugte, jenem unausgesprochenen Vertrag, von dem sie Byron kein Wort erzählte. Sie akzeptierte Annabellas gesellschaftliche und gelegentlich auch finanzielle Hilfe. Dafür verpflichtete sie sich, weder Byron ins Ausland zu folgen noch seine Ansprüche auf Ada zu vertreten.

Doch Annabella wollte ein Geständnis. Zu diesem Zweck suchte sie die Bekanntschaft mit Augustas Freundin Mrs. Villiers, die Augusta öfter und auch länger besuchte, um ihr mit den Kindern zu helfen. Annabella versicherte Mrs. Villiers ihr ungebrochenes Wohlwollen gegenüber Augusta und ließ durchblikken, daß sie willens sei, alles Vergangene zu verzeihen.

»Mein großes Ziel neben der Sicherheit meines Kindes ist deswegen die Wiederherstellung ihres Geistes in einen Zustand, der religiös erwünschbar ist.«

Damit hatte Annabella den richtigen Ton getroffen. Mrs. Villiers verabscheute Byron und hielt seinen Einfluß auf Augusta – welcher Art auch immer – für katastrophal. In ihren Augen war er für den Skandal, der Augusta beinahe zur Ausgestoßenen gemacht hatte, verantwortlich. Jeder Versuch, Augusta von ihm zu trennen, konnte daher auf ihre volle Unterstützung rechnen. Sie antwortete Annabella begeistert und erhielt detaillierte Instruktionen:

»Vielleicht kann keine menschliche Macht den Geist der Demut und Reue erschaffen, um den ich Gott für sie bitte. Wenn Sie ihr Bestes wollen, urteilen Sie weise und erscheinen Sie vollkommen arglos. Lassen Sie uns nicht ungeduldig mit einem ›verseuchten Geist‹ sein.«

Mrs. Villiers, eine eifrige Leserin von »Glenarvon«, richtete sich danach. Sie war ein Muster an Geduld. Stündlich flossen bei ihren Besuchen Ermahnungen und moralische Belehrungen über ihre Lippen, brachte sie in ihren Bußpredigten Verdammungen von Byron und dringende Aufrufe zur Reue unter. Umsonst. Schließlich schrieb sie Annabella: »Haben Sie ihr gesagt, daß er sie an andere verraten hat, oder glauben Sie, daß es möglich ist, dies zu tun? Wenn sie einmal dazu gebracht wird, diese Tatsache zu *glauben,* erhoffe ich mir viel davon.«

Alle Affären Byrons konnten Augusta offensichtlich nicht berühren. Doch Mrs. Villiers hatte noch einen weiteren Verdacht aufgefangen, mit dem sie Byrons Schwester womöglich im Innersten treffen konnte.

Annabella und Mrs. Villiers stimmten ihr Vorgehen auf das neue Ziel ab. Während Annabella in ihre Briefe Bemerkungen einfließen ließ, daß Byron »Dein schlechtester Freund, oder besser gesagt, überhaupt nicht Dein Freund« gewesen sei, brachte Mrs. Villiers das Gespräch bei ihrem nächsten Besuch wie von ungefähr auf die Londoner Gesellschaft. »Sie waren sehr hartherzig zu dir«, seufzte sie und legte Augusta die Hand auf die Schultern. »Andererseits, was soll man erwarten, wenn sie diese gräßliche Geschichte von Mylord selbst gehört haben.«

Endlich reagierte Augusta. Jäh hob sie den Kopf. »Wie meinst du das, Thelma?« – »Nun«, erwiderte Mrs. Villiers leise, aber bestimmt, »es ist mittlerweile bekannt, daß Lord Byron zwei der schlechtesten Frauen in ganz London zu seinen Vertrauten gemacht hat und sogar soweit gegangen ist, ihnen deine Briefe zu zeigen, liebe Augusta. Lady Caroline Lamb sagt...« Augusta verzog den Mund. »Lady Caroline Lamb«, unterbrach sie verächtlich, »würde sogar noch dann lügen, wenn sie im Sterben liegt – sofern sie glaubte, etwas damit erreichen zu können.«

»Mag sein«, entgegnete Mrs. Villiers glatt. »Aber Lady Melbourne...« Sie wurde schon wieder unterbrochen, diesmal von einer lachenden Augusta. »Lady Melbourne? Ist sie die andere ›schlechteste Frau von ganz London‹? Aber Thelma, was hat dir die arme Lady getan?« Mrs. Villiers öffnete den Mund, um eine hitzige Auflistung der Sünden von Lady Melbournes jüngeren Jahren zu bringen. Hatte nicht Lady Melbournes Freundin, die Herzogin von Devonshire, den schockierenden Ausspruch der Lady verbreitet, eine Frau sei nur verpflichtet, ihrem Gemahl einen Erben zu schenken, und könne dann tun, was sie wolle? Oh, Lady Melbourne gäbe ein ergiebiges Thema ab, doch Mrs. Villiers hielt abrupt inne, als sie den Schalk erkannte, der in Augustas Augen blitzte. Augusta war schon seit ihrer Kindheit sehr gut darin gewesen, ihre Freundin Thelma von etwas abzulenken, über das sie nicht sprechen wollte, doch dieses Mal würde sich Mrs. Villiers nicht beirren lassen.

»Lady Melbourne«, sagte sie langsam, »mag sein, was sie will, doch niemals eine Lügnerin und Schwätzerin. Und es ist bekannt, daß dein Bruder ihr gegenüber die entsetzlichsten Behauptungen über sein Verhältnis zu dir aufgestellt hat.« – »Wie kann das bekannt sein«, konterte Augusta, »wenn Lady Melbourne doch für ihre Diskretion berühmt ist? Hast du *sie* etwas Derartiges sagen hören oder gehört, daß sie es zu anderen gesagt hat?« – »Nein«, gab Mrs. Villiers widerwillig zu. Doch die unverkennbaren Zeichen der Erschöpfung bei Augusta gaben ihr neuen Mut, und sie fuhrt fort: »Aber glaubst du wirklich, daß er Lady Melbourne *nichts* dieser Art geschrieben hat? Sei ehrlich, Augusta!« Augusta schwieg. Ihr braunes Haar fiel seitlich herab und verdeckte fast ihr Profil. Mrs. Villiers ergriff ihre Hand.

»Und wenn auch Caroline Lamb eine Lügnerin ist, was ich gar nicht bestreiten will... sie wiederholte aber neben furchtbar theatralischen Äußerungen, die wirklich von ihr stammen dürften, auch Sätze und Zeichen, die ganz nach dir klingen.« Sie fühlte, wie Augusta bei dem Wort *Zeichen* aufmerkte. »Denke an deine Seele, Augusta! Denk an die furchtbare Sünde! Doch selbst wenn alles zutrifft, was man sich erzählt, so glaube ich dennoch, daß er schuldiger ist als du, denn er prahlt auch noch damit! Was für ein Mensch ist das, der dein Vertrauen mißbraucht und dich verrät? Ich selbst«, und diesmal konnte sie auf ein reales Ereignis zurückgreifen, »habe ihn im vergangenen Jahr die Geschmacklosigkeit äußern hören, daß nach den Lehren der Kirche Kain und Abel keine andere Wahl gehabt hätten, als ihre Schwestern zu heiraten, und daß es heuchlerisch sei, heute zu verdammen, was man in der Vergangenheit guthieß!« Augusta wandte sich ab. »Laß mich allein, Thelma«, sagte sie tonlos. »Laß mich bitte allein.«

Byron selbst spielte Annabella unbeabsichtigt ein neues Druckmittel in die Hand. Er brachte sein erstes Drama heraus, »Manfred«, eher ein dramatisches Gedicht mit mehreren Stimmen als ein wirkliches Bühnenstück. Es stellte einen Höhepunkt an lyrischer Ausdrucksmöglichkeit dar, wurde in Deutschland vom alten Goethe auf das höchste bewundert – er versuchte sogar, es zu übersetzen – und überall in Europa diskutiert.

Die Titelfigur Manfred war der Inbegriff des Byronschen Helden, ein Magier wie Faust, zerfressen von Reue und Trauer, von Dämonen gejagt, die er selbst beschworen hatte, mächtig über alle Geister – und nur auf der Suche nach dem Vergessen seiner eigenen Identität.

Das alles interessierte die englische Öffentlichkeit jedoch wesentlich weniger als die Tatsache, daß Manfred, der um seine tote Geliebte trauert, mit dieser offensichtlich in einer verbotenen Beziehung stand. Argwohn erregte bereits die Beschreibung der verlorenen Astarte:

> Sie glich
> In allen ihren Zügen mir; ihr Aug,
> Ihr Haar, ihr Antlitz, ja der Ton der Stimme
> War – wie die Welt erzählte – wie bei mir,
> Nur überall gemildert und verschönt...
> Doch hegte sie auch sanftre Eigenschaften:
> Das Mitleid und das Lächeln und die Träne
> Und Zärtlichkeit – die ich nur für sie fühlte –
> Und Demut endlich, die ich nie besaß.
> Die Fehler hatte sie mit mir gemein,
> Doch ihre Tugenden gehörten ihr.
> Ich liebte sie und – habe sie zerstört.

Das allein hätte schon genügt. Es kam aber noch besser. Manfred gelingt es tatsächlich, Astartes Geist zu beschwören. Ihre Erscheinung schweigt jedoch, und er fleht sie an:

> Astarte, höre mich! geliebtes Weib,
> gib Antwort mir! Ich hab so viel gelitten,

Ich leide noch so viel! Sieh mich nur an!
Das Grab hat dich nicht mehr verändern können,
Als ich verändert bin um deinetwillen.
Du liebtest mich zu viel, wie ich auch dich,
Wir waren nicht gemacht, uns so zu quälen,
Obschon's die schwerste Sünde war, zu lieben,
Wie wir geliebt…

Das Urteil war gefällt: Manfred war Lord Byron, Astarte seine Schwester, die Geister seine Dichtungsbegabung und das ganze Stück eine poetische Autobiographie! Daß das Werk auch Stellen enthielt, die alle diese Vermutungen lügen hießen, spielte für niemanden eine Rolle. Daß Manfred Astartes Tod verursacht hatte, war irrelevant. Daß Byron vielleicht eigene Gefühle, aber keine eigenen Erlebnisse verarbeitete, interessierte niemanden.

So wurde der Sommer 1817, in dem sie für die Hochzeit der Prinzessin Mary nach London kommen mußte, für Augusta die alptraumhafte Wiederholung des Vorjahrs.

Das Getuschel, die Ächtungen, alles war wieder da. Und das Werk, das an diesem Wiederaufleben des Skandals schuld war, stammte diesmal nicht von Caroline Lamb. Wie hatte Byron doch in einem seiner Gedichte an seine Schwester geschrieben?

Ich war, vertraut mit dem, was mich bedroht
Der eignen Leiden sorgsamer Pilot.

Nur saß er mittlerweile sicher in Italien und dachte sich nichts dabei, auch in die Fortsetzung von »Childe Harold« Grüße an seine Schwester einzubauen, von seiner Sehnsucht nach ihr zu sprechen, und vergaß vollkommen, daß all diese Liebeserklärungen von jedem Leser verstanden wurden.

Annabella sah den Moment gekommen, Augusta ein Wiedersehen vorzuschlagen.

Augusta kam, nervös und erschöpft, nachdem sie ein wochenlanges Spießrutenlaufen in der Londoner Gesellschaft hinter sich hatte. Annabella war ruhig und gefestigt. Sie ahnte nicht, daß schon ihr Anblick Augusta erschreckte. Lady Byron hatte ihre rührende Schutzbedürftigkeit, die sie in Six Mile Bottom, im Haus am Picadilly, in jedem von Annabellas Briefen während ihrer kurzen Ehe gespürt hatte, völlig überwunden. Ihr Blick zeigte keinerlei Regung. Gleich zu Anfang bat sie Augusta, sie nicht mehr Bell zu nennen. Nicht mehr Bell. Bell schien eine andere Person gewesen zu sein. Annabella.

Lady Byron kam sehr schnell mit dem heraus, was sie wollte. »Es würde dein Gewissen erleichtern und deine Seele retten, Augusta.« Ihre Worte hatten einen höchst unerwarteten Effekt: die verschüchterte Augusta fand zu ihrem alten Selbst zurück. Sie lachte. »Liebste Annabella, ich bin noch nicht darauf vorbereitet, in den Himmel einzugehen.« Annabella schwankte, ob sie dies nicht vielleicht doch für ein Reuebekenntnis halten sollte, entschied sich aber dann dagegen. Für einen Moment wußte sie nicht, was sie tun sollte. Augusta hatte einem ganzen Jahr voller Bußpredigten widerstanden.

Annabella wog alle ihre Kenntnisse von Augustas Charakter gegeneinander ab, blickte auf Byrons Schwester, die schon wieder ein Kind erwartete, und erkannte mit einem Mal, wie sie das Gewünschte erreichen konnte. Nicht durch Vorhaltungen, o nein!

Annabella erlitt einen wohlkalkulierten Zusammenbruch. Sie spielte ihr früheres Ich, brach in Tränen aus und klammerte sich an Augusta. »Bitte, hilf mir, Augusta, hilf mir!« Augusta spürte, wie sich Annabellas Körper verkrampfte. »In meinem Kopf schreit es Ja, Nein, Ja, Nein – *ich halte das nicht mehr aus!*« Der Sommer, »Manfred«, ihre Schwangerschaft und Annabellas Rückverwandlung in das Mädchen, das sie immer als ihre Schwester betrachtet hatte und das sie beschützen mußte, taten ihre Wirkung. Augusta seufzte. »Wenn es dir so viel bedeutet – gut, Bell, ich war vor deiner Heirat die Geliebte meines Bruders.«

Am nächsten Tag teilte ihr Annabella mit schneeweißem Gesicht mit, sie habe ihretwegen eine schlaflose Nacht verbracht und könne sie nie wiedersehen.

Mailand

Meine liebste Augusta

– Ich bin in Kirchen, Theatern, Bibliotheken und Gemäldegalerien gewesen. Der Dom ist prächtig, das Theater großartig, die Bibliothek ausgezeichnet, und über die Galerien weiß ich nichts – außer so viel, daß mir unter tausend Gemälden nur ein einziges gefällt. Am meisten entzückt hat mich aber eine Handschriftensammlung (die in Ambrosiana aufbewahrt wird), die originalen Liebesbriefe und Verse von Lucrezia de Borgia & Kardinal Bembo; und eine Locke ihres Haares – so lang – und blond & wunderschön – und die Briefe so hübsch & zärtlich, daß man sich unglücklich fühlen kann, nicht früher geboren zu sein, um sie wenigstens erblickt zu haben. Und nun stell Dir vor, was glaubst Du, ist eine ihrer Unterschriften? *– nun, es ist dies +, ein Kreuz – das, wie sie sagt, »für ihren Namen stehen soll & c.«. Ist das nicht reizend?*

... Ich bin so sehr in Eile & so schläfrig, aber so begierig, Dir wenigstens ein paar Zeilen zu schicken, meine liebste Augusta, daß Du mir vergeben wirst, wenn ich Dir so viele Umstände bereite; und ich werde sehr bald wieder schreiben; aber ich habe Dir in der letzten Zeit so viel geschickt, daß Du vielleicht zu viel haben wirst. Tausend Liebesgrüße *von mir an Dich – was sehr großzügig ist, denn ich will* nur einen *dafür haben.*

Immer, Liebste, der Deine
B

Er war eben, wie er war, und sie liebte ihn. »Manfred« hin, »Manfred« her, dachte Augusta, wenn es die Briefe nicht gäbe, wäre das Leben ohne ihn unerträglich für sie.

Im November gebar sie eine Tochter, die nach Augustas Mutter den Namen Amelia erhielt, von ihr jedoch nie anders als Emily genannt wurde.

George Leigh folgte den Rennen wie eh und je. Aber in der Zeit nach Byrons Abreise war er bei ihr geblieben und hatte sie besonders liebevoll behandelt, wofür sie ihm immer dankbar sein würde. Er und sie kamen gut miteinander aus. George fragte sie nie nach ihrer Korrespondenz mit ihrem Bruder, ganz im Gegensatz zu Mrs. Villiers, mit der sich ein anderes Naturell als Augusta wahrscheinlich schon längst zerstritten hätte.

Doch sie kannte Thelma Villiers nun schon seit ihrer Kindheit und vergaß nie die gemeinsam verbrachten glücklichen Zeiten. Und vor allem gab es für sie keinen Zweifel an Mrs. Villiers' aufrichtiger Freundschaft: Sie war eine der wenigen Bekannten Augustas, die ihr während des ganzen Skandals öffentlich zur Seite gestanden hatten.

Thelma Villiers wiegte sich in der Vorstellung, nur auf Augustas Rettung von *dem Bösen* hinzuarbeiten. Es kam ihr nie in den Sinn, daß sie Handlangerdienste für eine Frau verrichtete, um eine ihrer ältesten Freundinnen bloßzustellen. So widmete sie sich eifrig ihrem Missionarsdienst, griff jedes bösartige Gerücht über Byron auf und gab es mit eigenen Ausschmückungen versehen schriftlich oder mündlich an Augusta weiter.

Annabella war mittlerweile besessen von der Notwendigkeit, Augusta zur Buße zu bewegen. Sie hatte geglaubt, daß sich nach Augustas Geständnis in ihrer Seele Frieden einstellen würde, die unendlich wohltuende Sicherheit, richtig gehandelt zu haben. Das aber war nicht der Fall. Annabella verwünschte sich selbst, weil sie das Gespräch ohne Zeugen hatte stattfinden lassen. Würde sich eine solche Gelegenheit wieder ergeben? Dieses... dieses Halbgeständnis reichte ihr nicht. Sie wollte ein Reuebekenntnis. Sie wünschte, Augusta in Sack und Asche zu sehen, bis in alle Ewigkeit büßend.

Es gab niemanden, den sie so sehr haßte wie Augusta mit ihrem Spatzenhirn, ihrem mittelmäßigen Aussehen und der nicht vorhandenen Moral: »Sie scheint kein anderes Prinzip zu haben als dieses: ›Wenn etwas niemanden unglücklich macht, dann ist auch nichts Böses dabei‹«, schrieb sie an Mrs. Villiers.

Byron hatte sich für längere Zeit in Venedig niedergelassen. Er fand die Stadt und ihre Atmosphäre bezaubernd, mit einem Einschlag von östlicher Exotik, die ihn schon seit jeher fesselte. In Mailand hatte er mit Polidori auch seine düstere Stimmung abgeschüttelt. Wirklich unmöglich, dieses Nervenbündel noch länger bei sich zu behalten – eigentlich hatte er ihn schon in Genf verabschiedet. Doch Polidori hörte nur, was er hören wollte.

Byron genoß das Leben in Italien. Ihm gefiel die Lebensart der Italiener, Landsleuten ging er tunlichst aus dem Weg. Er entdeckte allerdings zu seinem Entsetzen, daß er zu einer Art kontinentaler Touristenattraktion geworden war. »Der Teufel soll sie holen!« sagte er ärgerlich zu Fletcher. »Sie sind allesamt davon besessen, mich in ihrem Postskriptum hinter dem Markusplatz und der Seufzerbrücke aufzuzählen.« Ein bewährtes Abschreckungsmittel lieferte ihm seine eigene Lebensweise. Die jungen, gutaussehenden Venezianerinnen gingen bei ihm ein und aus, und wenn er Besuch von englischen Konsulen oder ähnlichen Würdenträgern bekam, machte er sich das Vergnügen, zwei seiner Donnas zur gleichen Zeit zu bestellen.

Die unvermeidlichen Eifersuchtsszenen dieser Damen, die zwar allesamt verheiratet waren, eine außereheliche Rivalin aber nicht dulden wollten, brachten unerwünschte Besucher sehr bald dazu, wieder zu gehen. Die italienische Einstellung zum Ehebruch bildete überhaupt eine Quelle ständigen Amüsements für ihn. Anders als in England war es hier fast verpönt, *nicht* in aller Öffentlichkeit einen Liebhaber beziehungsweise eine Mätresse zu haben. Doch wehe dem Geliebten, der sich nach noch weiteren Zerstreuungen umsah!

»Manfred« und der Abschluß von »Childe Harold« hatten alle Zwänge in ihm gelöst: er hatte sich selbst vom Byronschen Helden befreit. In seiner nächsten Verserzählung, »Beppo«, war nichts mehr von seinen düsteren Stimmungen zu finden. Es war eine kleine venezianische Karnevalsgeschichte, mehr nicht, eine Verwechslungskomödie zwischen Ehemann und Liebhaber, die in einem friedlichen Leben zu dritt endete und viele Seitenhiebe in Richtung England beinhaltete. Byron erkannte, daß er die dämonischen Helden seiner früheren Werke eigentlich nicht länger brauchte. Sie nahmen sich allesamt viel zu ernst, und das war im heiteren Italien unmöglich.

In dieser Ansicht wurde er von Shelley bestätigt, der ihn in Venedig besuchte. Dieser brachte auch neueste Nachrichten aus

England mit. Claire hatte eine Tochter zur Welt gebracht, die sie zunächst Alba (nach Albé) nennen wollte. Byron entschied sich für Allegra. Warum, konnte er nicht sagen, der Name gefiel ihm einfach besser.

Shelley war im Kampf um eine gesellschaftliche Rehabilitierung in England endgültig der Rufmordkampagne von Marys Vater William Godwin unterlegen und mußte auch auf jeden Kontakt zu seinen Kindern verzichten. Alle Vatergefühle übertrug er nun auf Claires Tochter. Genaugenommen war Allegra mehr in der Obhut von Shelley und Mary, die das kleine Mädchen ebenfalls liebgewann, als von ihrer eigenen Mutter. Als die Situation in England unerträglich wurde, siedelten Shelley, Mary und Claire mit dem einjährigen Kind ein weiteres Mal auf den Kontinent um. Was lag näher, als Italien zu wählen?

Aus Marys Schauergeschichte, mit der sie am Genfer See begonnen hatte, war ein respektabler Roman geworden. »Frankenstein, oder Der moderne Prometheus« hatte sogar einen englischen Verleger gefunden. Nun wünschte sich Mary eigentlich nur Ruhe und Einsamkeit. Ihre Stiefschwester Claire hatte sich seit ihrer ersten Flucht mit Shelley an sie gehängt und dem jungen Paar keine ruhige Minute gelassen. Doch gerade jetzt konnten sie Claire mit ihrem Kind nicht im Stich lassen.

Shelley, der seine Familie zunächst in Pisa untergebracht hatte, besuchte Byron in Venedig und brachte ihm bei dieser Gelegenheit seine Tochter Allegra mit. Jeder andere hätte den Empfang und den Lebensstil des Gastgebers als extravagant empfunden. »Passen Sie auf, daß Ihnen die Ziege nicht zwischen die Beine läuft, Shiloh«, sagte Byron, »und gehen Sie nicht zu nahe an die Vorhänge, der Affe springt Ihnen sonst an den Hals. Ich nehme doch an, Sie kommen mit Gepäck?« Aber Percy Shelley war von Natur aus ein träumerischer Idealist, der einmal philosophierend über den Rand einer Klippe gewandert wäre, hätte man ihn nicht festgehalten und aus seinem Traum geweckt.

Shelley übergab Allegra ihrem Vater. Er und Mary zogen in ein Haus, daß Byron in Este für sie gemietet hatte. Shelley blieb jedoch lange genug in Venedig, um ernste Zweifel zu bekommen, ob Byrons chaotischer Haushalt für ein Kind geeignet war. Byron stand erst um zwei Uhr nachmittags auf und blieb bis zum frühen Morgen wach. Die Geliebten reichten sich die Klinke. Als Shelley unbeabsichtigt eine Eifersuchtsszene miterlebte, stellte er die These auf, das heftige Temperament der Italienerinnen hinge mit ihrer sozialen Unterdrückung zusammen.

»Aber ich liebe diese Art Temperament«, erwiderte Byron todernst, »ich hätte Medea jeder lebenden Frau vorgezogen.« Shelley lachte. »Warum haben Sie sich dann nicht an Ihre Gattin gehalten?« – »Oh, sie ist keine Medea«, sagte Byron wegwerfend, »nur eine arme, rührselige Klytämnestra, die ihre Rachsucht mit Hilfe des Gesetzes auslebt. Miss Milbanke, die moralische Klytämnestra.« Er schwieg eine Weile und fügte schließlich hinzu, plötzlich sehr verwundbar aussehend: »Sie glauben vielleicht, ich verachte die Frauen. Das ist nicht so. Wenn ich mit einer einzigen Frau an einem einzigen Ort zusammenleben könnte, hätten Sie in mir den überzeugtesten Lobpreiser der Menschheit.«

In Byron, der sich seit »Manfred« seine Werke von Murray bezahlen ließ (das Leben im Exil war teilweise noch teurer als das in England), reifte schon seit längerem der Plan zu einem neuen Versepos in der Art von »Beppo«.

> Mir fehlt ein Held: ein sonderbarer Fehler,
> Denn jährlich kündigt sich ein neuer an
> Und überfüllt mit Humbug die Journäler
> Doch schließlich ist er nicht der rechte Mann.
> Für diese Sorte ward ich nicht Erzähler,
> Und darum nehm ich mir Freund Don Juan...

In Venedig, der Stadt Casanovas, lag eine Figur wie Don Juan einfach in der Luft. Byrons Don Juan wurde allerdings nicht der dämonische Frauenheld und Wüstling der Legende, sondern ein argloser hübscher Junge um die Sechzehn, dessen entwaffnende Unschuld und Naivität die Frauen dazu bringt, ihn verführen zu wollen. Nicht, daß ihm dafür die Empfänglichkeit fehlte. Schon sein Vater, Don José, ist bei Byron ein Schürzenjäger und sehr unhäuslich, weswegen ihn seine Gattin Dona Inez auf Wahnsinn untersuchen läßt. Die Beschreibung dieser Dame löste bei der Veröffentlichung in England neues Ärgernis aus, denn wiederum waren die Anspielungen für jeden erkennbar.

Die Mutter war berühmt und hochstudiert
In allen Fächern der Gelehrsamkeit,
In jeder Sprache, die je existiert,
Und tugendhaft nicht minder als gescheit:
Die Klügsten fühlten sich vor ihr blamiert,
Die Besten seufzten innerlich vor Neid,
Weil alles, was die Frommen je erbaut hat,
Verdunkelt ward von dem, was diese Frau tat.

Kurzum, sie war ein wandelndes Exempel,
Ein christlicher Roman, der ungebunden
Herumlief, ein lebend'ger Weisheitstempel,
Ein Auszug aus »des Weibes Weihestunden«,
Ein Abdruck mit dem echten Tugendstempel,
Den selbst der Neid untadlig hat gefunden:
Vor andern Frauen hatte sie allein
Den schlimmsten Fehler, fehlerfrei zu sein.

Hobhouse und der Verleger Murray hatten schwerste Bedenken, ob eine Verserzählung wie »Don Juan« veröffentlicht werden könnte, noch dazu, wo das Epos von handgreiflichen Anzüglichkeiten durchsetzt war. Schon mit der Widmung war Ärger vorauszusehen:

Bob Southey! du bist Dichter – Hofpoet
Und Typus aller dieser großen Lichter,
Und ein bekehrter Tory; das versteht
Sich freilich ganz von selbst für solch Gelichter.
Sag mal, mein epischer Judas, wie's euch geht,
Ihr unversorgten und versorgten Dichter?
Ihr kommt mir vor, mit euren süßen Weisen,
Wie »die Pastete mit den zwanzig Meisen«.

Southey schäumte vor Wut. Obwohl »Don Juan«, erster Gesang, von Murray letztendlich anonym veröffentlicht wurde, erkannte jeder den Autor, und nicht nur Southey fühlte sich provoziert. Das *British Journal* druckte einen langen Brief des Herausgebers ab, in dem er eigentlich die ganze Zeit gegen zwei Zeilen dieses Werkes protestierte:

> Indes zur Abwehr gegen prüde Kritische
> Bestach ich Großmamas Journal, das »Britische«.

Man diskutierte über nichts anderes als die Mär vom jugendlich-unschuldigen Don Juan, der von der gelangweilten Freundin seiner Mutter verführt wird und schnellstens das Weite suchen muß, nachdem beide von ihrem Ehemann entdeckt wurden. Diese Szene, in der Don Juan, im, statt unter dem Bett der Dame versteckt, zunächst der Entdeckung entgeht, um dann bei einem zweiten Besuch des gehörnten Gatten durch einen dummen Zufall verraten zu werden, wurde sofort als grenzenlos unmoralisch verdammt. Doch, wie in solchen Fällen üblich, wartete alles auf die Fortsetzung.

Southey rächte sich für die Widmung auf nicht gerade feinsinnige Weise. Er verbreitete das Gerücht, Byron und Shelley würden »in einem Bund des Inzests« wechselweise mit Mary und Claire Shelleys Theorien der freien Liebe praktizieren.

Shelleys Gattin in England starb, und da er miterlebt hatte, wie die englische Gesellschaft Mary behandelte, überwand er seine Vorbehalte gegen die Ehe und heiratete sie. Für ihre Freunde war sie schon längst Mrs. Shelley gewesen. Nach dem Tod ihres jüngeren Kindes, einer Tochter, kehrten er und Mary nach Pisa zurück, und Shelley versammelte einen kleinen Kreis von Engländern um sich. Italiener kannte er nur wenige.

Claire war noch immer bei ihnen, und das Verhältnis zu ihrer Stiefschwester verschlechterte sich zusehends. Denn selbst als Marys kleine Tochter starb, verspürte Claire brennende Eifersucht. Mary hatte *alles:* ein noch überlebendes Kind, Shelley, der sie tröstete, Talent, das sie ausüben konnte; sie schrieb an ihrem zweiten Roman. Claire hatte nichts. Byron weigerte sich, sie zu sehen oder ihre Briefe zu beantworten, und das schnitt sie natürlich auch von ihrer Tochter Allegra ab. Außerdem konnte Claire nicht vergessen, daß Byron Mary schon immer gemocht und geschätzt hatte. Sie erkannte nicht, daß dies damit zusammenhing, daß Mary eine der wenigen Frauen war, die definitiv nicht Byrons Geliebte werden wollten. Auf diese Art konnten sie miteinander sympathisieren, ohne jemals voreinander auf der Hut sein zu müssen.

Claire machte Szenen, Shelley und Mary mußten sich regelmäßig aus ihrem eigenen Haus stehlen, um ein wenig Frieden zu finden, bis endlich sogar der eigentlich grenzenlos geduldige Shelley genug hatte und Claire mit einem Hinauswurf drohte. Da sie nicht wußte, was sie alleine anfangen sollte, hielt Claire sich fortan zurück.

Im April 1819 machte Byron bei der Contessa Albrizzi die Bekanntschaft einer Dame, die seinem eigenen Dasein als Don Juan ein Ende setzte. Theresa Guiccioli war neunzehn Jahre alt und mit einem Greis verheiratet (wie Doña Julia in Byrons »Don Juan«). Sie vollbrachte das Wunder, das er nicht mehr für möglich gehalten hatte: Er liebte sie tatsächlich. Nicht nur ihre außergewöhnliche Schönheit zog ihn an. Theresa vereinigte in sich mit ihrem goldbraunen Haar, wie es der Maler Tizian so geliebt hatte, und der dunklen Haut auf aparte Weise Norden und Süden. Vor allem aber war Byron von ihrer charmanten, liebevollen Art hingerissen. Theresa lachte gerne.

»Sie hat auch einen Teil von *uns;* – ich meine diesen Hang zum Verspotten, wie er Tante Sophy und Dir und mir & allen B's eigen ist«, schrieb er an Augusta. »Sie ist hübsch – eine große Kokette – außerordentlich eitel – maßlos geziert – ziemlich gescheit – ohne die geringsten Prinzipien – mit einem gut Teil Phantasie und etwas Leidenschaft.«

Theresa scheute sich nicht, ihn vor ihrem Mann laut »mio Byron« zu nennen. Da sie aber andererseits auch eine große Verehrerin von Dante und Petrarca war, den italienischen Nationaldichtern, die das Ideal der edlen Frau priesen, stand sie seinem

»Don Juan«, dessen Gesänge weiter anwuchsen, mehr als skeptisch gegenüber. Sie überredete Byron, die Arbeit an diesem Werk zu unterbrechen. Auf den Einwand, »Don Juan« betrachte er als das Beste, was er bis jetzt geschrieben habe, entgegnete sie: »Ich würde lieber drei Jahre durch ›Childe Harold‹ berühmt sein als unsterblich durch ›*Don Juan*‹! Die Sache mit Doña Inez ist hinterhältig deiner Frau gegenüber – ich zweifle nicht daran, daß du sie ganz abscheulich behandelt hast.« Er tat ihr den Gefallen, für den Moment wenigstens, da selbst Murray und die Picadilly Crew ihn vor einer Fortsetzung des verrufenen Werks warnten.

Der einzige Enthusiast in seinem Freundeskreis war Shelley, der »Don Juan« für Byrons Meisterwerk hielt. »Nichts dergleichen ist jemals in englischer Sprache geschrieben worden oder wird jemals geschrieben werden, es sei denn im Glanze eines erborgten Lichts«.

Als daraufhin sogar der weltmännische Thomas Moore vor Shelleys atheistischen Ansichten warnte, antwortete Byron erbost: »Was den armen Shelley betrifft, der für Dich und die Welt... ein Schreckgespenst ist, er ist, meines Wissens, der *am wenigsten* selbstsüchtige und der sanfteste aller Männer; – ein Mann, der für andere größere Opfer von seinem Vermögen und seinen Gefühlen gebracht hat als jeder andere, von dem ich jemals gehört habe.«

Theresa machte Byron auch mit ihrem Bruder, Pietro Gamba, bekannt, der zum italienischen Widerstand gegen die österreichische Besetzung zählte – was in Byron seine alte Leidenschaft für die Politik erneut aufflammen ließ. Er hatte niemals aufgehört, das Feudalsystem dichterisch anzuprangern, zuletzt wieder in »Don Juan«, wo er den englischen Außenminister Castlereagh attackierte. Castlereagh, von den Fürstenhäusern Europas hochgelobt wegen seiner Rolle beim Wiener Kongreß, war maßgeblich für die blutige Unterdrückung Irlands verantwortlich, was ihm in der Widmung zu »Don Juan« die wenig schmeichelhafte Bezeichnung »geistiger Eunuch« einbrachte.

Durch Pietro Gamba bot sich Byron nun Gelegenheit, etwas mehr zu tun, als nur beißende Angriffe auf Politiker zu verfassen. Er nützte seine Immunität als Ausländer schamlos aus und versteckte für die »Carbonari«, wie sie sich nannten, Waffen und Munition, gelegentlich auch einen Verwundeten.

Und trotzdem hätte er Theresa, Widerstand und Italien sofort verlassen, wenn sich eine Möglichkeit geboten hätte, irgendwo mit Augusta zu leben:

... ich habe niemals auch nur einen Augenblick lang aufgehört, noch kann ich aufhören, diese vollkommene & grenzenlose Verzückung zu empfinden, die mich an Dich band & bindet – die mich wirklicher *Liebe für irgendein anderes menschliches Wesen gänzlich unfähig macht – denn was können sie mir nach Dir bedeuten? Meine einzige + + + wir haben vielleicht sehr unrecht gehandelt – aber ich bereue nichts, außer dieser verfluchten Heirat – & Deiner Weigerung, mich weiterhin so zu lieben, wie Du mich geliebt hattest – ich kann Dir diese kostbare Bekehrung weder vergessen noch* ganz vergeben; – *doch ich kann nie ein anderer sein, als ich gewesen bin – und wann auch immer ich etwas liebe, ist es, weil es mich auf die eine oder andere Weise an Dich erinnert...*

Wenn Du mir schreibst, sprich mir von Dir selbst – & sag, daß Du mich liebst – sag nichts von den alltäglichen Menschen & Dingen – die in keiner Weise interessant sein können – für mich, der ich in England nur das Land sehe, das Dich *umschließt – und rings um es herum nur das Meer, das uns trennt. – Man sagt, Abwesenheit vernichte alle schwachen Leidenschaften – & schüre die starken...* meine *für Dich ist die Vereinigung aller Leidenschaften & aller Zuneigung...*

Das Bewußtsein, Theresa, die ihn unzweifelhaft liebte, immer hinter diese absolute Liebe hintanzustellen, machte Byron ihr gegenüber nachgiebig. Er verlegte seinen Wohnsitz zu ihr nach Ravenna und wurde ihr »Cavaliere Servente«, was er seinen englischen Freunden als »akkreditierter Liebhaber« übersetzte. Der Cavaliere Servente war eine feste Institution der italienischen Gesellschaft, die er schon in »Beppo« geschildert hatte, eigentlich unentbehrlich für jede verheiratete Dame. Theresas Gatte,

Graf Guiccioli, bat nur, ihm doch die Würde eines englischen Konsuls zu vermitteln. Ihre Familie nahm ihn ohne jede Ablehnung auf, und Theresa kümmerte sich rührend um seine Tochter Allegra.

1820 starb in England George III. Aus dem dicken leichtlebigen Prinzregenten wurde König George IV. Eine Ära ging damit zu Ende und zog manche Veränderung nach sich.

Hobhouse beispielsweise entschied sich nun endgültig, in die Politik zu gehen. Er hatte schon im Vorjahr für einen Sitz im Unterhaus kandidiert und nach seiner Niederlage ein äußerst kritisches Pamphlet über den Zustand des Parlaments verfaßt. Es fiel so scharf aus, daß Hobhouse, der seine Autorschaft zugegeben hatte, um den Drucker zu schonen, ins Gefängnis von Newgate wanderte. Byron konnte sich des Kommentars nicht enthalten: »Brummel – in *Calais* – Scrope in Brügge – Buonaparte auf St. Helena – Du in – Deinen neuen Gemächern – und ich in Ravenna – denk nur, so viele große Männer!« Doch nun, mit der Auflösung des Parlaments, die dem Tod des Königs folgte, kam Hobhouse frei und stürzte sich in eine neue Kandidatur. »... zieh also aus Mr. Burns Gemächern aus – und zieh ein ins Unterhaus – und beschimpfe es dann so sehr, wie es Dir gefällt, und ich will rüberkommen und Dich anhören. Ernsthaft – ich habe nicht ›gelacht‹, wie Du es von mir vermutet hast – Fletcher ebenso wenig – sondern wir haben beide so feierlich dreingesehen, als ob wir für Dich Bürgschaft leisten müßten...«

Ausgerechnet der zurückhaltende, stets vorsichtige Hobhouse wurde zum politischen Hitzkopf! Byron wünschte ihm alles Glück zum neuen Wahlkampf. Diesmal trat Hobhouse gegen keinen anderen als den Ehrenwerten George Lamb, Carolines Schwager, an!

Hobhouse verfaßte Pamphlete und Robert Southey Lobeshymnen. Der Seepoet schrieb eine Glorifizierung des verstorbenen Königs, die ihresgleichen suchte: Einen seit vielen Jahren geistig Umnachteten, der sich seinen Platz in der Geschichte hauptsächlich durch seinen Krieg mit den amerikanischen Kolonien nach deren Unabhängigkeitserklärung erworben hatte, als umsichtigen Landesvater und Heiligen auf Erden zu preisen, grenzte wahrlich ans Lächerliche.

Doch Southey attackierte im Vorwort seiner »Vision des Gerichtes« auch noch die »Schule des Satans« zweier in Italien ansässiger Dichter und nannte als kennzeichnendes Produkt dieser teuflischen Vereinigung den noch nicht einmal beendeten »Don Juan«. Das war zuviel. Byron, der ihm außerdem noch das niederträchtige Gerücht vom »Bund des Inzests« heimzahlen wollte, verfaßte eine Parodie auf Southeys Epos. Er nannte sie ebenfalls »Die Vision des Gerichts«.

Sie begann mit einer Schilderung des verödeten Himmels, dem es in der letzten Zeit an Neuzugängen fehlt. Lediglich die für die Todeseintragungen zuständigen Engel sind überlastet (Waterloo!). Petrus reagiert dennoch alles andere als enthusiastisch, als endlich ein Anwärter für die ewige Seligkeit erscheint:

> »Nein«, sprach der Cherub, »man bringt George den Dritten.«
> Und Petrus drauf: »Was ist das für ein Mann?
> George was? und Dritter was?« – »Monarch der Briten.« –
> »Na, viel Kollegen trifft er hier nicht an.
> Er trägt doch seinen Kopf? nicht abgeschnitten?
> Hier war vor ein'ger Zeit ein Grobian,
> Der Einlaß forderte. Ich wollte nicht;
> Da warf er seinen Kopf mir ins Gesicht.
>
> König von Frankreich, glaub ich, nannt er sich,
> Und dieser Kopf, der nicht mal seine Krone
> Festhalten konnte, schrie – ich bitte dich! –
> Nach Märtyrkronen, gleichsam mir zum Hohne.
> Hätt ich mein Schwert gehabt, mit welchem ich
> Einst Ohren abschnitt, würd ich dem Patrone...
> Indes, da ich nur meinen Schlüssel fand,
> So schlug ich bloß den Kopf ihm aus der Hand.«

Soweit Petrus. Man bringt den alten König, dessen Einlaß in das Himmelreich durch den Protest Satans zunächst verhindert wird. Satan argumentiert, daß dieser Monarch nicht nur ein schlechter Regent, sondern auch stets ein Feind der menschlichen Freiheit gewesen sei. Nicht nur habe er die Amerikaner durch seine ungerechten Gesetze zur Rebellion getrieben, sondern auch fleißig allen feudalen Tyrannen Europas freigiebig Geld gespendet, die Iren im besonderen und die Katholiken im allgemeinen auf beispiellose Art und Weise unterdrückt; hier horcht Petrus, als erster Papst, auf.

Satan bringt Zeugen. Dann schleppt sein Helfer Asmodeus auch Southey herein, den er beim Schreiben von irgendwelchem wilden Zeug über Könige, Engel und Gerichte ertappt hatte. Southey beginnt, aus seinen eigenen Werken vorzulesen, worauf die ganze Versammlung, Engel wie Dämonen, in Schmerzgeheul ausbricht und das Weite sucht. Petrus befördert Southey in seinen heimatlichen See zurück, und George III. schlüpft in dem ganzen Wirrwarr unbemerkt in den Himmel.

Diese Revanche wurde in der Zeitschrift *The Liberal* abgedruckt, die Shelleys Freund Leigh Hunt im Exil neu gegründet hatte. Es sollte eine demokratische Literaturzeitschrift werden, und Byron und Shelley versprachen, Hunt Artikel zu liefern.

In Ravenna kam Byron in wachsende Bedrängnis. Theresa wollte ihre Ehe kirchlich annullieren lassen und bekam schließlich das päpstliche Dekret. Doch der erzürnte Graf Guiccioli hatte dafür gesorgt, daß sie laut allerhöchster Anordnung nach Auflösung ihrer Ehe in einem Kloster leben mußte.

Nach zähem Ringen mit den kirchlichen Autoritäten erwirkte Theresas Familie schließlich den Zusatz »oder unter dem Dache ihres Vaters«. Das Dach ihres Vaters in Ravenna allerdings konnte es bald nicht mehr sein, weil dieser zusammen mit Byron und seinem Sohn Pietro in einen ernsthaften Konflikt mit der österreichischen Polizei geriet und aus der Stadt verbannt wurde. So beschloß Byron, mit Theresa und ihrer Familie nach Pisa zu den Shelleys zu ziehen.

Seine Tochter Allegra brachte er in einem nahegelegenen Kloster unter. Er liebte Allegra zwar, und es machte ihm Spaß, sie zu verwöhnen, aber andererseits konnte er sich nicht wirklich um sie kümmern. Also schien ihm ein Kloster, wo er sie besuchen konnte, die beste Lösung. Der Gedanke an Allegra brachte ihn immer wieder auf Ada, seine andere Tochter, über die er sich ständig durch Augusta berichten ließ. Er hatte sich ein Porträt schicken lassen, das auf seinem Schreibtisch stand, und fragte immer wieder nach Adas speziellen Eigenschaften und Charakterzügen.

Byron ahnte nicht, daß er dadurch Annabellas Furcht stets wach hielt. Sie gestattete Augusta nicht, Ada zu sehen oder ihr zu schreiben; »ich will nicht, daß ihr dumme Gedanken in den Kopf gesetzt werden«, sagte sie einmal zu Mrs. Villiers. So mußte Augusta alle Erzählungen über Ada erst mühsam Annabella abringen.

Die Scheidung von Theresa Guiccioli war nichts im Vergleich zu der Staatsaffäre, die jetzt in England begann. Der neue König George IV. sah endlich eine Gelegenheit, sich von seiner ungeliebten Ehefrau zu lösen, von der er schon seit Jahren getrennt lebte. Er klagte sie des Ehebruchs an und sorgte so dafür, daß die unglückliche Königin vor dem gesamten Parlament erscheinen mußte. Die Sympathien allerdings waren auf ihrer Seite. Wenn jemand seit Jahren öffentlich im Ehebruch lebte, dann bestimmt nicht die ehemalige Prinzessin von Wales, sondern ihr ehrenwerter Gemahl.

Byron sah die ganze Angelegenheit als einen weiteren Beweis der grenzenlosen Despotie und Niedertracht des neuen Königs an. Sie betraf ihn allerdings auch persönlich. Augusta war Hofdame der jetzigen Königin, der Patin ihrer Tochter Georgiana. Was würde geschehen, wenn George IV. Erfolg hatte?

Die Wellen der Empörung, die diese Angelegenheit in ganz Europa schlug, halfen der armen Frau überhaupt nicht. Ihr Gemahl bestand auf seiner Klage. Sie, die immer schon bei zarter Gesundheit gewesen war, ertrug diese Belastung schließlich nicht mehr und starb an einem Herzanfall.

Byron setzte alles auf eine Karte und bat Augusta in seinem nächsten Brief, zu ihm zu kommen, mitsamt ihrer Familie und »Deinem prächtigen Stück Hilflosigkeit George Leigh«. Er, der nun an seinen Werken verdiente, würde für sie sorgen. Sie würde Italien lieben, sich mit den Shelleys und Theresa Guiccioli sehr gut verstehen. »... ich hatte große Mühe, sie davon abzuhalten, Dir elf Seiten zu schreiben – (denn sie ist eine große Schriftgelehrte)...« Falls sie dann doch nach England zurückkehren wollte, nun, der Skandal lag doch schon Jahre zurück, oder? Er mußte sie wiedersehen.

Es bedurfte zweier Briefe, um ihn zu ernüchtern. Der erste kam von Hobhouse, der erzählte, Lady Caroline Lamb plane eine Fortsetzung ihres »Enthüllungsromans« mit neuen Einzelheiten, und sie sorge dafür, daß man den Stoff nicht vergesse. Niemand in England tat das. Dann schickte ihm Augusta eine Aufzählung von Tatsachen, die sich nicht bestreiten ließen. Wenn er schon mit seiner eigenen Tochter nicht fertig wurde, wie sollte das erst mit ihren inzwischen sieben Kindern werden? Eine der Schwestern des Königs, Prinzessin Sophia, die mit ihrer Schwägerin eng befreundet gewesen war, hatte sie als Hofdame akzeptiert. Wirklichkeitsfremd wie eh und je sei er, »Baby Byron!« Nichts hatte sich geändert. Die Hindernisse waren noch immer dieselben, und es blieb nur der Austausch von Kreuzen und Erinnerungen.

In Pisa etablierte sich schnell ein literarischer Zirkel: Shelley, Byron, Mary, Theresa, Leigh Hunt, Trelawny und Captain Medwin. Der letztere war Shelleys Cousin, Trelawny dagegen ein Bekannter, der sich selbst als die Verkörperung von Byrons »Korsar« sah, ein Abenteurer mit Neigung zur Poesie. Die Geschichten von all seinen Schiffsbrüchen und gefährlichen Erlebnissen füllten Abende. »Trelawny könnte nicht die Wahrheit sagen, und wenn es um sein Leben ginge«, bemerkte Byron einmal. Claire Clairmont hatte inzwischen zu aller Erleichterung das Feld geräumt und befand sich zwar immer noch in Italien, aber nicht mehr bei den Shelleys. Um diese Zeit bot ihr eine russische Exilantenfamilie eine Stellung als Gouvernante an, die sie annahm.

Der unumstrittene philosophische Kopf des Pisaner Zirkels war natürlich Shelley mit seinem unverbrüchlichen Glauben an das Gute im Menschen, die Liebe und die Natur.

Trelawny und Hunt verehrten Shelley, gerade in seiner Weltfremdheit, und gaben sich unwillig über die respektlose Art, in der Byron mit ihm umging. Allein der Spitzname »Schlange«, »weil er sich lautlos bewegt und dünn ist«! »Sie sind die wahre Schlange, Byron, mit Ihrer Zunge«, entgegnete der erboste Trelawny. Shelley schüttelte den Kopf. »Er ist ein Adler.« – »Gelegentlich, Shiloh, gelegentlich. Wenn ich nichts Besseres zu tun habe.«

Als sie darauf kamen, Wettschießen zu veranstalten, stellte sich ausgerechnet der zerstreute und unkonzentrierte Shelley, der kaum in die Richtung blickte, in der er die Pistole hielt, als bester Schütze heraus. »Zufall«, sagte Captain Medwin. »Genie!« erwiderte Hunt. »Bei der Pistole oder bei Shelley?« fragte Byron sanft. Er und »die Schlange« konnten sich noch immer nicht über die Seepoeten einig werden. »Und was Ihren Coleridge angeht, Shiloh – du meine Güte, grüner Himmel! Haben Sie den Himmel schon einmal grün gesehen?« Shelley schwieg lächelnd, und Trelawny warf verärgert ein: »In England ist der Himmel sehr oft eher grün als blau.« »Sie meinen, er ist schwarz«, antwortete Byron.

Shelley hatte ihn überredet, an dem »Don Juan« weiterzuarbeiten, und Byrons Verleger Murray fühlte sich hin und her gerissen. »Er will, daß ich zu meinem früheren Korsar-Stil zurückkehre. Das verkauft sich bei den Damen besser, wie Caro Lambs Romane«, erzählte Byron Shelley. Shelley verzog das Gesicht. »Das wäre Lohnschreiberei. Ein Genie sollte sich durch solche Dinge nicht beeinflussen lassen.« Byron erwiderte: »Murray hat ein verdammt starkes Argument – er bezahlt mich. Von dem ›Korsar‹ setzte er immerhin an einem Tag zehntausend Stück ab, um von ›Childe Harold‹ ganz zu schweigen.«

Er seufzte. »Der arme Murray! Die Dramen, die ich ihm schicke, kann er nicht aufführen lassen, weil sie unspielbar sind. Und den ›Donny Johnny‹ muß er anonym publizieren, um nicht in der Luft zerrissen zu werden.« Byron gähnte. »Wie auch immer, ich hätte sowieso keine Lust, noch einmal ›Lara‹ oder ›Childe Harold‹ zu schreiben.« Shelley zitierte langsam: »Von Lust vergiftet, lechzt er fast nach Qual/ und sucht Verändrung, sei's im Schattental.« Byron blinzelte ihm zu. »Was zitieren Sie denn da für einen Blödsinn, Schlange?«

Das heitere und geruhsame Leben in Pisa wurde jäh unterbrochen. Byrons Tochter Allegra war in ihrem Kloster an einer Typhusepidemie gestorben. Dieser Tod traf nicht nur Byron; denn Shelley hatte nie seine Vorliebe für das kleine Mädchen vergessen und sie öfters bei ihren Nonnen besucht. Byron wollte, daß sie in der Kirche von Harrow bestattet würde, und ließ ihren Leichnam nach England überführen. Er verband die angenehmsten Erinnerungen mit Harrow und dort *»möchte ich Allegra begraben haben – und an der Wand – eine Marmortafel angebracht mit diesen Worten:*

Zum Gedenken an
Allegra –
Tochter von G. G. Lord Byron –
die starb in Bagnacavallo
in Italien, am 20. April 1822,
im Alter von fünf Jahren und drei Monaten.

›Ich werde zu ihr gehen, aber sie wird nicht zu mir zurückkehren.‹

2. Samuel 12.–23. –

... ich darf wohl hoffen, daß Henry Drury vielleicht die Messe liest.« Nicht nur Henry Drury, Byrons ehemaliger Schulleiter, sondern auch der jetzige Dekan von Harrow wiesen ab. Schließlich handelte es sich um ein uneheliches Kind!

Sein wachsender literarischer Ruhm war dafür ein nur kleiner Trost, trotzdem gab ihn Byron mit Genugtuung an seinen Verleger weiter: »Man erzählt mir auch von bedeutenden literarischen Ehren in Deutschland. – Goethe, sagt man mir, sei mein erklärter Gönner und Beschützer... Goethe und die Deutschen sind besonders von ›Don Juan‹ begeistert – den sie für ein Kunstwerk ansehen... all das ist ein wenig Entschädigung für eure englische Brutalität.«

Was Byron bisher über Goethe gehört hatte, brachte ihn höchstens zum Lachen. Der deutsche Literaturfürst hatte zusammen mit »Manfred« auch Caro Lambs »Glenarvon« gelesen und war durch die Andeutungen in beiden Werken zu der erstaunlichen Schlußfolgerung gekommen, Byron müsse in seiner Jugend in Florenz eine Affäre gehabt haben, bei der der Ehemann der betreffenden Donna diese in einem Eifersuchtsanfall tötete und dafür seinerseits von dem jungen Dichter umgebracht wurde. »Leider kam ich erst viel später nach Florenz, es ist eine so schöne Romanze«, sagte Byron und taufte die ganze Angelegenheit »Goethes Florentiner Ehemannsmordgeschichte«.

»Er ist ein alter Fuchs«, äußerte er sich einmal über den Deutschen, »der nicht aus seinem Bau herauskommen will.« Doch wenn dieser alte Fuchs ihn so sehr protegierte – nun, das konnte man als wahrhaft bedeutende Würdigung ansehen. Byron hatte Shelley, der im Unterschied zu ihm Deutsch verstand, dazu gebracht, mit einer Übersetzung des Faust anzufangen, war fasziniert und entschloß sich, sein neues Drama dem »alten Fuchs« zu widmen:

DEM BERÜHMTEN GOETHE
dem ersten der lebenden Autoren, der
seinem Land eine Literatur geschaffen und
die Europas verherrlicht hat,
wagt ein Fremder eine Huldigung darzubringen,
wie sie dem literarischen Vasallen gegenüber
seinem Lehnsherren gebührt...

Der alte Mann in Weimar, schon seit jeher ein Byron-Enthusiast, fühlte sich geschmeichelt. Als er sogar das handschriftliche Exemplar der Widmung erhielt, ließ er eilig einige Faksimiles davon anfertigen und zeigte sie jedem literarischen Pilger, der ihn aufsuchte, als eines seiner wertvollsten Besitztümer. Er erklärte Byron zum größten Dichtertalent des neunzehnten Jahrhunderts.

Kurz darauf starb Annabellas Mutter. Byron regte der Todesfall zu einigen sentimentalen Betrachtungen über die Hinfälligkeit alles Seins an. Da er aber vor dem Gesetz noch immer mit Annabella verheiratet war, erbte er nun von Judith Milbanke die Hälfte des beträchtlichen Noelschen Vermögens. Byron war mit einem Mal aller irdischen Sorgen enthoben. Ohne Bedenken reihte er den Namen Noel – einzige Bedingung in dem Testament – hinter seine Vornamen George und Gordon ein und machte sich fortan ein Vergnügen daraus, mit N. B. zu unterzeichnen – »wie Napoleon«.

Am achten Juli 1822 segelte Shelley mit seinem neuen Boot »Don Juan« von Livorno nach La Spezia. Nachmittags um drei Uhr kam ein heftiger Sturm auf. Vier Tage lang warteten alle vergeblich auf seine Rückkehr. Dann stand endgültig fest, daß Shiloh ertrunken war. Fischer hatten seinen angeschwemmten Leichnam eilig verscharrt, doch der Pisaner Zirkel erhielt die Erlaubnis für eine Exhumierung, um Shelley sein gewünschtes Begräbnis zu ermöglichen. Byron, Leigh Hunt und Trelawny verbrannten den grauenvoll zugerichteten Leichnam auf einem riesigen Scheiterhaufen, in den sie Wein, Weihrauch und Öl schütteten.

Als Trelawny wie ein heidnischer Opferpriester unverständliche Gesänge von sich zu geben begann, stürzte sich Byron in das Meer und schwamm bis zu seinem Boot, das vor der Küste verankert lag. Von dort aus beobachtete er den singenden Trelawny und Hunt, der begann, um das Feuer zu tanzen.

»Sie sind alle gewaltig im Irrtum über Shelley, der ohne Ausnahme – der *beste* – und am wenigsten selbstsüchtige Mensch war, den ich je gekannt habe. – Ich habe niemanden gekannt, der nicht ein Rohling im Vergleich war.«

Mit Shelleys Tod begann die Phase des Abschiednehmens. Byron und Theresa besuchten die gebrochene Mary mindestens zweimal in der Woche und versuchten sie zu trösten. »Ich glaube nicht, daß die Stimme irgendeiner anderen Person dieselbe Macht hat, Melancholie in mir zu erwecken, wie Albés«, schrieb Shelleys Witwe in ihr Tagebuch. »Ich war daran gewöhnt, zuzuhören, wenn sie erklang… eine andere Stimme, nicht meine, antwortete immer... Wenn Albé spricht und Shelley nicht antwortet, ist das wie ein Donner ohne Regen – die Form der Sonne ohne Hitze oder Licht... und ich höre mit einer unaussprechlichen Trauer zu, die trotzdem *nicht* nur Schmerz ist.«

Die Verbrennung von Shelleys Leichnam hatte noch ein entwürdigendes Nachspiel, denn Trelawny hatte aus den Flammen Shelleys Herz und seinen Schädel gerettet. Hunt beanspruchte nun das Herz für sich und weigerte sich, es Mary zu überlassen, sosehr ihn Byron und Trelawny auch beschworen. Letzterer bedauerte schon längst seine Unklugheit, die so mühsam gerettete Reliquie überhaupt Hunt gegeben zu haben.

»Was will Hunt mit dem Herzen?« fragte Byron abgestoßen. »Er stellt es doch nur in ein Glas und wartet darauf, daß es ihn zu Sonetten anregt.« Shelley hätte das Ganze im höchsten Maß lächerlich gefunden. Trelawny warf Byron einen mißtrauischen Blick zu. »Sie sind doch nicht selbst daran interessiert, oder?« Byron schüttelte den Kopf. »Weder am Herz noch am Schädel.« – »Den Schädel würde ich Ihnen auch nicht geben«, sagte Trelawny. »Ich weiß, daß Sie aus Totenköpfen Weinkelche machen, und bin entschlossen, Shelley vor einer solchen Blasphemie zu schützen.«

Letztendlich gab Leigh Hunt nach. Byron entschloß sich, mit dem ganzen Kreis nach Genua zu übersiedeln, denn Pisa barg zu viele Erinnerungen. Er schrieb für Mary an Shelleys Vater, Sir Timothy. Doch dieser zeigte sich unerbittlich und wollte von seiner Schwiegertochter nichts wissen. Er sei allerdings unter Umständen bereit, Marys einziges überlebendes Kind, den Sohn Percy, als seinen Erben anzuerkennen, wenn Percy sofort seiner Obhut übergeben werde und seine Mutter verspräche, ihn nie wiederzusehen. Mary lehnte ab.

Byron war durch seine Erbschaft in der Lage, den gesamten Kreis zu unterhalten, einschließlich Leigh Hunts mit seinen neun Kindern. Da er jedoch wußte, daß Mary, anders als Hunt, diese Lage als demütigend empfand, beschäftigte er sie als eine Art Sekretärin, die seine Manuskripte in Reinschrift übertrug. Mary fand in der Arbeit Ablenkung und hatte so nicht das Gefühl, Almosen zu empfangen. Doch schon bald zeigte sich, daß der Kreis nach Shelleys Tod nicht mehr derselbe war.

Byron stritt sich immer öfter mit Leigh Hunt, dessen Zeitschrift *The Liberal* kläglich eingegangen war. Hunt wohnte mit seiner gesamten Familie bei Byron, was diesen in seinen sämtlichen Vorurteilen über Kinder bestätigte, denn nichts im Haus blieb vor der Spiel- und Zerstörungswut der Kinder bewahrt. »Sie sind schmutziger und boshafter als Gorillas«, sagte Byron zu Mary, »und was sie nicht mit ihrem Schmutz ruinieren können, machen sie mit ihren Fingern.«

Zu seiner Verblüffung verharrte Mary in Schweigen. Obwohl sie im Zusammensein mit anderen keine Tränen zeigte oder andere Anzeichen von Trauer erkennen ließ, strahlten ihre zarte, fast zu magere Gestalt und das undurchdringliche Gesicht eine Einsamkeit aus, die überwältigend war. Sie hatte an einem neuen Roman zu schreiben begonnen, aber was Byron jetzt auf ihrem Sekretär liegen sah, war ein einzelnes Blatt, auf dem nur ihr Name in mehreren Variationen stand. Mary Shelley – Mary Godwin – Mary Wollstonecraft Godwin – Mary Wollstonecraft Shelley. Sie folgte seinem Blick und sagte abwesend, fast unabsichtlich: »Ich habe immer Angst vor meinem Namen gehabt... weil es nie wirklich meiner war. Es war der Name meiner Mutter, und sie starb an dem Tag, an dem ich geboren wurde... als hätte ich ihr Leben gestohlen, zusammen mit dem Namen...«

Sie brach ab, und ihr Gesichtsausdruck verriet, daß sie viel mehr preisgegeben hatte, als ihre Absicht gewesen war. Sie straffte sich und kam auf den Anlaß ihres Gesprächs zurück. »Sie sollten etwas freundlicher zu Leigh sein, Albé. Ich weiß, er benimmt sich auch nicht gerade beispielhaft, aber er leidet eben unter... unter dem Standesunterschied zwischen Ihnen beiden.« Byron zog die Augenbrauen hoch. »Unter dem Standesunterschied? Jedes zweite Mal, wenn ich mit ihm rede, fängt er von den Lastern der Aristokratie an!« – »Eben«, entgegnete Mary eindringlich, »eben. Er würde lieber sterben als zugeben, daß er Sie um Ihren Titel und Ihr Erbe beneidet.« Byron hielt gerade rechtzeitig den Einwand zurück, daß Leigh Hunt bestens mit Shelley zurechtgekommen war, und Shelley war, wenngleich kein Pair, so doch auch kein Bürgerlicher gewesen. Wäre sein Vater vor ihm gestorben, so hätte er sich »Sir Percy Shelley« nennen können. Er zuckte die Achseln und begann, von etwas anderem zu reden.

Mit einem Menschen auf engstem Raum zusammenzuleben, für den er nur ständig wachsende Feindseligkeit empfand, hatte Byron noch nie positiv beeinflußt. Bald kam es täglich zu Streitereien. Traurig war, daß dieser Zwist mit Hunt auch eine Entfremdung von Mary mit sich brachte. Sie kannte Hunt sehr viel länger als Byron, sah in ihm einen ihrer ältesten Freunde. Als Byron sich endgültig mit Hunt überwarf, zog auch Mary daraus ihre Konsequenzen. Die Vermittlungsversuche von Theresa, die Mary nahestand, halfen nichts.

Zu diesem Zeitpunkt erhielt Byron unerwarteten Besuch, der ihn von den zermürbenden Querelen ablenkte und eine alte, nie vergessene Leidenschaft neu entfachte. Die offiziellen Vertreter des Griechischen Komitees in London, Edward Blaquiere und Andreas Luriottis, kamen zu ihm als dem Dichter, der in ganz Europa als Freund der Griechen bekannt war, und der in seinen Schriften immer wieder zum Kampf gegen die türkische Fremdherrschaft aufgerufen hatte. Sie baten ihn um seine aktive Unterstützung für den griechischen Freiheitskampf. Am dreizehnten Juli 1823 schiffte sich Byron nach Griechenland ein. Im letzten Moment erreichte ihn noch eine Überraschung: Goethe aus Deutschland schickte seinen Dank für die Widmung in Form eines Gedichts:

Ein freundlich Wort kommt eines nach dem andern
Von Süden her und bringt uns frohe Stunden;
Es ruft uns auf, zum Edelsten zu wandern,
Nicht ist der Geist, doch ist der Fuß gebunden.

Wie soll ich dem, den ich so lang begleitet
Nun etwas Traulich's in die Ferne sagen?
Ihm, der sich selbst im Innersten bestreitet
Stark angewohnt, das tiefste Weh zu tragen.

Wohl sei ihm doch, wenn er sich selbst empfindet!
Er wage selbst sich hochbeglückt zu nennen,
Wenn Musenkraft die Schmerzen überwindet;
Und wie ich ihn erkannt, mög' er sich kennen.

Leider verstand Byron kein einziges Wort. Lediglich den Begriff »Muse« konnte er identifizieren. Gleichwohl schrieb er dankend zurück und versprach, nach seiner Rückkehr aus Griechenland einmal nach Weimar zu kommen, um dem Mann, der die deutsche Literatur neugeschaffen habe, persönlich zu begegnen.

Auch Theresa zu verlassen, fiel Byron nicht übermäßig schwer. Er hatte schon länger das Gefühl gehabt, ihre Beziehung neige sich dem Ende zu, was in ihm nur Schuldgefühle nährte. Theresa blieb weinend zurück, aber Mary Shelley, alle Entfremdung vergessend, versprach, sich um sie zu kümmern. Beide Frauen schließlich blickten auf die »Herkules« herab, die mit Byron, Theresas Bruder Pietro Gamba und Trelawny an Bord aus dem Hafen auslief.

Der griechische Freiheitskampf, der im Vorjahr begonnen hatte, steckte mehr oder weniger in einer Sackgasse. Das hatte seinen Grund vor allem darin, daß nicht eine, sondern mehrere Parteien sich eifrig untereinander bekriegten, statt sich zum Kampf gegen die Türken zu vereinen. Der bekannteste Führer war ein ehemaliger Räuber mit dem klangvollen Namen Odysseus Androustses, der den Norden Griechenlands für sich beanspruchte. Auf dem Peleponnes war Theodor Coloctrones der führende Mann. Nebenbei existierte noch ein gewählter Präsident, Fürst Alexander Mavrokordatos, den die Türken bereits einmal vernichtend geschlagen hatten. Alle diese Parteien bemühten sich eifrig um den englischen Lord, hinter dem man sagenhafte Geldsummen und natürlich die britische Regierung vermutete.

Byron war von diesen gänzlich unheroischen Zwistigkeiten tief enttäuscht. »Ich bin nicht hierhergekommen, um mich einer Partei, sondern einer Nation anzuschließen, und ich will es mit ehrlichen Männern und nicht mit Spekulanten und Betrügern zu tun haben«, sagte er zu Trelawny. Dieser favorisierte wie Pietro

Gamba den Nordgriechen Odysseus, der ihm die Verkörperung des edlen Kriegers schlechthin schien. Byron verhielt sich zurückhaltend, was Trelawny nicht verstand.

Er konnte Byron nicht zustimmen, als jener bemerkte: »Manchmal frage ich mich, ob meine Hilfe für die Griechen nicht ebenso nützlich sein wird wie Zügel für jemanden, der weder Sattel noch Pferd besitzt.« – »Für wen auch immer Sie sich entscheiden«, rief Trelawny enthusiastisch, »er wird gegen die Türken kämpfen, und nur darauf kommt es an!« Byron war in bissiger Stimmung. »O wissen Sie, Tre, ich kenne die Türken – es sind keine Ungeheuer. Tatsächlich gleichen sie den Engländern sogar mehr, als man vermuten würde. In England sind die Modelaster Trinken und Huren, bei den Türken Opium und Sodomie. Es sind vernünftige Leute.« – »Aber Byron!«

Ende Dezember beschloß Byron, nach Missolunghi zu segeln, wo der gewählte Präsident inzwischen wieder die Amtsgewalt übernommen hatte. Dort war noch am ehesten ein Zentrum der griechischen Bemühungen zu sehen. Auf der Reise kam es zum erstenmal zu einer ernsthaften Begegnung mit den Türken, die um ein Haar sein Schiff gekapert hätten. Byron gelang die Flucht, aber Pietro Gamba, der ihm mit Gepäck und neu gekauften Waffen auf einem schwerfälligeren Schiff folgte, fiel den Türken in die Hände. Doch der junge Italiener hatte unglaubliches Glück.

Es stellte sich heraus, daß der Kapitän seines Schiffes vor Jahren dem türkischen Kapitän das Leben gerettet hatte. Diesen Umstand verdankten die Gefangenen eine ausgesprochen höfliche Behandlung durch den zuständigen Kommandeur, der sie, selbstverständlich ohne Waffen und Munition, nach Missolunghi schickte. Byron schöpfte aus dieser Geste die Hoffnung auf eine humane Kriegsführung mit menschlicher Behandlung der Gefangenen, was eines seiner Hauptanliegen war.

Er hatte den Eindruck nicht vergessen, den die verödeten Felder von Waterloo auf ihn gemacht hatten, diese stummen Zeugen eines sinnlosen Gemetzels. Byron glaubte nicht an die Vorzüge des sogenannten Heldentods:

Ich möchte wissen, ob es tröstlich ist,
Gedruckt zu werden in dergleichen Lagen?
Ich ehre je Gott Mars wie jeder Christ,
Doch halt ich's nicht für Sünde, so zu fragen;
Auch ein gewisser Shakespeare, wie ihr wißt,
Läßt jemand etwas Analoges sagen
In einem jener Stücke, toll und wild,
Die zu zitieren heut für geistreich gilt.

Aber um die Griechen von der türkischen Fremdherrschaft zu befreien, war ein Krieg unerläßlich. Byron warb ein Korps von sechshundert Soldaten an, christliche Albanier aus den von den Türken vertriebenen Bergstämmen, was sich als katastrophaler Fehler erwies. Die Sulioten, wie sie genannt wurden, hatten weniger Interesse an der griechischen Freiheit als an dem Geld des englischen Lords, randalierten in Missolunghi und weigerten sich letztendlich, wirklich zu kämpfen. Als sie in einem Streit einen schwedischen Leutnant aus dem internationalen Hilfskorps töteten, entließ Byron sie und bestrafte die Schuldigen, was fast auf eine offene Bedrohung in seinem eigenen Haus hinausgelaufen wäre. Er hätte auch eine neue Brigade anheuern können, aber im Moment sahen sich sowohl Griechen als auch Türken zur Tatenlosigkeit verdammt.

Eine sintflutartige Regenperiode brach über Missolunghi und Umgebung herein. Byron war von der Außenwelt abgeschnitten. Der einzige greifbare Erfolg seines Engagements in Griechenland, dachte er deprimiert, schien die humane Behandlung und Entlassung einiger türkischer Gefangener zu sein, und vielleicht die Einigung einiger griechischer Führer, deren ewiges Gezänk er geschlichtet hatte. Er spekulierte mit dem gewählten Präsidenten über eine griechische Verfassung nach dem Vorbild der Vereinigten Staaten, eine echte Republik – die Wiedererweckung Athens. Aber alles Träumen und Planen täuschte ihn nicht darüber hinweg, daß er hier festsaß und nichts tun konnte, während sich zweifellos anderswo das Schicksal Griechenlands entschied.

Die Untätigkeit machte Byron mürbe. Er begann einen Brief

an Augusta, ließ dann Regen Regen sein und ritt trotz des stürmischen Wetters aus, in einer Gegend, wo Straßen und Brücken unter Wasser standen. Wenige Tage nach diesem Ausbruch wurde er von schwerem Fieber befallen, das ihn nicht mehr losließ. Schon einmal hatte ihn eine Krankheit in Griechenland niedergeworfen, auf »Childe Harolds Pilgerfahrt« – wie lange war das jetzt her? Vierzehn Jahre? Er erinnerte sich an den Grabspruch, den er damals, erbost über die ungeschickte Behandlung seines Arztes, verfaßt hatte:

Nicht Zeus, Natur und Jugend nicht
Bewahrten mir des Lebens *Licht,*
Denn *Romanelli* kam, oh Graus,
Schlug alle drei – und *blies* es *aus.*

Die Ärzte in der griechischen Garnisonsstadt übertrafen sogar noch Romanelli. Aderlaß war ihre einzige und bewährte Behandlungsmethode, die sie so häufig wie möglich anwandten. Byron verlor mehrere »Pfunde Blut«, wie er Pietro Gamba mitteilte, und wußte, was passieren würde. »Meinen Sie denn«, sagte er zu einem der drei Blutanzapfer, einem idealistischen, ihn bewundernden jungen Engländer, »daß ich Angst um mein Leben habe? Ich habe es von Herzen über und werde die Stunde willkommen heißen, in der ich davon scheide. Warum sollte ich es beklagen? Kann es mir noch irgendeine Freude bringen? Habe ich es nicht im Übermaß genossen? Wenige Menschen können schneller leben, als ich es getan habe...«

Am neunzehnten April verfiel er ins Delirium. Fletcher, die treue Seele, Weggefährte seit Byrons Universitätstagen, konnte aus dem Gestammel seines Herren nur noch vier Namen ausmachen: Hobhouse, Kinnaird, Ada, Augusta und immer wieder Augusta.

Es dauerte jedoch nicht lange, bis Byron merkte, daß sie bei ihm war. Sie saß an seinem Bettrand in den alten Kleidern seines Kammerdieners, die sie in Newstead Abbey getragen hatte, und griff nach seiner Hand.

»Das sieht dir ähnlich«, sagte sie. »Du kannst nicht sterben, ohne daß neben dir ganz Europa in Tränen zerfließt.« Er lächelte ihr zu. »Ich wußte, du würdest kommen.« Sie küßte ihn. »Esel – ich war dein ganzes Leben lang bei dir. Wie sollte ich es jetzt nicht sein?« Er erkannte die Wahrheit in ihren Worten. Sein ganzes Leben lang.

Byron fühlte, wie alle Zweifel, Schuldgefühle und Ängste ihn verließen, und als er seine Umgebung wieder klar erkennen konnte, fand er die trauernden Gesichter um sich mit einem Mal lächerlich. Wie war das noch? Ganz Europa. Er richtete sich halb auf, fixierte sie spöttisch und sagte laut und vernehmlich auf italienisch: *»Oh questa è una bella scena!«*

Als er zurücksank, war George Gordon Noel, sechster Lord Byron, im Alter von sechsunddreißig Jahren gestorben.

Epilog

»Am besten ist es, zu hoffen, sogar das Hoffnungslose.«

»Alle Antworten sind unklug.«

Als sie von Byrons Tod in Missolunghi hörte, brach Mary Shelley zusammen. »Ich kannte ihn in den hellen Tagen der Jugend, als weder Sorge noch Furcht mich heimgesucht hatten... Kann ich unsere abendlichen Besuche in Diodati vergessen? Unsere Ausflüge auf den See, wo er das Tyroler Lied sang und seine Stimme mit Winden und Wellen harmonisierte... Albé – der liebe, kapriziöse, faszinierende Albé – hat diese öde Welt verlassen! Gott gebe, daß ich jung sterbe!« Mary starb als erfolgreiche Schriftstellerin fast dreißig Jahre später, 1851, im selben Jahr wie Augusta Leigh.

Für Augusta waren die Jahre nach Byrons Tod eine schwere Zeit. Schon die Beerdigung des nach England überführten Leichnams gestaltete sich grotesk. Lady Byron und ihre Tochter zogen es vor, nicht zu erscheinen. Augusta mußte damit die Rolle der Hauptleidtragenden übernehmen. Der gesamte britische Adel, immer noch nicht sicher, ob er in dem Verstorbenen einen Freiheitshelden oder einen amoralischen Teufel sehen sollte, schickte schwarzbezogene Kutschen, doch sämtliche Karossen waren leer.

Da der Dekan von Westminster Abbey die Beisetzung in der berühmten »Dichterecke« verweigert hatte, setzte Augusta fest, daß ihr Bruder in der Familiengruft in Hucknall Torckard begraben würde. Auf dem Weg dorthin begegnete der gespenstische Trauerzug Lady Caroline Lamb, die beim Anblick von Byrons Sarg in schrille Schreie ausbrach. Caroline starb wenige Jahre später in geistiger Umnachtung.

Augusta war zwar in Byrons Testament als Haupterbin eingesetzt worden. Doch der größte Teil seines Vermögens war in den griechischen Freiheitskampf geflossen. Was übrig blieb, machten ihr Captain George Byron, nunmehr siebter Lord Byron, und Annabella streitig, die darin den Lohn der Sünde sah. Der Captain lehnte die Rente, die ihm Augusta anbot, ab und konnte nur durch eine außergerichtliche Einigung vom Prozessieren abgehalten werden.

Annabellas Methode war wesentlich subtiler. Laut einer Klausel im Testament ihres Onkels mußten alle weiblichen Erben seiner Hinterlassenschaft einen Treuhänder für ihr Vermögen einsetzen. Lady Byron verlangte, daß kein anderer als ihr Anwalt Lushington zu Augustas Treuhänder gemacht würde. Dies war die letzte Erpressung, der Augusta sich beugte. Danach brach sie jeden Kontakt mit ihrer Schwägerin ab.

Es gelang Augusta, Six Mile Bottom zu verkaufen, wodurch ihre sieben Kinder trotz der Eskapaden ihres Vaters in einer Atmosphäre relativer Sicherheit aufwuchsen. Als Augustas älteste Tochter Georgiana sich in einen entfernten Verwandten namens Henry Trevanion verliebte und George Leigh seine Erlaubnis verweigerte, erinnerte ihn Augusta freundlich daran, daß nicht er die Entscheidungen über diese Familie traf. Georgiana heiratete Henry Trevanion und bekam zwei Kinder. Doch auch diese Ehe sollte im Unglück enden.

Theresa, unzweifelhaft die mit ihrem Schicksal zufriedenste von Byrons Mätressen, hatte ein zweites Mal geheiratet. Auf einer Reise nach England stellte ihr Mann sie überall stolz als »die Geliebte von Lord Byron« vor. Es kam zu einer langen Begegnung von Theresa und Augusta. Schon vorher hatte ein loser Kontakt zwischen ihnen bestanden, und Augusta hatte Theresa nach Byrons Tod ein Porträt von ihm geschickt. Die beiden mochten einander sehr.

In ihren viel später verfaßten Memoiren, in denen sie ein idealistisches Bild von Byron zeichnete, sprach Theresa in tiefer Freundschaft über Augusta. »Sie ist eine große Verehrerin Deiner Person«, schrieb Byron einst an seine Schwester.

Als Augustas dritte Tochter Elizabeth Medora, von der Familie Libby genannt, fünfzehn Jahre alt war, machte sie ihrer Schwester Georgiana einen längeren Besuch. Bei dieser Gelegenheit wurde sie von Georgianas Ehemann Henry Trevanion verführt. Bald stellte sich heraus, daß sie ein Kind erwartete. Georgiana hielt mit ihrem Entsetzen und ihrer Wut nicht zurück. In ihrem Zorn schleuderte sie Libby an den Kopf, daß sie im Inzest und Ehebruch gezeugt sei. Diese Vermutung leitete Georgiana sowohl aus ihren eigenen Kindheitserinnerungen als auch aus dem allgemeinen Gerede ab.

Libby war zunächst entsetzt. Doch dann kam sie zu dem Schluß, daß es wesentlich romantischer sei, die natürliche Tochter des berühmten Lord Byron als die legitime des Versagers George Leigh zu sein. Sie änderte ihren Namen und wollte fortan nur noch Medora gerufen werden.

Georgiana und Henry Trevanion beschlossen, Augusta nichts von der ganzen Affäre zu erzählen und Medora bei sich zu behalten, bis sie ihr Kind geboren hatte, das daraufhin heimlich zur Adoption freigegeben wurde.

Medora blieb jedoch noch länger, trotz der mittlerweile erstaunten und fragenden Briefe ihrer Mutter, und sah sich bald zum zweiten Mal schwanger.

George Leigh, der unerwartet bei Georgiana auftauchte, entdeckte die ganze Angelegenheit. Er brachte Medora umgehend nach London zurück, wo sie infolge der Reise eine Fehlgeburt hatte. Da Augusta selbst erst einige Zeit später von einem Besuch in die Stadt zurückkehrte, konnte ihr alles noch immer verheimlicht werden, bis Henry Trevanion nach London kam und ein drittes Kind mit Medora zeugte.

Augusta war entsetzt und fühlte sich an diesem Unglück ihrer beiden Töchter mitschuldig, hatte sie doch Trevanion in die Familie eingeführt. Sie konnte jedoch nicht verhindern, daß Henry mit Medora nach Frankreich durchbrannte. Georgiana, ebenfalls schwanger, kehrte mit ihren zwei Kindern zu ihrer Mutter zurück. Ihr Gemahl dachte nicht daran, sie wenigstens finanziell zu unterstützen. Also kam Augusta für den Familienzuwachs auf.

Ihre drei Söhne orientierten sich am väterlichen Beispiel und entwickelten sich zu Spielern, so daß die Familie Leigh schuldenbelasteter denn je dastand. Außerdem ging Henry Trevanion in Frankreich keinem Beruf nach. Medora schrieb ihrer Mutter verzweifelte Briefe, in denen sie für sich und ihre inzwischen geborene Tochter um Hilfe bat. Augusta schickte ihr, was sie konnte – Medora war ihre Tochter –, doch das war reichlich wenig.

Als Medora vorgab, sich von Trevanion lösen zu wollen, und berichtete, er hielte sie fast wie eine Gefangene, sandte Augusta ihr alle nötigen Urkunden (Paß, Geburtsschein, Georgianas Heiratsurkunde), damit sie sich befreien und den Behörden glaubwürdig versichern konnte, nicht Trevanions Ehefrau zu sein, über die er unbeschränkte Gewalt gehabt hätte.

Byrons alter Freund Hodgson erbot sich, die Papiere zu überbringen. Er sollte Medora helfen und sicherstellen, daß sie übergangsweise in einem Kloster unterkäme, denn »Libby« war schon wieder schwanger und konnte nicht weit reisen. Doch kaum hatte Hodgson Frankreich verlassen und Medora eine Totgeburt gehabt, da tauchte Henry Trevanion in ihrem Kloster auf. Medora folgte ihm willig.

Inzwischen war Georgiana sehr schwer krank geworden, so daß Augusta sich entschied, Medora kein Geld mehr zu schikken. Als sie nach einiger Zeit diesen Entschluß wieder rückgängig machte, denn sie wußte, daß Medora nicht allein zurechtkam, mußte sie feststellen, daß ihre Tochter mittlerweile von anderer Seite Unterstützung bekommen hatte.

Annabella, Lady Byron, hatte sich in ihrer bekannten Großmütigkeit entschlossen, Medora Leigh aus ihrer Verirrung zu befreien. Sie war nach Frankreich gereist und hatte Medora, die inzwischen von Henry Trevanion verlassen worden war, zu sich genommen. Annabella war ganz alleine zu der festen Überzeugung gekommen, daß Medora Byrons Tochter sei. Nun sah sie in dieser Frucht der Sünde die perfekte Möglichkeit, sich endlich an Augusta zu rächen.

Denn inzwischen hatte Annabella sich eingeredet, Byron müßte eigentlich reuig zu ihr zurückgekommen sein, wäre er nicht davon abgehalten worden. »Es ist *unnatürlich,* einen Menschen so lange zu hassen«, schrieb sie und kam nie auf die Idee, daß dieser Satz auch auf sie zutreffen mochte. Nur der böse Einfluß und die Aufhetzungen seiner Schwester konnten Byron dazu gebracht haben, sie zu verabscheuen. Nur Augusta hatte Schuld daran, daß ihre Ehe überhaupt mißglückt war, daß Annabella seit Jahrzehnten nur noch mit Blick auf die Vergangenheit lebte und mit jedem nur über das ihr angetane Unrecht sprach.

Aber nun – nun hatte sie eine Chance, sich so an Augusta zu rächen, daß dieser ihr Lachen für immer vergehen würde. Sie schickte Augustas Briefe an Medora ungeöffnet mit einem Begleitschreiben zurück, in dem sie Augusta beschuldigte, eine unmenschliche, hartherzige Mutter für Medora gewesen zu sein, deren amoralisches Beispiel das Unglück ihrer Tochter erst verursacht hatte. *»Laß sie in Ruhe!«* schloß Annabella und konnte bald mit Befriedigung den Erfolg ihres Vorgehens beobachten. Augusta war verzweifelt. Alle Verteidigungen nützten nichts, Annabella antwortete nur, daß ihre eigene Tochter sie völlig zu Recht haßte.

Annabella mußte allerdings bald erkennen, daß Medora Leigh vielleicht nicht die ideale Waffe war. Medora haßte es, von irgend jemandem dominiert zu werden. Nach einigen Monaten überschwenglicher Freundschaftsbeteuerungen endete ihr Zusammenleben mit Lady Byron in einem großen Streit. Da sie jedoch nach wie vor Geld brauchte, blieb sie mit ihr in brieflichem Kontakt und konnte so aus London schreiben, als sie unbemerkt einen flüchtigen Blick auf ihre Mutter erhaschte: »Sie sieht böse aus... hätte sie nur das Leben erstickt, das ihre Sünde mir gab... Möge Gott ihr vergeben! Daß ich sie so geliebt haben konnte!«

Medora ging wieder nach Frankreich, wo sie, um sich und ihre Tochter zu ernähren, von der Gunst junger adeliger Offiziere leben mußte. Verbissen klammerte sie sich an den Ruf, Lord Byrons Tochter zu sein, was ihr bei ihren Verehrern sehr half. Schließlich starb sie an den Folgen einer Fehlgeburt.

Nach Medora holte der Tod Georgiana, die ihrer Mutter nie ganz verzieh, daß sie Medora unterstützt hatte. Die kleine Augusta, ihr Leben lang pflege- und aufsichtsbedürftig, folgte bald ihren Schwestern. Dann wurde Augusta Witwe. George Leigh, bis zum Schluß der Rennbahn ergeben, segnete das Zeitliche.

Als Augusta spürte, daß sie selbst sehr krank wurde, und eine ärztliche Untersuchung ihr bestätigte, daß sie nicht mehr lange leben würde, nahm sie dies mit Fassung auf. Ihren Söhnen, die quer durch das Land zogen, tat es wahrscheinlich ganz gut, es nur noch mit der unnachgiebigen Emily zu tun zu haben, und Emily besaß auch genügend Kraft, um für Georgianas Kinder zu sorgen. Augusta konnte sterben, ohne das Gefühl zu haben, ihre Familie im Stich zu lassen.

»Ich hätte nur gerne diesen albernen Streit mit Annabella beigelegt«, sagte sie zu ihrer einzigen überlebenden Tochter. »Wir waren einmal Freundinnen.« Emily schrieb ohne viel Hoffnung auf Erfolg an Lady Byron, die entgegen allen Erwartungen einer Begegnung zustimmte und sich sogar zu ein paar direkt an Augusta adressierten Zeilen herabließ.

Nach ihrer Rückkehr aus Brighton war Augusta in seltsam ruhiger, abwesender Stimmung, dann brach sie schon tags darauf zusammen. Ihre Agonie zog sich über eine Woche hin.

In dieser Zeit empfand Annabella gegenüber Augusta mehr Reue als je zuvor oder jemals danach. Ungebeten drängten sich ihr Sätze in Erinnerung, die sie am liebsten vergessen hätte. »Du wirst immer meine liebste Schwester sein«... »sei freundlich zu Augusta«... *Sei freundlich zu Augusta!*

Schließlich schrieb sie Emily und bot ihr finanzielle Hilfe an. Gleichzeitig bat sie, Augusta eine Botschaft von ihr auszurichten. Es waren nur zwei Worte. Emily war verblüfft und erleichtert zugleich. Sie war sich allerdings nicht sicher, ob die Worte ihre Mutter noch erreichen würden. Trotzdem beugte sie sich über den dünnen, abgezehrten Körper und flüsterte: »Annabella möchte, daß ich dir etwas sage, Mamée.« Sie wartete einen Augenblick auf ein Zeichen der Zustimmung. Ihre Mutter blinzelte. Emily näherte sich ihr darauf noch etwas und wisperte: »Liebste Augusta.«

War Annabellas Botschaft zu ihrer Schwägerin durchgedrungen? Die letzten Worte, die Emily noch aus dem Gemurmel ihrer Mutter heraushören und erkennen konnte, während sie ihre Hände hielt, standen jedenfalls damit in keinem Zusammenhang. »Schnee... Schnee in Newstead, Emily, Schnee... niemand braucht mich so...«

»Die arme Mamée starb an diesem Morgen, kurz nach drei, nachdem sie seit gestern nachmittag auf schreckliche Weise gelitten hatte – es war in der Tat eine wirklich glückliche Erlösung, aber ihr Verlust kann mir nie ersetzt werden.« Diese Zeilen richtete sie an Lady Byron, und Emily wußte, daß es wahrscheinlich der letzte Brief war, den sie an diese Frau schrieb.

Als sie Augustas Papiere ordnete, kam ihr Bruder Frederick herein und verlangte zu wissen, wa sie da tat. »Ich sortiere Mamées Briefe«, antwortete Emily scharf, »ich mußte schon vorher ein paar davon an Murray verkaufen, um ihre Arzneien zu bezahlen. Mamée hat sich furchtbar darüber aufgeregt, als sie es bemerkte. Murray mußte ihr schriftlich zusichern, daß er sie nicht veröffentlichen würde und wir sie zurückkaufen können, sowie wir etwas Geld haben.« Sie warf einen abschätzigen Blick auf ihren Bruder. »Was allerdings nie der Fall sein wird.« Frederick erwiderte nichts, sondern nahm einen Stapel von den verblichenen, oft gefalteten Bögen, die von einer krausen, unordentlichen Schrift bedeckt waren, und blätterte sie durch.

»Die nächste Verwandte, die ich in der Welt habe, sowohl durch *Blutsbande als auch durch Liebe*«... »und wenn ich fünfzig Mätressen hätte«... »liebe Frau Schwester«... »meine liebste Augusta«... »wir sind dazu gemacht, unser Leben...«

»In Ordnung«, sagte Frederick, »sprechen wir über den Familienskandal. Glaubst du, daß Libby nur unsere Halbschwester war?« Emily schwieg lange Zeit. Dann entgegnete sie: »Nein, das glaube ich nicht.« Er war verblüfft. »Wieso?« Auf Emilys eingefallenem, erschöpftem Gesicht breitete sich ein winziges Lächeln aus.

»Ich kann es nicht mehr beweisen, da Libby tot ist. Aber erinnerst du dich an das Muttermal an ihrem Handgelenk?« Ihr Bruder nickte verwirrt, und Emily fuhr fort: »Nun, letzten Sommer verkauften Mamée und ich einige alte Familienporträts. Eines davon zeigte General Leigh, Papas Vater, der überhaupt nicht mit den Byrons verwandt ist. Er hatte dieses Muttermal ebenfalls.« Frederick brauchte einige Zeit, um sich zu fassen. »Du meinst… und das hat Mamée die ganze Zeit gewußt?« Emily nickte.

»Aber warum hat sie es nie gesagt? Tante Annabella hätte nicht einen Penny um Libby gegeben, wenn sie nicht überzeugt gewesen wäre, daß sie die Tochter ihres Gatten war – ihrer Rache wäre die Spitze genommen gewesen. Und Libby… ich habe sie ja nicht mehr häufig gesehen, aber sie brüstete sich geradezu damit.«

»Eben deswegen«, bemerkte Emily trocken, »hat Mamée nichts gesagt. Keine von beiden hätte ihr geglaubt. Natürlich hätte sie es beweisen können, so wie ich eben. Nur, wozu? Mamée wußte, daß sie nicht für Libby sorgen konnte, und, wie du eben richtig festgestellt hast, daß Lady Byron die Tochter von George Leigh gleichgültig gewesen wäre. Hätte Mamée Tante Annabella um Geld für mich oder Georgiana gebeten, sie hätte nicht das Geringste bekommen. Also schwieg sie, ließ Lady Byron ihre großartige Rache verfolgen und brachte sie so dazu, für ihre Tochter zu sorgen. Das war ihre Art, unser Goldstück von Tante zu überlisten.«

»Ich erinnere mich«, sagte Frederick nach einer Weile, »wie Lady Byron Mamée immer in der Öffentlichkeit beschrieben hat: eine sehr schwache und törichte Frau.« Emily zuckte die Achseln und machte sich wieder an Augustas Briefe. Dabei fiel ihr ein Blatt auf den Boden, das Frederick aufhob und betrachtete. Es war ein Gedicht mit dem Titel »Epistel an Augusta«. Frederick las aus irgendeinem Grund zuerst die Schlußstrophe, und ihm kam es vor, als ob damit alles gesagt war, was es zu sagen gab.

In deiner Brust, du Teure, eingeschreint,
Du in der meinen, sind wir ungetrennt;
Wir sind und waren stets trotz jedem Feind
Ein Seelenpaar, das keine Wandlung kennt;
Gleichviel, ob nah, ob fern, sind wir vereint
Von Lebens Anfang bis zu seinem End,
Und naht der Tod drum, trotzt auch ihm das Band,
Das unser Leben o so fest umwand.

Die Byrons

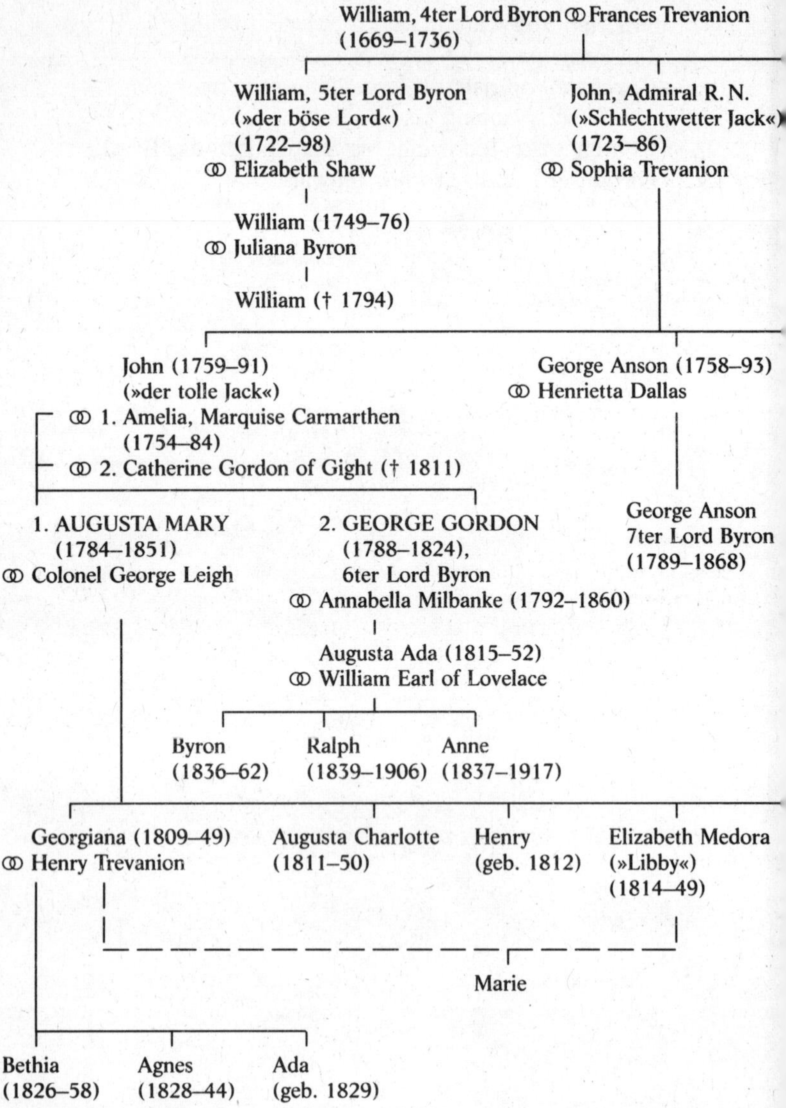
William, 4ter Lord Byron ⚭ Frances Trevanion
(1669–1736)
William, 5ter Lord Byron
(»der böse Lord«)
(1722–98)
⚭ Elizabeth Shaw
John, Admiral R. N.
(»Schlechtwetter Jack«)
(1723–86)
⚭ Sophia Trevanion
William (1749–76)
⚭ Juliana Byron
William († 1794)
John (1759–91)
(»der tolle Jack«)
⚭ 1. Amelia, Marquise Carmarthen
(1754–84)
⚭ 2. Catherine Gordon of Gight († 1811)
George Anson (1758–93)
⚭ Henrietta Dallas
1. AUGUSTA MARY
(1784–1851)
⚭ Colonel George Leigh
2. GEORGE GORDON
(1788–1824),
6ter Lord Byron
⚭ Annabella Milbanke (1792–1860)
George Anson
7ter Lord Byron
(1789–1868)
Augusta Ada (1815–52)
⚭ William Earl of Lovelace
Byron
(1836–62)
Ralph
(1839–1906)
Anne
(1837–1917)
Georgiana (1809–49)
⚭ Henry Trevanion
Augusta Charlotte
(1811–50)
Henry
(geb. 1812)
Elizabeth Medora
(»Libby«)
(1814–49)
Marie
Bethia
(1826–58)
Agnes
(1828–44)
Ada
(geb. 1829)

Isabella ⚭ 4ter Earl of Carlisle

Frederick, 5ter Earl of Carlisle ⚭ Caroline Leveson-Gower
(1748–1825)

sechs Kinder

Frances
⚭ General Charles Leigh

George († 1850)
⚭ Augusta Byron

Juliana
⚭ 1. William Byron
⚭ 2. Sir Robert Wilmot

2. Robert (1784–1841)
⚭ Anne Horton

Augusta Barbara
⚭ Admiral Christopher Parker

Sir Peter
(1786–1814)

Margaret
(† 1802)

Sophia

Frederick (geb. 1816)
⚭ Phoebe Ruthing

Amelia (geb. 1817)
(»Emily«)

Francis (geb. 1820)
⚭ Mary Edgar

Geraldine Amelia

Nachwort

Die in diesem Buch dargestellten Personen, ihre Ansichten und Handlungen sind authentisch. Da es sich jedoch um einen Roman und keine wissenschaftliche Biographie handelt, fehlt die unbedingte Korrektheit und Verläßlichkeit. Ich habe mir die Freiheit jedes Romanciers genommen und Fiktives mit Historischem verschmolzen, um vor allem zwei Menschen darzustellen, die, jeder auf seine Art, zu den Ungewöhnlichsten ihrer Zeit gehörten.

Die zitierten Briefe entstammen den im Folgenden angeführten Quellen. Diejenigen, die nicht von Byron stammen, wurden von mir übersetzt. Für Byrons Briefe verwendete ich größtenteils die 1985 erschienene deutsche Ausgabe. Nicht enthalten in dieser Ausgabe sind die frühe Korrespondenz mit Augusta vor ihrer Heirat, zwei in England an Thomas Moore gerichtete Bemerkungen, die zwei Briefe an Annabella nach der Trennung sowie der erste wiedergegebene Brief an Augusta aus der Schweiz, die ebenfalls von mir übersetzt wurden. Einige wenige Ausdrücke der deutschen Brief-Ausgabe habe ich durch eine wörtlichere oder im Romankontext sinnvollere Entsprechung ersetzt. Bei dem Schreiben an Lady Melbourne vom 28. September 1813 handelt es sich in Wirklichkeit um die Zusammenstellung zweier Briefe, nämlich derjenigen vom 13. Januar und vom 30. April 1814.

Alle Zitate aus Byrons Werken sind der in der Bibliographie genannten Gesamtausgabe entnommen, mit Ausnahme des Gedichtes »Stanzen für Musik« *(aus »Lord Byron. Ein Lesebuch.«)*

Über Byron und viele seiner Zeitgenossen (wie etwa Shelley) gibt es selbstverständlich eine Flut von Sekundärliteratur. Ich führe hier nur an, was ich tatsächlich während meiner Arbeit an diesem Roman benutzt habe, möchte aber zwei Bücher besonders hervorheben, denen ich sehr viel schulde. Es handelt sich um »Lord Byron's Wife« und »Lord Byron's Family« von Malcolm Elwin. Elwin bietet nicht nur eine feinfühlige und ausführliche Darstellung der von ihm beschriebenen Personen (darunter auch erstmals ein gerechtes Porträt von Augusta, die von vielen der Biographen Byrons pauschal als albern und schwach charakterisiert wurde), sondern auch einen ausführlichen Einblick in den Briefwechsel aller Beteiligten.

Denn Elwin standen erstmals die sogenannten »Lovelace-Papiere«, zum überwiegenden Teil aus Annabellas schriftlichem Nachlaß bestehend, lange und voll zur Verfügung.

Bibliographie

Butler, E. M.: Byron and Goethe. Record of a passion. London 1957.

Buxton, John: Byron and Shelley. The History of a Friendship. London 1968.

Lord Broughton (John Cam Hobhouse): Recollections of a long Life. With additional extracts of his privat diaries, edited by his daughter Lady Dorchester, 6 vols., 1909–11.

Lord Byron: Briefe und Tagebücher. Herausgegeben von Leslie A. Marchand. London 1982. Aus dem Englischen von Tommy Jacobsen. © 1985 S. Fischer Verlag, Frankfurt/M.

Lord Byron. Ein Lesebuch. Hrsg. von Gert Ueding. © 1988 Insel Verlag, Frankfurt/M.

Lord Byron: Sämtliche Werke. Band I–III. Winkler Verlag, München o. J.

Elwin, Malcolm: Lord Byron's Wife. London 1962.

Elwin, Malcolm: Lord Byron's Family: Annabella, Ada and Augusta 1816–1924. London 1975.

Gunn, Peter: My dearest Augusta. A Biography of Lord Byron's Half-sister. London 1968.

Lovell, E. J. (Hrsg.): His very Self and Voice. Collected Conversations of Lord Byron. New York 1957.

Marchand, Leslie A.: Byron. A Portrait. London 1971.

Müller, Hartmut: Lord Byron. Hamburg 1981.

Polidori, John W.: The Vampyre.

Shelley, Mary: Frankenstein oder Der moderne Prometheus. Dt. Stuttgart 1982.

Shelley, Mary: Journal. Edited by F. L. Jones. USA 1947.

Shelley, Percy B.: The Complete Poetical Works. Edited by Th. Hutchinson. London 1960.